KB070486

譯註 禮記集說大全
大學

編　陳澔(元)

附　正義 · 集註

譯註 禮記集說大全
大學

編　陳澔(元)

附　正義・集註

鄭秉燮 譯

學古房

역자서문

『예기』「대학(大學)」편은 사서(四書)의 『대학』으로 널리 알려져 왔고 또 많이 읽혀왔다. 따라서 「대학」편에 대한 설명은 생략한다.

역자는 본 『예기집설대전』 완역을 계획하면서 이 부분에 대해 잠시 고민을 하였다. 본래 『대전본(大全本)』에는 「중용(中庸)」편과 「대학」편이 사서로 분리되어 수록되어 있지 않다. 따라서 책 제목에 있어서도 본래는 『예기집설대전』이라는 명칭이 사용될 수 없다. 본 역서는 『예기정의』에 수록된 「대학」편의 기록을 저본으로 삼아 주자의 『집주』를 함께 첨부한 번역서이다. 그러므로 책 제목에 있어서도 "역주 예기정의 – 대학 부 『집주』"로 정해야 옳지만, 기존의 역서들과 통일성의 문제가 발생하여, 기존의 체제에 따라 출판한다. 『예기집설대전』에 「대학」편이 수록되어 있지 않음에도, 역자가 「대학」편을 출판하게 된 것은 국내에는 「대학」에 대한 수많은 번역서들이 이미 출판된 상태이지만, 주자의 『집주』 이전 주석들에 대해서는 번역이 전무한 상태이기 때문이다. 역자의 실력으로 국내 학계 사정에 대해 비판할 수 있는 처지는 아니지만, 본 역서를 통해 「대학」에 대한 다양한 논의가 진행되었으면 하는 바람이다.

사서 중 하나인 『대학』과 본래 『예기』에 속한 「대학」은 문장은 동일하지만, 주자는 『고본대학』의 체제에 문제가 있다고 여겨 문장배열을 새롭게 고쳤기 때문에, 기존의 해석과는 큰 차이를 보인다. 주자는 유학의 학문 방법론을 설명하며 「대학」이 가장 기초가 된다고 여겼고, 수신(修身)·제가(齊家)·치국(治國)·평천하(平天下) 중 수신에 초점을 맞춰 해석했다. 그러나 주자 이전의 「대학」은 군왕의 통치덕목을 강조한 기록으로, 치국과 평천하에 초점이 맞춰져 있었으며, 정현 또한 이러한 관점에서 주석을 작성했다. 따라서 주자 이전의 「대학」편은 유가의 통치사상을 설명하는 문헌으로 분류되었다. 이러한 차이점을 견지한 상태에서 본 역서를 읽어본다면 다양한 논의거리가 도출될 것이라 생각한다.

다시 세상에 한 권의 번역서를 내놓는다. 매번 오역을 운운하며 자기변명을 늘어놓는데, 역자의 실력이 부족하여 발생한 문제이니, 독자분들께 죄송스럽다. 본 역서에 나온 오역과 역자의 부족함에 대해 일갈을 해주실 분들이 있다면, bbaja@nate.com으로 연락을 주시거나 출판사에 제 연락처를 문의하셔서 가르침을 주신다면, 부족한 실력이지만 가르침을 받도록 최선을 다할 것이다.

역자는 성균관 대학교에서 유교철학(儒敎哲學)을 전공했으며, 예악학(禮樂學) 전공으로 박사논문을 작성했다. 역자가 본격적으로 유가경전을 읽기 시작한 것은 경서연구회(經書硏究會)의 오경강독을 통해서이다. 이 모임을 만들어 후배들에게 경전에 대한 이해를 넓혀주신 임옥균 선생님, 경서연구회 역대 회장님인 김동민, 원용준, 김종석, 길훈섭 선배님께도 감사를 드리고, 역자의 뒤를 이어 경서연구회 현 회장으로 활동하고 있는 손정민 동학께도 감사를 드린다. 끝으로 「대학」편을 출판할 수 있도록 허락해주신 학고방의 하운근 사장님께도 감사를 전한다.

목차

그림목차

경문목차

【688d】

大學 第四十二 朱子章句 / 「대학」 제 42편, 『주자장구(朱子章句)』로 분리되었다.

孔疏 陸曰: 鄭云, "大學者, 以其記博學, 可以爲政也."

번역 육덕명[1]이 말하길, 정현[2]은 "'대학(大學)'이라는 것은 널리 배워서, 정치로 시행할 수 있음을 기록했기 때문이다."라고 했다.

孔疏 正義曰: 按鄭目錄云: "名曰大學者, 以其記博學, 可以爲政也. 此於別錄屬通論." 此大學之篇, 論學成之事, 能治其國, 章明其德於天下, 却本明德所由, 先從誠意爲始.

번역 『정의』[3]에서 말하길, 정현의 『목록』[4]을 살펴보면, "편명을 '대학(大學)'이라고 지은 것은 널리 배워서, 정치로 시행할 수 있음을 기록했기

---

1) 육덕명(陸德明, A.D.550 ~ A.D.630) : =육원랑(陸元朗). 당대(唐代)의 경학자이다. 이름은 원랑(元朗)이고, 자(字)는 덕명(德明)이다. 훈고학에 뛰어났으며, 『경전석문(經典釋文)』 등을 남겼다.

2) 정현(鄭玄, A.D.127 ~ A.D.200) : =정강성(鄭康成)·정씨(鄭氏). 한대(漢代)의 유학자이다. 자(字)는 강성(康成)이다. 『주역(周易)』, 『상서(尙書)』, 『모시(毛詩)』, 『주례(周禮)』, 『의례(儀禮)』, 『예기(禮記)』, 『논어(論語)』, 『효경(孝經)』 등에 주석을 하였다.

3) 『정의(正義)』는 『예기정의(禮記正義)』 또는 『예기주소(禮記注疏)』를 뜻한다. 당(唐)나라 때에는 태종(太宗)이 공영달(孔穎達) 등을 시켜서 『오경정의(五經正義)』를 편찬하였는데, 이때 『예기정의』에는 정현(鄭玄)의 주(注)와 공영달의 소(疏)가 수록되었다. 송대(宋代)에는 『오경정의』와 다른 경전(經典)에 대한 주석서를 포함한 『십삼경주소(十三經注疏)』가 편찬되어, 『예기주소』라는 명칭이 되었다.

4) 『목록(目錄)』은 정현이 찬술했다고 전해지는 『삼례목록(三禮目錄)』을 가리킨다. 『십삼경주소(十三經注疏)』에서 인용되고 있지만, 이 책은 『수서(隋書)』가 편찬될 당시에 이미 일실되어 존재하지 않았다. 『수서』「경적지(經籍志)」편에는 "三禮目錄一卷, 鄭玄撰, 梁有陶弘景注一卷, 亡."이라는 기록이 있다.

때문이다. 「대학」편을 『별록』[5]에서는 '통론(通論)' 항목에 포함시켰다."라고 했다. '대학(大學)'이라는 편은 학문을 완성하는 일을 논의하고 있는데, 그 나라를 다스릴 수 있고 그 덕을 천하에 드러내는 것은 명덕(明德)이 비롯되는 바에 근본하여, 앞서 성의(誠意)를 시작으로 삼는다는 사안을 설명하고 있다.

集註 子程子曰: 大學, 孔氏之遺書, 而初學入德之門也. 於今可見古人爲學次第者, 獨賴此篇之存, 而論・孟次之. 學者必由是而學焉, 則庶乎其不差矣

번역 정자가 말하길, 「대학」편은 공자 가문에서 남긴 글이며, 초학자가 덕으로 들어가는 문에 해당한다. 지금 옛 사람들이 학문을 했던 순서를 볼 수 있는 것으로 「대학」편이 남아있는데 힘입으며, 『논어』와 『맹자』는 그 다음에 읽어야 한다. 배우는 자가 반드시 이러한 순서에 따라 배운다면 거의 틀리지 않을 것이다.

참고 문장 배열 비교

순서	『正義本』	구분		『朱子章句本』
1	大學之道在明明德在親民在止於至善知止而后有定定而后能靜靜而后能安安而后能慮慮而后能得物有本末事有終始知所先後則近道矣	經1章	1	大學之道在明明德在 新 民在止於至善
			2	知止而后有定定而后能靜靜而后能安安而后能慮慮而后能得
2	古之欲明明德於天下者先治其國欲治其國者先齊其家欲齊其家者先修其身欲修其身者先正其心欲正其心者先誠其意欲誠其意者先致其知		3	物有本末事有終始知所先後則近道矣
			4	古之欲明明德於天下者先治其國欲治其國者先齊其家欲齊其家者先修其身欲修其身者先正其心欲

---

5) 『별록(別錄)』은 후한(後漢) 때 유향(劉向)이 찬(撰)했다고 전해지는 책이다. 현재는 일실되어 존재하지 않으며, 『한서(漢書)』「예문지(藝文志)」편을 통해서 대략적인 내용만을 추측해볼 수 있다.

순서	『正義本』	구분		『朱子章句本』
3	致知在格物			正其心者先誠其意欲誠其意者先致其知致知在格物
4	物格而后知至知至而后意誠意誠而后心正心正而后身脩身脩而后家齊家齊而后國治國治而后天下平自天子以至於庶人壹是皆以脩身爲本其本亂而末治者否矣其所厚者薄而其所薄者厚未之有也此謂知本此謂知之至也		5	物格而后知至知至而后意誠意誠而后心正心正而后身脩身脩而后家齊家齊而后國治國治而后天下平
			6	自天子以至於庶人壹是皆以脩身爲本
			7	其本亂而末治者否矣其所厚者薄而其所薄者厚未之有也
5	所謂誠其意者毋自欺也如惡惡臭如好好色此之謂自謙故君子必愼其獨也小人閒居爲不善無所不至見君子而后厭然揜其不善而著其善人之視己如見其肺肝然則何益矣此謂誠於中形於外故君子必愼其獨也	傳1章	8	康誥曰克明德
			9	大甲曰顧諟天之明命
			10	帝典曰克明峻德
			11	皆自明也
		傳2章	12	湯之盤銘曰苟日新日日新又日新
			13	康誥曰作新民
			14	詩曰周雖舊邦其命惟新
			15	是故君子無所不用其極
6	曾子曰十目所視十手所指其嚴乎富潤屋德潤身心廣體胖故君子必誠其意	傳3章	16	詩云邦畿千里惟民所止
			17	詩云緡蠻黃鳥止于丘隅子曰於止知其所止可以人而不如鳥乎
7	詩云瞻彼淇澳菉竹猗猗有斐君子如切如磋如琢如磨瑟兮僩兮赫兮喧兮有斐君子終不可諠兮如切如磋者道學也如琢如磨者自脩也瑟兮僩兮者恂慄也赫兮喧兮者威儀也有斐君子終不可諠者道盛德至善民之不能忘也		18	詩云穆穆文王於緝熙敬止爲人君止於仁爲人臣止於敬爲人子止於孝爲人父止於慈與國人交止於信
			19	詩云瞻彼淇澳菉竹猗猗有斐君子如切如磋如琢如磨瑟兮僩兮赫兮喧兮有斐君子終不可諠兮如切如磋者道學也如琢如磨者自脩也瑟兮僩兮者恂慄也赫兮喧兮者威儀也有斐君子終不可諠者道盛德至善民之不能忘也
8	詩云於戲前王不忘君子賢其賢而親其親小人樂其樂而利其利此以沒世不忘也		20	詩云於戲前王不忘君子賢其賢而親其親小人樂其樂而利其利此以沒世不忘也
9	康誥曰克明德大甲曰顧諟天之明命帝典曰克明峻德皆自明也			

순서	『正義本』	구분		『朱子章句本』
10	湯之盤銘曰苟日新日日新又日新康誥曰作新民詩曰周雖舊邦其命惟新是故君子無所不用其極	傳4章	21	子曰聽訟吾猶人也必也使無訟乎無情者不得盡其辭大畏民志此謂知本
		衍	22	此謂知本
11	詩云邦畿千里惟民所止詩云緡蠻黃鳥止于丘隅子曰於止知其所止可以人而不如鳥乎	傳5章補亡	23	此謂知之至也
12	詩云穆穆文王於緝熙敬止爲人君止於仁爲人臣止於敬爲人子止於孝爲人父止於慈與國人交止於信		24	間嘗竊取程子之意以補之曰所謂致知在格物者言欲致吾之知在卽物而窮其理也蓋人心之靈莫不有知而天下之物莫不有理惟於理有未窮故其知有不盡也是以大學始教必使學者卽凡天下之物莫不因其已知之理而益窮之以求至乎其極至於用力之久而一旦豁然貫通焉則衆物之表裏精粗無不到而吾心之全體大用無不明矣此謂物格此謂知之至也
13	子曰聽訟吾猶人也必也使無訟乎無情者不得盡其辭大畏民志			
14	此謂知本			
15	所謂脩身在正其心者身有所忿懥則不得其正有所恐懼則不得其正有所好樂則不得其正有所憂患則不得其正心不在焉視而不見聽而不聞食而不知其味此謂脩身在正其心	傳6章	25	所謂誠其意者毋自欺也如惡惡臭如好好色此之謂自謙故君子必愼其獨也
			26	小人閒居爲不善無所不至見君子而后厭然揜其不善而著其善人之視己如見其肺肝然則何益矣此謂誠於中形於外故君子必愼其獨也
			27	曾子曰十目所視十手所指其嚴乎
			28	富潤屋德潤身心廣體胖故君子必誠其意
		傳7章	29	所謂脩身在正其心者[心]有所忿懥則不得其正有所恐懼則不得其正有所好樂則不得其正有所憂患則不得其正
			30	心不在焉視而不見聽而不聞食而不知其味
			31	此謂脩身在正其心
16	所謂齊其家在脩其身者人之其所親愛而辟焉之其所賤惡而辟焉之其所畏敬而辟焉之其所哀	傳8章	32	所謂齊其家在脩其身者人之其所親愛而辟焉之其所賤惡而辟焉之其所畏敬而辟焉之其所哀矜而辟

순서	『正義本』	구분	『朱子章句本』
	矜而辟焉之其所敖惰而辟焉故好而知其惡惡而知其美者天下鮮矣故諺有之曰人莫知其子之惡莫知其苗之碩此謂身不脩不可以齊其家		焉之其所敖惰而辟焉故好而知其惡惡而知其美者天下鮮矣
		33	故諺有之曰人莫知其子之惡莫知其苗之碩
		34	此謂身不脩不可以齊其家
17	所謂治國必先齊其家者其家不可教而能教人者無之故君子不出家而成教於國者所以事君也弟者所以事長也慈者所以使衆也康誥曰如保赤子心誠求之雖不中不遠矣未有學養子而後嫁者也		所謂治國必先齊其家者其家不可教而能教人者無之故君子不出家而成教於國孝者所以事君也弟者所以事長也慈者所以使衆也
		35	
		36	康誥曰如保赤子心誠求之雖不中不遠矣未有學養子而后嫁者也
18	一家仁一國興仁一家讓一國興讓一人貪戾一國作亂其機如此此謂一言僨事一人定國		一家仁一國興仁一家讓一國興讓一人貪戾一國作亂其機如此此謂一言僨事一人定國
		37	
19	堯舜率天下以仁而民從之桀紂率天下以暴而民從之其所令反其所好而民不從	傳 9 章	堯舜帥天下以仁而民從之桀紂帥天下以暴而民從之其所令反其所好而民不從是故君子有諸己而后求諸人無諸己而后非諸人所藏乎身不恕而能喻諸人者未之有也
20	是故君子有諸己而後求諸人無諸己而後非諸人所藏乎身不恕而能喻諸人者未之有也故治國在齊其家		38
		39	故治國在齊其家
21	詩云桃之夭夭其葉蓁蓁之子于歸宜其家人宜其家人而后可以教國人詩云宜兄宜弟宜兄宜弟而后可以教國人詩其儀不忒正是四國其爲父子兄弟足法而后民法之也此謂治國在齊其家		詩云桃之夭夭其葉蓁蓁之子于歸宜其家人宜其家人而后可以教國人
		40	
		41	詩云宜兄宜弟宜兄宜弟而后可以教國人
		42	詩云其儀不忒正是四國其爲父子兄弟足法而后民法之也
		43	此謂治國在齊其家
22	所謂平天下在治其國者上老老而民興孝上長長而民興弟上恤孤而民不倍是以君子有絜矩之道也	傳 10 章	所謂平天下在治其國者上老老而民興孝上長長而民興弟上恤孤而民不倍是以君子有絜矩之道也
		44	
23	所惡於上毋以使下所惡於下毋以事上所惡於前毋以先後所惡於後毋以從前所惡於右毋以交		所惡於上毋以使下所惡於下毋以事上所惡於前毋以先後所惡於後毋以從前所惡於右毋以交於左所惡於左
		45	

순서	『正義本』	구분	『朱子章句本』
	於左所惡於左毋以交於右此之謂絜矩之道		毋以交於右此之謂絜矩之道
24	詩云樂只君子民之父母民之所好好之民之所惡惡之此之謂民之父母	46	詩云樂只君子民之父母民之所好好之民之所惡惡之此之謂民之父母
25	詩云節彼南山維石巖巖赫赫師尹民具爾瞻有國者不可以不愼辟則爲天下僇矣	47	詩云節彼南山維石巖巖赫赫師尹民具爾瞻有國者不可以不愼辟則爲天下僇矣
26	詩云殷之未喪師克配上帝儀監于殷峻命不易道得衆則得國失衆則失國是故君子先愼乎德有德此有人有人此有土有土此有財有財此有用德者本也財者末也外本內末爭民施奪是故財聚則民散財散則民聚是故言悖而出者亦悖而入貨悖而入者亦悖而出	48	詩云殷之未喪師克配上帝儀監于殷峻命不易道得衆則得國失衆則失國
		49	是故君子先愼乎德有德此有人有人此有土有土此有財有財此有用
		50	德者本也財者末也
		51	外本內末爭民施奪
		52	是故財聚則民散財散則民聚
		53	是故言悖而出者亦悖而入貨悖而入者亦悖而出
27	康誥曰惟命不于常道善則得之不善則失之矣	54	康誥曰惟命不于常道善則得之不善則失之矣
28	楚書曰楚國無以爲寶惟善以爲寶	55	楚書曰楚國無以爲寶惟善以爲寶
29	舅犯曰亡人無以爲寶仁親以爲寶	56	舅犯曰亡人無以爲寶仁親以爲寶
30	秦誓曰若有一介臣斷斷兮無他技其心休休焉其如有容焉人之有技若己有之人之彥聖其心好之不啻若自其口出寔能容之以能保我子孫黎民尚亦有利哉人之有技媢嫉以惡之人之彥聖而違之俾不通寔不能容以不能保我子孫黎民亦曰殆哉	57	秦誓曰若有一个臣斷斷兮無他技其心休休焉其如有容焉人之有技若己有之人之彥聖其心好之不啻若自其口出寔能容之以能保我子孫黎民尚亦有利哉人之有技媢疾以惡之人之彥聖而違之俾不通寔不能容以不能保我子孫黎民亦曰殆哉
31	唯仁人放流之迸諸四夷不與同中國此謂唯仁人爲能愛人能惡人	58	唯仁人放流之迸諸四夷不與同中國此謂唯仁人爲能愛人能惡人
32	見賢而不能舉舉而不能先命也見不善而不能退退而不能遠過也	59	見賢而不能舉舉而不能先囿也見不善而不能退退而不能遠過也
33	好人之所惡惡人之所好是謂拂人之性菑必逮夫身	60	好人之所惡惡人之所好是謂拂人之性菑必逮夫身

순서	『正義本』	구분		『朱子章句本』
34	是故君子有大道必忠信以得之驕泰以失之		61	是故君子有大道必忠信以得之驕泰以失之
35	生財有大道生之者衆食之者寡爲之者疾用之者舒則財恒足矣		62	生財有大道生之者衆食之者寡爲之者疾用之者舒則財恒足矣
36	仁者以財發身不仁者以身發財		63	仁者以財發身不仁者以身發財
37	未有上好仁而下不好義者也未有好義其事不終者也未有府庫財非其財者也		64	未有上好仁而下不好義者也未有好義其事不終者也未有府庫財非其財者也
38	孟獻子曰畜馬乘不察於雞豚伐冰之家不畜牛羊百乘之家不畜聚斂之臣與其有聚斂之臣寧有盜臣此謂國不以利爲利以義爲利也		65	孟獻子曰畜馬乘不察於雞豚伐冰之家不畜牛羊百乘之家不畜聚斂之臣與其有聚斂之臣寧有盜臣此謂國不以利爲利以義爲利也
39	長國家而務財用者必自小人矣			
40	彼爲善之小人之使爲國家菑害並至雖有善者亦無如之何矣		66	長國家而務財用者必自小人矣彼爲善之小人之使爲國家菑害並至雖有善者亦無如之何矣此謂國不以利爲利以義爲利也
41	此謂國不以利爲利以義爲利也			

• 제 1 절 •

경(經) 1장-1 · 2 · 3

【1859上】

大學之道, 在明明德, 在親民, 在止於至善. 知止而后有定, 定而后能靜, 靜而后能安, 安而后能慮, 慮而后能得. 物有本末, 事有終始, 知所先後, 則近道矣.

직역 大學의 道는 明德을 明하는데 在하며, 民에 親하는데 在하고, 至善에 止하는데 在한다. 止를 知한 后에 定이 有하고, 定한 后에 能히 靜하며, 靜한 后에 能히 安하고, 安한 后에 能히 慮하며, 慮한 后에 能히 得이라. 物에는 本末이 有하고, 事에는 終始가 有하니, 先後한 所를 知하면, 道에 近이라.

의역 대학의 도는 밝은 덕을 밝히는데 있으며, 백성들을 친근하게 대하는데 있고, 지극한 선에 머무는데 있다. 머물 줄 안 뒤에야 확정됨이 있고, 확정됨이 있은 이후에야 고요할 수 있으며, 고요할 수 있은 이후에야 안정될 수 있고, 안정된 이후에야 생각할 수 있으며, 생각을 한 이후에야 사리의 합당함을 얻을 수 있다. 사물에는 근본과 말단이 있고, 사안에는 시작과 끝이 있으니, 먼저하고 뒤에 할 것을 안다면, 도에 가깝게 된다.

鄭注 "明明德", 謂顯明其至德也. 止, 猶自處也. 得, 謂得事之宜也.

번역 "명덕(明德)을 밝힌다."는 것은 지극한 덕을 드러낸다는 뜻이다. '지(止)'자는 제 스스로 처한다는 뜻이다. '득(得)'자는 사안의 합당함을 얻는다는 뜻이다.

釋文 大, 舊音泰, 劉直帶反. 近, 附近之近.

번역 '大'자의 구음(舊音)은 '泰(태)'이고, 유음(劉音)은 '直(직)'자와 '帶(대)'자의 반절음이다. '近'자는 '부근(附近)'이라고 할 때의 '近'자 음이다.

孔疏 ●"大學"至"道矣". ○正義曰: 此經大學之道, 在於明明德, 在於親民, 在止於至善. 積德而行, 則近於道也.

번역 ●經文: "大學"~"道矣". ○이 경문은 대학의 도가 밝은 덕을 밝히는데 있고, 백성들을 친근하게 대하는데 있으며, 지극한 선에 머무는데 있음을 나타내고 있다. 덕을 쌓아서 시행한다면 도에 가깝게 된다는 내용이다.

孔疏 ●"在明明德"者, 言大學之道, 在於章明己之光明之德. 謂身有明德, 而更章顯之, 此其一也.

번역 ●經文: "在明明德". ○대학의 도는 자신의 매우 빛나고 밝은 덕을 밝게 드러내는데 달려 있음을 뜻한다. 즉 자신에게는 명덕(明德)이 있고, 이것을 재차 밝게 드러내는 것이 첫 번째 사안이라는 뜻이다.

孔疏 ●"在親民"者, 言大學之道, 在於親愛於民, 是其二也.

번역 ●經文: "在親民". ○대학의 도는 백성들을 친근하게 대하며 아끼는데 달려 있고, 이것이 두 번째 사안이라는 뜻이다.

孔疏 ●"在止於至善"者, 言大學之道, 在止處於至善之行, 此其三也. 言大學之道, 在於此三事矣.

번역 ●經文: "在止於至善". ○대학의 도는 지극한 선을 시행하는 경지에 머무는데 달려 있고, 이것이 세 번째 사안이라는 뜻이다. 즉 대학의 도는 이러한 세 가지 사안에 달려 있다는 의미이다.

孔疏 ●"知止而后有定"者, 更覆說"止於至善"之事. 旣知"止於至善", 而后心能有定, 不有差貳也.

번역 ●經文: "知止而后有定". ○"지극한 선에 머문다."는 사안에 대해서 재차 설명한 말이다. 이미 "지극한 선에 머문다."는 사실을 안 이후에는 마음에 안정됨을 갖출 수 있어서, 어긋나거나 두 마음을 품지 않게 된다.

孔疏 ●"定而后能靜"者, 心定無欲改, 能靜不躁求也.

번역 ●經文: "定而后能靜". ○마음이 안정되면 고치고자 하는 마음이 없고, 고요할 수 있어서 구차하게 얻고자 하지 않는다.

孔疏 ●"靜而后能安"者, 以靜故情性安和也.

번역 ●經文: "靜而后能安". ○고요하기 때문에 성정(性情)이 안정되고 조화로운 것이다.

孔疏 ●"安而后能慮"者, 情旣安和, 能思慮於事也.

번역 ●經文: "安而后能慮". ○정(情)이 이미 안정되고 조화로워서, 그 사안에 대해 충분히 생각할 수 있게 된다.

孔疏 ●"慮而后能得"者, 旣能思慮, 然後於事得安也.

번역 ●經文: "慮而后能得". ○이미 깊게 생각할 수 있으니, 그렇게 된 이후에 그 사안에 대해 안정됨을 찾을 수 있다.

孔疏 ●"物有本末, 事有終始"者, 若於事得宜, 而天下萬物有本有末, 經營百事有終有始也.

번역 ●經文: "物有本末, 事有終始". ○만약 어떤 사안에 대해 합당함을 얻게 되면, 천하 만물에는 근본과 말단의 구분이 있게 되고, 모든 일을 경영하는 것에는 시작과 끝이 있게 된다는 뜻이다.

孔疏 ●"知所先後"者, 旣能如此, 天下百事萬物, 皆識知其先後也.

번역 ●經文: "知所先後". ○이미 이처럼 할 수 있다면, 천하의 모든 사안과 사물들이 먼저 해야 할 것과 뒤에 해야 할 것들을 알게 된다.

孔疏 ●"則近道矣"者, 若能行此諸事, 則附近於大道矣.

번역 ●經文: "則近道矣". ○만약 이러한 여러 가지 사안들을 시행할 수 있다면 대도(大道)에 가깝게 된다.

集註 程子曰: 親, 當作新.

번역 정자가 말하길, '재친민(在親民)'에서의 '친(親)'자는 마땅히 '신(新)'자로 기록해야 한다.

集註 大學者, 大人之學也. 明, 明之也. 明德者, 人之所得乎天, 而虛靈不昧, 以具衆理而應萬事者也. 但爲氣稟所拘, 人欲所蔽, 則有時而昏; 然其本體之明, 則有未嘗息者. 故學者當因其所發而遂明之, 以復其初也. 新者, 革其舊之謂也, 言旣自明其明德, 又當推以及人, 使之亦有以去其舊染之汚也. 止者, 必至於是而不遷之意. 至善, 則事理當然之極也. 言明明德·新民, 皆當至於至善之地而不遷. 蓋必其有以盡夫天理之極, 而無一毫人欲之私也. 此三者, 大學之綱領也.

번역 '대학(大學)'은 대인의 학문을 뜻한다. '명(明)'자는 밝힌다는 뜻이다. '명덕(明德)'은 사람이 하늘로부터 얻은 것으로 비어 있는 것 같으면서도 영묘하며 어둡지 않아서 모든 이치를 갖추고서 모든 사안에 응하는 것이다. 다만 품수 받은 기질에 구애를 받고 인욕에 가려지게 되면 때로 어둡게 될 적도 있지만 그 본체의 밝음은 일찍이 그친 적이 없다. 그렇기 때문에 배우는 자는 마땅히 발현하는 것에 따라서 마침내 그것을 밝게 드러내어 최초 품수 받은 상태를 회복해야만 한다. '신(新)'자는 옛 것을 바꾼다는 뜻이니, 스스로 자신의 명덕을 밝혔다면 또한 그것을 미루어서 남에게까지 영향을 미쳐 그로 하여금 이전에 물든 더러움을 제거토록 해야 한다는 뜻이다. '지(止)'자는 반드시 이러한 경지에 도달하여 그곳에서 다른 곳으로 옮겨가지 말아야 한다는 뜻이다. '지선(至善)'은 사리의 지극히 마땅한 것이다. 즉 명덕을 밝히고 백성을 새롭게 만드는 것은 모두 지극히 선한 경지에 도달하여 다른 곳으로 옮기지 말아야 한다는 뜻이다. 이처럼 하게 된다면 천리의 지극함을 다하게 될 것이며 추호라도 인욕의 삿됨이 없게 될 것이다. 이 세 가지는 바로 「대학」편의 강령에 해당한다.

集註 后, 與後同, 後放此.

번역 '후(后)'자는 후(後)자와 동일하니, 뒤에 나오는 글자도 이와 같다.

集註 止者, 所當止之地, 卽至善之所在也. 知之, 則志有定向. 靜, 謂心不妄動. 安, 謂所處而安. 慮, 謂處事精詳. 得, 謂得其所止.

번역 '지지(知止)'에서의 '지(止)'자는 마땅히 그쳐야 할 곳이니, 지극한 선이 있는 곳에 해당한다. 이것을 안다면 뜻에 고정적으로 향하는 방향이 있게 된다. '정(靜)'자는 마음이 망령스럽게 움직이지 않는다는 뜻이다. '안(安)'자는 머문 곳에서 편안하다는 뜻이다. '여(慮)'자는 사안을 처리함에 정밀하고 상세하다는 뜻이다. '득(得)'자는 그칠 바를 얻었다는 뜻이다.

集註 明德爲本, 新民爲末. 知止爲始, 能得爲終. 本始所先, 末終所後. 此結上文兩節之意.

번역 명덕(明德)은 근본이 되고 신민(新民)은 말단이 된다. 지지(知止)

는 시작이 되고 능득(能得)은 끝이 된다. 근본과 시작은 먼저 해야 할 것이며 말단과 끝은 이후에 해야 할 것이다. 이 문장은 앞의 두 문단의 뜻을 결론 맺은 것이다.

그림 1-1 ■ 천자의 오학(五學)

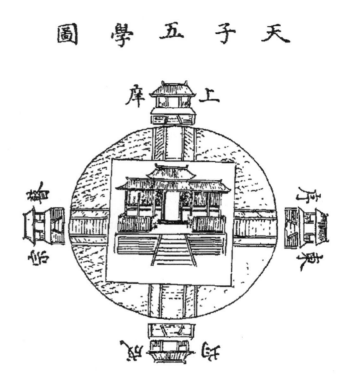

천자의 오학(五學)
◎ 중앙의 학교는 벽옹(辟雍)

※ **출처:**『가산도서(家山圖書)』

● 그림 1-2 ◨ 제후의 반궁(泮宮: =頖宮)

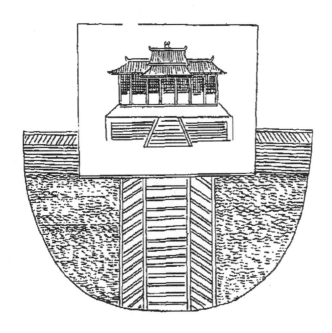

※ **출처:** 『가산도서(家山圖書)』

경(經) 1장-4

【1859下】

古之欲明明德於天下者, 先治其國. 欲治其國者, 先齊其家. 欲齊其家者, 先脩其身. 欲脩其身者, 先正其心. 欲正其心者, 先誠其意. 欲誠其意者, 先致其知.

직역 古의 天下에 明德을 明하고자 欲하는 者는 先히 그 國을 治한다. 그 國을 治하고자 欲하는 者는 先히 그 家를 齊한다. 그 家를 齊하고자 欲하는 者는 先히 그 身을 脩한다. 그 身을 脩하고자 欲하는 者는 先히 그 心을 正한다. 그 心을 正하고자 欲하는 者는 先히 그 意를 誠한다. 그 意를 誠하고자 欲하는 者는 先히 그 知를 致한다.

의역 고대에는 천하(天下)에 밝은 덕을 밝히고자 했던 자는 먼저 그 국(國)을 다스렸다. 국(國)을 다스리고자 했던 자는 먼저 그 가(家)를 다스렸다. 가(家)를 다스리고자 했던 자는 먼저 자기 자신을 다스렸다. 자신을 다스리고자 했던 자는 먼저 그 마음을 올바르게 했다. 마음을 올바르게 하고자 했던 자는 먼저 그 뜻을 정성스럽게 했다. 뜻을 정성스럽게 하고자 했던 자는 먼저 그 지(知)를 지극히 했다.

鄭注 知, 謂知善惡吉凶之所終始也.

번역 '지(知)'자는 선악과 길흉의 시작됨과 끝남을 안다는 뜻이다.

釋文 其知如字, 徐音智, 下"致知"同.

번역 '其知'에서의 '知'자는 글자대로 읽으며, 서음(徐音)은 '智(지)'이고, 아래문장에 나오는 '致知'에서의 '知'자도 그 음이 이와 같다.

孔疏 ●"古之欲明明德於天下"者, 前章言大學之道在明德·親民·止善, 覆說止善之事旣畢, 故此經明明德之理.

번역 ●經文: "古之欲明明德於天下". ○앞에서는 대학의 도가 덕을 밝히고 백성들을 친근하게 대하며 지극한 선에 머무는데 달려 있다고 언급했고, 재차 지극한 선에 머무는 사안을 설명했다. 그 설명이 끝났기 때문에 이곳 경문에서는 덕을 밝히는 이치를 나타낸 것이다.

孔疏 ●"先治其國"者, 此以積學能爲明德盛極之事, 以漸到. 今本其初, 故言欲章明己之明德, 使徧於天下者, 先須能治其國.

번역 ●經文: "先治其國". ○학문을 쌓아서 명덕을 융성하고 극대하게 만들 수 있는 사안은 점진적으로 도달하게 된다는 뜻이다. 현재 이 구문은 그 시작되는 것에 근본을 하고 있기 때문에, 자신의 명덕을 밝혀서 천하에 두루 펼치고자 하는 자는 먼저 그 국(國)을 다스려야만 한다고 언급한 것이다.

孔疏 ●"欲治其國者", 先齊其家也.

번역 ●經文: "欲治其國者". ○먼저 그 가(家)를 다스려야 한다는 뜻이다.

孔疏 ●"欲齊其家者, 先脩其身", 言若欲齊家, 先須脩身也.

번역 ●經文: "欲齊其家者, 先脩其身". ○만약 그 가(家)를 다스리고자 한다면, 우선적으로 제 자신을 다스려야만 한다는 뜻이다.

孔疏 ●"欲脩其身者, 先正其心", 言若欲脩身, 必先正其心也.

번역 ●經文: "欲脩其身者, 先正其心". ○만약 제 자신을 다스리고자 한다면, 반드시 그 보다 앞서서 그 마음을 올바르게 해야만 한다는 뜻이다.

孔疏 ●"欲正其心者, 先誠其意"者, 總包萬慮謂之爲心, 情所意念謂之意. 若欲正其心使無傾邪, 必須先至誠在於憶念也. 若能誠實其意, 則心不傾邪也.

번역 ●經文: "欲正其心者, 先誠其意". ○모든 생각을 총망라한 것을 '심(心)'이라고 하며, 정(情)을 통해 떠올리고 생각하는 것을 '의(意)'라고 부른다. 만약 그 마음을 올바르게 하여 기울거나 삿됨이 없게끔 하고자 한다면, 반드시 그 보다 앞서서 지극한 정성을 생각 속에 갖추어야만 한다. 그리고 만약 그 뜻을 정성스럽고 성실하게 할 수 있다면, 마음은 기울거나 삿되지 않게 된다.

孔疏 ●"欲誠其意者, 先致其知"者, 言欲精誠其己意, 先須招致其所知之事, 言初始必須學習, 然後乃能有所知曉其成敗, 故云"先致其知"也.

번역 ●經文: "欲誠其意者, 先致其知". ○자신의 뜻을 정밀하게 하며 정성스럽게 하고자 한다면, 그 보다 앞서서 알고 있는 사안을 이르게 해야만 한다는 뜻이니, 즉 최초 시작을 할 때 반드시 학습을 해야만 하고, 그렇게 된 이후에야 그 성패에 대해서 깨닫게 되는 점이 있을 수 있다는 뜻이다. 그렇기 때문에 "먼저 그 지(知)를 지극히 한다."라고 말한 것이다.

참고 구문비교

예기·대학 古之欲明明德於天下者, 先治其國. 欲治其國者, 先齊其家. 欲齊其家者, 先脩其身. 欲脩其身者, 先正其心. 欲正其心者, 先誠其意. 欲誠其意者, 先致其知.

회남자·전언훈(詮言訓) 能有天下者, 必不失其國. 能有其國者, 必不喪其家. 能治其家者, 必不遺其身. 能脩其身者, 必不忘其心. 能原其心者, 必不虧其性. 能全其性者, 必不惑於道.

【1859下】

致知在格物.

직역 知를 致함은 物을 格함에 在한다.

의역 앎을 지극히 하는 것은 사물을 불러오는데 달려있다.

鄭注 格, 來也. 物, 猶事也. 其知於善深則來善物, 其知於惡深則來惡物, 言事緣人所好來也. 此"致"或爲"至".

번역 '격(格)'자는 "오다[來]."는 뜻이다. '물(物)'자는 '사(事)'자와 같다. 선에 대해 아는 것이 깊다면 선한 사물을 불러오고, 악에 대해 아는 것이 깊다면 악한 사물을 불러오니, 사람들이 선호하는 것에 따라서 그 사안이 도래하게 된다는 뜻이다. 이곳 기록에 나타난 '치(致)'자를 다른 판본에서는 '지(至)'자로도 기록한다.

釋文 格, 古百反. 好, 呼報反.

번역 '格'자는 '古(고)'자와 '百(백)'자의 반절음이다. '好'자는 '呼(호)'자와 '報(보)'자의 반절음이다.

孔疏 ●"致知在格物", 此經明初以致知, 積漸而大至明德. 前經從盛以本初, 此經從初以至盛, 上下相結也.

번역 ●經文: "致知在格物". ○이곳 경문에서는 최초의 사안을 나타내며 지(知)를 지극히 한다고 하여, 점진적으로 쌓아가서 명덕(明德)에 성대하게 도달한다고 했다. 앞의 경문은 그 융성함에 따라서 최초의 사안에 근본을 둔다고 했고, 이곳 경문에서는 최초의 사안에 따라서 융성함에 이른다고 했으니, 앞뒤의 문장이 서로 결합된다.

孔疏 ●"致知在格物"者, 言若能學習招致所知. 格, 來也. 己有所知, 則能在於來物. 若知善深則來善物, 知惡深則來惡物. 言善事隨人行善而來應之, 惡事隨人行惡亦來應之. 言善惡之來緣人所好也.

번역 ●經文: "致知在格物". ○학습을 잘하면 아는 것을 불러올 수 있다는 뜻이다. '격(格)'자는 "오다[來]."는 뜻이다. 본인이 아는 바가 있다면 사물을 불러올 수 있다. 만약 선에 대해서 깊이 안다면 선한 사물을 불러오게 되고, 악에 대해서 깊이 안다면 악한 사물을 불러오게 된다. 즉 선한 사안은 사람이 선을 시행하는 것에 따라 감응하여 도래하고, 악한 사안은 사람이 악을 시행하는 것에 따라 또한 감응하여 도래한다는 뜻이다. 선악이 도래하는 것은 사람이 선호하는 것에 달려 있다는 의미이다.

集註 治, 平聲, 後放此.

번역 '治'자는 평성으로 읽으니, 뒤에 나오는 글자도 이와 같다.

集註 明明德於天下者, 使天下之人皆有以明其明德也. 心者, 身之所主也. 誠, 實也. 意者, 心之所發也. 實其心之所發, 欲其必自慊而無自欺也. 致, 推極也. 知, 猶識也. 推極吾之知識, 欲其所知無不盡也. 格, 至也. 物, 猶事也. 窮至事物之理, 欲其極處無不到也. 此八者, 大學之條目也.

번역 천하에 명덕을 밝히려고 하는 것은 천하 사람들로 하여금 모두가 자신의 명덕을 밝힐 수 있게 하는 것이다. '심(心)'은 자기 몸을 주제하는 것이다. '성(誠)'자는 성실하다는 뜻이다. '의(意)'는 마음에서 발현하는 것이다. 마음에서 발현하는 것을 성실히 하여 반드시 스스로 만족하며 스스로를 속이고자 함이 없게끔 하는 것이다. '치(致)'자는 미루어 지극히 하는 것이다. '지(知)'자는 식(識)자와 같다. 나의 지식을 미루어 지극히 해서 아는 바에 다하지 않음이 없게끔 하고자 하는 것이다. '격(格)'자는 이른다는 뜻이다. '물(物)'자는 일을 뜻한다. 사물의 이치를 지극히 하여 지극한 바에 도달하지 못한 것이 없게끔 하고자 하는 것이다. 이 여덟 가지는 「대학」편의 조목에 해당한다.

경(經) 1장-5 · 6 · 7; 전(傳) 4장-2; 전(傳) 5장

【1859下】

物格而后知至, 知至而后意誠, 意誠而后心正, 心正而后身脩,
身脩而后家齊, 家齊而后國治, 國治而后天下平. 自天子以至
於庶人, 壹是皆以脩身爲本, 其本亂而末治者否矣. 其所厚者
薄, 而其所薄者厚, 未之有也. 此謂知本, 此謂知之至也.

직역 物이 格한 后에 知가 至하며, 知가 至한 后에 意가 誠하고, 意가 誠한
后에 心이 正하며, 心이 正한 后에 身이 脩하고, 身이 脩한 后에 家가 齊하며, 家가
齊한 后에 國이 治하고, 國이 治한 后에 天下가 平이라. 天子로 自하여 庶人에 至까
지, 壹是히 皆히 身을 脩함을 本으로 爲하니, 그 本이 亂하고 末이 治한 者는 否라.
그 厚한 所의 者에 薄하고, 그 薄한 所의 者에 厚함은 未히 有라. 此를 本을 知라
謂하고, 此를 知의 至라 謂한다.

의역 사물이 도래한 이후에야 지(知)가 지극해지며, 지(知)가 지극해진 이후에
야 뜻이 정성스럽게 되고, 뜻이 정성스럽게 된 이후에야 마음이 올바르게 되며,
마음이 올바르게 된 이후에야 몸이 다스려지고, 몸이 다스려진 이후에야 가(家)가
다스려지며, 가(家)가 다스려진 이후에야 국(國)이 다스려지고, 국(國)이 다스려진
이후에야 천하(天下)가 평안해진다. 천자로부터 서인에 이르기까지 전적으로 이러
한 것들을 시행하는데, 모두들 자기 다스리는 것을 근본으로 삼으니, 그 근본이
문란하게 되었는데 말단이 다스려지는 자는 없다. 그리고 후하게 대해야 할 것에
박하게 하고, 박하게 대해야 할 것에 후하게 하는 자는 없었다. 이것을 근본을 안다
고 부르며, 이것을 지(知)의 지극함이라고 부른다.

鄭注 壹是, 專行是也.

번역 '일시(壹是)'는 전적으로 이것을 시행한다는 뜻이다.

釋文 治, 國治, 並直吏反, 下同.

번역 '治'자와 '國治'에서의 '治'자는 모두 '直(직)'자와 '吏(리)'자의 반절음이며, 아래문장에 나오는 글자도 그 음이 이와 같다.

孔疏 ●"物格而后知至"者, 物旣來, 則知其善惡所至. 善事來, 則知其至於善; 若惡事來, 則知其至於惡. 旣能知至, 則行善不行惡也.

번역 ●經文: "物格而后知至". ○사물이 이미 도래하였다면, 그 선악이 미친 것에 대해 알게 된다. 선한 사안이 도래하였다면 그것이 선에 이른 것을 알게 되고, 만약 악한 사안이 도래하였다면 그것이 악에 이른 것을 알게 된다. 이미 지(知)가 지극하게 되었다면, 선을 시행하고 악을 시행하지 않게 된다.

孔疏 ●"知至而后意誠", 旣能知至, 則意念精誠也.

번역 ●經文: "知至而后意誠". ○이미 지(知)가 지극해졌다면, 뜻과 생각이 정밀해지고 정성스럽게 된다.

孔疏 ●"意誠而后心正"者, 意能精誠, 故能心正也.

번역 ●經文: "意誠而后心正". ○뜻이 정밀하고 정성스러울 수 있다면, 마음을 올바르게 할 수 있다.

孔疏 ●"國治而后天下平"者, 則上"明明德於天下", 是以自天子至庶人皆然也.

번역 ●經文: "國治而后天下平". ○앞에서 "천하에 명덕을 밝힌다."고

했던 사안에 해당하니, 이러한 까닭으로 천자로부터 서인에 이르기까지 모두 이처럼 하는 것이다.

孔疏 ●"壹是皆以脩身爲本"者, 言上從天子, 下至庶人, 貴賤雖異, 所行此者專一, 以脩身爲本. 上言誠意·正心·齊家·治國, 今此獨云"脩身爲本"者, 細則1)雖異, 其大略皆是脩身也.

번역 ●經文: "壹是皆以脩身爲本". ○위로는 천자로부터 아래로는 서인에 이르기까지 신분의 등급에 비록 차이가 있지만, 이러한 일들을 시행하는 측면에서는 모두가 한결같이 따르니, 자신을 다스리는 것을 근본으로 삼게 된다. 앞에서는 뜻을 정성스럽게 하며, 마음을 올바르게 하고, 가(家)를 다스리며, 국(國)을 다스린다고 했는데, 이곳에서는 유독 "자기 다스리는 것을 근본으로 삼는다."라고만 말했다. 그 이유는 세부적인 측면에서는 비록 차이가 있지만, 대체적으로는 이 모두가 자신을 다스리는 일에 해당하기 때문이다.

孔疏 ●"其本亂而末治者否矣", 本亂, 謂身不脩也. 末治, 謂國家治也. 言己身旣不脩, 而望家國治者否矣. 否, 不也. 言不有此事也.

번역 ●經文: "其本亂而末治者否矣". ○근본이 문란하다는 것은 자신을 다스리지 못했다는 뜻이다. 말단이 다스려졌다는 것은 국(國)과 가(家)가 다스려졌다는 뜻이다. 자신을 이미 다스리지 못했는데, 가(家)와 국(國)이 다스려지기를 바라는 것은 있을 수 없다. '부(否)'자는 불(不)자의 뜻이다. 즉 이러한 일은 없다는 의미이다.

孔疏 ●"其所厚者薄, 而其所薄者厚, 未之有也"者, 此覆說"本亂而末治否

---

1) '즉(則)'자에 대하여. 『십삼경주소(十三經注疏)』 북경대 출판본에서는 "『고문(考文)』에서 인용하고 있는 송(宋)나라 때의 판본에서는 동일하게 기록하고 있으며, 『민본(閩本)』·『감본(監本)』·『모본(毛本)』에서는 '별(別)'자로 기록하였다."라고 했다.

矣"之事也. 譬若與人交接, 應須敦厚以加於人. 今所厚之處, 乃以輕薄, 謂以
輕薄待彼人也.

번역 ●經文: "其所厚者薄, 而其所薄者厚, 未之有也". ○이곳 문장은
"근본이 문란하고 말단이 다스려지는 일은 없다."는 사안을 재차 설명한
말이다. 예를 들어 다른 사람과 교류를 하게 되면, 마땅히 상대에게 후덕함
과 돈독함을 베풀어야만 한다. 그런데 현재 후덕하게 대해야 할 대상에 대
해서 가볍고 박한 것으로써 대하고 있으니, 이것은 가볍고 박한 것으로 상
대방을 대한다는 의미이다.

孔疏 ●"其所薄者厚", 謂己旣與彼輕薄, 欲望所薄之處以厚重報己, 未有
此事也. 言己以厚施人, 人亦厚以報己也. 若己輕薄施人, 人亦輕薄報己, 言事
厚之與薄皆以身爲本也.

번역 ●經文: "其所薄者厚". ○본인이 이미 상대방에 대해서 가볍고 박
하게 대했는데, 박하게 대한 대상이 후덕하고 중대한 예법으로 자신에게
보답하기를 바란다는 뜻이니, 이러한 일은 없었다는 의미이다. 즉 자신이
후덕함으로 남에게 베푼다면, 남 또한 후덕함으로 자신에게 보답한다는 의
미이다. 만약 자신이 남에게 가볍고 박하게 베푼다면, 남 또한 자신에게
가볍고 박한 것으로 보답하게 되니, 즉 그 사안이 후하게 되거나 박하게
됨은 모두 자신을 근본으로 삼는다는 뜻이다.

孔疏 ●"此謂知本, 此謂知之至也"者, 本, 謂身也. 旣以身爲本, 若能自知
其身, 是"知本"也, 是知之至極也.

번역 ●經文: "此謂知本, 此謂知之至也". ○'본(本)'자는 자기 자신을 뜻
한다. 이미 자신을 근본으로 삼으니, 만약 제 스스로 자신에 대해 알 수
있다면, 이것은 "근본을 안다."는 것에 해당하니, 지(知)의 지극함에 해당하
는 것이다.

集註 治, 去聲, 後放此.

번역 '治'자는 거성으로 풀이하니, 뒤에 나오는 글자들도 이와 같다.

集註 物格者, 物理之極處無不到也. 知至者, 吾心之所知無不盡也. 知旣盡, 則意可得而實矣, 意旣實, 則心可得而正矣. 脩身以上, 明明德之事也. 齊家以下, 新民之事也. 物格知至, 則知所止矣. 意誠以下, 則皆得所止之序也.

번역 '물격(物格)'은 사물의 이치에 있어 지극한 것이 이르지 않음이 없는 것이다. '지지(知至)'는 내 마음이 아는 것 중에 극진하지 않음이 없는 것이다. 지식이 이미 극진해졌다면 뜻은 성실해질 수 있고, 뜻이 이미 성실해졌다면 마음은 올바르게 될 수 있다. 자신을 수양한다는 일로부터 그 앞의 사안은 명덕을 밝히는 일에 해당한다. 가(家)를 가지런히 한다는 일로부터 그 이하의 사안은 백성을 새롭게 하는 일에 해당한다. 물격(物格)과 지지(知至)는 그칠 바를 아는 것이다. 뜻을 성실히 하는 것으로부터 그 이하의 사안은 모두 그칠 바를 얻는 순서이다.

集註 壹是, 一切也. 正心以上, 皆所以脩身也. 齊家以下, 則擧此而措之耳.

번역 '일시(壹是)'는 일체(一切)를 뜻한다. 마음을 바르게 한다는 것으로부터 그 앞의 사안은 모두 자신을 수양하는 것이다. 가(家)를 가지런히 한다는 것으로부터 그 이하의 사안은 이것을 들어 그곳에 둔 것일 뿐이다.

集註 本, 謂身也. 所厚, 謂家也. 此兩節結上文兩節之意.

번역 '본(本)'자는 자신을 뜻한다. 두터이 하는 곳은 바로 가(家)를 뜻한다. 이 두 구절은 앞의 두 구절의 뜻을 결론 맺은 것이다.

集註 右經一章, 蓋孔子之言, 而曾子述之.

번역 여기까지는 경(經) 1장으로, 아마도 공자의 말을 증자가 조술한 것 같다.

集註 凡二百五字.

번역 총 205자이다.

集註 其傳十章, 則曾子之意而門人記之也. 舊本頗有錯簡, 今因程子所定, 而更考經文, 別爲序次如左.

번역 뒤에 나오는 전(傳) 10개 장은 증자의 뜻을 문인들이 기록한 것이다. 옛 판본에는 착간이 되어 있어 이곳에서는 정자가 바로잡은 것에 따르고 다시 경문의 뜻을 고찰하여 별도로 순서를 정하길 이후의 배열처럼 하였다.

集註 凡千五百四十六字.

번역 총 1,546자이다.

集註 凡傳文, 雜引經傳, 若無統紀, 然文理接續, 血脈貫通, 深淺始終, 至爲精密. 熟讀詳味, 久當見之, 今不盡釋也.

번역 전(傳)의 기록에서는 경문과 전문을 뒤섞어 인용하여 일관된 줄기가 없는 것 같지만, 문맥이 서로 연결되어 혈맥이 관통하고 있어서 깊음과 얕음 및 시작과 끝이 지극히 정밀하다. 열심히 읽어 그 의미를 깊이 음미하면 오랜 기간이 지나 그 묘리를 확인할 수 있을 것이니, 여기에서는 이 모두를 해석하지 않겠다.

集註 程子曰: 衍文也.

번역 경문의 '차위지본(此謂知本)'에 대하여. 정자가 말하길, 이것은 연문이다.

集註 此句之上別有闕文, 此特其結語耳.

번역 경문의 '차위지지지야(此謂知之至也)'에 대하여. 이 구문 앞에는 별도로 빠진 글이 있는 것이며, 이 구문은 단지 그 결론에 해당할 따름이다.

참고 『대학장구』 전(傳)-5장, 보망장(補亡章)

경문 此謂知之至也.

번역 이것을 지식이 지극하다고 부른다.

集註 此句之上別有闕文, 此特其結語耳.

번역 이 구문 앞에는 별도로 빠진 글이 있는 것이며, 이 구문은 단지 그 결론에 해당할 따름이다.

集註 右傳之五章, 蓋釋格物·致知之義, 而今亡矣.

번역 여기까지는 전(傳) 5장에 해당하니, 아마도 격물(格物)과 치지(致知)의 뜻을 풀이한 것이지만, 현재는 망실되어 기록이 없다.

集註 此章舊本通下章, 誤在經文之下.

번역 이 문장은 옛 판본에 아래 문장들과 함께 경문 밑에 잘못 수록되어 있었다.

集註 間嘗竊取程子之意以補之曰: 所謂致知在格物者, 言欲致吾之知, 在卽物而窮其理也. 蓋人心之靈莫不有知, 而天下之物莫不有理, 惟於理有未窮, 故其知有不盡也. 是以大學始敎, 必使學者卽凡天下之物, 莫不因其已知之理而益窮之, 以求至乎其極. 至於用力之久, 而一旦豁然貫通焉, 則衆物之表裏精粗無不到, 而吾心之全體大用無不明矣. 此謂物格, 此謂知之至也.

번역 　내 일찍이 정자의 뜻을 취하였으니, 이를 통해 없어진 기록을 보충하겠다. 이른바 지식을 지극히 하는 것이 사물의 이치를 연구함에 있다는 것은 내 지식을 지극히 하고자 한다면 사물에 나아가 그 이치를 연구하는 데 달려있다는 뜻이다. 사람의 마음에 있는 영묘함은 앎을 갖추지 않은 것이 없고, 천하의 사물은 이치를 갖추지 않은 것이 없다. 다만 이치에 있어서 끝까지 연구하지 못함이 있기 때문에 지식에 있어서도 극진하지 못한 점이 발생한다. 이러한 까닭으로 대학에서 처음 가르칠 때에는 반드시 배우는 자들로 하여금 천하의 모든 사물에 나아가 자신이 이미 알고 있는 이치에 따라 더욱 철저히 연구하여 지극한 지점에 이름을 구하지 않음이 없게끔 해야 한다. 이처럼 힘을 다해 노력하길 지속하면 하루아침에 환하게 트여 그 이치를 관통하게 되니, 이처럼 한다면 모든 사물의 겉과 속 또 정밀하고 거친 것들에 있어서도 이르지 못할 것이 없게 되고, 내 마음의 온전한 본체와 큰 작용에 있어서도 밝지 못한 것이 없게 된다. 이것이 바로 '물격(物格)'이라는 것이며, 이것이 바로 '지지지(知之至)'라는 것이다.

■ 그림 3-1　▣ 공자(孔子)

先　聖　別　像

※ 출처:『삼재도회(三才圖會)』「인물(人物)」4권

그림 3-2 ◉ 증자(曾子)

※ **출처:** 『삼재도회(三才圖會)』「인물(人物)」 4권

• 제 **4** 절 •

전(傳) 6장-1 · 2

【1859下~1860上】

所謂誠其意者, 毋自欺也, 如惡惡臭, 如好好色, 此之謂自謙. 故君子必愼其獨也. 小人閒居爲不善, 無所不至, 見君子而后厭然揜其不善, 而著其善. 人之視己, 如見其肺肝然, 則何益矣? 此謂誠於中形於外, 故君子必愼其獨也.

직역　그 意를 誠이라 謂한 所의 者자는 自欺가 毋니, 惡臭를 惡함과 如하고, 好色을 好함과 如하니, 此를 自謙이라 謂한다. 故로 君子는 必히 그 獨을 愼이라. 小人은 閒히 居에 不善을 爲하며, 不至한 所가 無하고, 君子를 見한 后에 厭然히 그 不善함을 揜하고, 그 善함을 著한다. 人이 己를 視함은 그 肺肝을 見함이 然함과 如하니, 이면, 何히 益이리오? 此를 中에 誠함이 外에 形이라 謂하니, 故로 君子는 必히 그 獨을 愼이라.

의역　이른바 그 뜻을 정성스럽게 한다는 것은 제 스스로 속이는 일이 없는 것이니, 마치 악취를 싫어하는 것처럼 하고 아름다운 용모를 좋아하는 것처럼 하는 것으로, 이것을 제 스스로 만족한다고 부른다. 그렇기 때문에 군자는 반드시 혼자 있을 때 신중히 거처한다. 소인이 한가롭게 거처할 때에는 불선을 행하여 하지 못할 짓이 없는데, 군자를 본 이후에야 황급히 자신의 불선함을 감추고 선함을 드러내려고 한다. 타인이 자신을 보는 것은 마치 자신의 폐나 간을 보는 것과 같으니, 그렇다면 소인의 행동이 어떤 도움이 되겠는가? 이러한 것들을 그 내면을 정성스럽게 하여 외면으로 드러난다고 부른다. 그렇기 때문에 군자는 반드시 혼자 있을 때 신중히 거처하는 것이다.

鄭注 謙, 讀爲慊, 慊之言厭也. 厭, 讀爲黶, 黶, 閉藏貌也.

번역 '겸(謙)'자는 겸(慊)자로 풀이하니, '겸(慊)'자는 "만족하다[厭]."는 뜻이다. '염연(厭然)'에서의 '염(厭)'자는 염(黶)자로 풀이하니, '염(黶)'자는 가리고 숨기는 모습을 뜻한다.

釋文 毋音無. 惡惡, 上烏路反, 下如字. 臭, 昌救反. 好好, 上呼報反, 下如字. 謙, 依注讀爲慊, 徐苦簟反. 閒音閑. 厭, 讀爲黶, 烏斬反, 又烏簟反. 揜, 於檢反. 著, 張慮反, 注同. 肺, 芳廢反. 肝音干. 言厭, 於琰反, 一音於步反.

번역 '毋'자의 음은 '無(무)'이다. '惡惡'에서 앞의 '惡'자는 '烏(오)'자와 '路(로)'자의 반절음이며, 뒤의 '惡'자는 글자대로 읽는다. '臭'자는 '昌(창)'자와 '救(구)'자의 반절음이다. '好好'에서 앞의 '好'자는 '呼(호)'자와 '報(보)'자의 반절음이며, 뒤의 '好'자는 글자대로 읽는다. '謙'자는 정현의 주에 따르면 '慊'자로 풀이하니, 서음(徐音)은 '苦(고)'자와 '簟(점)'자의 반절음이다. '閒'자의 음은 '閑(한)'이다. '厭'자는 '黶'자로 풀이하니, '烏(오)'자와 '斬(참)'자의 반절음이며, 또한 '烏(오)'자와 '簟(점)'자의 반절음이다. '揜'자는 '於(오)'자와 '檢(검)'자의 반절음이다. '著'자는 '張(장)'자와 '慮(려)'자의 반절음이며, 정현의 주에 나오는 글자도 그 음이 이와 같다. '肺'자는 '芳(방)'자와 '廢(폐)'자의 반절음이다. '肝'자의 음은 '干(간)'이다. '言厭'에서의 '厭'자는 '於(어)'자와 '琰(염)'자의 반절음이며, 다른 음은 '於(어)'자와 '步(보)'자의 반절음이다.

孔疏 ●"所謂誠其意"者, 自此以下, 至"此謂知本", 廣明誠意之事. 此一節明誠意之本, 先須愼其獨也.

번역 ●經文: "所謂誠其意". ○이곳 구문으로부터 그 이하의 문장 중 "이것을 근본을 안다고 부른다."[1]라는 것에 이르기까지는 뜻을 정성스럽

---

1) 『예기』「대학」【1867上】: 此謂知本.

게 하는 사안을 폭넓게 설명하고 있다. 이곳 문단은 뜻을 정성스럽게 만드는 근본은 우선적으로 혼자 있을 때 신중히 해야만 하는 것임을 나타내고 있다.

孔疏 ●"毋自欺也", 言欲精誠其意, 無自欺誑於身, 言於身必須誠實也.

번역 ●經文: "毋自欺也". ○그 뜻을 정밀하고 정성스럽게 만들고자하여, 제 자신에 대해서 스스로 속이는 일이 없게끔 한다는 뜻이니, 자신에 대해서 반드시 정성스럽고 성실해야만 한다는 의미이다.

孔疏 ●"如惡惡臭"者, 謂臭穢之氣, 謂見此惡事人嫌惡之, 如人嫌臭穢之氣, 心實嫌之, 口不可道矣.

번역 ●經文: "如惡惡臭". ○더러운 냄새를 맡는다는 뜻이니, 이처럼 악한 사안을 보게 되면 사람들이 혐오하게 되는데, 이것은 마치 사람들이 더러운 냄새를 싫어하는 것처럼 하여, 마음이 진실로 혐오하여 입으로 이루 다 말할 수 없는 것과 같다는 뜻이다.

孔疏 ●"如好好色"者, 謂見此善事而愛好之, 如以人好色, 心實好之, 口不可道矣. 言誠其意者, 見彼好事・惡事, 當須實好・惡之, 不言而自見, 不可外貌詐作好・惡, 而內心實不好・惡也. 皆須誠實矣.

번역 ●經文: "如好好色". ○이처럼 선한 일을 보고 좋아하는 것이 마치 사람의 보기 좋은 용모를 마음이 진실로 좋아하여 입으로 이루 다 말할 수 없는 것과 같다는 뜻이다. 즉 그 뜻을 정성스럽게 하는 것은 상대방의 좋은 일과 악한 일을 보고, 마땅히 진실로 좋아하고 미워해야 하는 것으로, 말을 하지 않아도 제 스스로 드러나므로, 외적으로 거짓으로 좋거나 나쁘게 꾸밀 수 없고, 내적인 마음으로도 진실로 좋아하지 않거나 미워하지 않을 수가 없다는 의미이다. 그러므로 이 모두에 대해서는 정성스럽고 성실해야만 하는 것이다.

孔疏 ●"此之謂自謙"者, 謙, 讀如慊, 慊然安靜之貌. 心雖好·惡而口不言, 應自然安靜也.

번역 ●經文: "此之謂自謙". ○'겸(謙)'자는 겸(慊)자로 풀이하니, 만족스럽고 안정적인 모습을 뜻한다. 마음이 비록 좋아하고 싫어하여 입으로 이루 다 말을 할 수 없지만, 마땅히 자연스럽게 안정된다는 의미이다.

孔疏 ●"見君子而后厭然, 揜其不善, 而著其善"者, 謂小人獨居, 無所不爲, 見君子而後乃厭然閉藏其不善之事, 宣著所行善事也.

번역 ●經文: "見君子而后厭然, 揜其不善, 而著其善". ○소인은 홀로 거처할 때 하지 못할 짓이 없는데, 군자를 본 이후에는 황급하게 자신의 불선한 일들을 숨기고, 시행한 것이 선안 일에 해당함을 드러내려고 한다는 뜻이다.

孔疏 ●"人之視己, 如見其肺肝然, 則何益矣"者, 言小人爲惡, 外人視之, 昭然明察矣, 如見肺肝然.

번역 ●經文: "人之視己, 如見其肺肝然, 則何益矣". ○소인이 악함을 시행하면 외부 사람이 그것을 살펴보고 확연하게 관찰하게 되니, 마치 폐와 간을 보듯이 훤히 안다는 뜻이다.

孔疏 ●"則何益矣"者, 言小人爲惡, 外人視之, 昭然明察矣, 如見肺肝, 雖暫時揜藏, 言何益矣.

번역 ●經文: "則何益矣". ○소인이 악함을 시행하면 외부 사람이 그것을 보고 확연하게 관찰하게 되니, 마치 폐와 간을 들여다보는 것과 같은데, 비록 갑작스럽게 가린다고 하더라도 어떤 도움이 되겠느냐는 뜻이다.

孔疏 ●"此謂誠於中形於外"者, 言此小人旣懷誠實惡事於中心, 必形見於外, 不可揜藏.

번역　●經文: "此謂誠於中形於外". ○이러한 소인은 진실로 그 마음속에 악한 사안을 품고 있으므로, 반드시 겉으로 드러나게 되어 가릴 수 없다는 뜻이다.

孔疏　◎注"謙讀爲慊". ○正義曰: 以經義之理, 言作謙退之字. 旣無謙退之事, 故讀爲慊, 慊, 不滿之貌, 故又讀爲厭, 厭, 自安靜也. 云"厭讀爲黶", 黶爲黑色, 如爲閉藏貌也.

번역　◎鄭注: "謙讀爲慊". ○경문에 기록된 글자에 따르면 겸손하게 물러난다는 글자로 기록되어 있다. 그런데 그 사안에 겸손하게 물러난다는 일 자체가 없기 때문에 겸(慊)자로 풀이한 것이니, '겸(慊)'자는 넘치지 않는 모습을 뜻한다. 그렇기 때문에 또한 염(厭)자로 풀이한 것으로, '염(厭)'자는 제 스스로 편안하고 고요하다는 뜻이다. 정현이 "'염(厭)'자는 염(黶)자로 풀이한다."라고 했는데, '염(黶)'자는 검은색을 뜻하니, 마치 닫고 가리는 모습과 같은 것이다.

集註　惡・好上字, 皆去聲. 謙讀爲慊, 苦劫反.

번역　'惡'자와 '如好好色'에서의 앞의 '好'자는 모두 거성으로 읽는다. '謙'자는 '慊'자로 풀이하니 '苦(고)'자와 '劫(겁)'자의 반절음이다.

集註　誠其意者, 自脩之首也. 毋者, 禁止之辭. 自欺云者, 知爲善以去惡, 而心之所發有未實也. 謙, 快也, 足也. 獨者, 人所不知而己所獨知之地也. 言欲自脩者知爲善以去其惡, 則當實用其力, 而禁止其自欺. 使其惡惡則如惡惡臭, 好善則如好好色, 皆務決去, 而求必得之, 以自快足於己, 不可徒苟且以殉外而爲人也. 然其實與不實, 蓋有他人所不及知而己獨知之者, 故必謹之於此以審其幾焉.

번역　"그 뜻을 성실히 한다."는 말은 스스로를 수양하는 것의 처음이 된다. '무(毋)'자는 금지사이다. '자기(自欺)'라고 한 말은 선을 시행하고 악을 제거해야 함을 알지만 마음에서 발현한 것 중에 아직 성실하지 못한 점이 있는 것이다. '겸(謙)'자는 유쾌하다는 뜻이며 만족한다는 뜻이다. '독(獨)'은 남들은 모르고 자신만 알고 있는 곳이다. 스스로 수양하고자 하는 자는 선을 시행하고 악을 제거해야 함을 알았다면, 마땅히 실질적으로 그 힘을 써서 스스로를 속이는 일을 막아야 한다는 뜻이다. 그래서 악함을 미워하는 것을 악취를 싫어하는 것처럼 하고 선을 좋아하는 것을 좋은 용모를 좋아하는 것처럼 하여, 모든 일에 결단하고 제거하는데 힘쓰고 구하여 반드시 얻으니, 이를 통해 스스로 자신에게 만족하고 구차하게도 외적인 것에 따라 남을 위해서만 행동해서는 안 된다. 그러나 성실함과 성실하지 못함은 남들은 알지 못하고 자신만 아는 데 있다. 그렇기 때문에 반드시 홀로 있을 때 조심하여 그 기미를 살펴야 한다는 뜻이다.

集註 閒, 音閑. 厭, 鄭氏讀爲黶.

번역 '閒'자의 음은 '閑(한)'이다. '厭'자를 정현은 '黶(염)'자로 풀이했다.

集註 閒居, 獨處也. 厭然, 消沮閉藏之貌. 此言小人陰爲不善, 而陽欲揜之, 則是非不知善之當爲與惡之當去也; 但不能實用其力以至此耳. 然欲揜其惡而卒不可揜, 欲詐爲善而卒不可詐, 則亦何益之有哉! 此君子所以重以爲戒, 而必謹其獨也.

번역 '한거(閒居)'는 홀로 있을 때를 뜻한다. '염연(厭然)'은 사라지며 막히고 닫고 감추는 모습을 뜻한다. 이것은 소인은 속으로는 불선을 행하고 겉으로는 그것을 가리고자 하니, 선은 마땅히 시행해야 하고 악은 마땅히 제거해야 함을 모르는 것은 아니지만, 실질적으로 그 힘을 사용할 수 없어서 이러한 지경에 이른 것일 따름이다. 그러나 악은 가리고자 해도 끝내 가릴 수 없고, 선을 시행한다고 거짓으로 나타내려고 해도 끝내 속일 수가 없으니, 또한 무슨 이로움이 있겠는가! 이것이 군자가 거듭 경계하여 반드시 홀로 있을 때 조심하라고 했던 뜻이다.

참고 구문비교

예기·대학 所謂誠其意者, 毋自欺也, 如惡惡臭, 如好好色, 此之謂自謙. 故君子必愼其獨也.

예기·대학 小人閒居爲不善, 無所不至, 見君子而后厭然揜其不善, 而著其善. 人之視己, 如見其肺肝然, 則何益矣? 此謂誠於中形於外, 故君子必愼其獨也.

예기·예기(禮器) 禮之以少爲貴者, 以其內心也. 德産之致也精微, 觀天下之物無可以稱其德者, 如此則得不以少爲貴乎? 是故君子愼其獨也.

예기·중용(中庸) 莫見乎隱, 莫顯乎微, 故君子愼其獨也.

회남자·무칭훈(繆稱訓) 夫察所夜行, 周公慚乎景, 故君子愼其獨也.

【1860上】

曾子曰, “十目所視, 十手所指, 其嚴乎?” 富潤屋, 德潤身, 心廣體胖, 故君子必誠其意.

직역 曾子가 曰, “十目이 視한 所이고, 十手가 指한 所이니, 그 嚴인져?” 富는 屋을 潤하고, 德은 身을 潤하니, 心이 廣하고 體가 胖이라, 故로 君子는 必히 그 意를 誠이라.

의역 증자는 “열 사람의 눈이 살펴보고 열 사람의 손이 가리키는 바이니, 외경하지 않을 수 있겠는가?”라고 했다. 부유함이 집을 윤택하게 하듯이 덕은 자신을 윤택하게 하니, 마음이 관대하고 넓다면 몸이 커진다. 그렇기 때문에 군자는 반드시 그 뜻을 정성스럽게 한다.

鄭注 嚴乎, 言可畏敬也. 胖, 猶大也. 三者, 言有實於內, 顯見於外.

번역 ‘엄호(嚴乎)’는 외경할 만하다는 뜻이다. ‘반(胖)’자는 “크다[大].”는 뜻이다. 이 세 가지는 내면에 성실함이 있으면 겉으로 드러나게 된다는 뜻이다.

釋文 胖, 步丹反, 注及下同. 見, 賢遍反.

번역 ‘胖’자는 ‘步(보)’자와 ‘丹(단)’자의 반절음이며, 정현의 주 및 아래 문장에 나오는 글자도 그 음이 이와 같다. ‘見’자는 ‘賢(현)’자와 ‘遍(편)’자의 반절음이다.

孔疏　●“曾子曰: 十目所視”者, 此經明君子脩身, 外人所視, 不可不誠其意. 作記之人, 引曾子之言以證之.

번역　●經文: “曾子曰: 十目所視”. ○이곳 경문에서는 군자가 자신을 수양하는 것은 외부 사람이 살펴보는 점이니, 그 뜻을 정성스럽게 하지 않을 수 없다는 뜻을 나타내고 있다. 『예기』를 기록한 자는 증자의 말을 인용하여 그 뜻을 증명하였다.

孔疏　●“十目所視, 十手所指”者, 言所指・視者衆也. 十目, 謂十人之目, 十手, 謂十人之手也.

번역　●經文: “十目所視, 十手所指”. ○가리키고 살펴보는 자들이 많다는 뜻이다. ‘십목(十目)’은 열 사람의 눈을 뜻하고, ‘십수(十手)’는 열 사람의 손을 뜻한다.

孔疏　●“其嚴乎”者, 旣視者及指者皆衆, 其所畏敬, 可嚴憚乎.

번역　●經文: “其嚴乎”. ○이미 살펴보는 자와 가리키는 자가 모두 많으므로, 외경해야 하는 대상에 대해서 두려워할만 하지 않겠는가.

孔疏　●“富潤屋, 德潤身”者, 此言二句爲喩也. 言家若富, 則能潤其屋, 有金玉又華飾見於外也.

번역　●經文: “富潤屋, 德潤身”. ○여기에서는 이러한 두 구문을 기록해서 비유를 든 것이다. 즉 집안이 만약 부유하다면 그 가옥을 윤택하게 할 수 있으니, 금이나 옥 등이 있고 또 화려한 장식이 겉으로 드러난다는 의미이다.

孔疏　●“德潤身”者, 謂德能霑潤其身, 使身有光榮見於外也.

번역 ●經文: "德潤身". ○덕은 그 몸을 윤택하게 하여, 제 스스로 외적으로 광택이 나도록 한다는 뜻이다.

孔疏 ●"心廣體胖"者, 言內心寬廣, 則外體胖大, 言爲之於中, 必形見於外也.

번역 ●經文: "心廣體胖". ○내적인 마음이 관대하며 넓다면 외적인 몸이 커진다는 뜻이다. 내면에서 이러한 것들을 시행하면 반드시 겉으로 드러난다는 뜻이다.

孔疏 ●"故君子必誠其意"者, 以有內見於外, 必須精誠其意, 在內心不可虛也.

번역 ●經文: "故君子必誠其意". ○내적인 면이 외적으로 드러나니, 반드시 그 뜻을 정밀하고 정성스럽게 해야 하므로, 내적인 마음에 대해서 헛되이 할 수 없다는 뜻이다.

集註 引此以明上文之意. 言雖幽獨之中, 而其善惡之不可揜如此, 可畏之甚也.

번역 이러한 말을 인용해서 앞 문장의 뜻을 나타낸 것이다. 비록 그윽하고 홀로 있는 가운데라도 이처럼 선악을 가릴 수 없으니, 매우 두려울 만하다는 뜻이다.

集註 胖, 步丹反.

번역 '胖'자는 '步(보)'자와 '丹(단)'자의 반절음이다.

集註 胖, 安舒也. 言富則能潤屋矣, 德則能潤身矣, 故心無愧怍, 則廣大寬平, 而體常舒泰, 德之潤身者然也. 蓋善之實於中而形於外者如此, 故又言此以結之.

번역 '반(胖)'자는 편안하게 펴진다는 뜻이다. 부유하게 되면 집을 윤택하게 만들 수 있고, 덕을 갖추면 자신을 윤택하게 할 수 있다. 그렇기 때문에 마음에 부끄러워할 만한 점이 없다면 광대하고 관대하며 고르게 되고 몸은 항상 펴지고 커지니, 덕이 몸을 윤택하게 함이 이러하다는 뜻이다. 선함이 마음에서 성실하게 쌓이면 외적으로 이와 같이 드러나게 된다. 그렇기 때문에 재차 이러한 말을 해서 결론을 맺은 것이다.

集註 右傳之六章, 釋誠意.

번역 여기까지는 전(傳) 6장에 해당하니, 성의(誠意)의 뜻을 풀이한 것이다.

集註 經曰, "欲誠其意, 先致其知." 又曰, "知至而后意誠." 蓋心體之明有所未盡, 則其所發必有不能實用其力, 而苟焉以自欺者. 然或已明而不謹乎此, 則其所明又非己有, 而無以爲進德之基. 故此章之指, 必承上章而通考之, 然後有以見其用力之始終, 其序不可亂而功不可闕如此云.

번역 경문에서는 "그 뜻을 성실히 하고자 한다면 우선적으로 그 지식을 지극히 해야 한다."라고 했고, 또 "지식이 지극해진 뒤에야 뜻이 성실하게 된다."라고 했다. 마음 본체의 밝음에 미진한 점이 있다면 발현하는 것도 분명 실질적으로 그 힘을 쓸 수 없어서 구차하게도 스스로를 속이는 경우가 생긴다. 그러나 이미 밝혔다 하더라도 이러한 점에 조심하지 않는다면 드러난 것 또한 자신의 소유가 아니므로 덕을 진작시키는 기초로 삼을 수 없다. 그렇기 때문에 이 장에서 나타낸 뜻은 앞 장의 뜻을 연결하여 통괄적으로 상고해야 하니, 그런 뒤에야 힘을 쓸 수 있는 처음과 끝을 볼 수 있다. 그렇기 때문에 그 순서는 어지럽힐 수 없고, 노력 또한 빠트릴 수 없음이 이와 같다고 말한 것이다.

전(傳) 3장-4

【1860上~下】

詩云, "瞻彼淇澳, 菉竹猗猗. 有斐君子, 如切如磋, 如琢如磨1). 瑟兮僩兮, 赫兮喧兮. 有斐君子, 終不可諠兮." "如切如磋"者, 道學也. "如琢如磨"者, 自脩也. "瑟兮僩兮"者, 恂慄也. "赫兮喧兮"者, 威儀也. "有斐君子, 終不可諠2)兮"者, 道盛德至善, 民之不能忘也.

직역 詩에서는 云, "彼히 淇澳을 瞻한데, 菉竹이 猗猗로다. 斐한 君子가 有한데, 切과 如하며 磋와 如하고, 琢과 如하며 磨와 如라. 瑟하며 僩하며, 赫하며 喧이라. 斐한 君子가 有한데 終히 諠히 不可라." "切와 如하며 磋와 如라"는 學을 道라. "琢과 如하며 磨와 如라"는 自히 脩라. "瑟하며 僩하다"는 恂慄이라. "赫하며 喧하다"는 威儀이다. "斐한 君子가 有한데, 終히 諠히 不可라"는 盛德과 至善을 民이 忘을 不能함을 道라.

의역 『시』에서는 "저 기수의 굽어진 물기슭을 보니, 왕추(王芻)와 편죽(篇竹)

---

1) '여절여차여탁여마(如切如磋如琢如磨)'에 대하여. 『십삼경주소(十三經注疏)』 북경대 출판본에서는 "각 판본에서는 동일하게 기록하고 있으며, 『석경(石經)』도 동일하게 기록하였으며, 『경전석문(經典釋文)』에는 '차(磋)'자가 '차(瑳)'자로 기록되어 있으며, '여마(如摩)'라고 나오며, '판본에 따라서 또한 마(摩)자를 마(磨)자로 기록하기도 한다.'"라고 했다.

2) '훤(諠)'자에 대하여. 『십삼경주소(十三經注疏)』 북경대 출판본에서는 "혜동(惠棟)의 『교송본(校宋本)』과 『석경(石經)』・『송감본(宋監本)』・『악본(岳本)』・『가정본(嘉靖本)』 및 위씨(衛氏)의 『집설(集說)』에도 동일하게 기록되어 있다. 『민본(閩本)』에는 누락되어 있고, 『감본(監本)』・『모본(毛本)』에는 '훤(諼)'자로 기록하였다."라고 했다.

이 아름답고도 무성하구나. 격식과 문채를 갖춘 군자여, 끊는 듯하며 가는 듯하며, 쪼는 듯하며 연마하는 듯하구나. 엄숙하고 굳세며, 빛나고 찬란하도다. 격식과 문채를 갖춘 군자여, 끝내 잊을 수가 없구나."라고 했다. "끊는 듯하며 가는 듯하다." 는 말은 학문을 말한 것이다. "쪼는 듯하며 연마하는 듯하다."는 말은 스스로를 수양한다는 뜻이다. "엄숙하고 굳세다."는 말은 준엄하고 떨리게 함을 말한 것이다. "빛나고 찬란하다."는 말은 위엄스러운 거동을 말한 것이다. "격식과 문채를 갖춘 군자여, 끝내 잊을 수가 없다."는 말은 융성한 덕과 지극한 선을 백성들이 잊을 수 없음을 말한 것이다.

鄭注 此"心廣體胖"之詩也. 澳, 隈崖也. "菉竹猗猗", 喩美盛. 斐, 有文章貌也. 諠, 忘也. 道猶言也. 恂, 字或作"峻", 讀如嚴峻之"峻", 言其容貌嚴栗也. 民不能忘, 以其意誠而德著也.

번역 이것은 "마음이 관대하고 넓다면 몸이 커진다."[1]는 뜻을 나타내는 시이다. '욱(澳)'자는 굽어 있는 물기슭을 뜻한다. "왕추와 편죽이 의의(猗猗)하다."는 말은 아름답고 무성함을 비유한다. '비(斐)'자는 격식과 문채를 갖춘 모습을 뜻한다. '훤(諠)'자는 "잊다[忘]."는 뜻이다. '도(道)'자는 "말하다[言]."는 뜻이다. '순(恂)'자는 그 자형을 준(峻)자로도 기록하는데, 엄준하다고 할 때의 '준(峻)'자로 풀이하니, 모습과 행동거지가 엄격하다는 뜻이다. 백성들이 잊을 수 없는 것은 그의 뜻이 정성스럽고 덕이 드러났기 때문이다.

釋文 淇音其. 澳, 本亦作奧, 於六反, 本又作隩, 一音烏報反. 菉音綠. 猗, 於宜反. 斐, 芳尾反, 一音匪, 文章貌. 磋, 七何反. 琢, 丁角反. 摩, 本亦作磨, 末何反. 爾雅云: "骨曰切, 象曰磋, 玉曰琢, 石曰磨." 僩, 下板反, 又胡板反. 赫, 許百反. 喧, 本亦作咺, 況晩反. 諠, 許袁反, 詩作諼, 或作喧, 音同. 恂, 依注音峻, 思俊反, 一音思旬反. 慄, 利悉反. 澳, 於六反. 隈, 烏迴反.

---

1)『예기』「대학」【1860上】: 曾子曰, "十目所視, 十手所指, 其嚴乎?" 富潤屋, 德潤身, 心廣體胖, 故君子必誠其意.

번역 '淇'자의 음은 '其(기)'이다. '澳'자는 판본에 따라서 또한 '奧'자로도 기록하니, '於(어)'자와 '六(륙)'자의 반절음이며, 판본에 따라서는 또한 '隩'자로도 기록하고, 다른 음은 '烏(오)'자와 '報(보)'자의 반절음이다. '菉'자의 음은 '綠(록)'이다. '猗'자는 '於(어)'자와 '宜(의)'자의 반절음이다. '斐'자는 '芳(방)'자와 '尾(미)'자의 반절음이며, 다른 음은 '匪(비)'인데, 격식과 문채를 갖춘 모습을 뜻한다. '磋'자는 '七(칠)'자와 '何(하)'자의 반절음이다. '琢'자는 '丁(정)'자와 '角(각)'자의 반절음이다. '摩'자는 판본에 따라서 또한 '磨'자로도 기록하니, '末(말)'자와 '何(하)'자의 반절음이다. 『이아』에서는 "짐승의 뼈 다듬는 것을 '절(切)'이라고 부르며, 상아 다듬는 것을 '차(磋)'라고 부르고, 옥 다듬는 것을 '탁(琢)'이라고 부르며, 돌 다듬는 것을 '마(磨)'라고 부른다."[2]라고 했다. '僩'자는 '下(하)'자와 '板(판)'자의 반절음이며, 또한 '胡(호)'자와 '板(판)'자의 반절음도 된다. '赫'자는 '許(허)'바와 '百(백)'자의 반절음이다. '喧'자는 판본에 따라서 또한 '咺'자로도 기록하는데, 그 음은 '況(황)'자와 '晩(만)'자의 반절음이다. '諠'자는 '許(허)'자와 '袁(원)'자의 반절음이며, 『시』에서는 '諼'자로 기록했고, 또한 '喧'자로도 기록하는데, 그 음은 동일하다. '恂'자는 정현의 주에 따르면 그 음은 '峻'이 되니, '思(사)'자와 '俊(준)'자의 반절음이며, 다른 음은 '思(사)'자와 '旬(순)'자의 반절음이다. '慄'자는 '利(리)'자와 '悉(실)'자의 반절음이다. '澳'자는 '於(어)'자와 '六(륙)'자의 반절음이다. '隈'자는 '烏(오)'자와 '迴(회)'자의 반절음이다.

孔疏 ●"詩云: 瞻彼淇澳"者, 此一經廣明誠意之事, 故引詩言學問 · 自新 · 顔色 · 威儀之事, 以證誠意之道也.

번역 ●經文: "詩云: 瞻彼淇澳". ○이곳 경문은 뜻을 정성스럽게 하는 사안을 폭넓게 나타내고 있다. 그렇기 때문에 『시』를 인용하여 학문, 스스로를 새롭게 하는 것, 안색을 갖추는 것, 위엄스러운 거동 등에 대한 사안을 말하고, 이를 통해 뜻을 정성스럽게 하는 도를 증명하였다.

---

2) 『이아』 「석기(釋器)」 : 金謂之鏤, 木謂之刻, <u>骨謂之切, 象謂之磋, 玉謂之琢, 石</u>
<u>謂之磨</u>.

孔疏 ●"瞻彼淇澳, 菉竹猗猗"者, 此詩·衛風·淇澳之篇, 衛人美武公之德也. 澳, 隈也. 菉, 王3)芻也. 竹, 萹4)竹也. 視彼淇水之隈曲之內, 生此菉之與竹, 猗猗然而茂盛, 以淇水浸潤故也. 言視彼衛朝之內, 上有武公之身, 道德茂盛, 亦蒙5)康叔之餘烈故也. 引之者, 證誠意之道.

번역 ●經文: "瞻彼淇澳, 菉竹猗猗". ○이 시는『시』「위풍(衛風)·기욱(淇澳)」편으로,6) 위나라 사람들이 무공의 덕을 찬미한 내용이다. '욱(澳)'은 굽어진 곳을 뜻한다. '녹(菉)'은 왕추(王芻)라는 식물을 뜻한다. '죽(竹)'은 편죽(萹竹)이라는 식물을 뜻한다. 저 기수(淇水)의 굽어진 곳 안쪽을 보니 이러한 왕추와 편죽이 생장하고 있는데 아름답고도 무성하게 자라나고 있으니 기수가 물기를 적셔주고 있기 때문이다. 즉 저 위나라 조정을 살펴보니 위로는 무공 본인이 있어 그의 도와 덕이 무성하니 이것은 또한 강숙이 남겨놓은 업적에 힘입었기 때문이라는 뜻이다. 이 시를 인용하여 뜻을 정성스럽게 하는 도를 증명하였다.

孔疏 ●"有斐君子"者, 有斐然文章之君子, 學問之益7)矣.

---

3) '왕(王)'자에 대하여. 『십삼경주소(十三經注疏)』북경대 출판본에서는 "혜동(惠棟)의『교송본(校宋本)』은 동일하게 기록하였고, 『민본(閩本)』·『감본(監本)』·『모본(毛本)』에서는 '옥(玉)'자로 잘못 기록하였다."라고 했다.

4) '편(萹)'자에 대하여. 『십삼경주소(十三經注疏)』북경대 출판본에서는 "『고문(考文)』에서 인용하고 있는 송(宋)나라 때의 판본에서는 동일하게 기록하였는데, 이 기록이 옳다. 『민본(閩本)』·『감본(監本)』에서는 '편(篇)'자로 기록하였는데, 이것은 잘못된 기록이며, 『모본(毛本)』에서는 '편(扁)'자로 기록하였다."라고 했다.

5) '몽(蒙)'자에 대하여. 『십삼경주소(十三經注疏)』북경대 출판본에서는 "혜동(惠棟)의『교송본(校宋本)』은 동일하게 기록하였고, 『민본(閩本)』·『감본(監本)』·『모본(毛本)』에서는 '본(本)'자로 기록하였다."라고 했다.

6) 『시』「위풍(衛風)·기욱(淇澳)」: 瞻彼淇奧, 綠竹猗猗. 有匪君子, 如切如磋, 如琢如磨. 瑟兮僩兮, 赫兮咺兮. 有匪君子, 終不可諼兮.

7) '익(益)'자에 대하여. 『십삼경주소(十三經注疏)』북경대 출판본에서는 "『민본(閩本)』과『고문(考文)』에서 인용하고 있는 송(宋)나라 때의 판본에서는 동일하게 기록하였고, 『감본(監本)』과『모본(毛本)』에서는 '성(盛)'자로 기록하였다."라고 했다.

번역 ●經文: "有斐君子". ○격식과 문채를 갖춘 군자가 있어 학문이 배양되었다는 뜻이다.

孔疏 ●"如切如磋"者, 如骨之切, 如象[8]之磋, 又能自脩也.

번역 ●經文: "如切如磋". ○뼈를 끊는 것 같고 상아를 가는 것 같으니, 또한 스스로를 수양할 수 있다는 뜻이다.

孔疏 ●"如琢如磨"者, 如玉之琢, 如石之磨也.

번역 ●經文: "如琢如磨". ○옥을 쪼는 것 같고 돌을 연마하는 것과 같다는 뜻이다.

孔疏 ●"瑟兮僴兮, 赫兮喧兮. 有斐君子, 終不可諠兮"者, 又瑟兮顔色矜莊, 僴然性行寬大, 赫然顔色盛美, 喧然威儀宣美[9], 斐然文章之君子, 民皆愛念之, 終久不可忘也. 諠, 忘也. 自此以上[10], 詩之本文也. 自此以下, 記者引爾雅而釋之.

번역 ●經文: "瑟兮僴兮, 赫兮喧兮. 有斐君子, 終不可諠兮". ○또한 엄숙하게도 안색이 장엄하고 굳건하게도 성품과 행실이 관대하며, 혁혁하게 안색이 융성하고 아름다우며 찬란하게도 위엄스러운 거동이 드러나고 아름다우니, 격식과 문채를 갖춘 군자를 백성들이 모두 사모하고 그리워하여,

---

8) '상(象)'자에 대하여. 『십삼경주소(十三經注疏)』 북경대 출판본에서는 "『고문(考文)』에서 인용하고 있는 송(宋)나라 때의 판본에서는 동일하게 기록하였고, 『민본(閩本)』·『감본(監本)』·『모본(毛本)』에서는 '각(角)'자로 기록하였다."라고 했다.
9) '미(美)'자에 대하여. 『십삼경주소(十三經注疏)』 북경대 출판본에서는 "위씨(衛氏)의 『집설(集說)』에는 '저(著)'자로 기록하였다."라고 했다.
10) '상(上)'자에 대하여. 『십삼경주소(十三經注疏)』 북경대 출판본에서는 "『민본(閩本)』과 혜동(惠棟)의 『교송본(校宋本)』에서는 동일하게 기록하였고, 『감본(監本)』과 『모본(毛本)』에서는 '하(下)'자로 잘못 기록하였다."라고 했다.

끝내 잊을 수 없다는 뜻이다. '훤(諠)'자는 "잊다[忘]."는 뜻이다. 이로부터 그 앞의 내용은『시』의 본문에 해당한다. 이로부터 그 이하의 내용은『예기』를 기록한 자가『이아』를 인용해서 풀이한 것이다.[11]

孔疏 ●"如切如磋者, 道學也"者, 論道其學矣.

번역 ●經文: "如切如磋者, 道學也". ○학문에 대해서 논의했다는 뜻이다.

孔疏 ●"如琢如磨者, 自脩也"者, 謂自脩飾矣, 言初習謂之學, 重習謂之脩, 亦謂詩本文互而相通也.

번역 ●經文: "如琢如磨者, 自脩也". ○스스로 수양하고 수식한다는 뜻이다. 즉 처음 익히는 것을 '학(學)'이라 부르고, 거듭 익히는 것을 '수(脩)'라고 부르니, 이 또한『시』의 본문과 상호 그 뜻을 드러내도록 하여 뜻이 통하도록 했다.

孔疏 ●"瑟兮僩兮者, 恂慄也"者, 恂, 讀爲"峻", 言顔色嚴峻戰慄也.

번역 ●經文: "瑟兮僩兮者, 恂慄也". ○'순(恂)'자는 준(峻)자로 풀이하니, 안색이 준엄하여 떨게 만든다는 뜻이다.

孔疏 ●"道盛德至善, 民之不能忘也", 謂善稱也.

번역 ●經文: "道盛德至善, 民之不能忘也". ○좋게 여겨 칭송한다는 뜻이다.

孔疏 ●"有斐君子, 終不可諠兮", 論道武公盛德至極美善, 人之愛念不能忘也.

---

11)『이아』「석훈(釋訓)」: "如切如磋", 道學也. "如琢如磨", 自修也. "瑟兮僩兮", 恂慄也. "赫兮烜兮", 威儀也. "有斐君子, 終不可諼兮", 道盛德至善, 民之不能忘也.

번역 ●經文: "有斐君子, 終不可諠兮". ○무공은 융성한 덕과 지극히 아름다운 선함을 가지고 있어서 사람들이 사모하며 잊을 수 없음을 논의한 것이다.

孔疏 ◎注"此心"至"著也". ○正義曰: "諠, 忘也", 釋訓文也. 云"道猶言也", 謂經中"道盛德至善", 恐爲道德之"道", 故云"道猶言也". 云"恂, 字或作峻, 讀如嚴峻之峻"者, 以經之"恂"字, 他本或作"峻"字, 故讀爲嚴峻之"峻". 詩箋云: "還爲恂也." 此記爲"赫兮喧兮", 詩經云"赫兮喧12)兮", 本不同也. 云"以其意誠而德著也", 以武公用意精誠德著於人, 人不忘也. 以經廣明誠意之事, 故鄭云"意誠而德著也".

번역 ◎鄭注: "此心"~"著也". ○정현이 "'훤(諠)'자는 '잊다[忘].'는 뜻이다."라고 했는데, 이것은 『이아』「석훈(釋訓)」편의 기록이다.13) 정현이 "'도(道)'자는 '말하다[言].'는 뜻이다."라고 했는데, 경문에 나오는 '도성덕지선(道盛德至善)'이라는 구문의 도(道)자를 도덕(道德)을 뜻하는 '도(道)'자로 오해할 것을 염려했기 때문에 "'도(道)'자는 '말하다[言].'는 뜻이다."라고 했다. 정현이 "'순(恂)'자는 그 자형을 준(峻)자로도 기록하는데, 엄준하다고 할 때의 '준(峻)'자로 풀이하니, 모습과 행동거지가 엄격하다는 뜻이다."라고 했는데, 경문에 나온 '순(恂)'자에 대해서 다른 판본에는 '준(峻)'자로 기록한 것도 있다. 그렇기 때문에 준엄하다고 할 때의 '준(峻)'자로 풀이한 것이다. 『시』의 전문에서는 "다시 순(恂)자가 된다."라고 했다. 이곳 『예기』에서는 '혁혜훤혜(赫兮喧兮)'로 기록했고, 『시』의 경문에서는 '혁혜훤혜(赫兮諠兮)'로 기록했는데, 판본이 동일하지 않기 때문이다. 정현이 "그의 뜻이 정성스럽고 덕이 드러났기 때문이다."라고 했는데, 무공은 뜻을 드러냄에 정성을 다했고 사람들에게 덕을 드러냈으니 사람들이 잊을 수 없게 되었다.

---

12) '훤(喧)'자에 대하여. 『십삼경주소(十三經注疏)』 북경대 출판본에서는 "『민본(閩本)』과 『모본(毛本)』에서는 동일하게 기록하였고, 『감본(監本)』에서는 '훤(諠)'자로 기록하였다."라고 했다.

13) 『이아』「석훈(釋訓)」: 蔑·諼, 忘也.

會弁如星. (회변여성) : 변(弁)에 매단 것이 별과 같구나.
瑟兮僩兮, (슬혜한혜) : 엄숙하고 관대함이여,
赫兮咺兮. (혁혜훤혜) : 밝은 덕 혁혁하게 드러나는구나.
有匪君子, (유비군자) : 문채가 나는 군자여,
終不可諼兮. (종불가훤혜) : 끝내 잊을 수가 없구나.

瞻彼淇奧, (첨피기욱) : 저 기수가 벼랑을 보니,
綠竹如簀. (녹죽여책) : 왕추와 편죽이 쌓여있구나.
有匪君子, (유비군자) : 문채가 나는 군자여,
如金如錫, (여금여석) : 금과 같고 주석과 같으며,
如圭如璧. (여규여벽) : 규(圭)와 같고 벽(璧)과 같구나.
寬兮綽兮, (관혜작혜) : 너그럽고 느긋함이여,
倚重較兮. (의중교혜) : 경대부의 수레에 의지하는구나.
善戲謔兮, (선희학혜) : 크고도 넓어서 단순한 농지거리가 아니니,
不爲虐兮. (불위학혜) : 모질지 않구나.

毛序 淇奧, 美武公之德也. 有文章, 又能聽其規諫, 以禮自防. 故能入相于周, 美而作是詩也.

모서 「기욱(淇奧)」편은 무공의 덕을 찬미한 시이다. 문채를 지니고 있으며, 또한 신하들의 올바른 간언을 받아들여서, 예법에 따라 스스로 방지를 하였다. 그렇기 때문에 주나라 왕실에 들어가 정사를 도왔으니, 그 일을 찬미하여 이 시를 지었다.

참고 『이아』「석기(釋器)」기록

경문 金謂之鏤, 木謂之刻, 骨謂之切, 象謂之磋, 玉謂之琢, 石謂之磨.

번역 쇠 다듬는 것을 '누(鏤)'라고 부르며, 나무 다듬는 것을 '각(刻)'이

라고 부르고, 짐승의 **뼈** 다듬는 것을 '절(切)'이라고 부르며, 상아 다듬는 것을 '차(磋)'라고 부르고, 옥 다듬는 것을 '탁(琢)'이라고 부르며, 돌 다듬는 것을 '마(磨)'라고 부른다.

郭注 六者皆治器之名.

번역 여섯 가지는 모두 기물을 다듬는다는 명칭이다.

邢疏 ●"金謂"至"之磨". ○釋曰: 郭云, "六者皆治器之名也", 則此謂治器加工而成之名也. 故論語注云: "切磋琢磨, 以成寶器", 是也.

번역 ●經文: "金謂"~"之磨". ○곽박[14]은 "여섯 가지는 모두 기물을 다듬는다는 명칭이다."라고 했으니, 이것은 기물을 다듬고 공정을 가해 완성시킨다는 명칭이 된다. 그렇기 때문에 『논어』에 대한 주에서는 "절(切)·차(磋)·탁(琢)·마(磨)는 이를 통해 보물을 완성하는 것이다."라고 했다.

참고 『이아』「석훈(釋訓)」 기록

경문 如切如磋, 道學也①. 如琢如磨, 自脩也②. 瑟兮僩兮, 恂慄也③. 赫兮烜兮, 威儀也④. 有斐君子, 終不可諼兮⑤. 道盛德至善, 民之不能忘也⑥.

번역 "끊는 듯하며 가는 듯하다."는 말은 학문을 말한 것이다. "쪼는 듯하며 연마하는 듯하다."는 말은 스스로를 수양한다는 뜻이다. "엄숙하고 굳세다."는 말은 준엄하고 떨리게 함을 말한 것이다. "빛나고 찬란하다."는 말은 위엄스러운 거동을 말한 것이다. "격식과 문채를 갖춘 군자여, 끝내

---

14) 곽박(郭璞, A.D.276 ~ A.D.324): =곽경순(郭景純). 진(晉)나라 때의 학자이다. 자(字)는 경순(景純)이다. 저서로는 『이아주(爾雅注)』, 『방언주(方言注)』, 『산해경주(山海經注)』 등이 있다.

잊을 수가 없다."는 말은 융성한 덕과 지극한 선을 백성들이 잊을 수 없음을 말한 것이다.

郭注-① 骨象須切磋而爲器, 人須學問以成德.

번역 짐승의 뼈와 상아는 끊고 갈아야만 기물을 만들 수 있는데, 사람도 학문을 통해야만 덕을 완성할 수 있다.

郭注-② 玉石之被琢磨, 猶人自修飾.

번역 옥과 돌은 쪼고 연마를 해야만 하니, 사람이 스스로를 수양하고 꾸미는 것과 같다.

郭注-③ 恒戰竦.

번역 항상 엄숙하고 떨리게 만드는 것이다.

郭注-④ 貌光宣.

번역 모습이 광채를 내며 드러나는 것이다.

郭注-⑤ 斐, 文貌.

번역 '비(斐)'는 문채를 갖춘 모습을 뜻한다.

郭注-⑥ 常思詠.

번역 항상 그리워하며 기린다는 뜻이다.

邢疏 ●"如切"至"忘也". ○釋曰: 此擧衛風·淇澳篇文以釋之也. 云"如切

如磋"者, 詩文也. 云"道學也"者, 作者以釋詩也. 道, 言也. 言人之學以成德, 如切磋骨象以成器. 毛傳云: "治骨曰切, 象曰磋, 道其學而成也." 故郭云: "骨象須切磋而爲器, 人須學問以成德." 云"如琢如磨"者, 詩文也. 云"自脩也"者, 釋之也. 言人自脩飾如琢磨玉石. 毛傳云: "治玉曰琢, 石曰磨, 聽其規諫以自脩, 如玉石之見琢磨." 郭云: "玉石之被雕磨, 猶人自脩飾." 云"瑟兮僩兮"者, 詩文也. "恂慄也"者, 釋之也, 謂嚴恂戰栗也. 故郭云"恒戰竦". 毛傳云: "瑟, 矜莊貌. 僩, 寬大貌." 是外貌莊嚴, 又內寬裕也. 云"赫兮烜兮"者, 詩文也. "威儀也"者, 釋之也. 言赫烜者, 容儀發揚之言, 故言"威儀也". 毛傳云: "赫, 有明德赫赫然. 烜, 威儀容止宣著也." 故郭云: "貌光宣." 云"有斐君子, 終不可諼兮"者, 詩文也. 云"道盛德至善, 民之不能忘也"者, 釋之也. 毛傳云: "斐, 文章貌. 諼, 忘也." 此道有斐然文章之君子, 盛德至善如此, 故民稱之, 常思詠, 終不能忘也. 按詩稱君子, 謂武公.

번역 ●經文: "如切"~"忘也". ○이것은 『시』「위풍(衛風)·기욱(淇澳)」편의 문장을 인용해서 풀이한 것이다. '여절여차(如切如磋)'는 『시』의 기록에 해당한다. '도학야(道學也)'는 이 글을 작성한 자가 『시』의 의미를 풀이한 것이다. '도(道)'자는 말한다는 뜻이다. 즉 사람은 학문을 통해 덕을 완성하게 됨을 말한 것으로, 짐승의 뼈와 상아를 끊고 갈아서 기물을 완성하는 것과 같다. 모씨의 전문에서는 "뼈 다듬는 것을 '절(切)'이라고 부르며 상아 다듬는 것을 '차(磋)'라고 부르는데, 학문을 통해 완성함을 말한다."라고 했다. 그렇기 때문에 곽박은 "짐승의 뼈와 상아는 끊고 갈아야만 기물을 만들 수 있는데, 사람도 학문을 통해야만 덕을 완성할 수 있다."라고 했다. '여탁여마(如琢如磨)'는 『시』의 기록에 해당한다. '자수야(自脩也)'는 시의 의미를 풀이한 것이다. 사람은 스스로 수양하고 꾸미기를 옥과 돌을 쪼고 연마하는 것처럼 해야 한다는 뜻이다. 모씨의 전문에서는 "옥 다듬는 것을 '탁(琢)'이라고 부르며 돌 다듬는 것을 '마(磨)'라고 부르는데, 바른 말로 올린 간언을 듣고서 스스로 가다듬기를 옥과 돌을 쪼고 연마하는 것처럼 해야 한다는 뜻이다."라고 했다. 그래서 곽박은 "옥과 돌은 쪼고 연마를 해야만 하니, 사람이 스스로를 수양하고 꾸미는 것과 같다."라고 했다. '슬혜한혜

(瑟兮僴兮)'는『시』의 기록에 해당한다. '순률야(恂慄也)'는 시의 의미를 풀이한 것이다. 장엄하고 엄숙하게 해서 사람들이 조심하며 떨게 만든다는 뜻이다. 그렇기 때문에 곽박은 "항상 엄숙하고 떨게 만드는 것이다."라고 했다. 모씨의 전문에서는 "슬(瑟)은 장엄한 모습을 뜻한다. '한(僴)'은 관대한 모습을 뜻한다."라고 했다. 이것은 외적인 모습이 장엄하면서도 내적으로는 관대하고 너그럽다는 것을 나타낸다. '혁혜훤혜(赫兮烜兮)'는『시』의 기록에 해당한다. '위의야(威儀也)'는 시의 의미를 풀이한 것이다. 혁(赫)과 훤(烜)은 용모와 행동거지가 훤히 드러나며 힘껏 드날린다는 뜻이다. 그렇기 때문에 "위엄스러운 거동을 말한다."라고 했다. 모씨의 전문에서는 "혁(赫)은 밝은 덕이 혁혁하게 드러남이 있다는 뜻이다. 훤(烜)은 위엄스러운 행동거지와 용모가 훤히 드러난다는 뜻이다."라고 했다. 그렇기 때문에 곽박은 "모습이 광채를 내며 드러나는 것이다."라고 했다. '유비군자종불가훤혜(有斐君子, 終不可諼兮)'는『시』의 기록에 해당한다. '도성덕지선민지불능망야(道盛德至善, 民之不能忘也)'는 시의 의미를 풀이한 것이다. 모씨의 전문에서는 "비(斐)는 격식과 문채가 갖춰진 모습이다. 훤(諼)은 잊는다는 뜻이다."라고 했다. 이것은 화려하게 격식과 문채를 갖춘 군자는 융성한 덕과 지극한 선이 이와 같기 때문에, 백성들이 그를 칭송하고 항상 그리워하며 기려서 끝내 잊을 수 없음을 말한다.『시』를 살펴보니 군자(君子)를 지칭했는데, 이는 무공을 가리킨다.

참고 『논어』「학이(學而)」기록

경문 子貢曰, "貧而無諂, 富而無驕, 何如?" 子曰, "可也①. 未若貧而樂, 富而好禮者也②." 子貢曰, "詩云'如切如磋, 如琢如磨', 其斯之謂與③?" 子曰, "賜也, 始可與言詩已矣, 告諸往而知來者④."

번역 자공이 "가난하지만 아첨하지 않고 부유하지만 교만하지 않으면 어떻습니까?"라고 물으니, 공자는 "괜찮다. 그러나 가난하면서도 도를 즐거워하고 부유하면서도 예를 좋아하는 자만 못하다."라고 했다. 자공은 "『시』에서 '끊는 듯하며 가는 듯하며, 쪼는 듯하며 연마하는 듯하다.'라고 했는데, 바로 이것을 두고 말한 것입니까?"라고 물으니, 공자는 "사야, 비로소 너와 함께 『시』를 말할 수 있겠구나. 이미 떠난 것을 일러주면 앞으로 올 것을 아는구나."

何注-① 孔曰: 未足多.

번역 공씨가 말하길, 아직은 부족하다는 뜻이다.

何注-② 鄭曰: 樂, 謂志於道, 不以貧爲憂苦.

번역 정씨가 말하길, 즐겁다는 것은 도에 뜻을 두어서 가난함을 근심하거나 고통스럽게 여기지 않는다는 뜻이다.

何注-③ 孔曰: 能貧而樂道, 富而好禮者, 能自切磋琢磨.

번역 공씨가 말하길, 가난하면서도 도를 즐거워하고 부유하면서도 예를 좋아하는 자는 스스로 끊고 갈며 쪼고 연마할 수 있다는 뜻이다.

何注-④ 孔曰: 諸, 之也. 子貢知引詩以成孔子義, 善取類, 故然之. 往, 告之以貧而樂道, 來, 答以切磋琢磨.

번역 공씨가 말하길, '저(諸)'자는 지(之)자의 뜻이다. 자공은 『시』를 인용하여 공자가 제시한 뜻을 완성하였으니, 비슷한 부류를 취한 것을 좋게 여겼다. 그렇기 때문에 그의 말을 인정해주었다. 간 것은 가난하면서도 도를 즐거워한다는 말을 일러주었다는 뜻이며, 올 것은 절차탁마로 대답을 했다는 뜻이다.

邢疏 ●"子貢曰"至"來者". ○正義曰: 此章言貧之與富皆當樂道自脩也.

번역 ●經文: "子貢曰"~"來者". ○이 문장은 가난하거나 부유한 자들이라 하더라도 모두 도를 즐거워하며 스스로를 수양해야 함을 뜻한다.

邢疏 ●"貧而無諂, 富而無驕, 何如"者, 乏財曰貧, 佞說爲諂, 多財曰富, 傲逸爲驕. 言人貧多佞說, 富多傲逸. 若能貧無諂佞, 富不驕逸, 子貢以爲善, 故問夫子曰: "其德行何如?"

번역 ●經文: "貧而無諂, 富而無驕, 何如". ○재물이 궁핍한 것을 '빈(貧)'이라고 부르며 아첨하는 것을 '첨(諂)'이라고 한다. 재물이 많은 것을 '부(富)'라고 부르며 거만하고 음탕한 것을 '교(驕)'라고 한다. 사람이 가난하게 되면 아첨하는 것이 대부분이고, 부유하게 되면 교만해지는 것이 대부분이다. 만약 가난하면서도 아첨하지 않고 부유하면서도 교만하지 않을 수 있다면, 자공은 이를 선하다고 여겼다. 그렇기 때문에 공자에게 질문을 하여 "그의 덕행은 어떠합니까?"라고 말한 것이다.

邢疏 ●"子曰可也"者, 此夫子答子貢也. 時子貢富, 志怠於學, 故發此問, 意謂不驕而爲美德, 故孔子抑之, 云: "可也." 言未足多.

번역 ●經文: "子曰可也". ○이것은 공자가 자공에게 답해준 말이다. 당시 자공은 부유하였지만 그의 뜻은 학문에 태만하였다. 그렇기 때문에 이러한 질문을 하게 된 것이니, 의도는 교만하지 않은 것은 아름다운 덕이 된다고 여겼다. 그래서 공자는 그 말을 억누르며 '가야(可也)'라고 했으니, 아직은 부족하다는 의미이다.

邢疏 ●"未若貧而樂, 富而好禮者也"者, 樂, 謂志於善道, 不以貧爲憂苦. 好, 謂閑習禮容, 不以富而倦略, 此則勝於無諂·無驕, 故云"未若", 言不如也.

번역 ●經文: "未若貧而樂, 富而好禮者也". ○즐겁다는 말은 선한 도에

뜻을 두어 가난함을 근심이나 고충으로 여기지 않는다는 뜻이다. 좋아한다
는 것은 틈틈이 예의범절을 익혀서, 부유함으로 인해 나태하거나 소략하게
되지 않는다는 뜻이다. 이처럼 한다면 아첨함이 없거나 교만함이 없는 것
보다 낫다. 그렇기 때문에 '미약(未若)'이라고 했으니, 그것만 못하다는 뜻
이다.

邢疏 ●"子貢曰: 詩云'如切如磋, 如琢如磨', 其斯之謂與"者, 子貢知師勸
己, 故引詩以成之. 此衛風・淇奧之篇, 美武公之德也. 治骨曰切, 象曰磋, 玉
曰琢, 石曰磨, 道其學而成也. 聽其規諫以自脩, 如玉石之見琢磨. 子貢言: 貧
而樂道, 富而好禮, 其此能切磋琢磨之謂與?

번역 ●經文: "子貢曰: 詩云'如切如磋, 如琢如磨', 其斯之謂與". ○자공
은 스승이 자신을 권면하려고 하는 뜻을 알아차렸다. 그렇기 때문에『시』를
인용하여 그 뜻을 완성시킨 것이다. 이것은『시』「위풍(衛風)・기욱(淇奧)」
편으로, 무공의 덕을 찬미한 시이다. 짐승의 뼈 다듬는 것을 '절(切)'이라고
부르고, 상아 다듬는 것을 '차(磋)'라고 부르며, 옥 다듬는 것을 '탁(琢)'이라
고 부르고, 돌 다듬는 것을 '마(磨)'라고 부르는데, 이것은 학문을 통해 덕을
완성시킨다는 뜻이다. 바른 말로 올린 간언을 듣고서 스스로 가다듬기를
옥과 돌을 쪼고 연마하는 것처럼 해야 한다는 뜻이다. 자공은 가난하면서
도 도를 좋아하고 부유하면서도 예를 좋아하는 것이 절차탁마를 할 수 있
다는 뜻이 아니냐고 말한 것이다.

邢疏 ●"子曰: 賜也, 始可與言詩已矣"者, 子貢知引詩以成孔子義, 善取
類, 故呼其名而然之.

번역 ●經文: "子曰: 賜也, 始可與言詩已矣". ○자공은『시』를 인용하여
공자의 뜻을 완성하였고, 비슷한 부류를 취한 것을 좋게 여겼다. 그렇기
때문에 그의 이름을 부르며 그러하다고 인정한 것이다.

邢疏 ●"告諸往而知來者"者, 此言可與言詩之意. 諸, 之也. 謂告之往以貧而樂道・富而好禮, 則知來者切磋琢磨, 所以可與言詩也.

번역 ●經文: "告諸往而知來者". ○이것은 함께『시』의 의미에 대해 말할 수 있다는 뜻이다. '저(諸)'자는 지(之)자의 뜻이다. 이전에 가난하면서도 도를 좋아하고 부유하면서도 예를 좋아한다는 사실을 일러주었는데, 일러주지 않았던 절차탁마에 대해 알았으니, 함께『시』를 말할 수 있다는 뜻이다.

集註 諂, 卑屈也. 驕, 矜肆也. 常人溺於貧富之中, 而不知所以自守, 故必有二者之病. 無諂無驕, 則知自守矣, 而未能超乎貧富之外也. 凡曰可者, 僅可而有所未盡之辭也. 樂則心廣體胖而忘其貧, 好禮則安處善, 樂循理, 亦不自知其富矣. 子貢貨殖, 蓋先貧後富, 而嘗用力於自守者, 故以此爲問. 而夫子答之如此, 蓋許其所已能, 而勉其所未至也.

번역 '첨(諂)'자는 비굴하게 군다는 뜻이다. '교(驕)'자는 과시하며 제멋대로 군다는 뜻이다. 일반인들은 가난함이나 부유함에 처하게 되면 스스로를 지키는 방법을 모른다. 그렇기 때문에 반드시 이러한 두 가지 병통이 발생한다. 아첨함이 없고 교만함이 없다는 것은 스스로 지키는 방법을 아는 것이다. 그러나 아직까지 가난함이나 부유함의 테두리를 벗어나지 못한 것이다. '가(可)'라고 말한 것은 겨우 괜찮기만 하며 미진한 점이 있다는 말이다. 즐거워하면 마음과 몸이 펴지고 넓어져서 가난함을 잊게 되며, 예를 좋아하면 선에 처하기를 편안하게 여기며 이치에 따르는 것을 즐거워하니, 또한 자신의 부유함에 대해서도 자각하지 않는 것이다. 자공은 재화를 잘 불렸는데, 이전에는 가난했다가 이후에 부유하게 된 자이지만 일찍이 스스로를 지키는데 노력했기 때문에 이러한 질문을 하게 되었다. 공자가 이처럼 대답을 해주었던 것은 그가 이미 잘하고 있는 것은 인정해준 것이지만, 아직 이르지 못한 것에 대해서는 독려했기 때문이다.

集註 詩衛風淇澳之篇, 言治骨角者, 旣切之而復磋之; 治玉石者, 旣琢之而復磨之; 治之已精, 而益求其精也. 子貢自以無諂無驕爲至矣, 聞夫子之言, 又知義理之無窮, 雖有得焉, 而未可遽自足也, 故引是詩以明之.

번역 이 시는 『시』「위풍(衛風)·기욱(淇澳)」편으로, 짐승의 뼈와 뿔을 가공하는 자는 이미 잘라놓은 것을 재차 갈게 된다. 또 옥과 돌을 가공하는 자는 이미 쪼아놓은 것을 재차 연마하게 된다. 가공한 것이 이미 정밀한데도 더욱 정밀하게 만들기를 추구하는 것이다. 자공 본인은 아첨함이 없고 교만함이 없는 것을 지극하다고 여겼는데, 공자의 말을 듣고서는 또한 의리가 무궁하여 비록 얻음이 있더라도 대번에 만족해서는 안 된다는 사실을 알았다. 그렇기 때문에 이러한 시를 인용하여 그 뜻을 밝힌 것이다.

集註 往者, 其所已言者. 來者, 其所未言者.

번역 '왕(往)'은 이미 말해준 것을 뜻한다. '내(來)'는 아직 말해주지 않은 것을 뜻한다.

集註 愚按: 此章問答, 其淺深高下, 固不待辨說而明矣. 然不切則磋無所施, 不琢則磨無所措. 故學者雖不可安於小成, 而不求造道之極致; 亦不可驚於虛遠, 而不察切己之實病也.

번역 내가 생각하기에, 이 문장의 질문과 답변 내용에 있어서, 얕고 깊음 또 높고 낮음에 대해서는 따로 변론하지 않아도 명확히 드러난다. 그러나 자르지 않는다면 가는 공정을 가할 수 없고, 쪼지 않는다면 연마하는 공정을 가할 수 없다. 그렇기 때문에 배우는 자는 비록 작은 이룸이 있더라도 그것을 편안하게 여겨서 도로 나아가는 궁극의 경지를 구하지 않아서는 안 되며, 또한 허무한 곳으로 달려가 자신의 실제 병통을 간절히 살피지 않아서도 안 된다.

참고 『순자』「대략(大略)」기록

원문 人之於文學也, 猶玉之於琢磨也. 詩曰, "如切如磋, 如琢如磨," 謂學問也. 和之璧・井里之厥也, 玉人琢之, 爲天子寶①. 子贛季路故鄙人也, 被文學, 服禮義, 爲天下列士. 學問不厭, 好士不倦, 是天府也②.

번역 사람이 글을 익히고 학문을 하는 것은 옥을 쪼고 연마하는 것과 같다. 『시』에서는 "끊는 듯하며 가는 듯하며, 쪼는 듯하며 연마하는 듯하다."라고 했는데 바로 학문을 뜻한다. 변화의 벽(璧)이나 정리의 궐석과 같은 것은 옥을 다듬는 자가 쪼아서 천자의 보물로 만든 것이다. 자공과 계로는 옛날 시골 사람에 지나지 않았는데, 글을 익히고 학문을 접하고 예의를 따른 뒤에는 천하의 명망 있는 선비가 되었다. 학문을 익히는데 싫증을 느끼지 않고 선비를 좋아함에 게을리 하지 않는 것은 바로 천부(天府)이다.

楊注-① 之璧, 楚人卞和所得之璧也. 井里, 里名. 厥也, 未詳. 或曰, 厥石也. 晏子春秋作井里之困也.

번역 '화지벽(和之璧)'은 초나라 사람인 변화가 습득한 벽(璧)이다. '정리(井里)'는 마을 이름이다. '궐야(厥也)'에 대해서는 자세히 알 수 없다. 혹자는 '궐석(厥石)'이라고 주장한다. 『안자춘추』에서는 '정리지곤(井里之困)'이라고 기록했다.

楊注-② 言所得多.

번역 얻은 것이 많다는 뜻이다.

◉ 그림 6-1 ▣ 위(衛)나라 세계도(世系圖) Ⅰ

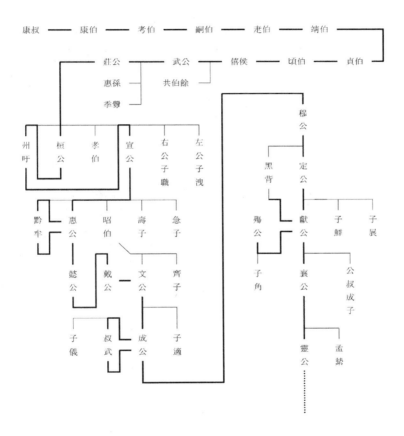

※ **출처:** 『역사(繹史)』1권 「역사세계도(繹史世系圖)」

◉ 그림 6-2 ▣ 오옥(五玉) : 황(璜)・벽(璧)・장(璋)・규(珪)・종(琮)

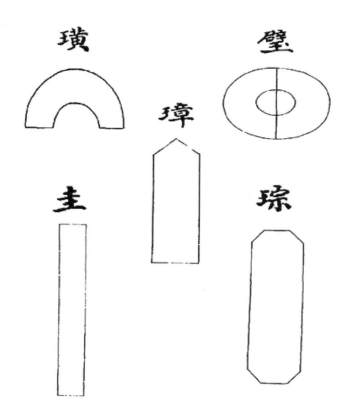

※ **출처:**『주례도설(周禮圖說)』하권

【1860下~1861上】

詩云, "於戲前王不忘." 君子賢其賢而親其親, 小人樂其樂而利其利, 此以沒世不忘也.

직역 詩에서 云, "於戲라 前王을 不忘이라." 君子는 그 賢을 賢하고 그 親을 親하며, 小人은 그 樂을 樂하고 그 利를 利하니, 此는 世를 沒로써 不忘이라.

의역 『시』에서는 "오호라 선대 성왕(聖王)을 잊지 못하겠구나."라고 했다. 즉 군자들은 성왕의 현명한 덕을 현명하게 여기고 성왕의 친애하는 덕을 친애하게 여겨 사모하고, 소인들은 성왕이 백성들을 즐겁게 만들어준 것을 즐겁게 여기고 성왕이 백성들을 이롭게 만들어준 것을 이롭게 여기니, 이러한 이유로 평생토록 잊지 못하는 것이다.

鄭注 聖人旣有親賢之德, 其政又有樂利於民. 君子小人, 各有以思之.

번역 성인은 이미 친애하면서도 현명한 덕을 갖추고 있어서, 그가 시행하는 정치 또한 백성들을 즐겁게 하고 이롭게 함이 있다. 군자와 소인은 각각 그를 사모함이 있다.

釋文 於音烏, 下"於緝熙"同. 戲, 好胡反, 徐范音義. 樂其樂, 並音岳, 又音洛, 注同.

번역 '於'자의 음은 '烏(오)'이며, 뒤에 나오는 '於緝熙'에서의 '於'자도 그

음이 이와 같다. '戱'자는 '好(호)'자와 '胡(호)'자의 반절음이며, 서음과 범음은 '義(의)'이다. '樂其樂'에서의 두 '樂'자는 그 음이 모두 '岳(악)'이며, 또한 그 음은 '洛(낙)'도 되고, 정현의 주에 나오는 글자도 그 음이 이와 같다.

孔疏 ●"詩云: 於戱前王不忘"者, 此一經廣明誠意之事. 此周頌・烈文之篇也, 美武王之詩. 於戱, 猶言嗚呼矣. 以文王・武王意誠於天下, 故詩人嘆美之云: 此前世之王, 其德不可忘也.

번역 ●經文: "詩云: 於戱前王不忘". ○이곳 경문은 뜻을 정성스럽게 하는 사안을 폭넓게 나타내고 있다. 이 시는『시』「주송(周頌)・열문(烈文)」편으로,1) 무왕을 찬미한 시이다. '오희(於戱)'는 오호(嗚呼)라고 말하는 것과 같다. 문왕과 무왕은 천하에 대해 그 뜻이 정성스러웠기 때문에 시를 지은 자가 탄미를 하여, 이전 세대의 제왕에 대해 그 덕을 잊을 수 없다고 말한 것이다.

孔疏 ●"君子賢其賢而親其親"者, 言2)後世貴重之, 言君子皆美此前王能賢其賢人而親其族親也.

번역 ●經文: "君子賢其賢而親其親". ○후세에서 존귀하고 중대하게 여긴다는 뜻이다. 즉 군자는 모두들 이전 제왕이 현명한 자를 현명하게 여길 수 있었고, 친족을 친애할 수 있었던 것을 찬미한다는 의미이다.

孔疏 ●"小人樂其樂而利其利"者, 言後世卑賤小人, 美此前王能愛樂其所樂, 謂民之所樂者, 前王亦愛樂之. "利其利"者, 能利益其人之所利, 民爲利者,

---

1) 『시』「주송(周頌)・열문(烈文)」: 烈文辟公, 錫茲祉福. 惠我無疆, 子孫保之. 無封靡于爾邦, 維王其崇之. 念茲戎功, 繼序其皇之. 無競維人, 四方其訓之. 不顯維德, 百辟其刑之. 於乎前王不忘.
2) '언(言)'자에 대하여.『십삼경주소(十三經注疏)』북경대 출판본에서는 "『민본(閩本)』・『감본(監本)』・『모본(毛本)』에서는 동일하게 기록하였고, 혜동(惠棟)의『교송본(校宋本)』에는 이 글자가 없다."라고 했다.

前王亦利益之. 言前王施爲政敎, 下順人情, 不奪人之所樂·利之事, 故云"小人樂其樂而利其利"也.

번역 ●經文: "小人樂其樂而利其利". ○후세의 천근하고 미천한 소인들은 이전 제왕이 백성들이 즐거워하는 바를 즐거워하고 아낄 수 있었던 것을 찬미한다는 뜻이다. 즉 백성들이 즐거워했던 것을 이전 제왕 또한 아끼며 즐거워했다는 뜻이다. "그 이로움을 이롭게 여긴다."라고 했는데, 백성들이 이롭게 여기는 것을 이롭게 여겨 늘려줄 수 있었다는 뜻이니, 백성들이 이롭게 여기는 것을 이전 제왕 또한 이롭게 여겨 늘려주었다는 의미이다. 즉 이전 제왕은 정치와 교화를 시행하며 밑으로 백성들의 정감에 따라서 그들이 즐거워하거나 이롭게 여기는 것을 빼앗지 않았다. 그렇기 때문에 "소인들은 성왕이 백성들을 즐겁게 만들어준 것을 즐겁게 여기고 성왕이 백성들을 이롭게 만들어준 것을 이롭게 여긴다."라고 했다.

孔疏 ●"此以沒世不忘也", 由前王意能精誠, 垂於後世, 故君子小人皆所美念. 以此之故, 終沒於世, 其德不忘也.

번역 ●經文: "此以沒世不忘也". ○이전 제왕은 그 뜻을 정밀하면서도 정성스럽게 해서 후대에 내려줄 수 있었다. 그렇기 때문에 군자와 소인 모두가 탄미하며 그리워하는 것이다. 이러한 까닭으로 세상을 다할 때까지 그의 덕을 잊지 못하는 것이다.

集註 於戲, 音嗚呼. 樂, 音洛.

번역 '於戲'는 그 음이 '嗚呼(오호)'이다. '樂'자의 음은 '洛(낙)'이다.

集註 詩周頌烈文之篇. 於戲, 歎辭. 前王, 謂文·武也. 君子, 謂其後賢後王. 小人, 謂後民也. 此言前王所以新民者止於至善, 能使天下後世無一物不得其所, 所以旣沒世而人思慕之, 愈久而不忘也. 此兩節及歎淫洪, 其味深長,當熟玩之.

번역　이 시는『시』「주송(周頌)・열문(烈文)」편이다. '오희(於戲)'는 감탄사이다. '전왕(前王)'은 문왕과 무왕을 뜻한다. '군자(君子)'는 후대의 현자와 제왕을 뜻한다. '소인(小人)'은 후대의 백성을 뜻한다. 이 문장은 이전 제왕이 백성을 새롭게 만든 것이 지극한 선에 그쳐서 천하와 후세로 하여금 하나라도 제자리를 얻지 못하는 것이 없게끔 할 수 있어서, 이미 죽었지만 사람들이 사모하고 그리워하며 오래도록 잊지 못한다는 뜻이다. 이 두 구절은 감탄스럽고 그 의미가 풍부하여 맛이 깊고도 여운이 기니 마땅히 익숙히 완상해야 한다.

集註　右傳之三章, 釋止於至善.

번역　여기까지는 전(傳) 3장에 해당하니, 지어지선(止於至善)의 뜻을 풀이하였다.

集註　此章內自引淇澳詩以下, 舊本誤在誠意章下.

번역　이곳 3장 안에 「기욱(淇澳)」편의 시를 인용한 것으로부터 그 이하의 내용은 옛 판본에 성의장(誠意章) 밑에 잘못 기록되어 있었다.

참고　『시』「주송(周頌)・열문(烈文)」

烈文辟公, (열문벽공) : 빛나는 문채의 신하와 제후들에게,
錫茲祉福. (석자지복) : 하늘이 이러한 복을 내리셨구나.
惠我無疆, (혜아무강) : 나를 사랑하심에 한이 없어,
子孫保之. (자손보지) : 자손들까지 천하를 보존케 하셨구나.
無封靡于爾邦, (무봉미우이방) : 너희 제후국에서 큰 죄를 짓지 않는다면,

維王其崇之. (유왕기숭지) : 천자가 땅과 작위를 늘려 주리라.

念茲戎功, (염자융공) : 이러한 큰 공적을 유념하리니,

繼序其皇之. (계서기황지) : 대를 이어 지위를 계승하고 큰 공을 세우면
분봉을 받으리라.

無競維人, (무경유인) : 현명한 자를 얻는데 한계를 두지 않으면,

四方其訓之. (사방기훈지) : 사방의 제후들이 순종하리라.

不顯維德, (불현유덕) : 덕을 드러내는데 삼가지 않을 수 있으리오,

百辟其刑之. (백벽기형지) : 모든 제후들이 본받으리라.

於乎前王不忘. (오호전왕불망) : 오호라 문왕과 무왕을 잊지 못하도다.

毛序 烈文, 成王卽政, 諸侯助祭也.

모서 「열문(烈文)」편은 성왕(成王)이 정사를 돌보고 제후들이 제사를
도왔던 일을 읊은 시이다.

그림 7-2 ▣ 문왕(文王)

周 文 王

※ 출처: 『삼재도회(三才圖會)』「인물(人物)」 1권

그림 7-2 ◼ 무왕(武王)

周 武 王

※ 출처: 『삼재도회(三才圖會)』「인물(人物)」 1권

【1862上】

康誥曰, "克明德", 大甲曰, "顧諟天之明命", 帝典曰, "克明
峻德", 皆自明也

직역　康誥에서 曰, "克히 德을 明이라", 大甲에서 曰, "天의 明命을 顧諟라",
帝典에서 曰, "克히 峻德을 明이라", 皆히 自히 明이라.

의역　「강고」편에서는 "자신의 덕을 밝힐 수 있다."라고 했고, 「태갑」편에서는
"하늘의 밝은 명을 생각하고 바르게 받든다."라고 했으며, 「제전」편에서는 "자신의
큰 덕을 밝힐 수 있다."라고 했으니, 이 모두는 스스로 자신의 덕을 밝히는 것이다.

鄭注　皆自明明德也. 克, 能也. 顧, 念也. 諟, 猶正也. 帝典, 堯典, 亦尙
書篇名也. 峻, 大也. 諟, 或爲"題".

번역　이 모두는 스스로 자신의 밝은 덕을 밝힌다는 뜻이다. '극(克)'자는
능(能)자의 뜻이다. '고(顧)'자는 "생각하다[念]."는 뜻이다. '시(諟)'자는 "바
르다[正]."는 뜻이다. '제전(帝典)'은 「요전(堯典)」을 뜻하니 이 또한 『서』의
편명이다. '준(峻)'자는 "크다[大]."는 뜻이다. '시(諟)'자를 다른 판본에서는
'제(題)'자로 기록하기도 한다.

釋文　誥, 古報反. 大音泰. 顧諟, 上音故, 本又作顧, 同, 下音是. 峻, 徐音俊,
又弘俊反. 題, 徐徒兮反.

번역　'誥'자는 '古(고)'자와 '報(보)'자의 반절음이다. '大'자의 음은 '泰

(태)'이다. '顧諟'에서의 '顧'자는 그 음이 '故(고)'이며, 판본에 따라서는 또한 '顧'자로도 기록하는데, 그 음은 동일하고, '諟'자의 음은 '是(시)'이다. '峻'자의 서음은 '俊(준)'이며, 또한 '弘(홍)'자와 '俊(준)'자의 반절음이다. '題'자의 서음은 '徒(도)'자와 '兮(혜)'자의 반절음이다.

孔疏 ●"康誥曰: 克明德"者, 此一經廣明意誠則能明己之德. 周公封康叔而作康誥, 戒康叔能明用有德. 此記之意, 言周公戒康叔以自明其德, 與尙書異也.

번역 ●經文: "康誥曰: 克明德". ○이곳 경문은 뜻이 정성스럽게 되면 자신의 덕을 밝힐 수 있음을 폭넓게 설명하고 있다. 주공은 강숙을 분봉하며 「강고(康誥)」편을 지었고, 강숙에게 훈계를 하며 덕이 있는 자를 밝히고 등용해야 한다고 했다. 이곳 『예기』의 뜻은 주공이 강숙에게 훈계를 하며 스스로 자신의 덕을 밝혀야 한다고 하여, 『서』와는 차이가 난다.

孔疏 ●"大甲曰: 顧諟天之明命"者, 顧, 念也. 諟, 正也. 伊尹戒大甲云: 爾爲君, 當顧念奉正天之顯明之命, 不邪僻也.

번역 ●經文: "大甲曰: 顧諟天之明命". ○'고(顧)'자는 "생각하다[念]."는 뜻이다. '시(諟)'자는 "바르다[正]."는 뜻이다. 이윤은 태갑에게 주의를 주며 당신은 군주의 신분이니 마땅히 하늘의 현격하게 드러나는 밝은 명령을 생각하고 바르게 받들어서 사벽함이 없어야 한다고 했다.

孔疏 ●"帝典曰: 克明峻德"者, 帝典, 謂堯典之篇. 峻, 大也. 尙書之意, 言堯能明用賢峻之德, 此記之意, 言堯能自明大德也.

번역 ●經文: "帝典曰: 克明峻德". ○'제전(帝典)'은 「요전(堯典)」이라는 편이다. '준(峻)'자는 "크다[大]."는 뜻이다. 『서』 기록의 뜻은 요임금은 현명하고 큰 덕을 갖춘 자를 드러내고 등용할 수 있었다는 의미인데, 이곳 『예기』의 뜻은 요임금이 스스로 자신의 큰 덕을 밝힐 수 있었음을 의미한다.

孔疏 ●"皆自明也", 此經所云康誥·大甲·帝典等之文, 皆是人君自明其德也, 故云"皆自明也".

번역 ●經文: "皆自明也". ○이곳 경문에서 말하고 있는 「강고」·「태갑」·「제전」편의 기록은 모두 군주가 자신의 덕을 스스로 밝히는 것이다. 그렇기 때문에 "모두 스스로 밝힌다."라고 했다.

孔疏 ◎注"皆自明明德也". ○正義曰: 明明德必先誠其意, 此經誠意之章, 由初誠意也, 故人先能明己之明德也.

번역 ◎鄭注: "皆自明明德也". ○밝은 덕을 밝히기 위해서는 반드시 그보다 앞서 자신의 뜻을 정성스럽게 만들어야 하는데, 이곳 경문에서 뜻을 정성스럽게 한다는 문장은 처음에 부여받은 것을 통해 뜻을 정성스럽게 한다고 했다. 그렇기 때문에 사람은 우선적으로 자신이 받은 밝은 덕을 밝힐 수 있어야 한다.

集註 康誥, 周書. 克, 能也.

번역 「강고(康誥)」는 『서』「주서(周書)」에 속한 편명이다. '극(克)'자는 능(能)자의 뜻이다.

集註 大, 讀作泰. 諟, 古是字.

번역 '大'자는 '泰'자로 풀이한다. '諟'자는 옛 '是'자이다.

集註 大甲, 商書. 顧, 謂常目在之也. 諟, 猶此也, 或曰審也. 天之明命, 卽天之所以與我, 而我之所以爲德者也. 常目在之, 則無時不明矣.

번역 「태갑(大甲)」편은 『서』「상서(商書)」에 속한 편명이다. '고(顧)'자는 항상 눈이 거기에 머문다는 뜻이다. '시(諟)'자는 이것[此]이라는 뜻이며,

혹자는 "살핀다[審]."는 뜻이라고도 주장한다. 하늘의 밝은 명은 곧 하늘이 나에게 부여하여 내가 덕으로 삼는 것을 뜻한다. 항상 눈이 거기에 머물게 된다면 밝지 않은 때가 없게 된다.

集註 峻, 書作俊.

번역 '준(峻)'자를 『서』에서는 '준(俊)'자로 기록했다.

集註 帝典, 堯典, 虞書. 峻, 大也.

번역 「제전(帝典)」은 「요전(堯典)」이니 『서』「우서(虞書)」에 속한 편명이다. '준(峻)'자는 크다는 뜻이다.

集註 結所引書, 皆言自明己德之意.

번역 인용한 글들에 대해서 결론을 맺은 것이니, 이 모두는 스스로 자신의 덕을 밝힌다는 뜻임을 말하고 있다.

集註 右傳之首章, 釋明明德.

번역 여기까지는 전(傳) 1장에 해당하니, 명명덕(明明德)의 뜻을 풀이하였다.

集註 此通下三章至止於信, 舊本誤在沒世不忘之下.

번역 이 구문으로부터 아래 전(傳) 3장의 '지어신(止於信)'에 이르기까지는 옛 판본에 '몰세불망(沒世不忘)'이라는 기록 뒤에 잘못 수록되어 있었다.

참고 『서』「주서(周書)·강고(康誥)」기록

경문 王若曰, "孟侯, 朕其弟, 小子封①. 惟乃丕顯考文王, 克明德愼罰②, 不敢侮鰥寡, 庸庸, 祇祇, 威威, 顯民③. 用肇造我區夏, 越我一二邦以修④. 我西土惟時怙冒, 聞于上帝, 帝休⑤. 天乃大命文王, 殪戎殷, 誕受厥命⑥, 越厥邦厥民, 惟時敍⑦. 乃寡兄勗, 肆汝小子封, 在玆東土⑧."

번역 성왕(成王)께서는 다음과 같이 말씀하셨다. "맹후가 되어라, 나의 아우 소자 봉이여. 오직 크게 밝은 부친 문왕만이 덕을 밝히고 형벌을 신중히 하실 수 있어서, 감히 홀아비와 과부를 업신여기지 않았고 등용할만한 자를 등용하고 공경할만한 자를 공경하며 형벌을 내릴만한 자를 벌하여 이러한 도리를 밝혀 백성에게 보여주셨다. 이로써 우리 중하에 정치를 시행하시어 우리 한 두 나라가 이를 통해 정치를 다듬게 되었다. 우리 서쪽 땅의 주왕실은 항상 문왕의 도를 믿고 의지하여 사방에 펼쳤고, 그 소문이 상제에게 알려져 상제가 아름답게 여기셨다. 하늘은 마침내 문왕에게 크게 명령을 내려 은나라를 정벌하게 하시니, 이에 천자가 되라는 명령을 크게 받았으니, 그 나라와 백성에게 있어서 문왕의 가르침에 따라 질서가 생겨났다. 너의 형 무왕이 문왕의 도를 실천하는데 힘입어 이에 너 소자 봉이 동쪽 땅의 제후로 오를 수 있었다."라고 했다.

孔傳-① 周公稱成王命, 順康叔之德, 命爲孟侯. 孟, 長也. 五侯之長, 謂方伯, 使康叔爲之. 言王使我命其弟封. 封, 康叔名. 稱小子, 明當受敎訓.

번역 주공은 성왕의 명령이라 칭하며 강숙의 덕에 따라 맹후(孟侯)가 되라고 명명하였다. '맹(孟)'자는 수장[長]을 뜻한다. 오후(五侯)[1]의 수장이니 곧 방백(方伯)[2]을 뜻하며, 강숙으로 하여금 그 직책을 맡도록 한 것이다.

---

1) 오후(五侯)는 공작[公]·후작[侯]·백작[伯]·자작[子]·남작[男]의 다섯 등급 제후들을 지칭하는 말이다.
2) 방백(方伯)은 본래 구백(九伯)을 뜻한다. '구백'은 구주(九州)의 백(伯)을 뜻하

즉 천자는 나로 하여금 동생 봉에게 명령을 내리라고 했다는 뜻이다. '봉 (封)'은 강숙의 이름이다. '소자(小子)'라고 부른 것은 가르침을 받아들여야 만 한다는 사실을 드러내기 위해서이다.

孔疏 ◎傳“周公”至“敎訓”. ○正義曰: 以“曰”者爲命辭, 故曰“周公稱成王 命, 順康叔之德, 命爲孟侯. 孟, 長也. 五侯之長, 謂方伯”. 使康叔爲之長者, 卽 州牧也. “五侯之長”, 五等諸侯之長也. 而左傳云: “五侯九伯, 汝實征之.” 彼 謂上公之伯, 故征九伯. 而此“五侯”當州牧之“五侯”, 與彼不同. 王制有連·屬 ·率·伯也, 孔以五侯亦方伯, 則四方者皆可爲方伯, 而此方伯自是州牧也. 康叔以母弟令德受大國封命, 固非卒及連·屬也. 虞夏及周旣有牧, 又離騷云 “伯昌作牧”, 殷亦有牧, 伯四代皆通也, 非如鄭玄云“殷之州長曰伯”. 以稱小 子爲幼弱, 故“明當受敎訓”, 故云“使我命其弟”, 爲親親而使我用戒故也. 此 指命康叔爲之, 而鄭以總告諸侯, 依略說以太子十八爲孟侯而呼成王. 旣禮制 無文, 義理駢曲, 豈周公自許天子, 以王爲孟侯? 皆不可信也.

번역 ◎孔傳: “周公”~“敎訓”. ○‘왈(曰)’로 기록된 것을 명령하는 말로 여겼다. 그렇기 때문에 “주공은 성왕의 명령이라 칭하며 강숙의 덕에 따라 맹후(孟侯)가 되라고 명명하였다. ‘맹(孟)’자는 수장[長]을 뜻한다. 오후(五 侯)의 수장이니 곧 방백(方伯)을 뜻한다.”라고 말한 것이다. 강숙으로 하여 금 제후들의 수장이 되게 했으니 곧 주목(州牧)3)에 해당한다. ‘오후(五侯) 의 수장’이라고 했는데 다섯 등급 제후들의 수장을 뜻한다. 그런데 『좌전』 에서는 “오후(五侯)와 구백(九伯)4)을 네가 실로 토벌하라.”5)라고 했다. 『좌

는 것으로, 각 주(州)마다 제후들을 통솔하는 9명의 수장을 뜻한다. 이들을 ‘방백’이라고 부르는 이유는 ‘방(方)’자는 일정 지역을 뜻하는 용어로, ‘방백’은 곧 일정 지역의 수장을 뜻하는 용어가 된다. 따라서 ‘구백’을 ‘방백’이라고도 부르는 것이다. 한편 ‘방백’은 이백(二伯)과 같은 뜻으로도 사용된다.

3) 주목(州牧)은 1주(州)를 대표하는 수장을 뜻한다. 고대 중국에서는 천하를 9 개의 주로 구획하였고, 각 주에 소속된 제후들 중에서 수장이 되는 자를 ‘주 목’이라고 불렀다. 『서』「주서(周書)·주관(周官)」편에는 “唐虞稽古, 建官惟百, 內有百揆四岳, 外有州牧侯伯.”이라는 기록이 있고, 이에 대한 채침(蔡沈)의 『집 전(集傳)』에서는 “州牧, 各總其州者.”라고 풀이했다.

전』의 기록은 상공(上公)6) 중의 백(伯)을 뜻한다. 그렇기 때문에 구백을
정벌한다고 말한 것이다. 그러나 이곳에서 말하는 '오후(五侯)'는 주목에
해당하는 '오후(五侯)'가 되므로, 『좌전』에서 말하는 자와는 다르다. 『예기』
「왕제(王制)」편에서는 연(連)・속(屬)・수(率)・백(伯)이 있다고 했고,7) 공
안국은 오후(五侯)가 방백(方伯)이라고 했으니, 사방에 있는 자들이 모두
방백이 될 수 있으므로, 여기에서 말한 방백(方伯)은 바로 주목(州牧)을 가
리키게 된다. 강숙은 무왕의 동생이자 아름다운 덕으로 인해 대국에 분봉
한다는 명령을 받았으니, 진실로 졸(卒)・연(連)・속(屬)의 수장이 아니다.
유우씨와 하후씨 및 주나라 때에는 이미 목(牧)이 설치되어 있었고, 「이소
(離騷)」에도 "서백 창이 목(牧)이 되었다."라고 했으니 은나라 때에도 목
(牧)이 있었던 것이며 백(伯)은 사대(四代)8) 때 모두 통용되었던 것이다.

---

4) 구백(九伯)은 구주(九州)의 백(伯)이라는 뜻으로, 제후들 중에서도 대표가 되
   는 자를 뜻한다. '방백(方伯)'이라고도 부른다.
5) 『춘추좌씨전』「희공(僖公) 4년」 : 管仲對曰, "昔召康公命我先君大公曰, '五侯
   九伯, 女實征之, 以夾輔周室!' 賜我先君履, 東至于海, 西至于河, 南至于穆陵,
   北至于無棣. 爾貢包茅不入, 王祭不共, 無以縮酒, 寡人是徵. 昭王南征而不復,
   寡人是問."
6) 상공(上公)은 주(周)나라 제도에 있었던 관직 등급이다. 본래 신하의 관직 등
   급은 8명(命)까지이다. 주나라 때에는 태사(太師), 태부(太傅), 태보(太保)와
   같은 삼공(三公)들이 8명의 등급에 해당했다. 그런데 여기에 1명을 더하게 되
   면 9명이 되어, 특별직인 '상공'이 된다. 『주례』「춘관(春官)・전명(典命)」편에
   는 "上公九命爲伯, 其國家宮室車旗衣服禮儀, 皆以九爲節."이라는 기록이 있
   고, 이에 대한 정현의 주에서는 "上公, 謂王之三公有德者, 加命爲二伯. 二王之
   後亦爲上公."이라고 풀이하였다. 즉 '상공'은 삼공 중에서도 유덕(有德)한 자
   에게 1명을 더해주어, 제후들을 통솔하는 '두 명의 백(伯)[二伯]'으로 삼았다.
   또한 제후의 다섯 등급을 나열할 경우, 공작(公爵)을 '상공'이라고 부르기도
   한다.
7) 『예기』「왕제(王制)」【147d~148a】 : 千里之外, 設方伯. 五國, 以爲屬, 屬有長.
   十國, 以爲連, 連有帥. 三十國, 以爲卒, 卒有正. 二百一十國, 以爲州, 州有伯.
   八州, 八伯, 五十六正, 百六十八帥, 三百三十六長. 八伯, 各以其屬, 屬於天子之
   老二人. 分天下以爲左右, 曰二伯.
8) 사대(四代)는 우(虞), 하(夏), 은(殷), 주(周)의 4대(代) 왕조를 뜻한다. 『예기』
   「학기(學記)」편에는 "三王四代唯其師."라는 기록이 있는데, 이에 대한 정현의
   주에서는 "四代, 虞・夏・殷・周."라고 풀이했다.

그러므로 정현이 "은나라 때에는 1개 주의 수장을 백(伯)이라 불렀다."라고
했던 말과는 같지 않다. '소자(小子)'라고 부른 것은 유약하다는 뜻으로 여
겼기 때문에 "가르침을 받아들여야만 한다는 사실을 드러내기 위해서이
다."라고 했다. 그러므로 "나로 하여금 동생에게 명하도록 했다."라고 했으
니, 친근한 자를 친근하게 대하여 나로 하여금 이러한 훈계를 내리도록 했
기 때문이다. 이것은 강숙에게 명령하여 이처럼 시행하도록 한 것을 가리
키는데, 정현은 제후들에게 총괄적으로 알리는 말이라고 여겼다. 『약설』에
따르면 태자가 18세 때 맹후가 되어 성왕이라 불렀다고 했다. 그러나 이러
한 예제에 대해서는 관련 기록이 없고 의리에도 맞지 않으니, 어찌 주공이
스스로 천자임을 자인하여 왕을 맹후로 삼는단 말인가? 이러한 말들은 모
두 믿을 수 없다.

孔傳-② 惟汝大明父文王, 能顯用俊德, 愼去刑罰, 以爲教首.

번역 너의 크게 밝으신 부친 문왕은 높은 덕을 현격히 사용하고 형벌을
신중히 제거하여 가르침의 첫 강령으로 삼을 수 있었다는 뜻이다.

孔疏 ◎傳"惟汝"至"教首". ○正義曰: 以近而可法, 不過子之法父, 故舉文
王也. 法者不過除惡行善, 故云"明德愼罰"也.

번역 ◎孔傳: "惟汝"~"教首". ○가까워 본받을 수 있으니, 이것은 자식
이 부친을 본받은 것에 지나지 않는다. 그렇기 때문에 문왕을 제시한 것이
다. 본받는다는 것은 악을 제거하고 선을 시행하는 것에 지나지 않는다.
그렇기 때문에 "덕을 밝히고 형벌을 신중히 한다."라고 했다.

孔傳-③ 惠恤窮民, 不慢鰥夫寡婦, 用可用, 敬可敬, 刑可刑, 明此道以示民.

번역 곤궁한 백성을 자비롭게 구휼하여 홀아비와 과부에게 거만하게
대하지 않았으며, 등용할만한 자를 등용했고 공경할만한 자를 공경했으며

형벌을 내릴만한 자를 벌하여, 이러한 도를 밝혀 백성에게 보여준 것이다.

孔疏 ◎傳"惠恤"至"示民". ○正義曰: "用可用, 敬可敬", 卽"明德"也. "用可用"謂小德小官, "敬可敬"謂大德大官, "刑可刑"謂"愼罰"也.

번역 ◎孔傳: "惠恤"~"示民". ○"등용할만한 자를 등용했고 공경할만한 자를 공경했다."는 말은 "덕을 밝힌다."는 뜻에 해당한다. "등용할만한 자를 등용했다."는 것은 작은 덕을 가지고 있어서 작은 관직에 임명하는 것을 뜻하며, "공경할만한 자를 공경했다."는 것은 큰 덕을 가지고 있어서 큰 관직에 임명하는 것을 뜻한다. "형벌을 내릴만한 자를 벌했다."는 말은 "형벌을 신중히 한다."는 뜻에 해당한다.

孔傳-④ 用此明德愼罰之道, 始爲政於我區域諸夏, 故於我一二邦皆以修治.

번역 이처럼 덕을 밝히고 형벌을 신중히 내리는 도를 사용하여 처음으로 우리 중하의 땅에 정치를 시행하였다. 그렇기 때문에 우리 한 두 나라가 모두 이를 통해 정치를 다듬었다.

孔傳-⑤ 我西土岐周, 惟是怙恃文王之道, 故其政敎冒被四表, 上聞于天, 天美其治.

번역 우리 서쪽 땅에 자리 잡고 있는 기산 아래의 주왕실은 문왕의 도를 믿고 의지했기 때문에 정치와 교화가 사표(四表)9)를 덮었고, 위로는 하늘에 그 소문이 알려져 하늘이 그의 다스림을 아름답게 여겼다.

孔傳-⑥ 天美文王, 乃大命之殺兵殷, 大受其王命. 謂三分天下有其二, 以授武王.

---

9) 사표(四表)는 사방의 매우 먼 지역을 지칭하는 말이며, 또한 천하를 범칭하는 용어로도 사용된다.

번역 하늘이 문왕을 아름답게 여겨 마침내 크게 명령을 내려서 은나라를 정벌하게 했으니, 천자가 되라는 명령을 크게 받은 것이다. 즉 천하를 3등분하여 그 중 2만큼을 차지하였고 이것을 무왕에게 주었다는 뜻이다.

孔疏 ◎傳“天美”至“武王”. ○正義曰: “天美文王, 乃大命之殺兵殷”者, “殪”, 殺也, “戎”, 兵也, 用誅殺之道以兵患殷. 文王以伐殷事未卒而言“殺兵殷”者, 謂三分有二, 爲滅殷之資也.

번역 ◎孔傳: “天美”~“武王”. ○“하늘이 문왕을 아름답게 여겨 마침내 크게 명령을 내려서 은나라를 정벌하게 했다.”라고 했는데, ‘에(殪)’자는 죽인다는 뜻이며, ‘융(戎)’자는 병사를 뜻하니, 주살하는 도를 사용하여 병사로 은나라에 재앙을 내리는 것이다. 문왕이 은나라를 정벌하는 일이 아직 완전히 끝나지도 않았는데 “은나라를 정벌했다.”라고 말한 것은 천하를 3등분하여 2만큼을 소유하였으니, 이것은 은나라를 멸망시키는 바탕이 되었다는 뜻이다.

孔傳-⑦ 於其國, 於其民, 惟是次序, 皆文王敎.

번역 나라와 백성에게 있어서 선후의 질서가 있었으니, 이 모두는 문왕의 가르침에 해당한다.

孔傳-⑧ 汝寡有之兄武王, 勉行文王之道, 故汝小子封得在此東土爲諸侯.

번역 너의 과덕한 형 무왕은 문왕의 도를 실천하는데 힘썼기 때문에 너 소자 봉이 이곳 동쪽 땅에서 제후가 될 수 있었다.

孔疏 ●“王若”至“東土”. ○正義曰: 言周公稱成王命, 順康叔之德而言曰: “命汝爲孟侯. 王又使我敎命其弟小子封. 其所敎命者, 惟汝大明德之父文王, 能顯用俊德, 愼去刑罰, 以爲敎首. 故惠恤窮民, 不侮慢鰥夫寡婦, 況貴强乎?

其明德, 用可用, 敬可敬, 其愼罰, 威可威者, 顯此道以示民. 用此道, 故始爲政
於我區域諸夏, 由是於我一二諸國漸以修治也. 上政旣修, 我西土惟是怙恃文
王之道, 故其政敎冒被四表, 聞于上天, 天美其治道. 以此上天乃大命文王以
誅殺之道, 用兵除害于殷, 大受其王命, 三分天下而有其二也. 其所受二分者,
於其國, 於其民, 惟是皆有次序, 以文王之德故也. 汝寡有之兄武王, 勉行文王
之道, 故受命克殷, 今汝小子封故得在此東土爲諸侯. 是文王之道, 明德愼罰,
旣用受命, 武王無所復加, 以爲勉行, 所以汝必法之."

번역 ●經文: "王若"~"東土". ○주공은 성왕의 명령이라 일컬으며 강
숙의 덕에 따라서 다음과 같이 말했다. 너에게 명하여 제후들의 수장이 되
라 하셨다. 천자는 또한 나로 하여금 동생인 소자 봉에게 교지를 내리게
하셨다. 교지로 내린 명령은 너의 크고 밝은 덕을 가진 부친 문왕께서는
큰 덕을 현격히 드러내 사용했고 형벌을 신중히 제거하여 가르침의 첫 강
령으로 삼았다. 그렇기 때문에 곤궁한 백성들을 자비롭게 구휼하여 홀아비
나 과부를 업신여기거나 태만하게 굴지 않았으니, 하물며 존귀하고 강성한
자에게 있어서는 어떠했겠는가? 덕을 밝혔다는 것은 등용할만한 자를 등
요하고 공경할만한 자를 공경하는 것이며, 형벌을 신중히 한 것은 형벌을
내릴만한 자를 벌한 것이니, 이러한 도를 드러내어 백성들에게 보여준 것
이다. 이러한 도를 사용했기 때문에 처음으로 우리 중하에 정치를 시행하
였고, 이를 통해 우리 한 두 나라에서 점진적으로 정치를 다듬을 수 있게
되었다. 앞서 정치가 다스려져서 우리 서쪽 땅에 있는 주왕실에서는 문왕
의 도를 믿고 의지하였다. 그렇기 때문에 정치와 교화가 사방에 펴지고 그
소문이 상천에게까지 알려져서 하늘이 그가 시행한 다스림의 도를 아름답
게 여겼다. 이러한 까닭으로 상천은 문왕에게 주살의 도로 크게 명령을 내
려 병사를 동원해 은나라를 제거토록 했으니, 천자가 되라는 명령을 크게
받은 것으로, 천하를 3등분하여 2만큼을 소유하게 되었다. 그리고 그가 소
유했던 2만큼의 땅에서 나라와 백성들은 모두 질서를 갖추게 되었으니, 문
왕의 덕에 따랐기 때문이다. 너의 과덕한 형 무왕은 문왕의 도를 시행하는
데 힘썼기 때문에 천명을 받아 은나라를 정벌하였다. 현재 너 소자 봉을

동쪽 땅에 두어 제후가 되라 했다. 문왕의 도는 덕을 밝히고 형벌을 신중히 하는 것인데, 이미 그에 따라 천명을 받았고, 무왕은 거기에 재차 더할 것이 없어서 힘써 실천하였던 것이니, 너도 반드시 그것을 본받아야 한다는 뜻이다.

蔡傳 王, 武王也. 孟, 長也, 言爲諸侯之長也. 封, 康叔名. 舊說, 周公以成王命, 誥康叔者, 非是.

번역 '왕(王)'은 무왕을 뜻한다. '맹(孟)'자는 수장을 뜻한다. 제후들의 수장이 되라는 뜻이다. '봉(封)'자는 강숙의 이름이다. 옛 학설에서는 주공이 성왕의 명령으로 강숙에게 알려주었다고 했는데, 옳지 않은 해석이다.

蔡傳 左氏曰, "明德謹罰, 文王所以造周也." 明德, 務崇之之謂, 謹罰, 務去之之謂. 明德謹罰, 一篇之綱領. 不敢侮鰥寡以下, 文王明德謹罰也. 汝念哉以下, 欲康叔明德也. 敬明乃罰以下, 欲康叔謹罰也. 爽惟民以下, 欲其以德行罰也. 封敬哉以下, 欲其不用罰而用德也. 終則以天命殷民, 結之.

번역 좌씨는 "덕을 밝히고 형벌을 신중히 하는 것은 문왕이 주나라를 세웠던 방법이다."라고 했다. 덕을 밝힌다는 것은 힘써 숭상한다는 뜻이며, 형벌을 신중히 한다는 것은 힘써 제거한다는 뜻이다. 덕을 밝힌다는 것과 형벌을 신중히 한다는 것은 「강고」편의 강령에 해당한다. '불감모환과(不敢侮鰥寡)'로부터 그 이하의 구문은 문왕 본인이 덕을 밝히고 형벌을 신중히 했던 일들에 해당한다. '여염재(汝念哉)'로부터 그 이하의 구문은 강숙으로 하여금 덕을 밝히게끔 하는 것이다. '경명내벌(敬明乃罰)'로부터 그 이하의 구문은 강숙으로 하여금 형벌을 신중히 처리하게끔 하는 것이다. '상유민(爽惟民)'으로부터 그 이하의 구문은 덕으로 형벌을 시행하게끔 하고자 한 것이다. '봉경재(封敬哉)'로부터 그 이하의 구문은 형벌을 쓰지 않고 덕을 쓰게끔 하고자 한 것이다. 끝에서는 천명과 은나라 유민에 대한 내용으로 결론을 맺었다.

蔡傳 鰥寡, 人所易忽也, 於人易忽者, 而不忽焉, 以見聖人無所不敬畏也, 卽堯不虐無告之意. 論文王之德, 而首發此, 非聖人不能也. 庸, 用也. 用其所當用, 敬其所當敬, 威其所當威. 言文王用能敬賢討罪, 一聽於理, 而己無與焉, 故德著於民, 用始造我區夏, 及我一二友邦, 漸以脩治, 至罄西土之人, 怙之如父, 冒之如天, 明德昭升, 聞于上帝, 帝用休美, 乃大命文王, 殪滅大殷. 大受其命, 萬邦萬民, 各得其理, 莫不時敍. 汝寡德之兄, 亦勉力不怠, 故爾小子封, 得以在此東土也.

번역 홀아비와 과부는 사람들이 소홀히 대하기 쉬운데 사람들이 소홀히 대하기 쉬운 자들에 대해서도 소홀히 대하지 않았으니, 이를 통해 성인은 외경하지 않는 대상이 없음을 나타낸 것이며, 바로 요임금이 하소연할 곳이 없는 자들에게 포악하게 대하지 않았다는 뜻에 해당한다. 문왕의 덕을 논의하면서 처음으로 이러한 사실을 나타냈으니, 이것은 성인이 아니라면 이처럼 할 수 없는 것이다. '용(庸)'자는 등용한다는 뜻이다. 마땅히 등용해야 할 자들을 등용하고, 마땅히 공경해야 할 자들을 공경하며, 마땅히 위엄을 보여야할 자들에게 위엄을 보인 것이다. 문왕은 능력이 있는 자를 등용하고 현명한 자를 공경했으며 죄를 지은 자를 벌하였는데, 이 모두는 한결같이 이치에 따르며 자신의 사사로운 뜻을 개입시키지 않았다. 그렇기 때문에 그 덕이 백성들에게 드러나 처음으로 중하를 세웠고, 우리 한 두 우방에 미쳐서 점진적으로 정치를 다듬게 되었고, 서쪽 땅의 사람들에게도 다 이르러 마치 부모처럼 문왕을 믿었고 하늘처럼 가려져서 밝은 덕이 밝게 올라 상제에게 알려지니, 상제가 아름답게 여겨서 문왕에게 크게 명해서 은나라를 멸망시키게 했다. 천명을 크게 받아서 모든 나라와 백성들이 각각 그 이치를 얻어 정렬되지 않은 것이 없었다. 너의 과덕한 형도 힘써 실천하며 게을리 하지 않았다. 그러므로 너 소자 봉이 동쪽 땅에 있을 수 있었던 것이다.

蔡傳 吳氏曰: 殪戎殷, 武王之事也. 此稱文王者, 武王不敢以爲己之功也.

번역 오씨가 말하길, 은나라를 멸망시킨 것은 무왕의 업적이다. 그런데 이곳에서 문왕을 지칭한 것은 무왕이 감히 자신의 공적으로 여기지 않았기 때문이다.

蔡傳 又按: 東土云者, 武王克商, 分紂城朝歌, 以北爲邶, 南爲鄘, 東爲衛. 意邶鄘, 爲武庚之封, 而衛卽康叔也. 漢書言周公善康叔不從管蔡之亂, 似地相比近之辭, 然不可攷矣.

번역 또 살펴보니, '동토(東土)'라고 했는데, 문왕이 은나라를 멸망시키고 주왕의 도성인 조가를 나누어 북쪽을 패(邶)로 삼았고 남쪽을 용(鄘)으로 삼았으며 동쪽을 위(衛)로 삼았다. 아마도 패와 용은 무경이 받았던 봉지였고, 위는 곧 강숙이 받은 봉지에 해당할 것이다. 『한서』에서는 주공이 관숙과 채숙의 반란에 강숙이 따르지 않았던 것을 좋게 여겼다고 했는데, 그 봉지가 서로 가깝기 때문에 이처럼 말한 것 같지만 상고할 자료는 없다.

참고 『서』「상서(商書)·태갑상(太甲上)」 기록

경문 伊尹作書曰, "先王顧諟天之明命, 以承上下神祇."

번역 이윤이 글을 지으며, "선왕께서는 하늘의 밝은 명에 항상 집중하셔서, 이를 통해 천지의 귀신을 받들었습니다."라고 했다.

孔傳 顧謂常目在之. 諟, 是也. 言敬奉天命以承順天地.

번역 '고(顧)'자는 눈을 항상 그곳에 둔다는 뜻이다. '시(諟)'자는 이것 [是]이라는 뜻이다. 즉 천명을 공경스럽게 받들어서 천지를 받들고 따랐다는 의미이다.

孔疏 ◎傳"顧謂"至"天地". ○正義曰: 說文云: "顧, 還視也." "諟"與"是", 古今之字異, 故變文爲"是"也. 言先王每有所行, 必還迴視是天之明命, 謂常目在之. 言其想象如目前, 終常敬奉天命, 以承上天下地之神祇也.

번역 ◎孔傳: "顧謂"~"天地". ○『설문』에서는 "고(顧)는 고개를 돌려 살펴본다는 뜻이다."라고 했다. '시(諟)'자와 '시(是)'자는 고자와 금자의 차이이다. 그렇기 때문에 글자를 바꾸면 '시(是)'가 된다. 즉 선왕은 매번 시행할 것이 있을 때 반드시 하늘의 밝은 명을 살폈다는 뜻이니, 항상 눈을 그곳에 두었다는 의미이다. 즉 목전에 있는 것처럼 생각하여 끝까지 항상 천명을 공경스럽게 받들어서 위에 있는 하늘과 밑에 있는 땅의 귀신들을 받들었다는 뜻이다.

경문 "社稷宗廟, 罔不祇肅①. 天監厥德, 用集大命, 撫綏萬方②. 惟尹躬克左右厥辟宅師③."

번역 이윤의 글에서는 계속하여 "사직과 종묘에 대해서는 공경하고 엄숙하게 대하지 않은 경우가 없었습니다. 그래서 하늘은 그 덕을 살피시고 큰 명을 그 몸에 집약시켜 모든 나라를 편안히 어루만지게끔 만드셨습니다. 저는 직접 군주께서 천하의 백성들에게 공업을 세우시도록 보필했습니다."라고 했다.

孔傳-① 肅, 嚴也. 言能嚴敬鬼神而遠之.

번역 '숙(肅)'자는 엄숙하다는 뜻이다. 즉 귀신을 엄숙하고 공경스럽게 섬기되 멀리 대했다는 뜻이다.

孔傳-② 監, 視也. 天視湯德, 集王命於其身, 撫安天下.

번역 '감(監)'자는 살핀다는 뜻이다. 하늘은 탕임금의 덕을 살펴서 그 자신에게 천자가 되라는 명령을 집약시켜 천하를 편안히 어루만지도록 했다는 뜻이다.

孔傳-③ 伊尹言能助其君居業天下之衆.

번역 이윤은 자신의 군주가 천하의 백성들에게 공업을 세울 수 있도록 도왔다고 말한 것이다.

孔疏 ●“惟尹躬”. ○正義曰: 孫武兵書及呂氏春秋皆云伊尹名摯, 則“尹” 非名也. 今自稱“尹”者, 蓋湯得之, 使尹正天下, 故號曰“伊尹”; 人旣呼之爲 “尹”, 故亦以“尹”自稱. 禮法君前臣名, 不稱名者, 古人質直, 不可以後代之禮 約之.

번역 ●經文: “惟尹躬”. ○『손무병법』과『여씨춘추』에서는 모두 이윤의 이름은 ‘지(摯)’라고 했으니, ‘윤(尹)’은 이윤의 이름이 아니다. 그런데도 이 곳에서는 스스로를 지칭하며 ‘윤(尹)’이라고 했으니, 아마도 탕임금이 그를 얻어 천하를 다스리고 바로잡을 수 있었기 때문에 ‘이윤(伊尹)’이라고 했고, 사람들도 이미 ‘윤(尹)’이라고 지칭했기 때문에, 이곳에서도 ‘윤(尹)’이라는 말로 자신을 지칭했던 것이다. 예법에 따르면 군주 앞에서 신하는 자신의 이름을 대게 되어 있는데, 이름을 지칭하지 않은 것은 옛 사람들은 질박하고 곧기 때문이니, 후대의 예법으로 딱 맞출 수 없다.

경문 “肆嗣王丕承基緖.”

번역 이윤의 글에서는 계속하여 “그러므로 사왕께서 그 기틀과 과업을 크게 받드시게 된 것입니다.”라고 했다.

孔傳 肆, 故也. 言先祖勤德, 致有天下, 故子孫得大承基業, 宜念祖修德.

번역 ‘사(肆)’자는 고(故)자의 뜻이다. 선조가 덕을 쌓는 일에 노력하여 천하를 소유하게 되었다. 그렇기 때문에 자손들이 그 기틀과 과업을 크게 계승할 수 있었던 것이니, 선조를 생각하며 덕을 수양해야만 한다는 뜻이다.

蔡傳 顧, 常目在之也. 諟, 古是字. 明命者, 上天顯然之理而命之我者, 在天爲明命, 在人爲明德. 伊尹言成湯常目在是天之明命, 以奉天地神祇社稷宗廟, 無不敬肅, 故天視其德, 用集大命, 以有天下, 撫安萬邦. 我又身能左右成湯, 以居民衆, 故嗣王得以大承其基業也.

번역 '고(顧)'자는 눈을 항상 그곳에 둔다는 뜻이다. '시(諟)'자는 시(是)자의 고자이다. '명명(明命)'은 하늘이 현격하게 드러나는 이치를 나에게 명령해준 것이니, 하늘에게 있을 때에는 '명명(明命)'이 되고 사람에게 있을 때에는 '명덕(明德)'이 된다. 이윤은 다음과 같이 말한 것이다. 성탕은 항상 하늘의 밝은 명령에 주목하여 이를 통해 천지의 귀신과 사직 및 종묘를 받들어 공경하고 엄숙하지 않은 때가 없었다. 그렇기 때문에 하늘이 그의 덕을 살피고서 큰 명령을 모아 천하를 소유토록 했고 모든 나라를 어루만지도록 했다. 나 또한 직접 성탕을 보필하여 백성들을 편안히 살게 했다. 그렇기 때문에 사왕이 그 기틀과 과업을 크게 계승할 수 있었던 것이다.

참고 『서』「우서(虞書)·요전(堯典)」 기록

경문 克明俊德, 以親九族①. 九族旣睦, 平章百姓②. 百姓昭明, 協和萬邦. 黎民於變時雍③.

번역 큰 덕을 갖춘 선비를 밝혀내 등용하여 이를 통해 구족(九族)10)을

---

10) 구족(九族)은 친족을 범칭하는 말이다. 자신을 중심으로 위로 고조부(高祖父)까지의 네 세대, 아래로 현손(玄孫)까지의 네 세대까지 포함된 친족을 지칭한다. 『서』「우서(虞書)·요전(堯典)」편에는 "克明俊德, 以親九族."이라는 기록이 있는데, 이에 대한 공안국(孔安國)의 전(傳)에서는 "以睦高祖, 玄孫之親."

화목하게 하였다. 구족이 화목하게 되자 백관들을 화목하게 하여 이를 밝게 드러냈다. 백관들이 화목하여 밝게 드러나서 모든 나라의 백성들을 화합시켰다. 백성들은 변화함에 따라 이에 매우 조화롭게 되었다.

孔傳-① 能明俊德之士任用之, 以睦高祖玄孫之親.

번역 큰 덕을 가진 선비를 밝혀내서 그를 임용하여 고조로부터 현손에 이르기까지 관련 친족들을 화목하게 할 수 있었다는 뜻이다.

孔疏 ◎傳“能明”至“之親”. ○正義曰: 鄭玄云: “‘俊德’, 賢才兼人者.” 然則 “俊德”謂有德. 人能明俊德之士者, 謂命爲大官, 賜之厚祿, 用其才智, 使之高 顯也. 以其有德, 故任用之. 以此賢臣之化, 親睦高祖玄孫之親. 上至高祖, 下 及玄孫, 是爲九族. 同出高曾, 皆當親之, 故言之“親”也. 禮記·喪服小記云: “親親以三爲五, 以五爲九.” 又異義夏侯·歐陽等以爲九族者, 父族四·母族 三·妻族二, 皆據“異姓有服”. 鄭玄駁云: “異姓之服不過總麻, 言不廢昏. 又 昏禮請期云‘惟是三族之不虞’, 恐其廢昏, 明非外族也.” 是鄭與孔同. “九族” 謂帝之九族, “百姓”謂百官族姓, “萬邦”謂天下衆民, 自內及外, 從高至卑, 以 爲遠近之次也. 知“九族”非民之九族者, 以先親九族, 次及百姓, 百姓是群臣 弟子, 不宜越百姓而先下民. 若是民之九族, 則“九族旣睦”, 民已和矣, 下句不 當復言“協和萬邦”, 以此知帝之九族也. 堯不自親九族, 而待臣使之親者, 此 言用臣法耳, 豈有聖人在上, 疏其骨肉者乎? 若以堯自能親, 不待臣化, 則化 萬邦百姓, 堯豈不能化之, 而待臣化之也? 且言“親九族”者, 非徒使帝親之, 亦 使臣親之, 帝亦令其自相親愛, 故須臣子之化也.

번역 ◎孔傳: “能明”~“之親”. ○정현은 “준덕(俊德)은 현명함과 재주를 겸비한 인물을 뜻한다.”라고 했다. 그렇다면 ‘준덕(俊德)’은 덕을 갖추고 있는 사람을 뜻한다. 사람이 준덕을 갖춘 선비를 밝힐 수 있다는 것은 그에게

이라고 풀이하였다. 일설에는 ‘구족’을 부친쪽 친척 중 4촌, 모친쪽 친척 중 3촌, 처쪽 친척 중 2촌까지를 지칭하는 용어라고도 풀이한다.

명령을 내려 고위 관리로 임명하고 많은 녹봉을 주며 그의 재주와 지혜를
사용하여 그를 높이 드날리게 한다는 뜻이다. 그는 덕을 지니고 있기 때문
에 그를 등용하는 것이다. 이처럼 현명한 신하를 조화롭게 하는 것으로 고
조로부터 현손에 이르기까지의 관련 친족들을 화목하게 한다. 위로 고조에
이르고 아래로 현손에 이르기까지를 '구족(九族)'이라고 한다. 모두가 동일
하게 같은 고조나 증조로부터 나왔기 때문에 마땅히 친근하게 대해야 한다.
그렇기 때문에 '친(親)'이라고 했다.『예기』「상복소기(喪服小記)」편에서는
"친족을 친근하게 대함에 있어서, 3으로부터 5가 되고, 5로부터 9가 된다."[11]
라고 했고 또『오경이의』[12]에서는 하후와 구양 등은 구족이라는 것을 부친
쪽의 4촌 모친 쪽의 3촌 부인 쪽의 2촌까지를 뜻한다고 했는데, 이 모두는
'성씨가 다른 친족 중 상복을 착용해야 하는 자'에 근거한 말이라고 했다.
정현은 이 말을 반박하며 "성씨가 다른 자에 대해 상복을 착용할 때에는
시마복(緦麻服)[13]을 벗어나지 않으니, 혼인으로 맺어진 관계를 폐지할 수
없음을 뜻한다. 또『의례』「사혼례(士昏禮)」편에서는 청기(請期)[14]를 하며
'삼족에게 예기치 못한 일'[15]이라고 했는데, 이것은 혼례를 폐지하게 될까

---

11)『예기』「상복소기(喪服小記)」【408c】: <u>親親以三爲五, 以五爲九</u>, 上殺·下殺·
   旁殺, 而親畢矣.
12)『오경이의(五經異義)』는 후한(後漢) 때의 학자인 허신(許愼)이 지은 책이다.
   유실되었는데, 송대(宋代) 때 학자들이 다시 모아서 엮었다. 오경(五經)에 관
   한 고금(古今)의 유설(遺說)과 이의(異義)를 싣고, 그에 대한 시비(是非)를
   판별한 내용들이다.
13) 시마복(緦麻服)은 상복(喪服) 중 하나로, 오복(五服)에 속한다. 가장 조밀한
   삼베를 사용해서 만든다. 이 복장을 입게 되는 기간은 상황에 따라서 차이가
   있지만, 일반적으로 3개월이 된다. 친족의 백숙부모(伯叔父母)나 친족의 형
   제(兄弟)들 및 혼인하지 않은 친족의 자매(姊妹) 등을 위해서 입는다.
14) 청기(請期)는 혼례 절차 중 하나이다. 남자 집안에서 여자 집안에 예물을 보
   낸 뒤에, 혼인하기에 좋은 길일(吉日)을 점치게 된다. 길(吉)한 날을 잡게 되
   면, 여자 집안에 통보를 하며 가부(可否)를 묻게 되는데, 이 절차가 바로 '청
   기'이다.
15)『의례』「사혼례(士昏禮)」: 請期曰, "吾子有賜命, 某旣申受命矣. <u>惟是三族之不
   虞</u>, 使某也, 請吉日." 對曰, "某旣前受命矣, 唯命是聽." 曰, "某命某聽命于吾
   子." 對曰, "某固唯是聽." 使者, "某使某受命吾子, 不許, 某敢不告! 期曰某
   日." 對曰, "某敢不敬須!"

를 염려했으므로, 외족(外族)이 아니라는 사실을 밝힌 것이다."라고 했다.
이것은 정현의 견해가 공안국과 동일함을 나타낸다. 여기에서 '구족(九族)'
이라고 한 말은 제왕의 구족을 뜻하고, '백성(百姓)'은 백관들의 친족을 뜻
하며, '만방(萬邦)'은 천하의 모든 백성들을 뜻하니, 내부로부터 외부로 확
장된 것이며 높은 것으로부터 낮은 것으로 이른 것이니, 바로 원근에 따른
순서로 삼은 것이다. '구족(九族)'이 백성들의 구족이 아니라는 사실을 알
수 있는 이유는 먼저 구족을 화목하게 하고 이후에 '백성(百姓)'에게 이른
다고 했는데, 백성은 뭇 신하들과 그의 동생 및 자제들이니 이러한 백관을
뛰어넘어 먼저 백성을 언급해서는 안 된다. 만약 이 말이 백성들의 구족을
뜻한다면, "구족이 이미 화목하게 되었다."라고 한 말은 백성들이 이미 화
목하게 되었음을 뜻하므로, 뒤의 구문에서 "모든 나라를 화합시킨다."라고
재차 말해서는 안 되니, 이를 통해 제왕의 구족임을 알 수 있다. 요임금이
직접 구족을 화목하게 하지 않고 신하가 화목하게 하기를 기다린 것은 단
지 신하를 등용하는 법도를 설명했기 때문이니, 어찌 성인이 위정자의 자리
에 있으면서 골육지친에게 소원하게 대하는 일이 있었겠는가? 만약 요임금
이 직접 화목하게 할 수 있어서 신하가 그처럼 변화되기를 기다리지 않았다
면 모든 나라의 백성들을 교화시킴에 있어서 요임금이 어찌 변화시킬 수
없어서 신하가 변화하기를 기다렸겠는가? 또 "구족을 화목하게 하다."라고
말한 것은 단지 제왕으로 하여금 화목하게 대하라고 하고 신하로 하여금
화목하게 대하라고만 한 것이 아니며, 제왕은 또한 그들이 서로에게 친애하
도록 했던 것이다. 그렇기 때문에 신하들의 변화가 필요한 것이다.

孔傳-② 既, 已也. 百姓, 百官. 言化九族而平和章明.

번역 '기(既)'자는 이미[已]라는 뜻이다. '백성(百姓)'은 백관(百官)[16]을 뜻

---

16) 백관(百官)은 공경(公卿) 이하의 관리들을 뜻한다. 또한 각 부서의 하급 관리
들을 총칭하는 용어로도 사용되었다. 『예기』「교특생(郊特牲)」편에는 "獻命庫
門之內, 戒百官也."라는 기록이 있고, 이에 대한 정현의 주에서는 "百官, 公卿
以下也."라고 풀이하였다.

한다. 구족을 화목하게 하고서 화평함과 조화로움이 밝게 드러났다는 뜻이다.

孔疏 ◎傳"旣已"至"章明". ○正義曰: "旣"·"已"義同, 故訓"旣"爲已. 經傳之言"百姓", 或指天下百姓, 此下句乃有"黎民", 故知"百姓"卽百官也. 百官謂之百姓者, 隱八年左傳云: "天子建德, 因生以賜姓." 謂建立有德以爲公卿, 因其所生之地而賜之以爲其姓, 令其收斂族親, 自爲宗主. 明王者任賢不任親, 故以"百姓"言之. 周官篇云: "唐·虞稽古, 建官惟百." 大禹謨云: "率百官若帝之初." 是唐·虞之世經文皆稱"百官". 而禮記·明堂位云"有虞氏之官五十", 後世所記不合經也. "平章"與"百姓"其文非九族之事, 傳以此經之事文勢相因, 先化九族, 乃化百官, 故云"化九族而平和章明". 謂九族與百官皆須導之以德義, 平理之使之協和, 敎之以禮法, 章顯之使之明著.

번역 ◎孔傳: "旣已"~"章明". ○'기(旣)'자와 '이(已)'자는 의미가 동일하다. 그렇기 때문에 기(旣)자를 이(已)자의 뜻으로 풀이한 것이다. 경문과 전문의 기록 중 '백성(百姓)'이라는 말은 어떤 때에는 천하의 백성들을 가리키기도 하는데, 아래 구문에는 백성을 뜻하는 '여민(黎民)'이라는 말이 나오므로, 여기에서 말하는 백성이 백관(百官)에 해당한다는 사실을 알 수 있다. '백관(百官)'을 '백성(百姓)'이라고 부르는 것에 대해 은공 8년에 대한 『좌전』의 기록에서는 "천자가 덕이 있는 자를 세워 그가 태어난 곳에 따라 성을 부여했다."17)라고 했으니, 덕이 있는 자를 세워 공이나 경으로 삼았고, 그가 태어난 지명에 따라서 그에 대한 성을 부여하여, 그로 하여금 친족들을 수렴하고 스스로 종주가 되도록 했다는 뜻이다. 성왕은 현명한 자를 등용하고 친족이라는 이유만으로 등용하지 않는다. 그렇기 때문에 '백성(百姓)'이라고 말한 것이다. 『서』「주관(周官)」편에서는 "당우 때에는 옛 제도를 상고하여 관직을 세우며 백(百)으로 했다."18)라고 했고, 『서』「대우모(大

---

17) 『춘추좌씨전』「은공(隱公) 8년」: 衆仲對曰, "<u>天子建德, 因生以賜姓</u>, 胙之土而命之氏. 諸侯以字爲諡, 因以爲族. 官有世功, 則有官族. 邑亦如之."

18) 『서』「주서(周書)·주관(周官)」: 曰, <u>唐虞稽古, 建官惟百</u>, 內有百揆四岳, 外有州牧侯伯, 庶政惟和, 萬國咸寧.

그림 8-1 ◾ 주(周)나라 세계도(世系圖) Ⅰ

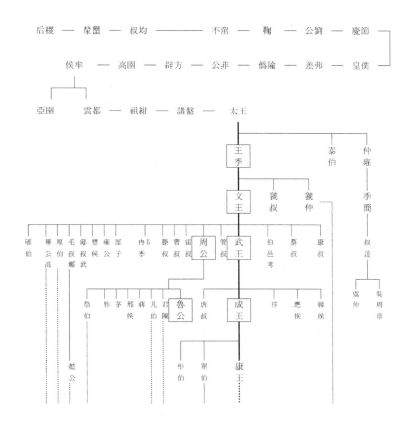

※ 출처: 『역사(繹史)』1권 「역사세계도(繹史世系圖)」

그림 8-2 ◼ 성왕(成王)

王　　成　　周

※ **출처:**『삼재도회(三才圖會)』「인물(人物)」1권

● 그림 8-3 　◉ 주공(周公)

像　公　周

※ **출처:** 『삼재도회(三才圖會)』「인물(人物)」 4권

그림 8-4 ▣ 이윤(伊尹)

※ 출처:『고성현상전략(古聖賢像傳略)』

그림 8-5 ◼ 강고도(康誥圖)

※ **출처:**『흠정서경도설(欽定書經圖說)』29권

그림 8-6 ◙ 명덕신벌도(明德愼罰圖)

※ 출처:『흠정서경도설(欽定書經圖說)』 29권

그림 8-7 ◼ 불모환과도(不侮鰥寡圖)

※ **출처:** 『흠정서경도설(欽定書經圖說)』 29권

● 그림 8-8 ◨ 서토호모도(西土怗冒圖)

※ **출처:**『흠정서경도설(欽定書經圖說)』29권

그림 8-9 ◾ 에은수명도(殪殷受命圖)

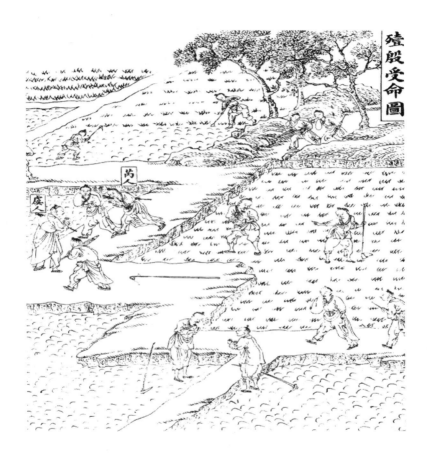

※ **출처:**『흠정서경도설(欽定書經圖說)』29권

그림 8-10 ▣ 이윤작서도(伊尹作書圖)

※ 출처: 『흠정서경도설(欽定書經圖說)』14권

그림 8-11 ◼ 제요도(帝堯圖)

※ **출처:** 『흠정서경도설(欽定書經圖說)』 1권

그림 8-12 ◼ 구족친목도(九族親睦圖)

※ 출처:『흠정서경도설(欽定書經圖說)』1권

그림 8-13 ◼ 고문설구족도(古文說九族圖)

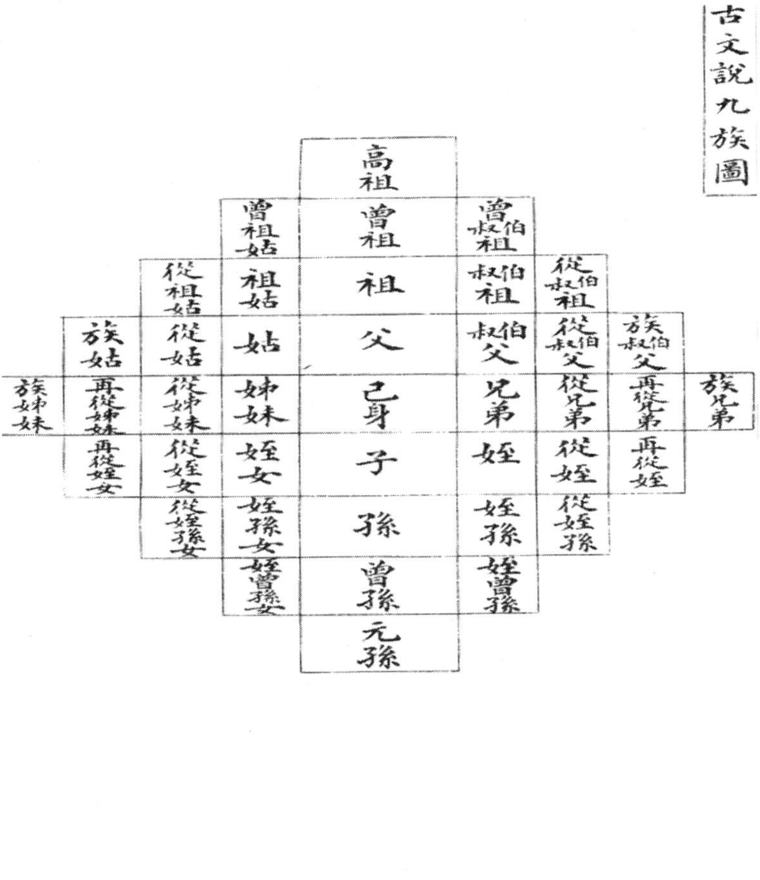

古文說九族圖

				高祖				
			曾祖姑	曾祖	曾伯叔祖			
		從祖姑	祖姑	祖	伯叔祖	從伯叔祖		
	族姑	從姑	姑	父	伯叔父	從伯叔父	族伯叔父	
族姊妹	再從姊妹	從姊妹	姊妹	己身	兄弟	從兄弟	再從兄弟	族兄弟
	再從姪女	從姪女	姪女	子	姪	從姪	再從姪	
		從姪孫女	姪孫女	孫	姪孫	從姪孫		
			姪曾孫女	曾孫	姪曾孫			
				元孫				

※ **출처:** 『흠정서경도설(欽定書經圖說)』 1권

그림 8-14 ▣ 금문설구족도(今文說九族圖)

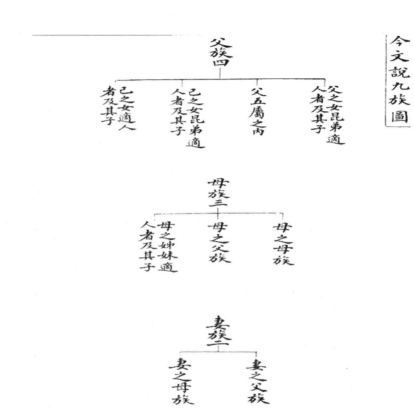

今文說九族圖

父族四
　父之女昆弟適人者及其子
　父五屬之內
　己之女昆弟適人者及其子
　己之女適人者及其子

母族三
　母之母族
　母之父族
　母之姊妹適人者及其子

妻族二
　妻之父族
　妻之母族

※ 출처:『흠정서경도설(欽定書經圖說)』1권

그림 8-15 ▣ 협화만방도(協和萬邦圖)

※ **출처:**『흠정서경도설(欽定書經圖說)』1권

그림 8-16   ▣ 제세시옹도(帝世時雍圖)

※ **출처:** 『흠정서경도설(欽定書經圖說)』 1권

각하여 스스로를 새롭게 할 수 있다는 의미이다.

孔疏 ●“是故君子無所不用其極”者, 極, 盡也. 言君子欲日新其德, 無處不用其心盡力也. 言自新之道, 唯在盡其心力, 更無餘行也.

번역 ●經文: “是故君子無所不用其極”. ○‘극(極)’자는 “다하다[盡].”는 뜻이다. 군자는 자신의 덕을 날마다 새롭게 하고자 해서 처한 곳마다 자신의 마음과 힘을 다하지 않은 적이 없다는 뜻이다. 즉 스스로 새롭게 하는 도는 오직 자신의 마음과 힘을 다하여 여력이 없게끔 하는데 달려 있다는 의미이다.

集註 盤, 沐浴之盤也. 銘, 名其器以自警之辭也. 苟, 誠也. 湯以人之洗濯其心以去惡, 如沐浴其身以去垢. 故銘其盤, 言誠能一日有以滌其舊染之汗而自新, 則當因其已新者, 而日日新之, 又日新之, 不可略有間斷也.

번역 ‘반(盤)’은 목욕할 때 사용하는 대야이다. ‘명(銘)’은 기물에 명문을 새겨서 스스로 경계하는 말로 삼은 것이다. ‘구(苟)’자는 진실로[誠]라는 뜻이다. 탕임금은 사람이 자신의 마음을 깨끗하게 씻어서 악을 제거하는 것이 몸을 목욕하여 때를 제거하는 것과 같다고 여겼다. 그렇기 때문에 자신이 사용하는 대야에 명문을 새겼으니, 진실로 하루라도 옛날에 물든 더러움을 제거하여 스스로 새롭게 할 수 있다면, 마땅히 이미 새로워진 것에 따라서 날마다 새롭게 해야 하고 또 날마다 새롭게 하여 조금이라도 중간에 그만둠이 있어서는 안 된다고 말한 것이다.

集註 鼓之舞之之謂作, 言振起其自新之民也.

번역 북을 치고 춤추게 만드는 것을 ‘작(作)’이라고 부르니, 스스로 새로워지는 백성을 진작시킨다는 뜻이다.

集註 詩大雅文王之篇. 言周國雖舊, 至於文王, 能新其德以及於民, 而始受天命也.

번역 이 시는 『시』「대아(大雅)·문왕(文王)」편이다. 주나라는 비록 오래된 나라이지만 문왕에 이르러서 자신의 덕을 새롭게 하여 백성에게까지 미쳐 비로소 천명을 받을 수 있었다는 뜻이다.

集註 自新新民, 皆欲止於至善也.

번역 스스로를 새롭게 하고 백성을 새롭게 하는 일을 모두 지극한 선함에 그치게끔 하고자 하는 것이다.

集註 右傳之二章, 釋新民.

번역 여기까지는 전(傳) 2장에 해당하니, 신민(新民)의 뜻을 풀이하였다.

참고 『서』「상서(商書)·중훼지고(仲虺之誥)」 기록

경문 德日新, 萬邦惟懷. 志自滿, 九族乃離.

번역 덕이 날로 새로워지면 모든 나라의 백성들이 귀의하게 된다. 뜻이 가득 차서 넘치면 구족이 떠나게 된다.

孔傳 日新, 不懈怠. 自滿, 志盈溢.

번역 날마다 새롭다는 것은 나태하지 않다는 뜻이다. 자만한다는 말은 뜻이 가득 차서 넘친다는 뜻이다.

孔疏 ●"德日"至"乃離". ○正義曰: 易·繫辭云: "日新之謂盛德." 修德不

怠, 日日益新, 德加於人, 無遠不屈, 故萬邦之衆惟盡歸之. 志意自滿則陵人,
人旣被陵, 情必不附, 雖九族之親, 乃亦離之. "萬邦", 擧遠以明近; "九族", 擧
親以明疏也. 漢代儒者說九族有二, 按禮戴及尙書緯·歐陽說九族, 乃異姓有
屬者, 父族四, 母族三, 妻族二. 古尙書說九族, 從高祖至玄孫凡九族. 堯典云
"以親九族", 傳云"以睦高祖玄孫之親", 則此言"九族", 亦謂高祖玄孫之親也.
謂"萬邦惟懷", 實歸之. "九族乃離", 實離之. 聖賢設言爲戒, 容辭頗甚, 父子
之間, 便以志滿相棄. 此言"九族", 以爲外姓九族有屬, 文便也.

번역 ●經文: "德日"~"乃離". ○『역』「계사전(繫辭傳)」에서는 "날로 새
로워지는 것을 융성한 덕이라고 부른다."라고 했다. 덕을 수양함에 나태하
지 않아서 날마다 증가하고 새로워지며, 그 덕이 남에게까지 영향을 미쳐
서 먼 곳이라도 이르지 않는 곳이 없다. 그렇기 때문에 모든 나라의 백성들
이 다 귀의하는 것이다. 뜻이 가득 차서 넘친다면 남을 업신여기게 되고,
남이 업신여김을 당하게 되면 그의 정감은 반드시 따르지 않게 되니, 비록
구족과 같이 친근한 자라 하더라도 떠나게 된다. '만방(萬邦)'은 먼 것을
들어 가까운 것까지도 나타낸 말이고, '구족(九族)'은 친근한 것을 들어 소
원한 것까지 나타낸 말이다. 한나라 유학자들은 구족에 대해서 두 가지 주
장을 한다. 『예기』 및 『상서』의 위서와 구양은 구족에 성씨가 다른 친족이
포함된다고 하여, 부친 쪽의 4촌, 모친 쪽의 3촌, 부인 쪽의 2촌이라고 했다.
『고문상서』에서는 구족에 대해서 고조로부터 현손까지 총 9세대를 뜻한다
고 했다. 『서』「요전(堯典)」편에서는 "이로써 구족을 화목하게 한다."라고
했고, 공안국의 전문에서는 "고조로부터 현손까지의 친족을 화목하게 한
다."라고 했으니, 여기에서 말하는 '구족(九族)' 또한 고조로부터 현손까지
의 친족을 뜻한다. "모든 나라가 품는다."는 말은 실제로 그에게 귀의한다
는 뜻이다. "구족이 떠난다."는 말은 실제로 떠난다는 뜻이다. 성현이 이러
한 말을 해서 경계를 한 것은 자못 그 말이 심각한데, 부모와 자식의 관계라
하더라도 뜻이 넘치게 되면 서로를 버리게 된다. 여기에서는 '구족(九族)'이
라고 말했는데, 이것을 외성인 구족 중 친족관계가 형성된 경우라 여기는
것은 문맥상 해석하기가 편리하기 때문이다.

蔡傳 德日新者, 日新其德而不自已也. 志自滿者, 反是. 湯之盤銘曰, 苟日新, 日日新, 又日新. 其廣日新之意歟. 德日新, 則萬邦雖廣而無不懷. 志自滿, 則九族雖親而亦離. 萬邦擧遠以見近也, 九族擧親以見疎也.

번역 덕이 날마다 새로워진다는 것은 날마다 자신의 덕을 새롭게 하며 스스로 그치지 않는다는 뜻이다. 뜻이 스스로 넘친다는 것은 이와 반대로 하는 것이다. 탕임금의 대야에 새겨진 명문에서는 "진실로 날마다 새롭게 하고, 날마다 새롭게 하며, 또한 날마다 새롭게 해야 한다."라고 했으니, 날마다 새롭게 한다는 뜻을 넓힌 것이다. 덕이 날마다 새로워지면 모든 나라가 비록 광대한 너비라 하더라도 그리워하지 않는 자가 없게 된다. 뜻이 자만하게 되면 구족이 비록 친족에 해당하더라도 떠나게 된다. '만방(萬邦)'은 먼 것을 들어 가까운 것까지 나타낸 말이며, '구족(九族)'은 친근한 것을 들어 소원한 것까지 나타낸 말이다.

참고 『서』「상서(商書)·함유일덕(咸有一德)」 기록

경문 今嗣王新服厥命, 惟新厥德①. 終始惟一, 時乃日新②. 任官惟賢材, 左右惟其人③. 臣爲上爲德, 爲下爲民④. 其難其愼, 惟和惟一⑤.

번역 이제 사왕께서 천자의 명령을 새로이 복종하여 따름에는 그 덕을 날마다 새롭게 해야 합니다. 시종일관 한결같은 것이야말로 날마다 새로워진다는 뜻이 됩니다. 관리로 임명할 때에는 오직 현명하고 재능이 있는 자를 뽑아야 하며, 좌우에 둘 사람은 오직 충심과 선량함을 갖추어야만 합니다. 신하는 윗사람을 위해 덕을 펼쳐야 하고, 아랫사람이 되어 백성들을 가르쳐야 하는 자입니다. 따라서 어렵게 여기고 신중히 하여, 오직 마음을 화합하여 군주를 섬겨야 합니다.

孔傳-① 其命, 王命. 新其德, 戒勿怠.

번역 '기명(其命)'은 천자의 명령이다. "그 덕을 새롭게 한다."는 말은 태만하게 굴지 말라고 경계한 것이다.

孔疏 ◎傳"其命"至"勿怠". ○正義曰: 說命云: "王言惟作命." 成十八年左傳云: "人之求君, 使出命也." 是言人君職在發命. "新服厥命", 新始服行王命, 故云"其命, 王命"也. "新其德"者, 勤行其事, 日日益新, 戒王勿懈怠也.

번역 ◎孔傳: "其命"~"勿怠". ○『서』「열명(說命)」편에서는 "왕의 말을 명령으로 삼는다."[3]라고 했고, 성공 18년에 대한 『좌전』의 기록에서는 "사람들이 군주를 구하는 것은 그로 하여금 명령을 내리게끔 하기 위해서이다."[4]라고 했다. 이것은 군주의 직무는 명령을 내리는 것임을 나타낸다. "새로이 그 명령에 복종한다."는 말은 새로이 천자의 명령을 복종하고 시행한다는 뜻이다. 그렇기 때문에 "'기명(其命)'은 천자의 명령이다."라고 했다. "그 덕을 새롭게 한다."는 말은 해당 사안을 열심히 시행하여 날마다 증진시켜 새롭게 한다는 뜻이니, 천자에게 나태하게 굴지 말아야 함을 경계한 것이다.

孔傳-② 言德行終始不衰殺, 是乃日新之義.

번역 덕행은 시종일관 쇠락해지지 말아야 하니, 이것이 바로 날마다 새로워진다는 뜻에 해당한다는 의미이다.

孔疏 ◎傳"言德"至"之義". ○正義曰: "日新"者, 日日益新也. 若今日勤而明日惰, 昨日是而今日非, 自旁觀之, 則有新有舊. 言王德行終始皆同, 不有衰

---

3) 『서』「상서(商書)·열명상(說命上)」: 群臣咸諫于王曰, 嗚呼, 知之曰明哲, 明哲實作則, 天子惟君萬邦, 百官承式, 王言惟作命, 不言, 臣下罔攸稟令.
4) 『춘추좌씨전』「성공(成公) 18년」: 周子曰, "孤始願不及此, 雖及此, 豈非天乎! 抑人之求君, 使出命也. 立而不從, 將安用君? 二三子用我今日, 否亦今日. 共而從君, 神之所福也."

殺, 從旁觀之, 每日益新, 是乃“日新”之義也.

번역 ◎孔傳: “言德”~“之義”. ○'일신(日新)'은 날마다 증진하여 새로워진다는 뜻이다. 만약 오늘은 열심히 하지만 내일 태만하게 군다면, 어제는 옳은 것이지만 오늘은 그른 것이니, 곁에서 살펴보면 새로운 것도 있고 오래된 잘못도 있는 것이다. 즉 천자의 덕행은 시종일관 동일해야 하고 쇠락함이 있어서는 안 되니, 곁에서 보게 되면 매일 증진하여 새로워지는 것이 바로 “날마다 새롭다.”는 뜻에 해당한다는 의미이다.

孔傳-③ 官賢才而任之, 非賢材不可任. 選左右, 必忠良. 不忠良, 非其人.

번역 현명하고 재능이 있는 자를 관리로 임명해야 하니, 현명하거나 재능이 있는 자가 아니라면 임명해서는 안 된다. 좌우에 둘 사람을 선발할 때에는 반드시 충심과 선량함이 있어야 한다. 충심과 선량함을 갖추지 않았다면 그에 적합한 인물이 아니다.

孔疏 ◎傳“官賢”至“其人”. ○正義曰: “任官”謂任人以官, 故云“官賢才而任之”, 言官用賢才而委任之. 詩序云“任賢使能”, 非賢才不可任也. 冏命云: “小大之臣, 咸懷忠良.” 故言“選左右, 必忠良”, 不忠良, 卽是非其人. “任官”是用人爲官, “左右”亦是任而用之, 故言“選左右”也. 直言其人, “人”字不見, 故據冏命之文, 以“忠良”充之.

번역 ◎孔傳: “官賢”~“其人”. ○'임관(任官)'은 남에게 관직을 맡긴다는 뜻이다. 그렇기 때문에 “현명하고 재능이 있는 자를 관리로 임명한다.”라고 말했으니, 관리로 임명할 때에는 현명하고 재능이 있는 자를 뽑아서 그에게 맡겨야 한다는 뜻이다. 『시』의 모서에서는 “현명한 자를 임명하고 능력이 있는 자를 부린다.”[5]라고 했으니, 현명하거나 재능이 있는 자가 아니라

---

5) 『시』「대아(大雅)·증민(烝民)」편의 모서(毛序)」: 烝民, 尹吉甫美宣王也, 任賢使能, 周室中興焉.

면 임명해서는 안 된다. 『서』「경명(冏命)」편에서는 "크고 작은 신하들이 모두들 충심과 선량함을 간직하고 있다."6)라고 했다. 그렇기 때문에 "좌우에 둘 사람을 선발할 때에는 반드시 충심과 선량함이 있어야 한다."라고 했다. 충심과 선량함을 갖추지 않았다면 그에 적합한 인물이 아니다. '임관(任官)'은 사람을 등용하여 관리로 삼는 것이고, '좌우(左右)' 또한 임명하여 그를 부리는 것이다. 그렇기 때문에 "좌우에 둘 사람을 선발한다."라고 했다. 다만 그 사람에 대해서만 말했음에도 '인(人)'자의 의미가 드러나지 않았기 때문에 「경명」편의 문장을 인용해서 '충량(忠良)'이라는 말로 그 내용을 보충하였다.

孔傳-④ 言臣奉上布德, 順下訓民, 不可官所私, 任非其人.

번역 신하는 윗사람을 받들어 덕을 펼치고 아랫사람이 되어 백성들을 가르쳐야 하니, 사사롭게 친근한 자를 관리로 임명하거나 해당하는 인물이 아닌데도 임명해서는 안 된다는 뜻이다.

孔疏 ◎傳"言臣"至"其人". ○正義曰: "言臣奉上布德"者, "奉上", 謂奉爲在上, 解經"爲上"也; "布德"者, 謂布爲道德, 解經"爲德"也. "順下訓民"者, "順下", 謂卑順以爲臣下, 解經"爲下"也; "訓民"者, 謂以善道訓助下民, 解經"爲民"也. 顧氏亦同此解.

번역 ◎孔傳: "言臣"~"其人". ○"신하는 윗사람을 받들어 덕을 펼친다."라고 했는데, '봉상(奉上)'은 받들어 위에 있는 사람을 위한다는 뜻으로, 경문의 '위상(爲上)'이라는 말을 풀이한 것이다. "덕을 펼친다."는 말은 펼쳐 도와 덕을 시행한다는 뜻이니, 경문의 '위덕(爲德)'이라는 말을 풀이한 것이다. "아랫사람이 되어 백성들을 가르쳐야 한다."라고 했는데, '순하(順

6)『서』「주서(周書)·경명(冏命)」: 昔在文武, 聰明齊聖, <u>小大之臣, 咸懷忠良</u>, 其侍御僕從, 罔匪正人, 以旦夕承弼厥辟, 出入起居罔有不欽, 發號施令罔有不臧, 下民祗若, 萬邦咸休.

下)'는 낮추고 순종하여 신하가 된다는 뜻이니, 경문의 '위하(爲下)'라는 말을 풀이한 것이다. "백성들을 가르친다."는 말은 선한 도를 이용해 백성들을 가르치고 돕는다는 뜻이니, 경문의 '위민(爲民)'이라는 말을 풀이한 것이다. 고씨 또한 이러한 해석에 동조했다.

孔傳-⑤ 其難無以爲易, 其愼無以輕之, 群臣當和一心以事君, 政乃善.

번역 어려운 것에 대해서는 쉽게 여기지 말아야 하고 신중히 처리해야 할 것에 대해서는 경시해서는 안 되니, 뭇 신하들은 마땅히 마음을 화합하여 군주를 섬겨야만 정치가 선하게 된다.

孔疏 ◎傳"其難"至"乃善". ○正義曰: 此經申上臣事旣所爲如此, 其難無以爲易, 其愼無以輕忽之, 戒臣無得輕易臣之職也. 旣事不可輕, 宜和協奉上, 群臣當一心以事君, 如此政乃善耳. 一心卽一德, 言臣亦當一德也.

번역 ◎孔傳: "其難"~"乃善". ○경문에서는 신하의 일에 있어서 시행해야 할 것이 이와 같음을 거듭 설명하였는데, 어려운 일에 대해서 쉽게 여기지 말아야 하고, 신중히 처리해야 할 것에 대해서 경시하지 말아야 하니, 신하는 경시하거나 소홀히 하지 않는 것이 신하의 직무임을 경계한 것이다. 그 사안은 이미 경시할 수 없는 것이므로 마땅히 화합하여 군주를 받들어야 하니, 뭇 신하들은 마땅히 마음을 합치시켜 군주를 섬기며 이처럼 해야만 정치가 선하게 될 따름이다. 마음을 합한다는 말은 덕을 합한다는 뜻이니, 신하 또한 마땅히 덕을 합치시켜야 한다는 의미이다.

孔疏 ●"今嗣王"至"惟一". ○正義曰: 上旣言"在德", 此指戒嗣王, 今新始服其王命, 惟當新其所行之德. 所云"新"者, 終始所行, 惟常如一, 無有衰殺之時, 是乃"日新"也. 王旣身行一德, 臣亦當然. 任人爲官, 惟用其賢材. 輔弼左右, 惟當用其忠良之人, 乃可爲左右耳. 此"任官"·"左右"卽王之臣也. 臣之爲用, 所施多矣. 何者? 言臣之助爲在上, 當施爲道德; 身爲臣下, 當須助爲於民也. 臣之旣當爲君, 又須爲民, 故不可任非其才, 用非其人. 此臣之所職, 其事甚難, 無得以爲易. 其事須愼, 無得輕忽. 爲臣之難如此, 惟當群臣和順, 惟當共秉一心, 以此事君, 然後政乃善耳. 言君臣宜皆有一德.

번역 ●經文: "今嗣王"~"惟一". ○앞에서는 이미 "덕에 달려있다."라고 했는데, 이곳에서는 사왕에게 경계하는 것을 가리키고 있으니, 현재 새로이 천자의 명령을 복종함에 오직 덕에 따른 행실을 새롭게 해야만 한다. 이른바 새롭게 한다는 것은 시종일관 시행하는 것이 항상 동일해야 하며, 쇠락할 때가 없어야 하니, 이처럼 해야만 "날마다 새롭다."는 뜻이 된다. 천자 본인이 이미 한결같은 덕행을 시행하므로 신하 또한 마땅히 그래야 한다. 사람을 등용해 관리로 삼을 때에는 현명하고 재능이 있는 자를 등용해야 한다. 좌우에서 보필할 신하의 경우에는 마땅히 충심과 선량함을 갖춘 자를 선발해야만 좌우에 둘 수 있을 따름이다. 여기에서 '임관(任官)'이라고 한 말이나 '좌우(左右)'라고 한 말은 모두 천자의 신하를 가리킨다. 신하를 등용할 때 적용해야 할 것이 많은 것은 어째서인가? 신하는 위정자를 위해 도우니 마땅히 도와 덕을 베풀어야만 한다. 또 본인은 신하의 입장이 되므로 마땅히 백성들을 위해 일을 하고 도와야 한다. 신하는 이미 군주를 위해서 일을 하고 또 백성을 위해서도 필요하므로, 그에 걸맞은 재능이 없거나 그에 걸맞은 사람이 아니라면 등용해서는 안 된다. 신하의 직무는 그 사안이 매우 어려우니 쉽게 여겨서는 안 된다. 또 그 사안은 신중히 처리해야 하니 소홀히 해서는 안 된다. 신하의 어려움이 이와 같지만, 단지 뭇 신하들은 화합하고 순종해야 하며 모두 한결같은 마음을 다잡아 이로써 군주를 섬겨야 하니, 이처럼 한 뒤에야 정치가 선하게 될 따름이다. 즉 군주와 신하는 모두 한결같은 덕을 가지고 있어야 한다는 뜻이다.

蔡傳 太甲新服天子之命, 德亦當新. 然新德之要, 在於有常而已. 終始有常, 而無間斷, 是乃所以日新也.

번역 태갑은 새로 천자의 명을 받았으니, 덕 또한 마땅히 새롭게 해야 한다. 그러나 덕을 새롭게 한다는 요점은 항상됨을 보유하는 것에 달려 있을 따름이다. 시종일관 항상됨을 갖춰서 중간에 끊어짐이 없는 것이 바로 날마다 새롭게 하는 방법이다.

蔡傳 賢者, 有德之稱. 材者, 能也. 左右者, 輔弼大臣, 非賢材之稱可盡, 故曰惟其人. 夫人臣之職, 爲上爲德, 左右厥辟也. 爲下爲民, 所以宅師也. 不曰君而曰德者, 兼君道而言也. 臣職所係, 其重如此, 是必其難其愼. 難者, 難於任用, 愼者, 愼於聽察, 所以防小人也. 惟和惟一, 和者, 可否相濟, 一者, 終始如一, 所以任君子也.

번역 '현(賢)'은 덕을 지니고 있다는 명칭이다. '재(材)'는 유능하다는 뜻이다. '좌우(左右)'는 보필하는 대신들을 뜻하니, 현(賢)이나 재(材)라는 칭호로 들어맞게 지칭할 수 있는 것이 아니다. 그렇기 때문에 '유기인(惟其人)'이라고 했다. 신하의 직무는 윗사람을 위해서는 덕을 시행하니 자신의 군주를 보필하는 것이다. 아랫사람을 위해서는 백성들을 위해 일을 하니 백성들을 편안히 하는 것이다. 군(君)이라 말하지 않고 덕(德)이라 말한 것은 군주의 도를 겸해서 말했기 때문이다. 신하의 직무와 관련된 것은 그 중대함이 이와 같으므로, 어렵게 여겨야 하고 신중히 처리해야 한다. 어렵다는 것은 등용하는 일을 어렵게 여기는 것이며, 신중히 한다는 것은 정사를 살피는데 신중히 하는 것이니, 소인이 들어오는 것을 방지하는 방법이다. '유화유일(惟和惟一)'이라고 했는데, '화(和)'는 가하거나 그렇지 않은 것을 서로 맞출 수 있게 하는 것이며, '일(一)'은 처음부터 끝까지 한결같은 것이니, 군자를 등용하는 방법이다.

참고 『역』「대축괘(大畜卦)」 기록

경문 象曰, 大畜, 剛健篤實, 輝光日新其德.

번역 「단전」에서 말하길, 대축(大畜)은 강건하고 독실하며 빛나서 날로 그 덕을 새롭게 한다.

王注 凡物旣厭而退者, 弱也; 旣榮而隕者, 薄也. 夫能"輝光日新其德"者, 唯"剛健篤實"也.

번역 무릇 사물들 중 막혀서 물러난 것들은 약하게 되고, 이미 영화를 다해 떨어지는 것은 엷어진다. "빛나서 날로 그 덕을 새롭게 한다."는 것을 잘할 수 있는 것은 오직 "강건하고 독실하다."는 경우에만 해당한다.

孔疏 ○正義曰: 言"大畜剛健篤實"者, 此釋大畜之義, "剛健"謂乾也. 乾體剛性健, 故言"剛健"也. "篤實", 謂艮也. 艮體靜止, 故稱"篤實"也. "輝光日新其德"者, 以其剛健篤實之故, 故能輝耀光榮, 日日增新其德. 若無剛健, 則劣弱也, 必旣厭而退. 若無篤實, 則虛薄也, 必旣榮而隕, 何能久有輝光, 日新其德乎?

번역 ○"대축(大畜)은 강건하고 독실하다."라고 했는데, 이것은 대축괘(大畜卦䷙)의 뜻을 풀이한 것이니, 강건(剛健)은 건괘(乾卦☰)에 해당한다. 건괘의 본체는 굳세고 성품은 튼튼하다. 그렇기 때문에 '강건(剛健)'이라고 했다. '독실(篤實)'은 간괘(艮卦☶)를 뜻한다. 간괘의 본체는 고요하며 머물러 있기 때문에 '독실(篤實)'이라고 불렀다. "빛나서 날로 그 덕을 새롭게 한다."라고 했는데, 강건하고 독실한 이유 때문에 빛을 발하며 영화로워 날마다 그 덕을 증진시키고 새롭게 할 수 있다. 만약 강건함이 없다면 열악하고 유약해지니, 반드시 막혀서 물러나게 될 것이다. 만약 독실함이 없다면 비고 엷어지게 되니 반드시 영화를 다해 떨어지게 되는데 어떻게 오래도록 빛을 발하며 그 덕을 날마다 새롭게 할 수 있겠는가?

孔疏 ◎注"凡物旣厭"至"剛健篤實也". ○正義曰: "凡物旣厭而退者, 弱也"者, 釋經"剛健"也. 若不剛健, 則見厭被退. 能剛健, 則所爲日進, 不被厭退也. "旣榮而隕者薄也"者, 釋經"篤實"也. 凡物暫時榮華而卽損落者, 由體質虛薄也. 若能篤厚充實, 則恒保榮美, 不有損落也.

번역 ◎王注: "凡物旣厭"~"剛健篤實也". ○"무릇 사물들 중 막혀서 물러난 것들은 약하게 된다."라고 했는데, 이것은 경문에 나온 '강건(剛健)'이라는 말을 풀이한 것이다. 만약 강건하지 않다면 막혀서 물러나게 된다. 강건할 수 있다면 시행하는 것들이 날마다 나아가게 되어 막혀서 물러나게 되지 않는다. "이미 영화를 다해 떨어지는 것은 엷어진다."라고 했는데, 이것은 경문에 나온 '독실(篤實)'이라는 말을 풀이한 것이다. 무릇 사물은 잠시라도 영화를 다하게 되면 곧바로 쇠락하게 되니, 그 본체의 바탕이 비고 엷어지기 때문이다. 만약 돈독하고 충실하게 할 수 있다면 항상 영화로운 아름다움을 보존하여 쇠락해지지 않을 수 있다.

程傳 以卦之才德而言也. 乾體剛健, 艮體篤實, 人之才剛健篤實, 則所畜能大, 充實而有輝光, 畜之不已, 則其德日新也.

번역 괘의 재질과 덕으로 말한 것이다. 건괘의 본체는 강건하고 간괘의 본체는 독실하니, 사람의 재주가 강건하고 독실하다면 쌓인 것이 커져서 충실하여 빛을 발할 수 있으며, 쌓는 것을 그치지 않는다면 그 덕은 날로 새롭게 된다.

本義 以卦德釋卦名義.

번역 괘의 덕으로 괘 이름의 뜻을 풀이하였다.

참고 『역』「계사상(繫辭上)」 기록

경문 日新之謂盛德.

번역 날로 새로워짐을 융성한 덕이라 부른다.

王注 體化合變, 故曰“日新”.

번역 본체가 화하여 변화에 합치되기 때문에 “날로 새롭다.”라고 했다.

孔疏 ○正義曰: 聖人以能變通體化, 合變其德, 日日增新, 是德之盛極, 故謂之盛德也.

번역 ○성인은 변통하고 체화할 수 있어서 그 덕을 합하고 변화시켜 날마다 증진되어 새로워지니, 이것은 덕이 지극히 융성한 것이다. 그렇기 때문에 ‘성덕(盛德)’이라고 부른다.

本義 張子曰: 日新者, 久而无窮.

번역 장자[7]가 말하길, 날마다 새롭다는 것은 오래되어도 무궁하다는 뜻이다.

참고 『서』「주서(周書)·강고(康誥)」 기록

경문 王曰, “嗚呼! 小子封, 恫瘝乃身, 敬哉!① 天畏棐忱, 民情大可見, 小人難保②. 往盡乃心, 無康好逸豫, 乃其乂民③. 我聞曰, ‘怨不在大, 亦不在小, 惠不惠, 懋不懋.’④ 已! 汝惟小子, 乃服惟弘王, 應保殷民⑤, 亦惟助王宅天命, 作新民⑥.”

---

7) 장재(張載, A.D.1020 ~ A.D.1077): =장자(張子)·장횡거(張橫渠). 북송(北宋) 때의 유학자이다. 북송오자(北宋五子) 중 한 사람으로 칭해진다. 자(字)는 자후(子厚)이다. 횡거진(橫渠鎭) 출신으로, 이곳에서 장기간 강학을 했기 때문에 횡거선생(橫渠先生)으로 일컬어지기도 한다.

번역 왕이 말하길, "오호라! 소자 봉아, 네 몸에 있는 병을 없애는 것처럼 정치를 시행하여, 내 말을 공경스럽게 따라야 한다! 하늘의 덕은 외경할 만하니 정성스러움을 도와주기 때문이며 백성의 정감은 대체로 볼 수 있으니 소인들은 안정되기가 어렵기 때문이다. 가서 네 마음을 다해야 하며 안주하여 즐기지 말아야 하니, 이처럼 해야만 백성들을 다스릴 수 있다. 내 듣기로, '원망은 큰 것에서 발생하지 않고 또 작은 것에만 머물러 있지 않는다고 했으니, 순종하지 않는 자를 순종시키고 힘쓰지 않는 자를 힘쓰도록 만들어야 한다.'고 했다. 그만두겠는가! 너 소자여, 너는 오직 천자의 도를 크게 만들어 하늘의 뜻에 호응하고 은나라 유민들을 보호해야 하니, 이것은 또한 천자를 도와 천명에 따르게끔 하고 백성들을 위해 날마다 새롭게 하는 교화가 된다."라고 했다.

孔傳-① 恫, 痛. 瘝, 病. 治民務除惡政, 當如痛病在汝身欲去之, 敬行我言.

번역 '통(恫)'자는 아프다는 뜻이다. '관(瘝)'자는 병을 뜻한다. 백성들을 다스릴 때에는 악한 정치를 제거하는데 힘써야 하니, 마땅히 자신에게 있는 병통을 제거하고자 하는 것처럼 해야 하며, 내 말을 공경스럽게 시행해야 한다는 뜻이다.

孔疏 ◎傳"恫痛"至"我言". ○正義曰: "恫"聲類於痛, 故"恫"爲痛也. "瘝, 病", 釋詁文. 以痛病在汝身以述治民, 故務除惡政如己病也. 戒之而言"敬", 故知"敬行我言"也. 鄭玄云: "刑罰及己爲痛病." 其義不及去惡若己病也.

번역 ◎孔傳: "恫痛"~"我言". ○'통(恫)'자는 그 소리가 통(痛)자와 유사하다. 그렇기 때문에 '통(恫)'자는 통(痛)자의 뜻이 된다. "'관(瘝)'자는 병을 뜻한다."라고 했는데, 이것은 『이아』「석고(釋詁)」편의 기록이다.[8] 병통이 자신에게 있는 것처럼 여겨 적합한 방도로 백성들을 다스리기 때문에

---

8) 『이아』「석고(釋詁)」 : 痡·瘏·虺頹·玄黃·劬勞·咎·領·瘽·瘀·鰥·戮·瘨·癙·癉·瘼·疧·疵·閔·逐·疚·痗·瘥·痱·▼(疒/亶)·瘵·瘼·癠, <u>病也</u>.

자신의 병처럼 여겨서 악한 정치를 제거하는데 힘쓰라는 뜻이다. 이처럼 경계하면서도 '경(敬)'이라고 말했기 때문에 "내 말을 공경스럽게 시행해야 한다."는 뜻임을 알 수 있다. 정현은 "형벌이 자신에게 미치는 것을 병통으로 여긴다."라고 풀이했는데, 그 의미는 악을 제거하는 것을 마치 자신의 병처럼 여긴다는 뜻만 못하다.

孔傳-② 天德可畏, 以其輔誠. 人情大可見, 以小人難安.

번역 하늘의 덕은 외경할 만하니 정성스러움을 도와주기 때문이다. 사람의 정감은 대체로 볼 수 있으니 소인들은 안정되기가 어렵기 때문이다.

孔疏 ◎傳"天德"至"難安". ○正義曰: 人情所以大可見者, 以小人難安爲可見, 故須安之.

번역 ◎孔傳: "天德"~"難安". ○사람의 정감은 대체로 볼 수 있으니, 소인들은 안정되기가 어려운데 이러한 점을 확인할 수 있기 때문이다. 그래서 안정시켜야만 한다.

孔傳-③ 往當盡汝心爲政, 無自安好逸豫寬身, 其乃治民.

번역 가서 마땅히 너의 마음을 다해 정치를 시행해야 하며 스스로 편안하길 좋아하고 멋대로 놀며 자신을 관대하게 처우해서는 안 되니, 이것이 바로 백성을 다스리는 것이다.

孔傳-④ 不在大, 起於小; 不在小, 小至於大. 言怨不可爲, 故當使不順者順, 不勉者勉.

번역 큰 것에 있지 않다는 것은 작은 것에서 일어난다는 뜻이다. 작은 것에 있지 않다는 말은 작은 것이 크게 되었다는 뜻이다. 원망은 일어나서는 안 되기 때문에 순종하지 않는 자는 순종하도록 만들고 힘쓰지 않는 자는 힘쓰도록 만들어야 한다는 뜻이다.

孔疏 ◎傳"不在"至"者勉". ○正義曰: 以致怨恐謂由大惡, 故云"不在大, 起於小", 言怨由小事起. "不在小"者, 謂爲怨不恒在小, 言其初小, 漸至於大怨, 故使不順者順, 不勉者勉, 其怨自消也.

번역 ◎孔傳: "不在"~"者勉". ○원망을 일으키는 것이 큰 잘못에서 비롯된다고 오해할 것을 염려했기 때문에 "큰 것에 있지 않다는 것은 작은 것에서 일어난다는 뜻이다."라고 했다. 즉 원망은 작은 일에서 발생한다는 의미이다. "작은 것에 있지 않다."는 말은 원망은 항상 작은 것에만 머물지 않는다는 뜻이니, 처음에는 작았지만 점차 큰 원망으로 번져간다는 뜻이다. 그렇기 때문에 순종하지 않는 자는 순종하도록 만들고 힘쓰지 않는 자는 힘쓰도록 만들어야만 원망도 저절로 사그라질 것이다.

孔傳-⑤ 已乎! 汝惟小子, 乃當服行德政, 惟弘大王道, 上以應天, 下以安我所受殷之民衆.

번역 그만두겠는가! 너 소자여, 너는 마땅히 덕에 따른 정치를 시행하여 천자의 도를 크게 만들고 위로 하늘에 호응하며 아래로 내가 너에게 준 은나라 유민들을 편안하게 해야 한다.

孔傳-⑥ 弘王道, 安殷民, 亦所以惟助王者, 居順天命, 爲民日新之敎.

번역 천자의 도를 넓히고 은나라 유민들을 안정시키는 것은 또한 천자를 도와 천명에 따르게끔 하는 것이며 백성들을 위해 날로 새롭게 되는 가르침이라는 뜻이다.

孔疏 ◎傳"弘王"至"之敎". ○正義曰: "亦所以惟助王"者, 言非直康叔身行有益, 亦惟助王者居順天命, 爲民日新之敎, 謂漸致太平, 政敎日日益新也.

번역 ◎孔傳: "弘王"~"之教". ○"이 또한 천자를 돕는 것이다."라고 했는데, 강숙 본인에게만 유익한 것이 아니라, 천자를 도와 천명에 따르게끔 하고 백성들을 위해 날마다 새롭게 하는 가르침이 된다는 뜻으로, 점차 태평성세를 이루어 정치와 교화가 날마다 증진되고 새롭게 된다는 의미이다.

孔疏 ●"王曰嗚呼小"至"新民". ○正義曰: 所明而云行天人之德者, 其要在於治民, 故言王曰: "嗚呼! 小子封, 治民爲善而除惡政, 當如痛病在汝身欲去之, 敬行我言哉! 所以去惡政者, 以天德可畏者, 以其輔誠故也. 以民情大率可見, 所以可見者, 以小人難保也. 安之旣難, 其往治之, 當盡汝心爲政, 無自安好逸豫而寬縱, 乃其可以治民. 我聞名遺言曰, 人之怨不在事大, 或由小事而起. 雖由小事而起, 亦不恒在事小, 因小至大. 是爲民所怨, 事不可爲. 當使施順, 令不順者順. 勉力勸行, 令不勉者勉. 則其怨小大都消, 令汝消怨者. 已乎! 汝惟小子, 乃當服行政德, 惟弘大王道, 上以應天, 下以安我所受殷民. 不但汝身所當行, 此亦惟助王者居順天命, 爲民日新之教."

번역 ●經文: "王曰嗚呼小"~"新民". ○드러내고서 말하길, 하늘과 사람의 덕을 시행하는 것은 그 요점이 백성을 다스리는데 달려 있다. 그렇기 때문에 천자는 "오호라! 소자 봉아, 백성들을 다스림에 선하게 만들고 악한 정치를 제거해야 하는데, 마땅히 네 자신에게 있는 병통처럼 여겨 제거토록 해야 하며, 내 말을 공경스럽게 실천해야 한다! 악한 정치를 제거하는 것에 있어서 하늘의 덕은 외경할 만하니, 하늘은 자신의 정성스러움을 도와주기 때문이다. 또 백성들의 정감은 대체로 볼 수 있으니, 볼 수 있는 이유는 소인들은 안정되기가 어렵기 때문이다. 안정되기가 어려우므로 가서 그들을 다스릴 때 마땅히 너의 마음을 다해 정치를 시행해야 하며, 스스로 안주하여 놀기만 좋아하거나 방종함이 없어야만 곧 백성들을 다스릴 수 있다. 내가 이전부터 전해온 말을 들었는데, 사람들이 원망하는 것은 큰일에만 있는 것이 아니며 어떤 것은 작은 일로부터 발생한다. 비록 작은 일로부터 발생했더라도 항상 작은 일에만 머물러 있는 것이 아니니, 작은 것으로부터 커지게 된다. 이것은 백성들이 원망하는 일들에 대해서는 시행해서는 안 된다는 뜻이다. 마땅히 순종에 대한 교화를 펼쳐서 순종하지 않는 자를 순종하게끔 만들어야 한다. 또 노력과 시행을 권면하여 힘쓰지 않는 자를 힘쓰도록 만들어야 한다. 이처럼 한다면 크고 작은 원망들이 사라져 너의 원망 또한 사라지게 만들 것이다. 그만두겠는가! 너 소자여, 마땅히 덕에 따른 정치를 시행하여 천자의 도를 넓히고 위로 하늘의 뜻에 호응하며 아래로 내가 준 은나라 유민들을 편안하게 만들어야만 한다. 즉 단지 네 자신만을 위해서 시행해야 할 것이 아니라, 이것은 또한 천자를 도와 천명에 따르도록 하며, 백성들을 위해 날마다 새로워지는 가르침이 된다는 뜻이다."라고 했다.

蔡傳 恫, 痛, 瘝, 病也. 視民之不安, 如疾痛之在乃身, 不可不敬之也. 天命不常, 雖甚可畏, 然誠則輔之, 民情好惡, 雖大可見, 而小民至爲難保. 汝往之國, 所以治之者非他, 惟盡汝心, 無自安而好逸豫, 乃其所以治民也. 古人言怨不在大, 亦不在小, 惟在順不順勉不勉耳. 順者順於理, 勉者勉於行, 卽上文所謂往盡乃心, 無康好逸豫者也.

번역 '통(恫)'자는 아프다는 뜻이며, '환(瘝)'자는 병을 뜻한다. 백성들의 불안함을 보게 되면 마치 그 병이 자신에게 있는 것처럼 여기니, 공경하지 않아서는 안 된다. 천명은 일정하지 않아서 비록 매우 두려울 만하지만 정성스럽다면 자신을 도와주게 되며, 백성의 정감에 나타나는 좋아하고 싫어하는 마음은 비록 크게 볼 수 있지만, 소민들은 지극히 보전하기가 어렵다. 네가 그 나라에 가서 정치를 시행할 때에는 다른 방법이 있는 것이 아니며, 네 마음을 다하여 스스로 안주하거나 제멋대로 노니는 일이 없어야만 백성을 다스릴 수 있다. 옛 사람들은 원망이 큰 것에만 있지 않고 또 작은 것에만 있지 않으니, 순종하거나 순종하지 않으며 힘쓰거나 힘쓰지 않는 것에 달려 있을 뿐이라고 했다. '순(順)'은 이치에 순종한다는 뜻이며, '면(勉)'은 행실에 힘쓴다는 뜻이니, 앞에서 "가서 네 마음을 다하고 편안히 여겨 제멋대로 노니는 것을 좋아하지 말아라."라고 한 말에 해당한다.

蔡傳 服, 事, 應, 和也. 汝之事, 惟在廣上德意, 和保殷民, 使之不失其所, 以
助王安定天命, 而作新斯民也. 此言明德之終也. 大學言明德, 亦擧新民終之.

번역 '복(服)'자는 일을 뜻하며, '응(應)'자는 화합함을 뜻한다. 네가 할
일은 오직 하늘의 덕과 뜻을 넓혀 은나라 백성들을 화합시키고 보호하여
그들로 하여금 터전을 잃지 않게끔 하고, 이를 통해 천자를 도와 천명을
안정시키고 백성들을 새롭게 진작시켜야 한다. 이것은 덕을 밝히는 일의
마침을 언급한 것이다. 『대학』에서는 덕을 밝히는 일을 언급하며 또한 백
성을 새롭게 하는 일을 들어 마무리를 지었다.

참고 『시』「대아(大雅)·문왕(文王)」

文王在上, (문왕재상) : 문왕께서 백성들을 다스리니,
於昭于天. (오소우천) : 오호라! 하늘에 그 덕을 드러내셨구나.
周雖舊邦, (주수구방) : 주나라는 비록 오래된 나라이지만,
其命維新. (기명유신) : 문왕께서 받으신 천명은 새롭구나.
有周不顯, (유주불현) : 주나라의 덕이 드러나지 않겠는가,
帝命不時. (제명불시) : 상제께서 내리신 천명이 옳지 않단 말인가.
文王陟降, (문왕척강) : 문왕께서 위로 하늘에 맞닿고 아래로 백성들을
　　　　　　　　　　　 임하심에,
在帝左右. (재제좌우) : 상제의 뜻을 잘 살펴 그에 따라 시행하시는구나.

亹亹文王, (미미문왕) : 힘쓰고 노력하신 문왕은,
令聞不已. (영문불이) : 그 아름다운 명성이 끊이지 않는구나.
陳錫哉周, (진석재주) : 은혜가 베풀어져 주왕조를 세우시니,
侯文王孫子. (후문왕손자) : 문왕의 자손들까지도 천자로 만드셨구나.
文王孫子, (문왕손자) : 문왕의 자손들은,
本支百世. (본지백세) : 적자는 천자가 되고 서자는 제후가 되어 백세대에
　　　　　　　　　　　 이르는구나.

凡周之士, (범주지사) : 주나라의 선비들도,
不顯亦世. (불현역세) : 대대로 덕을 드러내지 않겠는가.

世之不顯, (세지불현) : 대대로 드러나지 않겠는가,
厥猶翼翼. (궐유익익) : 신하들의 계책은 공손하고도 공경스럽구나.
思皇多士, (사황다사) : 하늘에게 많은 선비들이 출현하기를 바라니,
生此王國. (생차왕국) : 이 나라에 태어났구나.
王國克生, (왕국극생) : 주나라가 그들을 잘 키워내니,
維周之楨. (유주지정) : 주나라의 근간이 되었구나.
濟濟多士, (제제다사) : 위엄스러운 거동을 갖춘 많은 선비들이여,
文王以寧. (문왕이녕) : 문왕께서 이에 편안하게 되었도다.

穆穆文王, (목목문왕) : 아름답고 아름다운 문왕의 자태여,
於緝熙敬止. (오즙희경지) : 오호라 빛나는 덕을 공경할 수 있구나.
假哉天命, (가재천명) : 굳건하구나 하늘이 명하신 것이,
有商孫子. (유상손자) : 은나라의 자손들을 신하로 삼게 하셨구나.
商之孫子, (상지손자) : 은나라의 자손들은,
其麗不億. (기려불억) : 그 수가 수억에 이르건만.
上帝旣命, (상제기명) : 상제께서 이미 명하시여,
侯于周服. (후우주복) : 주나라의 제후가 되라고 하셨도다.

侯服于周, (후복우주) : 주나라의 제후가 되어 복종한데,
天命靡常. (천명미상) : 하늘의 명은 일정치 않구나.
殷士膚敏, (은사부민) : 은나라 출신 제후가 미덕을 갖추고 민첩하여,
祼將于京. (관장우경) : 찾아와 주나라 왕실의 제사를 돕는구나.
厥作祼將, (궐작관장) : 그들이 찾아와 제사를 도울 때,
常服黼哻. (상복보한) : 항상 은나라 때의 복장을 착용하는구나.
王之藎臣, (왕지신신) : 성왕(成王)이 신하를 등용함이여,
無念爾祖. (무념이조) : 네 조부인 문왕을 생각함이 없겠는가.

無念爾祖, (무념이조) : 네 조부인 문왕을 생각함이 없겠는가,
聿脩厥德. (율수궐덕) : 그 덕을 조술하고 닦을 따름이라.

永言配命, (영언배명) : 항상 그 말을 천명에 짝하여 시행하여,

自求多福. (자구다복) : 스스로 많은 복을 구할지어다.

殷之未喪師, (은지미상사) : 은나라가 백성의 마음을 잃지 않았을 때에는

克配上帝. (극배상제) : 상제의 뜻에 짝할 수 있었도다.

宜鑒于殷, (의감우은) : 마땅히 은나라를 거울로 삼아야 하니,

駿命不易. (준명불역) : 큰 천명은 바꿀 수 없는 것이다.

命之不易, (명지불역) : 천명은 바꿀 수 없으니,

無遏爾躬. (무알이궁) : 너의 세대에서 끊어짐이 없어야 한다.

宣昭義問, (선소의문) : 아름다운 명성을 밝게 드러내어,

有虞殷自天. (유우은자천) : 은나라의 일을 헤아려 하늘의 명령에 따르라.

上天之載, (상천지재) : 상천의 일이란,

無聲無臭. (무성무취) : 소리도 없고 냄새도 없구나.

儀刑文王, (의형문왕) : 문왕을 본받아 따른다면,

萬邦作孚. (만방작부) : 모든 나라가 믿어줄 것이다.

毛序 文王, 文王受命作周也.

모서 「문왕(文王)」편은 문왕(文王)이 천명을 받아 주나라를 건국한 일을 노래한 시이다.

참고 『맹자』「등문공상(滕文公上)」 기록

경문 詩云, "周雖舊邦, 其命惟新." 文王之謂也. 子力行之, 亦以新子之國.

번역 『시』에서는 "주나라는 비록 오래된 제후국이지만, 천자가 되라는 명령을 새롭게 하였다."라고 했으니, 바로 문왕을 뜻합니다. 그대께서 힘써 시행하시면 또한 이를 통해 그대의 나라를 새롭게 할 수 있습니다.

趙注 詩·大雅·文王之篇. 言周雖后稷以來舊爲諸侯, 其受王命, 惟文王新復, 修治禮義以致之耳. 以是勸勉文公, 欲使庶幾新其國也.

번역 이 시는 『시』「대아(大雅)·문왕(文王)」편이다. 주나라는 비록 후직(后稷)9) 이래로 오래전부터 제후의 신분이었는데, 천자가 되라는 명령을 받았고 문왕이 새로이 그에 따라 예의를 다스려 이룩하였을 따름이다. 이를 통해 문공에게 권면하여, 그로 하여금 그의 나라를 새롭게 만들기를 바란 것이다.

孫疏 ●"詩云: 周雖舊邦, 其命惟新. 文王之謂也. 子力行之, 亦以新子之國"者, 詩云, 蓋詩·大雅·文王之篇文也, 其時周雖自后稷以來, 但爲之舊邦, 其受王命復脩治而維新之, 是文王之謂也. 孟子言文公但能力行如此而脩治, 亦以新子之國矣. 以其欲以此勉文公, 使庶幾新其國也.

번역 ●經文: "詩云: 周雖舊邦, 其命惟新. 文王之謂也. 子力行之, 亦以新子之國". ○'시운(詩云)'이라고 했는데, 아마도 이것은 『시』「대아(大雅)·문왕(文王)」편의 기록으로, 당시 주나라는 비록 후직으로부터 그 이래로 단지 오래된 제후국이었지만, 천자가 되라는 명령을 받아 다시 다듬고 다스려서 그 명령을 새롭게 했으니, 이것은 문왕을 가리킨다. 맹자는 문공에게 이러한 말을 하여 이처럼 힘써 실천해서 정치를 정비할 수 있다면 그대의 나라를 새롭게 만들 수 있다고 한 것이니, 이를 통해 문공을 권면하여 그로 하여금 그의 나라를 새롭게 만들기를 바란 것이다.

---

9) 후직(后稷)은 전설상의 인물이다. 주(周)나라의 선조(先祖) 중 한 사람이다. 강원(姜嫄)이 천제(天帝)의 발자국을 밟고 회임을 하여 '후직'을 낳았는데, 불길하다고 생각하여 버렸기 때문에, 이름을 기(棄)로 지어졌다 한다. 이후 순(舜)이 '기'를 등용하여 농사를 담당하는 신하로 임명해서, 백성들에게 농사 짓는 법을 가르쳤기 때문에, '후직'으로 일컬어지게 되었다. 『시』「대아(大雅)·생민(生民)」편에는 "厥初生民, 時維姜嫄. …… 載生載育, 時維后稷."이라는 기록이 있다. 한편 농사를 주관하는 관리를 '후직'으로 부르기도 한다.

集註 詩大雅文王之篇. 言周雖后稷以來, 舊爲諸侯, 其受天命而有天下, 則自文王始也. 子, 指文公, 諸侯未踰年之稱也.

번역 이 시는 『시』「대아(大雅)·문왕(文王)」편이다. 주나라는 비록 후직 이래로 오래전부터 제후국의 신분이었는데, 천명을 받아 천하를 소유한 것은 문왕으로부터 시작되었다. '자(子)'는 문공을 가리키니, 제후로 즉위한 그 해를 넘기지 않았을 때 쓰는 칭호이다.

참고 『묵자』「명귀하(明鬼下)」 기록

원문 子墨子曰, 周書大雅有之①, 大雅曰, "文王在上, 於昭于天②. 周雖舊邦, 其命維新③. 有周不顯, 帝命不時④. 文王陟降, 在帝左右⑤. 穆穆文王, 令問不已⑥." 若鬼神無有, 則文王旣死, 彼豈能在帝之左右哉? 此吾所以知周書之鬼也.

번역 묵자가 말하길, 「주서·대아」에는 이러한 말이 있으니, 「대아」에서는 "문왕은 백성들의 위에 계시니, 오호라! 하늘에 그 덕을 드러내셨구나. 주나라는 비록 오래된 제후국이지만 문왕에 이르러 천명이 새롭게 되었구나. 주나라의 덕이 드러나며, 하늘의 명이 옳구나. 문왕은 죽은 뒤 하늘에 올라 상제의 측근에 머물렀다. 열심히 노력하는 문왕이여, 아름다운 명성이 그치지 않는구나."라고 했다. 만약 귀신이 없다면 문왕이 죽은 뒤에 어찌 상제의 측근에 머물 수 있었겠는가? 이것이 바로 내가 「주서」에 귀신이 기록되어 있음을 알게 된 이유이다.

聞詁-① 古者詩·書多互偁. 吳鈔本無"大雅"二字.

번역 고대에는 『시』와 『서』에 대해서 대부분 상호 호환이 되도록 불렀다. 『오초본』에는 '대아(大雅)'라는 두 글자가 없다.

聞詁-② 大雅文王篇文, 毛傳云, "在上, 在民上也. 於, 歎辭. 昭, 見也." 鄭箋云, "文王初爲西伯, 有功於民, 其德著見於天, 故天命之以爲王, 使君天下也, 崩諡曰文."

번역 『시』「대아(大雅)・문왕(文王)」편의 기록으로, 모씨의 전문에서는 "'재상(在上)'은 백성들의 위에 있다는 뜻이다. '오(於)'자는 감탄사이다. '소(昭)'자는 드러난다는 뜻이다."라고 했다. 정현의 전문에서는 "문왕은 최초 서백이 되었었는데, 백성들에게 공적을 쌓았고 그 덕이 하늘에게 밝게 드러났다. 그렇기 때문에 하늘이 그에게 명하여 천자로 삼아 천하를 통치하도록 시켰고, 그가 죽자 시호를 '문(文)'이라고 했다."라고 했다.

聞詁-③ 毛傳云, "乃新在文王也." 鄭箋云, "大王聿來胥宇, 而國於周, 王跡起矣. 而未有天命, 至文王而受命. 言新者, 美之也."

번역 모씨의 전문에서는 "새롭게 되었다는 것은 문왕에게 해당한다."라고 했다. 정현의 전문에서는 "태왕이 찾아와 기거를 하여 주에 나라를 세웠는데, 천자의 자취가 일어나게 되었다. 아직 하늘의 명을 받지 않았었는데 문왕 때에 이르러 천명을 받았다. 새롭다고 한 말은 찬미한 것이다."라고 했다.

聞詁-④ 毛傳云, "有周, 周也; 不顯, 顯也, 顯, 光也; 不時, 時也, 時, 是也." 鄭箋云, "周之德不光明乎? 光明矣. 天命之不是乎? 又是矣."

번역 모씨의 전문에서는 "'유주(有周)'는 주나라를 뜻하며, '불현(不顯)'은 현(顯)자의 뜻이니, '현(顯)'은 빛난다는 뜻이다. '불시(不時)'는 시(時)자의 뜻이니, '시(時)'자는 시(是)자이다."라고 했다. 정현의 전문에서는 "주나라의 덕이 밝게 드러나지 않는가? 밝게 드러난다는 뜻이다. 하늘의 명이 옳지 않단 말인가? 또한 옳다는 뜻이다."라고 했다.

訓詁-⑤ 毛傳云, “言文王升接天, 下接人也.” 鄭箋云, “在, 察也. 文王能觀知天意, 順其所爲, 從而行之.” 案, 依墨子說, 謂文王旣死, 神在帝之左右, 則與毛・鄭義異.

번역 모씨의 전문에서는 “문왕이 올라 하늘을 접하고 아래로 사람을 접했다는 뜻이다.”라고 했다. 정현의 전문에서는 “‘재(在)’자는 살피다는 뜻이다. 문왕은 하늘의 뜻을 살펴서 알았고 시행하는 것에 순종하여 그에 따라 시행했다.”라고 했다. 살펴보니, 묵자의 설명에 근거해보면 문왕은 죽은 뒤 그 신령이 상제의 측근에 머물렀다는 뜻이라고 했으니, 모씨 및 정현과 풀이가 다르다.

訓詁-⑥ “問”, 吳鈔本作“聞”. “穆穆”, 毛詩作“亹亹”, “問”作“聞”. 毛傳云, “亹亹, 勉也.” 鄭箋云, “勉勉乎不倦, 文王之勤用明德也, 其善聲聞日見, 稱歌, 無止時也.”

번역 ‘문(問)’자를 『오초본』에서는 ‘문(聞)’자로 기록했다. ‘목목(穆穆)’을 『모시』에서는 ‘미미(亹亹)’라고 기록했으며, ‘문(問)’자는 ‘문(聞)’자로 기록했다. 모씨의 전문에서는 “‘미미(亹亹)’는 노력한다는 뜻이다.”라고 했다. 정현의 전문에서는 “힘쓰고 노력하여 나태하지 않았으니, 문왕은 밝은 덕을 사용하는데 열심히 노력하여, 그에 대한 선한 명성이 날마다 드러나 칭송하고 기리는 것이 그치는 때가 없었다.”라고 했다.

참고 『여씨춘추』「중하기(仲夏紀)・고악(古樂)」 기록

원문 周文王處岐, 諸侯去殷三淫而翼文王①. 散宜生曰, “殷可伐也.” 文王弗許②. 周公旦乃作詩曰, “文王在上, 於昭于天. 周雖舊邦, 其命維新.” 以繩文王之德.

번역 주나라 문왕이 기 땅에 살 때 제후들은 은나라의 지나친 세 가지

처벌을 두려워하여 그곳을 떠나 문왕을 도왔다. 산의생은 "은나라는 정벌할 만합니다."라고 했는데, 문왕이 허락하지 않았다. 주공 단은 곧 이러한 시를 지어서 "문왕께서 백성들을 다스리니, 오호라! 하늘에 그 덕을 드러내셨구나. 주나라는 비록 오래된 나라이지만, 문왕께서 받으신 천명은 새롭구나."라고 했으니, 문왕의 덕을 칭송한 것이다.

高注-① 文王, 古公亶父之孫, 王季歷之子也. 古公避獯鬻之難, 邑于岐, 謂岐山之陽. 有用地, 及受命, 因爲天下號也. 淫, 過. 翼, 佐. 三淫, 謂剖比干之心, 斷材士之股, 刳孕婦之胎者, 故諸侯去之而佐文王也.

번역 '문왕(文王)'은 고공단보의 손자이며 왕계력의 자식이다. 고공단보는 훈육의 난리를 피해 기에 도읍을 정했으니, 기산의 양지바른 곳이라 부른다. 그 땅을 소유하고 있었고 천명을 받게 됨에 이르러서, 그로 인해 천하에 대한 호칭으로 삼았다. '음(淫)'자는 지나치다는 뜻이다. '익(翼)'자는 돕는다는 뜻이다. '삼음(三淫)'은 비간의 심장을 도려낸 것과 재능이 뛰어난 선비의 다리를 자른 것과 잉태한 부인의 태아를 가른 것이다. 그렇기 때문에 제후들은 은나라를 떠나 문왕을 도왔다.

高注-② 散宜生, 文王四臣之一也. 論語曰, 文王爲西伯, 三分天下有其二, 以服事殷, 故弗許.

번역 '산의생(散宜生)'은 문왕을 보좌했던 4명의 신하들 중 하나이다. 『논어』에서는 "문왕은 서백이 되었고 천하를 3등분하여 2만큼을 소유했음에도 이를 통해 은나라를 섬겼다."[10]라고 했다. 그렇기 때문에 허락하지 않은 것이다.

---

10) 『논어』「태백(泰伯)」: 舜有臣五人而天下治. 武王曰, "予有亂臣十人." 孔子曰, "才難, 不其然乎? 唐·虞之際, 於斯爲盛. 有婦人焉, 九人而已. 三分天下有其二, 以服事殷. 周之德, 其可謂至德也已矣."

참고 『회남자』「무칭훈(繆稱訓)」 기록

원문 文王聞善如不及, 宿不善如不祥, 非爲日不足也, 其憂尋推之也, 故詩曰, "周雖舊邦, 其命維新."

번역 문왕은 선한 일을 들으면 자신이 거기에 미치지 못하는 것처럼 여겼고, 불선한 일을 묵혀두는 것을 상서롭지 못한 일로 여겼는데, 기한이 부족해서가 아니며, 근심함이 심하여 그처럼 한 것이다. 그렇기 때문에 『시』에서는 "주나라는 비록 오래된 나라이지만, 그 명은 새롭다."라고 했다.

高注 憂尋, 憂深也.

번역 '우심(憂尋)'은 근심이 깊다는 뜻이다.

그림 9-1 ▣ 탕덕일신도(湯德日新圖)

※ 출처:『흠정서경도설(欽定書經圖說)』 11권

그림 9-2 ▣ 좌우유인도(左右惟人圖)

※ **출처:** 『흠정서경도설(欽定書經圖說)』15권

그림 9-3　◉ 후직(后稷)

像　　稷　　后

※ 출처: 『삼재도회(三才圖會)』「인물(人物)」 4권

【1861上】

詩云, "邦畿千里, 惟民所止." 詩云, "緡蠻黃鳥, 止于丘隅." 子曰, "於止, 知其所止, 可以人而不如鳥乎?"

직역 詩에서 云, "邦畿인 千里여, 惟히 民이 止한 所라." 詩에서 云, "緡蠻히 黃鳥여, 丘隅에 止로다." 子가 曰, "止에, 그 止할 所를 知하니, 可히 人으로 鳥와 不如호?"

의역 『시』에서는 "수도의 땅이 사방 1,000리이니 백성들이 머물 곳이다."라고 했다. 또 『시』에서는 "작디작은 저 황조여, 초목이 우거진 언덕의 모퉁이에 머물렀구나."라고 했다. 이러한 기록에 대해서 공자는 "새는 자신이 머물 곳에 대해 머물 수 있는 좋은 장소를 아는데, 사람이 되어서 새만 못해서야 되겠는가?"라고 했다.

鄭注 於止, 於鳥之所止也. 就而觀之, 知其所止, 知鳥擇岑蔚安閒而止處之耳. 言人亦當擇禮義樂土而自止處也. 論語曰: "里仁爲美. 擇不處仁, 焉得知?"

번역 '어지(於止)'는 '새가 머무는 곳에 대해서'라는 뜻이다. 나아가 살펴보니 머무를 곳을 아는 것은 새가 초목이 우거지고 편안히 쉴 수 있는 곳을 택해 그곳에 머무는 것을 안다는 것일 뿐이다. 즉 사람 또한 예의와 좋은 땅을 택해서 그곳에 머물러야 한다는 뜻이다. 『논어』에서는 "마을의 인심이 인자한 것이 아름다움이다. 택하되 인자한 곳에 머물지 않는다면 어찌 지혜롭다 하겠는가?"[1]라고 했다.

釋文 畿音祈, 又作幾, 音同. 緜蠻, 音縣, 一音亡取反, 毛詩作"緜", 傳云: "緜蠻, 小鳥貌."

번역 '畿'자의 음은 '祈(기)'이며, 또한 '幾'자로도 기록하는데, 그 음은 동일하다. '緜蠻'에서의 '緜'자는 그 음은 '縣(면)'이며, 다른 음은 '亡(망)'자와 '取(취)'자의 반절음이고, 『모시』에서는 '緜'자로 기록했으며, 전문에서는 "면만(緜蠻)은 작은 새의 모습을 뜻한다."라고 했다.

孔疏 ●"詩云: 邦畿千里, 惟民所止", 此一經廣明誠意之事, 言誠意在於所止, 故上云: "大學之道在止於至善." 此商頌·玄鳥之篇, 言殷之邦畿方千里, 爲人所居止. 此記斷章, 喩其民人而擇所止, 言人君賢則來也.

번역 ●經文: "詩云: 邦畿千里, 惟民所止". ○이곳 경문은 뜻을 정성스럽게 하는 사안을 폭넓게 나타내고 있다. 즉 뜻을 정성스럽게 하는 것은 그치는 것에 달려 있다는 뜻이다. 그렇기 때문에 앞에서는 "대학의 도는 지극한 선에 머무는데 있다."[2]라고 말한 것이다. 이 시는 『시』「상송(商頌)·현조(玄鳥)」편으로,[3] 은나라는 수도의 면적이 사방 1,000리였고 사람들이 머물러 정착한 곳이라는 뜻이다. 이곳 『예기』의 기록에서는 단장취의를 해서 백성들이 택해 머무는 곳을 비유하였으니, 군주가 현명하다면 백성들이 찾아온다는 의미이다.

孔疏 ●"詩云: 緜蠻黃鳥, 止于丘隅"者, 此詩·小雅·緜蠻之篇, 刺幽王之詩. 言緜蠻然微小之黃鳥, 止在於岑蔚丘隅之處, 得其所止, 以言微小之臣依

---

1) 『논어』「이인(里仁)」 : 子曰, "里仁爲美. 擇不處仁, 焉得知?"
2) 『예기』「대학」【1859上】 : 大學之道, 在明明德, 在親民, 在止於至善. 知止而后有定, 定而后能靜, 靜而后能安, 安而后能慮, 慮而后能得. 物有本末, 事有終始, 知所先後, 則近道矣.
3) 天命玄鳥, 降而生商, 宅殷土芒芒. 古帝命武湯, 正域彼四方. 方命厥后, 奄有九有. 商之先后, 受命不殆, 在武丁孫子. 武丁孫子, 武王靡不勝. 龍旂十乘, 大糦是承. 邦畿千里, 維民所止, 肇域彼四海. 四海來假, 來假祁祁, 景員維河. 殷受命咸宜, 百祿是何.

託大臣, 亦得其所也.

번역 ●經文: "詩云: 緡蠻黃鳥, 止于丘隅". ○이 시는 『시』「소아(小雅)·
면만(緡蠻)」편으로,4) 유왕을 풍자한 시이다. 아주 작은 황조는 초목이 우거
진 언덕의 모퉁이에 머물러 있으니, 머물 곳을 얻었다는 뜻이다. 즉 이를 통해
소신이 대신에게 의탁하는 것 또한 제자리를 얻는다는 뜻임을 나타내었다.

孔疏 ●"子曰: 於止, 知其所止"者, 孔子見其詩文而論之, 云是觀於鳥之
所止, 則人亦知其所止. 鳥之知在岑蔚安閒之處, 則知人亦擇禮義樂土之處而
居止也.

번역 ●經文: "子曰: 於止, 知其所止". ○공자가 『시』의 문장을 보고서
논의한 말이니, 새가 머무는 곳을 살펴보면 사람 또한 자신이 머물러야 할
곳을 알 수 있다. 새가 초목이 울창하고 편안한 곳에 머물 줄 안다면, 사람
또한 예의와 좋은 땅을 택해서 머물러야 함을 알 수 있다는 의미이다.

孔疏 ●"可以人而不如鳥乎"者, 豈可以人不擇止處, 不如鳥乎? 言不可不
如鳥也. 故論語云"里仁爲美, 擇不處仁, 焉得知", 是也.

번역 ●經文: "可以人而不如鳥乎". ○어찌 사람이 되어서 머물 곳을 택
하지 못하여, 새만 못할 수 있겠느냐는 뜻이니, 새만 못해서는 안 된다는
의미이다. 그렇기 때문에 『논어』에서는 "마을의 인심이 인자한 것이 아름
다움이다. 택하되 인자한 곳에 머물지 않는다면 어찌 지혜롭다 하겠는가?"
라고 했다.

孔疏 ◎注"鳥擇"至"止處". ○正義曰: 岑, 謂巖險. 蔚, 謂草木蓊蔚. 言鳥之
所止, 必擇靜密之處也.

---

4) 『시』「소아(小雅)·면만(緜蠻)」: <u>緜蠻黃鳥, 止于丘隅</u>. 豈敢憚行, 畏不能趨. 飮
之食之, 敎之誨之, 命彼後車, 謂之載之.

번역 ◎鄭注: "鳥擇"~"止處". ○'잠(岑)'은 험준하고 위험하다는 뜻이다. '울(蔚)'자는 초목이 우거졌다는 뜻이다. 새가 머물 때에는 반드시 조용하면서도 은밀한 곳을 택하게 된다는 뜻이다.

集註 詩商頌玄鳥之篇. 邦畿, 王者之都也. 止, 居也, 言物各有所當止之處也.

번역 이 시는 『시』「상송(商頌)・현조(玄鳥)」편이다. '방기(邦畿)'는 천자의 도읍을 뜻한다. '지(止)'자는 머문다는 뜻이니, 사물도 각각 마땅히 머물러야 할 곳이 있음을 뜻한다.

集註 緡, 詩作緜.

번역 '緡'자를 『시』에서는 '緜'자로 기록했다.

集註 詩小雅緡蠻之篇. 緡蠻, 鳥聲. 丘隅, 岑蔚之處. 子曰以下, 孔子說詩之辭. 言人當知所當止之處也.

번역 이 시는 『시』「소아(小雅)・면만(緡蠻)」편이다. '면만(緡蠻)'은 새의 울음소리를 뜻한다. '구우(丘隅)'는 수목이 울창한 곳을 뜻한다. '자왈(子曰)'로부터 그 이하의 기록은 공자가 『시』를 설명한 말이다. 즉 사람은 마땅히 자신이 머물러야 할 곳을 알아야만 한다는 뜻이다.

참고 『시』「상송(商頌)・현조(玄鳥)」

天命玄鳥, (천명현조) : 하늘이 현조에게 명하여,
降而生商, (강이생상) : 내려가 은나라를 낳았으니,
宅殷土芒芒. (택은토망망) : 은나라의 땅을 정함에 날로 커지고 커지도다.
古帝命武湯, (고제명무탕) : 상제는 위엄을 갖춘 탕임금에게 명하시어,

正域彼四方. (정역피사방) : 나라의 영토를 크게 하시어 사방에 이르게
하였도다.

方命厥后, (방명궐후) : 두루 제후들에게 명하시어,

奄有九有. (엄유구유) : 다시 구주(九州)5)를 소유하시도다.

商之先后, (상지선후) : 은나라 선대 군주들은,

受命不殆, (수명불태) : 천명을 받음에 태만히 하지 않았으니,

在武丁孫子. (재무정손자) : 무정의 후손에게까지 이르렀구나.

武丁孫子, (무정손자) : 무정의 손자는

武王靡不勝. (무왕미불승) : 무공이 있고 왕노릇을 할 덕이 있어 승복하지
않는 자가 없구나.

龍旂十乘, (용기십승) : 용기(龍旂)를 단 10대의 수레가,

大糦是承. (대치시승) : 서직(黍稷)을 싣고 와서 바치는구나.

邦畿千里, (방기천리) : 천자의 수도 사방 1,000리의 땅은,

維民所止, (유민소지) : 백성들이 편안히 거주하는 곳인데,

肇域彼四海. (조역피사해) : 그 강역으로 사해의 경계를 바르게 하는구나.

---

5) 구주(九州)는 9개의 주(州)를 뜻한다. 고대 중국에서는 중원 지역을 9개의 주
로 구분하여, 다스렸다. 따라서 '구주'는 오랑캐 지역과 대비되는 중국 땅을
지칭하는 용어로 사용되었다. '구주'의 포함되는 '주'의 이름들은 각 기록마다
차이를 보인다. 『서』「우서(虞書)·우공(禹貢)」편에는 "禹敷土, 隨山刊木, 奠
高山大川. 冀州旣載. …… 濟河惟兗州. 九河旣道. …… 海岱惟青州. 嵎夷旣略,
濰淄其道. …… 海岱及淮惟徐州, 淮沂其乂, 蒙羽其藝. …… 淮海惟揚州, 彭蠡
其豬, 陽鳥攸居. …… 荊及衡陽惟荊州. 江漢朝宗于海. …… 荊河惟豫州, 伊洛
瀍澗, 旣入于河. …… 華陽黑水惟梁州. 岷嶓旣藝, 沱潛旣道. …… 黑水西河惟
雍州. 弱水旣西."라는 기록이 있다. 즉 『서』에 기록된 '구주'는 기주(冀州)·연
주(兗州)·청주(青州)·서주(徐州)·양주(揚州)·형주(荊州)·예주(豫州)·양
주(梁州)·옹주(雍州)이다. 한편 『이아』「석지(釋地)」편에는 " 兩河間曰冀州.
河南曰豫州. 河西曰雝州. 漢南曰荊州. 江南曰楊州. 濟河間曰兗州. 濟東曰徐州.
燕曰幽州. 齊曰營州."라는 기록이 있다. 즉 『이아』에 기록된 '구주'는 『서』의
기록과 달리, '서주'와 '양'주에 대한 기록이 없고, 대신 유주(幽州)와 영주(營
州)가 기록되어 있다. 또 『주례』「하관(夏官)·직방씨(職方氏)」편에는 "乃辨九
州之國使同貫利. 東南曰揚州. …… 正南曰荊州. …… 河南曰豫州. …… 正東
曰青州. …… 河東曰兗州. …… 正西曰雍州. …… 東北曰幽州. …… 河內曰冀
州. …… 正北曰幷州."라는 기록이 있다. 즉 『주례』에 기록된 '구주'는 『서』의
기록과 달리, '서주'와 '양주'에 대한 기록이 없고, 대신 '유주'와 병주(幷州)에
대한 기록이 있다. 이외에도 일부 차이를 보이는 기록들이 있다.

四海來假, (사해래가) : 사해에서 찾아와 이르니,

來假祁祁. (내가기기) : 찾아와 이르는 자가 많고도 많구나.

景員維河, (경원유하) : 은나라에 공물을 바침이 많은데 그 누가 왜냐고 물으리오,

殷受命咸宜, (은수명함의) : 은나라가 천명을 받은 것을 모두가 마땅하게 여기니,

百祿是何. (백록시하) : 하늘의 많은 복을 받아야 하도다.

毛序 玄鳥, 祀高宗也.

모서 「현조(玄鳥)」편은 고종에게 제사지내는 시이다.

참고 『시』「소아(小雅)·면만(緜蠻)」

緜蠻黃鳥, (면만황조) : 작디작은 저 황조가,

止於丘阿. (지어구아) : 수풀이 우거진 언덕의 후미진 곳에 머물러 있구나.

道之云遠, (도지운원) : 도로에서 길을 감에 멀다 하니,

我勞如何. (아로여하) : 내가 피로해지면 윗사람의 은정은 어떠해야 하는가.

飮之食之, (음지식지) : 목이 마르면 물을 먹이고 배가 고프면 음식을 먹이며,

敎之誨之. (교지회지) : 사안이 이르기 전에 미리 가르치고 사안이 이르면 인도하니라.

命彼後車, (명피후거) : 수레가 망가지면 저 뒤따르는 수레에 명하여,

謂之載之. (위지재지) : 태워주라 하노라.

緜蠻黃鳥, (면만황조) : 작디작은 저 황조가,

止于丘隅. (지우구우) : 수풀이 우거진 언덕의 모서리에 머물러 있구나.

豈敢憚行, (기감탄행) : 피로하고 수레가 망가졌다 하여 어찌 행차를 어려워하겠는가,

畏不能趨. (외불능추) : 시일에 맞춰 빨리 도착하지 못할까를 염려하노라.
飮之食之 (음지식지) : 목이 마르면 물을 먹이고 배가 고프면 음식을
　　　　　　　　　　먹이며,
敎之誨之. (교지회지) : 사안이 이르기 전에 미리 가르치고 사안이 이르면
　　　　　　　　　　인도하니라.
命彼後車, (명피후거) : 수레가 망가지면 저 뒤따르는 수레에 명하여,
謂之載之. (위지재지) : 태워주라 하노라.

緜蠻黃鳥, (면만황조) : 작디작은 저 황조가,
止于丘側. (지우구측) : 수풀이 우거진 언덕의 측면에 머물러 있구나.
豈敢憚行, (기감탄행) : 피로하고 수레가 망가졌다 하여 어찌 행차를 어
　　　　　　　　　　려워하겠는가,
畏不能極. (외불능극) : 도달하지 못할까를 염려하노라.
飮之食之, (음지식지) : 목이 마르면 물을 먹이고 배가 고프면 음식을
　　　　　　　　　　먹이며,
敎之誨之. (교지회지) : 사안이 이르기 전에 미리 가르치고 사안이 이르
　　　　　　　　　　면 인도하니라.
命彼後車, (명피후거) : 수레가 망가지면 저 뒤따르는 수레에 명하여,
謂之載之. (위지재지) : 태워주라 하노라.

毛序　緜蠻, 微臣刺亂也. 大臣不用仁心, 遺忘微賤, 不肯飮食敎載之. 故作
是詩也.

모서　「면만(緜蠻)」편은 미천한 신하가 난세를 풍자한 시이다. 대신이
인자한 마음을 쓰지 않고 미천한 자들을 나 몰라라 하여 음식을 먹이고
가르쳐주며 수레에 태워주려 하지 않았다. 그렇기 때문에 이러한 시를 지
었다.

참고 『논어』「이인(里仁)」 기록

경문 子曰, "里仁爲美①. 擇不處仁, 焉得知?②"

번역 공자는 "인자한 마을에 거주하는 것을 아름답게 여긴다. 머물 곳을 찾음에 인자한 마을에 거처하지 않는다면 어떻게 지혜롭다 하겠는가?"라고 했다.

何注-① 鄭曰: 里者, 民之所居. 居於仁者之里, 是爲美.

번역 정씨가 말하길, '이(里)'는 백성들이 거주하는 곳이다. 인자한 마을에 거주하는 것을 아름답게 여긴다는 뜻이다.

何注-② 鄭曰: 求居而不處仁者之里, 不得爲有知.

번역 정씨가 말하길, 머물 곳을 찾음에 인자한 마을에 거처하지 않는다면 지혜가 있다고 여길 수 없다.

邢疏 ●"子曰"至"得知". ○正義曰: 此章言居必擇仁也.

번역 ●經文: "子曰"~"得知". ○이곳 문장은 머물 때에는 반드시 인자한 곳을 선택해야 함을 나타내고 있다.

邢疏 ●"里仁爲美"者, 里, 居也. 仁者之所居處, 謂之里仁. 凡人之擇居, 居於仁者之里, 是爲美也.

번역 ●經文: "里仁爲美". ○'이(里)'자는 머문다는 뜻이다. 인자한 자가 머무는 곳을 '이인(里仁)'이라고 부른다. 사람이 자신이 머물 곳을 택할 때에는 인자한 자가 머무는 마을에 묵어야 하니, 이것을 아름답게 여긴다는 뜻이다.

邢疏 ●"擇不處仁, 焉得知"者, 焉. 猶安也. 擇求居處, 而不處仁者之里, 安得爲有知也?

번역 ●經文: "擇不處仁, 焉得知". ○'언(焉)'자는 어찌[安]라는 뜻이다. 머물 곳을 택하고 찾음에 인자한 자가 머무는 마을에 처하지 않는다면 어떻게 지혜가 있다고 하겠는가?

集註 里有仁厚之俗爲美. 擇里而不居於是焉, 則失其是非之本心, 而不得爲知矣.

번역 마을에서는 인자함이 두터운 풍속이 있는 것을 아름답게 여긴다. 마을을 택함에 이러한 곳에 거처하지 않는다면, 시비를 판가름하는 본래의 마음을 잃은 것이므로, 지혜롭다고 할 수 없다.

● 그림 10-1 ■ 구주(九州)-『서』「우공(禹貢)」

※ 출처: 『흠정사고전서(欽定四庫全書)』「도서편(圖書編)」 31권

그림 10-2 ◼ 구주(九州)-『주례』

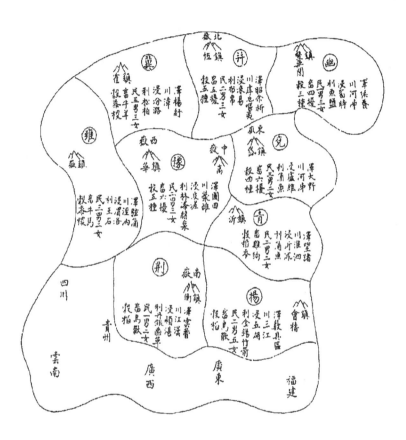

※ **출처:** 『주례도설(周禮圖說)』 상권

【1861下】

詩云, "穆穆文王, 於緝熙敬止." 爲人君止於仁, 爲人臣止於
敬, 爲人子止於孝, 爲人父止於慈, 與國人交止於信.

직역 詩에서 云, "穆穆한 文王이여, 於라 緝熙하여 止를 敬하는구나." 人君이
爲해서는 仁에 止하고, 人臣이 爲해서는 敬에 止하며, 人子가 爲해서는 孝에 止하
고, 人父가 爲해서는 慈에 止하며, 國人과 與하여 交함에는 信에 止라.

의역 『시』에서는 "아름답고 아름다운 문왕의 자태여, 오호라 환하게 빛나며
머물 곳을 공경스럽게 하셨구나."라고 했다. 즉 군주의 입장에 처해서는 항상 인자
함에 따랐고, 신하의 입장에 처해서는 항상 공경함에 따랐으며, 자식의 입장에 처
해서는 항상 효성에 따랐고, 부모의 입장에 처해서는 항상 자애로움에 따랐으며,
나라 사람들과 사귈 때에는 항상 신의에 따랐다.

鄭注 緝熙, 光明也. 此美文王之德光明, 敬其所以自止處.

번역 '집희(緝熙)'는 환하게 빛난다는 뜻이다. 이것은 문왕의 덕이 환하
게 빛나고, 스스로 머물 곳에 그친 것을 공경했음을 찬미한 것이다.

釋文 緝, 七入反. 熙, 許其反.

번역 '緝'자는 '七(칠)'자와 '入(립)'자의 반절음이다. '熙'자는 '許(허)'자

와 '其(기)'자의 반절음이다.

孔疏 ●“詩云: 穆穆文王, 於緝熙敬止”者, 此大雅·文王之篇, 美文王之
詩. 緝熙, 謂光明也. 止, 辭也. 詩之本意, 云文王見此光明之人, 則恭敬之. 此
記之意, “於緝熙”, 言嗚呼文王之德緝熙光明, 又能敬其所止, 以自居處也.

번역 ●經文: “詩云: 穆穆文王, 於緝熙敬止”. ○이것은 『시』「대아(大雅)
·문왕(文王)」편으로,[1] 문왕을 찬미한 시이다. '집희(緝熙)'는 환하게 빛난
다는 뜻이다. '지(止)'자는 어조사이다. 『시』의 본래 의미는 문왕은 환하게
빛나는 사람을 보게 되면 공경했음을 뜻한다. 이곳 『예기』에서 인용한 뜻
에서 '오집희(於緝熙)'는 '오호라!'라는 뜻으로, 오호라! 문왕의 덕이 환하게
빛나며, 또한 머물 곳에 대해 공경하여 스스로 그곳에 머물 수 있었다는
의미이다.

集註 於緝之於, 音烏.

번역 '於緝'에서의 '於'자는 그 음이 '烏(오)'이다.

集註 詩文王之篇. 穆穆, 深遠之意. 於, 歎美辭. 緝, 繼續也. 熙, 光明也.
敬止, 言其無不敬而安所止也. 引此而言聖人之止, 無非至善. 五者乃其目之
大者也. 學者於此, 究其精微之蘊, 而又推類以盡其餘, 則於天下之事, 皆有以
知其所止而無疑矣.

번역 이 시는 『시』「문왕(文王)」편이다. '목목(穆穆)'은 깊고도 멀다는
뜻이다. '오(於)'자는 감탄사이다. '즙(緝)'자는 이어 계속한다는 뜻이다. '희
(熙)'자는 환하게 빛난다는 뜻이다. '경지(敬止)'는 공경하지 않음이 없어서
그친 곳에서 편안하다는 뜻이다. 이 시를 인용하여 성인의 그침에는 지극

---

1) 『시』「대아(大雅)·문왕(文王)」 : <u>穆穆文王, 於緝熙敬止.</u> 假哉天命, 有商孫子.
   商之孫子, 其麗不億. 上帝旣命, 侯于周服.

한 선 아닌 것들이 없음을 말한 것이다. 여기에서 말한 다섯 가지는 조목 중에서도 큰 것이다. 배우는 자가 이러한 조목에 대해서 정미하게 온축된 뜻을 깊이 살피고 또 유추하여 그 나머지 것들을 다한다면 천하의 일들에 대해서 모두 그칠 곳을 알아 의혹됨이 없게 된다.

참고 『시』「대아(大雅)·문왕(文王)」
*제 9 절 : 전(傳) 2장 참고자료

참고 『예기』「치의(緇衣)」 기록

경문-644b~c 子曰, "君子道人以言, 而禁人以行, 故言必慮其所終, 而行 必稽其所敝, 則民謹於言而愼於行. 詩云, '愼爾出話, 敬爾威儀.' 大雅曰, '穆 穆文王, 於緝熙敬止.'"

번역 공자가 말하길, "군자는 남을 가르칠 때 말로써 하고, 조심하게 만 들 때에는 행동으로써 한다. 그렇기 때문에 말은 반드시 마치는 것을 헤아 려야 하고, 행동은 반드시 해지는 것을 살펴야 하니, 이처럼 한다면 백성들 은 말을 삼가고 행동을 신중히 하게 된다. 『시』에서는 '너의 내뱉는 말을 신중히 하고, 너의 위엄스러운 거동을 공경스럽게 하라.'라고 했고, 「대아」 에서는 '깊고도 원대하신 문왕이여, 오! 계속하여 빛나서 공경스럽고 편안 하게 계시도다.'"라고 했다.

鄭注 禁, 猶謹也. 稽, 猶考也, 議也. 話, 善言也. 緝·熙, 皆明也. 言於明明 乎敬其容止.

번역 '금(禁)'자는 "조심하다[謹]."는 뜻이다. '계(稽)'자는 "살펴보다

[考].”는 뜻이며, “의논하다[議].”는 뜻이다. ‘화(話)’자는 선한 말을 뜻한다. ‘집(緝)’자와 ‘희(熙)’자는 모두 “밝다[明].”는 뜻이다. 즉 “오! 밝고 밝아서 용모와 행동거지를 공경스럽게 하는구나.”라는 의미이다.

孔疏 ●“子曰”至“敬止”. ○正義曰: 此一節亦贊明前經言行之事.

번역 ●經文: “子曰”~“敬止”. ○이곳 문단은 또한 앞의 경문에서 말한 말과 행동에 대한 사안을 칭송하며 나타내고 있다.

孔疏 ●“道人以言”者, 在上君子誘道在下以善言, 使有信也.

번역 ●經文: “道人以言”. ○위정자의 자리에 있는 군자가 아랫사람들을 가르치고 인도하길 선한 말로써 하여, 그들로 하여금 믿음을 갖게끔 한다는 뜻이다.

孔疏 ●“而禁人以行”者, 禁, 猶謹也, 言禁約謹愼人以行, 使行顧言也.

번역 ●經文: “而禁人以行”. ○‘금(禁)’자는 “조심하다[謹].”는 뜻이니, 사람을 단속하고 조심하게 하길 행동으로써 하여, 그들로 하여금 행동이 말을 살펴보게끔 한다는 뜻이다.

孔疏 ●“故言必慮其所終”者, 謂初出言之時, 必思慮其此言得終末, 可恒行以否.

번역 ●經文: “故言必慮其所終”. ○처음 말을 꺼낼 때, 반드시 이 말을 제대로 끝맺을 수 있을까를 깊이 생각해야 하니, 그 말을 항상 실천할 수 있을지의 여부를 고려한다는 의미이다.

孔疏 ●“而行必稽其所敝”者, 稽, 考也. 言欲行之時, 必須先考校此行至終敝之時, 無損壞以否.

번역 ●經文: "而行必稽其所敝". ○'계(稽)'자는 "살펴보다[考]."는 뜻이다. 행동으로 옮기려고 할 때, 반드시 우선적으로 그 행동을 끝맺을 때를 깊이 살펴보아야 하니, 잘못된 일이 없는지의 여부를 고려한다는 의미이다.

孔疏 ●"詩云: 愼爾出話, 敬爾威儀"者, 此大雅·抑之篇, 刺厲王也. 話, 善言也. 爾, 汝也. 謹愼爾之所出之善言, 以爲政敎, 故恭敬爾之威儀, 言必爲人所法則, 引證言慮其所終.

번역 ●經文: "詩云: 愼爾出話, 敬爾威儀". ○이것은 『시』「대아(大雅)·억(抑)」편으로,[2] 여왕(厲王)을 풍자한 시이다. '화(話)'자는 선한 말을 뜻한다. '이(爾)'자는 너[汝]를 뜻한다. 즉 네가 발설하는 선한 말에 대해서 조심하고 신중해야 하고, 이것을 정치와 교화로 삼기 때문에 너의 위엄스러운 행동거지를 공손하고 공경스럽게 하라는 뜻이다. 즉 반드시 사람들에게 모범이 되어야 한다는 뜻이므로, 이 문장을 인용하여 말은 끝맺는 것을 고려해야 함을 증명한 것이다.

孔疏 ●"大雅云: 穆穆文王, 於緝熙敬止"者, 此大雅·文王之篇, 美文王之詩. 言穆穆然美者, 乃是文王. 於, 謂嗚呼. 緝·熙, 皆光明也. 言文王之德, 嗚呼光明乎, 又敬其容止. 引者, 證在上當敬其言行也.

번역 ●經文: "大雅云: 穆穆文王, 於緝熙敬止". ○이것은 『시』「대아(大雅)·문왕(文王)」편으로, 문왕(文王)을 찬미한 시이다. 장엄하고 공경스럽게 아름다운 자는 곧 문왕에 해당한다는 뜻이다. '오(於)'자는 '오호라[嗚呼]!'라는 뜻이다. '집(緝)'자와 '희(熙)'자는 모두 밝게 빛난다는 뜻이다. 즉 "문왕의 덕은 오호라! 밝게 빛나는구나! 또한 그 용모와 행동거지를 공경스럽게 하는구나."라는 의미이다. 이 문장을 인용한 것은 윗사람은 마땅히 자신의 말과 행동을 공경스럽게 해야 함을 증명하기 위해서이다.

---

2) 『시』「대아(大雅)·억(抑)」: 質爾人民, 謹爾侯度, 用戒不虞. <u>愼爾出話, 敬爾威儀</u>. 無不柔嘉. 白圭之玷, 尙可磨也. 斯言之玷, 不可爲也.

集說 道, 化誨之也. 道人以言而必慮其所終, 恐其行之不能至, 則爲虛誕也. 禁, 謹飭之也. 禁人以行而必稽其所敝, 慮其末流之或偏也. 如是則民皆謹言而愼行矣. 詩, 大雅抑之篇. 大雅, 文王之篇. 朱子云, "穆穆, 深遠之意. 於, 嘆美辭, 緝, 繼續也. 熙, 光明也. 敬止, 無不敬而安所止也." 兩引詩, 皆以爲謹言行之證.

번역 '도(道)'자는 교화하고 가르친다는 뜻이다. 사람을 말로써 교화하면 반드시 마치는 것을 고려해야 하니, 행동이 미치지 못하게 되면 허망함이 될까 염려하기 때문이다. '금(禁)'자는 삼가고 조심하게 만든다는 뜻이다. 사람을 행동으로써 조심하게 만들면 반드시 해지는 것을 헤아려야 하니, 그 끝이 간혹 치우치게 될까를 염려하기 때문이다. 이처럼 한다면 백성들은 모두 말을 조심하고 행동을 신중히 하게 된다. 『시』는 『시』「대아(大雅)·억(抑)」편이다. '대아(大雅)'는 『시』「문왕(文王)」편이다. 주자는 "목목(穆穆)은 깊고 원대하다는 뜻이다. '오(於)'자는 탄미사이며, '즙(緝)'자는 계속한다는 뜻이다. '희(熙)'자는 밝게 빛난다는 뜻이다. '경지(敬止)'는 공경하지 않음이 없어서 머문 곳에서 편안하다는 뜻이다."라고 했다. 두 차례 『시』를 인용한 것은 모두 말과 행동을 조심해야 함을 증명하기 위해서이다.

集說 呂氏曰: 進取於善者, 夷考其行而不掩, 猶不免於狂, 況不在於善者乎? 故曰言必慮其所終. 夷惠之淸和, 其末猶爲隘與不恭, 故曰行必稽其所敝. 文王之德, 亦不越敬其容止而已.

번역 여씨[3]가 말하길, 선으로 나아가 취하는 자는 행실을 살펴서 행실이 말을 가리지 않지만,[4] 여전히 뜻이 고매하여 진취적인 상태에서 벗어나

---

3) 남전여씨(藍田呂氏, A.D.1040 ~ A.D.1092) : =여대림(呂大臨)·여씨(呂氏)·여여숙(呂與叔). 북송(北宋) 때의 학자이다. 이름은 대림(大臨)이고, 자(字)는 여숙(與叔)이며, 호(號)는 남전(藍田)이다. 장재(張載) 및 이정(二程)형제에게서 수학하였다. 저서로는 『남전문집(藍田文集)』 등이 있다.

4) 『맹자』「진심하(盡心下)」 : 曰, 其志嘐嘐然, 曰, '古之人, 古之人.' <u>夷考其行, 而不掩焉者也.</u>

지 못하는데, 하물며 선에 뜻을 두지 않은 자에게 있어서는 어떻겠는가? 그러므로 "말은 반드시 마치는 것을 헤아려야 한다."라고 했다. 백이나 유하혜처럼 맑고 조화로운 자도 그 말단에 있어서는 오히려 좁고 공손하지 못하였다.5) 그렇기 때문에 "행동은 반드시 해지는 것을 살펴보아야 한다."라고 했다. 문왕의 덕은 또한 용모와 행동거지를 공경스럽게 하는 데에서 벗어나지 않았을 따름이다.

大全 西山眞氏曰: 道人以言者, 謂以言辭命令開導而誘掖之也. 然言可以導人之善, 而不能禁人之不善, 其必以行乎. 蓋天下之理, 有諸己而後, 可以非諸人. 己无不善之行, 雖不禁人, 人自從之, 己有不善之行, 雖欲禁人, 人必違之, 故空言不可以禁人, 惟實行乃足以禁人也. 夫言出於口, 至易也, 然不慮其所終, 則一言之過貽患, 將不勝捄. 行出於身, 亦至易也, 然不稽其所敝, 則一行之差流禍, 或至於无窮. 不善者, 固不足言, 善矣而慮之不深, 稽之不遠, 未有不反而爲不善者也. 老莊非善言乎? 其終爲浮虛之害, 夷惠非善行乎? 其弊有隘不恭之失, 況尊居人上, 言行所關, 安危自出, 故必謹之審之, 而不敢苟, 則民亦從其化, 而不苟於言行矣.

번역 서산진씨6)가 말하길, 말로 남을 이끈다는 것은 말과 명령으로 개도하여 이끌고 도와준다는 뜻이다. 그러나 말로는 사람들의 선함을 이끌 수 있지만, 사람들의 불선함은 금할 수 없으니, 반드시 행동을 통해서 해야 할 것이다. 천하의 이치를 자신이 갖춘 이후에야 남의 잘못을 비판할 수 있다. 자신에게 불선한 행실이 없다면 비록 남의 잘못을 금지할 수 없지만 사람들이 스스로 따르게 되며, 자신에게 불선한 행실이 있다면, 비록 남의 잘못을 금지하려고 하더라도 사람들이 반드시 어기게 된다. 그렇기 때문에

---

5) 『맹자』「공손추상(公孫丑上)」: 孟子曰, "伯夷隘, 柳下惠不恭. 隘與不恭, 君子不由也."

6) 서산진씨(西山眞氏, A.D.1178 ~ A.D.1235): =건안진씨(建安眞氏)・진덕수(眞德秀). 남송(南宋) 때의 성리학자이다. 자(字)는 경원(景元)이고, 호(號)는 서산(西山)이다. 저서로는 『독서기(讀書記)』, 『사서집론(四書集論)』, 『경연강의(經筵講義)』 등이 있다.

공허한 말로는 남의 잘못을 금지할 수 없고, 오직 진실된 행동이어야만 남의 잘못을 금지할 수 있다. 말이 입에서 나오는 것은 매우 쉽지만, 그 끝나는 점들을 헤아리지 않는다면, 한 마디 말의 잘못이 끼치는 우환은 구원할 수 없는 지경에 이르게 된다. 행실이 몸을 통해 나타나는 것 또한 매우 쉽지만, 그 해지는 점들을 살펴보지 않는다면, 한 가지 행동의 착오가 재앙으로 흘러 간혹 끝이 없는 지경에 이르게 된다. 불선한 자는 진실로 말할 것이 못되지만, 선하더라도 헤아림이 깊지 못하고 살펴봄이 원대하지 못하면, 도리어 불선이 되지 않는 경우가 없었다. 노자와 장자는 좋은 말을 하지 않았던가? 그러나 끝내 허황된 피해를 입혔고, 백이와 유하혜는 좋은 행실을 하지 않았던가? 그러나 그 폐단은 좁고 공손하지 못한 잘못을 저질렀으니, 하물며 위정자의 자리에 오른 자는 그 말과 행동이 그것과 관련되어 안위가 여기에서 비롯된다. 그렇기 때문에 반드시 삼가고 깊이 살펴서 감히 구차하게 하지 않는다면, 백성들 또한 그 교화에 따라서 말과 행동에 대해 구차하게 하지 않을 것이다.

訓纂 陳用之曰: 言以明理, 所以通彼此之情, 故道人以言. 行出於正, 率以正則莫敢爲非, 故禁人以行. 孔子於空空之鄙夫, 則叩兩端而竭, 所謂道人以言也. 爲魯司寇而公謹氏出其妻, 愼潰氏踰竟而徙, 所謂禁人以行也.

번역 진용지[7]가 말하길, 말은 이치를 드러내니 피차의 정을 소통시키는 도구이다. 그렇기 때문에 말로써 사람을 인도한다. 행동은 바름에서 도출되니, 바름으로 통솔한다면 감히 잘못을 저지르지 않는다. 그렇기 때문에 행동으로써 사람들을 단속한다. 공자는 무지하고 비루한 자에 대해서 양쪽 끝을 끌어다가 모두 설명해주었으니,[8] 바로 말로써 사람을 인도한다는 뜻

---

7) 진상도(陳祥道, A.D.1159 ~ A.D.1223): =장락진씨(長樂陳氏)·진씨(陳氏)·진용지(陳用之). 북송대(北宋代)의 유학자이다. 자(字)는 용지(用之)이다. 장락(長樂) 지역 출신으로, 1067년에 과거에 급제하여 태상박사(太常博士) 등을 지냈다. 왕안석(王安石)의 제자로, 그의 학문을 전파하는데 공헌하였다. 저서에는 『예서(禮書)』, 『논어전해(論語全解)』 등이 있다.

8) 『논어』「자한(子罕)」: 子曰, "吾有知乎哉? 無知也. 有鄙夫問於我, 空空如也.

이다. 또 공자가 노(魯)나라 사구(司寇)9)가 되었을 때, 공근씨(公謹氏)는 그 처를 내쳤고, 신궤씨는 국경을 넘어 이주하였으니,10) 행동으로써 사람들을 단속한다는 뜻이다.

集解 道者, 率其爲善; 禁者, 防其爲惡. 於言言"道", 於行言"禁", 互相備也. 斁, 敗也. 人之言行, 有其初本善, 而其流不能無失者, 故君子之於言, 於其始而遂慮其所終; 君子之於行, 於其成而先稽其所敗. 故其見於言行者, 皆可法於當時, 傳於後世, 其民則而傚之, 而於言無不謹, 於行無不愼也.

번역 '도(道)'는 선을 행하도록 통솔한다는 뜻이며, '금(禁)'은 악을 행하는 것을 방지한다는 뜻이다. 말에 대해서는 '도(道)'를 언급했고, 행동에 대해서는 '금(禁)'을 언급했으니, 상호 그 뜻을 드러내도록 기록한 것이다. '폐(斁)'자는 "무너지다[敗]."는 뜻이다. 사람의 말과 행동은 애초에는 본래 선했지만, 잘못이 없게끔 할 수 없는 지경에 빠지는 경우도 있다. 그렇기 때문에 군자는 말에 대해 시작에 있어서는 끝맺는 것을 깊이 생각하고, 또 행동에 대해 이룸에 있어서는 우선적으로 무너지게 될 것을 헤아린다. 그렇기 때문에 말과 행동으로 드러나는 것들은 모두 당시에 법도로 삼을 수 있고, 후세에 전해져도 백성들이 그것을 본받고 따라서, 말에 있어서는 조심하지 않은 것이 없고, 행동에 있어서는 신중하지 않은 것이 없게 된다.

我叩其兩端而竭焉."
9) 사구(司寇)는 주(周)나라 때 설치되었던 관직이다. 하(夏)나라와 은(殷)나라 때에도 이미 존재했었다고 주장하기도 한다. 주나라 때에는 육경(六卿) 중 하나였으며, 대사구(大司寇)라고도 불렀다. 형벌이나 옥사에 관련된 일을 담당하였고, 감찰 임무를 맡기도 하였다. 춘추시대(春秋時代)에는 여러 제후국들에 이 관직이 설치되었으며, 공자(孔子) 또한 노(魯)나라에서 '사구'를 지냈다고 전해지기도 한다. 청(淸)나라 때에는 형부상서(刑部尙書)를 '대사구'로 불렀으며, 시랑(侍郎)을 소사구(少司寇)로 불렀다.
10) 『공자가어(孔子家語)』「상로(相魯)」: 魯之鬻六畜者, 飾之以儲價. 及孔子之爲政也, 則沈猶氏不敢朝飮其羊, <u>公愼氏出其妻, 愼潰氏越境而徙.</u>

• 제 12 절 •

전(傳) 4장-1

【1866下】

> 子曰, "聽訟, 吾猶人也1). 必也使無訟2)乎!" 無情者不得盡其
> 辭, 大畏民志.

직역 子가 曰, "訟을 聽함은 吾가 人과 猶라. 必히 使히 訟이 無호!" 情이 無한
者는 그 辭를 盡하길 不得하니, 大히 民志를 畏라.

의역 공자는 "송사를 처리함에 있어서 나는 남들과 같다. 그러나 반드시 거짓
을 일삼는 자로 하여금 송사를 일삼지 못하도록 할 것이다!"라고 했다. 즉 진실이
없는 자는 거짓된 말을 다할 수 없으니, 백성들의 뜻을 매우 두려워하도록 만들기
때문이다.

鄭注 情, 猶實也. 無實者多虛誕之辭. 聖人之聽訟, 與人同耳. 必使民無實
者不敢盡其辭, 大畏其心志, 使誠其意不敢訟.

---

1) '청송오유인야(聽訟吾猶人也)'에 대하여. 『십삼경주소(十三經注疏)』 북경대
   출판본에서는 "각 판본마다 동일하게 기록되어 있고, 『석경(石經)』에도 동일
   하게 기록되어 있다. 『석문(釋文)』에는 '오청송유인야(吾聽訟猶人也)'라고 기
   록되어 있으며, '『논어』에서는 청송오유인야(聽訟吾猶人也)로 기록했다.'"라
   고 했다.
2) '무송(無訟)'에 대하여. 『십삼경주소(十三經注疏)』 북경대 출판본에서는 "각
   판본마다 동일하게 기록되어 있고, 『석경(石經)』에도 동일하게 기록되어 있
   다. 『석문(釋文)』에는 '무송(毋訟)'이라고 기록되어 있으며, '음은 無(무)이
   다.'"라고 했다.

번역　'정(情)'자는 실질[實]을 뜻한다. 실질이 없는 자는 대부분 허황되고 거짓된 말을 늘어놓는다. 성인이 송사를 처리하는 것은 남들과 같을 따름이다. 그러나 반드시 백성들로 하여금 실질이 없는 자가 허황된 말을 모두 늘어놓지 못하도록 만드니, 그 마음과 뜻을 매우 두려워하도록 만들어서, 자신의 뜻을 정성스럽게 만들어 감히 송사를 일으키지 못하도록 하는 것이다.

釋文　吾聽訟, 似用反. "猶人也", 論語作"聽訟吾猶人也". 毋訟音無. 誕音但.

번역　'吾聽訟'에서의 '訟'자는 '似(사)'자와 '用(용)'자의 반절음이다. '猶人也'를 『논어』에서는 '聽訟吾猶人也'로 기록했다.3) '毋訟'에서의 '毋'자는 그 음이 '無(무)'이다. '誕'자의 음은 '但(단)'이다.

孔疏　●"子曰"至"利也". ○正義曰: 此一經廣明誠意之事, 言聖人不惟自誠己意, 亦服民使誠意也. 孔子稱斷獄, 猶如常人無以異也, 言吾與常人同也.

번역　●經文: "子曰"~"利也". ○이곳 경문은 뜻을 정성스럽게 하는 사안을 폭넓게 설명하고 있다. 성인은 자기의 뜻만 정성스럽게 만들 뿐만 아니라 또한 백성들을 복종시켜 그들로 하여금 뜻을 정성스럽게 만들도록 시킨다. 공자가 송사를 처리하는 것에 있어서 일반인들과 차이점이 없다고 했는데, 이것은 나는 일반인들과 같다는 의미이다.

孔疏　●"必也使無訟乎"者, 必也使無理之人不敢爭訟也.

번역　●經文: "必也使無訟乎". ○기필코 이치를 담지 하지 않은 자로 하여금 감히 송사를 일으키지 못하게 만든다는 뜻이다.

孔疏　●"無情者不得盡其辭"者, 情, 猶實也. 言無實情虛誕之人, 無道理

---

3)『논어』「안연(顏淵)」: 子曰, "聽訟, 吾猶人也. 必也使無訟乎!"

者, 不得盡竭其虛僞之辭也.

번역 ●經文: "無情者不得盡其辭". ○'정(情)'자는 실질[實]을 뜻한다. 실정이 없이 허황되고 거짓된 사람은 도리가 없는 자이니, 감히 허황되고 거짓된 말을 모두 늘어놓지 못하게 만든다는 뜻이다.

孔疏 ●"大畏民志"者, 大能畏脅民人之志, 言人有虛誕之志者, 皆畏懼不敢訟, 言民亦誠實其意也. "聽訟吾猶人也, 必也使無訟乎", 是夫子之辭. "無情者不得盡其辭, 大畏民志", 是記者釋夫子"無訟"之事. 然能"使無訟", 則是異於人也, 而云"吾猶人"者, 謂聽訟之時, 備兩造, 吾聽與人無殊, 故云"吾猶人也". 但能用意精誠, 求其情僞, 所以"使無訟"也.

번역 ●經文: "大畏民志". ○백성들의 뜻을 매우 두려워하게 만들고 위협할 수 있다는 뜻이니, 허황되고 거짓된 뜻을 가진 자들이 모두 두려워하며 감히 송사를 일으키지 못한다는 의미이다. 즉 백성들 또한 자신의 뜻을 성실하게 만든다는 뜻이다. "송사를 처리함에 있어서 나는 남들과 같다. 그러나 반드시 거짓을 일삼는 자로 하여금 송사를 일삼지 못하도록 할 것이다!"라고 한 말은 공자의 말에 해당한다. "진실이 없는 자는 거짓된 말을 다할 수 없으니, 백성들의 뜻을 매우 두려워하게 만들기 때문이다."라고 한 말은 『예기』를 기록한 자가 공자가 말한 '무송(無訟)'의 사안을 풀이한 것이다. 그런데 "송사를 일으키지 않게끔 한다."를 할 수 있다면, 이것은 남과 차이를 보이는 것인데, "나는 남과 같다."라고 말했다. 송사를 처리할 때 양쪽의 진술을 두루 살피게 되는데, 이것은 내가 그 일을 처리하는 것이나 남이 처리하는 것이나 차이가 없다. 그렇기 때문에 "나는 남과 같다."라고 했다. 다만 뜻을 정밀하고 정성스럽게 해서 실정과 거짓을 판별할 수 있는 것이 바로 "송사를 일으키지 않게끔 한다."고 했던 방법이다.

참고 구문비교

예기·대학 子曰, "聽訟, 吾猶人也. 必也使無訟乎!"

논어·안연(顏淵) 子曰, "聽訟, 吾猶人也. 必也使無訟乎!"

대대례기·예찰(禮察) 孔子曰: "聽訟, 吾猶人也, 必也使無訟乎!"

참고 『논어』「학이(學而)」기록

경문 子曰, "聽訟, 吾猶人也①. 必也使無訟乎!②"

번역 공자가 말하길, "송사를 처리함은 내가 남과 동일하다. 그러나 반드시 그 이전에 교화하여 송사가 없게끔 할 것이다!"라고 했다.

何注-① 包曰: 與人等.

번역 포씨가 말하길, 남과 동일하다는 뜻이다.

何注-② 王曰: 化之在前.

번역 왕씨가 말하길, 그 이전에 교화시킨다는 뜻이다.

邢疏 ●"子曰: 聽訟, 吾猶人也. 必也使無訟乎!". ○正義曰: 此章孔子言己至誠也. 言聽斷獄訟之時, 備兩造, 吾亦猶如常人, 無以異也. 言與常人同. 必也, 在前以道化之, 使無爭訟乃善.

번역 ●經文: "子曰: 聽訟, 吾猶人也. 必也使無訟乎!". ○이 문장은 공자가 자신의 지극한 정성됨을 설명한 것이다. 즉 송사를 들어 판결을 내릴 때, 양쪽의 진술을 두루 살피게 되는데, 이러한 점에서는 나 또한 일반인들과 동일하게 하여 차이를 둘 것이 없다는 의미이다. 즉 일반인들과 동일하다는 뜻이다. 그러나 반드시 그 이전에 도에 따라 교화하여 그들이 송사를 다투지 않게끔 하여 선하게 만든다.

邢疏 ◎注"王曰: 化之在前". ○正義曰: 按周易·訟卦·象曰: "天與水違行, 訟. 君子以作事謀始." 王弼云: "聽訟, 吾猶人也, 必也使無訟乎! 無訟在於謀始, 謀始在於作制. 契之不明, 訟之所以生也. 物有其分, 職不相濫, 爭何由興? 訟之所以起, 契之過也. 故有德司契而不責於人." 是化之在前也. 又按: 大學云: "子曰:'聽訟, 吾猶人也. 必也使無訟乎!'無情者不得盡其辭, 大畏民志." 鄭注云: "情猶實也. 無實者多虛誕之辭, 聖人之聽訟與人同耳. 必使民無實者不敢盡其辭, 大畏其心志, 使誠其意, 不敢訟." 然則"聽訟, 吾猶人也, 必也, 使無訟乎", 是夫子辭. "無情者不得盡其辭, 大畏民志", 是記者釋夫子無訟之事, 意與此注及王弼不同, 未知誰是, 故具載之.

번역 ◎何注: "王曰: 化之在前". ○『주역』「송괘(訟卦)·상전(象傳)」을 살펴보면, "하늘이 물과 어긋나게 행함이 송(訟)이다. 군자는 그것을 본받아 일을 할 때 그 시작을 잘 계획한다."[4]라고 했고, 왕필[5]은 "송사를 처리함은 내가 남과 동일하지만, 반드시 송사를 없게끔 할 것이다! 송사가 없어지게 하는 것은 시작을 계획하는 일에 달려 있고, 시작을 계획하는 일은 제도를 만드는 일에 달려 있다. 계약한 것이 불분명하면 송사가 발생하게 된다. 사물에 본분이 있으면 직무가 서로 넘치지 않는데 다툼이 어디를 통해 발생하겠는가? 송사가 발생하는 것은 계약이 잘못되었기 때문이다. 그렇기 때문에 덕이 있는 자는 약속한 것을 지키며 남을 탓하지 않는다."라고 했다. 이것은 그 이전에 교화한다는 뜻이다. 또 살펴보니, 『대학』에서는 "공

---

4) 『주역』「송괘(訟卦)·상전(象傳)」: 象曰, 天與水違行, 訟, 君子以作事謀始.

5) 왕필(王弼, A.D.226 ~ A.D.249): =왕보사(王輔嗣). 삼국시대 위(魏)나라의 학자이다. 자(字)는 보사(輔嗣)이다. 저서로는 『노자주(老子注)』·『주역주(周易注)』 등이 있다.

자는 '송사를 처리함은 내가 남과 동일하지만, 반드시 송사를 없게끔 할 것이다!'라고 했다. 진실이 없는 자는 거짓된 말을 다할 수 없으니, 백성들의 뜻을 매우 두려워하게 만들기 때문이다."라고 했고, 정현은 "'정(情)'자는 실질을 뜻한다. 실질이 없는 자는 대부분 허황되고 거짓된 말을 늘어놓는다. 성인이 송사를 처리하는 것은 남들과 같을 따름이다. 그러나 반드시 백성들로 하여금 실질이 없는 자가 허황된 말을 모두 늘어놓지 못하도록 만드니, 그 마음과 뜻을 매우 두려워하게 해서, 자신의 뜻을 정성스럽게 만들어 감히 송사를 일으키지 못하도록 하는 것이다."라고 했다. 그렇다면 "송사를 처리함은 내가 남과 동일하지만, 반드시 송사를 없게끔 할 것이다!"라고 한 말은 공자의 말에 해당한다. 그리고 "진실이 없는 자는 거짓된 말을 다할 수 없으니, 백성들의 뜻을 매우 두렵게 만들기 때문이다."라고 한 말은 『예기』를 기록한 자가 공자가 송사를 없게 만든다고 한 사안을 풀이한 것이다. 그러나 그 의미는 이곳 주석 및 왕필의 견해와 다른데, 누가 옳은지는 모르겠다. 그렇기 때문에 이 모두를 수록해둔다.

集註 范氏曰: 聽訟者, 治其末, 塞其流也. 正其本, 淸其源, 則無訟矣.

번역 범씨가 말하길, 송사를 처리하는 것은 말단을 다스림이며, 방탕하게 흐름을 막는 것이다. 근본을 바르게 하여 본원을 깨끗하게 한다면 송사가 없어질 것이다.

集註 楊氏曰: 子路片言可以折獄, 而不知以禮遜爲國, 則未能使民無訟者也. 故又記孔子之言, 以見聖人不以聽訟爲難, 而以使民無訟爲貴.

번역 양씨가 말하길, 자로는 반 마디로 말로 옥사를 판결할 수 있었으나 예와 겸손으로 나라를 다스릴 줄은 몰랐으니, 백성들로 하여금 송사를 없게 할 수는 없는 자였다. 그렇기 때문에 공자의 말을 재차 기록하여, 성인은 송사 처리하는 일을 어려움으로 여기지 않고 백성들로 하여금 송사가 없게 하는 것을 존귀하게 여긴다는 사실을 나타내었다.

참고 『대대례기』「예찰(禮察)」기록

경문 凡人之知, 能見已然, 不能見將然. 禮者禁於將然之前, 而法者禁於已然之後, 是故法之用易見, 而禮之所爲生難知也①. 若夫慶賞以勸善, 刑罰以懲惡, 先王執此之正, 堅如金石, 行此之信, 順如四時, 處此之功, 無私如天地, 爾豈顧不用哉? 然如曰禮云禮云, 貴絶惡於未萌, 而起敬於微眇, 使民日徙善遠罪而不自知也. 孔子曰, "聽訟吾猶人也, 必也使無訟乎!" 此之謂也②.

번역 일반인들의 지혜라는 것은 이미 그렇게 된 것은 볼 수 있어도 앞으로 그렇게 되리라는 것은 볼 수 없다. 예라는 것은 앞으로 그렇게 되기 이전에 금지하는 것이고, 법이라는 것은 이미 그렇게 된 이후에 금지하는 것이다. 이러한 까닭으로 법을 쓰는 것은 쉽게 볼 수 있지만, 예가 생겨나게 되는 것은 알아차리기 어렵다. 상을 내려 선을 권면하고 형벌을 내려 악을 징벌함에, 선왕은 그것을 고수함이 정직하여 그 견고함이 쇠나 돌과 같고, 그것을 시행함에 신의가 있어 순리가 마치 사계절의 운행과 같으며, 그것을 처리함이 공정하니 삿됨이 없는 것이 마치 천지와 같은데, 그대는 어찌하여 이를 사용하지 않음을 돌아보지 않는가? 그러므로 예라고 말하는 것들은 아직 발생하기 이전에 악을 근절하고, 미묘한 가운데에서도 공경함을 일으켜, 백성들로 하여금 날마다 선으로 옮겨가고 죄를 멀리 하게 하면서도 스스로 깨닫지 못하게 하는 것을 존귀하게 여긴다. 공자가 "송사를 처리함은 내가 남과 동일하다. 그러나 반드시 그 이전에 교화하여 송사가 없게끔 할 것이다!"라고 말한 것도 바로 이러한 뜻을 가리킨다.

解詁-① 廣雅云, "禁, 止也." 論語曰, "齊之以禮." 周禮曰, "以五禮防萬民之僞." 管子心術云, "殺戮禁誅謂之法." 左氏昭二十五年傳曰, "禮, 上下之紀; 天地之經緯, 民之所以生也." 論語曰, "民可使由之, 不可使知之."

번역 『광아』6)에서는 "'금(禁)'자는 그치게 한다는 뜻이다."라고 했다. 『논

---

6) 『광아(廣雅)』는 위(魏)나라 때 장읍(張揖)이 지은 자전(字典)이다. 『박아(博

어』에서는 "예로 가지런히 한다."[7]라고 했다. 『주례』에서는 "오례(五禮)[8]
로 백성들의 거짓을 방지한다."[9]라고 했다. 『관자』「심술(心術)」편에서는
"사형을 내리고 주살하는 것은 법(法)이라고 부른다."[10]라고 했다. 소공 25
년에 대한 『좌전』의 기록에서는 "예는 상하의 기강이며 천지의 경위이고
백성들이 생존할 수 있는 원인이다."[11]라고 했다. 『논어』에서는 "백성들은
따르도록 할 수는 있지만 왜 그러한가를 알게끔 할 수는 없다."[12]라고 했다.

解詁-②　功當爲公. 敬者, 禮之本也. 孝經曰, "禮者, 敬而已矣."

번역　'공(功)'자는 마땅히 공(公)자가 되어야 한다. 공경은 예의 근본이
다. 『효경』에서는 "예라는 것은 공경함일 따름이다."[13]라고 했다.

雅)』라고도 부른다. 『이아』의 체제를 계승하고, 새로운 내용을 보충하여, 경
전(經典)에 기록된 글자들을 해석한 서적이다. 본래 상·중·하 3권으로 구성
되어 있었지만, 수(隋)나라 조헌(曹憲)이 재차 10권으로 편집하였다. 한편 '광
(廣)'자가 수나라 양제(煬帝)의 시호였기 때문에, 피휘를 하여, 『박아』라고 부
르게 되었다.

7)『논어』「위정(爲政)」: 子曰, "道之以政, 齊之以刑, 民免而無恥, 道之以德, <u>齊之
以禮, 有恥且格.</u>"

8) 오례(五禮)는 고대부터 전해져 온 다섯 종류의 예제(禮制)를 뜻한다. 즉 길례
(吉禮), 흉례(凶禮), 군례(軍禮), 빈례(賓禮), 가례(嘉禮)를 가리킨다. 『주례』
「춘관(春官)·소종백(小宗伯)」편에는 "掌五禮之禁令與其用等."이라는 기록이
있는데, 이에 대한 정현의 주에서는 정사농(鄭司農)의 주장을 인용하여, "五
禮, 吉·凶·軍·賓·嘉."라고 풀이했다.

9)『주례』「지관(地官)·대사도(大司徒)」: <u>以五禮防萬民之僞,</u> 而教之中.

10)『관자(管子)』「심술상(心術上)」: 簡物小未一道, <u>殺僇禁誅謂之法.</u>

11)『춘추좌씨전』「소공(昭公) 25년」: 對曰, "<u>禮, 上下之紀·天地之經緯也, 民之所
以生也,</u> 是以先王尙之. 故人之能自曲直以赴禮者, 謂之成人. 大, 不亦宜乎!"

12)『논어』「태백(泰伯)」: 子曰, "民可使由之, 不可使知之."

13)『효경』「광요도장(廣要道章)」: <u>禮者敬而已矣.</u> 故敬其父則子悅, 敬其兄則弟悅,
敬其君則臣悅, 敬一人而千萬人悅, 所敬者寡而悅者衆. 此之謂要道也.

【1867上】

此謂知本.

직역 此를 本을 知라 謂한다.

의역 이것을 근본을 안다고 부른다.

鄭注 本, 謂"誠其意"也.

번역 '본(本)'은 "그 뜻을 정성스럽게 한다."는 말이다.

孔疏 ●"此謂知本"者, 此從上所謂"誠意", 以下言此"大畏民志", 以上皆是"誠意"之事, 意爲行本, 旣精誠其意, 是曉知其本, 故云"此謂知本"也.

번역 ●經文: "此謂知本". ○앞에서 "뜻을 정성스럽게 한다."라고 한 말로부터 그 이하로 "백성들의 뜻을 매우 두렵게 만든다."라고 한 말까지는 모두 "뜻을 정성스럽게 한다."는 사안에 해당하는데, 그 뜻은 근본을 시행하는 것이며, 이미 자신의 뜻을 정밀하고 정성스럽게 하였다면, 이것은 근본에 대해서 밝게 깨우쳐 아는 것이다. 그렇기 때문에 "이것을 근본을 안다고 부른다."라고 했다.

集註 猶人, 不異於人也. 情, 實也. 引夫子之言, 而言聖人能使無實之人不敢盡其虛誕之辭. 蓋我之明德旣明, 自然有以畏服民之心志, 故訟不待聽而自無也. 觀於此言, 可以知本末之先後矣.

번역 '유인(猶人)'은 남들과 다르지 않다는 뜻이다. '정(情)'자는 실질을 뜻한다. 공자의 말을 인용하여, 성인은 실질이 없는 사람으로 하여금 감히 허황되고 거짓된 말을 모두 늘어놓지 못하게끔 한다고 말했다. 아마도 나

의 밝은 덕을 밝혔다면 자연히 백성들의 마음과 뜻도 두렵게 만들고 복종
시킬 수 있다. 그렇기 때문에 송사는 처리를 기다리지 않더라도 저절로 없
어지게 될 것이다. 이 말을 살펴보면 본말의 선후를 알 수 있다.

集註 右傳之四章, 釋本末.

번역 여기까지는 전(傳) 4장에 해당하니, 본말(本末)을 풀이하였다.

集註 此章舊本誤在“止於信”下.

번역 이 문장은 옛 판본에 ‘지어신(止於信)’이라는 문장 뒤에 잘못 기록
되어 있었다.

• 제 **13** 절 •

전(傳) 7장

【1867上】

所謂脩身在正其心者, 身有所忿懥, 則不得其正; 有所恐懼,
則不得其正; 有所好樂, 則不得其正; 有所憂患, 則不得其正.
心不在焉, 視而不見, 聽而不聞, 食而不知其味. 此謂脩身在
正其心.

직역 身을 脩함이 그 心을 正함에 在라 謂한 所의 者는 身에 忿懥한 所가 有하
면, 그 正을 不得하고; 恐懼한 所가 有하면, 그 正을 不得하며; 好樂한 所가 有하면,
그 正을 不得하고; 憂患한 所가 有하면, 그 正을 不得한다. 心이 不在하면, 視라도
不見하고, 聽이라도 不聞하며, 食이라도 그 味를 不知한다. 此를 身을 脩함이 그
心을 正함에 在라 謂한다.

의역 이른바 몸을 수양한다는 것은 마음을 바르게 하는데 달려있다고 했는데,
몸에 성내는 감정이 있으면 바름을 얻을 수 없고, 두려워하는 감정이 있으면 바름
을 얻을 수 없으며, 너무 좋아하거나 너무 즐거워하는 감정이 있으면 바름을 얻을
수 없고, 근심하는 감정이 있으면 바름을 얻을 수 없다. 마음이 그것에 관심을 두지
않는다면 보아도 보이지 않고 들어도 들리지 않으며 먹어도 그 맛을 모른다. 이것
을 몸을 수양하는 것은 마음을 바르게 하는데 달려있다고 부른다.

鄭注 懥, 怒貌也, 或作懫, 或爲1)疐.

---

1) '위(爲)'자에 대하여. 『십삼경주소(十三經注疏)』 북경대 출판본에서는 "『민본
(閩本)』·혜동(惠棟)의 『교송본(校宋本)』·『송감본(宋監本)』·『악본(岳本)』·

번역 '치(懥)'자는 성내는 모습을 뜻하며 또한 '치(懫)'라고도 기록하고 '치(寡)'라고도 기록한다.

釋文 忿, 弗粉反. 懥, 敕値反, 范音稚, 徐丁四反, 又音勩. 恐, 丘勇反. 好, 呼報反, 下"故好而知"同. 樂, 徐五孝反, 一音岳. 懫音致, 寡音致, 又得計反.

번역 '忿'자는 '弗(불)'자와 '粉(분)'자의 반절음이다. '懥'자는 '敕(칙)'자와 '値(치)'자의 반절음이며, 범음은 '稚(치)'이고, 서음은 '丁(정)'자와 '四(사)'자의 반절음이고, 또한 그 음은 '勩(예)'도 된다. '恐'자는 '丘(구)'자와 '勇(용)'자의 반절음이다. '好'자는 '呼(호)'자와 '報(보)'자의 반절음이며, 아래문장에 나오는 '故好而知'에서의 '好'자도 그 음이 이와 같다. '樂'자의 서음은 '五(오)'자와 '孝(효)'자의 반절음이고, 다른 음은 '岳(악)'이다. '懫'자의 음은 '致(치)'이고, '寡'자의 음은 '致(치)'이며, 또한 '得(득)'자와 '計(계)'자의 반절음도 된다.

孔疏 ●"所謂脩身"者, 此覆說前脩身正心之事.

번역 ●經文: "所謂脩身". ○이 문장은 앞에서 몸을 수양하고 마음을 바르게 한다고 했던 사안을 재차 설명한 것이다.

孔疏 ●"身有所忿懥, 則不得其正"者, 懥, 謂怒也. 身若有所怒, 則不得其正, 言因怒而違於正也. 所以然者, 若遇忿怒, 則違於理, 則失於正也.

번역 ●經文: "身有所忿懥, 則不得其正". ○'치(懥)'자는 성낸다는 뜻이다. 자신에게 만약 성내는 점이 있다면 바름을 얻지 못하니, 성냄으로 인하여 올바름에서 위배된다는 뜻이다. 이처럼 되는 이유는 분노하고 성내는 것을 맞닥뜨리게 되면 이치를 위배하니 올바름에서 벗어나기 때문이다.

『가정본(嘉靖本)』에는 동일하게 기록되어 있으며, 『감본(監本)』·『모본(毛本)』에는 '작(作)'자로 기록되어 있고, 위씨(衛氏)의 『집설(集說)』에도 동일하게 기록되어 있으며, 『석문(釋文)』에는 '작체(作寡)'로 기록되어 있다."라고 했다.

孔疏 ●"有所恐懼, 則不得其正"者, 言因恐懼而違於正也.

번역 ●經文: "有所恐懼, 則不得其正". ○두려워함으로 인해 올바름에서 위배된다는 뜻이다.

孔疏 ●"心不在焉, 視而不見, 聽而不聞, 食而不知其味"者, 此言脩身之本, 必在正心. 若心之不正, 身亦不脩. 若心之不在, 視聽與食, 不覺知也. 是心爲身本, 脩身必在於正心也.

번역 ●經文: "心不在焉, 視而不見, 聽而不聞, 食而不知其味". ○이것은 몸을 수양하는 근본은 반드시 마음을 바르게 하는데 달려있음을 나타내고 있다. 만약 마음이 바르지 못하면 몸 또한 수양되지 않는다. 만약 마음이 그곳에 관심을 두지 않는다면 보거나 듣고 또 먹는 것에 있어서 어떤 것인지 지각하지 못하게 된다. 이것은 마음이 몸의 근본이 되며, 몸을 수양하는 것은 반드시 마음을 바르게 하는데 달려있음을 뜻한다.

集註 程子曰: 身有之身當作心.

번역 정자가 말하길, '신유(身有)'에서의 '신(身)'자는 마땅히 '심(心)'자가 되어야 한다.

集註 忿, 弗粉反. 懥, 勑値反. 好·樂, 並去聲.

번역 '忿'자는 '弗(불)'자와 '粉(분)'자의 반절음이다. '懥'자는 '勑(칙)'자와 '値(치)'자의 반절음이다. '好'자와 '樂'자는 모두 거성으로 읽는다.

集註 忿懥, 怒也. 蓋是四者, 皆心之用, 而人所不能無者. 然一有之而不能察, 則欲動情勝, 而其用之所行, 或不能不失其正矣.

번역 '분치(忿懥)'는 성낸다는 뜻이다. 여기에서 말한 이 네 가지는 모두 마음의 작용이므로 사람에게 없을 수 없는 것이다. 그러나 한 번이라도 이러한 것이 생겼는데 살피지 못한다면, 욕심이 움직이고 정감이 앞서서 작용의 행함이 올바름을 잃지 않을 수 없는 경우가 발생한다.

集註 心有不存, 則無以檢其身, 是以君子必察乎此而敬以直之, 然後此心常存而身無不脩也.

번역 마음이 보존되지 못하면 몸을 단속할 수 없게 된다. 이러한 까닭으로 군자는 반드시 이러한 점을 살펴서 공경함으로 곧게 하니, 그런 뒤에야 이러한 마음이 항상 보존되고 몸 또한 수양되지 않음이 없게 된다.

集註 右傳之七章, 釋正心脩身.

번역 여기까지는 전(傳) 7장에 해당하니, 정심(正心)과 수신(脩身)의 뜻을 풀이하였다.

集註 此亦承上章以起下章. 蓋意誠則眞無惡而實有善矣, 所以能存是心以檢其身. 然或但知誠意, 而不能密察此心之存否, 則又無以直內而脩身也.

번역 이 문장 또한 앞 장의 뜻을 이어서 아래 문장의 뜻을 일으킨 것이다. 뜻을 정성스럽게 하면 진실로 악함이 없어져 실로 선함이 있게 되니, 마음을 보존하여 몸을 단속할 수 있는 것이다. 그러나 뜻을 정성스럽게 해야 한다는 사실만 알고 마음이 보존되어 있느냐 그렇지 않느냐를 정밀히 살피지 못한다면, 또한 마음을 곧게 하여 몸을 수양할 수 없게 된다.

集註 自此以下, 並以舊文爲正.

번역 이곳 문장으로부터 그 이하의 기록은 모두 옛 판본의 기록을 올바른 기록으로 삼는다.

【1867上】

所謂齊其家在脩其身者, 人之其所親愛而辟¹⁾焉, 之其所賤惡
而辟焉, 之其所畏敬而辟焉, 之其所哀矜而辟焉, 之其所敖惰
而辟焉. 故好而知其惡, 惡而知其美者, 天下鮮矣. 故諺有之
曰, "人莫知其子之惡, 莫知其苗之碩." 此謂身不脩, 不可以
齊其家

직역 그 家를 齊함이 그 身을 脩함에 在라 謂한 所의 者는 人은 그 親愛한 所에
之하여 辟하고, 그 賤惡한 所에 之하여 辟하며, 그 畏敬한 所에 之하여 辟하고,
그 哀矜한 所에 之하여 辟하며, 그 敖惰한 所에 之하여 辟한다. 故로 好하되 그
惡을 知하고, 惡하되 그 美를 知한 者는 天下에 鮮이라. 故로 諺에 之가 有하니
曰, "人은 그 子의 惡을 知함이 莫하고, 그 苗의 碩을 知함이 莫하다." 此는 身을
不脩하면, 그 家를 齊함이 不可함을 謂한다.

---

1) '비(辟)'자에 대하여. 『십삼경주소(十三經注疏)』 북경대 출판본에서는 "『민본
(閩本)』·『감본(監本)』·『모본(毛本)』·『악본(岳本)』·위씨(衛氏)의 『집설(集
說)』에서는 동일하게 기록하고 있고, 혜동(惠棟)의 『교송본(校宋本)』에서는
'비(譬)'자로 기록하고 있으며, 『송감본(宋監本)』·『석경(石經)』·『가정본(嘉靖
本)』·『고문(考文)』에서 인용하고 있는 『고본(古本)』도 동일하게 기록되어 있
다. 그 뒤에 나오는 4개의 '비(辟)'자도 모두 이와 같다. 『석문(釋文)』에는 '이
비(而辟)'로 기록되어 있으며, '음은 비(譬)이고, 아래 문장 및 정현의 주에
나오는 글자도 그 음이 이와 같다.'라고 했다. 완원(阮元)의 『교감기(校勘記)』
에서는 '각각의 판본에 기록된 정현의 주에서는 비유유야(譬猶喩也)라고 기
록하여 모두 비(譬)자로 기록하고 있는데, 유독 위씨(衛氏)의 『집설(集說)』에
서만 비(辟)자로 기록했다. 살펴보니 비(譬)자는 정자에 해당하고 비(辟)자는
가차자에 해당한다.'"라고 했다.

의역 이른바 가(家)를 다스리는 것은 몸을 수양하는데 달려있다고 했는데, 사람은 자신이 친애하는 자에게 찾아가 그 사람을 통해 자기 자신을 깨우치고, 자신이 천근하게 여기고 미워하는 사람에게 찾아가 그 사람을 통해 자기 자신을 깨우치며, 자신이 외경하는 사람에게 찾아가 그 사람을 통해 자기 자신을 깨우치고, 자신이 하찮게 여기는 사람에게 찾아가 그 사람을 통해 자신을 깨우쳐야 한다. 그렇기 때문에 좋아하면서도 그 대상의 악한 점을 알고 미워하면서도 그 대상의 선한 점을 아는 자는 천하에 매우 드물다. 그러므로 세속에는 이러한 말이 있으니, "사람은 자기 자식의 악함을 알지 못하고, 자기 밭에서 자라나는 모종이 큰 것은 모른다."라고 했다. 이것을 자신을 수양하지 않으면 그 가(家)를 다스릴 수 없다고 부른다.

鄭注 之, 適也. 譬, 猶喩也. 言適彼而以心度之, 曰: 吾何以親愛此人, 非以其有德美與? 吾何以敖惰此人, 非以其志行薄與? 反以喩己, 則身脩與否可自知也. 鮮, 罕也. 人莫知其子之惡, 猶愛而不察. 碩, 大也.

번역 '지(之)'자는 "가다[適]."는 뜻이다. '비(譬)'자는 "깨우치자[喩]."는 뜻이다. 즉 상대에게 가서 마음으로 그를 헤아리며, 다음과 같이 말하게 된다. 내가 어찌 이 사람을 친애하지 않을 수 있는가, 그는 미덕을 가지고 있지 않은가? 내가 어찌 이 사람을 하찮게 대하지 않을 수 있는가, 그의 뜻과 행실이 천박하지 않은가? 이를 반대로 하여 자신을 깨우친다면, 자신의 몸이 수양되어 있는지 아닌지를 스스로 알 수 있다. '선(鮮)'자는 "드물다[罕]."는 뜻이다. 사람들은 자기 자식의 악함을 알지 못하니, 이것은 사랑하기만 하고 살피지 못하는 것과 같다. '석(碩)'자는 "크다[大]."는 뜻이다.

釋文 辟音譬, 下及注同, 謂譬喩也. 賤惡, 烏路反, 下"惡而知"同. 敖, 五報反. 惰, 徒臥反. 其惡惡, 上如字, 下烏路反. 鮮, 仙善反, 注同. 諺, 魚變反, 俗語也. 度, 徒洛反. 與音余, 下"薄與"同. 行, 下孟反.

번역 '辟'자의 음은 '譬(비)'이며, 아래문장 및 정현의 주에 나오는 글자도 그 음이 이와 같고, 비유하여 깨우친다는 뜻이다. '賤惡'에서의 '惡'자는

'烏(오)'자와 '路(로)'자의 반절음이며, 아래문장의 '惡而知'에서의 '惡'자도 그 음이 이와 같다. '敖'자는 '五(오)'자와 '報(보)'자의 반절음이다. '惰'자는 '徒(도)'자와 '臥(와)'자의 반절음이다. '其惡惡'에서 앞의 '惡'자는 글자대로 읽고, 뒤의 '惡'자는 '烏(오)'자와 '路(로)'자의 반절음이다. '鮮'자는 '仙(선)' 자와 '善(선)'자의 반절음이며, 정현의 주에 나오는 글자도 그 음이 이와 같다. '諺'자는 '魚(어)'자와 '變(변)'자의 반절음이며, 세속의 말을 뜻한다. '度'자는 '徒(도)'자와 '洛(낙)'자의 반절음이다. '與'자의 음은 '余(여)'이며, 아래문장의 '薄與'에서의 '與'자도 그 음이 이와 같다. '行'자는 '下(하)'자와 '孟(맹)'자의 반절음이다.

孔疏 ●"所謂齊其家在脩其身"者, 此經重明前經齊家·脩身之事.

번역 ●經文: "所謂齊其家在脩其身". ○이 경문은 앞의 경문에서 가(家) 를 다스리고 몸을 수양한다고 했던 사안을 거듭 밝힌 것이다.

孔疏 ●"人之其所親愛而辟焉"者, 之, 猶適也. 此言脩身之譬也. 設我適彼 人, 見彼有德, 則爲我所親愛, 當反自譬喩於我也. 以彼有德, 故爲我所親愛, 則我若自脩身有德, 必然亦能使衆人親愛於我也.

번역 ●經文: "人之其所親愛而辟焉". ○'지(之)'자는 "가다[適]."는 뜻이 다. 이것은 몸을 수양하는 일을 비유한 것이다. 가령 내가 다른 사람에게 찾아갔는데, 그 사람이 덕을 가지고 있음을 보게 된다면 내가 그를 친애하 게 되니, 마땅히 스스로 자신을 돌이켜보아서 나에 대해서도 깨달아야 한 다. 상대방이 덕을 가지고 있기 때문에 내가 그를 친애하게 된다면, 내가 만약 스스로 수양하여 덕을 지닐 수 있다면 반드시 대중들로 하여금 나를 친애하도록 만들 수 있다.

孔疏 ●"之其所賤惡而譬焉"者, 又言我往之彼, 而賤惡彼人者, 必是彼人 無德故也, 亦當迴以譬我. 我若無德, 則人亦賤惡我也.

번역 ●經文: "之其所賤惡而譬焉". ○이 또한 내가 상대에게 찾아가서 그 사람을 천시하고 미워한다면, 분명 상대방에게 덕이 없기 때문이다. 따라서 또한 마땅히 돌이켜서 자신에 대해 깨우쳐야 한다. 나에게 덕이 없다면 다른 사람들 또한 나를 천시하고 미워하게 될 것이다.

孔疏 ●"之其所畏敬而譬焉"者, 又我往之彼而畏敬彼人, 必是彼人莊嚴故也, 亦迴其譬我, 我亦當莊敬, 則人亦必畏敬我.

번역 ●經文: "之其所畏敬而譬焉". ○이 또한 내가 상대에게 찾아가서 그 사람을 외경한다면, 분명 상대방이 장엄함을 갖추고 있기 때문이다. 따라서 또한 돌이켜서 자신에 대해 깨우쳐야 하니, 내가 장엄함을 갖추고 있다면 다른 사람들 또한 반드시 나를 외경하게 될 것이다.

孔疏 ●"之其所哀矜而辟焉"者, 又我往之彼, 而哀矜彼人, 必是彼人有慈善柔弱之德故也, 亦迴譬我, 我有慈善而或柔弱, 則亦爲人所哀矜也.

번역 ●經文: "之其所哀矜而辟焉". ○이 또한 내가 상대에게 찾아가서 그 사람을 불쌍히 여긴다면, 분명 상대방에게 자애롭고 선하며 유약한 덕이 있기 때문이다. 따라서 또한 돌이켜서 자신에 대해 깨우쳐야 하니, 내가 자애롭고 선하지만 유약한 면이 있다면 다른 사람들이 불쌍히 여기게 된다.

孔疏 ●"之其所敖惰而辟焉"者, 又我往之彼, 而敖惰彼人, 必是彼人邪僻故也, 亦迴譬我, 我若邪僻, 則人亦敖惰於我也.

번역 ●經文: "之其所敖惰而辟焉". ○이 또한 내가 상대에게 찾아가서 그 사람을 하찮게 여긴다면, 분명 상대방이 삿되고 치우쳤기 때문이다. 따라서 또한 돌이켜서 자신에 대해 깨우쳐야 하니, 내가 삿되고 치우쳤다면 사람들 또한 나를 하찮게 여길 것이다.

孔疏 ●“故好而知其惡, 惡而知其美者, 天下鮮矣”者, 知, 識也; 鮮, 少也. 人心多偏, 若心愛好之, 而多不知其惡. 若嫌惡之, 而多不知其美. 今雖愛好, 知彼有惡事; 雖憎惡, 知彼有美善, 天下之內, 如此者少矣.

번역 ●經文: “故好而知其惡, 惡而知其美者, 天下鮮矣”. ○‘지(知)’자는 “알다[識].”는 뜻이다. ‘선(鮮)’자는 “적다[少].”는 뜻이다. 사람들의 마음은 대부분 치우쳐 있어서, 만약 마음이 애착을 가지고 좋아하는 것이라면 대부분 그 대상의 악함에 대해서는 모른다. 만약 미워하고 싫어하는 것이라면 대부분 그 대상의 아름다움에 대해서는 모른다. 비록 애착을 가지고 좋아하더라도 그 대상에게 악한 면이 있음을 알고, 비록 증오하고 있더라도 그 대상에게 아름답고 선한 면이 있음을 알아야 하는데, 천하에는 이처럼 할 수 있는 자가 적다.

孔疏 ●“故諺有之曰: 人莫知其子之惡, 莫知其苗之碩”者, 碩, 猶大也. 言人之愛子其意至甚, 子雖有惡不自覺知, 猶好而不知其惡也. 農夫種田, 恒欲其盛, 苗雖碩大, 猶嫌其惡, 以貪心過甚, 故不知其苗之碩. 若能以己子而方他子, 己苗而匹他苗, 則好惡可知, 皆以己而待他物也.

번역 ●經文: “故諺有之曰: 人莫知其子之惡, 莫知其苗之碩”. ○‘석(碩)’자는 “크다[大].”는 뜻이다. 사람들은 자신의 자식을 사랑하는 뜻이 매우 깊어서 자식에게 비록 악한 점이 있더라도 스스로 깨닫지 못하니, 이것은 좋아하기만 하고 그 대상의 악함을 모르는 것과 같다. 농부가 밭에 파종을 하게 되면 항상 융성하게 자라기를 희망하며, 모종이 비록 커지게 되더라도 여전히 그 중 덜 자란 것들을 싫어하니, 탐내는 마음이 매우 지나치기 때문이다. 그래서 모종이 큰 것을 모른다. 만약 자신의 자식에 대해서 다른 사람의 자식을 평가하듯이 하고, 자신의 모종에 대해서 다른 경작지의 모종처럼 바라볼 수 있다면 좋아함과 싫어함에 대해 알 수 있으니, 모든 경우 자신을 기준으로 다른 대상을 대할 수 있다.

孔疏 ●“此謂身不脩, 不可以齊其家”者, 此不知子惡·不知苗碩之人, 不脩其身, 身旣不脩, 不能以己譬人, 故不可以齊整其家.

번역 ●經文: “此謂身不脩, 不可以齊其家”. ○이것은 자식의 악함을 모르고 자기 모종이 큰 것을 모르는 사람이니, 자신을 수양하지 못한 것이며, 자신을 이미 수양하지 못했다면 자신을 통해 상대를 깨우칠 수 없다. 그렇기 때문에 가(家)를 가지런히 정돈하지 못한다.

孔疏 ◎注“之適”至“大也”. ○正義曰: “之, 適也”, 釋詁文. 云“反以喩己”者, 謂見他人所親愛, 被賤惡, 以人類己, 他人之事反來自譬己身也. 云“則身脩與否可自知也”者, 謂彼人不脩, 則被賤惡敖惰, 己若不以脩身, 事亦然也. 若彼脩身, 則被親愛敬畏, 己若脩身亦當然也. 故云“脩身與否, 可自知也”. 云“碩, 大也”, 釋詁文. “此謂”至“其家”, 此一節覆明前經治國齊家之事.

번역 ◎鄭注: “之適”~“大也”. ○정현이 “‘지(之)’자는 ‘가다[適].’는 뜻이다.”라고 했는데, 이것은 『이아』「석고(釋詁)」편의 기록이다.[2] 정현이 “반대로 하여 자신을 깨우친다.”라고 했는데, 상대방에 대해서 친애하거나 천시하는 것을 보게 되면, 상대방을 자신과 같은 부류로 여겨 다른 사람의 사안을 돌이켜 자기에게로 가지고 와서 스스로 자신을 깨우친다는 뜻이다. 정현이 “자신의 몸이 수양되어 있는지 아닌지를 스스로 알 수 있다.”라고 했는데, 상대방이 수양을 하지 못해서 천시되거나 하찮게 여겨진다면, 자기가 수양을 하지 못했을 때에도 이처럼 된다. 만약 상대가 수양을 했다면 친애하게 되고 외경하게 되니 자신이 수양을 했다면 또한 이처럼 된다. 그렇기 때문에 “자신의 몸이 수양되어 있는지 아닌지를 스스로 알 수 있다.”라고 했다. 정현이 “‘석(碩)’자는 ‘크다[大].’는 뜻이다.”라고 했는데, 이것은 「석고」편의 기록이다.[3]

---

2) 『이아』「석고(釋詁)」: 如·<u>適</u>·<u>之</u>·嫁·徂·逝, 往也.
3) 『이아』「석고(釋詁)」: 弘·廓·宏·溥·介·純·夏·幠·厖·墳·嘏·丕·弈·洪·誕·戎·駿·假·京·碩·濯·訏·宇·穹·壬·路·淫·甫·景·廢·壯·冢·簡·箌·昄·晊·將·業·席, 大也.

孔疏 ●“此謂”至“其家”, 此一節覆明前經治國齊家之事.

번역 ●經文: “此謂”~“其家”. ○이곳 문단은 앞의 경문에서 국(國)을 다스리고 가(家)를 다스린다고 했던 사안을 재차 설명한 것이다.

集註 辟, 讀爲僻. 惡而之惡·敖·好, 並去聲. 鮮, 上聲.

번역 ‘辟’자는 ‘僻(벽)’자로 풀이한다. ‘惡而’에서의 ‘惡’자와 ‘敖’자와 ‘好’자는 모두 거성으로 읽는다. ‘鮮’자는 상성으로 읽는다.

集註 人, 謂衆人. 之, 猶於也. 辟, 猶偏也. 五者, 在人本有當然之則; 然常人之情惟其所向而不加審焉, 則必陷於一偏而身不脩矣.

번역 ‘인(人)’은 일반인들을 뜻한다. ‘지(之)’자는 어(於)자의 뜻이다. ‘벽(辟)’자는 치우쳤다는 뜻이다. 다섯 가지는 사람에게 있어 본래부터 당연한 법칙으로 가지고 있는 것이지만, 일반인들의 정감은 오직 향하는 것에만 따르고 자세히 살피지 못하니, 반드시 한쪽으로 치우치는 함정에 빠지고 자신을 수양하지 못하게 된다.

集註 諺, 音彦. 碩, 叶韻, 時若反.

번역 ‘諺’자의 음은 ‘彦(언)’이다. ‘碩’자는 협운으로 ‘時(시)’자와 ‘若(약)’자의 반절음이다.

集註 諺, 俗語也. 溺愛者不明, 貪得者無厭, 是則偏之爲害, 而家之所以不齊也.

번역 ‘언(諺)’자는 세간의 말을 뜻한다. 사랑에 빠진 자는 밝지 못하고 얻음을 탐하는 자는 만족할 줄 모르니, 이것은 편벽됨이 해가 된 것이고, 가(家)를 다스리지 못하게 되는 이유이다.

集註 右傳之八章, 釋脩身齊家.

번역 여기까지는 전(傳) 8장에 해당하니, 수신(脩身)과 제가(齊家)의 뜻을 풀이하였다.

참고 『이아』「석고(釋詁)」 기록

경문 如・適・之・嫁・徂・逝, 往也.

번역 여(如)・적(適)・지(之)・가(嫁)・조(徂)・서(逝)는 왕(往)자의 뜻이다.

郭注 方言云: 自家而出謂之嫁, 猶女出爲嫁.

번역 『방언』[4]에서 말하길, 집으로부터 밖으로 나가는 것을 '가(嫁)'라고 부르니, 여자가 출가하는 것을 '가(嫁)'라고 부르는 것과 같다.

邢疏 ●"如適"至"往也". ○釋曰: 皆謂造於彼也. 如者, 自我而往也. 春秋公及大夫朝聘皆曰如. 之者, 論語云: "之一邦." 言又往一國也. 適・嫁・徂・逝, 皆方俗語.

번역 ●經文: "如適"~"往也". ○이 모두는 상대에게 나아간다는 뜻이

---

4) 『방언(方言)』은 『유헌사자절대어석별국방언(輶軒使者絶代語釋別國方言)』・『별국방언(別國方言)』이라고도 부른다. 한(漢)나라 때의 학자인 양웅(揚雄)이 편찬했다고 전해지는 서적이다. 총 13권으로 구성되어 있었으며, 각 지방에서 온 사신들의 방언을 모았다는 뜻에서, 『유헌사자절대어석별국방언』이라는 제목으로 출간되었고, 또 이 말을 줄여서 『별국방언』・『방언』이라고 부르게 되었다. 현존하는 『방언』은 곽박(郭璞)의 주(注)가 붙어 있는 판본이다. 그러나 『한서(漢書)』 등의 기록에는 양웅의 저술 목록에 『방언』이 포함되어 있지 않으므로, 편찬자에 대한 의혹이 끊임없이 제기되었다.

다. '여(如)'자는 내가 있는 곳으로부터 간다는 뜻이다. 『춘추』에서는 공 및 대부가 조빙(朝聘)5)을 할 때 모두 '여(如)'라고 기록했다. '지(之)'자에 대해서 『논어』에서는 "한 나라에 이르렀다."6)라고 했으니, 이 또한 다른 한 나라에 갔다는 뜻이다. 적(適)·가(嫁)·조(徂)·서(逝)는 모두 각 지방의 속어이다.

邢疏 ◎注"方言"至"爲嫁". ○釋曰: 按方言云: "嫁·逝·徂·適, 往也. 自家而出謂之嫁, 猶女而出爲嫁也. 逝, 秦晉語也. 徂, 齊語也. 適, 宋魯語也. 往, 凡語也."

번역 ◎郭注: "方言"~"爲嫁". ○『방언』을 살펴보면 "가(嫁)·서(逝)·조(徂)·적(適)은 왕(往)자의 뜻이다. 집으로부터 밖으로 나가는 것을 '가(嫁)'라고 부르니, 여자가 출가하는 것을 '가(嫁)'라고 부르는 것과 같다. '서(逝)'는 진(秦)나라와 진(晉)나라 지역에서 쓰는 말이다. '조(徂)'는 제(齊)나라 지역에서 쓰는 말이다. '적(適)'은 송(宋)나라와 노(魯)나라 지역에서 쓰는 말이다. '왕(往)'은 일반적으로 쓰는 말이다."라고 했다.

---

5) 조빙(朝聘)은 본래 제후가 주기적으로 천자를 찾아뵙는 것을 뜻한다. 고대에는 제후가 천자에 대해서 매년 1번씩 소빙(小聘)을 했고, 3년에 1번씩 대빙(大聘)을 했으며, 5년에 1번씩 조(朝)를 했다. '소빙'은 제후가 직접 찾아가지 않았고, 대부(大夫)를 대신 파견하였으며, '대빙' 때에는 경(卿)을 파견하였다. '조'에서만 제후가 직접 찾아갔는데, 이것을 합쳐서 '조빙'이라고 부른다. 춘추시대(春秋時代) 때에는 진(晉)나라 문공(文公)과 같은 패주(霸主)에게 '조빙'을 하기도 하였다. 『예기』「왕제(王制)」편에는 "諸侯之於天子也, 比年一小聘, 三年一大聘, 五年一朝."라는 기록이 있고, 이에 대한 정현의 주에서는 "比年, 每歲也. 小聘, 使大夫, 大聘, 使卿, 朝, 則君自行. 然此大聘與朝, 晉文霸時所制也."라고 풀이했다. 후대에는 서로 찾아가서 만나보는 것을 '조빙'이라고 범칭하기도 했다.

6) 『논어』「공야장(公冶長)」: 子張問曰, "令尹子文三仕爲令尹, 無喜色, 三已之, 無慍色. 舊令尹之政, 必以告新令尹. 何如?" 子曰, "忠矣." 曰, "仁矣乎?" 曰, "未知, 焉得仁?" "崔子弑齊君, 陳文子有馬十乘, 棄而違之. 至於他邦, 則曰, '猶吾大夫崔子也.' 違之. 之一邦, 則又曰, '猶吾大夫崔子也.' 違之. 何如?" 子曰, "淸矣." 曰, "仁矣乎?" 曰, "未知, 焉得仁?"

참고 『이아』「석고(釋詁)」기록

경문 弘·廓·宏·溥·介·純·夏·幠·厖·墳·嘏·丕·奕·洪·誕·
戎·駿·假·京·碩·濯·訏·宇·穹·壬·路·淫·甫·景·廢·壯·冢·
簡·箌·昄·晊·將·業·席, 大也.

번역 홍(弘)·곽(廓)·굉(宏)·부(溥)·개(介)·순(純)·하(夏)·호(幠)·
방(厖)·분(墳)·하(嘏)·비(丕)·혁(奕)·홍(洪)·탄(誕)·융(戎)·준(駿)·
가(假)·경(京)·석(碩)·탁(濯)·우(訏)·우(宇)·궁(穹)·임(壬)·노(路)·
음(淫)·보(甫)·경(景)·폐(廢)·장(壯)·총(冢)·간(簡)·조(箌)·판(昄)·
질(晊)·장(將)·업(業)·석(席)은 대(大)자의 뜻이다.

郭注 詩曰: "我受命溥將." 又曰: "亂如此幠", "爲下國駿厖", "湯孫奏嘏",
"王公伊濯", "訏謨定命", "有壬有林", "厥聲載路", "旣有淫威", "廢爲殘賊",
"爾土宇昄章", "緇衣之席兮". 廓落·宇宙·穹隆·至極, 亦爲大也. 箌義未聞.
尸子曰: "此皆大, 有十餘名而同一實."

번역 『시』에서는 "내가 명을 받음이 넓고도 크도다."[7]라고 했고, 또 "난
리가 이와 같이도 크도다."[8]라고 했으며, "하국의 높고도 큼이 되었도다."[9]
라고 했고, "탕임금의 손자가 연주하는 음악이 크도다."[10]라고 했으며, "천

---

7) 『시』「상송(商頌)·열조(烈祖)」: 嗟嗟烈祖, 有秩斯祜. 申錫無疆, 及爾斯所. 旣
   載淸酤, 賚我思成. 亦有和羹, 旣戒旣平. 鬷假無言, 時靡有爭. 綏我眉壽, 黃耈無
   疆. 約軧錯衡, 八鸞鶬鶬. 以假以享, <u>我受命溥將</u>. 自天降康, 豐年穰穰. 來假來
   饗, 降福無疆. 顧予烝嘗, 湯孫之將.
8) 『시』「소아(小雅)·교언(巧言)」: 悠悠昊天, 曰父母且. 無罪無辜, <u>亂如此幠</u>. 昊
   天已威, 予愼無罪. 昊天大幠, 予愼無辜.
9) 『시』「상송(商頌)·장발(長發)」: 受小共大共, <u>爲下國駿厖</u>. 何天之龍. 敷奏其
   勇, 不震不動, 不戁不竦, 百祿是總.
10) 『시』「상송(商頌)·나(那)」: 猗與那與, 置我鞉鼓. 奏鼓簡簡, 衎我烈祖. <u>湯孫奏
   假</u>, 綏我思成. 鞉鼓淵淵, 嘒嘒管聲. 旣和且平, 依我磬聲. 於赫湯孫, 穆穆厥聲.
   庸鼓有斁, 萬舞有奕. 我有嘉客, 亦不夷懌. 自古在昔, 先民有作. 溫恭朝夕, 執事
   有恪. 顧予烝嘗, 湯孫之將.

제14절 전(傳) 8장 **193**

자가 선왕의 업적을 조술함이 더욱이 크도다.”11)라고 했고, “계책을 크게
하고 명령을 살폈도다.”12)라고 했으며, “큼이 있으며 군주가 있도다.”13)라
고 했고, “그 소리 큼을 싣고 있도다.”14)라고 했으며, “이미 큰 법칙을 두었
도다.”15)라고 했고, “커져서 잔적이 되도다.”16)라고 했으며, “그대가 사는
땅이 크고도 밝도다.”17)라고 했고, “치의(緇衣)18)의 큼이여.”19)라고 했다.
곽락(廓落)·우주(宇宙)·궁륭(穹隆)·지극(至極)이라는 말 또한 크다는
뜻이 된다. ‘조(劋)’자의 뜻에 대해서는 들어보지 못했다. 『시자』에서는 “이
것은 모두 크다는 뜻으로, 십여 개의 단어가 있지만 동일하게 한 가지 뜻이
다.”라고 했다.

邢疏 ●“弘廓”至“大也”. ○釋曰: 此皆廣大之異言也. 弘者, 含容之大也.
周書·洛誥云: “武王弘朕恭.” 廓者, 方言云: “張小使大謂之廓.” 宏者, 書曰:

---

11) 『시』「대아(大雅)·문왕유성(文王有聲)」: 王公伊濯, 維豐之垣. 四方攸同, 王后
維翰. 王后烝哉.
12) 『시』「대아(大雅)·억(抑)」: 無競維人, 四方其訓之. 有覺德行, 四國順之. 訏謨
定命, 遠猶辰告. 敬愼威儀, 維民之則.
13) 『시』「소아(小雅)·빈지초연(賓之初筵)」: 籥舞笙鼓, 樂旣和奏. 烝衎烈祖, 以洽
百禮. 百禮旣至, 有壬有林. 錫爾純嘏, 子孫其湛. 其湛曰樂, 各奏爾能. 賓載手
仇, 室人入又. 酌彼康爵, 以奏爾時.
14) 『시』「대아(大雅)·생민(生民)」: 誕寘之隘巷, 牛羊腓字之. 誕寘之平林, 會伐平
林. 誕寘之寒冰, 鳥覆翼之. 鳥乃去矣, 后稷呱矣. 實覃實訏, 厥聲載路.
15) 『시』「주송(周頌)·유객(有客)」: 有客有客, 亦白其馬. 有萋有且, 敦琢其旅. 有
客宿宿, 有客信信. 言授之縶, 以縶其馬. 薄言追之, 左右綏之. 旣有淫威, 降福孔
夷.
16) 『시』「소아(小雅)·사월(四月)」: 山有嘉卉, 侯栗侯梅. 廢爲殘賊, 莫知其尤.
17) 『시』「대아(大雅)·권아(卷阿)」: 爾土宇昄章, 亦孔之厚矣. 豈弟君子, 俾爾彌爾
性, 百神爾主矣.
18) 치의(緇衣)는 본래 검은색의 비단으로 만든 복장이다. 조복(朝服)으로 사용
되기도 하였다. 『시』「정풍(鄭風)·치의(緇衣)」편에는 “緇衣之宜兮, 敝予又改
爲兮.”라는 기록이 있고, 이에 대한 모전(毛傳)에서는 “緇, 黑也, 卿士聽朝之
正服也.”라고 풀이했다. 한편 ‘치의’는 검은색으로 되어 있었기 때문에, 일반
적으로 검은색의 옷을 가리키는 용어로도 사용되었다.
19) 『시』「정풍(鄭風)·치의(緇衣)」: 緇衣之蓆兮, 敝, 予又改作兮. 適子之館兮. 還,
予授子之粲兮.

“若保宏父.”介者, 方言云: “東齊海岱之間謂之介.”純者, 魯頌・閟宮云: “天錫公純嘏.”夏者, 方言云: “自關而西秦晉之間, 凡物之壯大而愛偉之, 謂之夏.”厐者, 深之大也. 墳・嘏者, 方言云: “墳, 地大也. 靑・幽之間凡土而高且大者謂之墳. 秦晉之間凡物壯大謂之嘏.”丕者, 書云: “嘉乃丕績.”弈者, 詩・大雅・韓弈云: “弈弈梁山.”洪者, 書・大誥云: “延洪惟我幼沖人.”誕者, 大雅・生民云: “誕彌厥月.”戎者, 方言云: “宋魯陳衛之間謂之嘏, 或曰戎.”京・碩・濯・訏者, 秦晉之間凡人大謂之奘, 燕之北鄙・齊楚之郊或曰京, 齊宋之間曰碩, 荊吳楊甌之郊曰濯, 中齊西楚之間曰訏, 此皆謂大, 方俗之殊語也. 甫者, 詩・齊風云: “無田甫田.”景者, 周頌・潛篇云: “以介景福.”壯者, 秦晉之間, 凡人大謂之奘, 或謂之壯. 冢者, 舍人曰: 冢, 封之大也. 大雅・緜篇云: “乃立冢土.”簡者, 周頌・執競云: “降福簡簡.”莂者, 郭云: “義未聞.”顧氏云: “都角切.”說文云: “草大也.”韓詩云: “莂彼圃田.”將者, 周頌云: “日就月將.”業者, 版之大也. 大雅・靈臺云: “虡業維樅.”餘皆見注.

번역 ●經文: “弘廓”~“大也”. ○이 모두는 광대하다는 말을 표현하는 다른 말들이다. ‘홍(弘)’자는 머금고 수용한 것이 크다는 뜻이다. 『서』「주서(周書)・낙고(洛誥)」편에서는 “무왕이 내가 그 도를 공손히 따르도록 크게 시켰다.”[20]라고 했다. ‘곽(廓)’자에 대해 『방언』에서는 “작은 것을 크게 만드는 것을 ‘곽(廓)’이라고 부른다.”라고 했다. ‘굉(宏)’자에 대해 『서』에서는 “그 사람을 크게 임명한다.”[21]라고 했다. ‘개(介)’자에 대해 『방언』에서는 “동제(東齊)로부터 해대(海岱)까지의 간격을 ‘개(介)’라고 부른다.”라고 했다. ‘순(純)’자에 대해 『시』「노송(魯頌)・비궁(閟宮)」편에서는 “하늘이 공에게 큰 복을 내려주었도다.”[22]라고 했다. ‘하(夏)’자에 대해 『방언』에서는 “관(關)으로부터 서쪽으로 진(秦)과 진(晉)나라 일대에서는 사물이 장성하

---

20) 『서』「주서(周書)・낙고(洛誥)」: 周公拜手稽首, 曰, 王命予來, 承保乃文祖受命民越乃光烈考武王, 弘朕恭. 孺子來相宅, 其大惇典殷獻民, 亂爲四方新辟, 作周恭先.
21) 『서』「주서(周書)・주고(酒誥)」: 若保宏父, 定辟, 矧汝剛制于酒?
22) 『시』「노송(魯頌)・비궁(閟宮)」: 天錫公純嘏, 眉壽保魯. 居常與許, 復周公之宇. 魯侯燕喜, 令妻壽母. 宜大夫庶士, 邦國是有. 旣多受祉, 黃髮兒齒.

게 커져서 어여쁘게 여기는 것을 '하(夏)'라고 부른다."라고 했다. '방(厖)'자
는 매우 깊다는 뜻이다. '분(墳)'자와 '하(嘏)'자에 대해 『방언』에서는 "'분
(墳)'은 땅이 큰 것이다. 청(靑)과 유(幽) 지역 일대에서는 땅이 높고 큰 것
을 '분(墳)'이라고 부른다. 진(秦)과 진(晉)나라 일대에서는 사물 중 장성하
게 큰 것을 '하(嘏)'라고 부른다."라고 했다. '비(丕)'자에 대해 『서』에서는
"너의 큰 공적을 가상하게 여긴다."²³⁾라고 했다. '혁(奕)'자에 대해 『시』「대
아(大雅)·한혁(韓奕)」편에서는 "크고도 큰 양산이여."²⁴⁾라고 했다. '홍
(洪)'자에 대해 『서』「대고(大誥)」편에서는 "해악이 늘어나고 커져서 나와
같은 어린 자를 얽어매는구나."²⁵⁾라고 했다. '탄(誕)'자에 대해 『시』「대아
(大雅)·생민(生民)」편에서는 "그 개월을 크게 마쳤다."²⁶⁾라고 했다. '융
(戎)'자에 대해 『방언』에서는 "송(宋)·노(魯)·진(陳)·위(衛)나라 일대를
하(嘏)라고 부르고 혹은 융(戎)이라고도 부른다."라고 했다. '경(京)'·'석
(碩)'·'탁(濯)'·'우(訏)'자에 대해 진(秦)과 진(晉)나라 일대에서는 사람의
키가 큰 것을 '장(奘)'이라고 불렀는데, 연(燕)나라 북쪽 마을과 제(齊)와
초(楚)의 교외지역에서는 간혹 '경(京)'이라고 불렀으며, 제(齊)와 송(宋)나
라 일대에서는 '석(碩)'이라고 불렀고, 형(荊)·오(吳)·양(楊)·구(甌)의 교
외지역에서는 '탁(濯)'이라고 불렀으며, 중제(中齊)와 서초(西楚) 일대에서
는 '우(訏)'라고 불렀는데, 이 모두는 크다는 뜻으로, 각 지방의 속어에 따라
말이 다른 것이다. '보(甫)'자에 대해 『시』「제풍(齊風)」편에서는 "큰 밭을
농사짓지 말아라."²⁷⁾라고 했다. '경(景)'자에 대해 『시』「주송(周頌)·잠(潛)」

---

23) 『서』「우서(虞書)·대우모(大禹謨)」: 帝曰, 來禹, 降水儆予, 成允成功, 惟汝賢,
克勤于邦, 克儉于家, 不自滿假, 惟汝賢, 汝惟不矜, 天下莫與汝爭能, 汝惟不伐,
天下莫與汝爭功, 予懋乃德, <u>嘉乃丕績</u>, 天之歷數在汝躬, 汝終陟元后, 人心惟危,
道心惟微, 惟精惟一, 允執厥中, 無稽之言勿聽, 弗詢之謀勿庸, 可愛非君, 可畏
非民, 衆非元后何戴, 后非衆罔與守邦, 欽哉, 愼乃有位, 敬修其可願, 四海困窮,
天祿永終, 惟口出好興戎, 朕言不再.
24) 『시』「대아(大雅)·한혁(韓奕)」: <u>奕奕梁山</u>, 維禹甸之, 有倬其道. 韓侯受命, 王親
命之, 纘戎祖考. 無廢朕命, 夙夜匪解. 虔共爾位, 朕命不易. 榦不庭方, 以佐戎辟.
25) 『서』「주서(周書)·대고(大誥)」: <u>延洪惟我幼沖人</u>, 嗣無疆大歷服.
26) 『시』「대아(大雅)·생민(生民)」: <u>誕彌厥月</u>, 先生如達. 不拆不副, 無菑無害. 以
赫厥靈, 上帝不寧, 不康禋祀, 居然生子.

편에서는 "큰 복으로 돕는구나."28)라고 했다. '장(壯)'자에 대해 진(秦)과 진(晉)나라 일대에서는 사람의 키가 큰 것을 '장(奘)'이라고 불렀는데, 혹은 '장(壯)'이라고도 불렀다. '총(冢)'자에 대해 사인은 "'총(冢)'은 흙을 쌓은 것이 큰 것이다."라고 했는데,『시』「대아(大雅)·면(緜)」편에서는 "이에 큰 흙을 쌓는다."29)라고 했다. '간(簡)'자에 대해『시』「주송(周頌)·집경(執競)」편에서는 "복을 내리길 크고도 크게 하는구나."30)라고 했다. '조(箌)'자에 대해 곽박은 "그 뜻은 들어보지 못했다."라고 했다. 고씨는 "'都(도)'자와 '角(각)'자의 반절음이다."라고 했다.『설문』에서는 "풀이 큰 것이다."라고 했다.『한시』에서는 "저 큰 농지를 크게 하도다."라고 했다. '장(將)'자에 대해『시』「주송(周頌)」편에서는 "날로 나아가고 달로 커진다."31)라고 했다. '업(業)'은 판이 큰 것이다.『시』「대아(大雅)·영대(靈臺)」편에서는 "거(虡)와 업(業)에 숭아(崇牙)로다."32)라고 했다. 나머지는 모두 곽박의 주에 나온다.

邢疏 ◎注"詩曰"至"一實". ○釋曰: "詩云: 我受命溥將"者, 商頌·烈祖文. "又曰: 亂如此憮"者, 小雅·巧言文. 云"下國駿厖"者, 商頌·長發文. 云"湯孫奏嘏"者, 商頌·那篇文. 云"王公伊濯"者, 大雅·文王有聲文. 云"訏謨定命"者, 大雅·抑篇文. 云"有壬有林"者, 小雅·賓之初筵文. 云"厥聲載路"者, 大雅·生民文. 云"旣有淫威"者, 周頌·有客文. 云"廢爲殘賊"者, 小雅·四月文.

---

27)『시』「제풍(齊風)·보전(甫田)」: 無田甫田, 維莠驕驕. 無思遠人, 勞心忉忉.

28)『시』「주송(周頌)·잠(潛)」: 猗與漆沮, 潛有多魚, 有鱣有鮪, 鰷鱨鰋鯉. 以享以祀, <u>以介景福</u>.

29)『시』「대아(大雅)·면(緜)」: 迺立皐門, 皐門有伉. 迺立應門, 應門將將. <u>迺立冢土</u>, 戎醜攸行.

30)『시』「주송(周頌)·집경(執競)」: 執競武王, 無競維烈. 不顯成康, 上帝是皇. 自彼成康, 奄有四方, 斤斤其明. 鐘鼓喤喤, 磬筦將將, 降福穰穰. <u>降福簡簡</u>, 威儀反反. 旣醉旣飽, 福祿來反.

31)『시』「주송(周頌)·경지(敬之)」: 敬之敬之, 天維顯思, 命不易哉. 無曰高高在上, 陟降厥土, 日監在茲. 維予小子, 不聰敬止. <u>日就月將</u>, 學有緝熙于光明. 佛時仔肩, 示我顯德行.

32)『시』「대아(大雅)·영대(靈臺)」: <u>虡業維樅</u>, 賁鼓維鏞. 於論鼓鍾, 於樂辟廱.

云“爾土宇昄章”者, 大雅·卷阿文. 云“緇衣之席兮”者, 鄭風·緇衣文. 云“廓落·宇宙·穹隆·至極, 亦爲大也”者, 廓落, 大貌. 四方上下曰宇. 說文云: “宙, 舟輿所極也.” 穹隆, 天之形也. 郭氏讀晊爲至, 故云“至極”. 是廓·宇·穹·晊亦爲大也. 云“尸子曰: 此皆大, 有十餘名而同一實”者, 漢書·藝文志云: “尸子二十篇.” 注曰: “名佼, 魯人, 秦相, 商君師之. 鞅死, 佼逃入蜀.” 按尸子·廣澤篇云: “墨子貴兼, 孔子貴公, 皇子貴衷, 田子貴均, 列子貴虛, 料子貴別, 囿其學之相非也數世矣, 而已斉斉於私也. 天·帝·后·皇·辟·公·弘·廓·閎·博·介·怃·夏·幠·蒙·贖·昄, 皆大也, 十有餘名而實一也. 若使兼·公·虛·均·衷·平·易·別囿一實也, 則無相非也.” 以其數字皆訓爲大, 故引之也. 周公作詁, 必以始也·君也·大也居先者, 始者, 無先之稱; 君者, 至尊之號; 大則無所不包. 故先言之. 一曰: 此三者天也, 人也, 地也. 易·乾卦云: “萬物資始.” 坤卦云: “直方大.” 老子云: “域中有四大, 王居其一焉.” 故以此三者爲先. 乾·坤, 相對之物, 而以地在人後者, 以人居天地之中, 且尊尙人君, 故進之. 自此而下隨便卽言, 無義例也.

번역 ◎郭注: “詩曰”~“一實”. ○『시』에서는 내가 명을 받음이 넓고도 크도다.”라고 했는데, 이것은 『시』「상송(商頌)·열조(烈祖)」편의 기록이다. “또 난리가 이와 같이도 크도다.”라고 했는데, 이것은 『시』「소아(小雅)·교언(巧言)」편의 기록이다. “한국의 높고도 큼이 되었도다.”라고 했는데, 이것은 『시』「상송(商頌)·장발(長發)」편의 기록이다. “탕임금의 손자가 연주하는 음악이 크도다.”라고 했는데, 이것은 『시』「상송(商頌)·나(那)」편의 기록이다. “천자가 선왕의 업적을 조술함이 더욱이 크도다.”라고 했는데, 이것은 『시』「대아(大雅)·문왕유성(文王有聲)」편의 기록이다. “계책을 크게 하고 명령을 살폈도다.”라고 했는데, 이것은 『시』「대아(大雅)·억(抑)」편의 기록이다. “큼이 있으며 군주가 있도다.”라고 했는데, 이것은 『시』「소아(小雅)·빈지초연(賓之初筵)」편의 기록이다. “그 소리 큼을 싣고 있도다.”라고 했는데, 이것은 『시』「대아(大雅)·생민(生民)」편의 기록이다. “이미 큰 법칙을 두었도다.”라고 했는데, 이것은 『시』「주송(周頌)·유객(有客)」편의 기록이다. “커져서 잔적이 되도다.”라고 했는데, 이것은 『시』「소아(小

雅)・사월(四月)」편의 기록이다. "그대가 사는 땅이 크고도 밝도다."라고
했는데, 이것은 『시』「대아(大雅)・권아(卷阿)」편의 기록이다. "치의(緇衣)
의 큼이여."라고 했는데, 이것은 『시』「정풍(鄭風)・치의(緇衣)」편의 기록이
다. "곽락(廓落)・우주(宇宙)・궁륭(穹隆)・지극(至極)이라는 말 또한 크다
는 뜻이 된다."라고 했는데, '곽락(廓落)'은 큰 모습을 뜻한다. 사방과 상하
를 합친 공간을 '우(宇)'라고 부른다. 『설문』에서는 "'주(宙)'자는 배나 수레
가 지극히 큰 것을 뜻한다."라고 했다. '궁륭(穹隆)'은 하늘의 형상을 뜻한
다. 곽박은 '질(晊)'자를 지(至)자로 풀이했다. 그렇기 때문에 '지극(至極)'이
라고 말한 것이다. 이것은 '곽(廓)'・'우(宇)'・'궁(穹)'・'질(晊)'자 또한 크다
는 뜻이 됨을 나타낸다. "『시자』에서는 이것은 모두 크다는 뜻으로, 십여
개의 단어가 있지만 동일하게 한 가지 뜻이다."라고 했는데, 『한서』「예문지
(藝文志)」편에서는 "『시자』 20편이 있다."라고 했고, 주에서는 "시자의 이
름은 '교(佼)'이며 노(魯)나라 사람이고 진(秦)나라의 재상이 되었으며, 상
군(商君: =商鞅)이 스승으로 섬겼다. 상앙이 죽자 간계를 써서 도망쳐 촉
(蜀)으로 갔다."라고 했다. 『시자』「광택(廣澤)」편을 살펴보면, "묵자는 겸
(兼)을 존귀하게 여겼고, 공자는 공(公)을 존귀하게 여겼으며, 황자는 충
(衷)을 존귀하게 여겼고, 전자는 균(均)을 존귀하게 여겼으며, 열자는 허
(虛)를 존귀하게 여겼고, 요자는 별(別)을 존귀하게 여겼는데, 그들의 학문
은 서로를 비방하는데 얽매여 수 세대를 보냈으니, 이미 삿됨에 거려진 것
이다. 천(天)・제(帝)・후(后)・황(皇)・벽(辟)・공(公)・홍(弘)・곽(廓)・굉
(閎)・박(博)・개(介)・돈(忳)・하(夏)・막(幠)・몽(蒙)・속(贖)・판(販)은
모두 크다는 뜻이며, 십여 개의 단어가 있지만 동일하게 한 가지 뜻이다.
만약 겸(兼)・공(公)・허(虛)・균(均)・충(衷)・평(平)・이(易)・벽(別)이 동
일한 한 가지 뜻이라는 것에 착안한다면 서로 비판할 것이 없게 된다."라고
했다. 이 문헌에서는 여러 글자를 모두 크다는 뜻으로 풀이했기 때문에,
이 문장을 인용한 것이다. 주공이 훈고를 했을 때에는 반드시 시(始)라는
것, 군(君)이라는 것, 대(大)라는 것을 우선적으로 기록했는데, '시(始)'는
그보다 앞선 것이 없을 때 쓰는 말이고, '군(君)'은 지극히 존귀하다는 칭호

이며, '대(大)'는 포용하지 않는 것이 없다는 뜻이다. 그렇기 때문에 먼저 언급한 것이다. 한편에서는 이 세 가지는 하늘·사람·땅을 가리킨다고도 주장한다. 『역』「건괘(乾卦)」에서는 "만물이 의뢰하여 시작한다."[33]라고 했고, 『역』「곤괘(坤卦)」에서는 "곧고 방정하며 크다."[34]라고 했다. 『노자』에서는 "세상에는 네 가지 큼이 있는데, 왕은 그 중 하나이다."[35]라고 했다. 그렇기 때문에 이 세 가지를 우선적으로 기록한 것이다. 건괘와 곤괘는 서로 마주하는 대상이며, 땅은 사람의 아래에 있으니, 사람은 하늘과 땅 가운데 있고, 또 군주를 존귀하게 여겼기 때문에 앞으로 당긴 것이다. 이로부터 그 이하의 기록은 편리에 따라 말을 한 것이니, 특별한 의미에 따른 용례는 아니다.

---

33) 『역』「건괘(乾卦)」 : 象曰, 大哉乾元! <u>萬物資始</u>, 乃統天. 雲行雨施, 品物流形. 大明終始, 六位時成, 時乘六龍以御天. 乾道變化, 各正性命, 保合太和, 乃利貞. 首出庶物, 萬國咸寧.

34) 『역』「곤괘(坤卦)」 : 六二, <u>直方大</u>, 不習无不利.

35) 『노자』「25장」 : 道大, 天大, 地大, 王大. <u>域中有四大, 而王處一</u>. 人法地, 地法天, 天法道, 道法自然.

그림 14-1 ▣ 종거(鐘簴)와 경거(磬簴)

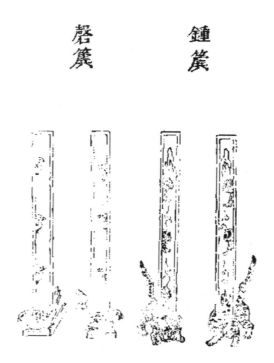

磬
簴

鍾
簴

※ 출처: 『삼재도회(三才圖會)』「기용(器用)」3권

그림 14-2 ▣ 종거(鐘簴)와 경거(磬簴)

※ 출처: 『삼재도회(三才圖會)』 「기용(器用)」 3권

그림 14-3 ▣ 업(業)과 벽삽(璧翣)

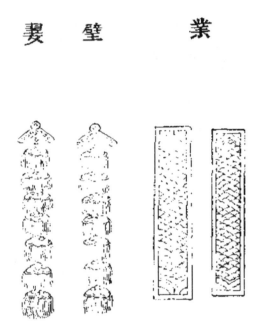

※ **출처:** 『삼재도회(三才圖會)』「기용(器用)」 3권

그림 14-4 ▣ 숭아(崇牙)와 식우(植羽)

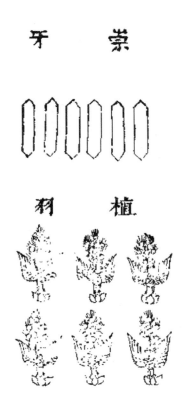

※ **출처:** 『삼재도회(三才圖會)』 「기용(器用)」 3권

【1867下~1868上】

所謂治國必先齊其家者, 其家不可教, 而能教人者無之, 故君
子不出家而成教於國. 孝者, 所以事君也; 弟者, 所以事長也;
慈者, 所以使衆也. 康誥曰, "如保赤子." 心誠求之, 雖不中不
遠矣. 未有學養子而後嫁者也.

직역 國을 治함에 必히 先히 그 家를 齊한다고 謂한 所의 者는 그 家를 教하길
不可하고서, 能히 人을 教한 者는 無라, 故로 君子는 家를 不出하고도 國에 教를
成한다. 孝者는 君을 事하는 所以이고; 弟者는 長을 事하는 所以이며; 慈者는 衆을
使하는 所以이다. 康誥에서는 曰, "赤子를 保함과 如하다." 心이 誠히 求하면, 雖히
不中이라도 不遠이라. 子를 養함을 學한 後에 嫁한 者는 未有라.

의역 이른바 국(國)을 다스릴 때에는 반드시 그보다 먼저 그 가(家)를 다스려
야 한다고 했는데, 그 가를 가르치지 못하고서 남을 가르칠 수 있는 자는 없었다.
그렇기 때문에 군자는 가를 벗어나지 않더라도 국에 대해 가르침을 완성한다. 효는
군주를 섬기는 방법이고, 공손함은 어른을 섬기는 방법이며, 자애는 백성들을 부리
는 방법이다. 「강고」편에서는 "갓난아이를 보호하는 것처럼 한다."라고 했다. 마음
이 진실로 구하게 되면 비록 완전히 적중시키지 않더라도 차이가 멀지 않을 것이다.
아이 기르는 방법을 배운 뒤에 시집을 갔던 자는 없었다.

鄭注 養子者, 推心爲之而中於赤子之嗜欲也.

번역 자식을 기른다는 말은 자신의 마음을 미루어서 시행하며 갓난아

이가 바라는 것을 맞춘다는 뜻이다.

釋文 弟音悌. 長, 丁丈反, 下"長長"幷注同. 中, 丁仲反, 注同. 嗜欲, 時志反.

번역 '弟'자의 음은 '悌(제)'이다. '長'자는 '丁(정)'자와 '丈(장)'자의 반절음이며, 아래문장에 나오는 '長長'과 정현의 주에 나오는 글자도 그 음이 이와 같다. '中'자는 '丁(정)'자와 '仲(중)'자의 반절음이며, 정현의 주에 나오는 글자도 그 음이 이와 같다. '嗜欲'에서의 '嗜'자는 '時(시)'자와 '志(지)'자의 반절음이다.

孔疏 ●"康誥曰: 如保赤子"者, 此成王命康叔之辭. 赤子謂心所愛之子. 言治民之時, 如保愛赤子, 愛之甚也.

번역 ●經文: "康誥曰: 如保赤子". ○이것은 성왕이 강숙에게 명령한 말에 해당한다.[1] '적자(赤子)'는 마음으로 애착을 갖게 되는 자식을 뜻한다. 백성을 다스릴 때에는 마치 갓난아이를 보호하고 아끼는 것처럼 해야 한다는 뜻으로, 사랑함이 깊은 것이다.

孔疏 ●"心誠求之, 雖不中不遠矣"者, 言愛此赤子, 內心精誠, 求赤子之嗜欲, 雖不能正中其所欲, 去其所嗜欲, 其不甚遠. 言近其赤子之嗜欲, 謂[2]治人之道亦當如此也.

번역 ●經文: "心誠求之, 雖不中不遠矣". ○이러한 갓난아이를 사랑할 때에는 내적인 마음을 정밀하고 정성스럽게 해서 갓난아이가 바라는 것을

---

1) 『서』「주서(周書)·강고(康誥)」: 王曰, 嗚呼, 封. 有敍, 時乃大明服, 惟民其勅懋和. 若有疾, 惟民其畢棄咎, <u>若保赤子</u>, 惟民其康乂. 非汝封刑人殺人, 無或刑人殺人. 非汝封又曰劓刵人, 無或劓刵人.

2) '위(謂)'자에 대하여. '위'자는 본래 '위(爲)'자로 기록되어 있었는데, 완원(阮元)의 『교감기(校勘記)』에서는 "혜동(惠棟)의 『교송본(校宋本)』에서는 '위(爲)'자를 '위(謂)'자로 기록했다."라고 했다.

찾게 되면, 비록 갓난아이가 바라는 것을 정확히 맞출 수 없더라도 갓난아이가 바라는 것과 큰 차이를 보이지 않게 된다. 즉 갓난아이가 바라는 것과 가깝게 된다는 뜻으로, 남을 다스리는 도 또한 마땅히 이와 같아야 함을 의미한다.

孔疏 ●"未有學養子而后嫁者也", 言母之養子, 自然而愛, 中當赤子之嗜欲, 非由學習而來, 故云"未有學養子而后嫁者". 此皆本心而爲之, 言皆喩人君也.

번역 ●經文: "未有學養子而后嫁者也". ○어미가 자식을 기를 때에는 자연적으로 사랑하게 되어 갓난아이가 바라는 것을 맞추게 되는데, 이것은 학습을 통해서 그처럼 되는 것이 아니다. 그렇기 때문에 "아이 기르는 방법을 배운 이후에 시집을 갔던 자는 없었다."라고 말한 것이다. 이러한 것들은 모두 마음에 근본을 두고서 시행하는 것으로, 이 모두는 군주를 비유한 말이다.

集註 弟, 去聲. 長, 上聲.

번역 '弟'자는 거성으로 읽는다. 長자는 상성으로 읽는다.

集註 身脩, 則家可敎矣. 孝·弟·慈, 所以脩身而敎於家者也. 然而國之所以事君事長使衆之道不外乎此. 此所以家齊於上, 而敎成於下也.

번역 몸을 수양한다면 집안을 가르칠 수 있다. 효·공손함·자애는 자신을 수양하고 집안을 가르치는 방법이다. 그러나 나라에 있어서 군주를 섬기고 어른을 섬기며 백성들을 부리는 방법도 여기에서 벗어나지 않는다. 이것은 위에서 집안이 가지런하게 되어 가르침이 밑에서 완성되는 것이다.

集註 中, 去聲.

번역 '中'자는 거성으로 읽는다.

集註 此引書而釋之, 又明立教之本不假强爲, 在識其端而推廣之耳.

번역 이것은 『서』를 인용해서 풀이한 것이며, 또 가르침을 세우는 근본은 억지로 시킴을 빌리지 않고, 그 단서를 파악하여 미루어 확대하는데 달려 있을 뿐임을 나타낸 것이다.

참고 구문비교

예기·대학 孝者, 所以事君也; 弟者, 所以事長也; 慈者, 所以使衆也.

예기·방기(坊記) 孝以事君, 弟以事長, 示民不貳也.

참고 『예기』「방기(坊記)」기록

경문-617c 子云, "孝以事君, 弟以事長, 示民不貳也. 故君子有君不謀仕, 唯卜之日稱二君."

번역 공자가 말하길, "효로써 군주를 섬기고 공손함으로써 연장자를 섬기는 것은 백성들에게 두 마음을 품지 않는 것을 보여줌이다. 그렇기 때문에 군주의 자식은 군주가 생존해 계실 때 벼슬하기를 도모하지 않고, 오직 거북점을 치는 날에만 군주를 대신한다고 부른다."라고 했다.

鄭注 不貳, 不自貳於尊者也. 自貳謂若鄭叔段者也.

번역 '불이(不貳)'는 스스로 존장자에 버금간다고 여기지 않는 것이다.

스스로 버금간다고 하는 것은 정(鄭)나라의 숙단(叔段)과 같은 자를 뜻한다.

孔疏 ●"孝以事君, 弟以事長, 示民不貳也"者, 用孝以事君, 用弟以事長, 示民以恭敬之情, 不敢自副貳於其君, 謂與尊者相敵, 若鄭叔段貳君於兄也.

번역 ●經文: "孝以事君, 弟以事長, 示民不貳也". ○효에 따라서 군주를 섬기고 공손함에 따라서 연장자를 섬기는 것은 백성들에게 공경함의 정감을 보여주는 것이며, 감히 스스로 자신의 군주에 버금간다고 여기지 않는 것은 존장자와 서로 대등하다고 여겨지기 때문이니, 마치 정(鄭)나라 숙단(叔段)이 자신의 형보다도 군주에 버금간다고 여긴 경우와 같다.

孔疏 ○正義曰: 按隱元年左傳稱: 鄭莊公弟共叔段封於京邑, 請西鄙・北鄙貳於己, 段又收貳以爲己邑. 公子呂曰: "國不堪貳." 謂除君身之外, 國中不堪更有副貳之君, 是段之自貳於君也.

번역 ○은공(隱公) 1년에 대한 『좌전』의 기록을 살펴보면, 정(鄭)나라 장공(莊公)의 동생인 공숙단(共叔段)을 경읍(京邑)에 분봉했고, 서쪽 변방과 북쪽 변방에 대해 자신의 통치를 받게 해달라고 청원했으며, 또 공숙단은 그 두 읍을 거둬들여 자신의 읍으로 삼았다. 그러자 공자 여(呂)는 "한 나라에서는 두 군주를 감당할 수 없다."라고 했으니, 현재의 군주를 제외하고 나라 안에는 다시 군주에 버금가는 자를 용납할 수 없다는 뜻으로, 공숙단이 스스로 군주에 버금간다고 여긴 것에 해당한다.[3]

集說 推事父之道以事君, 推事兄之道以事長, 皆誠實之至, 豈敢有副貳其上之心乎? 欲貳其君, 是與尊者相敵矣, 故云示民不貳也.

---

3) 『춘추좌씨전』「은공(隱公) 1년」: 初, 鄭武公娶于申, 曰武姜. 生莊公及共叔段. 莊公寤生, 驚姜氏, 故名曰寤生, 遂惡之. 愛共叔段, 欲立之. 亟請於武公, 公弗許. …… 旣而大叔命西鄙・北鄙貳於己. 公子呂曰, "國不堪貳, 君將若之何? 欲與大叔, 臣請事之; 若弗與, 則請除之, 無生民心." 公曰, "無庸, 將自及." 大叔又收貳以爲己邑, 至於廩延. 子封曰, "可矣. 厚將得衆." 公曰, "不義, 不暱. 厚將崩."

번역 부친을 섬기는 도리를 미루어서 군주를 섬기고, 형을 섬기는 도리를 미루어서 연장자를 섬기는 것은 모두 성실함이 지극한 것인데, 어찌 감히 윗사람에 대해서 버금가려고 하며 두 마음을 품을 수 있겠는가? 자신의 군주에 대해서 두 마음을 품으려고 한다면, 이것은 존귀한 자와 서로 대적하려는 것이다. 그렇기 때문에 "백성들에게 두 마음을 품지 않는 것을 보여준다."라고 했다.

大全 嚴陵方氏曰: 孝以事君者, 推事父之道以事君也. 弟以事長者, 推事兄之道以事長也. 若是則臣不敢貳於其君, 幼不敢貳於其長矣, 故曰示民不貳也.

번역 엄릉방씨[4]가 말하길, 효로 군주를 섬기는 것은 부친을 섬기는 도리를 미루어서 군주를 섬기는 것이다. 공손함으로 연장자를 섬기는 것은 형을 섬기는 도리를 미루어서 연장자를 섬기는 것이다. 이처럼 한다면 신하는 감히 자신의 군주에 대해서 두 마음을 품지 않고, 어린 자는 연장자에 대해서 감히 두 마음을 품지 않는다. 그렇기 때문에 "백성들에게 두 마음을 품지 않는 것을 보여준다."라고 했다.

集解 孝以事君, 謂以事親之孝事君也. 弟以事長, 謂以事兄之弟事長也.

번역 효로 군주를 섬긴다는 말은 부모를 섬기는 효로 군주를 섬긴다는 뜻이다. 공손함으로 연장자를 섬긴다는 말은 형을 섬기는 공손함으로 연장자를 섬긴다는 뜻이다.

---

4) 엄릉방씨(嚴陵方氏, ? ~ ?): =방각(方慤)·방씨(方氏)·방성부(方性夫). 송대(宋代)의 유학자이다. 이름은 각(慤)이다. 자(字)는 성부(性夫)이다. 『예기집해(禮記集解)』를 지었고, 『예기집설대전(禮記集說大全)』에는 그의 주장이 많이 인용되고 있다.

참고 『서』「주서(周書)・강고(康誥)」기록

경문 王曰, "嗚呼! 封, 有敍, 時乃大明服①, 惟民其敕懋和②. 若有疾, 惟民其畢棄咎③. 若保赤子, 惟民其康乂④. 非汝封刑人殺人⑤, 無或刑人殺人⑥. 非汝封又曰劓刵人⑦, 無或劓刵人⑧."

번역 왕이 말하길, "오호라! 봉이여, 정치와 교화에 질서가 있어야만 이에 그 이치가 크게 드러나 백성들이 복종할 것이며, 이처럼 된다면 백성들은 조심하며 더욱 노력해서 조화롭게 될 것이다. 선으로 교화하길 병이 있어 이를 제거하듯이 한다면 백성들은 모두들 허물을 벗어버릴 것이다. 마치 갓난아이를 보호하듯이 길러준다면 백성들은 편안히 다스려질 것이다. 너 봉아 네 마음대로 형벌을 내리거나 사형을 집행하는 것이 아니니, 혹시라도 무고한 자에게 형벌을 내리거나 사형을 내리는 일이 없게끔 해야 한다. 너 봉아 네 마음대로 의형(劓刑)5)을 내리거나 이형(刵刑)6)을 내려서는 안 되니, 혹시라도 무고한 자에게 의형이나 이형을 내리는 일이 없게끔 해야 한다."라고 했다.

孔傳-① 歎政教有次敍, 是乃治理大明, 則民服.

번역 탄식하며, 정치와 교화에는 질서가 있어야만 다스리는 이치가 크게 드러나니, 이처럼 해야만 백성들이 복종한다는 뜻이다.

孔傳-② 民旣服化, 乃其自敕正勉爲和.

번역 백성들이 이미 복종하고 감화되었다면 스스로 더욱 조심하고 바

---

5) 의형(劓刑)은 의벽(劓辟)이라고도 부르며, 오형(五刑) 중의 하나이다. 범죄자의 코를 베는 형벌이다. 『서』「주서(周書)・여형(呂刑)」편에는 "惟作五虐之刑曰法, 殺戮無辜, 爰始淫爲劓刵椓黥."이라는 기록이 있고, 이에 대한 공영달(孔穎達)의 소(疏)에서는 "劓, 截人鼻."라고 풀이했다.

6) 이형(刵刑)은 고대의 형벌로 범죄자의 귀를 베는 형벌이다.

르게 노력하여 조화롭게 된다는 뜻이다.

孔傳-③ 化惡爲善, 如欲去疾, 治之以理, 則惟民其盡棄惡修善.

번역 악함을 교화하여 선으로 바꾸는 것을 마치 병을 제거하고자 하는 것처럼 하니, 이치에 따라 다스린다면 백성들은 악을 버리고 선을 수양하는데 온힘을 다할 것이다.

孔疏 ◎傳“化惡”至“修善”. ○正義曰: 人之有疾, 治之以理則疾去. 人之有惡, 化之以道則惡除.

번역 ◎孔傳: “化惡”~“修善”. ○사람에게 질병이 있을 때, 이치에 따라 처방한다면 질병이 없어진다. 사람에게 악함이 있을 때 도에 따라 교화한다면 악함이 제거된다.

孔傳-④ 愛養人, 如安孩兒赤子, 不失其欲, 惟民其皆安治.

번역 사람을 사랑하며 길러주는 것을 마치 어린아이와 갓난아이를 편안히 보살피는 것처럼 하여, 그들이 바라는 것을 놓치지 않는다면, 백성들은 모두 편안히 다스려질 것이다.

孔疏 ◎傳“愛養”至“安治”. ○正義曰: 旣去惡, 乃須愛養之爲善, 人爲上養, 則化所行, 故言其皆安治. 子生赤色, 故言“赤子”.

번역 ◎孔傳: “愛養”~“安治”. ○이미 악을 제거했다면 사랑하며 길러주어 선하게 만들어야 하는데, 사람들이 위정자에게 보살핌을 받는다면 교화가 시행된다. 그렇기 때문에 모두가 편안히 다스려진다고 말했다. 자식이 이제 막 태어났을 때에는 피부가 적색이기 때문에 '적자(赤子)'라고 부른다.

孔傳-⑤ 言得刑殺罪人.

번역 자기 마음대로 죄인에게 형벌을 내리거나 죽인다는 뜻이다.

孔傳-⑥ 無以得刑殺人, 而有妄刑殺非辜者.

번역 자기 마음대로 형벌을 내리거나 사형을 집행해서 무고한 자에게 망령스럽게 형벌을 내리거나 사형을 내리는 일이 없게끔 하라는 뜻이다.

孔傳-⑦ 劓, 截鼻. 刵, 截耳. 刑之輕者, 亦言所得行.

번역 '의(劓)'자는 코를 벤다는 뜻이다. '이(刵)'자는 귀를 벤다는 뜻이다. 형벌 중 가벼운 것에 속한 것이라도 적합하게 시행해야 한다는 뜻이다.

孔疏 ◎傳"劓截"至"得行". ○正義曰: 以國君故得專刑殺於國中, 而不可濫其刑, 卽墨·劓·刵·宮也. "劓"在五刑爲截鼻, 而有"刵"者, 周官五刑所無, 而呂刑亦云"劓刵", 易·噬嗑上九云"何校滅耳". 鄭玄以臣從君坐之刑, 孔意然否未明, 要有刵而不在五刑之類. 言"又曰"者, 周公述康叔, 豈非"汝封"又自言曰得劓刵人? 此"又曰"者, 述康叔之"又曰".

번역 ◎孔傳: "劓截"~"得行". ○제후국의 군주이기 때문에 자기 나라 안에서는 마음대로 형벌을 내리거나 사형을 집행할 수 있지만, 형벌을 남발해서는 안 되니, 곧 묵형(墨刑)[7]·의형(劓刑)·비형(刵刑)[8]·궁형(宮

---

[7] 묵형(墨刑)은 묵벽(墨辟)이라고도 부르며, 오형(五刑) 중의 하나이다. 범죄자의 얼굴 및 이마에 상처를 내고, 먹물로 새겨 넣어서 죄인의 신분임을 표시하는 형벌이다. 『서』「주서(周書)·여형(呂刑)」편에는 "墨辟疑赦."라는 기록이 있고, 이에 대한 공안국(孔安國)의 전(傳)에서는 "刻其顙而涅之, 曰墨刑."이라고 풀이했다.

[8] 월형(刖刑)은 비벽(刖辟)·비형(刖刑)이라고도 부르며, 오형(五刑) 중의 하나이다. 범죄자의 다리를 자르는 형벌이다. 『춘추좌씨전』「장공(莊公) 16년」편에는 "九月, 殺公子閼, 刖强鉏."라는 용례가 있다.

刑)9)을 가리킨다. '의(劓)'는 오형(五刑)10)에 속한 것으로 코를 베는 것이
다. 그런데 '이(刵)'가 포함된 것에 대해 『주례』에 기록된 오형에는 포함되
지 않지만, 『서』「여형(呂刑)」편에서는 또한 '의이(劓刵)'11)라고 기록했고,
『역』「서합괘(噬嗑卦)」상구에서는 "형틀을 채워서 귀를 없어지게 한다."12)
라고 했다. 정현은 신하가 군주를 따르다 연루되어 당하는 형벌이라고 했
는데, 공안국의 생각이 그러했는가는 불분명하며, 요약하자면 오형에는 속
하지 않는 형벌의 종류 중에 이(刵)에 해당하는 형벌이 있었다. '우왈(又曰)'
이라고 했는데, 주공이 강숙에게 왕명을 조술한 것이니, 어찌 '너 봉아'라고
부르고 재차 사람에게 의형이나 이형을 내린다고 말한 것이 아니겠는가?
따라서 여기에서 '우왈(又曰)'이라고 한 것은 강숙에게 조술하면서 '우왈
(又曰)'이라고 한 것이다.

孔傳-⑧ 所以擧輕以戒, 爲人輕行之.

번역 가벼운 형벌을 제시해서 경계를 한 이유는 사람들에 대해 경솔하
게 시행할 수 있기 때문이다.

孔疏 ●"王曰嗚呼封有"至"刵人". ○正義曰: 以刑者政之助, 不得已卽用
之; 非情好殺害, 故又本於政不可以濫刑, 而王言曰: "嗚呼! 封, 欲正刑之本,

---

9) 궁형(宮刑)은 궁벽(宮辟)이라고도 부르며, 오형(五刑) 중 하나이다. 남자의
   생식기를 자르거나, 여자의 생식 기능을 파괴하는 형벌이다. 일설에는 여자
   에 대한 '궁형'은 감금을 하여 노비로 전락시키는 것이라고 설명한다. 『서』「
   주서(周書)·여형(呂刑)」편에는 "宮辟疑赦."라는 기록이 있고, 이에 대한 공
   안국(孔安國)의 전(傳)에서는 "宮, 淫刑也. 男子割勢, 婦人幽閉, 次死之刑."이
   라고 풀이했다.
10) 오형(五刑)은 다섯 가지 형벌을 뜻한다. '오형'의 구체적 항목에 대해서는 각
   시대별 차이가 있지만, 『주례』의 기록에 근거하면, 묵형(墨刑), 의형(劓刑),
   궁형(宮刑), 비형(剕刑: =刖刑), 대벽(大辟: =殺刑)이 된다. 『주례』「추관(秋官)
   ·사형(司刑)」편에는 "掌五刑之灋, 以麗萬民之罪, 墨罪五百, 劓罪五百, 宮罪
   五百, 刖罪五百, 殺罪五百."이라는 기록이 있다.
11) 『서』「주서(周書)·여형(呂刑)」: 爰始淫爲劓刵椓黥, 越玆麗刑幷制, 罔差有辭.
12) 『역』「서합괘(噬嗑卦)」: 上九, <u>何校滅耳</u>, 凶.

要而汝政敎有次序, 是乃治理大明則民服. 惟民旣服從化, 其自敕正勉力而平和. 然政之化惡爲善, 若有病而欲去之, 治之以理, 則惟民其盡棄惡而修善. 言愛養人若母之安赤子, 惟民爲善, 其皆安治. 爲政保民之如此, 不可行以淫刑, 豈非汝封得刑人殺人乎? 言得刑殺不可以得故, 而有濫刑人殺人無辜也. 非汝封又曰劓刵人, 無以得故, 而有所濫劓刵人之無罪者也."

번역 ●經文: "王曰嗚呼封有"~"刵人". ○형벌은 정치를 돕는 것이지만 부득이할 때에만 사용하는 것이며, 자신의 정감이나 좋아하는 마음에 따라 죽이거나 해를 입혀서는 안 된다. 그렇기 때문에 재차 정치에 근본을 두고 형벌을 남용해서는 안 되어, 왕이 다음과 같이 말한 것이다. "오호라! 봉아, 형벌을 바르게 하고자 할 때의 근본은 그 요점이 네가 시행하는 정치와 교화에 질서를 두는 것이니, 이처럼 하게 되면 다스리는 이치가 크게 나타나서 백성들이 복종할 것이다. 백성들이 이미 복종하여 교화에 따른다면 스스로 조심하며 올바르게 되어 힘써 노력해서 화평하게 될 것이다. 그러므로 정치는 악을 교화해서 선하게 만드는 것이니, 마치 병이 발생하여 그것을 제거하려고 할 때 이치에 따라 처방하는 것처럼 한다면, 백성들은 모두들 악을 버리고 선을 수양하게 될 것이다. 또 사람들을 사랑하고 길러줄 때에는 어미가 갓난아이를 편안하게 해주는 것처럼 해야 하니, 이처럼 한다면 백성들은 선하게 되어 모두들 편안하게 다스려질 것이다. 정치를 시행하여 백성을 보호하길 이처럼 하고, 형벌을 남발해서는 안 되는데, 어찌 너 봉이 함부로 사람에게 형벌을 내리거나 사형을 집행할 수 있겠는가? 형벌을 내리고 사형을 집행하는 것은 제멋대로 할 수 없으니, 남발되면 무고한 자에게도 형벌을 내리거나 사형을 집행하는 일이 발생하기 때문이다. 너 봉아 의형과 이형을 함부로 시행할 수 있겠는가? 제멋대로 시행할 수 없으니 남발되면 무고한 자에게도 의형이나 이형이 내려지는 일이 발생하기 때문이다."라고 했다.

蔡傳 有敍者, 刑罰有次序也. 明者, 明其罰; 服者, 服其民也. 左氏曰, "乃大明服, 己則不明而殺人以逞, 不亦難乎?" 勅, 戒勅也. 民其戒勅, 而勉於和順也. 若有疾者, 以去疾之心去惡也, 故民皆棄咎. 若保赤字者, 以保子之心保善也, 故民其安治.

번역 '유서(有敍)'는 형벌에 질서가 있다는 뜻이다. '명(明)'자는 형벌을 공평하게 드러낸다는 뜻이며, '복(服)'자는 백성들을 복종시킨다는 뜻이다. 좌씨는 "크게 밝히고 복종시켜야 하니, 본인은 밝지 못하면서 사람을 죽여 근심을 해결하려고 하는 것은 또한 어렵지 않겠는가?"라고 했다. '칙(勑)'자는 경계하고 조심한다는 뜻이다. 백성들이 경계하고 조심하여 조화롭게 순종하는데 힘쓴다는 뜻이다. 병이 있는 것처럼 여긴다는 말은 병을 제거하려는 마음으로 악을 제거한다는 뜻이다. 그렇기 때문에 백성들이 모두 허물을 버리게 된다. 갓난아이를 보호하듯이 한다는 말은 자식을 보호하는 마음으로 선을 보호한다는 뜻이다. 그렇기 때문에 백성들이 편안하게 다스려진다.

蔡傳 刑殺者, 天之所以討有罪, 非汝封得以刑之殺之也. 汝無或以己而刑殺之. 刵, 截耳也. 刑殺, 刑之大者. 劓刵, 刑之小者. 兼擧小大, 以申戒之也. 又曰, 當在無或刑人殺人之下. 又按: 刵, 周官五刑所無, 呂刑以爲苗民所制.

번역 형벌을 내리고 사형을 집행하는 것은 하늘이 죄를 지은 자를 토벌하는 방법이니, 너 봉이 마음대로 형벌을 내리거나 사형을 집행할 수 있는 것이 아니다. 너는 혹시라도 자기 기준에 따라 형벌을 내리거나 사형을 집행해서는 안 된다. '이(刵)'는 귀를 벤다는 뜻이다. 형벌을 내리고 사형을 집행하는 것은 형벌 중에서도 큰 것이다. 코를 베고 귀를 베는 것은 형벌 중에서도 작은 것이다. 크고 작은 형벌을 함께 열거하여 거듭 경계한 것이다. '우왈(又曰)'이라고 했는데, 이 말은 마땅히 '무혹형인살인(無或刑人殺人)'이라는 구문 뒤에 있어야 한다. 또 살펴보니, '이(刵)'에 대해서 『주례』에 수록된 오형(五刑)에는 없는데, 『서』「여형(呂刑)」편에서는 묘민들을 통제하기 위한 것이라고 했다.

참고 『맹자』「등문공상(滕文公上)」 기록

경문 墨者夷之, 因徐辟而求見孟子①. 孟子曰, "吾固願見, 今吾尙病, 病愈, 我且往見②." 夷子不來. 他日, 又求見孟子③. 孟子曰, "吾今則可以見矣. 不直則道不見, 我且直之④. 吾聞夷子墨者, 墨之治喪也, 以薄爲其道也. 夷子思以易天下, 豈以爲非是而不貴也? 然而夷子葬其親厚, 則是以所賤事親也⑤." 徐子以告夷子, 夷子曰, "儒者之道, '古之人若保赤子', 此言何謂也? 之則以爲愛無差等, 施由親始⑥." 徐子以告孟子, 孟子曰, "夫夷子信以爲人之親其兄之子爲若親其鄰之赤子乎? 彼有取爾也. 赤子匍匐將入井, 非赤子之罪也⑦. 且天之生物也, 使之一本, 而夷子二本故也⑧. 蓋上世嘗有不葬其親者, 其親死, 則擧而委之於壑⑨. 他日過之, 狐狸食之, 蠅蚋姑嘬之. 其顙有泚, 睨而不視. 夫泚也, 非爲人泚, 中心達於面目. 蓋歸反虆梩而掩之. 掩之誠是也, 則孝子仁人之掩其親, 亦必有道矣⑩." 徐子以告夷子, 夷子憮然爲間, 曰, "命之矣⑪."

번역 묵가였던 이지는 서벽을 통해 맹자를 만나보고자 요구했다. 맹자는 "나도 진실로 만나보기를 원하지만 지금은 내가 병중에 있으므로 병이 나으면 내가 직접 찾아가서 만나보겠다."라고 했다. 그래서 이자는 찾아오지 않았다. 다른 날 재차 맹자를 만나보고자 요구했다. 맹자는 "내가 지금은 그를 만나볼 수 있다. 의견을 개진하지 않으면 도가 드러나지 않으니, 내가 우선 내 의견부터 개진하겠다. 내가 듣기로 이자는 묵가라고 했는데, 묵가는 상을 치를 때 절차와 비용을 최소화하는 것을 도로 여긴다고 했다. 이자는 이러한 도로 세상을 바꾸자고 생각하니 어찌 그 도가 옳지 않다고 여겨 귀하게 여기지 않겠는가? 그런데 이자는 자기 부모의 상을 치르며 후하게 했으니, 이것은 천하게 여기는 것으로 부모를 섬긴 꼴이다."라고 했다. 서자는 이러한 사실을 이자에게 알려주었는데, 이자는 "유자들은 말하길, '옛날에 백성들을 다스릴 때에는 마치 갓난아이를 보호하는 것처럼 했다.'라고 했는데, 이것은 무엇을 말함인가? 내가 생각하기에 사랑함에는 차등이 없다는 뜻인 것 같지만, 사랑을 베풀 때에는 부모로부터 시작될 따름이다."라고 했다. 서자는 이러한 말을 맹자에게 아뢰었는데, 맹자는 "저

이자는 진실로 사람들이 자기 형의 아들을 친애하는 것을 이웃집 갓난아이를 친애하는 것과 같다고 여긴다고 생각하는가? 적자를 보호하듯이 한다는 말은 다른 의미로 한 것이다. 즉 갓난아이가 기어가 우물로 빠지려고 하는 것은 갓난아이의 죄가 아니라는 의미이다. 또한 하늘이 만물을 태어나게 할 때에는 근본을 하나로 두게 했는데, 이자는 근본이 둘이기 때문이다. 상고시대에는 일찍이 자신의 부모를 장례지내지 않은 적이 있었는데, 부모가 죽으면 시신을 들어다가 구덩이에 버렸다. 훗날 그곳을 지나치는데 여우와 살쾡이가 부모의 시신을 파먹었고 파리 등이 모여서 빨아먹고 있었다. 이마에 땀이 흐르고 곁눈질을 하며 정면으로 살펴보지 못했다. 땀이 흘렀던 것은 다른 사람의 이목 때문에 땀이 흐른 것이 아니며, 속마음에 있던 것이 얼굴과 눈으로 나타난 것이다. 그는 집으로 돌아와 다시 그곳으로 가서 삼태기로 흙을 담아 시신을 덮었다. 시신을 덮는 것이 진실로 옳다면, 효자와 인자한 자가 자기 부모의 시신을 가리는 것에도 또한 반드시 해당하는 도리가 있는 것이다."라고 했다. 서자가 이러한 말을 이자에게 알려주자 이자는 실의에 빠진 것처럼 잠시 틈을 두었고, 이후 "나는 가르침을 받았구나."라고 했다.

趙注-① 夷之, 治墨家之道者. 徐辟, 孟子弟子也. 求見孟子, 欲以辯道也.

번역 '이지(夷之)'는 묵가의 도를 익힌 자이다. '서벽(徐辟)'은 맹자의 제자이다. 맹자를 만나보고자 요구한 것은 도에 대해서 변설하고자 했기 때문이다.

趙注-② 我常願見之, 今值我病不能見也, 病愈, 將自往見. 以辭卻之.

번역 나도 항상 그를 만나보고자 원했는데, 지금 내가 병중에 있으므로 만나볼 수 없으니, 병이 낫게 되면 직접 찾아가서 만나보겠다고 한 것이다. 이것은 이러한 말로 청을 물린 것이다.

趙注-③ 是日夷子聞孟子病, 故不來, 他日復往求見之.

번역 이날에는 이자가 맹자가 병중에 있다는 소식을 들었기 때문에 찾아오지 않은 것이며, 다른 날 재차 찾아와서 만나보기를 요구한 것이다.

趙注-④ 告徐子曰: 今我可以見夷之矣, 不直言之, 則儒家聖道不見, 我且欲直攻之也.

번역 서자에게 일러주며, 지금 나는 이지를 만나볼 수 있으니, 내 의견을 곧게 말하지 않는다면 유가의 성도는 드러나지 않을 것이므로, 나는 우선적으로 내 의견을 곧게 말하여 그를 논박하고 싶다고 했다.

趙注-⑤ 我聞夷子爲墨道者, 墨者治喪, 貴薄而賤厚. 夷子欲以此道易天下之化使從己, 豈肯以薄爲非是而不貴之也. 如使夷子葬其父母厚也, 是以所賤之道事其親也. 如其薄也, 下言"上世不葬"者, 又可鄙足以爲戒也. 吾欲以此攻之者也.

번역 내가 듣기로 이자는 묵자의 도를 배웠다고 했는데, 묵가에서는 상을 치를 때 최소화하는 것을 귀하게 여기며 후하게 하는 것을 천하게 여긴다. 이자는 이러한 도로 천하의 교화를 바꿔 자신을 따르게끔 하고자 하니, 어찌 최소화하는 것을 옳지 않다고 여겨 귀하게 여기지 않았겠는가. 만약 이자로 하여금 자신의 부모에게 장례를 치르며 후하게 치르도록 시킨다면 이것은 천하게 여기는 도로 자신의 부모를 섬기는 꼴이 된다. 만약 최소화한다면 이것은 아래문장에서 "상고시대에는 장례를 지내지 않았다."고 했으니, 비루하다고 할 수 있으므로 충분히 경계할만하다. 그러므로 나는 이러한 것으로 그를 공박하고자 한다.

趙注-⑥ 之, 夷子名也. 蓋儒家者曰, 古之治民, 若安赤子, 此何謂乎? 之以爲當同其恩愛, 無有差次等級親疏也. 但施愛之事, 先從己親屬始耳. 若此, 何爲獨非墨道也?

번역 '지(之)'자는 이자의 이름이다. 유가에서는 "옛날에는 백성을 다스릴 때 마치 갓난아이를 편안히 보살피는 것처럼 했다."고 했는데, 이것은 무엇을 말함인가? 나는 은정과 친애함을 동일하게 해서 등급과 친소관계에 따른 차등이 없어야 한다는 뜻으로 여긴다. 다만 친애함을 베푸는 일에 있어서 우선적으로 자신의 부모로부터 시작될 따름이다. 이와 같다면 어찌 유독 묵가의 도만 잘못되었다고 하겠는가?

趙注-⑦ 親, 愛也. 夫夷子以爲人愛兄子與愛鄰人之子等耶. 彼取赤子將入井, 雖他人子亦愛救之, 故謂之愛同也. 但以赤子無知, 故救之耳. 夷子必以此況之, 未盡達人情者也.

번역 '친(親)'자는 사랑한다는 뜻이다. 이자는 사람들이 형의 아들을 친애하길 이웃의 아들을 친애하는 것과 동일하게 여긴다고 생각하는가. 갓난아이를 보호하듯이 한다고 한 말은 갓난아이가 우물에 빠지려고 할 때 비록 다른 사람의 자식이지만 또한 애정을 가지고 그를 구하게 된다. 그렇기 때문에 사랑함이 동일하다고 말한 것이다. 다만 갓난아이는 무지하기 때문에 구할 따름이다. 이자가 기어코 이러한 말로 비유를 들었다면, 사람의 정감에 대해서 모두 깨우치지 못한 것이다.

趙注-⑧ 天生萬物, 各由一本而出. 今夷子以他人之親與己親等, 是爲二本, 故欲同其愛也.

번역 하늘이 만물을 태어나게 할 때에는 각각 하나의 근본으로 말미암아 나타나게 된다. 그런데 이자는 다른 사람의 부모를 자신의 부모와 동일하게 여기니, 이것은 근본이 둘인 것이다. 그렇기 때문에 사랑함을 동일하게 하고자 했던 것이다.

趙注-⑨　上世, 未制禮之時. 壑, 路傍坑壑也. 其父母終, 擧而委之棄於壑也.

번역　'상세(上世)'는 아직 예법을 제정하지 않았던 시대를 뜻한다. '학(壑)'은 길가의 구덩이를 뜻한다. 부모가 죽으면 시신을 들어다가 구덩이에 버렸던 것이다.

趙注-⑩　㕧, 相共食之也. 顙, 額也. 泚, 汗出泚泚然也, 見其親爲獸蟲所食, 形體毁敗, 中心慙, 故汗泚泚然出於額, 非爲他人而慙也, 自出其心. 聖人緣人心而制禮也. 虆梩, 籠臿之屬, 可以取土者也. 而掩之實是其道, 則孝子仁人掩其親亦有道矣.

번역　'최(㕧)'는 함께 공유하며 나눠먹는다는 뜻이다. '상(顙)'자는 이마를 뜻한다. '차(泚)'자는 땀이 솟아나 흥건하게 적신다는 뜻이니, 부모의 시신이 짐승과 곤충에게 먹혀서 형체가 훼손되고 부패하여 속마음이 부끄러웠기 때문에, 이마를 통해 땀이 흥건하게 나온 것이니, 다른 사람들 때문에 부끄러웠던 것이 아니며, 자신의 마음에서 비롯된 것이다. 성인은 이러한 인간의 마음에 연유하여 예법을 제정했다. '유리(虆梩)'는 바구니와 가래 등을 뜻하니, 흙을 담을 수 있는 것들이다. 부모의 시신을 가리는 것이 진실로 그 도에 해당한다면, 효자와 인자한 자가 자기 부모의 시신을 기리는 것에도 또한 해당하는 도리가 있는 것이다.

趙注-⑪　孟子言是, 以爲墨家薄葬, 不合道也. 徐子復以告夷子, 夷子憮然者, 猶悵然也. 爲間者, 有頃之間也. 命之猶言受命敎矣.

번역　맹자가 이러한 말을 한 것은 묵가에서 장례를 최소화해서 치르는 것이 도에 합치되지 않는다고 여겼기 때문이다. 서자는 재차 이러한 말을 이자에게 알려주자 이자는 무연(憮然)하게 있었다고 했는데, '무연(憮然)'은 실의에 빠졌다는 뜻과 같다. '위간(爲間)'은 잠깐의 틈을 두었다는 뜻이다. '명지(命之)'는 가르침을 받았다는 뜻이다.

孫疏 ●"墨者夷之"至"命之矣". ○正義曰: 此章指言聖人緣情, 制禮奉終, 墨子互同質而違中, 以直正枉, 憮然改容, 蓋其理也.

번역 ●經文: "墨者夷之"~"命之矣". ○이 문장은 성인이 사람의 정감에 연유하여 예법을 제정하고 장례를 받들도록 했는데, 묵자는 상호 그 바탕이 동일하다고 여겨 알맞음을 위배하였다. 그래서 직언으로 잘못된 것을 바로잡으니 실의에 빠져 있다가 잘못을 고쳐 수용했는데, 그 말이 이치에 맞았기 때문임을 나타낸다.

孫疏 ●"墨者夷子, 因徐辟而見孟子", 夷之, 治墨家之道者姓名也. 徐辟, 孟子弟子也. 言治墨家之道者夷之因孟子弟子徐辟而見孟子也. 孟子曰: 吾固願見, 今吾尙正病, 且待病之瘳愈, 我以往而見之也.

번역 ●經文: "墨者夷子, 因徐辟而見孟子". ○'이지(夷之)'는 묵가의 도를 배운 자의 성과 이름이다. '서벽(徐辟)'은 맹자의 제자이다. 묵가의 도를 익힌 이지라는 자가 맹자의 제자인 서벽을 통해서 맹자를 만나보고자 했다는 뜻이다. 맹자는 나도 진실로 만나보기를 원하지만 지금은 내가 병중에 있으므로 병이 낫기를 기다렸다가 내가 찾아가서 만나보겠다고 말했다.

孫疏 ●"夷子不來, 他日, 又求見孟子", 夷子聞孟子以爲尙病, 故不來見, 至於他日, 復往求見孟子.

번역 ●經文: "夷子不來, 他日, 又求見孟子". ○이자는 맹자가 병중에 있다는 소식을 들었다. 그렇기 때문에 찾아와서 만나보지 않았고, 시간이 지나자 다시 찾아와서 맹자를 만나보고자 요구했던 것이다.

孫疏 ●"孟子曰: 吾今則可以見矣. 不直則道不見, 我且直之", 孟子見夷子復來求見, 遂不得已, 先言於徐子曰: 我今則可以見矣, 欲不見, 則不得直己之道而正之, 儒家先王之正道, 則泯而不見. 我且見而直己之道而正彼也.

번역 ●經文: "孟子曰: 吾今則可以見矣. 不直則道不見, 我且直之". ○맹자는 이자가 다시 찾아와서 만나보기를 요구한 것을 보아서 결국 그만둘 수 없어 먼저 서자에게 말을 했으니, 나는 지금 그를 만나볼 수 있다. 만약 만나보고자 하지 않는다면, 나의 도를 곧게 말해서 그를 바로잡을 수 없으니, 그렇게 되다면 유가에서 말하는 선왕의 바른 도는 없어져 드러나지 않게 될 것이다. 그래서 나는 그를 만나보고 나의 도를 곧게 말해서 그를 바로잡고자 한다.

孫疏 ●"吾聞夷子墨者, 墨之治喪也, 以薄爲其道也"至"是以所賤事親也", 此孟子以此告徐子, 是其直己之道而正夷子也. 以其夷子旣以厚葬其親, 而尙治其墨家之道, 故不知以此厚其親是儒家之正道而已. 孟子所以反覆直而正之, 乃因徐子而告之曰: 我聞夷子治墨家之道者也, 夫墨者治喪不厚, 但以薄之是爲其道也, 夷子思以墨道以變易天下之化, 豈以薄其喪而不貴之者也? 然而夷子葬其父母, 以厚爲之, 則是以墨家所賤者而事父母之親喪也. 以其墨家賤厚而貴薄也.

번역 ●經文: "吾聞夷子墨者, 墨之治喪也, 以薄爲其道也"~"是以所賤事親也". ○이것은 맹자가 이러한 말을 서자에게 일러준 것이니 바로 자신의 도를 곧게 말해서 이자를 바로잡고자 했던 것이다. 이자는 이미 자기 부모의 장례를 후하게 치렀는데, 묵가의 도를 숭상하고 익힌 자이다. 그렇기 때문에 자기 부모의 장례를 후하게 치르는 것이 바로 유가에서 말하는 바른 도에 해당한다는 사실을 알지 못했던 것이다. 맹자는 반복해서 도를 곧게 말하여 그를 바로잡고자 했고, 서자를 통해 일러주게 했으니, 내가 듣기로 이자는 묵가의 도를 익힌 자라고 했는데, 묵가는 장례를 치르며 후하게 지내지 않고 단지 최소화해서 치르는 것이 그 도에 해당한다. 그런데 이자는 묵가의 도를 통해 천하의 교화를 바꾸려고 생각하면서 어찌 상을 최소화해서 치르며 이러한 방법을 존귀하게 여기지 않는가? 그렇다면 이자는 부모의 장례를 치르며 후하게 치르는 방법에 따랐으니, 이것은 묵가에서 천시하는 방법으로 자기 부모의 상을 치른 것이다. 묵가에서는 후하게 치르는 것을 천시했고 최소화하는 것을 귀하게 여겼기 때문이다.

孫疏 ●"徐子以告夷子", 徐子因孟子此言以告之夷子也.

번역 ●經文: "徐子以告夷子". ○서자는 맹자의 이러한 말을 이자에게 일러준 것이다.

孫疏 ●"夷子曰: 儒者之道, 古之人若保赤子"至"施由親始", 此又夷子以 言於徐子, 而以墨道爲是也. 乃曰: 儒者之道, 有云古之人治民, 若保安赤子 者, 是言何謂之乎? 是則以爲恩愛之道無有差等之異也, 但施行恩愛之道, 當 自父母之親爲始耳, 我所以厚葬其親, 何爲獨非以墨道也? 之, 夷子自稱己之 名也. 徐子又以夷子此言告於孟子.

번역 ●經文: "夷子曰: 儒者之道, 古之人若保赤子"~"施由親始". ○이 또한 이자가 서자에게 한 말이며, 묵가의 도를 옳다고 여긴 것이다. 그리하 여 유자가 한 말 중에는 "옛 사람들이 백성을 다스릴 때에는 갓난아이를 보호하듯이 한다."라는 말이 있는데, 이 말은 무엇을 뜻하는가? 이것은 은 정과 사랑의 도에는 차등이 없다는 뜻이다. 다만 은정과 사랑을 베풀고 시 행하는 도에서는 마땅히 자기 부모로부터 시작할 따름이다. 내가 부모의 장례를 후하게 치렀다고 하여 어찌 유독 묵자의 도를 잘못되었다고 하는 가? '지(之)'자는 이자가 스스로 자신의 이름을 지칭한 것이다. 서자는 재차 이자의 이러한 말을 맹자에게 고하였다.

孫疏 ●"孟子曰: 夫夷子信以爲人之親其兄之子"至"亦必有道矣", 孟子又 言今夷子以爲愛無差等, 是夷子信以爲人親愛其兄之子, 爲若親愛其鄰家之 赤子乎? 然彼夷子蓋亦有所取而云耳, 故亦不足怪也. 彼夷子必謂孺子有將 入井, 人皆有怵惕惻隱之心, 故云愛無差等, 又以古之人"若保赤子"爲言也. 蓋其赤子匍匐將入於井, 非赤子之罪惡也, 但以赤子未有知, 人故不忍見焉, 故救之耳. 今夷子必以此況之, 而遂以爲愛無差等, 如親其兄之子, 爲若親其鄰之赤子同是, 則親兄之子, 必亦得將入井然後救之矣, 是夷子未達人情者也. 且天之生萬物也, 皆使其由一本而出矣. 今夷子以他人之親與己之親同, 是爲有二本也, 又安知先王制禮而稱人之情以爲之厚薄, 施於父子者不以同於兄弟, 行於同宗者不以行於鄰族也. 蓋上世於太古未制禮之時, 常有不葬其親者. 其親之死, 則抬舉而委棄於路傍坑塹之中, 他日, 子過之於此, 見其狐狸野獸食之, 蠅蚋飛蟲且共嘬食, 其子之額泚泚然出汗, 故眣睨而不敢詳視. 夫子所以有泚泚然之汗於額而出者, 非爲他人而慙也, 故如是而泚泚, 泚然而出於額也, 以其中心有所不忍其親之如是, 故自中心之所痛恨, 故發之於面目, 所以有泚泚然之汗出於額也. 蓋不忍之如是, 乃歸取虆梩籠臿取土而遮掩之, 誠是其不忍其親之道也. 是則孝子仁人之心, 而掩其親亦必有道耳, 孟子所以言是者, 蓋非墨家薄葬爲非, 而以厚葬爲是, 故以直其正道矣. 夫以謂太古未制禮之時, 子有不忍其親爲獸蟲所食, 尚知掩之之道, 況今之世, 先王所制定其禮, 而可蔽之, 墨家道而薄葬爲是, 而以厚葬爲非邪? 夷子旣以能厚其親, 而尚不知以墨家之所薄爲非, 所以執此而直之使正耳.

번역 ●經文: "孟子曰: 夫夷子信以爲人之親其兄之子"~"亦必有道矣".

○맹자는 재차 말하며, 지금 이자는 사랑함에는 차등이 없다고 했는데, 그렇다면 이자는 진실로 사람들이 자기 형의 아들을 친애하는 것을 이웃집의 갓난아이를 친애하는 것처럼 한다고 여기는가? 그렇다면 이자 또한 생각했던 뜻에 따라 이처럼 연결시켜 말한 것일 뿐이다. 그렇기 때문에 괴이하게 여길 것은 못 된다. 이자는 분명 어린아이가 우물에 빠지려고 할 때 사람들은 모두 놀라고 측은한 마음을 지니게 된다고 여겼다. 그렇기 때문에 사랑에는 차등이 없다고 한 것이며, 또 옛 사람들이 "갓난아이를 보호하듯이 한다."라고 했던 말을 인용한 것이다. 그런데 갓난아이가 기어가 우물에 빠지려고 할 때, 이것은 갓난아이의 죄가 아니다. 다만 갓난아이는 아직 지각능력을 갖추지 못했기 때문이고, 사람들도 이러한 까닭으로 차마 지켜보지 못하고 구하려고 하는 것이다. 그런데 이자는 기어코 이러한 말로 비유를 하고, 결국 사랑에는 차등이 없다는 뜻으로 여겼으니, 이것은 자기 형의 아들을 친애하는 것을 마치 이웃집의 갓난아이를 친애하는 것과 동일

하게 하는 것이니, 그렇다면 친형의 자식에 대해서도 분명 우물에 들어가려고 할 때가 되어서야 구할 수 있을 것이다. 이것은 이자가 사람의 정감을 깨우치지 못했기 때문이다. 또한 하늘이 만물을 낳을 때에는 모두 각기 하나의 근본을 통해서 생겨나도록 했다. 그런데 이자는 다른 사람의 부모를 자기의 부모와 동일하다고 여기니, 이것은 근본이 둘이게 된다. 따라서 선왕이 예법을 제정함이 사람의 정감에 맞게 해서 후하게 하거나 박하게 하는 차이를 두었고, 부자관계에서 적용되는 것은 형제관계에서 동일하게 적용할 수 없도록 했고, 같은 종친끼리 시행되는 것을 다른 족인에게 시행할 수 없도록 한 뜻을 어찌 알겠는가. 아주 오래 전인 태고 시대에 아직 예법을 제정하지 않았을 때가 있었는데, 그 시기에는 항상 자기의 부모에 대해서 장례를 치르지 않았다. 부모가 죽게 되면 시신을 들어서 길가의 구덩이에 버렸다. 훗날 자식이 그곳을 지나치다가 여우나 살쾡이와 같은 들짐승이 부모의 시신을 파먹고 파리 등의 곤충들이 몰려들어 함께 먹고 있는 것을 보았는데, 자식의 이마에는 흥건하게 땀이 흘렀다. 그렇기 때문에 곁눈질로만 보고 감히 자세히 살펴보지 못했다. 자식의 이마에서 땀이 흥건하게 흘렀던 것은 다른 사람들이 지켜보아 부끄러움을 느꼈기 때문에 이와 같이 흥건하게 땀이 나서 이마를 통해 흘렸던 것이 아니다. 이것은 마음에 이와 같이 부모에 대해서 차마 어찌할 수 없는 점이 있었기 때문이다. 그래서 마음에 있던 애통함이 얼굴과 눈으로 나타난 것이니, 이러한 이유로 흥건하게 이마를 통해 땀이 흘렀던 것이다. 이처럼 차마하지 못했기 때문에 곧 집으로 돌아가서 삼태기와 가래 등을 가지고 와 흙을 떠서 덮고 가렸던 것이니, 이것은 진실로 부모에 대해 차마하지 못하는 도에 해당한다. 이것이 옳다면 효자와 인자한 자의 마음에는 자기 부모의 시신을 가리고자 함이 있고 또한 여기에는 반드시 해당하는 도가 있을 따름이다. 맹자가 이처럼 말한 것은 묵가에서 장례를 박하게 치르는 것이 잘못되었고 장례를 후하게 치르는 것이 옳다고 여겼기 때문이 아니다. 그래서 바른 도를 곧게 말해준 것이다. 태고 시대에 아직 예법이 제정되지 않았을 때에도 자식에게는 자기 부모의 시신이 짐승이나 곤충에게 먹히는 것을 차마 보지 못하여 오히려 시신을 가려야 하는 도를 알았는데, 오늘날에는 선왕이 예법을 제정해두어, 부모의 시신을 가릴 수 있다. 그런데도 묵가의 도에서는 장례를 박하게 지내는 것이 옳고 후하게 지내는 것이 그르다고 하는가? 이자는 이미 자기 부모의 장례를 후하게 치를 수 있었음에도 묵가에서 박하게 지내야 한다고 한 말이 잘못되었음을 몰랐다. 그래서 이러한 것을 예시로 들어 바른 도를 곧게 말해 그를 바로잡고자 한 것이다.

孫疏 ●"徐子以告夷子"至"命之矣"者, 徐子又因孟子此言而告於夷子, 夷子乃憮然而覺悟其己之罪, 故頃然爲間, 曰: 我今受孟子之敎命, 而不敢逆矣.

번역 ●經文: "徐子以告夷子"~"命之矣". ○서자는 재차 맹자의 이러한 말을 이자에게 일러주었는데, 이자는 실의에 빠진 것처럼 있다가 자기의 잘못을 깨달았다. 그렇기 때문에 잠시 시간을 둔 것이며, "내가 지금 맹자의 가르침을 받았는데, 감히 거역할 수가 없다."라고 했다.

集註 辟, 音壁, 又音闢.

번역 '辟'자의 음은 '壁(벽)'이며, 또한 그 음은 '闢(벽)'도 된다.

集註 墨者, 治墨翟之道者. 夷, 姓; 之, 名. 徐辟, 孟子弟子. 孟子稱疾, 疑亦託辭以觀其意之誠否

번역 '묵자(墨者)'는 묵적의 도를 익힌 자이다. '이(夷)'자는 성이고, '지(之)'자는 이름이다. '서벽(徐辟)'은 맹자의 제자이다. 맹자가 병이 있다고 핑계를 댄 것은 아마도 그 말을 통해서 그의 뜻이 진실된 것인지 아닌지를 살펴보고자 했기 때문이다.

集註 不見之見, 音現.

번역 '不見'에서의 '見'자는 그 음이 '現(현)'이다.

集註 又求見, 則其意已誠矣, 故因徐辟以質之如此. 直, 盡言以相正也. 莊子曰: "墨子生不歌, 死無服, 桐棺三寸而無槨." 是墨之治喪, 以薄爲道也. 易天下, 謂移易天下之風俗也. 夷子學於墨氏而不從其敎, 其心必有所不安者, 故孟子因以詰之.

번역 재차 만나보기를 요구했다면, 그의 뜻이 이미 진실된 것이다. 그렇기 때문에 서벽을 통해서 이처럼 질정한 것이다. '직(直)'은 하고자 하는 말을 다하여 서로의 뜻을 바로잡는 것이다. 『장자』에서는 "묵자는 생전에는 노래를 하지 않고 죽어서는 의복이 없으며, 오동나무 내관을 3촌으로 맞추되 외관은 없다."[13]라고 했다. 이것은 묵가에서 상을 치를 때 최소화하는 것을 도로 삼았음을 뜻한다. '역천하(易天下)'는 천하의 풍속을 바꾼다는 뜻이다. 이자는 묵자에게서 학문을 배웠는데도 그의 가르침을 따르지 않았으니, 그의 마음에는 분명 편치 않게 여기는 점이 있었던 것이다. 그렇기 때문에 맹자가 이를 통해 공박한 것이다.

集註 夫, 音扶, 下同. 匍, 音蒲. 匐, 蒲北反.

번역 '夫'자의 음은 '扶(부)'이며, 아래문장에 나오는 글자도 그 음이 이와 같다. '匍'자의 음은 '蒲(포)'이다. '匐'자는 '蒲(포)'자와 '北(북)'자의 반절음이다.

集註 "若保赤子", 周書康誥篇文, 此儒者之言也. 夷子引之, 蓋欲援儒而入於墨, 以拒孟子之非己. 又曰: "愛無差等, 施由親始", 則推墨而附於儒, 以釋己所以厚葬其親之意, 皆所謂遁辭也. 孟子言人之愛其兄子與鄰之子, 本有差等. 書之取譬, 本爲小民無知而犯法, 如赤子無知而入井耳. 且人物之生, 必各本於父母而無二, 乃自然之理, 若天使之然也. 故其愛由此立, 而推以及人, 自有差等. 今如夷子之言, 則是視其父母本無異於路人, 但其施之之序, 姑自此

---

13) 『장자(莊子)』「천하(天下)」: 古之喪禮, 貴賤有儀, 上下有等, 天子棺槨七重, 諸侯五重, 大夫三重, 士再重. <u>今墨子獨生不歌, 死無服, 桐棺三寸而無槨</u>, 以爲法式.

始耳. 非二本而何哉? 然其於先後之間, 猶知所擇, 則又其本心之明有終不得
而息者, 此其所以卒能受命而自覺其非也.

번역 '약보적자(若保赤子)'라는 말은 『서』「주서(周書)·강고(康誥)」편
의 기록으로, 이것은 유자의 말에 해당한다. 이자가 이 말을 인용한 것은
유자의 말을 끌어다가 묵자의 견해로 집어넣어 이를 통해 맹자가 자신을
비판했던 것을 방어하고자 한 것이다. 또 "사랑함에는 차등이 없는데 시행
하는 것은 부모로부터 시작된다."라고 했다면, 이것은 묵자의 의견을 미루
어 유자의 견해에 붙인 것이니, 이를 통해 자신이 부모의 장례를 후하게
치른 뜻을 해명하고자 한 것으로, 이 모두는 책임을 회피하려고 억지로 꾸
며낸 말에 해당한다. 맹자는 다음과 같이 말했으니, 사람이 자기 형의 아들
을 사랑하는 것과 이웃집의 아들을 사랑하는 것에는 본래부터 차등이 있다.
『서』에서 이러한 말을 통해 비유한 것은 본래 서민들은 무지하여 법을 범
하게 되는데, 이것은 마치 갓난아이가 무지하여 우물에 빠지는 것과 같다
는 뜻일 뿐이다. 또한 사람과 사물이 태어날 때에는 반드시 각각 부모에
근본을 두고 있으니, 근본이 둘일 수 없다. 이것이 바로 자연의 이치이니
하늘이 그렇게 되도록 시킨 것과 같다. 그렇기 때문에 사랑하는 마음도 이
를 통해 확립되고, 이것을 미루어 남에게까지 미치니 자연히 차등이 발생
한다. 그런데 이자의 말대로라면 이것은 자신의 부모 보기를 본래부터 길
을 걸어가는 행인과 차이가 없는 것이며, 단지 시행함의 순서에 있어서만
잠시 이로부터 시작되었을 뿐이다. 이것은 근본이 둘인 게 아니고 무엇이
겠는가? 그러나 그는 선후의 사이에서 오히려 택할 것을 알았으니, 이것은
또한 본심의 밝음이 끝내 종식되지 않았기 때문이다. 그래서 끝내 가르침
을 받아 스스로 자신의 잘못을 깨달을 수 있게 된 것이다.

集註 吶, 音汭. 嘬, 楚怪反, 泚, 七禮反. 睨, 音詣. 爲, 去聲. 虆, 力追反.
梩, 力知反.

번역 '吶'자의 음은 '汭(예)'이다. '嘬'자는 '楚(초)'자와 '怪(괴)'자의 반절

음이며, '泚'자는 '七(칠)'자와 '禮(례)'자의 반절음이다. '睨'자의 음은 '詣
(예)'이다. '爲'자는 거성으로 읽는다. '虆'자는 '力(력)'자와 '追(추)'자의 반
절음이다. '梩'자는 '力(력)'자와 '知(지)'자의 반절음이다.

集註 因夷子厚葬其親而言此, 以深明一本之意. 上世, 謂太古也. 委, 棄也.
壑, 山水所趨也. 蚋, 蚊屬. 姑, 語助聲, 或曰螻蛄也. 嘬, 攢共食之也. 顙, 額也.
泚, 泚然汗出之貌. 睨, 邪視也. 視, 正視也. 不能不視, 而又不忍正視, 哀痛迫
切, 不能爲心之甚也. 非爲人泚, 言非爲他人見之而然也. 所謂一本者, 於此見
之, 尤爲親切. 蓋惟至親故如此, 在他人, 則雖有不忍之心, 而其哀痛迫切, 不
至若此之甚矣. 反, 覆也. 虆, 土籠也. 梩, 土轝也. 於是歸而掩覆其親之尸, 此
葬埋之禮所由起也. 此掩其親者, 若所當然, 則孝子仁人所以掩其親者, 必有
其道, 而不以薄爲貴矣.

번역 이자가 자기 부모의 장례를 후하게 치른 것에 연유하여 이러한 말
을 해서, 이를 통해 근본이 하나라는 뜻을 깊이 밝힌 것이다. '상세(上世)'는
태고 시대를 뜻한다. '위(委)'자는 버린다는 뜻이다. '학(壑)'자는 산에서 나
온 물이 흘러가는 곳이다. '예(蚋)'는 모기 등을 뜻한다. '고(姑)'자는 어조사
인데, 혹자는 '누고(螻蛄)'라는 곤충이라고 주장한다. '최(嘬)'는 모여서 함
께 먹는다는 뜻이다. '상(顙)'자는 이마를 뜻한다. '차(泚)'자는 흥건하게 땀
이 흐르는 모습을 뜻한다. '예(睨)'자는 곁눈질로 본다는 뜻이다. '시(視)'자
는 정면으로 본다는 뜻이다. 보지 않을 수도 없고 또 차마 정면으로 응시할
수도 없으니, 애통함이 절박하여 마음을 다잡지 못함이 심한 것이다. '비위
인차(非爲人泚)'는 다른 사람이 지켜보고 있기 때문에 이처럼 된 것이 아니
라는 뜻이다. 근본이 하나라는 말을 이를 통해 확인해보면 더욱 절실히 느
껴진다. 부모는 지극히 친근한 존재이기 때문에 이처럼 된 것이며, 다른
사람에 대해서라면 비록 차마 할 수 없는 마음이 있더라도 절박한 애통함
이 이처럼 심한 지경에는 이르지 않는다. '반(反)'자는 덮는다는 뜻이다. '유
(虆)'는 흙을 담는 바구니이다. '이(梩)'는 흙은 푸는 것이다. 돌아와서 자기
부모의 시신을 흙으로 덮어 가린 것이니, 이것은 매장하는 예법이 생겨나

게 된 이유이다. 부모의 시신을 가리는 것이 만약 당연한 것이라면 효자와
인자한 자가 자기 부모의 시신을 가리는 것에도 반드시 해당하는 도가 있
는 것이므로, 최소화하는 것을 존귀하게 여기지 않는다.

集註 憮, 音武. 閒, 如字.

번역 '憮'자의 음은 '武(무)'이다. '閒'자는 글자대로 읽는다.

集註 憮然, 茫然自失之貌. 爲閒者, 有頃之閒也. 命, 猶敎也. 言孟子已敎
我矣. 蓋因其本心之明, 以攻其所學之蔽, 是以吾之言易入, 而彼之惑易解也.

번역 '무연(憮然)'은 망연자실한 모습이다. '위간(爲閒)'은 잠깐의 틈을
두었다는 뜻이다. '명(命)'자는 가르침을 뜻한다. 맹자가 이미 나를 가르쳤
다는 의미이다. 그가 가진 본심의 밝음에 따라서 그가 익힌 학문으로 인해
가려진 것을 공박하였다. 이러한 까닭으로 나의 말이 들어가기가 쉬웠고
상대방의 의혹도 쉽게 풀어졌다.

참고 『순자』「부국(富國)」 기록

원문 故不敎而誅, 則刑繁而邪不勝; 敎而不誅, 則姦民不懲; 誅而不賞, 則
勤屬之民不勸①; 誅賞而不類, 則下疑俗儉而百姓不一②. 故先王明禮義以壹
之, 致忠信以愛之, 尙賢使能以次之, 爵服慶賞以申重之③. 時其事, 輕其任,
以調齊之④, 潢然兼覆之, 養長之, 如保赤子⑤. 若是, 故姦邪不作, 盜賊不起,
而化善者勸勉矣⑥. 是何邪? 則其道易⑦, 其塞固, 其政令一⑧, 其防表明⑨.
故曰: 上一則下一矣, 上二則下二矣. 辟之若艸木枝葉必類本. 此之謂也⑩.

번역 그러므로 가르치지 않고 주살하기만 하면 형벌이 범람하고 간사
함을 이겨낼 수 없고, 가르치기만 하고 주살하지 않으면 간사한 백성들을

징벌할 수 없으며, 주살하기만 하고 상을 주지 않으면 열심히 노력하는 백성들을 권면할 수 없고, 주살하고 상을 주되 해당하는 부류에 따르지 않으면 밑에서 의심하며 풍속이 간악해지고 백성들은 통일되지 않는다. 그러므로 선왕은 예의를 밝혀서 백성을 통일시켰고, 충심과 신의를 지극히 하여 백성들을 사랑했으며, 현명한 자를 숭상하고 능력이 있는 자를 등용하여 백성들에게 등차를 매겼으며, 작위와 그에 따른 복장을 주고 경하고 상을 내려서 이를 거듭 강조했다. 일은 해당하는 시기에 맞춰 시키고, 임무는 역량을 헤아려서 맡겨 이를 통해 조화롭고 가지런히 만들었으며, 큰물이 밀려오듯이 덮어주고 양육하여 길러주기를 마치 갓난아이를 보호하는 것처럼 했다. 이와 같았기 때문에 간사한 자들이 나타나지 않았고 도적이 일어나지 않았으며, 교화되어 선하게 된 자들은 더욱 분발하였다. 이것은 어째서인가? 그 도가 평이하고, 백성들의 마음을 감싸는 것이 굳건하며, 정치와 명령이 통일되어 있고, 방지하는 법령이 명확하여 쉽게 알 수 있었기 때문이다. 그러므로 "윗사람이 통일되면 아랫사람도 통일되고 윗사람이 나뉘면 아랫사람도 나뉜다. 이것은 비유하자면 초목의 가지와 잎들은 반드시 그 뿌리를 같이 한다."고 했는데, 바로 이러한 뜻을 말한다.

楊注-① 屬也者, 謂著於事業也. 屬, 之欲反, 或讀爲厲.

번역 '속(屬)'이라는 것은 사업을 통해 드러나는 것을 뜻한다. '屬'자는 '之(지)'자와 '欲(욕)'자의 반절음이며, 혹은 '여(厲)'자로도 풀이한다.

楊注-② 不類, 不以其類, 謂賞不當功, 罰不當罪. 儌當爲險, 險, 謂徼幸免罪, 苟且求賞也.

번역 '불류(不類)'는 해당하는 부류에 따르지 않는다는 뜻이니, 상이 그가 쌓은 공적에 합당하지 않고 형벌이 그가 범한 죄목에 합당하지 않다는 의미이다. '검(儌)'자는 마땅히 험(險)자가 되어야 하니, '험(險)'은 요행히 죄를 모면하길 바라고, 구차하게 상만을 구한다는 뜻이다.

楊注-③ 申亦重也, 再令曰申.

번역 '신(申)'자 또한 거듭[重]이라는 뜻이니, 재차 명령하는 것을 '신(申)'이라고 부른다.

楊注-④ 時其事, 謂使人趨時, 不奪之也. 輕其任, 謂量力而使也.

번역 '시기사(時其事)'는 사람들을 부릴 때 해당하는 시기에 따르게 해서 그들이 농사짓는 시기를 빼앗지 않았다는 뜻이다. '경기임(輕其任)'은 역량을 헤아려서 일을 시켰다는 뜻이다.

楊注-⑤ 潢, 與滉同, 潢然, 水大至之貌也.

번역 '황(潢)'자는 황(滉)자와 같으니, '황연(潢然)'은 물이 크게 밀려드는 모습을 뜻한다.

楊注-⑥ 化善, 化而爲善者也.

번역 '화선(化善)'은 교화되어 선하게 된 자를 뜻한다.

楊注-⑦ 平易可行.

번역 평이하여 실천할 수 있다는 뜻이다.

楊注-⑧ 其所充塞民心者固.

번역 백성들의 마음을 채우고 감싸는 것이 굳건하다는 뜻이다.

楊注-⑨ 隄防標表明白易識.

번역 제어하고 막는 것들이 분명하게 표시되고 명백하여 알기 쉽다는 뜻이다.

楊注-⑩ 辟, 讀爲譬. 屮, 古草字.

번역 '비(辟)'자는 비(譬)자로 풀이한다. '초(屮)'자는 초(草)자의 고자이다.

참고 『순자』「왕패(王霸)」 기록

원문 上莫不致愛其下, 而制之以禮. 上之於下, 如保赤子, 政令制度, 所以 接下之人百姓, 有不理者如豪末, 則雖孤獨鰥寡必不加焉①. 故下之親上, 歡 如父母, 可殺而不可使順. 君臣上下, 貴賤長幼, 至於庶人, 莫不以是爲隆正 ②; 然後皆內自省, 以謹於分③. 是百王之所同也, 而禮法之樞要也④.

번역 윗사람은 아랫사람에 대해 사랑을 지극히 하지 않음이 없어야 하고 예법에 따라 제어해야 한다. 윗사람이 아랫사람을 대하는 것은 마치 갓난아이를 보호하듯이 해야 하며, 정치와 명령 및 제도는 아래에 있는 백성들을 대하는 방법이니, 터럭만큼이라도 이치에 합당하지 않은 것이 있다면 고아·의탁할 곳이 없는 자·홀아비·과부라 하더라도 반드시 그들에게 전가되어서는 안 된다. 그러므로 아랫사람이 윗사람을 친애하길 마치 부모를 대하는 것처럼 기뻐하니, 죽인다고 위협하더라도 순종하지 않게 만들 수 없다. 군신 및 상하, 또 귀천과 장유의 관계에서부터 서인에 이르기까지 윗사람을 친애하는 것을 융성하고 바른 것으로 여기지 않는 자가 없게 된다. 이처럼 된 이후에 모두들 내적으로 스스로 반성하여 이를 통해 자신의 본분에 따라 조심한다. 이것은 모든 세대의 제왕들이 동일하게 따랐던 것이며, 예법의 핵심이다.

楊注-① 不以豪末不理, 加於孤獨鰥寡也. 四者, 人所輕賤, 故聖王尤愛之. 孝經曰, 不敢侮於鰥寡, 而況於士民乎?

번역 이치에 합당하지 않은 것이 터럭의 끝처럼 작더라도 고아·의탁할 곳이 없는 자·홀아비·과부에게 전가되어서는 안 된다. 이러한 네 부류의 사람들은 사람들이 경시하고 천시하는 대상이다. 그렇기 때문에 성왕은 더욱 그들을 아낀다. 『효경』에서는 "감히 홀아비나 과부를 업신여기지 않는데, 하물며 사나 백성에 있어서는 어떠하겠는가?"[14]라고 했다.

楊注-② 是, 謂親上也. 皆以親上爲隆正也.

번역 '시(是)'자는 윗사람을 친애한다는 뜻이다. 모든 계층이 윗사람을 친애하는 것을 융성하고 바른 것으로 여긴다는 의미이다.

楊注-③ 愛敬其上, 故不敢踰越也.

번역 자신의 윗사람을 친애하고 공경하기 때문에 감히 분수를 뛰어넘으려 하지 않는다.

楊注-④ 是百王之同用愛民之道而得民也.

번역 이것은 모든 세대의 제왕들이 백성을 사랑하는 도에 동일하게 따라서 백성들의 마음을 얻었던 방법이다.

참고 『순자』「왕패(王霸)」 기록

원문 湯武者, 脩其道, 行其義, 興天下同利, 除天下同害, 天下歸之. 故厚德音以先之, 明禮義以道之, 致忠信以愛之, 賞賢使能以次之①, 爵服賞慶以申重之. 時其事, 輕其任, 以調齊之, 潢然兼覆之, 養長之, 如保赤子.

---

14) 『효경』「효치장(孝治章)」: 治國者, <u>不敢侮於鰥寡, 而況於士民乎</u>?

번역 탕임금과 무왕은 그 도를 닦았고 그 의를 시행하여 천하 사람들이 동일하게 이롭다고 여기는 것을 진작시키고, 천하 사람들이 동일하게 해롭다고 여기는 것을 제거하여, 천하 사람들이 그에게 귀의했다. 그렇기 때문에 덕스러운 말을 두텁게 하여 백성들을 선도하였고, 예의를 밝혀서 백성들을 인도하였으며, 충심과 신의를 지극히 하여 백성들을 사랑하였고, 현명한 자를 숭상하고 능력이 있는 자를 등용하여 백성들에게 등차를 매겼으며, 작위와 그에 따른 복장을 주고 경하하고 상을 내려서 이를 거듭 강조했다. 일은 해당하는 시기에 맞춰 시키고, 임무는 역량을 헤아려서 맡겨 이를 통해 조화롭고 가지런히 만들었으며, 큰물이 밀려오듯이 덮어주고 양육하여 길러주기를 마치 갓난아이를 보호하는 것처럼 했다.

楊注-① 賞, 當爲尙.

번역 '상(賞)'자는 마땅히 상(尙)자가 되어야 한다.

楊注-② 潢, 與滉同, 大水貌也.

번역 '황(潢)'자는 황(滉)자와 같으니, 큰물의 모습을 뜻한다.

참고 『순자』「의병(議兵)」 기록

원문 凡人之動也, 爲賞慶爲之, 則見害傷焉止矣? 故賞慶·刑罰·埶詐, 不足以盡人之力致人之死. 爲人主上者也, 其所以接下之百姓者, 無禮義忠信, 焉慮率用賞慶·刑罰·埶詐, 除阨其下, 獲其功用而已矣①. 大寇則至, 使之持危城則必畔, 遇敵處戰則必北②, 勞苦煩辱則必犇③, 霍焉離耳, 下反制其上④. 故賞慶·刑罰·埶詐之爲道者, 傭徒鬻賣之道也, 不足以合大衆美國家, 故古之人羞而不道也. 故厚德音以先之, 明禮義以道之, 致忠信以愛之, 尙賢使能以次之, 爵服慶賞以申之. 時其事, 輕其任⑤, 以調齊之, 長養之, 如保赤

子. 政令以定, 風俗以一, 有離俗不順其上, 則百姓莫不敦惡, 莫不毒孽, 若祓不祥⑥; 然後刑於是起矣. 是大刑之所加也, 辱孰大焉?

번역 사람을 움직임에 있어서 상으로만 움직이게 하면 해를 당하는 것이 어찌 그치겠는가? 그러므로 상·형벌·속임수로는 백성들의 힘을 다하고 그들이 목숨을 바치도록 하기에는 부족하다. 백성들의 주인이 된 자가 아래에 있는 백성들을 대하는 방법에 있어서 예의와 충심 및 신의가 없고 아무런 생각도 없이 대체로 상·형벌·속임수만 사용한다면 백성들을 쫓아내고 핍박하는 것이며, 그 효과만을 얻으려는 것일 뿐이다. 큰 도적이 왔는데, 백성들로 하여금 위태로운 성을 고수하게 한다면 반드시 배반할 것이며, 적을 만나 전쟁을 치르게 되면 반드시 패배하여 달아날 것이고, 수고롭고 고달프며 번거롭고 치욕스럽다면 반드시 달아날 것이니, 재빠르게 흩어질 따름이며 아랫사람이 반대로 윗사람을 통제할 것이다. 그러므로 상·형벌·속임수를 도로 삼는 것은 품팔이꾼이나 장사치들이 삼는 도이니, 백성들을 화합시키고 국가를 아름답게 만들기에는 부족하다. 그렇기 때문에 옛 사람들은 이를 부끄럽게 여겨 입에 담지 않았다. 그래서 덕스러운 말을 두텁게 하여 백성들을 선도하였고, 예의를 밝혀서 백성들을 인도하였으며, 충심과 신의를 지극히 하여 백성들을 사랑하였고, 현명한 자를 숭상하고 능력이 있는 자를 등용하여 백성들에게 등차를 매겼으며, 작위와 그에 따른 복장을 주고 경하하고 상을 내려서 이를 거듭 강조했다. 일은 해당하는 시기에 맞춰 시키고, 임무는 역량을 헤아려서 맡겨 이를 통해 조화롭고 가지런히 만들었으며, 길러주며 양육하기를 마치 갓난아이를 보호하는 것처럼 했다. 정치와 명령으로 안정시키고, 풍속을 통해 통일시켜야 하는데, 풍속을 어기고 윗사람에게 순종하지 않는 일이 발생하면, 백성들은 악독한 짓을 저지르지 않음이 없게 되고, 피해를 입히지 않음이 없게 되니, 요상하지 못한 것을 제거하듯이 해야 한다. 이처럼 된 뒤에는 형벌이 이를 통해 발생한다. 이것은 큰 형벌이 시행되는 것이니, 그 어떤 치욕이 이보다 크겠는가?

楊注-① 焉慮, 無慮, 猶言大凡也. 除, 謂驅逐. 阨, 謂迫蹙. 若秦劫之以勢,隱之以阨, 狃之以慶賞之類. 阨, 或爲險.

번역 '언려(焉慮)'는 생각함이 없다는 뜻으로, '대체로[大凡]'라는 뜻이다. '제(除)'자는 몰아서 내쫓는다는 뜻이다. '액(阨)'자는 핍박해서 곤궁하게 만든다는 뜻이다. 마치 진나라가 세력으로 겁을 주고 재난으로 가리며 상으로 친압했던 부류와 같다. '액(阨)'자를 다른 판본에서는 험(險)자로도 기록한다.

楊注-② 北, 敗走也. 北者, 乖背之名, 故以敗走爲北也.

번역 '배(北)'자는 패배하여 달아난다는 뜻이다. '배(北)'는 어긋나서 서로 등진다는 뜻의 명칭이다. 그렇기 때문에 패배하여 달아나는 것을 '배(北)'라고 했다.

楊注-③ 犇, 與奔同.

번역 '분(犇)'자는 분(奔)자와 같다.

楊注-④ 霍焉, 猶渙焉也. 離散之後則上下易位, 若秦項然.

번역 '곽언(霍焉)'은 환언(渙焉)이라는 말과 같다. 흩어지게 되면 상하의 자리가 바뀌게 되니, 마치 진나라와 항우의 관계와 같다.

楊注-⑤ 事, 作業. 任, 力役.

번역 '사(事)'자는 작업을 뜻한다. '임(任)'자는 노역을 뜻한다.

楊注-⑥ 敦, 厚也. 毒, 害也. 孽, 謂妖孽. 祓, 除之也.

번역 '돈(敦)'자는 두텁다는 뜻이다. '독(毒)'자는 해를 입힌다는 뜻이다. '얼(孽)'은 요상한 현상을 뜻한다. '불(祓)'자는 제거한다는 뜻이다.

● 그림 15-1 ▣ 약보적자도(若保赤子圖)

※ 출처:『흠정서경도설(欽定書經圖說)』29권

【1868上】

一家仁, 一國興仁; 一家讓, 一國興讓; 一人貪戾, 一國作亂.
其機如此. 此謂一言僨¹⁾事, 一人定國.

직역　一家가 仁하면, 一國이 仁을 興하고; 一家가 讓하면, 一國이 讓을 興하며; 一人이 貪戾하면, 一國이 亂을 作한다. 그 機가 此와 如하다. 此는 一言이 事를 僨하고, 一人이 國을 定함을 謂한다.

의역　군주 한 사람이 자신의 집에서 인자함을 시행하면 그 나라 사람들은 모두 인자함을 시행하게 되고, 군주 한 사람이 자신의 집에서 겸양을 시행하면 그 나라 사람들은 모두 겸양을 시행하게 되며, 군주 한 사람이 악한 일을 탐하고 이롭게 여긴다면 그 나라 사람들은 그것을 본받아 혼란을 일으킨다. 따라서 그 핵심 기틀이 이와 같은 것이다. 이것을 한 마디 말이 일을 그르치고 한 사람이 나라를 안정시킨다고 부른다.

鄭注　"一家"·"一人", 謂人君也. 戾之言利也. 機, 發動所由也. 僨, 猶覆敗也. 春秋傳曰: "登戾之." 又曰: "鄭伯之車僨於濟." 戾, 或爲吝; 僨, 或爲犇.

---

1) '분(僨)'자에 대하여. 『십삼경주소(十三經注疏)』 북경대 출판본에서는 "각 판본마다 동일하게 기록되어 있고, 『석경(石經)』에도 동일하게 기록되어 있다. 『석문(釋文)』에는 '분사(賁事)'로 기록되어 있으며, '판본에 따라서는 또한 분(僨)자로도 기록하며 정현의 주에 나오는 글자도 이와 같다.'라고 했다. 완원(阮元)의 『교감기(校勘記)』에서는 '살펴보니 분(賁)자는 가차자이다.'"라고 했다.

번역 '일가(一家)'나 '일인(一人)'은 군주를 뜻한다. '여(戾)'자는 "이롭게 여긴다[利]."는 뜻이다. '기(機)'는 발현하고 움직임이 말미암는 바이다. '분(僨)'자는 엎어지고 패한다는 뜻이다. 『춘추전』에서는 "구하고 이롭게 여긴다."라고 했다. 또 "정나라 백작의 수레가 제수(濟水)에서 엎어졌다."[1]라고 했다. '여(戾)'자는 판본에 따라 '인(吝)'자로 기록하기도 하며, '분(僨)'자는 판본에 따라 '분(犇)'자로 기록하기도 한다.

釋文 戾, 力計反. 僨, 徐音奮, 本又作"憤"注同. 覆, 芳福反. 濟, 子禮反. 犇音奔.

번역 '戾'자는 '力(력)'자와 '計(계)'자의 반절음이다. '僨'자의 서음은 '奮(분)'이며, 판본에 따라서는 또한 '憤'자로도 기록하고 정현의 주에 나오는 글자도 이와 같다. '覆'자는 '芳(방)'자와 '福(복)'자의 반절음이다. '濟'자는 '子(자)'자와 '禮(례)'자의 반절음이다. '犇'자의 음은 '奔(분)'이다.

孔疏 ●"一家仁, 一國興仁. 一家讓, 一國興讓"者, 言人君行善於家, 則外人化之, 故一家·一國, 皆仁讓也.

번역 ●經文: "一家仁, 一國興仁. 一家讓, 一國興讓". ○군주가 자신의 집안에서 선을 시행하면 외부 사람들은 그에 감화된다. 그렇기 때문에 한 집안이나 한 나라가 모두 인을 시행하고 겸양을 시행한다.

孔疏 ●"一人貪戾, 一國作亂"者, 謂人君一人貪戾惡事, 則一國學之作亂.

번역 ●經文: "一人貪戾, 一國作亂". ○군주 한 사람이 악한 일을 탐하고 이롭게 여긴다면, 한 나라의 모든 사람들이 그것을 학습하여 혼란을 일으킨다.

---

1) 『춘추좌씨전』「은공(隱公) 3년」: 冬, 齊·鄭盟于石門, 尋盧之盟也. 庚戌, 鄭伯之車僨于濟.

孔疏 ●“其機如此”者, 機, 謂關機也. 動於近, 成於遠, 善惡之事, 亦發於身而及於一國也.

번역 ●經文: “其機如此”. ○‘기(機)’자는 핵심이 되는 중요 부위를 뜻한다. 가까운 것에서 움직이기 시작하여 먼 곳에서 완성되는데, 선과 악의 사안 또한 자신에게서 나타나서 한 나라 안에 영향을 미치게 된다.

孔疏 ●“此謂一言僨事, 一人定國”者, 僨, 猶覆敗也. 謂人君一言覆敗其事, 謂惡言也. “一人定國”, 謂由人君一人能定其國, 謂善政也. 古有此言, 今記者引所爲之事以結之. 上云“一人貪戾, 一國作亂”, 是“一言僨事”也. 又云一家仁讓, 則一國仁讓, 是知“一人定國”也. 一家則一人也, 皆謂人君, 是一人之身, 先治一家, 乃後治一國.

번역 ●經文: “此謂一言僨事, 一人定國”. ○‘분(僨)’자는 엎어지고 패한다는 뜻이다. 군주는 한 마디 말로 그 일을 엎어지고 패하게 만드니, 악한 말에 해당한다. “한 사람이 나라를 안정시킨다.”라고 했는데, 군주 한 사람으로 인해 그 나라를 안정시킨다는 뜻으로, 선한 정치에 해당한다. 옛날에는 이러한 말이 있었는데, 현재 『예기』를 기록한 자가 통용되었던 사안을 인용하여 결론을 맺은 것이다. 앞에서는 “한 사람이 탐욕을 부리고 이롭게 여긴다면 한 나라가 혼란을 일으킨다.”라고 했는데, 이것은 “한 마디 말이 일을 망친다.”라고 한 뜻에 해당한다. 또 한 집안이 인과 겸양을 시행하면 한 나라가 인과 겸양을 시행한다고 했는데, 이것을 통해 “한 사람이 나라를 안정시킨다.”고 한 말이 사실임을 알 수 있다. 한 집안은 한 사람에 해당하니, 이 모두는 군주를 가리킨다. 즉 한 사람의 신분으로 한 집안을 우선적으로 다스리면, 종국에는 한 나라를 다스리게 된다는 뜻이다.

孔疏 ◎注“一家”至“於濟”. ○正義曰: “一家一人, 謂人君也”者, 以經言“治家”, 故知是人君也, 若文王“刑于寡妻, 至于兄弟, 以御于家邦”, 是也. 云“春秋傳曰: 登戾之”者, 此隱五年公羊傳文. 按彼傳: “文公觀魚于棠, 何以書?

譏. 何譏爾? 遠也. 公曷爲遠而觀魚? 登來之也." 彼注意謂以思得而來之, 齊
人語, 謂"登來"爲"得來"也. 聲有緩急, 得爲登. 謂隱公觀魚於棠, 得此百金之
魚, 而來觀之. 公羊傳爲"登來", 鄭所引公羊本爲"登戾之", 以"來"爲"戾", 與
公羊本不同也. 鄭意以戾爲"貪戾", 故引以證經之"貪戾"也. 云"又曰鄭伯之
車, 僨於濟"者, 隱三年左傳文.

번역 ◎鄭注: "一家"~"於濟". ○정현이 "'일가(一家)'나 '일인(一人)'은
군주를 뜻한다."라고 했는데, 경문에서는 "가(家)를 다스린다."라고 했다.
그렇기 때문에 이것이 군주에 해당함을 알 수 있으니, 마치 문왕이 "자신의
본처에게 모범이 되어 형제에게 이르렀고 이를 통해 집과 나라를 다스렸
다."[2]라고 했던 부류와 같다. 정현이 "『춘추전』에서는 '구하고 이롭게 여긴
다.'라고 했다."라고 했는데, 이것은 은공 5년에 대한 『공양전』의 기록이다.
『공양전』의 기록을 살펴보면 "문공이 당(棠)에서 물고기 잡는 것을 살펴보
았다고 했는데, 어찌하여 이것을 기록했는가? 기롱하기 위해서이다. 무엇
을 기롱한 것인가? 멀리까지 찾아갔기 때문이다. 문공은 어찌하여 멀리까
지 찾아가서 물고기 잡는 것을 살펴보았는가? 얻고자 생각해서 찾아왔다."[3]
라고 했다. 『공양전』의 주에서는 얻고자 생각하여 찾아왔다는 뜻이라고 했
고, 제나라 사람들이 쓰는 말에서는 '등래(登來)'를 '득래(得來)'로 불렀다고
했다. 소리에는 완급의 차이가 있어서 득(得)자가 등(登)자가 되었던 것이
다. 은공이 당에서 물고기 잡는 것을 살펴본 것은 100금의 가치가 있는 물
고기를 얻고자 해서 찾아와 살펴보았다는 뜻이다. 『공양전』에서는 '등래
(登來)'라고 기록했는데, 정현이 인용한 『공양전』의 판본에는 '등려지(登戾
之)'라고 기록되어 있어서 '내(來)'를 '여(戾)'라고 했으니, 『공양전』의 본문
과는 다르다. 정현의 의도는 『공양전』에 나오는 '여(戾)'자가 '탐려(貪戾)'라
는 뜻에 해당한다고 여겼다. 그렇기 때문에 이 말을 인용해서 경문에 나오

---

2) 『시』「대아(大雅)・사제(思齊)」: 惠于宗公, 神罔時怨, 神罔時恫. <u>刑于寡妻, 至</u>
　<u>于兄弟, 以御于家邦</u>.
3) 『춘추공양전』「은공(隱公) 5년」: 五年, 春, <u>公觀魚于棠, 何以書? 譏, 何譏爾?</u>
　<u>遠也, 公曷爲遠而觀魚? 登來之也</u>. 百金之魚, 公張之. 登來之者何? 美大之之辭
　也. 棠者何? 濟上之邑也.

는 '탐려(貪戾)'의 뜻을 증명한 것이다. 정현이 "정나라 백작의 수레가 제수(濟水)에서 엎어졌다."라고 했는데, 이것은 은공 3년에 대한 『좌전』의 기록이다.

集註 僨, 音奮.

번역 '僨'자의 음은 '奮(분)'이다.

集註 一人, 謂君也. 機, 發動所由也. 僨, 覆敗也. 此言教成於國之效.

번역 '일인(一人)'은 군주를 뜻한다. '기(機)'는 발현하고 움직임이 말미암는 바이다. '분(僨)'자는 엎어지고 패한다는 뜻이다. 이것은 가르침이 한 나라에서 완성되는 효과를 말한 것이다.

참고 『춘추공양전』은공(隱公) 5년 기록

경문 五年, 春, 公觀魚于棠.

번역 5년 봄에 공이 당(棠)으로 가서 물고기 잡는 것을 살펴보았다.

전문 何以書? 譏. 何譏爾? 遠也. 公曷爲遠而觀魚?

번역 어찌하여 이것을 기록했는가? 기롱하기 위해서이다. 무엇을 기롱한 것인가? 멀리까지 찾아갔기 때문이다. 공은 어찌하여 멀리까지 찾아가서 물고기 잡는 것을 살펴보았는가?

何注 據浚洙也.

번역 수심이 깊은 수수(洙水)를 근거해서 말한 것이다.

徐疏　◎注“據浚洙也”. ○解云: 莊九年“冬, 浚洙”, 傳曰“洙者何? 水也. 浚之者何? 深之也. 曷爲深之? 畏齊也”, 注云“洙在魯北, 齊所由來”. 然則近國北自有洙水, 何故遠至棠地而觀魚乎? 故難之.

번역　◎何注: “據浚洙也”. ○장공 9년에는 “겨울에 수수(洙水)의 바닥을 깊이 팠다.”라고 했고, 전문에서는 “수(洙)는 무엇인가? 강이다. ‘준(浚)’을 한다는 것은 무슨 뜻인가? 깊이 판다는 뜻이다. 어찌하여 깊이 파는가? 제나라가 침공하리라 두려워했기 때문이다.”라고 했고, 주에서는 “수수는 노나라 북쪽에 있으니, 제나라는 이곳을 통과해서 온다.”라고 했다. 그렇다면 국성과 가까운 북쪽에 수수가 있었던 것인데, 어떠한 이유로 멀리 당(棠)까지 찾아가서 물고기 잡는 것을 살펴보았는가? 그러므로 비판한 것이다.

전문　登來之也.

번역　얻고자 생각해서 찾아왔다.

何注　登, 讀言得. 得來之者, 齊人語也. 齊人名求得爲得來, 作登來者, 其言大而急, 由口授也.

번역　‘등(登)’자는 얻는다는 뜻으로 풀이한다. 얻고자 찾아왔다는 것은 제나라 사람들이 쓰는 말이다. 제나라 사람들은 구하여 얻는 것을 ‘득래(得來)’라고 하는데 이것을 ‘등래(登來)’라고 한 것은 그 목소리가 크고 다급하기 때문이며, 들리는 소리에 따라 기록한 것이다.

徐疏　◎注“得來”至“語也”. ○解云: 齊人名求得爲得來, 而云此者, 謂齊人急語之時, 得聲如登矣.

번역　◎何注: “得來”~“語也”. ○제나라 사람들은 구하여 얻는다는 말을 ‘득래(得來)’라고 하는데, 이처럼 말한 것은 제나라 사람들이 다급하게 말을 할 때에는 득(得)자의 발음이 등(登)자처럼 들리기 때문이다.

徐疏 ◎注"由口授也". ○解云: 謂高語之時, 猶言得來之, 至著竹帛時乃作"登"字, 故言由口授矣.

번역 ◎注"由口授也". ○평소에 말을 할 때에는 여전히 득래지(得來之)라고 말하게 되는데, 죽간이나 백서에 기록을 했을 당시에는 '득(得)'자를 '등(登)'자로 기록했다. 그렇기 때문에 들리는 소리에 따라 기록했다고 했다.

전문 百金之魚, 公張之.

번역 100금의 값어치를 하는 물고기이므로, 공이 그물을 설치하도록 했다.

何注 解言登來之意也. 百金, 猶百萬也. 古者以金重一斤, 若今萬錢矣, 張, 謂張罔罟障谷之屬也.

번역 '등래(登來)'라고 말한 뜻을 풀이한 것이다. '백금(百金)'은 백만을 뜻한다. 고대에는 금 1근이 오늘날의 10,000전과 같았다. '장(張)'은 그물을 설치하고 길목을 막는 것 등을 뜻한다.

徐疏 ◎注"解言"至"意也". ○解云: 正以價直百金, 故言得來之.

번역 ◎何注: "解言"~"意也". ○100금에 해당하는 가치이기 때문에 얻으려고 찾아왔다고 말했다.

徐疏 ◎注"障谷之屬也". ○解云: 僖三年傳云"桓公曰'無障谷'"云是也.

번역 ◎何注: "障谷之屬也". ○희공 3년 전문에서는 "환공이 '길목을 막을 것이 없다.'"라고 했다.

전문 登來之者何?

번역 '등래(登來)'라고 하는 것은 무슨 뜻인가?

何注 弟子未解其言大小緩急, 故復問之.

번역 제자들은 말의 대소 및 완급을 이해하지 못했기 때문에 재차 질문한 것이다.

전문 美大之之辭也.

번역 감탄하고 과장할 때 쓰는 말이다.

何注 其言大而急者, 美大多得利之辭也. 實譏張魚而言觀譏遠者, 恥公去南面之位, 下與百姓爭利, 匹夫無異, 故諱使若以遠觀爲譏也. 諸諱主書者, 從實也. 觀例時, 從行賤略之.

번역 그 말이 크고 다급한 경우는 감탄하고 과장하여 대체로 이로움을 탐하는 말들이다. 실제로는 그물을 설치하여 물고기를 잡고자 한 것을 기록한 것인데, 살펴본다고 말하며 멀리까지 찾아갔다는 것을 기록했으니, 공이 군주의 자리에서 벗어나 아래로 내려와 백성들과 이로움을 다툰 것은 필부와 차이가 없게 됨을 부끄럽게 여긴 것이다. 그래서 피휘를 하여 마치 멀리까지 찾아가서 살펴본 것을 기록한 것처럼 보이게 한 것이다. 피휘를 할 때의 주된 기록법은 실정에 따르는 것이다. 계절을 기록한 예시를 살펴보니, 행동을 기록하여 천시하고 간략히 했다.

徐疏 ◎注"觀例時". ○解云: 莊二十三年"夏, 公如齊觀社", 及此是也. 彼此非禮, 故言從行賤略之.

번역 ◎何注: "觀例時". ○장공 23년에는 "여름에 공이 제나라로 가서 사를 살펴보았다."라고 했고, 이곳의 기록이 그 예시에 해당한다. 피차 비례에 해당하기 때문에 행동을 기록하여 천시하고 간략히 했다고 말했다.

전문 棠者何? 濟上之邑也.

번역 당(棠)이란 무엇인가? 제수(濟水)가에 있는 읍이다.

何注 濟者, 四瀆之別名. 江・河・淮・濟爲四瀆.

번역 '제(濟)'는 사독(四瀆)4)의 별칭이다. 강수・하수・회수・제수가 사독이 된다.

徐疏 ●"棠者何". ○解云: 正以棠非水名, 而於之觀魚, 故執不知問.

번역 ●傳文: "棠者何". ○당(棠)은 강 이름이 아닌데, 이곳에서 물고기 잡는 것을 살펴보았다고 했다. 그렇기 때문에 모르는 점을 들어 질문한 것이다.

徐疏 ◎注"江河"至"四瀆". ○解云: 卽釋水云: "江・河・淮・濟爲四瀆. 四瀆者, 發源注海者也."

번역 ◎何注: "江河"~"四瀆". ○『이아』「석수(釋水)」편에서 "강수・하수・회수・제수는 사독(四瀆)이 된다. '사독(四瀆)'이란 본류에서 발원하여 바다까지 흘러가는 강물이다."5)라고 한 것을 가리킨다.

참고 『춘추좌씨전』 은공(隱公) 3년 기록

전문 冬, 齊・鄭盟于石門, 尋盧之盟也.

번역 겨울 제나라와 정나라가 석문에서 맹약을 맺었으니, 노에서의 맹약을 다시 확인한 것이다.

---

4) 사독(四瀆)은 네 개의 주요 하천을 가리킨다. 장강(長江), 황하(黃河), 회하(淮河), 제수(濟水)가 여기에 해당한다.
5) 『이아』「석수(釋水)」: 江・河・淮・濟爲四瀆. 四瀆者, 發源注海者也.

杜注 盧盟在春秋前. 盧, 齊地, 今濟北盧縣故城.

번역 노에서의 맹약은『춘추』기록 이전에 있었던 일이다. '노(盧)'는 제나라 땅으로, 지금의 제북 노현에 고성이 남아있다.

전문 庚戌, 鄭伯之車僨于濟.

번역 경술일에 정나라 백작의 수레가 제수(濟水)에서 엎어졌다.

杜注 旣盟而遇大風, 傳記異也. 十二月無庚戌, 日誤.

번역 맹약을 마치고 돌아가는 길에 큰 바람을 만나 전문에서 괴이한 일을 기록한 것이다. 그러나 12월에는 경술일이 없으니 날짜를 잘못 기록한 것이다.

孔疏 ◎注"旣盟"至"日誤". ○正義曰: 釋言云: "僨, 僵也." 舍人曰: "背, 踣意也." 車踣而入濟, 是風吹之隊濟水, 非常之事, 故云傳記異也. 禹貢: "導沇水東流爲濟, 入于河, 溢爲滎." 釋例曰: "濟自滎陽卷縣東經陳留至濟陰, 北經高平, 東經濟北, 東北經濟南, 至樂安博昌縣入海." 按: 檢水流之道, 今古或殊. 杜旣考校元由, 據當時所見, 載於釋例, 今一皆依杜. 雖與水經乖異, 亦不復根尋也. 庚戌無月, 而云十二月者, 以經盟于石門在十二月, 知此亦十二月也. 經書十二月, 下云"癸未, 葬宋穆公", 計庚戌在癸未之前三十三日, 不得共在一月. 彼長曆推此年十二月甲子朔, 十一日有甲戌, 二十二日在丙戌, 不得有庚戌. 而月有癸未, 則月不容誤, 知日誤也.

번역 ◎杜注: "旣盟"~"日誤". ○『이아』「석언(釋言)」편에서는 "분(僨) 자는 넘어진다는 뜻이다."[6]라고 했다. 사인은 "배(背)자는 넘어진다는 뜻이다."라고 했다. 수레가 넘어져서 제수에 빠진 것이니, 바람이 불어 제수에

---

6)『이아』「석언(釋言)」: 僵, 踣也. 僨, 僵也.

빠트린 것으로, 일상적인 일이 아니다. 그렇기 때문에 "전문에서 괴이한 일을 기록한 것이다."라고 했다. 『서』「우공(禹貢)」편에서는 "연수(沇水)를 이끌어서 동쪽으로 흘러가게 하여 제수(濟水)가 되었고, 하수(河水)로 유입되었으며 넘쳐서 영수(榮水)가 되었다."7)라고 했다. 『석례』에서는 "제수는 영양 권현의 동쪽에서 발원하여 동쪽으로 흘러 진류를 경유해 제음에 도달하고, 북쪽으로 흘러 고평을 경유하고 동쪽으로 흘러 제북을 경유하며 동북쪽으로 흘러 제남을 경유하고 낙안 박창현에 이르러 바다로 유입된다."라고 했다. 살펴보니 물길의 흐름을 검사해보면 고금의 차이가 있다. 두예는 이미 본래의 경유지를 고증하였고, 당시에 나타난 물길에 근거해서 『석례』에 수록하였으니, 현재는 모두 두예의 주에 따른다. 비록 『수경』의 기록과 어긋나고 차이가 있더라도 재차 철저히 고증하지는 않겠다. 경술일이라 했고 해당하는 달을 기록하지 않았는데도 12월이라고 말한 것은 경문에서 석문에서 맹약을 맺었다고 한 것은 12월에 있었으니, 이 또한 12월에 일어난 일임을 알 수 있다. 경문에서는 12월이라고 기록했는데, 뒤의 문장에서 "계미일에 송나라 목공의 장례를 치렀다."라고 했다. 경술일로부터 계미일 전까지를 셈하면 33일이 되니, 둘 모두 같은 달에 있을 수 없다. 『장력』에서는 이해 12월 갑자일이 삭(朔)이었고, 11일에 갑술일이 있으며 22일에 병진일이 있으므로, 경술일이 있을 수 없다고 했다. 그 달에 계미일에 있었다면, 달에 대한 기록은 착오가 아니다. 따라서 날짜를 잘못 기록했음을 알 수 있다.

참고 『시』「대아(大雅)·사제(思齊)」

思齊大任, (사제대임) : 엄숙하신 태임을 생각하노니,
文王之母. (문왕지모) : 문왕의 어머니이시다.
思媚周姜, (사미주강) : 아름다운 주나라의 대강을 생각하노니,
京室之婦. (경실지부) : 왕실의 며느리로다.

---

7) 『서』「우서(虞書)·우공(禹貢)」 : 導沇水, 東流爲濟. 入于河, 溢爲滎.

大姒嗣徽音, (대사사휘음) : 태사가 태임의 아름다움을 이으니,
則百斯男. (즉백사남(則百斯男) : 그 아들이 백 명이로다.

惠于宗公, (혜우종공) : 대신들의 의견에 따르니,
神罔時怨, (신망시원) : 신이 이에 원망함이 없으며,
神罔時恫. (신망시통) : 신이 이에 애통함이 없도다.
刑于寡妻, (형우과처) : 예법으로 처를 대했고,
至于兄弟, (지우형제) : 그것이 형제에게 이르렀으며,
以御于家邦. (이어우가방) : 이로써 집과 나라를 다스릴 수 있었도다.

雝雝在宮, (옹옹재궁) : 화락하게 궁에 계시며,
肅肅在廟. (숙숙재묘) : 엄숙하게 종묘에 계시도다.
不顯亦臨, (불현역임) : 재능이 드러나지 않는 자에게도 임하시고,
無射亦保. (무역역보) : 활쏘기를 못하는 자 또한 보전하셨도다.

肆戎疾不殄, (사융질불진) : 이에 크게 해를 입히는 자는 저절로 근절되
　　　　　　　었고,
烈假不遐. (열가불하) : 사납게 해를 끼치는 자도 그만두었도다.
不聞亦式, (불문역식) : 소문이 나지 않은 자도 등용하시고,
不諫亦入. (불간역입) : 간언을 잘 못하는 자도 입조시키셨다.

肆成人有德, (사성인유덕) : 이에 대부와 사들은 덕을 지니게 되었고,
小子有造. (소자유조) : 그 제자들은 이룸이 있었도다.
古之人無斁, (고지인무두) : 옛 성왕과 명군들은 가리는 바가 없어서,
譽髦斯士. (예모사사) : 선비가 아름다운 명성을 이루게 했도다.

毛序　思齊, 文王所以聖也.

모서　「사제(思齊)」편은 문왕이 성인이 된 이유를 읊은 시이다.

전(傳) 9장-4 · 5

【1868上】

堯 · 舜率天下以仁, 而民從之. 桀 · 紂率天下以暴, 而民從之.
其所令反其所好, 而民不從.

직역 堯 · 舜은 天下를 率하길 仁으로써 했고, 民이 從이라. 桀 · 紂는 天下를
率하길 暴로써 했고, 民이 從이라. 그 令한 所가 그 好한 所와 反하면 民이 不從이라.

의역 요임금과 순임금은 인자함으로 천하를 통솔했고 백성들이 그에 따랐다.
걸왕과 주왕은 난폭함으로 천하를 통솔했고 백성들이 그에 따랐다. 군주가 명령한
것이 자신이 좋아하는 것과 반대가 된다면 백성들은 따르지 않는다.

鄭注 言民化君行也. 君若好貨而禁民淫於財利, 不能止¹⁾也.

번역 백성들은 군주의 행실에 감화된다는 뜻이다. 군주가 만약 재화를
좋아하면서 백성들이 재물과 이익에 음탕하게 빠지는 것을 금지한다면 그
만두게 할 수 없다.

---

1) '지(止)'자에 대하여. 『십삼경주소(十三經注疏)』 북경대 출판본에서는 "'지'자
는 본래 정(正)자로 기록되어 있었는데, 완원(阮元)의 『교감기(校勘記)』에서
는 '혜동(惠棟)의 『교송본(校宋本)』 · 『송감본(宋監本)』 · 『악본(岳本)』 · 『가정
본(嘉靖本)』에서는 정(正)자를 지(止)자로 기록했고, 위씨(衛氏)의 『집설(集
說)』에서도 동일하게 기록했으며, 『고문(考文)』에서 인용하고 있는 『고본(古
本)』에서도 동일하게 기록했다.'라고 했다. 살펴보니 문맥에 따르면 '지(止)'자
로 기록하는 것이 마땅하므로, 이러한 기록에 근거해서 글자를 수정하였다."
라고 했다.

釋文 好, 呼報反, 注同. 行, 下孟反, 或如字.

번역 '好'자는 '呼(호)'자와 '報(보)'자의 반절음이며, 정현의 주에 나오는 글자도 그 음이 이와 같다. '行'자는 '下(하)'자와 '孟(맹)'자의 반절음이며, 혹은 글자대로 읽기도 한다.

孔疏 ●"其所令反其所好, 而民不從"者, 令, 謂君所號令之事. 若各隨其行之所好, 則人從之. 其所好者是惡, 所令者是善, 則所令之事反其所好, 雖欲以令禁人, 人不從也.

번역 ●經文: "其所令反其所好, 而民不從". ○'영(令)'자는 군주가 호령하는 사안을 뜻한다. 만약 각각 그 행위 중 좋아하는 것에 따르게 된다면 사람들이 따른다. 그런데 좋아하는 것이 악한 것이고 호령한 것이 선한 것이라면 호령한 일은 좋아하는 것과 반대가 되니, 비록 이것을 명령을 통해 사람들을 금지하려고 하더라도 사람들은 따르지 않는다.

【1868上~下】

是故君子有諸己而後求諸人, 無諸己而後非諸人 所藏乎身不恕而能喻諸人者, 未之有也 故治國在齊其家

직역 是故로 君子는 己에게 有한 後에 人에게 求하고, 己에게 無한 後에 人을 非한다. 身에게 藏한 所가 不恕하고서 能히 人을 喩한 者는 未히 有라. 故로 國을 治함은 그 家를 齊함에 在라.

의역 이러한 까닭으로 군자는 자신이 인자함과 겸양함을 갖춘 뒤에야 남에 대해서 인자함과 겸양함을 갖추라고 요구하고, 자신에게 탐욕이 없게 된 뒤에야 남에 대해서 비판하고 책임을 추궁한다. 자신이 갖추고 있는 것이 충실하지 못한데도 남을 깨우칠 수 있는 자는 없다. 그러므로 국(國)을 다스리는 것은 가(家)를 다스리는 일에 달려있다.

鄭注 "有於己", 謂有仁讓也. "無於己", 謂無貪戾也.

번역 "자신에게 있다."는 말은 인자함과 겸양함을 갖췄다는 뜻이다. "자신에게 없다."는 말은 탐욕과 이롭게 여김이 없다는 뜻이다.

孔疏 ●"是故君子有諸己而後求諸人"者, 諸, 於也. 謂君子有善行於己, 而后可以求於人, 使行善行也. 謂於己有仁讓, 而后可求於人之仁讓也.

번역 ●經文: "是故君子有諸己而後求諸人". ○'저(諸)'자는 어(於)자의 뜻이다. 군자는 자신에게 선한 행실이 갖춰진 뒤에야 남에 대해서 그렇게 행하기를 요구하여, 그로 하여금 선한 행동을 하도록 만들 수 있다. 즉 자신이 인자함과 겸양함을 갖춘 이후에야 남에 대해서 인자함과 겸양함을 갖추도록 요구할 수 있다는 뜻이다.

孔疏 ●"無諸己而後非諸人"者, 謂無惡行於己, 而后可以非責於人爲惡行也. 謂無貪利之事於己, 而後非責於人也.

번역 ●經文: "無諸己而後非諸人". ○자신에게 악한 행실이 없게 된 이후에야 남이 악한 행실을 했을 때 비난하고 책임을 추궁할 수 있다는 뜻이다. 즉 자신에게 탐욕을 부리고 이롭게 여기는 일이 없게 된 이후에야 남에 대해서 비판하고 책임을 추궁할 수 있다는 의미이다.

孔疏 ●"所藏乎身不恕而能喩諸人者, 未之有也"者, 謂所藏積於身旣不恕實, 而能曉喩於人, 使從己者, 未之有也. 言無善行於身, 欲曉喩於人爲善行, 不可得也.

번역 ●經文: "所藏乎身不恕而能喩諸人者, 未之有也". ○자신에게 보관하고 쌓은 것들이 이미 충실하지 못한데 남을 깨우쳐서 자신을 따르하게끔 할 수 있는 자는 없다. 즉 자신에게 선한 행실이 없는데 남에 대해서 선한 행실을 실천하라고 깨우치려 한다면 할 수 없다는 의미이다.

集註 好, 去聲.

번역 '好'자는 거성으로 읽는다.

集註 此又承上文一人定國而言. 有善於己, 然後可以責人之善; 無惡於己, 然後可以正人之惡. 皆推己以及人, 所謂恕也. 不如是, 則所令反其所好, 而民不從矣. 喩, 曉也.

번역 이 또한 앞에서 "한 사람이 나라를 안정시킨다."라고 한 말을 이어서 말한 것이다. 자신이 선함을 갖춘 뒤에야 남에 대해서 선을 갖추라고 책임을 물을 수 있고, 자신에게 악함이 없게 된 뒤에야 남에 대해서 그 악함을 바로잡을 수 있다. 이 모두는 자신을 미루어서 남에게 미치는 것이니, 바로 서(恕)에 해당한다. 이와 같지 않다면 명령한 것이 자신이 좋아하는 것과 반대가 되어 백성들이 따르지 않는다. '유(喩)'자는 깨우친다는 뜻이다.

集註 通結上文.

번역 '고치국재제기가(故治國在齊其家)'라는 말은 앞 문장의 뜻을 통괄적으로 결론 맺은 것이다.

그림 17-1   ▣ 제요(帝堯)

氏 唐 陶 堯 帝

※ 출처:『삼재도회(三才圖會)』「인물(人物)」1권

● 그림 17-2   ■ 제순(帝舜)

※ 출처: 『삼재도회(三才圖會)』「인물(人物)」 1권

【1868下】

詩云, "桃之夭夭, 其葉蓁蓁. 之子于歸, 宜其家人" 宜其家人,
而后可以敎國人. 詩云, "宜兄宜弟." 宜兄宜弟, 而后可以敎
國人. 詩云, "其儀不忒, 正是四國." 其爲父子 · 兄弟足法, 而
后民法之也. 此謂治國在齊其家.

직역 詩에서 云, "桃의 夭夭함이여, 그 葉이 蓁蓁이로다. 之子가 歸함에, 그 家人에 宜로다." 그 家人에 宜한, 后에는 可히 이로써 國人을 敎라. 詩에서 云, "兄에 宜하고 弟에 宜라." 兄에 宜하고 弟에 宜한, 后에는 可히 이로써 國人을 敎라. 詩에서 云, "그 儀가 不忒하니, 이 四國을 正이라." 그 父子 · 兄弟에 爲하여 足히 法한, 后에 民이 法이라. 此는 國을 治함이 그 家를 齊함에 在함을 謂라.

의역 『시』에서는 "복숭아나무가 아름답고도 무성하며, 그 잎이 아름답고도 무성하구나. 젊은 처자가 시집을 옴이여, 그 집안사람이 되기에 마땅하구나."라고 했다. 그 집안사람이 되기에 마땅한 이후에야 나라 사람들을 가르칠 수 있다. 『시』에서는 "형과 더불어 서로 마땅하게 하며 동생과 더불어 서로 마땅하게 하는구나."라고 했다. 형과 더불어 서로 마땅하게 하며 동생과 더불어 서로 마땅하게 한 이후에야 나라 사람들을 가르칠 수 있다. 『시』에서는 "군주의 위엄스러운 거동에 어긋나는 점이 없으니, 사방 국가의 수장이 될 수 있도다."라고 했다. 부모와 자식 및 형과 동생에게 모범이 될 수 있게 된 이후에야 백성들이 본받는다. 이것은 국(國)을 다스림이 가(家)를 다스림에 달려 있음을 뜻한다.

鄭注 "夭夭"・"蓁蓁", 美盛貌. "之子"者, 是子也.

번역 '요요(夭夭)'와 '진진(蓁蓁)'은 아름답고 성대한 모습을 뜻한다. '지자(之子)'는 시자(是子)라는 뜻이다.

釋文 夭, 於驕反. 蓁音臻. 忒, 他得反.

번역 '夭'자는 '於(어)'자와 '驕(교)'자의 반절음이다. '蓁'자의 음은 '臻(진)'이다. '忒'자는 '他(타)'자와 '得(득)'자의 반절음이다.

孔疏 ●"詩云: 桃之夭夭, 其葉蓁蓁"者, 此周南・桃夭之篇, 論昏姻及時之事. 言桃之夭夭少壯, 其葉蓁蓁茂盛, 喩婦人形體少壯・顏色茂盛之時, 似"桃之夭夭"也.

번역 ●經文: "詩云: 桃之夭夭, 其葉蓁蓁". ○이 시는『시』「주남(周南)・도요(桃夭)」편으로,[1] 혼인과 그 시기에 대한 사안을 논의하였다. 즉 복숭아나무가 아름답고 무성하여 어리고도 건장하고, 그 잎이 아름답고 무성하다는 뜻으로, 부인의 모습이 젊고 건장하며 안색이 활짝 핀 시기를 비유하여, "복숭아나무가 아름답고 무성하도다."라고 한 말과 유사하다는 의미이다.

孔疏 ●"之子于歸, 宜其家人"者, "之子"者, 是子也; 歸, 嫁也; 宜, 可以爲夫家之人. 引之者, 取"宜其家人"之事.

번역 ●經文: "之子于歸, 宜其家人". ○'지자(之子)'는 시자(是子)라는 뜻이다. '귀(歸)'자는 "시집을 온다[嫁]."는 뜻이다. '의(宜)'자는 남편 집안의 사람이 될 수 있다는 뜻이다. 이 시를 인용한 것은 "그 집안사람이 되기에 마땅하다."라고 한 사안의 의미를 취한 것이다.

---

1) 『시』「주남(周南)・도요(桃夭)」: 桃之夭夭, 其葉蓁蓁. 之子于歸, 宜其家人.

孔疏 ●"宜其家人, 而後可以教國人"者, 言人旣家得宜, 則可以教國人也.

번역 ●經文: "宜其家人, 而後可以教國人". ○사람은 그 가족구성원이 되기에 마땅해야만 나라 사람들을 가르칠 수 있다는 뜻이다.

孔疏 ●"詩云: 宜兄宜弟"者, 此小雅·蓼蕭之篇, 美成王之詩. 詩之本文, 言成王有德, 宜爲人兄, 宜爲人弟. 此記之意, "宜兄宜弟", 謂自與兄弟相善相宜也. 旣爲兄弟相宜, 而可兄弟之意, 而後可以教國人也.

번역 ●經文: "詩云: 宜兄宜弟". ○이 시는 『시』「소아(小雅)·요소(蓼蕭)」편으로,2) 성왕을 찬미한 시이다. 『시』의 본문은 성왕은 덕을 가지고 있어서 남의 형이 되기에 마땅하며 남의 동생이 되기에 마땅하다는 뜻이다. 『예기』에서 이 문장을 인용한 의미는 '의형의제(宜兄宜弟)'는 본인이 형제들과 서로에게 선을 시행하고 서로에게 마땅하다는 뜻이다. 이미 형제들에게 서로 마땅하게 되어 형제라는 뜻에 부합된 이후에야 나라 사람들을 가르칠 수 있다는 의미이다.

孔疏 ●"詩云: 其儀不忒, 正是四國"者, 此曹風·鳲鳩之篇. 忒, 差也; 正, 長也. 言在位之君子, 威儀不有差忒, 可以正長是四方之國, 言可法則也.

번역 ●經文: "詩云: 其儀不忒, 正是四國". ○이 시는 『시』「조풍(曹風)·시구(鳲鳩)」편이다.3) '특(忒)'자는 어긋난다는 뜻이다. '정(正)'자는 "수장이 되다[長]."는 뜻이다. 즉 제위에 있는 군자는 그 위엄스러운 거동에 어긋나는 점이 없어서 사방의 나라에 수장이 될 수 있다는 뜻이니, 법칙으로 삼을 수 있다는 의미이다.

---

2) 『시』「소아(小雅)·요소(蓼蕭)」: 蓼彼蕭斯, 零露泥泥. 旣見君子, 孔燕豈弟. 宜兄宜弟, 令德壽豈.

3) 『시』「조풍(曹風)·시구(鳲鳩)」: 鳲鳩在桑, 其子在棘. 淑人君子, 其儀不忒. 其儀不忒, 正是四國.

孔疏 ●"其爲父子兄弟足法, 而后民法之也. 此謂治國在齊其家", 謂其脩身於家, 在室家之內, 使父子兄弟足可方法, 而後民皆法之也. 是先齊其家, 而後能治其國也.

번역 ●經文: "其爲父子兄弟足法, 而后民法之也. 此謂治國在齊其家". ○가(家)에서 자신을 수양해서, 한 집안에서 부모와 자식 및 형제들로 하여금 본받게 하기에 충분하게 된 이후에는 백성들이 모두 본받게 된다. 이것은 먼저 그 가(家)를 다스리고, 그 이후에 그 국(國)을 다스릴 수 있다는 뜻이다.

集註 夭, 平聲. 蓁, 音臻.

번역 '夭'자는 평성으로 읽는다. '蓁'자의 음은 '臻(진)'이다.

集註 詩周南桃夭之篇. 夭夭, 少好貌. 蓁蓁, 美盛貌. 興也. 之子, 猶言是子, 此指女子之嫁者而言也. 婦人謂嫁曰歸. 宜, 猶善也.

번역 이 시는『시』「주남(周南)·도요(桃夭)」편이다. '요요(夭夭)'는 어리고 예쁜 모습을 뜻한다. '진진(蓁蓁)'은 아름답고 성대한 모습을 뜻한다. 흥(興)에 해당한다. '지자(之子)'는 시자(是子)라는 말과 같으니, 이것은 시집가는 여자를 가리켜서 한 말이다. 부인의 경우 시집가는 것을 '귀(歸)'라고 부른다. '의(宜)'자는 "좋다[善]."는 뜻이다.

集註 詩小雅蓼蕭篇.

번역 두 번째 시는『시』「소아(小雅)·요소(蓼蕭)」편이다.

集註 詩曹風鳲鳩篇. 忒, 差也.

번역 세 번째 시는『시』「조풍(曹風)·시구(鳲鳩)」편이다. '특(忒)'자는 어긋난다는 뜻이다.

集註 此三引詩, 皆以詠歎上文之事, 而又結之如此. 其味深長, 最宜潛玩.

번역 여기에서는 세 차례 『시』를 인용했는데, 이것은 모두 앞 문장에서 기록한 사안을 길게 읊조리며 감탄하는 내용이고, 또한 이와 같이 결론을 맺은 것이다. 따라서 그 맛이 깊고도 기니 마음을 가라앉히고 완상해야만 한다.

集註 右傳之九章, 釋齊家治國.

번역 여기까지는 전(傳) 9장에 해당하니, 제가(齊家)와 치국(治國)의 뜻을 풀이하였다.

참고 『시』「주남(周南) · 도요(桃夭)」

桃之夭夭, (도지요요) : 복숭아나무가 어리고도 건장하구나,
灼灼其華. (작작기화) : 화려하고도 화려한 꽃이여.
之子于歸, (지자우귀) : 혼인하는 딸아이가 가서 시집으로 갔구나,
宜其室家. (의기실가) : 남녀가 가정을 이루기에 적당한 나이로다.

桃之夭夭, (도지요요) : 복숭아나무가 어리고도 건장하구나,
有蕡其實. (유분기실) : 실한 그 열매가 있구나.
之子于歸, (지자우귀) : 혼인하는 딸아이가 가서 시집으로 갔구나,
宜其家室. (의기가실) : 남녀가 가정을 이루기에 적당한 나이로다.

桃之夭夭, (도지요요) : 복숭아나무가 어리고도 건장하구나,
其葉蓁蓁. (기엽진진) : 그 잎이 지극히 무성하구나.
之子于歸, (지자우귀) : 혼인하는 딸아이가 가서 시집으로 갔구나,

宜其家人. (의기가인) : 남녀가 가정을 이루기에 적당한 나이로다.

毛序 桃夭, 后妃之所致也. 不妬忌, 則男女以正, 婚姻以時, 國無鰥民也.

모서 「도요(桃夭)」편은 후비가 지극히 이룬 것을 읊은 시이다. 시샘을 부리지 않는다면 남녀가 바르게 되고, 혼인을 적당한 시기에 한다면 나라에는 홀아비가 없게 된다.

참고 『시』「소아(小雅)・요소(蓼蕭)」

蓼彼蕭斯, (요피소사) : 장대한 저 쑥이여,
零露湑兮. (영로서혜) : 영롱한 이슬이 그 위에 맺혔구나.
旣見君子, (기견군자) : 이미 군자를 만나보아서,
我心寫兮. (아심사혜) : 내 마음을 모두 털어놓도다.
燕笑語兮, (연소어혜) : 연회를 열어 웃고 말하니,
是以有譽處兮. (시이유예처혜) : 이로써 영예를 얻어 천자의 자리에 있
　　　　　　　　　도다.

蓼彼蕭斯, (요피소사) : 장대한 저 쑥이여,
零露瀼瀼. (영로양양) : 맺힌 이슬이 많고도 많구나.
旣見君子, (기견군자) : 이미 군자를 만나보아서,
爲龍爲光. (위룡위광) : 은택을 받고 빛을 발하게 되었노라.
其德不爽, (기덕불상) : 그 덕이 어긋나지 않으니,
壽考不忘. (수고불망) : 오래도록 칭송하며 잊지 않는구나.

蓼彼蕭斯, (요피소사) : 장대한 저 쑥이여,
零露泥泥. (영로니니) : 맺힌 이슬이 젖어들고 젖어드는구나.
旣見君子, (기견군자) : 이미 군자를 만나보아서,
孔燕豈弟. (공연기제) : 매우 편안하고 화락하게 평이하구나.

宜兄宜弟, (의형의제) : 형이 되어서도 마땅하고 동생이 되어서도 마땅하니,
令德壽豈. (영덕수기) : 아름다운 덕은 화락한 복을 오래도록 누리리라.

蓼彼蕭斯, (요피소사) : 장대한 저 쑥이여,
零露濃濃. (영로농농) : 맺힌 이슬이 두텁고도 두텁구나.
旣見君子, (기견군자) : 이미 군자를 만나보아서,
鞗革忡忡. (조혁충충) : 고삐의 끝이 장식을 늘어트리는구나.
和鸞雝雝, (화란옹옹) : 방울이 화락하게 울리나니,
萬福攸同. (만복유동) : 모든 복이 모이는 바로다.

毛序 蓼蕭, 澤及四海也.

모서 「요소(蓼蕭)」편은 그 은택이 사해에 미쳤음을 읊은 시이다.

참고 『시』「조풍(曹風)·시구(鳲鳩)」

鳲鳩在桑, (시구재상) : 시구새가 뽕나무에 있으니,
其子七兮. (기자칠혜) : 그 자식이 일곱이로다.
淑人君子, (숙인군자) : 선한 군자여,
其儀一兮. (기의일혜) : 그 위엄스러운 행동거지가 한결같구나.
其儀一兮, (기의일혜) : 그 위엄스러운 행동거지가 한결같으니,
心如結兮. (심여결혜) : 마음을 씀이 맺혀있듯 굳건하구나.

鳲鳩在桑, (시구재상) : 시구새가 뽕나무에 있으니,
其子在梅. (기자재매) : 그 자식이 날아올라 매화나무에 있구나.
淑人君子, (숙인군자) : 선한 군자여,
其帶伊絲. (기대이사) : 그 대대(大帶)4)는 흰색의 실로 만들고 잡색을

---

4) 대대(大帶)는 예복(禮服)에 사용하는 허리띠이다. 허리띠에는 혁대(革帶)와
  '대대'가 있는데, 혁대는 가죽으로 만들어서 패옥 등을 차는 것이며, '대대'는

섞어 장식을 했구나.

其帶伊絲, (기대이사) : 그 대대(大帶)는 흰색의 실로 만들고 잡색을 섞어
　　　　　　　　　　　 장식을 했는데,

其弁伊騏. (기변이기) : 그 피변(皮弁)5)의 장식은 옥으로 만들었구나.

鳲鳩在桑, (시구재상) : 시구새가 뽕나무에 있으니,

其子在棘. (기자재극) : 그 자식이 날아올라 가시나무에 있구나.

淑人君子, (숙인군자) : 선한 군자여,

其儀不忒. (기의불특) : 그 위엄스러운 행동이 어긋나지 않는구나.

其儀不忒, (기의불특) : 그 위엄스러운 행동이 어긋나지 않으니,

正是四國. (정시사국) : 사방의 나라들을 바르게 하는구나.

鳲鳩在桑, (시구재상) : 시구새가 뽕나무에 있으니,

其子在榛. (기자재진) : 그 자식이 날아올라 개암나무에 있구나.

淑人君子, (숙인군자) : 선한 군자여,

正是國人. (정시국인) : 사방의 나라들을 바르게 하는구나.

正是國人, (정시국인) : 사방의 나라들을 바르게 하니,

胡不萬年. (호불만년) : 어찌 만년을 누리지 않겠는가.

毛序 鳲鳩, 刺不壹也, 在位無君子, 用心之不壹也.

모서 「시구(鳲鳩)」편은 한결같지 않음을 풍자한 시이니, 지위에 있는
자들 중 군자가 없어서 마음을 쓰는 것이 한결같지 않기 때문이다.

　　　혁대 위에 흰 비단이나 누인 명주 등으로 만든 띠를 뜻한다. 대부(大夫) 이상
　　의 계급은 흰 비단으로 만들었으며, 폭을 4촌(寸)으로 만들었고, 사(士)는 누
　　인 명주로 만들었으며, 폭은 2촌으로 만들었다. 『예기』「옥조(玉藻)」편에는
　　"大夫大帶四寸."이라는 기록이 있고, 이에 대한 정현의 주에서는 "大夫以上
　　以素, 皆廣四寸, 士以練, 廣二寸."이라고 풀이했다.
　5) 피변(皮弁)은 고대에 사용되었던 관(冠)의 한 종류이다. 백색 사슴의 가죽으
　　로 만든 모자이다. 한편 관(冠)에 따른 의복까지 포함한 의미로 사용되기도
　　한다. 『주례』「하관(夏官)·변사(弁師)」편에는 "王之皮弁, 會五采玉璂, 象邸,
　　玉笄."라는 기록이 있다.

참고 『예기』「경해(經解)」기록

경문-588d 天子者, 與天地參, 故德配天地, 兼利萬物, 與日月並明, 明照四海而不遺微小. 其在朝廷, 則道仁聖禮義之序; 燕處, 則聽雅頌之音; 行步, 則有環佩之聲; 升車, 則有鸞和之音. 居處有禮, 進退有度, 百官得其宜, 萬事得其序. 詩云, "淑人君子, 其儀不忒, 其儀不忒, 正是四國", 此之謂也.

번역 천자는 천지와 더불어 참여하는 자이다. 그렇기 때문에 그의 덕은 천지에 짝하고, 만물을 모두 이롭게 하며, 해 및 달과 더불어서 함께 밝으니, 그의 밝음은 사해를 비춰주되 미물이라도 빠트리지 않는다. 그가 조정에 있게 되면 인함과 성스러움, 예(禮)와 의(義)의 질서를 말하고, 한가롭게 머물 때라면 아(雅)와 송(頌)의 음악을 들으며, 걸어 다닐 때에는 차고 있던 패옥의 소리가 들리고, 수레에 타게 되면 방울소리가 들린다. 따라서 그가 거처할 때에는 예가 있고 나아가고 물러남에는 법도가 있으니, 모든 관리들이 그것을 보고 합당함을 얻고, 모든 일들이 질서를 얻는다. 『시』에서 "선한 군자여, 그의 위엄스러운 행동이 어긋나지 않았으니, 위엄스러운 행동이 어긋나지 않아서 사방의 나라들을 바르게 하는구나."라고 했으니, 바로 이러한 뜻을 나타낸다.

鄭注 道, 猶言也. 環佩, 佩環·佩玉也, 所以爲行節也. 玉藻曰: "進則揖之, 退則揚之. 然後玉鏘鳴也." 環取其無窮止, 玉則比德焉. 孔子佩象環五寸. 人君之環, 其制未聞也. 鸞·和, 皆鈴也, 所以爲車行節也. 韓詩內傳曰: "鸞在衡, 和在軾前. 升車則馬動, 馬動則鸞鳴, 鸞鳴則和應." 居處, 朝廷與燕也. 進退, 行步與升車也.

번역 '도(道)'자는 "말하다[言]."는 뜻이다. '환패(環佩)'는 허리에 차는 패환(佩環)과 패옥(佩玉)을 뜻하니, 행동을 조절하기 위한 도구이다. 『예기』 「옥조(玉藻)」편에서는 "앞으로 나아가게 되면 읍(揖)을 하듯이 몸을 조금 숙이고, 물러나게 되면 몸을 조금 펴게 되니, 이처럼 한 뒤에라야 패옥의

소리가 청아하게 울린다."[6]라고 했다. '환(環)'은 둥글게 생겨서 끝나지 않
는다는 뜻을 취한 것이고, '옥(玉)'은 덕을 비견하는 것이다.[7] 공자는 상아
를 5촌(寸)의 너비로 만든 둥근 환(環)을 찼다.[8] 군주가 차는 환(環)에 대해
서는 그 제도를 들어보지 못했다. '난(鸞)'과 '화(和)'는 모두 방울이니, 수레
의 움직임을 조절하기 위한 것이다. 『한시내전』[9]에서는 "난은 수레의 형
(衡)에 있고, 화는 수레의 식(軾) 앞에 있다. 수레에 타게 되면 말이 움직이
고, 말이 움직이게 되면 난이 울리며, 난이 울리면 화가 호응하여 울린다."
라고 했다. '거처(居處)'는 조정에 있을 때와 한가롭게 거처할 때를 뜻한다.
'진퇴(進退)'는 걸어 다닐 때와 수레에 탔을 때를 뜻한다.

孔疏 ●"天子"至"不成". ○正義曰: 此一節盛明天子霸王, 唯有禮爲霸王
之器, 言禮之重也.

번역 ●經文: "天子"~"不成". ○이곳 문단은 천자와 패왕만이 오직 예
를 갖춰 패왕의 그릇이 될 수 있다는 뜻을 융성하게 나타내고 있으니, 예
(禮)의 중대성을 의미한다.

孔疏 ●"與天地參"者, 天覆地載, 生養萬物, 天子亦能覆載生養之功, 與天

---

6) 『예기』「옥조(玉藻)」【388a~b】: 趨以采齊, 行以肆夏, 周還中規, 折還中矩,
   <u>進則揖之, 退則揚之, 然後玉鏘鳴也</u>. 故君子在車, 則聞鸞和之聲, 行則鳴佩玉,
   是以非辟之心無自入也.
7) 『예기』「옥조(玉藻)」【389a】: 凡帶必有佩玉, 唯喪否. 佩玉有衝牙, 君子無故,
   玉不去身, 君子<u>於玉比德焉</u>. / 『예기』「빙의(聘義)」【719b】: 子貢問於孔子曰:
   "敢問君子貴玉而賤碈者何也? 爲玉之寡而碈之多與?" 孔子曰: "非爲碈之多故賤
   之也, 玉之寡故貴之也. 夫昔者君子<u>比德於玉焉</u>: 溫潤而澤, 仁也; 縝密以栗, 知
   也; 廉而不劌, 義也; 垂之如隊, 禮也; 叩之其聲淸越以長, 其終詘然, 樂也; 瑕不
   揜瑜, 瑜不揜瑕, 忠也; 孚尹旁達, 信也; 氣如白虹, 天也; 精神見于山川, 地也; 圭
   璋特達, 德也; 天下莫不貴者, 道也. 詩云: '言念君子, 溫其如玉.' 故君子貴之也."
8) 『예기』「옥조(玉藻)」【389b】: <u>孔子佩象環五寸</u>, 而綦組綬.
9) 『한시내전(韓詩內傳)』은 한(漢)나라 때 한영(韓嬰)이 지은 책이다. 한영은 내
   전(內傳) 4권과 외전(外傳) 6권을 지었는데, 내전은 산일되어 없어졌고, 외전
   만이 남아 있다. 이것을 『한시외전(韓詩外傳)』이라고 부른다.

地相參齊等, 故云"與天地參".

번역 ●經文: "與天地參". ○하늘은 덮어주고 땅은 실어주어 만물을 낳고 기르는데, 천자 또한 덮어주고 실어주며 낳고 기르는 공덕을 발휘하여, 천지와 함께 서로 관여하여 동등하게 할 수 있다. 그렇기 때문에 "천지와 더불어 참여한다."라고 했다.

孔疏 ●"詩云: 淑人君子, 其儀不忒, 其儀不忒, 正是四國"者, 此詩·曹風·鳲鳩之篇, 刺上下不均平之詩, 言善人君子用心均平, 其威儀不有差忒, 以其不差, 故能正此四方之國.

번역 ●經文: "詩云: 淑人君子, 其儀不忒, 其儀不忒, 正是四國". ○이것은 『시』「조풍(曹風)·시구(鳲鳩)」편이니, 상하계층이 균평하지 못함을 풍자한 시이다. 즉 선한 군자만이 마음을 발휘하여 균평하게 할 수 있고, 그의 위엄스러운 행동거지에 어그러짐이 없으며, 이처럼 어그러짐이 없기 때문에 사방의 나라들을 올바르게 할 수 있다는 의미이다.

孔疏 ●"此之謂也"者, 言詩之所云, 正當此聖人有禮之謂也.

번역 ●經文: "此之謂也". ○『시』에서 언급한 내용은 바로 성인이 예(禮)를 갖췄다는 뜻에 해당한다는 의미이다.

참고 『예기』「치의(緇衣)」기록

경문-645a~b 子曰, "爲上可望而知也, 爲下可述而志也, 則君不疑於其臣, 而臣不惑於其君矣. 尹吉曰, '惟尹躬及湯, 咸有壹德.' 詩云, '淑人君子, 其儀不忒.'"

번역 공자가 말하길, "윗사람이 되어서 그를 바라보면 그의 뜻을 알 수 있고, 아랫사람이 되어서 직무를 조술하여 그 뜻을 기록할 수 있다면, 군주는 신하에 대해서 의문을 품지 않고, 신하는 군주에 대해서 의혹을 품지 않는다. 「윤고」편에서는 '저는 몸소 탕임금에게 미쳐 모두 한결같은 덕을 소유하였습니다.'라고 했고, 『시』에서는 '저 선한 군자여, 그 위엄스러운 거동이 어긋나지 않는구나.'"라고 했다.

鄭注 志, 猶知也. 吉, 當爲"告". 告, 古文"誥", 字之誤也. 尹告, 伊尹之誥也. 書序以爲咸有壹德, 今亡. 咸, 皆也. 君臣皆有壹德不貳, 則無疑惑也.

번역 '지(志)'자는 "알다[知]."는 뜻이다. '길(吉)'자는 마땅히 '고(告)'자가 되어야 한다. '고(告)'자는 고문의 고(誥)자로, 자형이 비슷해서 생긴 오류이다. '윤고(尹告)'는 곧 이윤(伊尹)의 고(誥)가 된다. 『서』의 「소서(小序)」에서는 「함유일덕(咸有壹德)」편으로 여기고 있는데, 현재는 망실되어 없다. '함(咸)'자는 모두[皆]라는 뜻이다. 군주와 신하가 모두 한결같은 덕을 가져서 차이가 나지 않는다면, 의혹이 없게 된다는 뜻이다.

孔疏 ●"子曰"至"不忒". ○正義曰: "爲上可望而知也"者, 謂貌不藏情, 可望見其貌, 則知其情.

번역 ●經文: "子曰"~"不忒". ○경문의 "爲上可望而知也"에 대하여. 그 모습에서 정감을 감추지 않아, 그 모습을 살펴보면 그 정감도 알 수 있다는 뜻이다.

孔疏 ●"爲下可述而志也", 志, 知也. 爲臣下率誠奉上, 其行可述敍而知.

번역 ●經文: "爲下可述而志也". ○'지(志)'자는 "알다[知]."는 뜻이다. 신하는 진실됨에 따라 윗사람을 섬겨서, 그의 행실을 기술하여 알 수 있다는 뜻이다.

孔疏 ●"尹吉曰: 惟尹躬及湯, 咸有一德"者, 吉, 當爲"告", 是伊尹誥大甲, 故稱"尹誥", 則咸有一德篇是也. 言惟尹躬身與成湯, 皆有純一之德. 引者, 證上君臣不相疑惑.

번역 ●經文: "尹吉曰: 惟尹躬及湯, 咸有一德". ○'길(吉)'자는 마땅히 '고(告)'자가 되어야 하니, 이윤이 태갑에게 아뢰었던 말이다. 그렇기 때문에 '윤고(尹誥)'라고 부르니, 현행본 『서』의 「함유일덕(咸有一德)」편이 여기에 해당한다. "이윤 본인은 몸소 탕임금과 더불어서 모두 순일한 덕을 지니고 있었다."라는 뜻이다. 이 내용을 인용한 것은 군주와 신하가 서로 의혹을 품지 않는다는 뜻을 증명하기 위해서이다.

孔疏 ●"詩云: 淑人君子, 其儀不忒"者, 此詩·曹風·鳲鳩之篇, 刺曹君之詩, 言善人君子, 其儀不有差忒. 引者, 證一德之義.

번역 ●經文: "詩云: 淑人君子, 其儀不忒". ○이 시는 『시』「조풍(曹風)·시구(鳲鳩)」편으로, 조나라 제후를 풍자한 시이다. 즉 선한 군자는 그 위엄스러운 거동에 어긋나는 점이 없다는 뜻이다. 이 시를 인용한 것은 한결같은 덕의 뜻을 증명하기 위해서이다.

참고 『순자』「부국(富國)」기록

원문 人皆亂, 我獨治; 人皆危, 我獨安; 人皆喪失之, 我按起而治之①. 故仁人之用國, 非特將持其有而已也, 又將兼人②. 詩曰, "淑人君子, 其儀不忒, 其儀不忒, 正是四國." 此之謂也③.

번역 다른 사람들은 모두 혼란스러운데 자기 홀로 다스려지고, 다른 사람들은 모두 위태로운데 나만 홀로 편안하며, 다른 사람들은 모두 잃고 놓쳤는데 나만 홀로 안도하며 일어나 다스린다. 그렇기 때문에 인자한 자가 나라를 다스리는 것은 단지 자기가 지니고 있는 것만 부리는 것이 아니며 또한 남이 가지고 있는 것까지도 겸해서 사용한다.『시』에서 "선한 군자여, 그 위엄스러운 행동이 어긋나지 않는구나. 그 위엄스러운 행동이 어긋나지 않으니, 사방의 나라들을 바르게 하는구나."라고 했는데, 바로 이러한 뜻을 가리킨다.

楊注-① 或曰: 按, 然後也.

번역 혹자가 말하길, '안(按)'자는 연후(然後)라는 뜻이다.

楊注-② 不惟持其所有而已.

번역 이미 가지고 있는 것만을 고수하지 않을 따름이다.

楊注-③ 曹風鳲鳩之篇.

번역 이 시는『시』「조풍(曹風)・시구(鳲鳩)」편이다.

참고 『순자』「의병(議兵)」기록

원문 故仁者之兵, 所存者神, 所過者化①, 若時雨之降, 莫不說喜. 是以堯伐驩兜②, 舜伐有苗③, 禹伐共工④, 湯伐有夏, 文王伐崇, 武王伐紂, 此四帝兩王⑤, 皆以仁義之兵, 行於天下也. 故近者親其善, 遠方慕其德, 兵不血刃, 遠邇來服, 德盛於此, 施及四極. 詩曰, "淑人君子, 其儀不忒, 其儀不忒, 正是四國." 此之謂也⑥.

번역 그러므로 인자한 자가 부리는 군대는 머무는 곳에서는 신처럼 외경하고 지나가는 나라에서는 모두 교화가 되니, 마치 시기에 맞게 내리는 비와 같아서 기뻐하지 않는 자가 없다. 이러한 까닭으로 요임금은 환두를 주살했고, 순임금은 유묘를 주살했으며, 우임금은 공공을 주살했고, 탕임금은 하나라를 정벌했으며, 문왕은 숭을 정벌했고, 무왕은 주임금을 정벌했으니, 네 제왕과 두 왕은 모두 인의에 따르는 군대로 천하에 정벌을 시행했던 것이다. 그러므로 가까이에 있는 자들은 그들의 선함을 친애하였고, 멀리 떨어져 있는 자들은 그들의 덕을 사모하였으니, 전쟁을 벌여 피를 흘리지 않아도 멀거나 가까이에 있는 자들이 찾아와서 복종하였고, 그 덕은 이에 융성하게 되어 사방에 미치게 되었다. 『시』에서 "선한 군자여, 그 위엄스러운 행동이 어긋나지 않는구나. 그 위엄스러운 행동이 어긋나지 않으니, 사방의 나라들을 바르게 하는구나."라고 했는데, 바로 이러한 뜻을 가리킨다.

楊注-① 所存止之處, 畏之如神, 所過往之國, 無不從化.

번역 머물러 있는 곳에 대해 외경하길 신처럼 여기고, 지나가는 나라에 있어서는 그에 따라 교화되지 않는 자가 없다.

楊注-② 伐, 亦誅也. 書曰, "放驩兜于崇山也."

번역 '벌(伐)'자 또한 주살한다는 뜻이다. 『서』에서는 "환두를 숭산으로 내쳤다."10)라고 했다.

楊注-③ 命禹伐之. 書曰, "帝曰, '咨禹, 惟時有苗弗率, 汝徂征之.'"

번역 우에게 명령하여 정벌하게 했던 것이다. 『서』에서는 "순임금이 '자우야, 저 유묘가 따르지 않으니, 네가 가서 정벌하라.'"11)라고 했다.

---

10) 『서』「우서(虞書)·순전(舜典)」: 流共工于幽洲, 放驩兜于崇山, 竄三苗于三危, 殛鯀于羽山. 四罪而天下咸服.
11) 『서』「우서(虞書)·대우모(大禹謨)」: 帝曰, 咨禹, 惟時有苗弗率, 汝徂征.

楊注-④   書曰, "流共工于幽州." 皆堯之事, 此云"禹伐共工", 未詳也.

번역   『서』에서는 "공공을 유주로 유배 보냈다."12)라고 했다. 이 모두는 요임금 때의 일인데, 이곳에서 "우임금이 공공을 주살했다."라고 한 이유에 대해서는 잘 모르겠다.

楊注-⑤   夏殷或稱王, 或稱帝. 曲禮曰, "措之廟, 立之主, 曰帝." 蓋亦論夏殷也. 至周自貶損, 全稱王, 故以文武爲兩王也.

번역   하나라와 은나라의 제왕에 대해서는 '왕(王)'이라 지칭할 때도 있고 '제(帝)'라고 지칭할 때도 있다. 『예기』「곡례(曲禮)」편에서는 "그의 묘(廟)를 설치하여, 그의 신주를 세우게 되면, '제(帝)'라고 부른다."13)라고 했다. 아마도 이 또한 하나라와 은나라의 경우를 논의한 것이다. 주나라 때에 이르게 되면 스스로 낮추고 줄이게 되어 모두가 '왕(王)'이라고 지칭했다. 그렇기 때문에 문왕과 무왕을 '양왕(兩王)'이라고 한 것이다.

楊注-⑥   曹風尸鳩之篇.

번역   이 시는 『시』「조풍(曹風)·시구(尸鳩)」편이다.

참고   『순자』「군자(君子)」 기록

원문   不矜矣, 夫故天下不與爭能, 而致善用其功①. 有而不有也, 夫故爲天下貴矣②. 詩曰, "淑人君子, 其儀不忒, 其儀不忒, 正是四國." 此之謂也③.

---

12) 『서』「우서(虞書)·순전(舜典)」: <u>流共工于幽洲</u>, 放驩兜于崇山, 竄三苗于三危, 殛鯀于羽山. 四罪而天下咸服.
13) 『예기』「곡례하(曲禮下)」【54d】: 崩, 曰天王崩. 復, 曰天子復矣. 告喪, 曰天王登假. <u>措之廟, 立之主, 曰帝</u>.

번역 자랑하지 않기 때문에 천하가 그와 더불어 유능한가를 다투지 않고, 공적을 잘 사용하길 지극히 한다. 있으면서도 있는 척을 하지 않기 때문에 천하 사람들이 귀하게 여긴다. 『시』에서 "선한 군자여, 그 위엄스러운 행동이 어긋나지 않는구나. 그 위엄스러운 행동이 어긋나지 않으니, 사방의 나라들을 바르게 하는구나."라고 했는데, 바로 이러한 뜻을 가리킨다.

楊注-① 不矜而推衆力, 故天下不敢爭能, 而極善用於衆功. 矜則有敵, 故不尊也.

번역 자랑하지 않고 많은 사람의 힘으로 얻은 것이라 미루기 때문에 천하는 누가 더 유능한가를 감히 다투지 않고, 많은 사람의 공적에 대해서 잘 사용하길 지극히 한다. 자랑한다면 적이 생기기 때문에 존귀하게 여기지 않는다.

楊注-② 有能而不自有.

번역 능력이 있으면서도 스스로 가지지 못한 것처럼 한다.

楊注-③ 詩, 曹風鳲鳩之篇. 言善人君子, 其儀不忒, 故能正四方之國. 以喩正身任物則四國皆化, 恃才矜能則所得者小也.

번역 이 시는 『시』「조풍(曹風) · 시구(鳲鳩)」편이다. 선한 군자는 그 위엄스러운 거동이 어긋나지 않는다. 그렇기 때문에 사방의 나라를 바르게 할 수 있다는 뜻이다. 이를 통해 자신을 바르게 해서 다른 대상에게 임무를 맡긴다면 사방의 나라들이 모두 교화가 되며, 자신의 재능만 믿고 과시한다면 얻는 것이 적음을 비유하였다.

참고 『효경』「성치장(聖治章)」기록

경문 曾子曰, "敢問聖人之德, 無以加於孝乎?" 子曰, "天地之性人爲貴. 人之行莫大於孝③, 孝莫大於嚴父④, 嚴父莫大於配天, 則周公其人也⑤."

번역 증자가 "감히 묻겠습니다. 성인의 덕 중에는 효보다 더 나은 것은 없습니까?"라고 묻자 공자는 "세상에 존재하는 생명체 중에 사람이 가장 존귀하다. 사람의 행실 중에는 효보다 큰 것이 없으며, 효에는 부친을 존엄하게 대하는 것보다 큰 것이 없고, 부친을 존엄하게 대하는 것에는 하늘에 배향하는 것보다 큰 것이 없으니, 주공이 바로 그러한 인물에 해당한다."라고 했다.

李注-① 參問明王孝理以致和平, 又問聖人德敎更有大於孝不?

번역 증자는 성왕이 효로 다스려 세상을 화평하게 이루었다는 얘기를 듣고서 재차 성인의 덕과 교화 중에 효보다 더 큰 것이 있는지 아닌지를 물어본 것이다.

李注-② 貴其異於萬物也.

번역 만물 중에서도 특출함을 존귀하게 여기는 것이다.

李注-③ 孝者, 德之本也.

번역 효는 덕의 근본이다.

李注-④ 萬物資始於乾, 人倫資父爲天. 故孝行之大, 莫過尊嚴其父也.

번역 만물은 건괘에 힘입어 시작되고 인륜은 부친을 하늘처럼 받드는 것을 바탕으로 삼는다. 그렇기 때문에 효행의 큰 것 중에는 부친을 존엄하게 대하는 것보다 뛰어난 것이 없다.

李注-⑤　謂父爲天, 雖無貴賤, 然以父配天之禮始自周公, 故曰其人也.

번역　부친을 하늘처럼 여기는 것에는 비록 신분의 차이가 없지만 부친을 하늘에 배향하는 예법은 주공으로부터 시작되었다. 그렇기 때문에 "바로 그 사람이다."라고 했다.

경문　"昔者周公郊祀后稷以配天①, 宗祀文王於明堂, 以配上帝②. 是以四海之內, 各以其職來祭③. 夫聖人之德, 又何以加於孝乎④?"

번역　계속하여 공자는 "옛날 주공은 후직에게 교사(郊祀)14)를 지내서 하늘에 배향했고, 명당(明堂)15)에서 문왕을 높여 제사지내며 상제에게 배향했다. 이러한 까닭으로 천하의 모든 제후들이 각각 자신의 직무를 수행하고 찾아와서 제사를 도왔다. 성인의 덕 중에 또한 무엇이 효보다 크겠는가?"라고 했다.

---

14) 교제(郊祭)는 '교사(郊祀)'라고도 부른다. 교외(郊外)에서 천지(天地)에 제사를 지냈기 때문에 붙여진 명칭이다. 음양설(陰陽說)이 성행했던 한(漢)나라 때에는 하늘에 대한 제사는 양(陽)의 뜻을 따라 남교(南郊)에서 지냈고, 땅에 대한 제사는 음(陰)의 뜻을 따라 북교(北郊)에서 지냈다. 『한서』「교사지하(郊祀志下)」편에는 "帝王之事莫大乎承天之序, 承天之序莫重於郊祀. …… 祭天於南郊, 就陽之義也. 地於北郊, 卽陰之象也."라는 기록이 있다. 한편 '교사'는 후대에 제사를 범칭하는 용어로도 사용되었다. '교사' 중의 '교(郊)'자는 규모가 큰 제사를 뜻하며, '사(祀)'는 비교적 규모가 작은 제사들을 뜻한다.
15) 명당(明堂)은 일반적으로 고대 제왕이 정교(政敎)를 베풀던 장소를 지칭하는 용어로 사용되었다. 이곳에서는 조회(朝會), 제사(祭祀), 경상(慶賞), 선사(選士), 양로(養老), 교학(敎學) 등의 국가 주요 업무가 시행되었다. 『맹자』「양혜왕하(梁惠王下)」편에는 "夫明堂者, 王者之堂也."라는 용례가 있고, 『옥태신영(玉台新詠)』「목난사(木蘭辭)」편에도 "歸來見天子, 天子坐明堂."이라는 용례가 있다. '명당'의 규모나 제도는 시대마다 다르다. 또한 '명당'이라는 건물군 중에서 남쪽의 실(室)을 가리키는 용어로도 사용되었다.

李注-① 后稷, 周之始祖也. 郊謂圜丘祀天也. 周公攝政, 因行郊天之祭, 乃尊始祖以配之也.

번역 '후직(后稷)'은 주나라의 시조이다. '교(郊)'는 환구(圜丘)16)에서 하늘에게 제사지내는 것을 뜻한다. 주공이 성왕을 섭정할 때, 하늘에 대해 교제사를 시행하는 것에 따라 시조를 높여서 하늘에 배향했다.

李注-② 明堂, 天子布政之宮也. 周公因祀五方上帝於明堂, 乃尊文王以配之也.

번역 '명당(明堂)'은 천자가 정교를 펼치는 건물이다. 주공은 명당에서 다섯 방위의 상제에게 제사지낸 것에 따라 문왕을 높여서 배향했다.

李注-③ 君行嚴配之禮, 則德敎刑於四海. 海內諸侯, 各脩其職來助祭也.

번역 군주가 부친을 존엄하게 대하며 하늘에 배향하는 예법을 시행한다면, 그의 덕과 교화는 천하에 모범이 된다. 천하에 속한 모든 제후들은 각각 자신의 직무를 수행하고 찾아와서 제사를 돕는다.

李注-④ 言無大於孝者.

번역 효보다 큰 것은 없다는 뜻이다.

경문 "故親生之膝下, 以養父母日嚴①. 聖人因嚴以敎敬, 因親以敎愛②.

---

16) 환구(圜丘)는 원구(圓丘)라고도 부른다. 고대에 제왕이 동지(冬至)에 제천(祭天) 의식을 집행하던 곳이다. 자연적으로 형성된 언덕의 형상을 본떠서, 흙을 높이 쌓아올려 만들었기 때문에, '구(丘)'자를 붙여서 부른 것이며, 하늘의 둥근 형상을 본떴다는 뜻에서 '환(圜)' 또는 '원(圓)'자를 붙여서 부른 것이다. 『주례』「춘관(春官)・대사악(大司樂)」편에는 "冬日至, 於地上之圜丘奏之."라는 기록이 있고, 이에 대한 가공언(賈公彦)의 소(疏)에서는 "土之高者曰丘, 取自然之丘. 圜者, 象天圜也."라고 풀이했다.

聖人之敎不肅而成, 其政不嚴而治③. 其所因者本也④.”

번역　계속하여 공자는 “그러므로 부모를 친애하는 마음은 부모의 슬하에서 자라날 때 생기고, 이러한 마음으로 부모를 봉양하여 날로 존엄하게 대하는 것이다. 성인은 존엄하게 여기는 마음에 따라 공경을 가르치고, 친애하는 마음에 따라 사랑함을 가르친다. 성인의 가르침은 엄숙하게 하지 않아도 완성되고, 그 정치는 엄격하게 하지 않아도 다스려진다. 근거한 것이 바로 근본이기 때문이다.”라고 했다.

李注-①　親, 猶愛也. 膝下, 謂孩幼之時也. 言親愛之心, 生於孩幼. 比及年長, 漸識義方, 則日加尊嚴, 能致敬於父母也.

번역　‘친(親)’자는 사랑한다는 뜻이다. ‘슬하(膝下)’는 유년시기를 뜻한다. 친애하는 마음은 유년시기에 생겨난다는 의미이다. 점차 나이가 장성하게 되면 점진적으로 규범과 도리를 알게 되니, 날도 존엄하게 여기는 마음이 커져서 부모에게 공경을 지극히 할 수 있게 된다.

李注-②　聖人因其親嚴之心, 敦以愛敬之敎. 故出以就傅, 趨而過庭, 以敎敬也; 抑搔癢痛, 懸衾篋枕, 以敎愛也.

번역　성인은 사람들이 부모를 친애하고 존엄하게 여기는 마음에 따라서 사랑과 공경의 가르침으로 돈독하게 했다. 그렇기 때문에 성장하여 집을 벗어나게 되면 스승에게 찾아가게 했고,[17] 빠른 걸음으로 마당을 지나갈 때에도 공경을 가르쳤다.[18] 문지르고 가려운 곳을 긁어드리며,[19] 잠옷

---

17) 『예기』 「내칙(內則)」 【368a】 : 九年, 敎之數日. 十年, 出就外傅, 居宿於外, 學書計.

18) 『논어』 「계씨(季氏)」 : 陳亢問於伯魚曰, “子亦有異聞乎?” 對曰, “未也. 嘗獨立, 鯉趨而過庭. 曰, ‘學詩乎?’ 對曰, ‘未也.’ ‘不學詩, 無以言.’ 鯉退而學詩. 他日, 又獨立, 鯉趨而過庭. 曰, ‘學禮乎?’ 對曰, ‘未也.’ ‘不學禮, 無以立.’ 鯉退而學禮. 聞斯二者.”

19) 『예기』 「내칙(內則)」 【346d~347a】 : 及所, 下氣怡聲, 問衣燠寒, 疾痛苛癢, 而

을 정돈하여 걸고 베개는 상자에 넣었으니,[20] 이를 통해 사랑하는 마음을 가르쳤다.

李注-③   聖人順群心以行愛敬制禮則以施政教, 亦不待嚴肅而成理也.

번역   성인은 백성들의 마음에 따라 사랑과 공경을 시행하고 예법을 제정하였으니, 이로써 정치와 교화를 펼쳤다면 또한 엄숙하게 하지 않아도 저절로 완성되고 다스려진다.

李注-④   本, 謂孝也.

번역   '본(本)'은 효를 뜻한다.

경문   "父子之道, 天性也, 君臣之義也①. 父母生之, 續莫大焉②. 君親臨之, 厚莫重焉③."

번역   계속하여 공자는 "부자사이에서 지켜야 하는 도는 천성적인 것이며, 이것은 군신사이에서 지켜야 하는 의리가 된다. 부모가 자신을 낳아주었으니, 생명을 이어준 은혜는 무엇보다도 크다. 군주는 직접 나를 다스려주니 후덕함은 무엇보다도 무겁다."라고 했다.

李注-①   父子之道, 天性之常, 加以尊嚴, 又有君臣之義.

번역   부자사이에서 지켜야 하는 도는 천성적인 상도(常道)이며, 존엄함을 더한다면 또한 군신사이에서 지켜야 하는 의리가 생긴다.

李注-②   父母生子, 傳體相續. 人倫之道, 莫大於斯.

敬抑搔之. 出入, 則或先或後而敬扶持之. 進盥, 少者奉槃, 長者奉水, 請沃盥, 盥卒授巾, 問所欲而敬進之, 柔色以溫之.

20) 『예기』「내칙(內則)」【348c】: 父母舅姑將坐, 奉席請何鄉; 將衽, 長者奉席請何趾, 少者執牀與坐, 御者擧几, 斂席與簟, 縣衾, 篋枕, 斂簟而襡之.

번역 부모는 자식을 낳아서 개체를 이어 생명을 전승한다. 인륜의 도 중에서 이보다 큰 것은 없다.

李注-③ 謂父爲君, 以臨於己. 恩義之厚, 莫重於斯.

번역 부친은 군주의 역할을 하며 나를 다스려준다. 은혜와 의리의 두터 움이 이보다 무거운 것은 없다.

경문 "故不愛其親而愛他人者, 謂之悖德; 不敬其親而敬他人者, 謂之悖禮 ①. 以順則逆, 民無則焉②. 不在於善, 而皆在於凶德③. 雖得之, 君子不貴也④."

번역 계속하여 공자는 "그렇기 때문에 자신의 부모를 친애하지 않으면 서 남을 친애하는 것은 덕을 어그러트린다고 부르고, 자신의 부모를 공경 하지 않으면서 남을 공경하는 것은 예를 어그러트린다고 부른다. 이로써 순종시켜야 하는데 자신이 어기게 된다면 백성들은 본받을 것이 없게 된다. 그리고 본인이 선에 뜻을 두지 않아서 백성들은 모두 흉악한 덕에 뜻을 두게 된다. 비록 뜻을 얻었다 하더라도 군자는 그를 존귀하게 여기지 않는 다."라고 했다.

李注-① 言盡愛敬之道, 然後施敎於人, 違此則於德禮爲悖也.

번역 부모에 대한 사랑과 공경의 도리를 다한 뒤에야 남에게 교화를 펼 칠 수 있으니, 이것을 어긴다면 덕과 예에 대해 어긋나게 된다.

李注-② 行敎以順人心, 今自逆之, 則下無所法則也.

번역 교화를 시행해서 백성들의 마음을 순종시켜야 하는데, 제 스스로 이것을 어긴다면 백성들은 본받을 것이 없게 된다.

李注-③ 善, 謂身行愛敬也. 凶, 謂悖其德禮也.

번역 '선(善)'은 직접 사랑과 공경을 실천한다는 뜻이다. '흉(凶)'은 덕과 예를 어그러트린다는 뜻이다.

李注-④ 言悖其德禮, 雖得志於人上, 君子之不貴也.

번역 덕과 예를 어그러트린다면 비록 군주가 되고자 하는 뜻을 이루더라도, 군자가 존귀하게 여기지 않는다는 뜻이다.

경문 "君子則不然①, 言思可道, 行思可樂②. 德義可尊, 作事可法③. 容止可觀, 進退可度④. 以臨其民, 是以其民畏而愛之, 則而象之⑤. 故能成其德敎, 而行其政令⑥."

번역 계속하여 공자는 "군자는 그처럼 하지 않으니, 말을 할 때에는 그것이 말할만한 것인지를 생각하고, 행동할 때에는 그것이 사람들을 즐겁게 할 수 있는 것인지를 생각한다. 자신의 덕과 의리를 존숭할만하게 만들고 일을 시행할 때에는 본받을만하게 만든다. 용모와 행동거지는 귀감이 될 만하게 만들고, 나아가고 물러남의 예절은 법도가 될 만하게 만든다. 이를 통해 백성들을 다스리니, 이러한 까닭으로 백성들은 그를 외경하면서도 사랑하게 되며, 그를 법도로 삼아 본받게 된다. 그렇기 때문에 덕과 교화를 완성할 수 있고, 정치와 명령을 시행할 수 있다."라고 했다.

李注-① 不悖德禮也.

번역 덕과 예를 어그러트리지 않는다는 뜻이다.

李注-② 思可道而後言, 人必信也; 思可樂而後行, 人必悅也.

번역 말할만한 것인지를 생각한 뒤에야 말하면 사람들이 반드시 믿게

제18절 전(傳) 9장-6·7·8·9 **281**

된다. 즐겁게 할 수 있는지를 생각한 뒤에야 행동하면 사람들이 반드시 기쁘하게 된다.

李注-③ 立德行義, 不違道正, 故可尊也; 制作事業, 動得物宜, 故可法也.

번역 덕을 세우고 의리를 시행하는 것은 올바른 도에 위배되지 않기 때문에 존숭할 수 있다. 사업을 제정해서 시행하고 행동이 사물의 도리에 합당하기 때문에 본받을 수 있다.

李注-④ 容止, 威儀也, 必合規矩, 則可觀也; 進退, 動靜也, 不越禮法, 則可度也.

번역 '용지(容止)'는 위엄이 있는 행동거지를 뜻하니, 반드시 규범과 도리에 합치되어야만 귀감이 될 수 있다. '진퇴(進退)'는 움직이거나 가만히 있는 것을 뜻하니, 예법에서 벗어나지 않아야만 법도가 될 수 있다.

李注-⑤ 君行六事, 臨撫其人, 則下畏其威, 愛其德, 皆放象於君也.

번역 군주가 이러한 여섯 가지 사안을 시행하여 백성들을 다스리고 구휼한다면, 백성들은 군주의 위엄을 외경하고 군주의 덕을 사랑하니, 모두가 군주를 본받아 따르게 된다.

李注-⑥ 上正身以率下, 下順上而法之, 則德敎成, 政令行也.

번역 위정자가 자신을 바르게 해서 아랫사람을 통솔하고 아랫사람이 위정자에게 순종하며 그를 본받는다면, 덕과 교화가 완성되고 정치와 명령이 시행된다.

경문 "詩云, '淑人君子, 其儀不忒.'"

번역 계속하여 공자는 "『시』에서는 '훌륭한 저 군자여, 그 위엄스러운 거동이 어긋나지 않는구나.'"라고 했다.

李注 淑, 善也. 忒, 差也. 義取君子威儀不差, 爲人法則.

번역 '숙(淑)'자는 훌륭하다는 뜻이다. '특(忒)'자는 어긋난다는 뜻이다. 군자의 위엄스러운 거동이 어긋나지 않아서 사람들의 법도가 될 수 있다는 의미를 취한 것이다.

邢疏 ●"詩云至不忒". ○正義曰: 夫子述君子之德旣畢, 乃引曹風・鳲鳩之詩以贊美之, 言善人君子威儀不差失也.

번역 ●經文: "詩云至不忒". ○공자는 군자의 덕에 대한 진술을 끝내고 곧『시』「조풍(曹風)・시구(鳲鳩)」편의 시를 인용하여 찬미한 것으로, 훌륭한 군자의 위엄스러운 거동은 어긋나지 않는다는 뜻이다.

邢疏 ◎注"淑善至法則". ○正義曰: 云"淑, 善也. 忒, 差也", 此依鄭注也. "淑, 善", 釋詁文. 釋言云: "爽, 差也." "爽, 忒也." 轉互相訓, 故忒得爲差也. 云"義取君子威儀不差, 爲人法則"者, 亦言引詩大意如此也.

번역 ◎李注: "淑善至法則". ○"숙(淑)자는 선(善)자의 뜻이다. 특(忒)자는 차(差)자의 뜻이다."라고 했는데, 이것은 정현의 주에 따른 것이다. "숙(淑)자는 선(善)자의 뜻이다."라는 말은『이아』「석고(釋詁)」편의 기록이다.[21]『이아』「석언(釋言)」편에서는 "상(爽)자는 차(差)자의 뜻이다. 상(爽)자는 특(忒)자의 뜻이다."[22]라고 했으니, 차(差)자와 특(忒)자는 상호 전환되며 그 뜻이 된다. 그렇기 때문에 특(忒)자를 차(差)자로 풀이할 수 있다.

---

21)『이아』「석고(釋詁)」 : 儀・若・祥・淑・鮮・省・臧・嘉・令・類・綝・縠・攻・穀・介・徽, 善也.

22)『이아』「석언(釋言)」 : 爽, 差也. 爽, 忒也.

"군자의 위엄스러운 거동이 어긋나지 않아서 사람들의 법도가 될 수 있다
는 의미를 취한 것이다."라고 했는데, 이 또한 『시』를 인용한 큰 뜻이 이와
같다는 의미이다.

● 그림 18-1 ■ 허리띠 : 대(帶)·혁대(革帶)·대대(大帶)

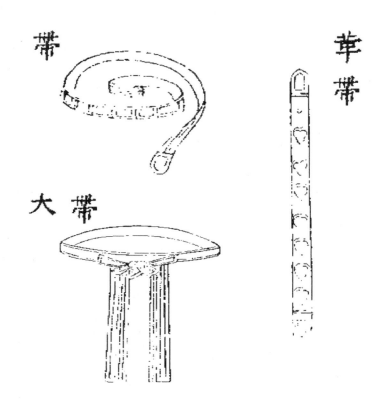

◎ 혁대(革帶): 가죽으로 만든 허리띠로, 대(帶)와 혁대는 옷과 연결하여 결속함
　　대대(大帶): 주로 예복(禮服)에 착용하는 것으로, 혁대에 결속함

※ 출처: 『삼재도회(三才圖會)』「의복(衣服)」 2권

그림 18-2 ▣ 피변(皮弁)과 작변(爵弁)

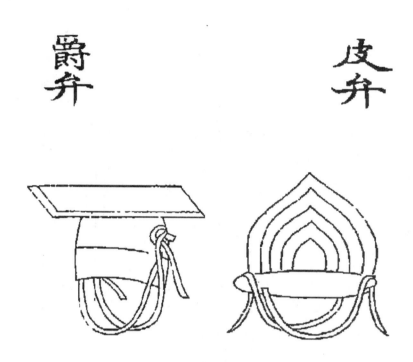

※ 출처: 『삼례도집주(三禮圖集注)』 3권

그림 18-3 ◨ 명당(明堂)

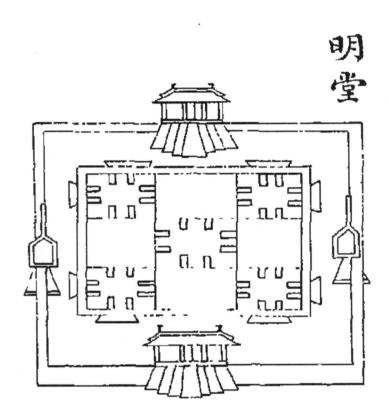

※ 출처: 『삼례도집주(三禮圖集注)』 4권

그림 18-4 ▣ 명당(明堂)-『삼재도회』

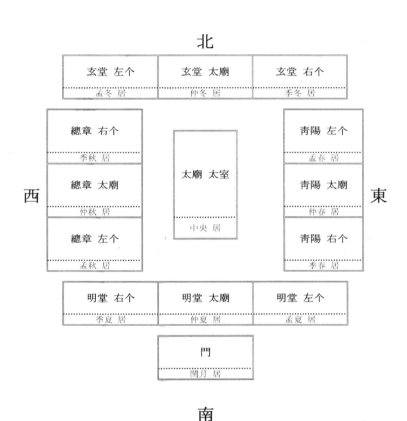

※ 출처: 『삼재도회(三才圖會)』

그림 18-5 ◨ 명당(明堂)-주자의 설

北

玄堂 左个 總章 右个 季秋·孟冬 居	玄堂 太廟 仲冬 居	玄堂 右个 靑陽 左个 孟春·季冬 居
總章 太廟 仲秋 居	太廟 太室 中央 居	靑陽 太廟 仲春 居
總章 左个 明堂 右个 季夏·孟秋 居	明堂 太廟 仲夏 居	靑陽 右个 明堂 左个 季春·孟夏 居

西 　　　　　　　　　　　　　　　　　　 東

南

※ **출처:**『주자어류(朱子語類)』

그림 18-6   ◼ 환구단(圜丘壇)

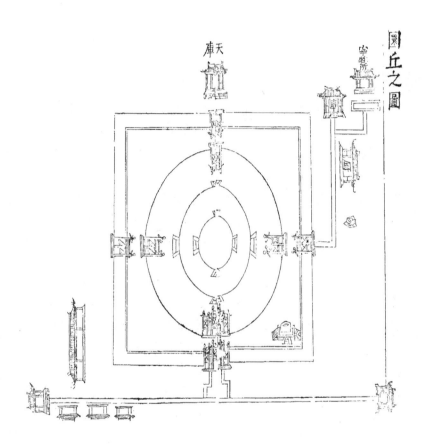

※ **출처:** 『삼재도회(三才圖會)』「궁실(宮室)」 2권

• 제 **19** 절 •

전(傳) 10장-1

【1868下】

所謂平天下在治其國者, 上老老而民興孝, 上長長而民興弟,
上恤孤而民不倍, 是以君子有絜矩之道也.

직역 天下를 平함이 그 國을 治함에 在라 謂한 所의 者는 上이 老를 老하면
民이 孝를 興하고, 上이 長을 長하면 民이 弟를 興하며, 上이 孤를 恤하면 民이
不倍하니, 是以로 君子는 絜矩의 道를 有라.

의역 이른바 천하를 평안하게 만드는 것은 그 국(國)을 다스리는데 달려있다고
했는데, 윗사람이 노인을 존숭하면 백성들은 효의 기풍을 진작시킬 것이고, 윗사람
이 어른을 공경하면 백성들은 공손의 기풍을 진작시킬 것이며, 윗사람이 외롭고
유약한 사람을 가엾게 여기면 백성들은 그들을 등지거나 버리지 않는다. 이러한
까닭으로 군자는 규범과 법도를 단단히 준수하는 도를 지니고 있다.

鄭注 老老·長長, 謂尊老敬長也. 恤, 憂也. "民不倍", 不相倍棄也. 絜, 猶
結也, 挈也. 矩, 法也. 君子有挈法之道, 謂當執而行之, 動作不失之. 倍, 或作
偝. 矩, 或作巨.

번역 '노로(老老)'와 '장장(長長)'은 노인을 존숭하고 어른을 공경한다는
뜻이다. '휼(恤)'자는 "가엾게 여기다[憂]."는 뜻이다. '민불패(民不倍)'는 서
로 등지거나 버리지 않는다는 뜻이다. '혈(絜)'자는 "단단히 묶는다[結]."는
뜻이며, "손에 든다[挈]."는 뜻이다. '구(矩)'자는 법도[法]를 뜻한다. 군자는

손에 든 법의 도를 가지고 있다고 했는데, 항상 그것을 가지고 시행하여
움직이더라도 잃지 않는다는 뜻이다. '패(倍)'자를 다른 판본에서는 '배(偝)'
자로 기록하기도 한다. '구(矩)'자를 다른 판본에서는 '거(巨)'자로 기록하기
도 한다.

釋文 弟音悌. 倍音佩, 注同. 絜音結. 拒之音矩, 本亦作"矩". 偝棄音佩, 本
亦作"倍", 下同. 挈也, 苦結反. 巨音拒, 本亦作矩, 其呂反.

번역 '弟'자의 음은 '悌(제)'이다. '倍'자의 음은 '佩(패)'이며, 정현의 주에
나오는 글자도 그 음이 이와 같다. '絜'자의 음은 '結(결)'이다. '拒之'에서의
'拒'자는 그 음이 '矩(구)'이며, 판본에 따라서는 또한 '矩'자로도 기록한다.
'偝棄'에서의 '偝'자는 그 음이 '佩(패)'이며, 판본에 따라서는 또한 '倍'자로
도 기록하고, 아래문장에 나오는 글자도 이와 같다. '挈也'에서의 '挈'자는
'苦(고)'자와 '結(결)'자의 반절음이다. '巨'자의 음은 '拒(거)'이며, 판본에 따
라서는 또한 '矩'자로도 기록하는데, 그 음은 '其(기)'자와 '呂(려)'자의 반절
음이다.

孔疏 ●"所謂平天下, 在治其國"者. ○正義曰: 自此以下至終篇, 覆明上
文"平天下在治其國"之事. 但欲平天下, 先須治國, 治國事多, 天下理廣, 非一
義可了, 故廣而明之. 言欲平天下, 先須脩身, 然後及物. 自近至遠, 自內至外,
故初明"絜矩之道", 次明散財於人之事, 次明用善人·遠惡人. 此皆治國·治
天下之綱, 故總而詳說也. 今各隨文解之.

번역 ●經文: "所謂平天下, 在治其國"者. ○이 구문부터 끝까지는 앞에
서 "천하를 평안하게 하는 것은 그 국(國)을 다스리는데 달려있다."라고
한 사안을 재차 설명한 것이다. 다만 천하를 평안하게 만들고자 할 때에는
우선 그 나라를 다스려야 하고, 나라를 다스리는 사안은 많고 천하가 다스
려지는 것은 광범위하니, 한 가지 뜻으로 마칠 수 없다. 그렇기 때문에 폭넓
게 설명한 것이다. 즉 천하를 평안하게 만들고자 할 때에는 우선 자신을

수양해야 하고, 그런 뒤에 다른 사물에게 그 영향이 미쳐야 한다. 즉 가까운 곳으로부터 먼 곳에 이르고, 내적인 것으로부터 외적인 것에 도달해야만 한다. 그렇기 때문에 처음에 '혈구지도(絜矩之道)'를 나타내었고, 그 다음으로 사람들에게 재물을 나눠주는 사안을 나타내었으며, 그 다음으로 선한 사람을 등용하고 악한 사람을 멀리하는 일을 나타내었다. 이것은 모두 나라를 다스리고 천하를 다스리는 기강이 된다. 그렇기 때문에 총괄적으로 설명하며 상세히 풀이하였다. 현재는 각각의 문장에 따라서 풀이하겠다.

孔疏　●"上恤孤而民不倍"者, 孤弱之人, 人所遺棄, 是上君長若能憂恤孤弱不遺, 則下民學之, 不相棄倍此人.

번역　●經文: "上恤孤而民不倍". ○외롭고 유약한 사람들은 남들이 소홀히 하고 등지는 대상이니, 위에 있는 군주와 존장자가 외롭고 유약한 사람들을 가엾게 여겨 빠트리지 않을 수 있다면 아래에 있는 백성들이 그것을 보고 배우니, 이러한 사람들에 대해서 서로 버리거나 등지지 않는다.

孔疏　●"是以君子有絜矩之道也"者, 絜, 猶結也; 矩, 法也. 言君子有執結持矩法之道, 動而無失, 以此加物, 物皆從之也.

번역　●經文: "是以君子有絜矩之道也". ○'혈(絜)'자는 "단단히 묶는다[結]."는 뜻이다. '구(矩)'자는 법도[法]를 뜻한다. 즉 군자는 규범과 법도를 단단히 지니는 도리를 가지고 있어서 움직이게 되더라도 잃지 않고, 이를 통해 다른 대상에게 적용하고 다른 대상들도 모두 그에 따르게 된다는 뜻이다.

集註　長, 上聲. 弟, 去聲. 倍, 與背同. 絜, 胡結反.

번역　'長'자는 상성으로 읽는다. '弟'자는 거성으로 읽는다. '倍'자는 '背(배)'자와 같다. '絜'자는 '胡(호)'자와 '結(결)'자의 반절음이다.

集註 老老, 所謂老吾老也. 興, 謂有所感發而興起也. 孤者, 幼而無父之稱. 絜, 度也. 矩, 所以爲方也. 言此三者, 上行下效, 捷於影響, 所謂家齊而國治也. 亦可以見人心之所同, 而不可使有一夫之不獲矣. 是以君子必當因其所同, 推以度物, 使彼我之間各得分願, 則上下四旁均齊方正, 而天下平矣.

번역 '노로(老老)'는 "내 노인을 노인으로 섬긴다."[1]는 뜻이다. '흥(興)'자는 느껴서 발현하는 바가 있어 흥기시킨다는 뜻이다. '고(孤)'자는 어려서 부친을 잃은 자를 지칭한다. '혈(絜)'자는 헤아린다는 뜻이다. '구(矩)'자는 사각형을 재는 기구이다. 이 세 가지는 윗사람이 시행하고 아랫사람이 본받는 것이 그림자나 메아리보다도 빠르니, 집안이 가지런해지면 나라가 다스려진다는 뜻이다. 여기에서도 사람의 마음은 동일한 바가 있어서 한 사람이라도 제자리를 얻지 못하게끔 해서는 안 된다는 사실을 확인할 수 있다. 이러한 까닭으로 군자는 반드시 동일한 점에 따라서 그것을 미루어 다른 대상을 헤아려야 하고, 이를 통해 상대와 나의 사이에 각각 본분과 소망하는 것을 얻게 하니, 이처럼 한다면 상하 및 사방이 고르게 되고 방정하게 되어 천하가 평안해질 것이다.

참고 『맹자』「양혜왕상(梁惠王上)」 기록

경문 老吾老, 以及人之老; 幼吾幼, 以及人之幼, 天下可運於掌①. 詩云, "刑于寡妻, 至于兄弟, 以御于家邦." 言擧斯心加諸彼而已②. 故推恩足以保四海, 不推恩無以保妻子. 古之人所以大過人者, 無他焉, 善推其所爲而已矣③. 今恩足以及禽獸, 而功不至於百姓者, 獨何與④?

번역 내 집에 있는 노인을 공경하여 이러한 마음을 남의 집에 있는 노인에게까지 미치고, 내 집에 있는 어린아이를 사랑하여 이러한 마음을 남의

---

1) 『맹자』「양혜왕상(梁惠王上)」 : <u>老吾老</u>, 以及人之老, 幼吾幼, 以及人之幼. 天下可運於掌. 詩云, '刑于寡妻, 至于兄弟, 以御于家邦.' 言擧斯心加諸彼而已.

집에 있는 어린아이에게까지 미치면, 천하는 손바닥 위에서 움직이는 것처럼 쉽게 다스릴 수 있습니다. 『시』에서는 "자기 본처를 바르게 하여 형제에게까지 미치고, 이를 통해 나라와 천하의 복을 누린다."라고 했습니다. 이것은 곧 이러한 마음을 들어 상대에게 더하는 것을 뜻할 뿐입니다. 그러므로 은혜를 확장하면 천하를 보호할 수 있지만 은혜를 확장하지 않으면 처자도 보호할 수 없습니다. 옛 사람들 중 군주가 되었던 자들은 다른 방법이 있었던 것이 아니라, 자신의 마음에 따른 행동을 잘 확장했던 것일 뿐입니다. 지금 그 은혜가 짐승에게는 미치지만 그 공덕이 백성에게 미치지 못한 것은 유독 어째서입니까?

趙注-① 老猶敬也, 幼猶愛也, 敬我之老, 亦敬人之老; 愛我之幼, 亦愛人之幼. 推此心以惠民, 天下可轉之掌上. 言其易也.

번역 '노(老)'자는 공경한다는 뜻이며, '유(幼)'자는 사랑한다는 뜻이니, 내 집에 있는 노인을 공경하고 또 남의 집에 있는 노인을 공경하며, 내 집에 있는 아이를 사랑하고 남의 집에 있는 아이를 사랑한다는 뜻이다. 이러한 마음을 미루어서 백성들에게 은혜를 베풀면 천하는 손바닥 위에서 움직이는 것과 같다. 즉 매우 쉽다는 의미이다.

趙注-② 詩・大雅・思齊之篇也. 刑, 正也. 寡, 少也. 言文王正己適妻, 則八妾從, 以及兄弟. 御, 享也. 享天下國家之福, 但舉己以加於人而已.

번역 이 시는 『시』「대아(大雅)・사제(思齊)」편이다. '형(刑)'자는 바르게 한다는 뜻이다. '과(寡)'자는 어리다는 뜻이다. 즉 문왕은 자기 본처를 바르게 해서 여덟 명의 첩이 그에 따랐고, 이에 형제에게까지 영향이 미쳤다는 의미이다. '어(御)'자는 누린다는 뜻이다. 천하와 국가의 복을 누리는 것은 단지 자신이 가진 것을 들어 남에게 더하는 것일 뿐이다.

趙注-③ 大過人者, 大有爲之君也. 善推其心所好惡, 以安四海也.

번역 '대과인(大過人)'은 크게 소유하여 군주가 된 자를 뜻한다. 자기 마음에 있는 좋아하거나 싫어하는 감정을 잘 확장하여 천하를 평안하게 했다.

趙注-④ 復申此, 言非王不能, 不爲之耳.

번역 재차 이러한 말을 진술하여 왕은 할 수 없어서가 아니라 하지 않았기 때문임을 말했다.

孫疏 ●"老吾老, 以及人之老; 幼吾幼, 以及人之幼, 天下可運於掌"者, 是孟子欲以此教宣王也. 言敬吾之所敬, 以及他人之所敬者, 愛吾之所愛, 以及他人之所愛者, 凡能推此而惠民, 則治天下之大, 止如運轉於掌上之易也.

번역 ●經文: "老吾老, 以及人之老; 幼吾幼, 以及人之幼, 天下可運於掌". ○이것은 맹자가 이러한 사안을 통해 선왕을 가르치고자 했던 것이다. 즉 내가 공경하는 대상을 공경하여 다른 사람이 공경하는 대상까지 미칠 수 있고, 내가 사랑하는 대상을 사랑하여 다른 사람이 사랑하는 대상까지 미칠 수 있는 자는 이러한 것을 잘 미루어서 백성들에게 은혜를 베풀 수 있으니, 이처럼 한다면 천하처럼 큰 대상을 다스리는 것이 단지 손바닥 위에서 움직이는 것처럼 쉽게 된다는 뜻이다.

孫疏 ●"詩云: 刑于寡妻, 至于兄弟, 以御于家邦"者, 是孟子引大雅·思齊之詩文也. 言文王自正于寡妻, 以至正于兄弟, 自正于兄弟以至臨御于家邦. 言凡此是能舉此心而加諸彼耳.

번역 ●經文: "詩云: 刑于寡妻, 至于兄弟, 以御于家邦". ○맹자는 『시』「대아(大雅)·사제(思齊)」편의 문장을 인용한 것이다. 즉 문왕은 스스로 자신의 본처를 바르게 해서 형제까지도 바르게 만들었으며, 형제를 바르게 한 것으로부터 집안과 나라를 다스리고 그 복을 누리는데 이르렀다는 뜻이다. 이것은 이러한 마음을 들어서 상대에게 더할 수 있었기 때문이라는 의미이다.

孫疏 ●“故推恩足以保四海, 不推恩無以保妻子. 古之人所以大過人者, 無他焉, 善推其所爲而已矣”者, 孟子言爲君者但能推其恩惠, 故足以安四海, 苟不推恩惠, 雖妻子亦不能安之. 古之人君所以大過强於人者, 無他事焉, 獨能推其所爲恩惠耳. 蓋所謂老吾老以及人之老, 幼吾幼以及人之幼; 又如詩云文王刑于寡妻, 至于兄弟, 以御于家邦. 是其善推其所爲之意旨故也.

번역 ●經文: “故推恩足以保四海, 不推恩無以保妻子. 古之人所以大過人者, 無他焉, 善推其所爲而已矣”. ○맹자는 다음과 같이 말한 것이니, 군주는 단지 은혜로운 마음을 잘 확장할 수 있었기 때문에 사해를 편안하게 만들 수 있었는데, 만약 은혜를 확장하지 못한다면 처자라도 편안하게 만들 수 없다. 옛 군주가 남보다 크게 뛰어나고 강성했던 것은 다른 일 때문이 아니며, 유독 은혜 베푸는 것을 잘 확장할 수 있었기 때문이다. 바로 내 집의 노인을 공경하여 남의 집 노인까지도 공경하고, 내 집의 어린아이를 사랑하여 남의 집 어린아이까지도 사랑한다는 뜻이며, 또한 『시』에서 문왕이 본처를 바르게 해서 형제를 바르게 하는데 이르렀고, 집안과 나라를 다스리고 복을 받았다고 한 것과 같다. 이것은 시행한 바의 뜻을 잘 확장했기 때문이다.

孫疏 ●“今恩足以及禽獸, 而功不至於百姓者, 獨何與”者, 孟子復言非王不能, 但不爲耳.

번역 ●經文: “今恩足以及禽獸, 而功不至於百姓者, 獨何與”. ○맹자는 재차 왕은 할 수 없어서가 아니라 단지 하지 않았기 때문임을 말한 것이다.

集註 與, 平聲.

번역 ‘與’자는 평성으로 읽는다.

集註 老, 以老事之也. 吾老, 謂我之父兄. 人之老, 謂人之父兄. 幼, 以幼畜

之也. 吾幼, 謂我之子弟. 人之幼, 謂人之子弟. 運於掌, 言易也. 詩大雅思齊之
篇. 刑, 法也. 寡妻, 寡德之妻, 謙辭也. 御, 治也. 不能推恩, 則衆叛親離, 故無
以保妻子. 蓋骨肉之親, 本同一氣, 又非但若人之同類而已. 故古人必由親親
推之, 然後及於仁民; 又推其餘, 然後及於愛物, 皆由近以及遠, 自易以及難.
今王反之, 則必有故矣. 故復推本而再問之.

번역 '노(老)'는 노인에 대한 예법으로 섬긴다는 뜻이다. '오로(吾老)'는
나의 부모와 형을 뜻한다. '인지로(人之老)'는 남의 부모와 형을 뜻한다. '유
(幼)'는 어린아이에 대한 예법으로 기른다는 뜻이다. '오유(吾幼)'는 나의
자식과 동생을 뜻한다. '인지유(人之幼)'는 남의 자식과 동생을 뜻한다. "손
바닥에서 움직인다."는 말은 쉽다는 뜻이다. 이 시는 『시』「대아(大雅)·사
제(思齊)」편이다. '형(刑)'자는 법을 뜻한다. '과처(寡妻)'는 덕이 부족한 처
를 뜻하니, 겸손하게 표현한 말이다. '어(御)'자는 다스린다는 뜻이다. 은혜
를 미루지 못하면 백성들이 배반하고 친족이 떠난다. 그렇기 때문에 처와
자식을 보호할 수 없다. 골육지친은 본래 하나의 기운에서 태어난 자들이
니, 단지 남처럼 같은 인간 부류에 해당할 뿐만이 아니다. 그렇기 때문에
옛 사람들은 반드시 친근한 자를 친애하는 것으로부터 확장해 나갔고, 그
런 뒤에야 백성들에게 인자하게 대하는 경지에 이르렀으며, 재차 그 나머
지를 미루었으니, 이처럼 한 뒤에야 사물을 사랑하는 경지에 도달했다. 이
모두는 가까운 곳으로부터 시작하여 먼 곳까지 미치는 것이며, 쉬운 것으
로부터 시작하여 어려운 것까지 해내는 것이다. 그런데 현재 왕은 이와는
반대로 하고 있으니 반드시 이유가 있을 것이다. 그렇기 때문에 재차 근본
을 미루어 다시 질문한 것이다.

【1869上】

所惡於上, 毋以使下; 所惡於下, 毋以事上; 所惡於前, 毋以
先後; 所惡於後, 毋以從前; 所惡於右, 毋以交於左; 所惡於
左, 毋以交於右. 此之謂絜矩之道

직역 上에게서 惡한 所를 이로써 下를 使하길 毋하고; 下에게서 惡한 所를 이로써 上을 事하길 毋하며; 前에게서 惡한 所를 이로써 後를 先하길 毋하고; 後에게서 惡한 所를, 이로써 前을 從하길 毋하며; 右에게서 惡한 所를 이로써 左에게 交하길 毋하고; 左에게서 惡한 所를 이로써 右에게 交하길 毋하라. 此를 絜矩의 道라 謂한다.

의역 윗사람이 나에게 어떠한 일을 해서 내가 싫어하는 것이라면 이것을 내 밑에 있는 사람에게 전가시키지 말아야 하고, 아랫사람이 나에게 어떠한 일을 해서 내가 싫어하는 것이라면 이것으로 윗사람을 섬기지 말아야 하며, 나보다 앞에 있는 사람이 나에게 어떠한 일을 해서 내가 싫어하는 것이라면 이것으로 나보다 뒤에 있는 사람에게 전가시키지 말아야 하고, 나보다 뒤에 있는 사람이 나에게 어떠한 일을 해서 내가 싫어하는 것이라면 이것으로 나보다 앞에 있는 사람에게 전가시키지 말아야 하며, 내 우측에 있는 사람이 나에게 어떠한 일을 해서 내가 싫어하는 것이라면 이것으로 나의 좌측에 있는 사람에게 전가시키지 말아야 하고, 내 좌측에 있는 사람이 나에게 어떠한 일을 해서 내가 싫어하는 것이라면 이것으로 나의 우측에 있는 사람에게 전가시키지 말아야 한다. 이것을 바로 '혈구지도(絜矩之道)'라고 부른다.

鄭注 "絜矩之道", 善持其所有, 以恕於人耳. 治國之要盡於此.

번역 '혈구지도(絜矩之道)'는 이미 가지고 있는 것을 잘 견지하여 남에 대해서도 충실히 한다는 뜻이다. 나라를 다스리는 요점은 여기에 다 드러난다.

釋文 惡, 烏路反, 下皆同. 毋音無, 下同.

번역 '惡'자는 '烏(오)'자와 '路(로)'자의 반절음이며, 아래문장에 나오는 글자도 모두 그 음이 이와 같다. '毋'자의 음은 '無(무)'이며, 아래문장에 나오는 글자도 그음이 이와 같다.

孔疏 ●"所惡於上, 毋以使下"者, 此以下皆是"絜矩之道"也. 譬諸侯有天子在於上, 有不善之事加己, 己惡之, 則不可迴持此惡事, 使己下者爲之也.

번역 ●經文: "所惡於上, 毋以使下". ○이곳 구문으로부터 그 이하의 내용은 모두 '혈구지도(絜矩之道)'에 해당한다. 비유하자면 제후는 자기 위에 천자가 존재하는데, 선하지 못한 일을 나에게 전가하여 내가 그것을 싫어하게 된다면, 입장을 바꿔 싫어하는 일을 자기 휘하에 있는 자에게 시켜서는 안 된다는 뜻이다.

孔疏 ●"所惡於下, 毋以事上"者, 言臣下不善事己, 己所有惡, 則己不可持此惡事, 迴以事己之君上也.

번역 ●經文: "所惡於下, 毋以事上". ○신하가 불선하게 자신을 섬겨서 자신에게 싫어하는 마음이 생기게 된다면, 자신은 이처럼 싫어하는 것을 가지고 입장을 바꿔 자신의 군주를 섬겨서는 안 된다는 뜻이다.

孔疏 ●"所惡於前, 毋以先後己"者, 前, 謂在己之前, 不以善事施己, 己所憎惡, 則無以持此惡事施於後人也.

번역 ●經文: "所惡於前, 毋以先後己". ○'전(前)'자는 자기보다 앞에 있다는 뜻이니, 선한 일을 자신에게 베풀지 않아서 자신이 미워하게 되었다면, 이처럼 싫어하는 일을 가지고 나보다 뒤에 있는 사람에게 전가해서는 안 된다는 뜻이다.

孔疏 ●"所惡於後, 毋以從前"者, 後, 謂在己之後, 不以善事施己, 己則無以惡事施於前行之人也.

번역 ●經文: "所惡於後, 毋以從前". ○'후(後)'자는 자기보다 뒤에 있다는 뜻이니, 선한 일을 자신에게 적용하지 않는다면, 자신은 나보다 앞서가는 사람에게 싫어하는 일을 전가해서는 안 된다는 뜻이다.

孔疏 ●"所惡於右, 毋以交於左"者, 謂與己平敵, 或在己右, 或在己左, 以惡加己, 己所憎惡, 則無以此惡事施於左人. 擧此一隅, 餘可知也.

번역 ●經文: "所惡於右, 毋以交於左". ○자신과 동등한 자들인데 어떤 자는 자신의 우측에 있고 어떤 자는 자신의 좌측에 있다. 그런데 그들이 싫어하는 것을 나에게 전가하여 내가 미워하게 된다면, 이처럼 싫어하는 일을 좌측에 있는 사람에게 전가해서는 안 된다는 뜻이다. 한 쪽만을 제시하더라도, 다른 쪽에 대한 내용도 알 수 있다.

孔疏 ●"此之謂絜矩之道"者, 上經云"君子有絜矩之道也", 其"絜矩"之義未明, 故此經中說. 能持其所有, 以待於人, 恕己接物, 卽"絜矩之道"也.

번역 ●經文: "此之謂絜矩之道". ○앞의 경문에서는 "군자는 혈구지도를 가지고 있다."라고 했는데, '혈구(絜矩)'라는 뜻이 아직 드러나지 않았다. 그렇기 때문에 이곳 경문에서는 그 의미를 설명한 것이다. 이미 가지고 있는 것을 잘 지니고 이를 통해 남을 대하니, 자신에게 충실히 하여 다른 대상을 대하는 것이 바로 '혈구지도(絜矩之道)'이다.

集註 惡·先, 並去聲.

번역 '惡'자와 '先'자는 모두 거성으로 읽는다.

集註 此覆解上文絜矩二字之義. 如不欲上之無禮於我, 則必以此度下之心, 而亦不敢以此無禮使之. 不欲下之不忠於我, 則必以此度上之心, 而亦不敢以此不忠事之. 至於前後左右, 無不皆然, 則身之所處, 上下·四旁·長短·廣狹, 彼此如一, 而無不方矣. 彼同有是心而興起焉者, 又豈有一夫之不獲哉. 所操者約, 而所及者廣, 此平天下之要道也. 故章內之意, 皆自此而推之.

번역 이것은 앞 문장에서 말한 '혈구(絜矩)'라는 두 글자의 뜻을 재차 설명한 것이다. 만약 윗사람이 나에게 무례하길 바라지 않는다면, 반드시 이러한 마음으로 아랫사람의 마음을 헤아려서 또한 감히 이처럼 무례하게 그들을 부려서는 안 된다. 또 아랫사람이 나에게 충심을 다하지 않는 것을 바라지 않는다면, 반드시 이러한 마음으로 윗사람의 마음을 헤아려서 또한 감히 이처럼 불충한 마음으로 그를 섬겨서는 안 된다. 전후 및 좌우에 대한 경우에 있어서도 모두 이처럼 하지 않음이 없다면, 몸이 처한 곳의 상하 및 사방에 있어 길고 짧음 및 넓고 좁음이 피차 동일하게 되어, 방정하지 않음이 없게 된다. 동일하게 이러한 마음을 가지고 있어서 흥기시키는 자가 또한 어찌 한 사람이라도 제자리를 얻지 못하게 함이 있겠는가. 지니고 있는 것이 요약되면서도 미치는 것이 넓으니, 이것은 천하를 평안하게 하는 핵심 도리이다. 그렇기 때문에 10장의 뜻이 모두 이로부터 확산된 것이다.

참고 구문비교

예기·대학 所惡於上, 毋以使下; 所惡於下, 毋以事上.

예기·제통(祭統) 所不安於上, 則不以使下; 所惡於下, 則不以事上.

참고 『예기』「제통(祭統)」 기록

경문-580a 是故君子之事君也, 必身行之; 所不安於上, 則不以使下; 所惡
於下, 則不以事上. 非諸人, 行諸己, 非敎之道也. 是故君子之敎也, 必由其本,
順之至也, 祭其是與. 故曰, "祭者, 敎之本也已."

번역 이러한 까닭으로 군자가 군주를 섬길 때에는 반드시 몸소 시행하니,
윗사람에게 편치 않은 것으로는 아랫사람에게 시키지 않고, 아랫사람들이
싫어하는 것으로는 윗사람을 섬기지 않는다. 남을 비난하면서도, 자신이 그
러한 짓을 하는 것은 교화의 도리가 아니다. 이러한 까닭으로 군자의 교화는
반드시 그 근본을 따라야 하니, 순종함이 지극하게 되며, 제사가 바로 여기에
해당할 것이다. 그러므로 "제사는 교화의 근본일 따름이다."라고 했다.

鄭注 必身行之, 言恕己乃行之. 敎由孝順生也.

번역 반드시 몸소 시행한다는 말은 자신에게 비추어보고 시행한다는
뜻이다. 교화는 효와 순종을 통해서 생겨난다.

孔疏 ●"所不安於上, 則不以使下"者, 謂在上所爲之事施之於己, 己所不
安, 則不得施於下.

번역 ●經文: "所不安於上, 則不以使下". ○윗사람이 시행하는 사안을
자신에게 적용하여, 자신이 편안하게 여기지 않는 것이라면, 아랫사람에게
시행할 수 없다는 뜻이다.

孔疏 ●"所惡於下, 則下以事上"者, 在下有不善之事施於己, 己所憎惡, 則
不得以此事於上, 上亦憎惡也.

번역 ●經文: "所惡於下, 則下以事上". ○아랫사람이 좋지 못한 일을 자

신에게 시행하여, 자신이 싫어하는 것이라면, 이를 통해 윗사람을 섬길 수 없다는 뜻이니, 윗사람 또한 싫어하기 때문이다.

孔疏 ●"非諸人, 行諸己, 非教之道也"者, 結上二事. 諸, 於也, 謂他人行此惡事加於己, 己以爲非, 是非於人. 己乃行此惡事而施人, 是行於己也. 若如此, 非政教之道. 言爲政教必由於己, 乃能及物, 故下云"必由其本, 順之至也".

번역 ●經文: "非諸人, 行諸己, 非教之道也". ○위의 두 사안을 결론 맺은 말이다. ''저(諸)'자는 어(於)자의 뜻이니, 다른 사람이 이러한 나쁜 짓을 자신에게 적용하여, 자신이 그릇되었다고 여긴 것이 바로 남을 비난한다는 뜻이다. 본인이 이러한 나쁜 짓을 시행하여 남에게 적용하는 것이 바로 자신이 시행한다는 뜻이다. 만약 이처럼 한다면, 이것은 정치와 교화의 도가 아니다. 즉 정치와 교화는 반드시 자신을 통해서 시행되어야만 다른 대상에게 미칠 수 있다. 그렇기 때문에 아래문장에서 "반드시 근본에 따라야 하니, 순종이 지극한 것이다."라고 한 것이다.

集說 以己之心, 度人之心, 卽大學絜矩之道, 如此而後能盡其道, 端其義也. 申言教之本, 以結上文之意.

번역 자신의 마음을 기준으로 남의 마음을 헤아리는 것은 곧 『대학』에서 말한 '혈구지도(絜矩之道)'이니, 이처럼 한 뒤에야 도를 다하고 의를 바르게 할 수 있다. 이것은 교화의 근본을 거듭 말하여, 앞문장의 뜻을 결론 맺은 것이다.

大全 嚴陵方氏曰: 必身行之者, 以身教者從故也. 教必以事君言之者, 欲明乎事上使下之道故也. 蓋事上使下, 臣之事而已. 惡者, 好之對, 安者, 危之對. 好惡以情言, 安危以勢言. 上之使下, 以勢爲主, 下之事上, 以情爲主. 事上使下之道如此, 則所謂身行之也. 苟非諸人而行諸己, 豈所謂身行之哉? 故曰非教之道也. 君子之教必由其本, 教之本在乎祭, 祭之本在乎順, 故其言如此.

然上言事上使下以爲敎者, 事上使下, 亦在乎順故也.

[번역] 엄릉방씨가 말하길, 반드시 몸소 시행한다는 것은 직접 시행하는 것으로 가르쳐야 따르기 때문이다. 가르침에 대해서 기어코 군주 섬기는 것을 언급한 이유는 윗사람을 섬기고 아랫사람을 부리는 법도를 드러내고자 했기 때문이다. 무릇 윗사람을 섬기고 아랫사람을 부리는 것은 신하의 일일 따름이다. '오(惡)'는 호(好)와 대비되며, '안(安)'은 위(危)와 대비된다. 좋아하고 싫어하는 것은 정감을 기준으로 말한 것이고, 편안하고 위태로운 것은 세력을 기준으로 말한 것이다. 윗사람이 아랫사람을 부릴 때에는 세력이 위주가 되며, 아랫사람이 윗사람을 섬길 때에는 정감이 위주가 된다. 윗사람을 섬기고 아랫사람을 부리는 도가 이와 같다면 바로 몸소 시행하는 것이 된다. 만약 남에 대해 비난을 하면서도 자신이 그러한 행동을 한다면, 어떻게 몸소 시행하는 것이라 하겠는가? 그러므로 "가르침의 도가 아니다."라고 했다. 군자의 교화는 반드시 근본에 따르게 되는데, 교화의 근본은 제사에 달려 있고, 제사의 근본은 순종에 달려 있다. 그렇기 때문에 이처럼 말한 것이다. 그리고 앞에서는 윗사람을 섬기고 아랫사람을 부리는 것을 교화로 삼았으니, 윗사람을 섬기고 아랫사람을 부리는 것 또한 순종에 달려 있기 때문이다.

• 제 21 절 •

전(傳) 10장-3

【1869上】

詩云, "樂只君子, 民之父母." 民之所好好之, 民之所惡惡之,
此之謂民之父母.

직역 詩에서 云, "樂한 君子여, 民의 父母로다." 民이 好한 所를 好하고, 民이
惡한 所를 惡하니, 此를 民의 父母라 謂한다.

의역 시에서는 "즐거운 군자여, 백성들의 부모로다."라고 했다. 백성들이 좋아
하는 것을 좋아하고 백성들이 싫어하는 것을 싫어하니, 이처럼 할 수 있는 자를
'백성들의 부모'라고 부른다.

鄭注 言治民之道無他, 取於己而已.

번역 백성들을 다스리는 도는 다른 방법이 없으니 자신에게서 그 방도
를 찾을 따름이라는 뜻이다.

釋文 只音紙. 好好, 皆呼報反.

번역 '只'자의 음은 '紙(지)'이다. '好好'에서 두 개의 '好'자는 그 음이 모
두 '呼(호)'자와 '報(보)'자의 반절음이다.

孔疏 ●"詩云: 樂只君子, 民之父母", 此記者引之, 又申明"絜矩之道". 若

能以己化民, 從民所欲, 則可謂民之父母. 此小雅・南山有臺之篇, 美成王之詩也. 只, 辭也. 言能以己化民, 從民所欲, 則可爲民父母矣.

번역 ●經文: "詩云: 樂只君子, 民之父母". ○『예기』를 기록한 자가 이 문장을 인용하여 재차 '혈구지도(絜矩之道)'의 뜻을 밝힌 것이다. 만약 자신을 통해 백성들을 교화하여 백성들이 하고자 하는 것을 따른다면 백성들의 부모라 할 수 있다. 이 시는 『시』「소아(小雅)・남산유대(南山有臺)」편으로,[1] 성왕을 찬미한 시이다. '지(只)'자는 어조사이다. 자신을 통해 백성을 교화하여 백성들이 하고자 하는 것을 따른다면 백성들의 부모가 될 수 있다는 뜻이다.

孔疏 ●"民之所好好之"者, 謂善政恩惠, 是民之願好, 己亦好之, 以施於民, 若發倉廩・賜貧窮・賑乏絶是也.

번역 ●經文: "民之所好好之". ○선한 정치를 펼치고 은혜를 두텁게 내리는 것은 백성들이 원하고 좋아하는 것이며 자신 또한 그것을 좋아하여 이를 통해 백성들에게 베푼다는 뜻이니, 마치 창고에서 곡식을 분출하고 가난한 자에게 하사하며 매우 궁핍한 자를 구휼하는 부류에 해당한다.

孔疏 ●"民之所惡惡之"者, 謂苛政重賦, 是人之所惡, 己亦惡之而不行也.

번역 ●經文: "民之所惡惡之". ○가혹한 정치를 펼치고 세금을 무겁게 내리는 것은 사람들이 싫어하는 것이며 자신 또한 그것을 싫어하여 시행하지 않는다는 뜻이다.

集註 樂, 音洛. 只, 音紙. 好・惡, 並去聲, 下並同.

번역 '樂'자의 음은 '洛(낙)'이다. '只'자의 음은 '紙(지)'이다. '好'자와 '惡'

---

1) 『시』「소아(小雅)・남산유대(南山有臺)」: 南山有杞, 北山有李. <u>樂只君子, 民之父母</u>. 樂只君子, 德音不已.

자는 모두 거성으로 읽으며, 아래문장에 나오는 글자도 모두 그 음이 이와
같다.

集註 詩小雅南山有臺之篇. 只, 語助辭. 言能絜矩而以民心爲己心, 則是
愛民如子, 而民愛之如父母矣.

번역 이 시는 『시』「소아(小雅)·남산유대(南山有臺)」편이다. '지(只)'자
는 어조사이다. 혈구지도를 발휘하여 백성들의 마음을 자신의 마음처럼 여
길 수 있다면 이것은 백성들을 자기 자식처럼 사랑하여 백성들도 자신의
부모처럼 사랑하게 될 것이라는 뜻이다.

참고 구문비교

예기·대학 民之所好好之, 民之所惡惡之, 此之謂民之父母.

예기·공자한거(孔子閒居) 夫民之父母乎, 必達於禮樂之原, 以致五至,
而行三無, 以橫於天下. 四方有敗, 必先知之. 此之謂民之父母矣.

공자가어·논례(論禮) 夫民之父母, 必達於禮樂之源, 以致五至, 而行三
無, 以橫於天下. 四方有敗, 必先知之, 此之謂民之父母.

참고 『시』「소아(小雅)·남산유대(南山有臺)」

南山有臺, (남산유대) : 남산에는 대(臺)라는 풀이 있고,
北山有萊. (북산유래) : 북산에는 내(萊)라는 풀이 있도다.
樂只君子, (낙지군자) : 군자를 얻음을 즐거워하니,
邦家之基. (방가지기) : 나라의 기틀로 삼았도다.

樂只君子, (낙지군자) : 군자를 얻음을 즐거워하니,
萬壽無期. (만수무기) : 만수의 복을 얻음에 기한이 없구나.

南山有桑, (남산유상) : 남산에는 뽕나무가 있고,
北山有楊. (북산유양) : 북산에는 버드나무가 있도다.
樂只君子, (낙지군자) : 군자를 얻음을 즐거워하니,
邦家之光. (방가지광) : 나라의 정치와 교화가 밝아졌도다.
樂只君子, (낙지군자) : 군자를 얻음을 즐거워하니,
萬壽無疆. (만수무강) : 만수의 복을 얻음에 경계가 없구나.

南山有杞, (남산유기) : 남산에는 구기자나무가 있고,
北山有李. (북산유이) : 북산에는 자두나무가 있도다.
樂只君子, (낙지군자) : 군자를 얻음을 즐거워하니,
民之父母. (민지부모) : 백성들의 부모로다.
樂只君子, (낙지군자) : 군자를 얻음을 즐거워하니,
德音不已. (덕음불이) : 칭송이 그치지 않는구나.

南山有栲, (남산유고) : 남산에는 옻나무가 있고,
北山有杻. (북산유뉴) : 북산에는 사철나무가 있도다.
樂只君子, (낙지군자) : 군자를 얻음을 즐거워하니,
遐不眉壽. (하불미수) : 장수함이 멀지 않구나.
樂只君子, (낙지군자) : 군자를 얻음을 즐거워하니,
德音是茂. (덕음시무) : 칭송이 무성하구나.

南山有枸, (남산유구) : 남산에는 헛개나무가 있고,
北山有楰. (북산유유) : 북산에는 광나무가 있도다.
樂只君子, (낙지군자) : 군자를 얻음을 즐거워하니,
遐不黃耇. (하불황구) : 장수함이 멀지 않구나.
樂只君子, (낙지군자) : 군자를 얻음을 즐거워하니,
保艾爾後. (보애이후) : 너의 후손을 보호하고 편안히 하는구나.

毛序 南山有臺, 樂得賢也, 得賢則能爲邦家, 立太平之基矣.

모서 「남산유대(南山有臺)」편은 현자를 얻음을 즐거워한 시이니, 현자를 얻으면 나라를 잘 다스려 태평성세의 기초를 세울 수 있다.

참고 『예기』「공자한거(孔子閒居)」 기록

경문-605a~b 孔子閒居, 子夏侍. 子夏曰, "敢問, 詩云, '凱弟君子, 民之父母', 何如斯可謂民之父母矣?" 孔子曰, "夫民之父母乎, 必達於禮樂之原, 以致五至, 而行三無, 以橫於天下. 四方有敗, 必先知之. 此之謂民之父母矣."

번역 공자가 편히 머물러 있을 때 자하가 시중을 들었다. 자하는 "감히 묻겠습니다. 『시』에서는 '화락하고 간이한 군자여, 백성들의 부모로다.'라고 했는데, 어떻게 하면 백성의 부모라 할 수 있습니까?"라고 했다. 그러자 공자는 "무릇 백성의 부모란 반드시 예악(禮樂)의 근원에 통달하여, 이를 통해 오지(五至)의 도를 지극히 하고 삼무(三無)의 도를 시행하여, 이것을 천하에 두루 펼친다. 또 사방에 재앙과 실패의 조짐이 발생하려고 할 때, 반드시 누구보다 먼저 그것을 안다. 이러한 자를 바로 백성들의 부모라고 부른다."라고 했다.

鄭注 凱弟, 樂易也. 原, 猶擧也. 橫, 充也. 敗, 謂禍災也.

번역 '개제(凱弟)'는 화락하고 간이하다는 뜻이다. '원(原)'자는 시행[擧]을 뜻한다. '횡(橫)'자는 "가득하다[充]."는 뜻이다. '패(敗)'자는 재앙을 뜻한다.

孔疏 ●"詩云凱弟君子, 民之父母"者, 此詩·大雅·泂酌之篇, 美成王之德. 凱, 樂也. 弟, 易也. 謂成王行此樂易之德, 爲民之父母.

번역 ●經文: "詩云凱弟君子, 民之父母". ○이것은 『시』「대아(大雅)·형작(泂酌)」편의 시로, 성왕(成王)의 덕을 찬미한 것이다. '개(凱)'자는 "화락하다[樂]."는 뜻이다. '제(弟)'자는 "간이하다[易]."는 뜻이다. 즉 성왕이 이러한 화락하고 간이한 덕을 시행하여 백성들의 부모가 될 수 있었다는 의미이다.

孔疏 ●"何如斯可謂民之父母矣"者, 子夏擧此詩義而問夫子, 欲爲何事, 得爲民之父母.

번역 ●經文: "何如斯可謂民之父母矣". ○자하는 이러한 『시』의 뜻을 제시하며 공자에게 질문을 했으니, 어떠한 일을 시행해야만 백성들의 부모가 될 수 있느냐고 묻고자 한 것이다.

孔疏 ●"四方有敗, 必先知之"者, 以聖人行五至三無, 通幽達微, 無所不悉, 觀其萌兆, 觀微知著. 若見其積惡, 必知久有禍災, 故云"四方有敗, 必先知之". 若爲民父母者, 當須豫知禍害, 使民免離於禍, 故爲民之父母. 然四方有福, 亦先知之, 必云"四方有敗"者, 此主爲民除害爲本, 故擧"敗"言之.

번역 ●經文: "四方有敗, 必先知之". ○성인은 오지(五至)와 삼무(三無)를 시행하여 그윽하고 은미한 곳에도 달통하며 살피지 않은 것이 없고, 그 조짐을 관찰하고 은미한 것을 살펴 드러나게 될 것을 안다. 만약 잘못이 반복되는 것을 보게 된다면, 반드시 오래지않아 재앙이 닥치게 될 것을 안다. 그렇기 때문에 "사방에 재앙이 발생할 때, 반드시 앞서서 그것을 안다."라고 말한 것이다. 만약 백성들의 부모가 될 수 있는 자라면, 마땅히 재앙의 폐해를 미리 알아서 백성들로 하여금 재앙으로부터 벗어나게끔 만들어야 한다. 그렇기 때문에 백성들의 부모가 될 수 있다. 그런데 사방에 복이 생기게 된다면 이 또한 먼저 알게 되는데도, 기어코 "사방에 재앙이 발생한다."라고 말한 것은 이 문장은 백성들을 위해 폐해를 제거하는 것을 근본으로 삼는 뜻을 위주로 나타냈다. 그렇기 때문에 '패(敗)'를 제시해서 말한 것이다.

大全 嚴陵方氏曰: 禮有節, 父道也. 樂能同, 母道也. 五至, 由粗以入精, 故曰致. 三無, 自內以達外, 故曰行. 橫于天下者, 以是道廣被于天下也. 四方有敗, 必先知之, 言其道又足以幾於神也. 敗者, 成之對, 不言成而止言敗者, 蓋君子思患而豫防之, 則敗尤在乎先知之故也.

번역 엄릉방씨가 말하길, 예(禮)에는 절도가 있으니 부친의 도리에 해당한다. 악(樂)은 동화시킬 수 있으니 모친의 도리에 해당한다. '오지(五至)'는 거친 것으로부터 정밀한 것으로 진입하기 때문에 '치(致)'라고 했다. '삼무(三無)'는 내면으로부터 외면으로 통하기 때문에 '행(行)'이라고 했다. '횡우천하(橫于天下)'라는 말은 이러한 도를 천하에 두루 펼친다는 뜻이다. "사방에 실패가 있을 때, 반드시 먼저 그것을 안다."라고 했는데, 그 도는 또한 족히 신에게 가까워질 수 있음을 뜻한다. 실패[敗]는 성공[成]과 상반된 말인데, 성공을 언급하지 않고 단지 실패라고만 말한 것은 군자가 우환을 염려하여 미리 대비하게 된다면, 실패는 더욱이 먼저 알아차리는데 달려 있기 때문이다.

集解 愚謂: 禮樂之原, 卽下文謂"無聲之樂, 無體之禮, 無服之喪"也. 由此而推於彼, 謂之致. 由心而達於事, 謂之行. 橫於天下, 卽下文所謂"志氣塞乎天地"也. 四方有敗, 必先知之者, 惟其有憂民之實心, 而其識又足以察乎幾微也. 蓋聖人之於天下, 明於其利, 達於其患, 所以維持而安全之者, 無所不用其極, 使四海之內, 無一物不得其所, 故可以爲民之父母.

번역 내가 생각하기에, 예악의 원(原)이라는 것은 곧 아래문장에서 말한 "소리가 없는 음악, 사물이 없는 예, 상복이 없는 상"[2]이다. 이것을 통해 저것에 미루어보는 것을 '치(致)'라고 부른다. 마음을 통해 외부 사안에 통

---

2) 『예기』「공자한거(孔子閒居)」【606a】: 子夏曰, "五至旣得而聞之矣, 敢問何謂三無?" 孔子曰, "無聲之樂, 無體之禮, 無服之喪, 此之謂三無." 子夏曰, "三無旣得略而聞之矣, 敢問何詩近之?" 孔子曰, "'夙夜其命宥密', 無聲之樂也; '威儀逮逮, 不可選也', 無體之禮也; '凡民有喪, 匍匐救之', 無服之喪也."

하는 것을 '행(行)'이라고 한다. '횡어천하(橫於天下)'는 아래문장에서 말한
"뜻과 기운이 천지에 충만하다."3)는 의미이다. "사방에 패(敗)가 생기면 반
드시 먼저 그것을 안다."라고 했는데, 다만 백성들을 불쌍히 여기는 진실된
마음을 갖추고 있다면, 그 식견은 또한 기미를 충분히 살필 수 있다. 무릇
성인은 천하에 대해서 그 이로움에 해박하고 그 우환에 대해서도 달통하였
으니, 그것을 지니고 편안하고 온전히 하는 것은 지극함을 사용하지 않음
이 없어, 사해 이내의 모든 것들로 하여금 하나라도 제자리를 얻지 못함이
없게 한다. 그렇기 때문에 백성들의 부모가 될 수 있다.

참고 『시』「대아(大雅)・형작(洞酌)」

洞酌彼行潦, (형작피행료) : 멀리 저 야트막하게 흐르는 물을 떠다가,
挹彼注茲, (읍피주자) : 저기에서 떠서 이곳에 물을 대니,
可以餴饎. (가이분희) : 술밥을 씻고 익힐 수 있도다.
豈弟君子, (기제군자) : 화락하고 간이한 군자여,
民之父母. (민지부모) : 백성들의 부모로다.

洞酌彼行潦, (형작피행료) : 멀리 저 야트막하게 흐르는 물을 떠다가,
挹彼注茲, (읍피주자) : 저기에서 떠서 이곳에 물을 대니,
可以濯罍. (가이탁뢰) : 뇌(罍)를 씻을 수 있도다.
豈弟君子, (기제군자) : 화락하고 간이한 군자여,
民之攸歸. (민지유귀) : 백성들이 귀의하는 대상이로다.
洞酌彼行潦, (동작피행료) : 멀리 저 야트막하게 흐르는 물을 떠다가,
挹彼注茲, (읍피주자) : 저기에서 떠서 이곳에 물을 대니,
可以濯漑. (가이탁개) : 씻어서 깨끗하게 할 수 있도다.

---

3) 『예기』「공자한거(孔子閒居)」【605b~c】 : 子夏曰, "民之父母旣得而聞之矣,
敢問何謂五至?" 孔子曰, "志之所至, 詩亦至焉; 詩之所至, 禮亦至焉; 禮之所至,
樂亦至焉; 樂之所至, 哀亦至焉. 哀樂相生, 是故正明目而視之, 不可得而見也;
傾耳而聽之, 不可得而聞也. 志氣塞乎天地, 此之謂五至."

豈弟君子, (기제군자) : 화락하고 간이한 군자여,

民之攸墍. (민지유기) : 백성들이 휴식을 취할 수 있는 대상이로다.

毛序 泂酌, 召康公, 戒成王也, 言皇天親有德饗有道也.

모서 「형작(泂酌)」편은 소강공이 성왕에게 주의를 주는 시이니, 황천(皇天)[4]은 덕이 있는 자를 친근하게 여기고, 도가 있는 자의 제사를 흠향한다는 뜻이다.

참고 『예기』「치의(緇衣)」 기록

경문-643a 子曰, "下之事上也, 不從其所令, 從其所行. 上好是物, 下必有甚者矣. 故上之所好惡, 不可不愼也, 是民之表也."

번역 공자가 말하길, "아랫사람이 윗사람을 섬길 때에는 윗사람이 명령한대로 따르지 않고, 윗사람이 행동한대로 따른다. 윗사람이 이 사물을 좋아하면, 아랫사람에게는 반드시 그보다 더 심함이 생겨난다. 그러므로 윗사람은 좋아하고 싫어하는 것을 신중히 하지 않을 수가 없으니, 이것은 백성들의 지표가 되기 때문이다."라고 했다.

鄭注 言民化行, 不拘於言. 甚者, 甚於君也. 言民之從君, 如影逐表.

번역 백성들은 행동에 감화되고 말에 사로잡히지 않는다는 뜻이다. '심자(甚者)'는 군주보다 심하다는 뜻이다. 백성들이 군주를 따르는 것이 마치 그림자가 지표를 따르는 것과 같다는 의미이다.

---

4) 황천(皇天)은 천신(天神)을 높여 부르는 말로, 황천상제(皇天上帝)를 뜻한다. '황천상제'는 또한 상제(上帝), 천제(天帝) 등으로 지칭되기도 한다. 한편 '황천'과 '상제'를 별개의 대상으로 풀이하기도 한다.

孔疏 ●“子曰”至“之式”. ○正義曰: 此一節申明上文, 以君者民之儀表, 不可不愼, 故此兼言上有其善, 則下賴之.

번역 ●經文: “子曰”~“之式”. ○이곳 문단은 앞 문장의 뜻을 거듭 밝히고 있으니, 군주는 백성들의 의표가 되어 신중히 하지 않을 수가 없다. 그렇기 때문에 이곳에서는 윗사람이 선함을 갖춘다면 아랫사람이 그에 힘입게 됨을 함께 말한 것이다.

集說 大學曰: 其所令反其所好, 而民不從.

번역 『대학』에서 말하길, 명령한 것이 좋아하는 것과 반대가 되면 백성들이 따르지 않는다.

大全 長樂陳氏曰: 言之化人也淺, 故不從其所令, 行之感人也深, 故從其所行. 故好惡出於正, 則彼皆從而正, 好惡出於非, 則彼皆從而非, 猶表端而影端, 表枉而影枉也, 故謂民之表.

번역 장락진씨가 말하길, 말로 사람을 감화시키는 것은 얕기 때문에 명령한 것에 따르지 않고, 행동이 사람을 감화시키는 것은 깊기 때문에 행동한 것에 따른다. 그러므로 좋아하고 싫어함이 바름에서 도출된 것이라면, 상대도 모두 그에 따라 바르게 되며, 좋아하고 싫어함이 그릇됨에서 도출된 것이라면, 상대도 모두 그에 따라 그릇되게 되니, 지표가 곧으면 그림자도 곧고, 지표가 굽으면 그림자도 굽는 것과 같다. 그렇기 때문에 백성들의 지표라고 했다.

大全 馬氏曰: 令者, 令之於民. 行者, 行之於己. 其所行者若此, 其所令者若彼, 民不從其若彼之令, 而從若此之行, 則是上之好惡, 下之所取以爲正, 而不可以不愼也, 故曰是民之表.

번역 마씨[5]가 말하길, 명령은 백성들에게 명령을 내리는 것이다. 행동은 자신이 실천하는 것이다. 행동하는 것이 이와 같고 명령한 것이 저와 같을 때, 백성들은 저와 같이 명령하는 것을 따르지 않고, 이와 같이 행동하는 것을 따르니, 윗사람이 좋아하고 싫어하는 것은 백성들이 따라 바람을 정하게 되므로 신중히 하지 않을 수가 없다. 그렇기 때문에 "백성들의 지표이다."라고 했다.

集解 令之被民也淺, 行之感民也深. 故上之所好, 民亦好之, 非令所能禁也. 上之所惡, 民亦惡之, 非令所能勸也.

번역 명령이 사람들에게 끼치는 영향은 얕고, 행동이 사람들을 감화시킴은 깊다. 그렇기 때문에 윗사람이 좋아하는 것을 백성들 또한 좋아하니, 명령을 통해 금지할 수 있는 것이 아니다. 또 윗사람이 싫어하는 것은 백성들 또한 싫어하니, 명령을 통해 권면할 수 있는 것이 아니다.

集解 呂氏大臨曰: 一國之風俗, 出於上之好惡. 好惡之端, 其發甚微, 其風之行, 或至於不可止, 其俗之成, 或至於不可敗, 此不可不愼也.

번역 여대림이 말하길, 한 나라의 풍속은 윗사람의 좋아함과 싫어함에서 비롯된다. 좋아하고 싫어함의 단서는 그 발단이 매우 은미한데, 풍속을 통해 드러나는 행동은 간혹 그치지 못하는 지경에 이르고, 그 풍속의 이룸은 간혹 없앨 수 없는 지경에 이르게 되므로, 이것이 신중히 하지 않을 수 없는 이유이다.

---

5) 마희맹(馬晞孟, ? ~ ?): =마씨(馬氏)·마언순(馬彦醇). 자(字)는 언순(彦醇)이다. 『예기해(禮記解)』를 찬술했다.

【1869上】

詩云, "節彼南山, 維石巖巖. 赫赫師尹, 民具爾瞻." 有國者不可以不愼, 辟則爲天下僇矣.

직역 詩에서 云, "節한 彼히 南山이여, 維히 石이 巖巖이로다. 赫赫한 師尹이여, 民이 具히 爾를 瞻이라." 國을 有한 者가 이로써 不愼을 不可하리오, 辟이면 天下에게 僇을 爲라.

의역 시에서는 "깎아질 듯한 저 남산이여, 바위가 쌓이고 쌓여 높고도 크구나. 현격히 드러나고 밝은 태사 윤씨여, 백성들이 모두 너를 바라보는구나."라고 했다. 따라서 나라를 소유한 자가 신중히 하지 않을 수가 있겠는가? 군주가 삿되고 편벽된다면 백성들에게 죽임을 당할 것이다.

鄭注 巖巖, 喩師尹之高巖也. 師尹, 天子之大臣, 爲政者也. 言民皆視其所行而則之, 可不愼其德乎? 邪辟失道, 則有大刑.

번역 '암암(巖巖)'은 태사 윤씨의 고매함과 엄중함을 비유한다. 태사 윤씨는 천자의 대신으로 정사를 시행하는 자이다. 백성들이 모두 그가 시행하는 것을 살펴보고 그를 본받으니, 덕에 대해 신중히 하지 않을 수 있겠는가? 삿되고 편벽되어 도를 잃게 된다면 사형을 당하게 된다.

釋文 節, 前切反, 又音如字. 巖, 五銜反. 辟, 匹亦反, 又必益反, 與僻同.

憀, 力竹反, 與憥同, 注同.

번역 ‘節’자는 ‘前(전)’자와 ‘切(절)’자의 반절음이며, 또한 그 음은 글자대로 읽기도 한다. ‘巖’자는 ‘五(오)’자와 ‘銜(함)’자의 반절음이다. ‘辟’자는 ‘匹(필)’자와 ‘亦(역)’자의 반절음이며, 또한 ‘必(필)’자와 ‘益(익)’자의 반절음도 되고, ‘僻’자와 동일하다. ‘憀’자는 ‘力(력)’자와 ‘竹(죽)’자의 반절음이며, ‘憥’자와 동일하고, 정현의 주에 나오는 글자도 이와 같다.

孔疏 ●“詩云: 節彼南山”者, 上經說恕己待民, 此經明己須戒愼也.

번역 ●經文: “詩云: 節彼南山”. ○앞의 경문에서는 자신을 충실히 하여 백성들 대하는 일을 설명하였고, 이곳 경문에서는 자기 스스로 경계하고 신중해야 함을 나타내었다.

孔疏 ●“詩云: 節彼南山, 維石巖巖”, 此小雅·節南山之篇, 刺幽王之詩. 言幽王所任大臣, 非其賢人也. 節然高峻者, 是彼南山, 維積累其石, 巖巖然高大, 喩幽王大臣師尹之尊嚴.

번역 ●經文: “詩云: 節彼南山, 維石巖巖”. ○이 시는 『시』「소아(小雅)·절남산(節南山)」편으로,[1] 유왕을 풍자한 시이다. 유왕이 임명한 대신은 현명한 자가 아니라는 뜻이다. 깎아질듯이 높고 준엄한 것은 저 남산인데, 돌이 쌓이고 쌓여서, 가파르게도 높고도 크니, 유왕의 대신인 태사 윤씨가 준엄하다는 것을 비유한다.

孔疏 ●“赫赫師尹, 民具爾瞻”者, 赫赫, 顯盛貌. 是太師與人爲則者. 具, 俱也. 爾, 汝也. 在下之民, 俱於汝而瞻視之, 言皆視師尹而爲法. 此記之意, 以喩人君在上, 民皆則之, 不可不愼.

---

1) 『시』「소아(小雅)·절남산(節南山)」 : 節彼南山, 維石巖巖. 赫赫師尹, 民具爾瞻. 憂心如惔, 不敢戲談. 國旣卒斬, 何用不監.

번역 ●經文: "赫赫師尹, 民具爾瞻". ○'혁혁(赫赫)'은 현격하게 드러나며 융성한 모습을 뜻한다. 태사는 남에게 법칙이 되는 자이다. '구(具)'자는 모두[俱]라는 뜻이다. '이(爾)'자는 너[汝]라는 뜻이다. 아래에 있는 백성들은 모두 너에 대해서 살펴본다는 뜻이다. 즉 모두들 태사 윤씨를 살펴보고 그를 법도로 삼는다는 의미이다. 이곳 『예기』에서 인용한 뜻은 이를 통해 군주는 윗자리에 있어서 백성들이 모두 그를 따르게 되므로 신중히 하지 않을 수 없음을 비유한 것이다.

孔疏 ●"有國者不可以不愼"者, 有國, 謂天子・諸侯. 言民皆視上所行而則之, 不可不愼其德乎? 宜愼之也.

번역 ●經文: "有國者不可以不愼". ○'유국(有國)'은 천자와 제후를 뜻한다. 백성들은 모두 윗사람이 시행하는 것을 보고 그를 본받으니, 덕에 대해 신중히 하지 않을 수 있겠는가? 마땅히 신중히 해야 한다는 뜻이다.

孔疏 ●"辟則爲天下僇矣"者, 僇, 謂刑僇也. 君若邪辟, 則爲天下之民共所誅討, 若桀・紂是也.

번역 ●經文: "辟則爲天下僇矣". ○'육(僇)'자는 형벌을 내려 주살한다는 뜻이다. 군주가 만약 삿되고 편벽된다면 천하의 백성들이 주살하고 토벌할 것이니, 걸임금이나 주임금과 같은 경우가 여기에 해당한다.

集註 節, 讀爲截. 辟, 讀爲僻. 僇, 與戮同.

번역 '節'자는 '截(절)'자로 풀이한다. '辟'자는 '僻(벽)'자로 풀이한다. '僇'자는 '戮(육)'자와 같다.

集註 詩小雅節南山之篇. 節, 截然高大貌. 師尹, 周太師尹氏也. 具, 俱也. 辟, 偏也. 言在上者人所瞻仰, 不可不謹. 若不能絜矩而好惡殉於一己之偏, 則身弑國亡, 爲天下之大戮矣.

번역 이 시는 『시』「소아(小雅)·절남산(節南山)」편이다. '절(節)'자는 깎아질듯이 높고 큰 모습을 뜻한다. '사윤(師尹)'은 주나라 때의 태사 윤씨이다. '구(具)'자는 모두라는 뜻이다. '벽(辟)'자는 편벽되었다는 뜻이다. 위정자는 사람들이 우러러 바라보는 대상이니 신중히 하지 않을 수가 없다는 뜻이다. 만약 혈구지도를 발휘하지 못해 좋아함과 싫어함이 자기 개인의 편벽됨에 치우친다면 자신은 죽고 국가는 패망할 것이니, 천하 사람들에게 큰 죽임을 당할 것이다.

참고 『시』「소아(小雅)·절남산(節南山)」

節彼南山, (절피남산) : 높게 솟은 저 남산이여,
維石巖巖. (유석암암) : 돌이 수북하게 쌓였구나.
赫赫師尹, (혁혁사윤) : 밝게 드러나는 태사 윤씨여,
民具爾瞻. (민구이첨) : 백성들이 모두 너를 바라보는구나.
憂心如惔, (우심여담) : 근심하는 마음이 밝게 불타는 빛과 같아서,
不敢戲談. (불감희담) : 감히 희롱하며 농담을 주고받지 못하는구나.
國旣卒斬, (국기졸참) : 제후국들이 이미 끊어지고 있는데,
何用不監. (하용불감) : 어찌하여 직무에 따라 살피지 않는고.

節彼南山, (절피남산) : 높게 솟은 저 남산이여,
有實其猗. (유실기의) : 초목이 그 곁의 하천들을 가득 채우는구나.
赫赫師尹, (혁혁사윤) : 밝게 드러나는 태사 윤씨여,
不平謂何. (불평위하) : 균평하지 않으니 무엇을 말하리오.
天方薦瘥, (천방천채) : 하늘이 거듭 재앙을 내리는지라,
喪亂弘多. (상란홍다) : 죽거나 혼란스럽게 됨이 매우 많구나.
民言無嘉, (민언무가) : 백성들에게는 축하하는 말을 건네는 일이 없어,
憯莫懲嗟. (참막징차) : 일찍이 은덕으로 그치게 하지 못하니, 아 어찌한단 말인가.

尹氏大師, (윤씨대사) : 윤씨인 태사는,

維周之氐. (유주지저) : 주나라의 빗장이라.

秉國之均, (병국지균) : 국정을 균평하게 유지하면,

四方是維. (사방시유) : 사방이 제어되느니라.

天子是毗, (천자시비) : 천자를 보필하고,

俾民不迷. (비민불미) : 백성들을 교화하여 미혹케 하지 말지어다.

不弔昊天, (부조호천) : 하늘에게 선하게 하지 못하거늘,

不宜空我師. (불의공아사) : 공허히 우리 태사가 되어서는 안 되느니라.

弗躬弗親, (불궁불친) : 몸소 하지 않고 직접 하지 않아서,

庶民弗信. (서민불신) : 백성들이 믿지 못하는구나.

弗問弗仕, (불문불사) : 묻지 않고 살피지 않지만,

勿罔君子. (물망군자) : 군자를 속이지는 못하는구나.

式夷式已, (식이식이) : 균평하고 바른 사람을 등용하면 그치리니,

無小人殆. (무소인태) : 소인을 가까이 하지 말지어다.

瑣瑣姻亞, (쇄쇄인아) : 소소한 인척들을,

則無膴仕. (즉무무사) : 중용하지 말지어다.

昊天不傭, (호천불용) : 호천(昊天)[2]이 균평하지 않아서,

---

2) 호천상제(昊天上帝)는 호천(昊天)과 상제(上帝)로 구분하여 해석하기도 하며, '호천상제'를 하나의 용어로 해석하기도 한다. 후자의 경우 '호천'이라는 말은 '상제'를 수식하는 말이다. 고대에는 축호(祝號)라는 것을 지어서 제사 때의 용어를 수식어로 꾸미게 되는데, '호천상제'의 경우는 '상제'에 대한 축호에 해당하며, 세분하여 설명하자면 신(神)의 명칭에 수식어를 붙이는 신호(神號)에 해당한다. 『예기』「예운(禮運)」편에는 "作其祝號, 玄酒以祭, 薦其血毛, 腥其俎, 孰其殽."라는 기록이 있고, 이에 대한 진호(陳澔)의 주에서는 "作其祝號者, 造爲鬼神及牲玉美號之辭. 神號, 如昊天上帝."라고 풀이했다. '호천'과 '상제'로 풀이할 경우, '상제'는 만물을 주재하는 자이며, '상천(上天)'이라고도 불렀다. 고대인들은 길흉(吉凶)과 화복(禍福)을 내릴 수 있는 능력을 갖추고 있었다고 생각하였다. 한편 '상제'는 오행(五行) 관념에 따라 동・서・남・북・중앙의 구분이 생기면서, 천상을 각각 나누어 다스리는 오제(五帝)로 설명되기도 한다. '호천'의 경우 천신(天神)을 뜻하는데, '상제'와 비슷한 개념이다. '호천'을 '상제'보다 상위의 개념으로 해석하여, 오제 위에서 군림하는 신으로 해석하는 경우도 있다.

降此鞠訥. (강차국흉) : 이처럼 많은 재앙을 내리도다.

昊天不惠, (호천불혜) : 호천이 은혜롭지 않아서,

降此大戾. (강차대려) : 이처럼 큰 재앙을 내리도다.

君子如屆, (군자여계) : 군자가 지극한 정성의 도를 다한다면,

俾民心闋. (비민심결) : 백성들의 잘못된 마음이 그치리라.

君子如夷, (군자여이) : 군자가 평이한 정사를 시행한다면,

惡怒是違. (오노시위) : 미움과 분노가 떠나리라.

不弔昊天, (부조호천) : 호천으로부터 선함을 받지 못한지라,

亂靡有定. (난미유정) : 난리가 진정되지 않는구나.

式月斯生, (식월사생) : 다달이 발생하여 더욱 심해지니,

俾民不寧. (비민불녕) : 백성들이 편안치 못하는구나.

憂心如酲, (우심여정) : 근심스러운 마음에 숙취에 괴로운 것 같으니,

誰秉國成. (수병국성) : 누가 정사를 균평하게 잡을 수 있는가.

不自爲政, (불자위정) : 스스로 정치를 시행하지 않으니,

卒勞百姓. (졸로백성) : 끝내 백성들을 고달프게 하는구나.

駕彼四牡, (가피사모) : 저 네 마리의 수말에 멍에를 메니,

四牡項領. (사모항령) : 네 마리의 수말은 목만 살찌는구나.

我瞻四方, (아첨사방) : 내 저 사방을 살펴보니,

蹙蹙靡所騁. (축축미소빙) : 빈번히 오랑캐의 침입을 당해 달려갈 곳이 없구나.

方茂爾惡, (방무이악) : 네 악함에서 벗어나려고 다툴 때에는,

相爾矛矣. (상이모의) : 너의 창을 살펴보노라.

旣夷旣懌, (기이기역) : 이미 즐거워하고 기뻐하니,

如相酬矣. (여상수의) : 서로 술을 권한 것 같구나.

昊天不平, (호천불평) : 호천이여, 태사 윤씨의 정사가 균평하지 않아서,

我王不寧. (아왕불녕) : 우리 왕을 편안치 못하게 하는구나.

不懲其心, (부징기심) : 바르지 못한 마음을 그치지 아니하고,

覆怨其正. (복원기정) : 도리어 바름을 원망하는구나.

家父作誦, (가보작송) : 가보가 이 시를 지어 읊조려서,
以究王訩. (이구왕흉) : 천자의 정사에 송사가 많아진 이유를 밝히도다.
式訛爾心, (식와이심) : 네 마음을 조화롭게 해서,
以畜萬邦. (이휵만방) : 모든 나라를 기를지어다.

毛序 節南山, 家父刺幽王也.

모서 「절남산(節南山)」편은 가보가 유왕(幽王)을 풍자한 시이다.

참고 『예기』「치의(緇衣)」 기록

경문-643b 子曰, "禹立三年, 百姓以仁遂焉, 豈必盡仁? 詩云, '赫赫師尹, 民具爾瞻.' 甫刑曰, '一人有慶, 兆民賴之.' 大雅曰, '成王之孚, 下土之式.'"

번역 공자가 말하길, "우임금이 제위에 올라 3년이 지나자 백성들은 모두 인(仁)을 따랐으니, 어찌 반드시 조정의 모든 신하를 인(仁)한 자로 채운 뒤에야 가능한 일이겠는가? 『시』에서는 '밝게 드러나며 융성한 태사 윤씨여, 백성들이 모두 너를 보는구나.'라고 했고, 「보형」편에서는 '한 사람에게 경사가 생겼는데, 모든 백성들이 그에 힘입는다.'3)라고 했으며, 「대아」에서는 '천자의 믿음을 이루어 백성들의 모범이 되었다.'4)"라고 했다.

鄭注 言百姓傚禹爲仁, 非本性能仁也. 遂, 猶達也. 皆言化君也. 孚, 信也. 式, 法也.

번역 백성들이 우임금을 본받아서 인(仁)을 시행했다는 뜻이니, 본성에 따라 모두 인(仁)에 따를 수 있었다는 뜻이 아니다. '수(遂)'자는 "통하다

---

3) 『서』「주서(周書)・여형(呂刑)」: 雖畏勿畏, 雖休勿休, 惟敬五刑, 以成三德. 二人有慶, 兆民賴之, 其寧惟永.
4) 『시』「대아(大雅)・하무(下武)」: 成王之孚, 下土之式. 永言孝思, 孝思維則.

[達].”는 뜻이다. 인용문들은 모두 군주에게 감화되었다는 뜻이다. '부(孚)'
자는 믿음[信]을 뜻한다. '식(式)'자는 “본받다[法].”는 뜻이다.

孔疏 ●“百姓以仁遂焉”者, 遂, 達也. 言禹立三年, 百姓悉行仁道, 達於外
內, 故云“百姓以仁遂焉”.

번역 ●經文: “百姓以仁遂焉”. ○'수(遂)'자는 “통하다[達].”는 뜻이다.
즉 우임금이 제위에 올라 3년이 지나자 백성들이 모두 인(仁)의 도를 시행
하여 내외가 두루 통했다는 뜻이다. 그렇기 때문에 “백성들이 인(仁)으로
두루 통했다.”라고 했다.

孔疏 ●“豈必盡仁”者, 言禹之百姓, 豈必本性盡行仁道, 祇由禹之所化, 故
此禹立三年, 則百姓盡行仁道. 論語稱“如有王者, 必世而後仁”者, 禹承堯·
舜禪代之後, 其民易化. 論語所稱者, 謂承離亂之後, 故必世乃後仁, 是以注論
語云“周道至美, 武王伐紂, 至成王乃致太平”, 由承殷紂敝化之後故也.

번역 ●經文: “豈必盡仁”. ○우임금의 백성들이 어찌 반드시 본성에 근
본하여 인(仁)의 도를 모두 시행했겠는가? 단지 우임금의 교화에 따랐을
뿐이라는 뜻이다. 그렇기 때문에 우임금이 제위에 올라 3년이 지나자 백성
들이 모두 인(仁)의 도를 시행했다고 한 것이다. 『논어』에서는 “만약 천자
가 있더라도 반드시 한 세대를 건넌 뒤에야 백성들이 인(仁)하게 된다.”라
고 했는데, 우임금은 선양으로 제위를 물려준 요임금과 순임금의 뒤를 이
었으니, 백성들은 쉽게 감화되었다. 『논어』에서 말한 것은 난세를 계승한
이후를 뜻한다. 그렇기 때문에 반드시 한 세대를 건넌 뒤에야 인(仁)하게
된다. 이러한 까닭으로 『논어』의 주에서는 “주나라의 도가 지극히 아름답지
만, 무왕이 주임금을 정벌하고 성왕 때가 되어서야 태평성세를 이루었다.”
라고 했으니, 은나라 주임금이 교화를 무너뜨린 이후를 계승했기 때문이다.

孔疏 ●“詩云: 赫赫師尹, 民具爾瞻”者, 此小雅·節南山之篇, 刺幽王之詩.

言幽王之時, 尹氏爲大師, 爲政不平, 故詩人刺之, 云赫赫然顯盛之師尹者.

번역 ●經文: "詩云: 赫赫師尹, 民具爾瞻". ○이것은 『시』「소아(小雅)·절남산(節南山)」편으로, 유왕(幽王)을 풍자한 시이다. 즉 유왕 때에 윤씨가 태사를 맡아서 정치를 시행한 것이 편안하지 못했다. 그렇기 때문에 이 시를 지은 자가 그 사실을 풍자하여, '혁혁하게 밝게 드러나 융성한 태사 윤씨여'라고 말한 것이다.

孔疏 ●"民具爾瞻", 視上之所爲. 引者, 證民之法則於上.

번역 ●經文: "民具爾瞻". ○윗사람이 행동하는 것을 살펴본다는 뜻이다. 이 시를 인용한 것은 백성들이 윗사람을 본받게 됨을 증명하기 위해서이다.

孔疏 ●"甫刑曰: 一人有慶, 兆民賴之"者, 慶, 善也. 一人, 謂天子也. 天子有善行, 民皆蒙賴之. 引者, 證上有善行, 賴及于下.

번역 ●經文: "甫刑曰: 一人有慶, 兆民賴之". ○'경(慶)'자는 선(善)을 뜻한다. '일인(一人)'은 천자를 뜻한다. 천자에게 선한 행실이 있으면 백성들이 모두 그에 힘입게 된다는 뜻이다. 이 문장을 인용한 것은 윗사람에게 선한 행실이 있으면, 아랫사람에게 두루 미치게 됨을 증명하기 위해서이다.

孔疏 ●"大雅曰: 成王之孚, 下土之式"者, 是大雅·下武之篇, 美武王之詩. 孚, 信也. 言武王成就王道之信者, 故爲下土法. 引之者, 證君有善與爲法式也.

번역 ●經文: "大雅曰: 成王之孚, 下土之式". ○이 시는 『시』「대아(大雅)·하무(下武)」편으로, 무왕(武王)을 찬미한 시이다. '부(孚)'자는 믿음[信]을 뜻한다. 무왕이 왕도의 신의를 이루었기 때문에, 아랫사람의 모범이 되었다는 뜻이다. 이 시를 인용한 것은 군주에게 선함이 있어서 모범이 된다는 뜻을 증명하기 위해서이다.

大全 長樂陳氏曰: 禹非飮食, 而致孝乎鬼神, 惡衣服, 而致美乎黻冕, 所以仁鬼神. 卑宮室, 而盡力乎溝洫, 所以仁天下, 故其立也, 止於三年之一變, 百姓皆以仁遂焉.

번역 장락진씨가 말하길, 우임금은 자신이 먹는 음식은 소략하게 했지만 귀신에 대해서는 효를 지극히 나타내었고, 자신이 입는 의복은 누추한 것으로 했지만 불면(黻冕)5)에 대해서는 아름다움을 지극히 나타냈으니, 이것은 귀신에게 인(仁)하게 대한 것이다. 또 자신이 거주하는 건물은 누추하게 지었지만 백성들을 위해 치수사업을 하는 데에는 전력을 다했으니, 이것은 천하의 백성들에게 인(仁)하게 대한 것이다. 그렇기 때문에 그가 제위에 오른 것이 불과 한 차례 변화하는 3년에 그쳤지만, 백성들은 모두 인(仁)으로 따르게 되었다.

大全 石林葉氏曰: 王者, 必世而後仁, 爲繼亂言之也. 禹立三年, 百姓以仁遂焉, 爲繼治言之也. 繼治而化之者易也.

번역 석림섭씨6)가 말하길, "천자가 있더라도 반드시 한 세대를 건넌 뒤에야 백성들이 인(仁)하게 된다."7)는 말은 혼란한 시대를 계승한 자에 대해서 말한 것이다. "우임금이 제위에 올라 3년이 지나자 백성들이 모두 인(仁)으로 따랐다."는 말은 잘 다스려진 시대를 계승한 자에 대해서 말한 것이다. 잘 다스려진 시대를 계승하여 교화를 시키는 것이 상대적으로 쉽다.

集解 遂, 成也. 以仁遂, 言民之仁無不成也. 然此非民之皆能仁也, 由禹好

---

5) 불면(黻冕)은 제복(祭服)을 뜻한다. '불(黻)'은 제복에 착용하는 슬갑을 뜻하고, '면(冕)'은 제복에 착용하는 면류관을 뜻하는데, 이 두 글자를 합쳐서 제복을 뜻하는 용어로도 사용한다.

6) 석림섭씨(石林葉氏, ? ~ A.D.1148) : =섭몽득(葉夢得)·섭소온(葉少蘊). 남송(南宋) 때의 유학자이다. 자(字)는 소온(少蘊)이고, 호(號)는 몽득(夢得)이다. 박학다식했다고 전해지며, 『춘추(春秋)』에 대한 조예가 깊었다.

7) 『논어』「자로(子路)」 : 子曰, "如有王者, 必世而後仁."

仁, 故民皆化於仁爾.

번역 '수(遂)'자는 "완성하다[成]."는 뜻이다. '이인수(以仁遂)'는 백성들의 인(仁)함에 이루어지지 않은 것이 없다는 뜻이다. 그런데 이것은 백성들 모두가 인(仁)을 시행할 수 있어서가 아니며, 우임금이 인(仁)을 좋아한 데에서 비롯된 것이다. 그렇기 때문에 백성들이 모두 그의 인(仁)에 감화되었던 것일 뿐이다.

참고 『서』「주서(周書)・여형(呂刑)」 기록

경문 王曰, 嗚呼! 念之哉①! 伯父・伯兄・仲叔・季弟・幼子・童孫, 皆聽朕言, 庶有格命②.

번역 천자가 말하길, 오호라! 유념할지어다! 백부・큰형・둘째・막내・어린 자식・어린 손자들아 모두 내 말을 듣거라, 그러면 거의 지극한 명령이 있게 되리라.

孔傳-① 念以伯夷爲法, 苗民爲戒.

번역 백이(伯夷)를 법도로 삼고, 묘민(苗民)을 경계지침으로 삼도록 유념하라는 뜻이다.

孔傳-② 皆王同姓, 有父兄弟子孫. 列者伯仲叔季, 順少長也. 舉同姓包異姓, 言不殊也. 聽從我言, 庶幾有至命.

번역 모두 천자와 동성(同姓)인 자들로, 부・형・동생・자식・손자가 있다. 나열함에 백(伯)・중(仲)・숙(叔)・계(季)로 한 것은 나이의 많고 적음에 따른 것이다. 동성인 자를 제시하여 이성(異姓)인 자도 포함한 것이니,

차이가 없다는 뜻이다. 내 말을 듣고 따르면 거의 지극한 명령이 있게 되리
라는 의미이다.

孔疏 ◎傳“皆王”至“至命”. ○正義曰: 此總告諸侯, 不獨告同姓, 知“擧同
姓包異姓”也. “格”訓至也, 言庶幾有至命. “至命”當謂至善之命, 不知是何命
也. 鄭玄云: “格, 登也. 登命謂壽考者”, 傳云“至命”亦謂壽考.

번역 ◎孔傳: “皆王”~“至命”. ○이것은 총괄적으로 제후들에게 알려준
말이니, 동성(同姓)인 자에게만 알려준 말이 아니다. 따라서 “동성인 자를
제시하여 이성(異姓)인 자도 포함한 것이다.”라는 말이 사실임을 알 수 있
다. ‘격(格)’자는 지(至)자의 뜻이니, 거의 지극한 명령이 있게 되리라는 의
미이다. ‘지명(至命)’은 마땅히 지극한 선의 명령을 뜻하지만, 구체적으로
어떤 명령에 해당하는지는 알 수 없다. 정현은 “‘격(格)’자는 오른다는 뜻이
다. ‘등명(登命)’은 장수한다는 뜻이다.”라고 했다. 따라서 공안국의 전문에
서 ‘지명(至命)’이라고 한 말 또한 장수를 뜻한다.

경문 今爾罔不由慰日勤, 爾罔或戒不勤.

번역 현재 너는 편안한 도에 따라 자처하지 않음이 없어야 하고 날마다
노력해야 하며, 너는 혹시라도 주의지침만 생각하고 노력하지 않음이 없어
야 한다.

孔傳 今汝無不用安自居, 日當勤之. 汝無有徒念戒而不勤.

번역 지금 너는 편안한 도에 따라 자처하지 않음이 없어야 하니, 날마다
힘써야만 한다. 너는 단지 주의지침만을 생각하고 노력하지 않음이 없어야
한다.

孔疏 ◎傳“今汝”至“不勤”. ○正義曰: “由”, 用也. “慰”, 安也. 人之行事多

有始無終, 從而不改. 王旣殷勤敎誨, 恐其知而不行, 或當曰欲勤行而中道倦怠, 故以此言戒之. 今汝等諸侯無不用安道以自居, 言曰我當勤之. "安道"者, 謂勤其職, 是安之道. 若不勤其職, 是危之道也.

번역 ◎孔傳: "今汝"~"不勤". ○'유(由)'자는 사용한다는 뜻이다. '위(慰)'자는 편안하다는 뜻이다. 사람들이 어떤 일을 시행할 때 대부분 시작은 있지만 끝이 없고, 따르기만 하고 고치지 못한다. 천자는 가르치는데 열심히 노력하였는데, 알기만 하고 실천하지 않음을 염려했고, 열심히 시행하려고 했으나 중도에 태만해졌다고 할 수 있기 때문에 이러한 말로 경계를 한 것이다. 지금 너희 제후들은 편안한 도로 자처하지 않음이 없어야 하니, 우리들은 마땅히 노력해야 한다는 의미이다. '안도(安道)'는 자신의 직무를 열심히 실천하는 것이 바로 편안하게 되는 도이다. 만약 직무에 열심히 하지 않는다면 이것은 위태롭게 만드는 도가 된다.

경문 天齊于民俾我, 一日非終惟終在人.

번역 하늘이 백성들을 가지런히 만듦에 나로 하여금 그 일을 시켰으니, 하루 동안 시행하는 일들은 하늘에 의해 끝맺는 것이 아니며, 끝맺는 것은 사람에게 달려 있도다.

孔傳 天整齊於下民, 使我爲之, 一日所行, 非爲天所終, 惟爲天所終, 在人所行.

번역 하늘이 백성들을 가지런히 만듦에 나로 하여금 그 일을 시켰으니, 하루 동안 시행하는 것들은 하늘에 의해 끝맺는 것이 아니며, 하늘에 의해 끝맺는 것은 사람이 행한 바에 달려 있다.

孔疏 ◎傳"天整"至"所行". ○正義曰: "天整齊於下民"者, 欲使之順道依理, 以性命自終也. 以民不能自治, 故使我爲之, 使我爲天子. 我旣受天委付, 務欲

稱天之心. 墜失天命, 是不爲天所終. 保全祿位, 是爲天所終. 我一日所行善之
與惡, 非爲天所終, 惟爲天所終, 皆在人所行. 王言己冀欲使爲行稱天意也.

번역 ◎孔傳: "天整"~"所行". ○"하늘이 백성들을 가지런히 만든다."라
고 했는데, 도리에 따르도록 해서 성명에 따라 스스로 끝맺도록 한 것이다.
백성들은 스스로를 다스릴 수 없기 때문에, 나로 하여금 그 일을 시켰으니,
나를 천자로 삼았다는 의미이다. 내가 이미 하늘의 위탁을 받았으므로, 하
늘의 마음에 걸맞도록 노력해야만 한다. 천명을 실추시키는 것은 하늘에
의해 끝맺는 것이 아니다. 녹봉과 지위를 보존하는 것은 하늘에 의해 끝맺
는 것이다. 내가 하루 동안 시행한 선이나 악은 하늘에 의해 끝맺는 것이
아니며, 하늘에 의해 끝맺는 것은 모두 사람이 시행한 것에 달려 있다. 즉
왕 본인이 시행한 일을 하늘의 뜻에 부합되도록 만들고자 기대한다는 의미
이다.

경문 爾尙敬逆天命, 以奉我一人. 雖畏勿畏, 雖休勿休.

번역 너는 천명을 공경스럽게 여기고 맞이하여, 나 한 사람을 받들어야
한다. 비록 위엄을 보이더라도 스스로를 외경스럽다고 여기지 말아야 하며,
비록 아름다움이 드러나더라도 스스로 미덕을 소유했다고 여기지 말아야
한다.

孔傳 汝當庶幾敬逆天命, 以奉我一人之戒. 行事雖見畏, 勿自謂可敬畏.
雖見美, 勿自謂有德美.

번역 너는 마땅히 천명을 공경스럽게 여기고 맞이하여, 나 한 사람이 내
린 경계지침을 받들기를 기대해야 한다. 어떤 일을 시행함에 비록 위엄을
보이게 되더라도 스스로 외경할 만하다고 여기지 말아야 한다. 비록 아름다
움을 드러내게 되더라도 스스로 미덕을 소유했다고 여기지 말아야 한다.

孔疏 ◎傳“汝當”至“德美”. ○正義曰: “逆”, 迎也. 上天授人爲主, 是下天命也. 諸侯上輔天子, 是逆天命也, 言與天意相迎逆也. “汝當庶幾敬逆天命, 以奉我一人之戒”, 欲使之順天意而用己命. 凡人被人畏, 必當自謂己有可畏敬; 被人譽, 必自謂己實有德美. 故戒之, 汝等所行事, 雖見畏, 勿自謂可敬畏; 雖見美, 勿自謂有德美. 敎之令謙而不自恃也.

번역 ◎孔傳: “汝當”~“德美”. ○‘역(逆)’자는 맞이한다는 뜻이다. 상천이 사람에게 주어 주인으로 삼게 했으니, 이것이 천명을 내렸다는 뜻이다. 제후는 위로 천자를 보필하니, 이것은 천명을 맞이하는 것으로, 하늘의 뜻과 서로 부합되어야 한다는 의미이다. 공안국이 “너는 마땅히 천명을 공경스럽게 여기고 맞이하여, 나 한 사람이 내린 경계지침을 받들기를 기대해야 한다.”라고 했는데, 그들로 하여금 하늘의 뜻에 순종하여 자신이 내린 명령에 따르게끔 하고자 한 것이다. 사람은 남에게 외경을 받으면 반드시 스스로 외경할 만한 점이 있다고 여기고, 남에게 찬사를 받게 되면 반드시 자신에게 실제로 아름다운 덕이 있다고 여기게 된다. 그렇기 때문에 경계를 한 것으로, 너희들이 시행한 일들이 비록 외경스러운 점을 드러내더라도, 스스로 외경할 만하다고 여기지 말아야 하고, 아름다운 점이 드러나더라도 스스로 미덕을 갖췄다고 여기지 말아야 한다고 한 것이다. 즉 그들에게 겸손하게 처신하여 자만하지 않도록 가르친 것이다.

경문 惟敬五刑, 以成三德. 一人有慶, 兆民賴之, 其寧惟永.

번역 오직 오형(五刑)을 공경스럽게 여겨서 삼덕(三德)을 완성해야 한다. 나 한 사람에게 선함이 있다면 모든 백성들이 그에 힘입게 되니, 편안하게 장수하게 된다.

孔傳 先戒以勞謙之德, 次敎以惟敬五刑, 所以成剛柔正直之三德也. 天子有善, 則兆民賴之, 其乃安寧長久之道.

번역 우선적으로 노력하고 겸손해야 하는 덕으로 경계를 하였고, 그 다음에 오형(五刑)을 공경스럽게 시행하는 것이 굳세고 유순하며 정직한 삼덕(三德)[8]을 완성하는 것이라고 가르친 것이다. 천자에게 선함이 있다면 모든 백성들이 그에 힘입게 되니, 편안하게 장수하는 도가 된다.

孔疏 ◎傳"先戒"至"之道". ○正義曰: 上句"雖畏勿畏, 雖休勿休", 是"先戒以勞謙之德"也. "勞謙", 易·謙卦九三爻辭. 謙則心勞, 故云"勞謙". 天子有善, 以善事敎天下, 則兆民蒙賴之.

번역 ◎孔傳: "先戒"~"之道". ○앞의 구문에서는 "비록 위엄을 보이더라도 스스로를 외경스럽다고 여기지 말아야 하며, 비록 아름다움이 드러나더라도 스스로 미덕을 소유했다고 여기지 말아야 한다."라고 했으니, 이것은 "우선적으로 노력하고 겸손해야 하는 덕으로 경계하였다."라는 뜻이 된

---

8) 삼덕(三德)은 세 종류의 덕(德)을 가리키는데, 문헌에 따라 해당하는 덕성(德性)들에는 차이가 나타난다. 『서』「주서(周書)·홍범(洪範)」편에는 "三德, 一曰正直, 二曰剛克, 三曰柔克."이라는 기록이 있다. 즉 『서』에서는 '삼덕'을 정직(正直), 강극(剛克), 유극(柔克)으로 풀이하고 있다. 그리고 이 문장에 대한 공영달(孔穎達)의 소(疏)에서는 "此三德者, 人君之德, 張弛有三也. 一曰正直, 言能正人之曲使直, 二曰剛克, 言剛强而能立事, 三曰柔克, 言和柔而能治."라고 풀이한다. 즉 '정직'은 사람들의 바르지 못한 점을 바로잡아서, 정직하게 만드는 능력을 뜻한다. '강극'은 강건한 자세로 사업을 수립하고, 그런 일들을 추진할 수 있는 능력을 뜻한다. '유극'은 화락하고 유순한 태도로 다스릴 수 있는 능력을 뜻한다. 다음으로 『주례』「지관(地官)·사씨(師氏)」편에는 "以三德敎國子, 一曰至德, 以爲道本, 二曰敏德, 以爲行本, 三曰孝德, 以知逆惡."이라는 기록이 있다. 즉 『주례』에서는 '삼덕'을 지덕(至德), 민덕(敏德), 효덕(孝德)으로 풀이하고 있다. '지덕'은 도(道)의 근본이 되는 것이며, '민덕'은 행실의 근본이 되는 것이고, '효덕'은 나쁘고 흉악한 것들을 알아내는 능력을 뜻한다. 다음으로 『국어(國語)』「진어사(晉語四)」편에는 "晉公子善人也, 而衛親也, 君不禮焉, 棄三德矣."라는 기록이 있다. 이에 대한 위소(韋昭)의 주에서는 "三德, 謂禮賓, 親親, 善善也."라고 풀이한다. 즉 위소가 말하는 '삼덕'은 예빈(禮賓), 친친(親親), 선선(善善)이다. '예빈'은 빈객들에게 예법(禮法)에 따라 대접하는 것이며, '친친'은 부모를 친애하는 것이고, '선선'은 착한 사람을 착하게 대하는 것이다.

다. "노력하고 겸손해야 한다."라는 말은『역』「겸괘(謙卦)」구삼의 효사이다.[9] 겸손하다면 마음으로 노력한 것이다. 그렇기 때문에 "노력하고 겸손해야 한다."라고 했다. 천자에게 선함이 있다면 선한 일을 통해 천하를 교화하니, 모든 백성들이 그에 힘입게 된다.

孔疏 ●"王曰"至"惟永". ○正義曰: 王言而歎曰: "嗚呼! 汝等諸侯其當念之哉!" 念以伯夷爲法, 苗民爲戒. 旣令念此法戒, 又呼同姓諸侯曰: "伯父·伯兄·仲叔·季弟·幼子·童孫等, 汝皆聽從我言, 依行用之, 庶幾有至善之命", 命必長壽也. 今汝等諸侯無不用安道以自居, 曰我當勤之哉. 汝已許自勤, 卽當必勤, 汝無有徒css我戒, 許欲自勤而身竟不勤. 戒使必自勤也. 上天欲整齊於下民, 使我爲之令, 我爲天子整齊下民也. 我一日所行失其道, 非爲天所終. 一日所行得其理, 惟爲天所終. 此事皆在人所行. 言己當愼行以順天也. 我已冀欲順天, 汝等當庶幾敬逆天命, 以奉用我一人之戒. 汝所行事, 雖見畏, 勿自謂可敬畏. 雖見美, 勿自謂有德美. 欲令其謙而勿自取也. 汝等惟當敬愼用此五刑, 以成剛柔正直之三德, 以輔我天子. 我天子一人有善事, 則億兆之民蒙賴之. 若能如此, 其乃安寧, 惟久長之道也.

번역 ●經文: "王曰"~"惟永". ○"오호라! 너희 제후들은 마땅히 유념할지어다!"라고 했는데, 백이(伯夷)를 법도로 삼고 묘민(苗民)을 경계지침으로 삼도록 유념하라는 뜻이다. 이미 그들로 하여금 이러한 것을 법도로 삼고 경계지침으로 삼도록 했는데, 재차 동성(同姓)인 제후들을 불러서, "백부·큰형·둘째·막내·어린 자식·어린 손자들아 너희들은 모두 내 말을 듣고 따라야 하며, 그에 따라 시행해야만 지극한 선의 명령이 있게 될 것이다."라고 한 것으로, 자신이 부여받은 명은 반드시 장수를 하게 되리라는 의미이다. 현재 너희 제후들은 편안한 도로 자처하지 않는 자가 없으면서도 나는 마땅히 노력해야 한다고 말하고 있다. 즉 너희들은 이미 스스로 노력한다고 여기고 있으니, 마땅히 노력해야만 한다는 의미이고, 너희들은

---

9)『역』「겸괘(謙卦)」: 九三, 勞謙, 君子有終, 吉.

단지 내가 내린 경계지침만을 생각하지 말아야 하니, 스스로 노력하고자 하면서도 자신이 끝내 노력하지 않는 것을 허용한다는 의미이다. 즉 반드시 스스로 노력하도록 경계를 한 말이다. "상천이 백성들을 가지런히 만들고자 하여 나로 하여금 그들에게 명령을 내리도록 했으니, 내가 천자가 되어 백성들을 가지런히 만든다는 의미이다. 내가 하루 동안 시행한 것이 도를 잃어버린다면, 하늘에 의해 끝맺는 것이 아니다. 하루 동안 시행한 것이 이치에 합당하다면 하늘에 의해 끝맺게 된다. 즉 이러한 일들은 모두 사람이 시행한 것에 달려 있다는 의미이다. 본인은 마땅히 행동을 신중히 해서 하늘에 순응한다는 뜻이다. 나는 이미 하늘에 순종하기를 바라고 있으니, 너희들은 마땅히 천명을 공경스럽게 여기고 맞이하여, 나 한 사람이 내린 경계지침을 받들고 따라야 한다. 너희들이 어떤 일을 시행함에 비록 외경할 만한 점이 드러나더라도 스스로 외경스럽다고 여기지 말아야 한다. 또 비록 아름다운 점이 드러나더라도 스스로 미덕을 갖췄다고 여기지 말아야 한다. 즉 겸손하게 해서 자만하지 않도록 한 것이다. 너희들은 마땅히 오형을 공경스럽게 신중하게 사용하여 굳세고 유순하며 정직한 삼덕을 완성하고, 이를 통해 천자를 보필해야 한다. 천자 한 사람이 선한 일을 갖춘다면 모든 백성들이 그에 힘입게 된다. 만약 이처럼 할 수 있다면 편안하게 되니, 장구하게 되는 도일 따름이다.

蔡傳 此告同姓諸侯也. 格, 至也. 參錯訊鞫, 極天下之勞者, 莫若獄, 苟有毫髮怠心, 則民有不得其死者矣. 罔不由慰日勤者, 爾所用以自慰者, 無不以日勤, 故職擧而刑當也. 爾罔或戒不勤者, 刑罰之用, 一成而不可變者也. 苟頃刻之不勤, 則刑罰失中, 雖深戒之, 而已施者, 亦無及矣. 戒固善心也, 而用刑豈可以或戒也哉? 且刑獄非所恃以爲治也. 天以是整齊亂民, 使我爲一日之用而已. 非終, 卽康誥大罪非終之謂, 言過之當宥者. 惟終, 卽康誥小罪惟終之謂, 言故之當辟者. 非終惟終, 皆非我得輕重, 惟在夫人所犯耳. 爾當敬逆天命, 以承我一人. 畏威, 古通用. 威, 辟之也. 休, 宥之也. 我雖以爲辟, 爾惟勿辟, 我雖以爲宥, 爾惟勿宥, 惟敬乎五刑之用, 以成剛柔正直之德, 則君慶於上,民賴於下, 而安寧之福, 其永久而不替矣.

번역　이것은 동성(同姓)의 제후들에게 알려준 말이다. '격(格)'자는 지극하다는 뜻이다. 뒤섞고 따져서 천하의 수고로움을 지극히 하는 것 중에는 옥송(獄訟)만한 것이 없는데, 만약 털끝만큼이라도 나태한 마음이 있다면, 백성들에게는 제대로 된 죽음을 얻지 못하는 경우가 생긴다. "너는 위로하며 날마다 부지런히 하지 않음이 없어야 한다."라는 말은 스스로 위로하여 날마다 부지런히 하지 않음이 없기 때문에 직무가 시행되고 형벌이 마땅하게 된다는 뜻이다. "너는 혹시라도 경계만 하고 부지런히 하지 않음이 없어야 한다."라는 말은 형벌을 사용하는 것은 한 번 완성되면 바꿀 수 없는 것이다. 만약 잠시라도 부지런하지 않는다면 형벌이 마땅함을 잃어서 비록 깊이 경계하더라도 이미 형벌을 시행한 것에는 미칠 수 없다는 뜻이다. 따라서 경계하는 것이 비록 좋은 마음이라고 하지만, 형벌을 사용함에 어찌 경계만 할 수 있단 말인가? 또한 형벌은 믿고서 다스릴 수 있는 것이 아니다. 하늘이 이로써 어지러운 백성들을 다듬어서 나로 하여금 하루 동안 사용토록 했을 따름이다. '비종(非終)'은 『서』「강고(康誥)」편에서 "큰 죄이지만 끝까지 저지른 것이 아니다."라고 한 말에 해당하니, 과실을 범한 것 중 용서를 해줄 수 있는 경우를 뜻한다. '유종(惟終)'은 「강고」편에서 "작은 죄이지만 끝가지 저지른 것이다."라고 한 말에 해당하니,[10] 고의로 죄를 저질러 벌을 받아야 할 경우를 뜻한다. 비종(非終)과 유종(惟終)은 모두 내가 가볍게 여기거나 중시 여길 수 있는 것이 아니며, 오직 그 사람이 범한 것에 달려 있을 따름이다. 너는 마땅히 천명을 공경스럽게 여기고 맞이하여 나 한 사람을 받들어야 한다. '외(畏)'자와 '위(威)'자는 고자에서는 통용되었다. '위(威)'는 형벌을 내린다는 뜻이다. '휴(休)'자는 용서해준다는 뜻이다. 내가 비록 형벌을 내리더라도 너는 형벌을 내리지 말아야 하고, 내가 비록 용서를 하더라도 너는 용서하지 말아야 하니, 오직 오형(五刑)의 쓰임에 대해 공경스럽게 여겨서, 굳세고 유순하며 정직한 덕을 완성해야 하니, 이

---

10)　『서』「주서(周書)·강고(康誥)」 : 人有<u>小罪</u>, 非眚乃<u>惟終</u>, 自作不典式爾, 有厥罪
　　小, 乃不可不殺. 乃有<u>大罪, 非終</u>, 乃惟眚災, 適爾.

처럼 한다면 군주는 위에서 경사스럽게 되고, 백성은 아래에서 힘입게 되어, 편안한 복이 오래도록 유지되며 폐지되지 않을 것이다.

참고 『시』「대아(大雅)·하무(下武)」

下武維周, (하무유주) : 후대에 선조를 계승할 수 있는 자는 주나라에
　　　　　　　　　　　　가장 많았으니,

世有哲王. (세유철왕) : 대대로 현명한 군주가 있었다.

三后在天, (삼후재천) : 태왕(太王)·왕계(王季)·문왕(文王)이 하늘에 계시
　　　　　　　　　　　　거늘,

王配于京. (왕배우경) : 무왕(武王)은 수도에서 그에 짝하시도다.

王配于京, (왕배우경) : 무왕이 수도에서 그에 짝하시니,

世德作求. (세덕작구) : 대대로 덕을 쌓아 공적을 완성하도다.

永言配命, (영언배명) : 내가 세 왕의 명령에 짝하기를 길이 함은,

成王之孚. (성왕지부) : 왕자의 도를 미덥게 이룸이라.

成王之孚, (성왕지부) : 왕자의 도를 미덥게 이루니,

下土之式. (하토지식) : 백성들이 법칙으로 삼도다.

永言孝思, (영언효사) : 내가 효심에 따라 세 왕이 행했던 바를 떠올리니,

孝思維則. (효사유칙) : 효심에 따라 떠올림은 후세의 법칙이 되니라.

媚茲一人, (미자일인) : 사랑스럽구나 무왕이여,

應侯順德. (응후순덕) : 순종적인 덕에 합당할 수 있구나.

永言孝思, (영언효사) : 내가 효심에 따라 세 왕이 행했던 바를 떠올리니,

昭哉嗣服. (소재사복) : 밝구나, 무왕이 선조의 과업을 잇는 것이.

昭茲來許, (소자래허) : 이처럼 노력한 행실을 밝게 드러내어 선으로 나
　　　　　　　　　　　　아가고,

繩其祖武. (승기조무) : 선조의 자취를 경계하고 신중히 살피는구나.

於萬斯年, (오만사년) : 아, 영원토록,

受天之祜. (수천지호) : 하늘의 복을 받으리라.

受天之祜, (수천지호) : 하늘의 복을 받은지라,
四方來賀. (사방래하) : 사방에서 찾아와 축하하노라.
於萬斯年, (오만사년) : 아, 영원토록,
不遐有佐. (불하유좌) : 멀다하지 않고 찾아와 돕는구나.

毛序 下武, 繼文也. 武王, 有聖德, 復受天命, 能昭先人之功焉.

모서 「하무(下武)」편은 문왕(文王)을 계승한 사실을 읊조린 시이다. 무왕(武王)은 성인다운 덕을 가지고 있어서 재차 천명을 받아 선조의 공덕을 밝힐 수 있었다.

참고 『효경』「삼재장(三才章)」 기록

경문 曾子曰, "甚哉! 孝之大也①." 子曰, "夫孝, 天之經也, 地之義也, 民之行也②." 天地之經, 而民是則之③. 則天之明, 因地之利, 以順天下. 是以其敎不肅而成, 其政不嚴而治④.

번역 증자는 "대단하구나! 효의 위대함이여."라고 했다. 공자는 "효라는 것은 변하지 않는 하늘의 항상됨이며, 만물을 이롭게 하는 땅의 의로움이며, 가장 먼저 시행해야 할 백성들의 행실이다."라고 했다. 하늘과 땅은 변하지 않는 항상됨을 가지고 있어서 백성들이 이것을 본받게 된다. 즉 하늘의 밝음을 본받고 땅의 이로움에 의거하여 세상에서 순리에 따라 행동한다. 이러한 까닭으로 교화는 엄숙하게 하지 않더라도 완성되고 정치는 엄격하게 하지 않더라도 다스려진다.

李注-① 參聞行孝無限高卑, 始知孝之爲大也.

번역 증삼은 효를 시행하는 것에는 지위의 차이에 상관이 없음을 듣고서 비로소 효의 위대함을 알았다.

李注-② 經, 常也. 利物爲義. 孝爲百行之首, 人之常德, 若三辰運天而有常, 五土分地而爲義也.

번역 '경(經)'은 항상됨을 뜻한다. 만물을 이롭게 하는 것은 '의(義)'이다. 효는 모든 행실의 으뜸이며, 사람이 지닌 항상된 덕이니, 마치 삼신(三辰)11)이 하늘을 운행하며 일정한 법칙이 있고, 오토(五土)12)가 땅을 구분지어 만물을 이롭게 하는 것과 같다.

李注-③ 天有常明, 地有常利, 言人法則天地, 亦以孝爲常行也.

번역 하늘은 항상 밝게 빛나고 땅은 항상 이롭게 하니, 사람이 천지를 본받으며 또한 효를 변치 않는 행실로 삼았다는 뜻이다.

李注-④ 法天明以爲常, 因地利以行義, 順此以施政教, 則不待嚴肅而成理也.

번역 하늘의 밝음을 본받아 항상됨으로 삼고, 땅의 이로움에 의거해서 의로움을 시행하며, 이에 따라 정치와 교화를 베풀면 엄숙하고 엄격하게 하지 않아도 이루어지고 다스려진다는 뜻이다.

---

11) 삼신(三辰)은 해[日], 달[月], 별[星]을 가리킨다. 『춘추좌씨전』「환공(桓公) 2년」편에는 "三辰旂旗, 昭其明也."라는 기록이 있는데, 이에 대한 두예(杜預)의 주에서는 "三辰, 日·月·星也."라고 풀이했다.
12) 오토(五土)는 다섯 종류의 지형을 뜻한다. '산림지형[山林]', '하천이나 연못지형[川澤]', '구릉지형[丘陵]', '저지대나 평탄한 지형[墳衍]', '평탄하거나 습한 지형[原隰]'을 가리킨다. 『공자가어(孔子家語)』「상로(相魯)」편에는 "乃別五土之性, 而物各得其所生之宜."라는 기록이 있는데, 이에 대한 왕숙(王肅)의 주에서는 "五土, 一曰山林, 二曰川澤, 三曰丘陵, 四曰墳衍, 五曰原隰."이라고 풀이하였다.

경문 先王見教之可以化民也①. 是故先之以博愛, 而民莫遺其親②. 陳之
於德義, 而民興行③. 先之以敬讓, 而民不爭④. 導之以禮樂, 而民和睦⑤, 示
之以好惡, 而民知禁⑥.

번역 선왕은 천지의 가르침으로 백성들을 교화시킬 수 있음을 보았다.
이러한 까닭으로 선왕이 직접 널리 사랑함을 먼저 시행하니, 백성들이 자
신의 부모를 버리지 않았다. 또 대신들이 보좌하여 덕과 의의 아름다움을
진술하니 백성들이 덕과 의의 뜻을 일으켜 시행했다. 선왕이 직접 공경과
겸양을 먼저 시행하니, 백성들이 다투지 않았다. 또 대신들이 보좌하여 예
와 악으로 인도하니 백성들이 화목하게 되었으며, 좋고 싫어함으로써 보여
주니 백성들이 금지할 바를 알았다.

李注-① 見因天地敎化, 民之易也.

번역 하늘과 땅에 따른 교화로 인해 백성들이 바뀌는 것을 보았다는 뜻
이다.

李注-② 君愛其親, 則人化之, 無有遺其親者.

번역 군주가 자신의 부모를 사랑하면 백성들이 감화되어 자신의 부모
를 버리는 자가 없게 된다.

李注-③ 陳說德義之美, 爲衆所慕, 則人起心而行之.

번역 덕과 의의 아름다움을 진술하여 많은 사람들이 사모하게 되면, 백
성들은 자신의 마음을 일으켜 그것을 시행하게 된다.

李注-④ 君行敬讓, 則人化而不爭.

번역 군주가 공경과 겸양을 시행하면 백성들이 감화되어 다투지 않는다.

李注-⑤ 禮以檢其跡, 樂以正其心, 則和睦矣.

번역 예를 통해 행동을 검속하고 악을 통해 마음을 바르게 하면 화목하게 된다.

李注-⑥ 示好以引之, 示惡以止之, 則人知有禁令, 不敢犯也.

번역 좋아하는 것을 보여주어 그들을 인도하고 싫어하는 것을 보여주어 금지하면 백성들은 금지하는 법령이 있음을 알게 되어 감히 법을 범하지 않는다.

경문 詩云, "赫赫師尹, 民具爾瞻."

번역 『시』에서는 "밝고 성대한 태사 윤씨여, 백성들이 모두 너를 우러러보는구나."라고 했다.

李注 赫赫, 明盛貌也. 尹氏爲太師, 周之三公也. 義取大臣助君行化, 人皆瞻之也.

번역 '혁혁(赫赫)'은 밝고 성대한 모습을 뜻한다. 윤씨는 태사가 되었으니, 주나라 때의 삼공(三公)13)이었다. 여기에서는 대신이 군주를 도와 교화를 시행하여 백성들이 모두 그를 우러러본다는 의미를 취한 것이다.

---

13) 삼공(三公)은 중앙정부의 가장 높은 관직자 3명을 합쳐서 부르는 말이다. '삼공'에 속한 관직명에 대해서는 각 시대별로 차이가 있다. 『사기(史記)』「은본기(殷本紀)」편에는 "以西伯昌, 九侯, 鄂侯, 爲三公."이라는 기록이 있다. 즉 은나라 때에는 서백(西伯)인 창(昌), 구후(九侯), 악후(鄂侯)들을 '삼공'으로 삼았다. 또한 주(周)나라 때에는 태사(太師), 태부(太傅), 태보(太保)를 '삼공'으로 삼았다. 『서』「주서(周書)·주관(周官)」편에는 "立太師·太傅·太保, 茲惟三公, 論道經邦, 燮理陰陽."이라는 기록이 있다. 한편 『한서(漢書)』「백관공경표서(百官公卿表序)」에 따르면 사마(司馬), 사도(司徒), 사공(司空)을 '삼공'으로 삼았다는 기록이 있다.

邢疏 ●"詩云至爾瞻". ○正義曰: 夫子旣述先王以身率下先, 及大臣助君行化之義畢, 乃引小雅・節南山詩以證成之. 赫赫, 明盛之貌也, 是太師尹氏也. 言助君行化, 爲人模範, 故人皆瞻之.

번역 ●經文: "詩云至爾瞻". ○공자는 선왕이 직접 밑의 사람들을 인솔함에 먼저 해야 할 것과 대신들이 군주를 도와 교화를 시행하는 뜻을 모두 설명하고서 『시』「소아(小雅)・절남산(節南山)」편의 시를 인용하여 증명하고 그 뜻을 완성하였다. '혁혁(赫赫)'은 밝고 융성한 모습을 뜻하니, 태사 윤씨를 뜻한다. 군주를 도와 교화를 시행하여 다른 사람의 모범이 되므로 사람들이 모두 그를 우러러본다는 뜻이다.

邢疏 ◎注"赫赫至之也". ○正義曰: "赫赫, 明盛貌也. 尹氏爲太師, 周之三公也"者, 此毛傳文. 太師・太傅・太保, 是周之三公. 尹氏時爲太師, 故曰尹氏也. 云"義取大臣助君行化, 人皆瞻之也"者, 引詩大意如此. 孔安國曰: "具, 皆也. 爾, 女也. 古語或謂'人具爾瞻', 則人皆瞻女也." 此章再言"先之", 是吾身行率先於物也; "陳之"・"導之"・"示之", 是大臣助君爲政也. 按大載禮云: "昔者舜左禹而右皐陶, 不下席而天下大治. 夫政之不中, 君之過也. 政之旣中, 令之不行, 職事者之罪也." 後引周禮稱三公無官屬, 與王同職, 坐而論道. 又按尙書・益稷篇稱帝曰: "吁! 臣哉鄰哉, 鄰哉臣哉!" 又曰: "臣作朕股肱耳目." 孔傳曰: "言君臣道近, 相須而成, 言大體若身, 君任股肱, 臣戴元首之義也." 故禮・緇衣稱"上好是物, 下必有甚者矣. 故上之好惡, 不可不愼也, 是民之表也. 詩云: '赫赫師尹, 民具爾瞻.' 甫刑曰: '一人有慶, 兆民賴之.'" 緇衣之引詩・書, 是明下民從上之義. 師尹, 大臣也. 一人, 天子也. 謂人君爲政, 有身行之者, 有大臣助行之者. 人之從上, 非惟從君, 亦從論道之大臣, 故並引以結之也. 此章上言先王, 下引師尹, 則知君臣同體, 相須而成者, 謂此也. 皇侃以爲無先王在上之詩, 故斷章引大師之什, 今不敢也.

번역 ◎李注: "赫赫至之也". ○"'혁혁(赫赫)'은 밝고 성대한 모습을 뜻한다. 윤씨는 태사가 되었으니, 주나라 때의 삼공(三公)이었다."라고 했는데,

이것은 모씨의 전문이다. 태사(太師)14) · 태부(太傅)15) · 태보(太保)16)는 주나라 때의 삼공이다. 윤씨는 당시 태사가 되었기 때문에 '윤씨(尹氏)'라고 말한 것이다. "여기에서는 대신이 군주를 도와 교화를 시행하여 백성들이 모두 그를 우러러본다는 의미를 취한 것이다."라고 했는데, 『시』를 인용한 대체적인 의미가 이와 같다는 뜻이다. 공안국17)은 "'구(具)'자는 모두라는 뜻이다. '이(爾)'자는 너라는 뜻이다. 고어에서는 '인구이첨(人具爾瞻)'이라고도 말하니, 사람들이 모두 너를 바라본다는 뜻이다."라고 했다. 이곳에서는 두 차례 '선지(先之)'라고 했는데, 내가 직접 다른 대상보다 먼저 솔선수범을 보인다는 뜻이다. '진지(陳之)' · '도지(導之)' · '시지(示之)'라는 것은 대신들이 군주를 도와 정치를 시행하는 것이다. 『대대례기』를 살펴보면, "옛날 순임금은 우를 좌측에 두고 고요를 우측에 두어 밑으로 내려오지 않더라도 천하가 크게 다스려졌다. 정치가 중도를 잃은 것은 군주의 잘못이다. 정치가 중도에 합치되는데도 명령이 시행되지 않는 것은 실무를 담당하는 자들의 죄이다."18)라고 했다. 뒤에는 『주례』를 인용하여 삼공에게는 소속된 관원이 없으며 천자와 함께 같은 직무를 담당하여 앉아서 도를

---

14) 태사(太師)는 주(周)나라 때의 관직으로, 삼공(三公) 중 하나이며, 삼공 중 서열은 첫 번째이다. 천자를 보좌하여 국정 전반을 다스렸다. 이 관직은 진(秦)나라 때 폐지되었다가, 한(漢)나라 때 다시 설치되기도 하였다.

15) 태부(太傅)는 주(周)나라 때의 관직으로, 삼공(三公) 중 하나이며, 삼공 중 서열은 두 번째에 해당한다. 천자를 보좌하여 국정 전반을 다스렸다. 『서』「주서(周書) · 주관(周官)」편에는 "立太師 · 太傅 · 太保, 玆惟三公, 論道經邦, 燮理陰陽."이라는 기록이 있다. 이 관직은 진(秦)나라 때 폐지되었다가, 한(漢)나라 때 다시 설치되기도 하였다.

16) 태보(太保)는 주(周)나라 때의 관직으로, 삼공(三公) 중 하나이며, 삼공 중 서열은 세 번째이다. 천자를 보좌하여 국정 전반을 다스렸다. 이 관직은 춘추시대(春秋時代) 이후 폐지되었다가, 한(漢)나라 때 다시 설치되기도 하였다.

17) 공안국(孔安國, ? ~ ?) : 전한(前漢) 때의 학자이다. 자(字)는 자국(子國)이다. 고문상서학(古文尙書學)의 개조(開祖)로 알려져 있다. 『십삼경주소(十三經注疏)』의 『상서정의(尙書正義)』에는 공안국의 전(傳)이 수록되어 있는데, 통상적으로 이 주석은 후대인들이 공안국의 이름에 가탁하여 붙인 문장으로 인식되고 있다.

18) 『대대례기(大戴禮記)』「주언(主言)」 : 昔者舜左禹而右皐陶, 不下席而天下治. 夫政之不中, 君之過也. 政之旣中, 令之不行, 職事者之罪也.

논의한다고 했다. 또 『상서』「익직(益稷)」편을 살펴보면, 순임금의 말을 기록하며, "아! 신하여 너는 내 가까이에 있어라, 가까이에 있으니 너는 내 신하로다!"라고 했고, 또 "신하는 나의 다리이며 팔이고 귀이며 눈이다."라고 했다.[19] 공안국의 전문에서는 "앞의 말은 군주와 신하의 도는 가까워서 서로 함께 해야만 완성됨을 말한 것이고, 뒤의 말은 군주와 신하는 한 몸과 같아서 군주는 다리와 팔을 움직이고 신하는 머리를 이고 있다는 뜻이다."라고 했다. 그러므로 『예기』「치의(緇衣)」편에서는 "윗사람이 이 사물을 좋아하면, 아랫사람에게는 반드시 그보다 더 심함이 생겨난다. 그러므로 윗사람은 좋아하고 싫어하는 것을 신중히 하지 않을 수가 없으니, 이것은 백성들의 지표가 되기 때문이다.[20] 『시』에서는 '밝고 성대한 태사 윤씨여, 백성들이 모두 너를 우러러보는구나.'라고 했으며, 「보형」편에서는 '한 사람에게 경사가 생겼는데, 모든 백성들이 그에 힘입는다.'"[21]라고 했다. 「치의」편에서 『시』와 『서』를 인용한 것은 백성들이 위정자를 따른다는 뜻을 증명하기 위한 것이다. '사윤(師尹)'은 대신이다. '일인(一人)'은 천자를 가리킨다. 군주가 정치를 시행함에 직접 행하는 것도 있고, 대신이 도와서 시행하는 것도 있다는 뜻이다. 백성들이 위정자를 따를 때 군주만을 따르는 것이 아니라 또한 도를 의논하는 대신들도 따른다. 그렇기 때문에 이 두 문장을 함께 인용해서 결론을 맺은 것이다. 「삼재장」에서는 앞에서 '선왕(先王)'을 말했고, 뒤에서는 '사윤(師尹)'에 대한 기록을 인용했으니, 군주와 신하는 동체여서 서로가 함께 해야만 완성된다는 것이 바로 이것을 가리킴을 알 수 있다. 황간[22]은 선왕이 위에 있다는 것을 표현한 시가 없기 때문에 단장

---

19) 『서』「우서(虞書)·익직(益稷)」: 帝曰, 吁, 臣哉鄰哉, 鄰哉臣哉. 禹曰, 兪. <u>帝曰, 臣作朕股肱耳目, 予欲左右有民.</u>

20) 『예기』「치의(緇衣)」【643a】: 子曰, "下之事上也, 不從其所令, 從其所行. <u>上好是物, 下必有甚者矣. 故上之所好惡, 不可不愼也, 是民之表也.</u>"

21) 『예기』「치의(緇衣)」【643b】: 子曰, "禹立三年, 百姓以仁遂焉, 豈必盡仁? <u>詩云, '赫赫師尹, 民具爾瞻.' 甫刑曰, '一人有慶, 兆民賴之.' 大雅曰, '成王之孚, 下土之式.'</u>"

22) 황간(皇侃, A.D.488 ~ A.D.545): =황씨(皇氏). 남조(南朝) 때 양(梁)나라의 경학자이다. 『주례(周禮)』, 『의례(儀禮)』, 『예기(禮記)』 등에 해박하여, 『상복문구의소(喪服文句義疏)』, 『예기의소(禮記義疏)』, 『예기강소(禮記講疏)』 등

취의하여 태사 윤씨에 대한 시를 인용했다고 여겼는데, 여기에서는 그 주
장에 따르지 않는다.

을 지었지만, 현재는 전해지지 않는다. 그 일부가 마국한(馬國翰)의 『옥함산
방집일서(玉函山房輯佚書)』에 수록되어 있다.

• 제 23 절 •

전(傳) 10장-5 · 6 · 7 · 8 · 9 · 10

【1869下～1870上】

詩云, "殷之未喪師, 克配上帝. 儀監于殷, 峻命不易." 道得衆則
得國, 失衆則失國. 是故君子先愼乎德. 有德此有人, 有人此有
土, 有土此有財, 有財此有用. 德者本也, 財者末也, 外本內末
爭民施奪. 是故財聚則民散, 財散則民聚. 是故言悖而出者, 亦
悖而入, 貨悖而入者, 亦悖而出.

직역　詩에서 云, "殷이 師를 未喪함에는 克히 上帝에 配라. 儀히 殷을 監하리
니, 峻命은 不易라." 衆을 得하면 國을 得하고, 衆을 矢하면 國을 矢함을 道라. 是故
로 君子는 先히 德을 愼이라. 德을 有하면 此에 人이 有하고, 人이 有하면 此에
土가 有하며, 土가 有하면 此에 財가 有하고, 財가 有하면 此에 用이 有라. 德者는
本이고, 財者는 末이다. 本을 外하고 末을 內하면, 爭民이 奪을 施라. 是故로 財가
聚하면 民이 散하고, 財가 散하면 民이 聚라. 是故로 言이 悖하여 出한 者는 亦히
悖하여 入하고, 貨가 悖하여 入한 者는 亦히 悖하여 出한다.

의역　『시』에서는 "은나라가 아직 민심을 잃지 않았을 때에는 그 덕이 상제에
짝할 수 있었다. 마땅히 은나라를 거울삼아 살펴야 할 것이니, 하늘의 높은 덕은
받들기가 쉽지 않다."라고 했다. 이 시는 민심을 얻으면 나라를 얻고 민심을 잃으면
나라를 잃게 됨을 말한 것이다. 이러한 까닭으로 군자는 우선 자신의 덕을 쌓는데
신중을 기한다. 덕을 가지게 되면 사람들이 모이고, 사람들이 모이면 땅이 광대해
지며, 땅이 광대해지면 재물이 풍족하게 되고, 재물이 풍족해지면 국가의 재용이
풍족하게 된다. 따라서 덕은 근본에 해당하고 재물은 말단에 해당한다. 덕을 소원
하게 대하고 재물을 친근하게 대한다면 이로움을 다투는 일반 사람들은 위협하고

빼앗는 정감을 제멋대로 자행하게 된다. 따라서 재물을 긁어모으면 백성들이 흩어지고 재물을 베풀면 백성들이 모인다. 이러한 까닭으로 군주의 명령이 민심을 거슬러 나가면 또한 거스르는 결과가 돌아오게 되고, 재화가 민심을 거슬러 들어오게 되면 또한 거스르는 결과가 도출된다.

鄭注 師, 衆也. 克, 能也. 峻, 大也. 言殷王帝乙以上, 未失其民之時, 德亦有能配天者, 謂天享其祭祀也. 及紂爲惡, 而民怨神怒, 以失天下. 監視殷時之事, 天之大命, 得之誠不易也. 道, 猶言也. 用, 謂國用也. 施奪, 施其劫奪之情也. 悖, 猶逆也. 言君有逆命, 則民有逆辭也. 上貪於利, 則下人侵畔. 老子曰: "多藏必厚亡."

번역 '사(師)'자는 백성[衆]을 뜻한다. '극(克)'자는 능히[能]라는 뜻이다. '준(峻)'자는 "크다[大]."는 뜻이다. 은나라 제왕 제을로부터 그 이상은 아직까지 민심을 잃지 않았던 때에 해당하고, 그들의 덕 또한 하늘에 짝할 수 있었음을 뜻하니, 하늘이 그들이 지낸 제사를 흠향하였다는 의미이다. 그러나 주임금이 악행을 저질러 백성들이 원망하고 신이 노여워하게 됨에 천하를 잃게 되었다. 은나라 시기에 벌어진 일을 거울삼아 살펴보면 하늘의 큰 명을 얻는 것은 진실로 쉽지 않은 것이다. '도(道)'자는 "말하다[言]."는 뜻이다. '용(用)'자는 국가에서 재화를 쓴다는 뜻이다. '시탈(施奪)'은 위협하고 빼앗는 정감을 시행한다는 뜻이다. '패(悖)'자는 "거스르다[逆]."는 뜻이다. 군주가 거스르는 명령을 내리게 되면 백성들도 거스르는 말을 하게 된다는 의미이다. 윗사람이 이로움을 탐하면 아랫사람은 침탈하고 배반한다. 『노자』에서는 "쌓은 것이 많으면 반드시 크게 잃는다."[1]라고 했다.

釋文 喪, 息浪反. 峻, 恤俊反. 易, 以豉反, 注同. 爭, 爭鬪之爭. 施如字. 悖, 布內反, 下同. 上, 時掌反. 藏, 才浪反.

---

1) 『노자(老子)』「44장」: 名與身孰親. 身與貨孰多. 得與亡孰病. 是故甚愛必大費, <u>多藏必厚亡</u>. 知足不辱, 知止不殆, 可以長久.

번역   '喪'자는 '息(식)'자와 '浪(랑)'자의 반절음이다. '峻'자는 '恤(휼)'자와 '俊(준)'자의 반절음이다. '易'자는 '以(이)'자와 '豉(시)'자의 반절음이며, 정현의 주에 나오는 글자도 그 음이 이와 같다. '爭'자는 '쟁투(爭鬪)'라고 할 때의 '爭'자이다. '施'자는 글자대로 읽는다. '悖'자는 '布(포)'자와 '內(내)'자의 반절음이며, 아래문장에 나오는 글자도 그 음이 이와 같다. '上'자는 '時(시)'자와 '掌(장)'자의 반절음이다. '藏'자는 '才(재)'자와 '浪(랑)'자의 반절음이다.

孔疏   ●"詩云: 殷之未喪師, 克配上帝", 此一經明治國之道在貴德賤財. 此大雅·文王之篇, 美文王之詩, 因以戒成王也. 克, 能也; 師, 衆也. 言殷自紂父帝乙之前, 未喪師衆之時, 所行政教, 皆能配上天而行也.

번역   ●經文: "詩云: 殷之未喪師, 克配上帝". ○이곳 경문에서는 나라를 다스리는 도는 덕을 존귀하게 높이고 재물을 천시하는데 달려있음을 나타내고 있다. 이 시는 『시』「대아(大雅)·문왕(文王)」편으로,[2] 문왕을 찬미한 시인데, 이를 통해 성왕을 경계한 것이다. '극(克)'자는 능히[能]라는 뜻이다. '사(師)'자는 백성[衆]을 뜻한다. 은나라는 주임금의 부친인 제을로부터 그 이전에는 아직까지 민심을 잃지 않았을 때에 해당하여, 그들이 시행한 정치와 교화는 모두 상천에 짝하여 행할 수 있었다는 뜻이다.

孔疏   ●"儀監于殷, 峻命不易"者, 儀, 宜也; 監, 視也. 今成王宜監視于殷之存亡. 峻, 大也. 奉此天之大命, 誠爲不易, 言其難也.

번역   ●經文: "儀監于殷, 峻命不易". ○'의(儀)'자는 "마땅하다[宜]."는 뜻이다. '감(監)'자는 "살펴보다[視]."는 뜻이다. 지금 성왕은 마땅히 은나라가 존재할 수 있었고 패망했던 이유를 거울삼아 자세히 살펴보아야만 한다는 뜻이다. '준(峻)'자는 "크다[大]."는 뜻이다. 이러한 하늘의 큰 명을 받드

---

2) 『시』「대아(大雅)·문왕(文王)」: 無念爾祖, 聿脩厥德. 永言配命, 自求多福. <u>殷之未喪師, 克配上帝. 宜鑒于殷, 駿命不易</u>.

는 것은 진실로 쉽지 않다는 뜻이니, 어렵다는 의미이다.

孔疏　●"道得衆則得國, 失衆則失國"者, 道, 猶言也. 詩所云者, 言帝乙以上"得衆則得國", 言殷紂"失衆則失國"也.

번역　●經文: "道得衆則得國, 失衆則失國". ○'도(道)'자는 "말하다[言].'는 뜻이다. 『시』에서 언급한 내용은 제을로부터 그 전의 제왕들은 "민심을 얻어 나라를 유지하였다."는 뜻이고, 은나라 주임금은 "민심을 잃어 나라를 잃었다."는 뜻이다.

孔疏　●"有德此有人"者, 有德之人, 人之所附從, 故"有德此有人"也.

번역　●經文: "有德此有人". ○덕이 있는 사람은 남들이 의지하고 따른다. 그렇기 때문에 "덕이 있으면 이에 사람들이 모인다."라고 했다.

孔疏　●"有人此有土"者, 有人則境土寬大, 故"有土"也.

번역　●經文: "有人此有土". ○사람이 모이면 영토가 광대해진다. 그렇기 때문에 "땅이 생긴다."라고 했다.

孔疏　●"有土此有財", 言有土則生植萬物, 故"有財"也.

번역　●經文: "有土此有財". ○땅이 생기면 만물을 생겨나게 하고 자라나게 한다. 그렇기 때문에 "재화가 생긴다."라고 했다.

孔疏　●"有財此有用"者, 爲國用有財豐, 以此而有供國用也.

번역　●經文: "有財此有用". ○국가의 재용을 위해 재물을 풍부하게 갖추니, 이를 통해 국가의 재용에 공급하기 위해서이다.

孔疏 ●"德者本也, 財者末也"者, 德能致財, 財由德有, 故德爲本, 財爲末也.

번역 ●經文: "德者本也, 財者末也". ○덕은 재물을 축적할 수 있고, 재물은 덕을 소유한 것에서 비롯된다. 그렇기 때문에 덕은 근본이 되고 재물은 말단이 된다.

孔疏 ●"外本內末, 爭民施奪"者, 外, 疏也; 內, 親也; 施奪, 謂施其劫奪之情也. 君若親財而疏德, 則爭利之人皆施劫奪之情也.

번역 ●經文: "外本內末, 爭民施奪". ○'외(外)'자는 "소원하다[疏]."는 뜻이며, '내(內)'자는 "친근하다[親]."는 뜻이다. '시탈(施奪)'은 위협하고 빼앗는 정감을 시행한다는 뜻이다. 군자가 만약 재물을 친근하게 여기고 덕을 소원하게 여긴다면 이로움을 다투는 사람들이 모두 위협하고 빼앗는 정감을 시행한다는 의미이다.

孔疏 ●"是故財聚則民散, 財散則民聚"者, 事不兩興, 財由民立. 君若重財而輕民, 則民散也. 若散財而賙恤於民, 則民咸歸聚也.

번역 ●經文: "是故財聚則民散, 財散則民聚". ○두 사안은 양립하며 둘모두 흥성할 수 없고, 재물은 백성을 통해 수립된다. 군주가 만약 재물을 중시하고 백성을 경시한다면 백성들은 흩어지게 된다. 만약 재물을 베풀어백성들을 구휼한다면 백성들은 모두 귀의하여 모여들게 된다.

孔疏 ●"是故言悖而出者, 亦悖而入"者, 悖, 逆也. 若人君政敎之言悖逆人心而出行者, 則民悖逆君上而入以報答也, 謂拒違君命也.

번역 ●經文: "是故言悖而出者, 亦悖而入". ○'패(悖)'자는 "거스르다[逆]."는 뜻이다. 군주가 정치와 교화로 펼치는 말이 민심을 거스르며 공표되어 시행된다면, 백성들은 군주를 거스르게 되어 거스르는 답변이 들어오게 된다. 즉 군주의 명령을 거역하고 어긴다는 뜻이다.

孔疏　●"貨悖而入者, 亦悖而出"者, 若人君厚斂財貨, 悖逆民心而入積聚者, 不能久如財, 人畔於上, 財亦悖逆君心而散出也. 言衆畔親離, 財散非君有也.

번역　●經文: "貨悖而入者, 亦悖而出". ○군주가 재화를 많이 모으는데 힘써서 민심을 거스르며 재화를 들여쌓고 모으면, 재화를 오래도록 유지할 수 없으니, 백성들이 윗사람을 배반하여 재물 또한 군주의 마음을 거스르며 흩어져 나갈 것이다. 즉 백성들이 배반하고 친근한 자들이 떠나게 되어 재물도 흩어져 군주의 소유가 아니게 된다는 의미이다.

孔疏　◎注"師衆"至"厚亡". ○正義曰: "師, 衆也", "峻, 大也", 皆釋詁文. 爾雅"峻"字馬旁爲之, 與此同也. "克, 能也", 釋言文也. 云"君有逆命, 則民有逆辭也"者, "君有逆命", 解經"言悖而出"也. "民有逆辭", 解經"亦悖而入", 謂人有逆命之辭以拒君也. 云"老子曰: 多藏必厚亡"者, 言積聚藏之旣多, 必厚重而散亡也. 引之者, 證"貨悖而入, 亦悖而出".

번역　◎鄭注: "師衆"~"厚亡". ○정현이 "'사(師)'자는 백성[衆]을 뜻한다."[3]라고 했고, "'준(峻)'자는 '크다[大].'는 뜻이다."[4]라고 했는데, 이 모두는 『이아』「석고(釋詁)」편의 기록이다. 『이아』에서는 '준(峻)'자를 마(馬)자변으로 기록했는데 준(峻)자와 같은 글자이다. 정현이 "'극(克)'자는 능히[能]라는 뜻이다."라고 했는데, 이것은 『이아』「석언(釋言)」편의 기록이다.[5] 정현이 "군주가 거스르는 명령을 내리게 되면 백성들도 거스르는 말을 하게 된다는 의미이다."라고 했는데, "군주가 거스르는 명령을 내린다."는 말은 경문의 '언패이출(言悖而出)'이라는 말을 풀이한 것이다. "백성들도 거스르는 말을 하게 된다."는 말은 경문의 '역패이입(亦悖而入)'이라는 말을 풀이한 것이다. 즉 백성들이 명령에 거스르는 말을 하여 군주의 명령을 거

---

3) 『이아』「석고(釋詁)」: 黎·庶·烝·多·醜·師·旅, 衆也.
4) 『이아』「석고(釋詁)」: 弘·廓·宏·溥·介·純·夏·幠·厖·墳·嘏·丕·弈·洪·誕·戎·駿·假·京·碩·濯·訏·宇·穹·壬·路·淫·甫·景·廢·壯·冢·簡·箌·昄·晊·將·業·席, 大也.
5) 『이아』「석언(釋言)」: 克, 能也.

부한다는 의미이다. 정현이 "『노자』에서는 '쌓은 것이 많으면 반드시 크게 잃는다.'"라고 했는데, 쌓고 모으며 보관한 것이 이미 많다면 반드시 두텁고 무겁게 흩어지고 없어진다는 뜻이다. 이 기록을 인용한 것은 경문의 "재화가 거슬러서 들어오면 또한 거슬러서 나간다."고 한 말을 증명하기 위해서이다.

集註 喪, 去聲. 儀, 詩作宜. 峻, 詩作駿. 易, 去聲.

번역 '喪'자는 거성으로 읽는다. '儀'자를 『시』에서는 '宜'자로 기록했다. '峻'자를 『시』에서는 '駿'자로 기록했다. '易'자는 거성으로 읽는다.

集註 詩文王篇. 師, 衆也. 配, 對也. 配上帝, 言其爲天下君, 而對乎上帝也. 監, 視也. 峻, 大也. 不易, 言難保也. 道, 言也. 引詩而言此, 以結上文兩節之意. 有天下者, 能存此心而不失, 則所以絜矩而與民同欲者, 自不能已矣.

번역 이 시는 『시』「문왕(文王)」편이다. '사(師)'자는 백성을 뜻한다. '배(配)'자는 마주한다는 뜻이다. 상제를 마주한다는 것은 천하를 다스리는 군주가 되어 상제를 마주한다는 의미이다. '감(監)'자는 살펴본다는 뜻이다. '준(峻)'자는 크다는 뜻이다. '불이(不易)'는 보존하기가 어렵다는 뜻이다. '도(道)'자는 말한다는 뜻이다. 시를 인용하고 이처럼 말하여 앞의 두 문단의 뜻을 결론 맺은 것이다. 천하를 소유한 자가 이러한 마음을 보존하여 잃지 않을 수 있다면, 혈구지도에 따라 백성과 하고자 함을 함께 하는 것을 스스로 그만둘 수 없게 된다.

集註 先愼乎德, 承上文不可不愼而言. 德, 卽所謂明德. 有人, 謂得衆. 有土, 謂得國. 有國則不患無財用矣.

번역 먼저 덕을 조심한다는 것은 앞 문장에서 "삼가지 않을 수가 없다."라고 한 말을 이어서 말한 것이다. '덕(德)'은 바로 명덕(明德)을 뜻한다. '유인(有人)'은 백성들을 얻는다는 뜻이다. '유토(有土)'는 나라를 얻는다는 뜻이다. 나라를 얻게 되면 재용이 없을까를 걱정하지 않게 된다.

集註 本上文而言.

번역 "덕이 근본이고 재화가 말단이다."라고 한 말은 앞 문장에 근거하여 말한 것이다.

集註 人君以德爲外, 以財爲內, 則是爭鬪其民, 而施之以劫奪之敎也. 蓋財者人之所同欲, 不能絜矩而欲專之, 則民亦起而爭奪矣.

번역 군주가 덕을 밖으로 여기고 재물을 안으로 여긴다면 백성과 다투게 되어 위협하고 빼앗는 교화를 펼치게 된다. 재물은 사람들이 모두 바라는 것이니, 혈구지도에 따르지 못하여 혼자만 차지하려고 한다면 백성들 또한 봉기하여 다투고 빼앗게 된다.

集註 外本內末故財聚, 爭民施奪故民散, 反是則有德而有人矣.

번역 근본을 밖으로 하고 말단을 안으로 하기 때문에 재물이 모여지고, 백성들과 다투며 빼앗는 교화를 펼치기 때문에 백성들이 흩어지니, 이와 반대로 한다면 덕이 생겨서 사람들이 모이게 된다.

集註 悖, 布內反.

번역 '悖'자는 '布(포)'자와 '內(내)'자의 반절음이다.

集註 悖, 逆也. 此以言之出入, 明貨之出入也. 自先謹乎德以下至此, 又因財貨以明能絜矩與不能者之得失也.

번역 '패(悖)'자는 거스른다는 뜻이다. 이것은 말의 출입을 가지고 재화의 출입을 밝힌 것이다. '선근호덕(先謹乎德)'이라는 말로부터 이곳 기록까지는 또한 재화로 인하여 혈구지도를 따를 수 있는 자와 따를 수 없는 자의 득실을 밝힌 것이다.

참고 『시』「대아(大雅)·문왕(文王)」
*제 9 절 : 전(傳) 2장 참고자료

참고 『노자(老子)』「44장」 기록

원문 名與身孰親.

번역 이름과 자신 중 무엇이 더 친밀한가.

河注 名遂則身退也.

번역 이름이 이루어지면 자신은 물러나게 된다.

王注 尙名好高, 其身必疏.

번역 명성을 숭상하고 높은 지위를 좋아하면 그 자신에 대해서는 반드시 소원해진다.

원문 身與貨孰多.

번역 자신과 재화 중 무엇이 더 중한가.

河注 財多則害身也.

번역 재물이 많아지면 자신을 해치게 된다.

王注 貪貨無厭, 其身必少.

번역 재화를 탐함에 싫증을 느끼지 않으면 자신은 반드시 적어진다.

원문 得與亡孰病.

번역 얻음과 잃음 중 어느 것이 더 병인가.

河注 好得利, 則病於行也.

번역 이로움을 얻는 것만 좋아하면 행동에 병폐가 생긴다.

王注 得多利而亡其身, 何者? 爲病也.

번역 많은 이로움을 얻으면 자신을 잃게 되니 무엇 때문인가? 병통이 되기 때문이다.

원문 是故甚愛必大費, 多藏必厚亡.

번역 이러한 까닭으로 많이 아끼면 반드시 크게 쓰게 되고 쌓은 것이 많으면 반드시 크게 잃는다.

河注 甚愛色, 費精神, 甚愛財, 遇禍患. 所愛者少, 所亡者多, 故言大費. 生多藏於府庫, 死多藏於邱墓, 生有攻劫之憂, 死有掘冢探柩之患.

번역 너무 색욕을 아끼면 정기와 정신을 허비하게 되고, 너무 재물을 아끼면 환란을 겪게 된다. 아끼는 것은 적어지고 잃은 것은 많아지기 때문에 '대비(大費)'라고 했다. 생전에 창고에 쌓아둔 것이 많고 죽어서 무덤에 쌓아둔 것이 많으면, 생전에는 누가 공격하거나 빼앗지 않을까 하는 우환에 시달리고, 죽어서는 무덤과 관을 도굴하지는 않을까 하는 우환에 시달린다.

王注 甚愛, 不與物通, 多藏, 不與物散. 求之者多, 攻之者衆, 爲物所病, 故 大費厚亡也.

번역 매우 아끼면 다른 대상과 소통하지 못하고, 많이 쌓으면 다른 대상 과 흩어지지 못한다. 구하는 자가 많아지고 공격하는 자가 많아지니 다른 대상에 의해 병통으로 여겨진다. 그렇기 때문에 크게 쓰고 크게 잃는다.

원문 知足不辱,

번역 만족할 줄 알면 욕되지 않고,

河注 知足之人, 絶利去欲, 不辱其身.

번역 만족할 줄 아는 사람은 이로움을 추구하는 마음을 끊고 욕심을 제 거하니 자신을 욕되게 하지 않을 수 있다.

원문 知止不殆,

번역 그침을 알면 위태롭지 않으니,

河注 知可止, 則財利不累身, 聲色不亂於耳目, 則終身不危怠也.

번역 그칠 줄 안다면 재물과 이로움이 자신을 얽어매지 못하고, 좋은 소리와 여색이 귀와 눈을 어지럽히지 않는다면 종신토록 위태롭지 않다.

원문 可以長久.

번역 장구할 수 있다.

河注 人能知止足則福祿在己, 治身者神不勞, 治國者民不擾, 故可長久.

번역　사람이 그치고 만족할 줄 안다면 복과 녹봉이 자신에게 있게 되니, 자신을 다스리는 자는 그 정신이 수고롭지 않게 되고 나라를 다스리는 자는 백성들이 동요되지 않기 때문에 장구하게 할 수 있다.

참고　『이아』「석고(釋詁)」 기록

경문　黎·庶·烝·多·醜·師·旅, 衆也.

번역　여(黎)·서(庶)·증(烝)·다(多)·추(醜)·사(師)·여(旅)는 중(衆)자의 뜻이다.

郭注　皆見詩.

번역　이 모두는 『시』에 나온다.

邢疏　●"黎庶"至"衆也". ○釋曰: 皆謂衆夥也. 注云"皆見詩"者, 大雅·雲漢云"周餘黎民", 靈臺云"庶民子來", 烝民云"天生烝民", 周頌·載見云"思皇多祜", 大雅·緜篇云"戎醜攸行", 棫樸云"六師及之", 小雅·采芑云"振旅闐闐"之類, 是也.

번역　●經文: "黎庶"~"衆也". ○이 모두는 많다는 뜻이다. 곽박의 주에서는 "이 모두는 『시』에 나온다."라고 했는데, 『시』「대아(大雅)·운한(雲漢)」편에서 "주나라의 많은 백성들"[6]이라고 했고, 「영대(靈臺)」편에서 "많은 백성들이 자식처럼 찾아오는구나."[7]라고 했으며, 「증민(烝民)」편에서 "하

---

6) 『시』「대아(大雅)·운한(雲漢)」: 旱旣太甚, 則不可推. 兢兢業業, 如霆如雷. 周餘黎民, 靡有孑遺. 昊天上帝, 則不我遺. 胡不相畏, 先祖于摧.
7) 『시』「대아(大雅)·영대(靈臺)」: 經始靈臺, 經之營之. 庶民攻之, 不日成之. 經始勿亟, 庶民子來.

늘이 많은 백성을 낳았도다."8)라고 했고, 『시』「주송(周頌)·재견(載見)」편에서 "군왕이 많은 복을 누리도록 생각하도다."9)라고 했으며, 『시』「대아(大雅)·면(緜)」편에서 "큰 무리가 출행하도다."10)라고 했고, 「역박(棫樸)」편에서 "육사(六師)11)가 따라가도다."12)라고 했으며, 『시』「소아(小雅)·채기(采芑)」편에서 "군대를 멈춤에 북을 전전(闐闐)하게 치도다."13)라고 한 부류가 바로 그 용례이다.

참고 『이아』「석고(釋詁)」 기록

경문 弘·廓·宏·溥·介·純·夏……, 大也.

번역 *제 14 절 : 전(傳) 8장 참고자료

---

8) 『시』「대아(大雅)·증민(烝民)」: <u>天生烝民</u>, 有物有則. 民之秉彝, 好是懿德. 天監有周, 昭假于下, 保茲天子, 生仲山甫.

9) 『시』「주송(周頌)·재견(載見)」: 載見辟王, 曰求厥章. 龍旂陽陽, 和鈴央央, 鞗革有鶬, 休有烈光. 率見昭考, 以孝以享. 以介眉壽. 永言保之, <u>思皇多祜</u>. 烈文辟公, 綏以多福, 俾緝熙于純嘏.

10) 『시』「대아(大雅)·면(緜)」: 迺立皋門, 皋門有伉. 迺立應門, 應門將將. 迺立冢土, <u>戎醜攸行</u>.

11) 육사(六師)는 '육군(六軍)'이라고도 부른다. 주(周)나라 때 천자가 통솔했던 여섯 단위의 군대를 뜻한다. '사(師)'는 본래 군대의 단위를 뜻하는 것으로, 1사(師)는 12,500명으로 구성된다. 후대에는 천자의 군대를 지칭하는 용어로도 사용되었다.

12) 『시』「대아(大雅)·역박(棫樸)」: 淠彼涇舟, 烝徒楫之. 周王于邁, <u>六師及之</u>.

13) 『시』「소아(小雅)·채기(采芑)」: 鴥彼飛隼, 其飛戾天, 亦集爰止. 方叔涖止, 其車三千, 師干之試. 方叔率止, 鉦人伐鼓, 陳師鞠旅. 顯允方叔, 伐鼓淵淵, <u>振旅闐闐</u>.

머물러 있지 않다는 뜻이다.

孔疏 ●"道善則得之, 不善則失之矣", 書之本意, 言道爲善則得之, 不善則失之, 是不常在一家也.

번역 ●經文: "道善則得之, 不善則失之矣". ○『서』의 본래 의미는 선을 시행하면 얻고 불선하면 잃는다는 의미로, 한 왕가에만 항상 머물러 있지 않다는 뜻이다.

集註 道, 言也. 因上文引文王詩之意而申言之, 其丁寧反覆之意益深切矣.

번역 '도(道)'자는 말한다는 뜻이다. 앞에서 「문왕」편의 시를 인용한 뜻에 기인하여 거듭 설명한 것이니, 간곡하게 반복하는 뜻이 매우 깊고도 간절하다.

참고 구문비교

예기·대학 道善則得之, 不善則失之矣.

여씨춘추·장리(長利) 故曰善者得之, 不善者失之, 古之道也.

참고 『서』「주서(周書)·강고(康誥)」기록

경문 王曰, "嗚呼! 肆汝小子封, 惟命不于常①, 汝念哉! 無我殄②. 享, 明乃服命③, 高乃聽, 用康乂民④."

번역 왕이 말하길, "오호라! 너 소자 봉아, 천명은 일정한 곳에 머물러 있지 않으니, 너는 항상 유념해야 한다! 그리하여 내 말을 흘려 넘겨서는 안 된다. 네가 나라를 소유함을 향유하며, 네가 복종하여 따르는 명령을 밝혀야 하고, 네가 듣는 것을 높게 해서 항상 선왕의 도와 덕에 대한 말을 듣고, 이를 통해 백성들을 편안하게 다스려야 한다."라고 했다.

孔傳-① 以民安則不絶亡汝, 故當念天命之不於常, 汝行善則得之, 行惡則失之.

번역 백성들이 편안하다면 너를 끊어 내거나 없애지 않기 때문에, 마땅히 천명은 일정한 곳에 머물러 있지 않음을 유념해야 하니, 네가 선을 시행하면 얻게 될 것이고 악을 시행하면 잃게 될 것이다.

孔傳-② 無絶棄我言而不念.

번역 내 말을 흘려 넘기며 유념하지 않아서는 안 된다.

孔傳-③ 享有國土, 當明汝所服行之命令, 使可則.

번역 나라를 소유함을 향유하고 마땅히 네가 복종하고 따라야 하는 명령을 밝혀서 본받을 수 있도록 해야 한다.

孔疏 ◎傳"享有"至"可則". ○正義曰: 以"不瑕殄", 卽享有國土也. "服行之命", 謂德刑也.

번역 ◎孔傳: "享有"~"可則". ○"너를 잘못한다고 하여 끊어버리지 않는다."라고 했으니, 국토를 향유하게 됨을 뜻한다. '복종하고 따라야 하는 명령'이라고 했는데, 덕과 형벌을 뜻한다.

孔傳-④ 高汝聽, 聽先王道德之言, 以安治民.

번역 너의 들음을 높이라는 말은 선왕에 대한 도와 덕의 말들을 듣고서 이를 통해 백성들을 편안하게 다스려야 한다는 뜻이다.

孔疏 ●"王曰嗚呼肆"至"乂民". ○正義曰: 與上相首引. 王命言曰: "嗚呼! 以民安則不汝絶亡之故, 汝小子封, 當念天命之不於常也. 惟行善則得之, 行惡則失之. 汝念此無常哉! 無絶棄我言而不念. 若享有國土, 當明汝服行之敎令, 使可法. 高大汝所聽, 用先王道德之言以安治民也."

번역 ●經文: "王曰嗚呼肆"~"乂民". ○앞 문장과 상호 그 뜻을 이끌어 내는 발단이 된다. 천자는 명령을 내리며, "오호라! 이를 통해 백성들이 편안하게 된다면 네가 끊어지거나 없어지는 우환이 없게 될 것이니, 너 소자 봉은 마땅히 천명은 항상 고정되어 있지 않음을 유념해야 한다. 오직 선을 시행해야만 얻을 수 있을 것이나 악을 행하면 잃게 될 것이다. 너는 이처럼 고정되지 않음을 유념해야 한다! 내 말을 흘려 넘겨서 유념하지 않음이 없어야 한다. 국토를 향유하게 된다면 마땅히 네가 복종해서 따라야하는 교화와 정령을 밝혀 본받을 수 있도록 해야 한다. 그리고 네가 듣는 것을 높고 크게 해서 선왕의 도와 덕에 대한 말을 이용해 백성들을 편안하게 다스려야 한다."라고 했다.

蔡傳 肆, 未詳. 惟命不于常, 善則得之, 不善則失之, 汝其念哉, 毋我殄絶所享之國也. 明汝侯國服命, 高其聽, 不可卑忽我言, 用安治爾民也.

번역 '사(肆)'자의 뜻에 대해서는 잘 모르겠다. 천명은 일정하지 않으니 선하면 얻게 되고 불선하면 잃게 되니, 너는 이것을 항상 유념해야 하며, 내가 향유하게 한 나라를 끊어버리지 말아야 한다. 너는 제후국에서 따라야 하는 제도와 등급을 밝히고 들음을 높여서 내 말을 소홀히 여겨서는 안 되며, 이를 통해 너의 백성들을 편안하게 다스려야 한다.

참고 『춘추좌씨전』 성공(成公) 16년 기록

전문 王曰: "天敗楚也夫! 余不可以待." 乃宵遁. 晉入楚軍, 三日穀①. 范文子立於戎馬之前, 曰: "君幼, 諸臣不佞②, 何以及此? 君其戒之③! 周書曰: '惟命不于常.' 有德之謂④."

번역 초왕(楚王)은 "하늘이 우리 초나라를 망하게 하는구나! 나는 기다릴 수만은 없다."고 말하고는 곧 밤에 도망쳤다. 진나라 군대가 초나라 군영으로 들어가서 3일 동안 초나라 군대가 버리고 간 양식을 먹었다. 범문자는 진나라 후작의 수레를 끄는 말 앞에 서서 "군주께서는 유약하시고 신하들은 무능한데 어떻게 이러한 이로움을 취하셨습니까? 군주께서는 조심하소서. 「주서(周書)」에서는 '천명은 일정한 곳에 머물러 있지 않다.'라고 했으니, 바로 덕이 있는 자에게 돌아간다는 말입니다."라고 했다.

杜注-① 食楚粟三日也.

번역 초나라 군대의 양식을 3일 동안 먹었다는 뜻이다.

杜注-② 佞, 才也.

번역 '녕(佞)'자는 재주를 뜻한다.

杜注-③ 戒勿驕.

번역 교만하지 말도록 경계하라는 뜻이다.

杜注-④ 周書·康誥. 言勝無常命, 唯德是與.

번역 『서』「주서(周書)·강고(康誥)」편이다. 승리를 했다고 해서 항상 천명이 머물러 있는 것은 아니니 오직 덕이 있는 자에게 주어진다는 뜻이다.

孔疏 ◎注"周書"至"是與". ○正義曰: 周公稱成王之命, 告康叔以此言也. 唯上天之命, 不常於一人也, 言善則得之, 惡則失之, 唯有德者, 於是與之.

번역 ◎杜注: "周書"~"是與". ○주공이 성왕의 명령을 지칭하며 강숙에게 이러한 말을 일러준 것이다. 하늘의 명은 항상 한 사람에게만 머물러 있지 않으니, 선을 행하면 얻게 되지만 악을 행하면 잃게 됨을 뜻하며, 오직 덕을 갖춘 자에게만 주어진다는 의미이다.

참고 『춘추좌씨전』 양공(襄公) 23년 기록

전문 陳侯如楚①. 公子黃愬二慶於楚, 楚人召之②. 使慶樂往, 殺之③. 慶氏以陳叛④. 夏, 屈建從陳侯圍陳. 陳人城⑤, 板隊而殺人. 役人相命, 各殺其長⑥. 遂殺慶虎・慶寅. 楚人納公子黃. 君子謂: "慶氏不義, 不可肆也⑦. 故書曰: '惟命不于常⑧.'"

번역 진나라 후작이 초나라로 갔다. 공자 황은 초나라에 두 경씨(慶氏)를 제소하여 초나라에서 그들을 불렀다. 경호와 경인은 경악을 대신 보내었는데 초나라에서 그를 죽였다. 그러자 경호와 경인은 진나라 백성들을 거느리고 배반하였다. 여름에 초나라 굴건은 진나라 후작을 따라가서 진나라를 포위하였다. 진나라에서 성을 축조하였는데 판축이 떨어져 그 사람을 죽였다. 인부들은 서로 말을 주고받아서 각각 자신들의 감독관을 죽였다. 그리고는 결국 경호와 경인까지 죽였다. 초나라에서는 공자 황을 진나라로 들여보냈다. 군자는 "경씨는 의롭지 못하니 놓아줄 수 없다. 그렇기 때문에 『서』에서는 '천명은 일정한 곳에 머물러 있지 않다.'"라고 했다.

杜注-① 朝也.

번역 조회를 하러 찾아간 것이다.

杜注-② 二慶, 虎及寅也. 二十年, 二慶譖黃, 黃奔楚自理. 今陳侯往, 楚乃信黃, 爲召二慶.

번역 '이경(二慶)'은 경호(慶虎)와 경인(慶寅)이다. 양공 20년에 경호와 경인은 공자 황을 참소하여, 공자 황은 초나라로 달아나 스스로 자신을 해명하였다. 지금 진나라 후작이 찾아오니 초나라에서는 공자 황을 신임하게 되어 경호와 경인을 부른 것이다.

杜注-③ 慶樂, 二慶之族. 二慶畏誅, 故不敢自往.

번역 '경악(慶樂)'은 경호와 경인의 족인이다. 경호와 경인은 주살될 것을 두려워했기 때문에 감히 직접 찾아가지 못했다.

杜注-④ 因陳侯在楚而叛之. 不書叛, 不以告.

번역 진나라 후작이 초나라에 머물러 있는 것에 기인하여 배반을 했다. 경문에 '반(叛)'이라고 기록하지 않은 것은 이러한 사실을 알려오지 않았기 때문이다.

杜注-⑤ 治城以距君. 屈建, 楚莫敖.

번역 성을 정비하여 군주가 들어오는 것을 막은 것이다. '굴건(屈建)'은 초나라 막오(莫敖)라는 관직에 있었던 자이다.

杜注-⑥ 慶氏忿其板隊, 遂殺築人. 故役人怒而作亂.

번역 경씨는 판축을 떨어트린 것에 분노하여 축조하던 자를 죽였다. 그렇기 때문에 인부들이 분노하여 반란을 일으킨 것이다.

杜注-⑦ 肆, 放也.

번역 '사(肆)'자는 놓아준다는 뜻이다.

杜注-⑧ 周書·康誥. 言有義則存, 無義則亡.

번역 『서』「주서(周書)·강고(康誥)」편의 기록이다. 의로움을 갖춘다면 보존되지만 의로움이 없다면 없어진다는 뜻이다.

孔疏 ●"君子"至"于常". ○正義曰: 杜言慶氏以陳叛, 叛不書, 不以告, 則傳載君子之言, 其意不爲經也. 君子自論慶氏之罪, 所爲不義, 不可放肆, 以爲宜其誅滅, 故引尙書·康誥, 言天命之不于常, 有義則存, 無義則亡. 慶氏族有二卿, 爲不義之故, 而並喪亡, 故君子論其事傷之也. 服虔以爲傳發此言爲不書慶氏以陳叛, 爲楚所圍, 稱國以殺, 不成惡人肆其志也. 服意見元年"圍宋彭城", 追書繫宋, 不登叛人, 謂此亦宜然, 故爲此解. 然叛是大罪, 若書爲叛, 其惡益明, 何當匿其罪名謂之不可肆也? 若慶氏不可放肆, 故不書其叛, 則林父·華亥·趙鞅·荀寅之徒, 豈皆可使放肆而書其叛乎? 且傳文不言書經之意, 知之不爲經也. 故杜以爲叛不告, 故不書耳.

번역 ●傳文: "君子"~"于常". ○두예[2]는 경씨가 진나라의 땅을 가지고 배반하였는데 경문에서 배반한 사실을 기록하지 않은 것은 알려오지 않았기 때문이라고 했으니, 전문에서 군자의 말을 수록한 것은 그 의도가 경문 때문이 아니다. 군자 스스로 경씨의 죄를 논평하여 그가 시행한 짓은 의롭지 못하므로 놓아줄 수 없다고 했으니, 주살됨이 마땅하다고 여긴 것이다. 그렇기 때문에 『상서』「강고(康誥)」편을 인용했으니, 천명은 일정한 곳에 머물러 있지 않아서, 의로움을 지닌다면 보존되지만 의로움이 없다면 천명도 없어진다는 뜻이다. 경씨 일족에 있었던 2명의 경은 의롭지 못했기 때문

---

2) 두예(杜預, A.D.222 ～ A.D.284): =두원개(杜元凱). 서진(西晉) 때의 유학자이다. 경조(京兆) 두릉(杜陵) 출신이다. 자(字)는 원개(元凱)이다. 『춘추경전집해(春秋經典集解)』를 저술하였는데, 이 책은 현존하는 『춘추(春秋)』의 주석서 중 가장 오래된 것이며, 『십삼경주소(十三經注疏)』의 『춘추좌씨전정의(春秋左氏傳正義)』에도 채택되어 수록되었다.

에 둘 모두 죽은 것이다. 그래서 군자는 그 사안을 논평하며 불쌍하게 여겼다. 복건[3]은 전문에서 이러한 말을 하게 된 것은 경문에서 경씨가 진나라 땅으로 배반했다는 사실을 기록하지 않았기 때문이라고 여겼고, 초나라에게 포위를 당했으며 그 나라를 일컬어 주살했다고 했으니 악인이 자기 마음대로 할 수 없도록 한 것이라고 했다. 복건의 견해는 아마도 양공 1년에 "송나라 팽성을 포위했다."라고 기록했는데, 경문에서 이 사실을 추서하며 송나라와 연결시켰고, 배반한 사람을 기록하지 않았는데, 이 또한 마땅히 그러하다고 여겼기 때문에 이러한 해설을 한 것이다. 그러나 배반은 매우 큰 죄이니 경문에서 배반이라고 기록했다면 그의 악함이 더욱 명백하게 드러난다. 그런데 어찌 그 죄명을 숨겨주어 놓아줄 수 없다고 했겠는가? 만약 경씨를 놓아줄 수 없다고 평가했기 때문에 경문에서 그의 배반을 기록하지 않았다면 임보 · 화해 · 조앙 · 순인 등의 무리들이 어찌 놓아줄 수 있어서 경문에 그들의 배반을 기록한 것이겠는가? 또 전문에서 경문 기록의 뜻을 언급하지 않았으니, 이것이 경문으로 인해 한 말이 아님을 알 수 있다. 그러므로 두예는 배반을 했지만 알려오지 않았기 때문에 기록하지 않았을 뿐이라고 여겼다.

참고 『여씨춘추』「장리(長利)」 기록

원문 辛寬見魯繆公曰, "臣而今而後知吾先君周公之不若太公望封之知也. 昔者太公望封於營丘之渚海阻山高險固之地也, 是故地日廣, 子孫彌隆①. 吾先君周公封於魯, 無山林谿谷之險, 諸侯四面以達②, 是故地日削, 子孫彌殺③." 辛寬出, 南宮括入見. 公曰, "今者寬也非周公", 其辭若是也. 南宮括對曰,

---

3) 복건(服虔, ? ~ ?) : 후한대(後漢代)의 유학자이다. 자(字)는 자신(子愼)이다. 초명은 중(重)이었으며, 기(祇)라고도 불렀다. 후에 이름을 건(虔)으로 고쳤다. 『춘추좌씨전(春秋左氏傳)』에 주석을 남겼지만, 산일되어 전해지지 않는다. 현재는 『좌전가복주집술(左傳賈服注輯述)』로 일집본이 편찬되었다.

"寬少者, 弗識也④. 君獨不聞成王之定成周之說乎? 其辭曰, '惟余一人, 營居於成周. 惟余一人, 有善易得而見也, 有不善易得而誅也⑤.' 故曰善者得之, 不善者失之, 古之道也⑥. ……."

번역 신관이 노나라 목공을 알현하며 "저는 오늘에서야 우리 선군이신 주공이 태공망이 도성을 정한 지혜만 못하다는 사실을 알았습니다. 옛날 태공망은 영구에 도성을 정하였는데 바다에 둘러싸이고 산이 막고 있어 높고 험준하여 굳건히 지킬 수 있는 땅입니다. 이러한 까닭으로 그 땅은 날로 넓어졌고 자손은 더욱 번성하였습니다. 반면 우리 선군이신 주공께서는 노성에 도읍을 정하셨는데, 산림이나 계곡과 같은 험지가 없어서 제후들과 사방으로 길이 통해 있습니다. 이러한 까닭으로 그 땅은 날로 작아졌고 자손은 더욱 줄어들게 되었습니다."라고 했다. 신관이 밖으로 나가자 남궁괄이 들어와서 알현했다. 그러자 목공은 "지금 신관이 주공을 비판했습니다."라고 했고, 그가 한 말이 이와 같다고 일러주었다. 남궁괄은 대답하며 "신관은 식견이 좁아 아는 것이 없어서입니다. 군주께서는 성왕께서 성주에 도읍을 정하며 하신 말씀을 유독 듣지 못하셨습니까? 그 말에서는 '오직 나 한 사람만이 성주에 집을 지어 살 것이다. 오직 나 한 사람만이 선한 것이 있으면 쉽게 드러낼 수 있고 불선한 것이 있으면 쉽게 주살할 수 있다.'라고 했습니다. 그러므로 선한 자는 얻게 되고 불선한 자는 잃게 되는 것이 옛날의 도라고 합니다. (이하 생략)"라고 했다.

高注-① 廣, 大也. 隆, 盛也.

번역 '광(廣)'자는 크다는 뜻이다. '융(隆)'자는 융성하다는 뜻이다.

高注-② 達, 通也.

번역 '달(達)'자는 통한다는 뜻이다.

高注-③ 削, 小也. 殺, 衰也.

번역 '삭(削)'자는 작다는 뜻이다. '쇄(殺)'자는 쇠락하다는 뜻이다.

高注-④ 少, 小也, 不知也.

번역 '소(少)'자는 작다는 뜻이니, 모른다는 의미이다.

高注-⑤ 言恃德, 不恃險也.

번역 덕을 믿어야 하며 험준한 지형을 믿어서는 안 된다는 뜻이다.

高注-⑥ 得之者, 若湯武也. 失之者, 若桀紂. 故曰古之道也.

번역 얻는 자는 탕임금이나 무왕과 같은 자를 뜻한다. 잃는 자는 걸임금이나 주임금과 같은 자를 뜻한다. 그렇기 때문에 옛날의 도라고 말했다.

답하길, "그렇습니다."라고 했다. 조간자는 "그 보물은 몇 세대 동안 보물로 여겨졌습니까?"라고 했다.

韋注-① 王孫圉, 楚大夫.

번역 '왕손어(王孫圉)'는 초나라의 대부이다.

韋注-② 定公, 晉頃公之子午也. 簡子, 趙鞅也. 鳴玉, 鳴其佩玉以相禮也.

번역 '정공(定公)'은 진나라 경공의 아들 오(午)이다. '간자(簡子)'는 조 앙이다. '명옥(鳴玉)'은 패옥을 울리며 의례의 진행을 도왔다는 뜻이다.

韋注-③ 珩, 佩上之橫者.

번역 '형(珩)'은 패옥 중 가로 방향에 다는 것을 뜻한다.

韋注-④ 幾何世也.

번역 몇 세대를 뜻한다.

원문 曰, "未嘗爲寶. 楚之所寶者, 曰觀射父①, 能作訓辭, 以行事於諸侯②, 使無以寡君爲口實③. 又有左史倚相, 能道訓典, 以敍百物④, 以朝夕獻善敗於寡君, 使寡君無忘先王之業; 又能上下說於鬼神, 順道其欲惡⑤, 使神無有怨痛於楚國⑥. 又有藪曰雲連徒洲, 金木竹箭之所生也⑦. 龜·珠·角·齒·皮·革·羽·毛, 所以備賦, 以戒不虞者也⑧. 所以共幣帛, 以賓享於諸侯者也⑨. 若諸侯之好幣具, 而導之以訓辭⑩, 有不虞之備, 而皇神相之⑪, 寡君其可以免罪於諸侯, 而國民保焉⑫. 此楚國之寶也. 若夫白珩, 先王之玩也, 何寶之焉⑬?"

번역 왕손 어는 "일찍이 보물로 여긴 적이 없습니다. 초나라에서 보물로 여기는 대상으로는 관석보라는 신하가 있으니, 그는 훈계하는 말을 잘

지어서 이를 통해 다른 나라의 제후들에게 어떤 일을 함에 저희 군주를 구실로 삼지 못하도록 했습니다. 또 좌사인 의상이 있어 선왕이 제정한 제도를 잘 기술할 수 있어, 이를 통해 온갖 사물에 대해 질서를 정하였고, 조석으로 저희 군주께 그 사안의 성패를 아뢰어 저희 군주께서 선왕의 업적을 잊지 않도록 했으며, 또한 상하로 귀신을 기쁘게 하여 귀신이 하고자 함과 싫어함에 따를 수 있어서 신이 초나라에 원망하는 마음이 생기지 않도록 했습니다. 또 늪 중에는 운몽이라는 늪이 도주에 접해 있어서 쇠·나무·대나무·가는 대나무가 생겨납니다. 거북껍질·구슬·뿔·상아·호랑이와 표범의 가죽·무소와 외뿔소의 가죽·깃털·소의 꼬리털은 세금으로 갖추고, 이를 통해 생각치도 못한 일을 대비합니다. 폐백으로 올리는 것으로는 빈객의 예법에 따라 제후들에게 헌상합니다. 만약 제후들이 좋아하는 폐물을 갖추고 훈계하는 말에 따라 그들을 인도하며, 생각지도 못했던 일을 대비하고 대신(大神)이 도와준다면, 저희 군주께서는 다른 나라의 제후들에게 죄를 받지 않아서 나라와 백성을 보호할 수 있습니다. 이것이 바로 초나라에서 보물로 여기는 것입니다. 백형(白珩)과 같은 것은 선왕이 가지고 놀았던 장난감인데 어찌 보물로 여기겠습니까?"라고 했다.

韋注-①　言以賢爲寶.

번역　현명한 자를 보물로 여긴다는 뜻이다.

韋注-②　言以訓辭交結諸侯.

번역　훈계하는 말을 통해 제후들과 교류를 하고 결맹을 맺는다는 뜻이다.

韋注-③　口實, 毀弄.

번역　'구실(口實)'은 폄하하고 희롱한다는 뜻이다.

韋注-④ 敍, 次也. 物, 事也.

번역 '서(敍)'자는 차례를 정한다는 뜻이다. '물(物)'자는 일을 뜻한다.

韋注-⑤ 說, 媚也.

번역 '열(說)'자는 기쁘게 만든다는 뜻이다.

韋注-⑥ 痛, 疾也.

번역 '통(痛)'자는 질시한다는 뜻이다.

韋注-⑦ 楚有雲夢藪, 澤名也. 連, 屬也. 水中可居者曰洲, 徒其名也.

번역 초나라에는 운몽(雲夢)이라는 늪이 있으니, 연못 이름이다. '연(連)'자는 속해 있다는 뜻이다. 물가 중 거처할 수 있는 곳을 '주(洲)'라고 부르며 '도(徒)'는 그곳의 지명이다.

韋注-⑧ 龜, 所以備吉凶. 珠, 所以禦火災. 角, 所以爲弓弩. 齒, 象齒, 所以爲珥. 皮, 虎豹皮也, 所以爲茵鞬. 革, 犀兕也, 所以爲甲冑. 羽, 鳥羽, 所以爲旌. 毛, 氂牛尾, 所以注竿首. 賦, 兵賦. 虞, 度也.

번역 거북껍질은 길흉을 점치는 도구이다. 구슬은 화재를 막는 수단이다. 뿔은 활과 노를 만드는 재료이다. '치(齒)'는 코끼리의 이빨이니 귀걸이를 만드는데 사용한다. '피(皮)'는 호랑이와 표범의 가죽을 뜻하니, 화살통을 만드는데 사용한다. '혁(革)'은 무소와 외뿔소의 가죽을 뜻하니, 갑옷과 투구를 만드는데 사용한다. '우(羽)'는 새의 깃털이니 깃발을 만드는데 사용한다. '모(毛)'는 얼룩소의 꼬리이니 화살대 끝에 매다는 것이다. '부(賦)'자는 병역에 대한 세금이다. '우(虞)'자는 헤아린다는 뜻이다.

韋注-⑨ 享, 獻也.

번역 '향(享)'자는 헌상한다는 뜻이다.

韋注-⑩ 導, 行也.

번역 '도(導)'자는 행한다는 뜻이다.

韋注-⑪ 能媚於神, 故皇神相之. 皇, 大也. 相, 助也.

번역 신을 기쁘게 만들 수 있기 때문에 대신이 도와준다. '황(皇)'자는 크다는 뜻이다. '상(相)'자는 돕는다는 뜻이다.

韋注-⑫ 保, 安也.

번역 '보(保)'자는 편안하다는 뜻이다.

韋注-⑬ 玩, 玩弄之物.

번역 '완(玩)'자는 가지고 노는 사물을 뜻한다.

참고 『신서(新序)』「잡사일(雜事一)」 기록

원문 秦欲伐楚, 使使者往觀楚之寶器, 楚王聞之, 召令尹子西而問焉, "秦欲觀楚之寶器, 吾和氏之璧, 隨侯之珠, 可以示諸?" 令尹子西對曰, "臣不知也." 召昭奚恤問焉, 昭奚恤對曰, "此欲觀吾國之得失而圖之, 國之寶器, 在於賢臣, 夫珠寶玩好之物, 非國所寶之重者." 王遂使昭奚恤應之.

번역 진나라는 초나라를 정벌하고자 하여 사신을 보내 초나라의 보물을 살펴보도록 했다. 초왕이 그 소식을 듣고 영윤자서를 불러 묻기를 "진나라가 초나라의 보물을 살펴보고자 하는데 내가 화씨의 벽(璧)과 수후의 주(珠)를 보여주어도 괜찮겠소?"라고 했다. 영윤자서는 "저는 잘 모르겠습니다."라고 대답했다. 그래서 소해휼을 불러 질문하니, 소해휼은 "이것은 우리나라의 득실을 살펴서 정벌을 도모하려는 것입니다. 나라의 보물은 곧 현명한 신하에 해당하니, 구슬과 같은 보물이나 가지고 노는 장난감들은 나라에서 보물로 여겨 중시할 대상이 아닙니다."라고 대답했다. 초왕은 결국 소해휼로 하여금 응대하게 시켰다.

원문 昭奚恤發精兵三百人, 陳於西門之內. 爲東面之壇一, 爲南面之壇四, 爲西面之壇一. 秦使者至, 昭奚恤曰, "君客也, 請就上位東面." 令尹子西南面, 太宗子敖次之, 葉公子高次之, 司馬子反次之, 昭奚恤自居西面之壇, 稱曰, "客欲觀楚國之寶器, 楚國之所寶者賢臣也. 理百姓, 實倉廩, 使民各得其所, 令尹子西在此. 奉珪璧, 使諸侯, 解忿悁之難, 交兩國之歡, 使無兵革之憂, 太宗子敖在此. 守封疆, 謹境界, 不侵鄰國, 鄰國亦不見侵, 葉公子高在此. 理師旅, 整兵戎, 以當强敵, 提枹鼓, 以動百萬之師, 所使皆趨湯火, 蹈白刃, 出萬死, 不顧一生之難, 司馬子反在此. 若懷霸王之餘議, 攝治亂之遺風, 昭奚恤在此, 唯大國之所觀." 秦使者懼然無以對, 昭奚恤遂揖而去. 秦使者反, 言於秦君曰, "楚多賢臣, 未可謀也." 遂不伐. 詩云, "濟濟多士, 文王以寧." 斯之謂也.

번역 소해휼은 정예병 300명을 선발하여 서문 안쪽에 도열시키고 동쪽에 하나의 단을 만들고 남쪽에 네 개의 단을 만들며 서쪽에 하나의 단을 만들었다. 진나라 사신이 당도하자 소해휼은 "군주의 손님이시니 청컨대 자리로 오르셔서 동쪽의 단에 계십시오."라고 했다. 영윤자서는 남쪽의 단에 위치하고 태종자오가 그 다음에 위치하였으며 섭공자고가 그 다음에 위치하였고 사마자반이 그 다음에 위치하였다. 소해휼은 스스로 서쪽의 단에 위치하며 "손님께서는 초나라에서 보물로 여기는 것을 보고자 하시는데, 초나라에서 보물로 여기는 것은 곧 현명한 신하입니다. 백관을 다스리고 창고를 채워서 백성들로 하여금 각각 제자리를 얻게끔 하니 영윤자서가 여기에 있는 것입니다. 규(珪)와 벽(璧)을 받들어 제후들로 하여금 화를 내는 어려운 분쟁을 해결하여 두 나라의 우호를 다지고 이를 통해 전쟁의 우환을 없게 만드니 태종자오가 여기에 있는 것입니다. 영토를 지키고 국경을 엄하게 단속하여 이웃나라를 침공하지 않고 이웃나라 또한 침략하려는 의도를 드러내지 않으니 섭공자고가 여기에 있는 것입니다. 군대를 다스리고 병장기를 정돈하여 강적을 상대함에 북채로 북을 두들겨 백만의 군대를 움직이니 부림을 받는 자들은 모두 끓는 물이나 불에도 뛰어들고 시퍼런 칼날도 밟을 수 있으며 수없이 죽음을 직면하더라도 환란 속에서 살고자 하는 생각을 돌아보지 않으니, 사마자반이 여기에 있는 것입니다. 패왕의 의론을 품고 치란의 유풍을 도우니 저 소해휼이 여기에 있는 것입니다. 이것이 바로 대국에서 살펴봐야 할 것들입니다."라고 했다. 진나라 사신은 두려워하며 대답을 할 수 없었고, 소해휼이 읍을 하자 떠났다. 진나라 사신은 되돌아가서 진나라 군주에게 아뢰며 "초나라에는 현명한 신하가 많아서 아직은 도모할 수 없습니다."라고 했다. 그래서 결국 정벌하지 못했다. 『시』에서는 "무성히도 많은 저 선비여, 문왕이 이들을 통해 편안하셨다."[3]라고 했는데, 바로 이러한 뜻을 나타낸다.

---

3) 『시』「대아(大雅)・문왕(文王)」: 世之不顯, 厥猶翼翼. 思皇多士, 生此王國. 王國克生, 維周之楨. <u>濟濟多士, 文王以寧</u>.

그림 25-1 ▣ 진(晉)나라 세계도(世系圖)

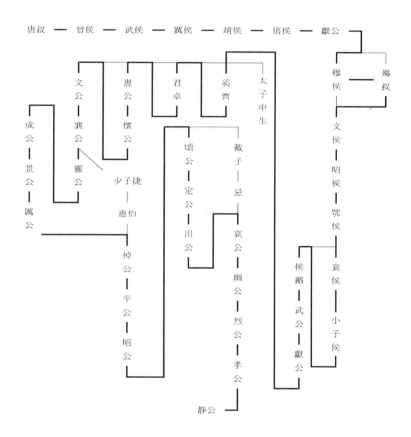

※ **출처:** 『역사(繹史)』1권「역사세계도(繹史世系圖)」

● 그림 25-2　◼ 패옥(佩玉)

圖 之 玉 佩 子 君

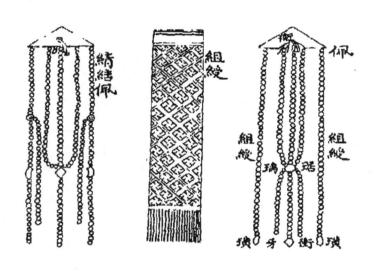

※ 출처: 『가산도서(家山圖書)』

그림 25-3 ▣ 패옥(佩玉)

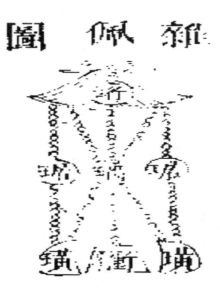

◎ 정중앙 하단에 있는 옥이 형(衡)이다. 정중앙 상단의 옥은 형(珩)이고, 정중
  앙의 옥은 우(瑀)이며, 중앙 좌우측의 옥은 거(琚)이고, 하단 좌우측의 옥은
  황(璜)이다.

※ **출처:** 『삼재도회(三才圖會)』「의복(衣服)」 1권

그림 25-4 ■ 노(弩)

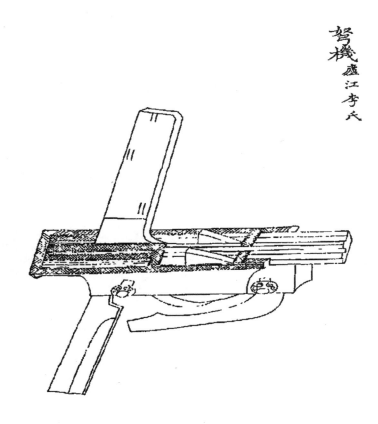

※ 출처: 『고고도(考古圖)』6권

• 제 26 절 •

전(傳) 10장-13

【1870上】

舅犯曰, "亡人無以爲寶, 仁親以爲寶."

직역 舅犯이 曰, "亡人은 寶로 爲함이 無하니, 仁을 親함을 寶로 爲라."

의역 구범은 "도망 온 자는 재화를 보물로 여기지 말아야 하니, 오직 인의 도리를 친애하는 것을 보물로 여겨야 한다."라고 했다.

鄭注 舅犯, 晉文公之舅狐偃也. 亡人, 謂文公也, 時辟驪姬之讒, 亡在翟. 而獻公薨, 秦穆公使子顯弔, 因勸之復國, 舅犯爲之對此辭也. 仁親, 猶言親愛仁道也. 明不因喪規利也.

번역 '구범(舅犯)'은 진나라 문공의 외삼촌 호언(狐偃)이다. '망인(亡人)'은 문공을 뜻하니, 당시 여희의 참소를 피해 도망쳐 적(翟)에 있었다. 헌공이 죽고 진나라 목공이 자현을 시켜 조문을 했고, 그로 인해 나라를 되찾으라고 권유하였는데, 구범이 그를 대신해서 이러한 말로 대답했던 것이다. '인친(仁親)'은 인의 도리를 친애한다는 뜻이다. 상사를 시행하면서 이로움을 꾀할 수 없음을 나타낸 것이다.

釋文 辟音避. 驪, 力宜反, 本又作麗, 亦作孋, 同. 翟音狄. 顯, 許遍反. 爲之, 于僞反.

번역 '辟'자의 음은 '避(피)'이다. '驪'자는 '力(력)'자와 '宜(의)'자의 반절음이며, 판본에 따라서는 또한 '麗'자로도 기록하고, '孋'자로도 기록하는데, 그 음은 동일하다. '翟'자의 음은 '狄(적)'이다. '顯'자는 '許(허)'자와 '遍(편)'자의 반절음이다. '爲之'에서의 '爲'자는 '于(우)'자와 '僞(위)'자의 반절음이다.

孔疏 ●"舅犯曰: 亡人無以爲寶, 仁親以爲寶"者, 此舅犯勸重耳之辭. 於時重耳逃亡在翟, 秦穆公欲納之反國, 而勸重耳不受秦命, 對秦使云: 奔亡之人, 無以貨財爲寶, 唯親愛仁道以爲寶也.

번역 ●經文: "舅犯曰: 亡人無以爲寶, 仁親以爲寶". ○이것은 구범이 중이를 권유하는 말에 해당한다. 당시 중이는 도피하여 적에 망명해 있었는데, 진나라 목공이 그를 본국으로 들여보내고자 하였지만, 중이에게 진나라의 명을 받아들이지 말도록 권유한 것이다. 그래서 진나라에서 온 사신에게 대답하며 도망 온 자는 재화를 보물로 여기지 말아야 하고, 오직 인의 도를 친애하는 것만을 보물로 여긴다고 했다.

孔疏 ◎注"舅犯"至"利也". ○正義曰: "舅犯, 晉文公之舅狐偃"者, 左傳文也. 云"時避驪姬之讒, 亡在翟而獻公薨. 秦穆公使子顯弔之, 因勸之復國. 舅犯爲之對此辭也", 檀弓篇文.

번역 ◎鄭注: "舅犯"~"利也". ○정현이 "'구범(舅犯)'은 진나라 문공의 외삼촌 호언(狐偃)이다."라고 했는데, 이것은 『좌전』의 기록이다. 정현이 "당시 여희의 참소를 피해 도망쳐 적(翟)에 있었다. 헌공이 죽고 진나라 목공이 자현을 시켜 조문을 했고, 그로 인해 나라를 되찾으라고 권유하였는데, 구범이 그를 대신해서 이러한 말로 대답했던 것이다."라고 했는데, 이것은 『예기』「단궁(檀弓)」편의 기록이다.

集註 舅犯, 晉文公舅狐偃, 字子犯. 亡人, 文公時爲公子, 出亡在外也. 仁, 愛也. 事見檀弓. 此兩節又明不外本而內末之意.

번역 '구범(舅犯)'은 진나라 문공의 외삼촌인 호언(狐偃)으로, 자(字)는 자범(子犯)이다. '망인(亡人)'은 문공은 당시 공자의 신분이었는데 망명하여 해외에 머물러 있었다. '인(仁)'자는 사랑한다는 뜻이다. 이 일화는 『예기』「단궁(檀弓)」편에 나온다. 이 두 문단은 또한 근본을 밖으로 하고 말단을 안으로 하지 말아야 한다는 뜻을 나타내고 있다.

참고 구문비교

예기·대학 亡人無以爲寶, 仁親以爲寶.

예기·단궁하(檀弓下) 喪人無寶, 仁親以爲寶.

참고 『예기』「단궁하(檀弓下)」 기록

경문-111b 晉獻公之喪, 秦穆公使人弔公子重耳, 且曰: "寡人聞之, 亡國恒於斯, 得國恒於斯. 雖吾子儼然在憂服之中, 喪亦未可久也, 時亦不可失也. 孺子其圖之!"

번역 진(晉)나라 헌공(獻公)의 상이 발생했는데, 그의 아들 중이(重耳)는 환란을 피해 오랑캐 땅에 피신해 있었다. 그래서 진(秦)나라 목공(穆公)은 사람을 시켜 공자 중이에게 조문을 하도록 했고, 또한 "내가 듣기로 나라를 잃는 것도 항상 이 시기에 달려 있는 것이고, 나라를 얻는 것도 항상 이 시기에 달려 있는 것이라고 했소. 비록 그대는 단정한 태도로 부친에 대한 상에 처해있지만, 지위를 잃은 것을 오래도록 방치할 수만은 없는 것이고, 또 그 시기를 놓칠 수도 없는 것이오. 그러니 그대는 자신의 나라로 되돌아가서, 지위를 계승하도록 일을 도모하시오!"라는 말을 전했다.

鄭注 獻公殺其世子申生, 重耳辟難出奔, 是時在翟, 就弔之. 言在喪代之際. 勸其反國, 意欲納之. 喪謂亡失位. 孺, 穉也.

번역 헌공(獻公)이 그의 세자 신생(申生)을 죽이자, 중이(重耳)는 환란을 피해 국경을 벗어나 다른 곳에 피신해 있었다. 이 시기에 중이는 적(翟) 땅에 머물러 있었으므로, 그에게 사람을 보내서 조문을 했던 것이다. 여기에 있다는 말은 나라를 잃거나 나라를 이어받는 이 시기에 달려 있다는 뜻이다. 자신의 나라로 되돌아가기를 권유한 것으로, 그를 진(晉)나라의 군주로 들이고자 했던 것이다. '상(喪)'자는 지위를 잃었다는 뜻이다. '유(孺)'자는 나이가 어린 자를 뜻한다.

孔疏 ●"且曰"至"圖之". ○使者弔重耳, 重耳受弔禮已畢, 使者出門, 則應遂還賓館, 使者方須致穆公之命以勸重耳, 故言"且曰". 言"且"者, 非特弔耳. "且"者, 兼有餘事. 使者且更言曰, 稱穆公之命, 言寡人聞前古以來, 失亡其國, 恒於此喪禍交代之時, 得其國家, 亦恒在於此交代之時. 言此喪禍交代之際, 是得國失國之機, 求之則得, 不求則失. 雖吾子儼然端靜在憂戚喪服之中, 無求國之意, 然身喪在外, 亦不可久爲, 言辛苦也. 得國之時, 亦不可失, 言當求也. 欲使重耳從其言, 故云"孺子其圖之".

번역 ●經文: "且曰"~"圖之". ○사신이 중이(重耳)를 조문하였고, 중이가 조문을 받는 예를 모두 끝냈으므로, 사신은 문밖으로 나가게 되면, 마땅히 빈객이 머무는 객사로 되돌아가야 한다. 그런데 사신은 목공(穆公)의 명령을 전달하여, 중이가 되돌아가도록 권유를 해야 했기 때문에, '또한 말하길[且曰]'이라고 한 것이다. '차(且)'라고 기록한 이유는 조문하는 말이 아니기 때문이다. '차(且)'자는 다른 일까지도 함께 포함한다는 뜻이다. 사신은 또한 재차 말하여, 목공의 명령을 전했으니, "과인이 듣기로 예로부터 나라를 잃는 것은 이처럼 상과 환란을 당해서 세대가 교체되는 시기에 달려 있는 것이고, 나라를 얻는 것도 또한 이처럼 세대가 교체되는 시기에 달려 있다."고 했다. 즉 이 말은 이처럼 상과 환란으로 세대가 교체되는 때가 바로 나라를 얻거나 나라를 잃게 되는 기미가 시작되는 시기이므로, 얻고자 한다면 얻게 되고, 얻고자 하지 않는다면 잃게 된다는 뜻이다. 또한 "비록 그대가 단정한 태도와 근심스러운 마음으로 상복을 입는 처지에 있어서, 나라를 얻고자 하는 뜻이 없지만, 제 자신은 지위를 잃어서 외지에 나가 있으니, 이 또한 오래도록 할 수 없는 것이다."라고 했다. 즉 이 말은 고생을 하고 있다는 뜻이다. 또 "나라를 얻게 되는 시기 또한 놓칠 수가 없다."라고 했다. 이 말은 마땅히 나라를 얻어야 한다는 뜻이다. 즉 중이로 하여금 그 말을 따르도록 하고자 한 것이다. 그래서 "그대는 나라를 얻는 일을 도모하시오."라고 말한 것이다.

集解 晉獻公名詭諸, 秦穆公名任好. 公子重耳, 獻公子, 後立爲文公. 文公爲驪姬所譖, 出亡在狄, 而獻公薨, 穆公使人就弔之. 且曰者, 致弔辭之後, 復言此也. 斯, 謂喪代之際也. 喪, 失位也. 穆公欲納文公, 故勸其因喪代之際以圖反國.

번역 진(晉)나라 헌공(獻公)의 이름은 궤제(詭諸)이고, 진(秦)나라 목공(穆公)의 이름은 임호(任好)이다. 공자 중이(重耳)는 헌공의 아들인데, 이후 제위에 올라서 문공(文公)이 되었다. 문공은 여희(驪姬)에게 참소를 당하여, 나라에서 쫓겨나서 오랑캐 땅에 머물러 있었다. 그런데 그때 헌공이 죽게 되어, 목공이 사람을 시켜서 그에게 조문을 했던 것이다. '차왈(且曰)'은 조문하는 말을 전달한 이후에, 재차 이러한 말을 했다는 뜻이다. '사(斯)'자는 상으로 지위가 교체되는 때를 뜻한다. '상(喪)'자는 지위를 잃는다는 뜻이다. 목공은 문공을 진(晉)나라로 들이고자 했기 때문에, 상으로 인해 지위가 교체되는 때를 틈타서, 자신의 나라로 되돌아갈 것을 도모하라고 권유를 했던 것이다.

경문-111c 以告舅犯, 舅犯曰: "孺子其辭焉! 喪人無寶, 仁親以爲寶. 父死之謂何? 又因以爲利, 而天下其孰能說之? 孺子其辭焉!"

번역 중이는 다시 안으로 들어와서 진(秦)나라 목공(穆公)이 전해준 말을 구범(舅犯)에게 일러주었다. 그러자 구범은 "그대는 그 청을 사양하시오! 지위를 잃고 나라를 떠난 자는 보배로 삼을 것이 없고, 오직 부모에 대해 인애(仁愛)하는 마음만을 보배로 삼을 따름이오. 부친이 돌아가신 것은 무엇이라 부르겠소? 부친이 돌아가신 것은 흉사(凶事) 중에서도 매우 큰일에 해당하오. 그런데 또한 그 일을 기회로 자신의 이익을 도모하게 된다면, 천하에 그 누가 그대에게 죄가 없다고 해명해줄 수 있겠소? 그러니 그대는 목공의 청을 사양하시오!"라고 했다.

鄭注 舅犯, 重耳之舅狐偃也, 字子犯. 寶謂善道可守者, 仁親, 親行仁義. 欲反國求爲後, 是利父死. 說猶解也.

번역 '구범(舅犯)'은 중이(重耳)의 외삼촌인 호언(狐偃)으로, 그의 자(字)는 자범(子犯)이다. '보(寶)'라는 것은 지킬만한 좋은 도리를 뜻하는데, '인친(仁親)'이라는 것은 직접 인의(仁義)의 도리를 시행한다는 뜻이다. 자신의 나라로 되돌아가서 계승자가 되기를 구하고자 하는 것은 부친의 죽음을 이롭게 이용하는 것이라는 뜻이다. '설(說)'자는 "해명하다[解]."는 뜻이다.

경문-111d 公子重耳對客曰: "君惠弔亡臣重耳, 身喪父死, 不得與於哭泣之哀, 以爲君憂. 父死之謂何? 或敢有他志, 以辱君義." 稽顙而不拜, 哭而起, 起而不私.

번역 공자 중이는 자범(子犯)의 말을 듣고 밖으로 나와서, 진(秦)나라의 사신에게 대답을 하며, "진나라 군주께서는 은혜롭게도 나라를 잃고 떠도는 저를 조문해주셨습니다. 이것은 제가 지위를 잃어서, 부친이 돌아가셨는데도 부친의 상을 치르는 곳에 참여하지 못한 것을 군주께서 저를 대신하여 근심해주신 것입니다. 그러나 부친이 돌아가신 것은 무엇이라 부르겠습니까? 부친이 돌아가신 것은 흉사(凶事) 중에서도 매우 큰일에 해당합니다. 따라서 제가 혹시라도 감히 다른 뜻을 품어, 제 지위를 되찾고자 한다면,

이것은 군주께서 베푸신 뜻을 욕되게 만드는 꼴이 됩니다."라고 했다. 그리고 이마를 조아렸지만, 절은 하지 않았고, 곡을 하고 일어섰는데, 일어서서는 사신과 사적인 대화를 재차 나누지 않았다.

鄭注 謝之. 他志謂私心.

번역 조문하러 온 것에 대해서 감사를 한 것이다. '타지(他志)'는 사적인 마음을 뜻한다.

孔疏 ●"父死"至"君義". ○言父身死亡, 謂是何事, 正是凶禍之事. 旣是凶禍, 豈得又因此凶禍以有爲己利, 欲求反國. 必其如此, 而天下聞之, 其誰解說我以爲無罪. 公子重耳用舅犯之言, 出而對客, 旣敍其弔意, 又謝其欲納之言. "君惠弔亡臣重耳", 此一句是敍其弔意. 言身喪父死, 不得在國與於哭泣之哀, 以爲君之憂慮, 欲納於我. 旣謝其恩, 又道不可之意, 言以父死, 謂是何事, 豈復敢悲哀之外, 別有他志, 以屈辱君之義事乎. 言己無他志, 不敢受君勸以反國之義. 言"義"者, 宜也. 穆公之意, 以重耳反國爲宜, 故云"義"也.

번역 ●經文: "父死"~"君義". ○부친이 돌아가셨다고 한 말은 이것이 어떤 일인가? 바로 흉화(凶禍)에 해당하는 일이 된다는 의미이다. 이 일은 이미 흉화에 해당하는데, 어떻게 이러한 흉화를 틈타서 자신의 이익으로 여겨, 나라로 되돌아가고자 하겠느냐는 뜻이다. 기어코 이처럼 하게 된다면, 천하 사람들은 그 이야기를 듣게 되니, 그 누가 나에게 죄가 없다고 해명해 줄 수 있겠는가. 공자 중이(重耳)는 구범(舅犯)의 말을 이용하여, 밖으로 나와서 빈객에게 대답을 한 것인데, 이미 조문을 온 뜻에 대해서 서술하고, 재차 자신을 본국으로 되돌려 보내려고 했던 말에 대해서 감사를 한 것이다. "군주께서 은혜롭게도 나라를 잃은 신하 중이에게 조문을 하셨다."라는 한 구문은 바로 조문을 온 뜻에 대해서 서술한 것이다. 본인은 나라를 잃은 상태에서 부친이 돌아가셔서, 나라에 머물며 곡을 하고 눈물을 흘리는 애통함을 표하는 자리에 참여할 수가 없는데, 이것을 군주의 근심거리로 여기셔서, 나를 본국으로 되돌리고자 하셨다는 뜻이다. 그 은혜로움에 대해서 감사를 하고, 또한 권유에 따를 수 없다는 뜻을 진술한 것으로, 부친이 돌아가신 것을 무슨 일이라 하겠느냐고 말한 것이니, 즉 어찌 감히 비통하고 애통한 마음 외에, 별도로 다른 뜻을 품게 되어, 군주의 의로운 일에 대해서 욕보이게 할 수 있겠느냐는 의미이다. 이 말은 곧 자신에게는 다른 뜻이 없다고 말하여, 감히 군주께서 권유한대로 본국으로 되돌아가게 해주려는 뜻을 받아들일 수 없다고 한 것이다. '의(義)'라고 한 말은 합당함[宜]을 뜻한다. 목공(穆公)의 의도는 중이가 본국으로 되돌아가는 것이 합당하다고 여긴 것이다. 그렇기 때문에 '의(義)'라고 기록한 것이다.

集解 舅犯, 文公舅狐偃, 字子犯. 仁親, 仁愛其親也. 言爲人子者當以愛親爲寶, 若因父死以求反國, 則是利父之死, 非人子愛親之心矣. 舅犯勸文公辭秦使, 而文公從其言也. 稽顙而不拜, 但自致其哀而不拜賓, 蓋庶子在外受弔之禮也. 適子受弔, 則拜稽顙. 起而不私, 與使者無私言也.

번역 '구범(舅犯)'은 문공(文公)의 외삼촌인 호언(狐偃)으로, 자(字)는 자범(子犯)이다. '인친(仁親)'은 그 부모에 대해 인애(仁愛)하는 것이다. 즉 자식된 자는 마땅히 부모를 사랑하는 마음을 보배로 여겨야 한다는 뜻으로, 만약 부친의 죽음을 틈타서 이로써 본국으로 되돌아가고자 한다면, 이것은 부친의 죽음을 이롭게 이용하는 것이지, 자식된 자가 부모를 사랑하는 마음은 아니라는 의미이다. 구범은 문공에게 권유하여, 진(秦)나라 사신이 전해온 청을 사양하도록 했던 것이고, 문공은 그 말에 따른 것이다. 이마를 조아렸지만 절을 하지 않았다고 한 말은 단지 제 스스로 그 애통한 마음을 다하고 빈객에게 절을 하지 않았다는 뜻이니, 무릇 서자(庶子)가 외지에서 조문을 받는 예에 해당하는 것 같다. 적자(適子)가 조문을 받게 되면, 절을 하며 이마를 조아리게 된다. 일어나서 사적인 말을 하지 않았다는 것은 사신과 함께 사적인 대화를 나누지 않았다는 뜻이다.

경문-112a 子顯以致命於穆公. 穆公曰: "仁夫公子重耳! 夫稽顙而不拜, 則未爲後也, 故不成拜. 哭而起, 則愛父也; 起而不私, 則遠利也."

번역 중이(重耳)에게 조문을 갔던 자현(子顯)은 되돌아와서, 목공(穆公)에게 명령에 대한 보고를 하며, 듣고 보았던 내용을 아뢰었다. 목공은 "공자 중이는 인(仁)한 자로구나! 무릇 이마를 조아렸지만 절을 하지 않았던 것은 그가 아직 부친의 후계자가 되지 못했기 때문이다. 그렇기 때문에 제대로 절을 하지 않았던 것이다. 그리고 곡을 하고 일어선 것은 곧 그가 부친을 사랑하기 때문이다. 또한 일어나서 사적인 말을 하지 않았던 것은 그가 이로움을 멀리하였기 때문이다."라고 평가했다.

鄭注 使者, 公子縶也. 盧氏云: "古者名字相配, 顯當作䪸."

번역 사신을 갔던 자는 공자(公子) 집(縶)이다. 노식[1]은 "고대의 이름과 자(字)는 서로 짝이 되도록 지었으니, '현(顯)'자는 마땅히 '현(䪸)'자가 되어야 한다."라고 했다.

孔疏 ●"稽顙"至"遠利也". ○正義曰: 此穆公本意勸重耳反國, 重耳若其爲後, 則當拜謝其恩, 今不受其勸, 故不拜謝. 穆公以其不拜, 故云"未爲後"也. 所以稽顙者, 自爲父喪哀號也. 凡喪禮, 先稽顙而後拜乃成. 今直稽顙而不拜, 故云"不成拜"也. 今旣聞父死勸其反國之義, 哀慟而起, 若欲攀轅然, 故云"哭而起, 則愛父也". 以其愛父, 故起若欲攀轅. 旣哭而起, 不私與使者, 言必無心反國, 是"遠利"也. 鄭注知在翟弔之, 及"使者, 公子縶"者, 並國語文. 云: "縶弔重耳而退, 弔公子夷吾於梁, 如弔重耳之命. 夷吾見使者, 再拜稽首, 起而不

---

1) 노식(盧植, A.D.159? ～ A.D.192) : =노씨(盧氏). 후한(後漢) 때의 유학자이다. 자(字)는 자간(子幹)이다. 어려서 마융(馬融)을 스승으로 섬겼다. 영제(靈帝)의 건녕(建寧) 연간(A.D.168 ～ A.D.172)에 박사(博士)가 되었다. 채옹(蔡邕) 등과 함께 동관(東觀)에서 오경(五經)을 교정했다. 후에 동탁(董卓)이 소제(少帝)를 폐위시키자, 은거하며 『상서장구(尙書章句)』, 『삼례해고(三禮解詁)』를 저술했지만, 남아 있지 않다.

哭, 退而私於公子縶曰: 里克與我矣, 吾命之以汾陽之田百萬. 丕鄭與我矣, 吾命之以負蔡之田七十萬. 亡人苟入, 埽除宗廟, 定社稷, 且入河外列城五." 言亡人之所懷. 按國語之說夷吾, 則穆公美重耳之言, 皆是形夷吾而起.

번역 ●經文: "稽顙"~"遠利也". ○목공(穆公)의 본래 의도는 중이(重耳)에게 권유를 하여, 본국으로 되돌아가게 하려고 했던 것이다. 중이가 만약 부친의 후계자가 되었다면, 마땅히 절을 하며, 그 은혜로움에 대해서 감사를 해야 하지만, 현재는 목공의 권유를 받아들이지 않았기 때문에, 절을 하며 감사를 표하지 않은 것이다. 목공은 그가 절을 하지 않았다는 말을 들었기 때문에, "아직 후계자가 되지 못했기 때문이다."라고 말한 것이다. 이마를 조아렸던 이유는 제 스스로 부친의 상으로 인해, 애통한 마음으로 울부짖었기 때문이다. 무릇 상례에 있어서는 먼저 이마를 조아리고, 그 이후에 절을 하게 되니, 이렇게 하면 절하는 절차를 이루게 된다. 그런데 현재는 단지 이마만 조아리고 절을 하지 않았다. 그렇기 때문에 "절하는 절차를 이루지 않았다."라고 말한 것이다. 현재의 상황은 이미 부친이 돌아가셨고, 본국으로 되돌아가라는 권유의 의미를 들은 상태이므로, 애통함을 표하고 일어나서, 마치 수레의 끌채에 매달리듯 애통한 마음을 나타내고자 했던 것이다. 그렇기 때문에 "곡을 하고 일어선 것은 부친을 사랑하기 때문이다."라고 말한 것이다. 즉 중이가 자신의 부친을 사랑하기 때문에, 일어서서 마치 수레의 끌채에 매달리는 것처럼 행동했던 것이다. 이미 곡(哭)을 하고 일어섰는데, "사신과 사적인 대화를 나누지 않았다."는 말은 결코 본국으로 되돌아가려고 하는 마음이 없음을 뜻하니, 이것이 바로 "이로움을 멀리한다."는 뜻에 해당한다. 정현의 주에서는 중이가 적(翟) 땅에 머물러 있어서, 그곳에 찾아가 조문을 하였다는 사실을 알 수 있었고, 또 "사신을 갔던 자는 공자(公子) 집(縶)이다."라는 사실을 알 수 있었던 것은 이 모두가 『국어(國語)』에 기록된 문장이기 때문이다. 『국어』에서는 "집(縶)이 중이에 대해서 조문을 하고 물러갔으며, 양(梁) 땅에서 공자(公子) 이오(夷吾)에 대해 조문을 했는데, 중이에 대해 조문하며 전했던 명령을 그대로 전하였다. 이오는 사신을 보자, 재배를 하고 머리를 조아렸고, 일어나서 곡을 하지 않았으며, 물러나서 사적으로 공자 집(縶)과 대화를 나누며, '이극(里克)이 내편이 되어준다면, 나는 그에게 분양(汾陽)의 땅 100만 무(畝)를 하사할 것이다. 그리고 비정(丕鄭)이 내편이 되어준다면, 나는 그에게 부채(負蔡)의 땅 70만 무(畝)를 하사할 것이다. 나라를 잃은 자가 진실로 본국으로 들어가게 되어, 종묘를 청소하고, 사직을 안정시킬 수 있다면, 또한 황하(黃河) 밖에 있는 다섯 성(城)까지도 줄 수 있소.'²⁾라고 했으니, 이것은 나라를 잃은 자가 품고 있는 마음을 드러낸 것이다. 『국어』에서 이오에 대해 설명한 글들을 살펴본다면, 목공(穆公)이 중이를 칭찬한 말은 모두 이오를 빗대어 하게 된 말이다.

大全 嚴陵方氏曰: 孟子曰, "不仁而得國者, 有之矣, 不仁而得天下者, 未之有也." 夫不仁, 猶或有得國者, 而況於仁乎? 觀重耳拒秦穆公之言, 則其仁可知矣, 故終能霸有全晉. 然重耳之所爲, 特受之於舅犯而已, 向使自得於天資, 非由於人授. 推是以爲國, 則一語一默一動一靜, 無非仁也. 又安得孔子有譎而不正之譏哉?

번역 엄릉방씨가 말하길, 『맹자』에서는 "인(仁)하지 못하면서 국가를 얻은 자는 있었지만, 인하지 못하면서 천하를 얻은 자는 없었다."³⁾라고 했다. 무릇 인하지 못하더라도, 오히려 국가를 얻는 자가 간혹 있었다고 하였으니, 하물며 인한 자에 있어서는 어떠하겠는가? 중이(重耳)가 진(秦)나라 목공(穆公)의 말을 거절했던 것을 살펴보면, 그가 인하다는 사실을 알 수 있다. 그렇기 때문에 끝내는 패자(霸者)가 되어 진(晉)나라를 완전히 소유

---

2) 『국어(國語)』「진어이(晉語二)」: 公子縶退, 弔公子夷吾于梁, 如弔公子重耳之命. 夷吾告冀芮曰, "秦人勤我矣!" 冀芮曰, "公子勉之. 亡人無狷潔, 狷潔不行. 重賂配德, 公子盡之, 無愛財! 人實有之, 我以徼倖, 不亦可乎?" 公子夷吾出見使者, 再拜稽首, 起而不哭, 退而私於公子縶曰, "中大夫里克與我矣, 吾命之以汾陽之田百萬. 丕鄭與我矣, 吾命之以負蔡之田七十萬. 君苟輔我, 蔑天命矣! 亡人苟入掃宗廟, 定社稷, 亡人何國之與有? 君實有郡縣, 且入河外列城五."
3) 『맹자』「진심하(盡心下)」: 孟子曰, "不仁而得國者, 有之矣, 不仁而得天下, 未之有也."

할 수 있었던 것이다. 그러나 중이가 행동했던 것은 단지 구범(舅犯)에게서 받은 가르침을 그대로 시행했던 것일 뿐인데, 인이라는 것은 하늘이 부여한 자신의 품성에서 자득해야 하는 것이지, 남이 가르쳐준 것을 통해서 나타낼 수 없는 것이다. 이것을 미루어 국가를 다스린다면, 한 마디 말, 한 마디 침묵, 한 번의 행동, 한 번의 멈춤 등 모든 것들에 인하지 않음이 없게 된다. 이처럼 했다면, 어떻게 공자(孔子)가 문공(文公)은 거짓됨이 있었고 바르지 못했다고 기롱을 하는 일이 발생했겠는가?[4]

集解 愚謂: 未爲後者, 文公不受穆公之命, 故不敢以喪主之禮自居也. 文公譎而不正, 非能誠於愛親者, 然當時晉人與之, 秦伯助之, 有可以得國之勢, 而不欲因喪以圖利, 則居然仁者之心, 其視惠公之重賂以求入者, 相去遠矣, 此所以卒能反國而霸諸侯與.

번역 내가 생각하기에, "아직 후계자가 되지 못했다."는 말은 문공(文公)이 목공(穆公)의 정식 명령을 받아들이지 않았기 때문에, 감히 상주가 따르는 예로써 스스로 처신할 수가 없었다는 뜻이다. "문공은 거짓되고 바르지 못하다."라고 했으니, 부모를 사랑하는 일에 대해서 진심을 다한 자가 아니다. 그러나 당시 진(晉)나라 사람들은 그를 따랐고, 진(秦)나라 백작도 그를 도왔으니, 나라를 얻을 수 있는 기세를 갖추고 있었지만, 상으로 인해 이로움을 도모하지 않고자 하여, 인(仁)한 자의 마음에 따르듯 스스로 대처를 하였다. 이것을 혜공(惠公)이 많은 뇌물을 주고 다시 본국으로 들어가고자 했던 것과 비교해보면, 상당한 차이를 보이니, 이것이 바로 끝내 본국으로 되돌아가서 제후들의 패자(霸者)가 될 수 있었던 까닭일 것이다.

---

4)『논어』「헌문(憲問)」: 子曰, "晉文公譎而不正, 齊桓公正而不譎."

• 제 27 절 •

전(傳) 10장-14

【1870下~1871上】

秦誓曰, "若有一介¹⁾臣, 斷斷兮, 無他技, 其心休休焉, 其如有容焉. 人之有技, 若己有之. 人之彦聖, 其心好之, 不啻若自其口出, 寔能容之, 以能保我子孫黎民, 尚亦有利哉! 人之有技, 媢嫉以惡之. 人之彦聖, 而違之, 俾不通, 寔不能容, 以不能保我子孫黎民, 亦曰殆哉!"

직역 秦誓에서는 曰, "若히 一介히 臣이 有하여, 斷斷히, 他技는 無하나 그 心이 休休하여, 그 容이 有함과 如하다. 人이 技를 有함을 己가 有함과 若이라. 人의 彦聖을 그 心이 好하여, 啻히 自히 그 口에서 出함과 若함을 不하니, 寔는 能히 容하여, 이로써 能히 我의 子孫과 黎民을 保하니, 尚히 亦히 利가 有라! 人이 技를 有함을 媢嫉하여 惡라. 人의 彦聖을 違하여, 俾히 不通하니, 寔는 能히 容을 不하

---

1) '개(介)'자에 대하여. 『십삼경주소(十三經注疏)』 북경대 출판본에서는 "'개'자는 본래 '개(个)'자로 기록되어 있었는데, 완원(阮元)의 『교감기(校勘記)』에서는 '개(介)'자로 기록하며, '혜동(惠棟)의 『교송본(校宋本)』·『송감본(宋監本)』에서도 모두 개(介)자로 기록하고 있고, 『석경(石經)』·『악본(岳本)』에서도 동일하게 기록하고 있는데, 이곳 판본에서는 개(介)자를 개(个)자로 기록하고 있고, 『가정본(嘉靖本)』·『민본(閩本)』·『감본(監本)』·『모본(毛本)』에서도 이처럼 기록하였고, 위씨(衛氏)의 『집설(集說)』도 이처럼 기록하였다. 『석문(釋文)』에서는 약유일개(若有一个)라고 기록했으며 일(一)자를 개(介)자로도 풀이한다고 했다. 『석경고문제요(石經考文提要)』에서는 『송대자본(宋大字本)』에는 일개(一介)라고 기록하고 있다고 했다. 『정의』의 주장을 살펴보면 일개(一介)를 일경개(一耿介)로 설명하였으니 마땅히 개(介)자로 기록하는 것이 옳다. 『석문』에서 개(个)자로 기록한 것은 『정의본』과 차이를 보인다.'라고 했다. 그래서 이러한 기록에 근거하여 글자를 수정하였다."라고 했다.

여, 이로써 能히 我의 子孫과 黎民을 保하길 不하니, 亦히 曰 殆라!"

의역 「진서」에서는 "만약 정직하고 굳건한 신하가 있다면 정성스럽고 한결같아 다른 이단의 재주가 없으나 그 마음이 너그럽고 관대하여 마치 포용함이 있는 것과 같을 것이다. 다른 사람이 가진 재주를 마치 자기가 가지고 있는 것처럼 좋아한다. 또 다른 사람이 아름답고 두루 통해 해박한 선비의 기상을 지니고 있다면 마음으로 그를 좋아하여, 그 마음이 입으로 칭송하는 것보다 크니, 이것은 그를 포용할 수 있어서 이를 통해 나의 자손과 백성들을 보존할 수 있고 또한 이로움도 생길 것이다! 이와 반대로 한다면 다른 사람이 가진 재주를 질시하여 그를 미워한다. 또 다른 사람이 아름답고 두루 통해 해박한 선비의 기상을 지니고 있다면 그를 막고 가리며 어그러트려서 그의 공적이 군주에게 알려지지 않게끔 하니, 이것은 포용할 수 없는 것으로, 이를 통해 나의 자손과 백성들을 보존할 수 없을 것이며 또한 위태롭게 될 것이다!"라고 했다.

鄭注 秦誓, 尙書篇名也. 秦穆公伐鄭, 爲晉所敗於殽, 還誓其群臣, 而作此篇也. 斷斷, 誠一之貌也. 他技, 異端之技也. 有技, 才藝之技也. "若己有之", "不啻若自其口出", 皆樂人有善之甚也. 美士爲"彦". 黎, 衆也. 尙, 庶幾也. 媢, 妒也. 違, 猶戾也. 俾, 使也. 佛戾賢人所爲, 使功不通於君也. 殆, 危也. 彦, 或作"盤".

번역 '진서(秦誓)'는『상서』의 편명이다. 진(秦)나라 목공이 정(鄭)나라를 정벌함에 진(晉)나라에 의해 효(殽)에서 패배하였고, 되돌아와 뭇 신하들에게 명세를 하며「진서」편을 지었다. '단단(斷斷)'은 정성스럽고 한결같은 모습을 뜻한다. '타기(他技)'는 이단에서 가르치는 재주이다. '유기(有技)'는 재예에 따른 재주이다. "마치 자기가 가진 것처럼 여긴다."는 말과 "단지 스스로 자기 입으로 칭송하는 것만 같을 뿐이 아니다."라고 한 말은 모두 남이 가진 선함을 즐거워함이 매우 깊은 것이다. 아름다운 선비를 '언(彦)'이라고 한다. '여(黎)'자는 "많다[衆]."는 뜻이다. '상(尙)'자는 거의[庶幾]라는 뜻이다. '모(媢)'자는 "시기하다[妒]."는 뜻이다. '위(違)'자는 "어그

러지다[戾].”는 뜻이다. ‘비(俾)’자는 사(使)자의 뜻이다. 현명한 자가 시행
한 것을 어그러지게 만들어 그가 이룬 공적을 군주에게 알려지지 못하게끔
한다. ‘태(殆)’자는 “위태롭다[危].”는 뜻이다. ‘언(彦)’자를 다른 판본에서는
‘반(盤)’자로 기록하기도 한다.

釋文 一个, 古賀反, 一讀作“介”, 音界. “臣”, 此所引與尙書文小異. 斷, 丁
亂反. 無它音他. 技, 其綺反, 下及注同. 休休, 許虯反, 尙書傳曰: “樂善也.”
鄭注尙書云: “寬容貌.” 何休注公羊云; “美大之貌.” 好, 呼報反. 啻音試, 詩豉
反. 媢, 莫報反, 尙書作冒, 音同, 謂覆蔽也. 惡, 烏路反, 下“能惡人”同. 俾, 本
又作卑, 必爾反. 敗, 必邁反. 殽, 戶交反. 樂音岳, 又音洛. 妬, 丁路反. 佛戾,
上扶弗反, 下力計反.

번역 ‘一个’에서의 ‘个’자는 ‘古(고)’자와 ‘賀(하)’자의 반절음이며, ‘介’자
로도 풀이하는데, 그 음은 ‘界(계)’이다. ‘臣’자에 있어서 이곳에서 인용한
문장은 『상서』의 기록과 조금 차이를 보인다. ‘斷’자는 ‘丁(정)’자와 ‘亂(란)’
자의 반절음이다. ‘無它’에서의 ‘它’자는 그 음이 ‘他(타)’이다. ‘技’자는 ‘其
(기)’자와 ‘綺(기)’자의 반절음이며, 아래문장 및 정현의 주에 나오는 글자도
그 음이 이와 같다. ‘休休’에서의 ‘休’자는 ‘許(허)’자와 ‘虯(규)’자의 반절음
이며, 『상서』의 전문에서는 “선을 즐거워한다는 뜻이다.”라고 했고, 『상서』
에 대한 정현의 주에서는 “관대하고 포용하는 모습을 뜻한다.”라고 했으며
『공양전』에 대한 하휴[1]의 주에서는 “아름답고 성대한 모습을 뜻한다.”라
고 했다. ‘好’자는 ‘呼(호)’자와 ‘報(보)’자의 반절음이다. ‘啻’자의 음은 ‘試’이
니, ‘詩(시)’자와 ‘豉(시)’자의 반절음이다. ‘媢’자는 ‘莫(막)’자와 ‘報(보)’자의
반절음이며, 『상서』에서는 ‘冒’자로 기록했는데, 그 음은 동일하며, 덮고 가
린다는 뜻이다. ‘惡’자는 ‘烏(오)’자와 ‘路(로)’자의 반절음이며, 아래문장에

---

1) 하휴(何休, A.D.129 ~ A.D.182) : 전한(前漢) 때의 금문경학자(今文經學者)
   이다. 자(字)는 소공(邵公)이다. 『춘추공양전해고(春秋公羊傳解詁)』를 지었으
   며, 『효경(孝經)』, 『논어(論語)』 등에 대해서도 주를 달았고, 『춘추한의(春秋
   漢議)』를 짓기도 하였다.

나오는 '能惡人'에서의 '惡'자도 그 음이 이와 같다. '俾'자는 판본에 따라서 또한 '卑'자로도 기록하는데, '必(필)'자와 '爾(이)'자의 반절음이다. '敗'자는 '必(필)'자와 '邁(매)'자의 반절음이다. '骰'자는 '戶(호)'자와 '交(교)'자의 반절음이다. '樂'자의 음은 '岳(악)'이며, 또한 그 음은 '洛(낙)'도 된다. '妒'자는 '丁(정)'자와 '路(로)'자의 반절음이다. '佛戾'에서의 '佛'자는 '扶(부)'자와 '弗(불)'자의 반절음이며, '戾'자는 '力(력)'자와 '計(계)'자의 반절음이다.

孔疏 ●"秦誓曰"者, 此一經明君臣進賢詘惡之事. 秦誓, 尚書篇名. 秦穆公伐鄭, 爲晉敗於骰, 還歸誓群臣而作此篇, 是秦穆公悔過自誓之辭. 記者引之, 以明好賢去惡也.

번역 ●經文: "秦誓曰". ○이곳 경문은 군주와 신하가 현명한 자를 진출시키고 악한 자를 내치는 사안을 나타내고 있다. '진서(秦誓)'는『상서』의 편명이다. 진(秦)나라 목공이 정(鄭)나라를 정벌하려고 하다가 진(晉)나라에 의해 효(骰)에서 패배를 당했고, 되돌아와 뭇 신하들에게 맹세를 하며 「진서」편을 지었으니, 진나라 목공이 자신의 잘못을 뉘우치며 스스로 맹세하는 말에 해당한다.『예기』를 기록한 자가 이 문장을 인용한 것은 현명한 자를 좋아하고 악한 자를 제거하는 사안을 밝히기 위해서이다.

孔疏 ●"若有一介臣, 斷斷兮"者, 此秦穆公誓辭云, 群臣若有一耿介之臣, 斷斷然誠實專一謹慤. 兮是語辭. 古文尚書"兮"爲"猗". 言有一介之臣, 其心斷斷·猗猗然專一, 與此本異.

번역 ●經文: "若有一介臣, 斷斷兮". ○이것은 진나라 목공이 맹세하는 말에 해당하니, 뭇 신하들 중에 정직하고 굳건한 신하가 있다면 성실하고 전일하여 조심하고 삼간다. '혜(兮)'자는 어조사이다.『고문상서』에서는 '혜(兮)'자를 의(猗)자로 기록했다. 즉 정직하고 굳건한 신하가 있어 그 마음이 정성스럽고 아름다우며 성대하고 전일하다는 뜻으로, 이곳 판본과 차이를 보인다.

孔疏   ●“無他技, 其心休休焉, 其如有容焉”者, 言此專一之臣, 無他奇異之技, 惟其心休休然寬容, 形貌似有包容, 如此之人, 我當任用也.

번역   ●經文: “無他技, 其心休休焉, 其如有容焉”. ○마음이 전일한 신하는 이단의 기이한 재주가 없지만 오직 그 마음이 관대하고 너그러우니, 그 모습이 마치 포용함이 있는 것과 같은데, 이와 같은 사람이라면 내가 마땅히 그를 등용해서 쓰겠다는 뜻이다.

孔疏   ●“人之有技, 若己有之”者, 謂見人有技藝, 欲得親愛之, 如己自有也.

번역   ●經文: “人之有技, 若己有之”. ○다른 사람에게 재주와 기예가 있는 것을 보게 되면 그것을 친애하고자 하여 마치 자기가 가지고 있는 것처럼 여긴다는 뜻이다.

孔疏   ●“人之彦聖, 其心好之, 不啻若自其口出”者, 謂見人有才彦美通聖, 其心中愛樂, 不啻如自其口出. 心愛此彦聖之美, 多於口說, 言其愛樂之甚也.

번역   ●經文: “人之彦聖, 其心好之, 不啻若自其口出”. ○다른 사람에게 있는 재주가 훌륭하고 아름다워 성인의 경지에 통해 있는데, 그의 마음이 그것을 친애하고 즐거워하여 스스로 자기 입으로 내뱉는 말만 같을 뿐만이 아니라는 뜻이다. 즉 마음으로 이처럼 아름답고 성인다운 미덕을 갖춘 사람을 친애함이 입으로 내뱉는 말보다 많다는 의미로, 친애하고 즐거워함이 매우 깊다는 뜻이다.

孔疏   ●“實能容之, 以能保我子孫黎民, 尚亦有利哉”者, 實, 是也. 若能好賢如此, 是能有所包容, 則我國家得安, 保我後世子孫. 黎, 衆也. 尚, 庶幾也. 非直子孫安, 其下衆人皆庶幾亦望有利益哉也.

번역   ●經文: “實能容之, 以能保我子孫黎民, 尚亦有利哉”. ○‘실(實)’자는 시(是)자의 뜻이다. 만약 현명한 자를 좋아할 수 있음이 이와 같다면 이것은 포용할 수 있는 것이니, 내 나라와 가정이 편안하게 될 것이며, 내 후세의 자손들도 보존할 수 있다. '여(黎)'자는 "많다[衆]."는 뜻이다. '상(尙)'자는 거의[庶幾]라는 뜻이다. 단지 자손들만 편안해질 뿐만 아니라 백성들 모두 이롭게 되리라는 뜻이다.

孔疏 ●"人之有技, 媢疾以惡之"者, 上明進賢之善, 此論蔽賢之惡也. 媢, 妒也. 見人有技藝, 則掩藏媢妒, 疾以憎惡之也.

번역 ●經文: "人之有技, 媢疾以惡之". ○앞에서는 현명한 자를 진출시키는 선함을 밝혔고, 이곳에서는 현명한 자를 가리는 악함을 논의하고 있다. '모(媢)'자는 "시기하다[妒]."는 뜻이다. 다른 사람에게 재주와 기예가 있는 것을 보게 된다면 그를 감추고 시기하여, 아파하며 그를 증오하게 된다.

孔疏 ●"人之彦聖, 而違之, 俾不通"者, 見他人之彦聖, 而違戾抑退之. 俾, 使也, 使其善功不通達於君. 尙書"通"爲"達"字也.

번역 ●經文: "人之彦聖, 而違之, 俾不通". ○다른 사람에게 아름답고 성스러운 덕이 있는 것을 보게 된다면 그것을 어그러트리고 억누르고 물러나게 한다. '비(俾)'자는 사(使)자의 뜻이니, 그의 선한 공적을 군주에게 알려지지 않게끔 한다는 뜻이다. 『상서』에서는 '통(通)'자를 달(達)자로 기록했다.

孔疏 ●"實不能容, 以不能保我子孫黎民, 亦曰殆哉"者, 若此蔽賢之人, 是不能容納, 家國將亡, 不能保我子孫. 非唯如此, 衆人亦曰殆危哉.

번역 ●經文: "實不能容, 以不能保我子孫黎民, 亦曰殆哉". ○이처럼 현명한 자를 가리는 사람이라면 포용할 수 없으니, 가정과 국가가 망하게 될 것이며, 나의 자손도 보존할 수 없다. 단지 이와 같을 뿐만 아니며 백성들 또한 위태롭게 될 것이다.

孔疏　◎注"秦誓"至"危也". ○正義曰: "秦穆公伐鄭, 爲晉所敗於崤, 還誓其群臣, 而作此篇也"者, 按尙書序, 秦穆公伐鄭, 晉襄公帥師敗諸崤, 還歸, 作秦誓. 又左傳僖三十二年秦穆公興師伐鄭, 蹇叔等諫之, 公不從, 爲晉人與姜戎要而擊之, 敗諸崤, 是其事也. 云"美士爲彥"者, 爾雅 · 釋訓文. "黎, 衆也", "俾, 使也", 皆釋詁文. "尙, 庶幾"者, 釋言文. 爾雅"庶幾, 尙也", 是"尙"爲"庶幾"矣. 云"媢, 妒也"者, 說文云"媢, 夫妒婦", 是"媢"爲"妒"也.

번역　◎鄭注: "秦誓"~"危也". ○정현이 "진(秦)나라 목공이 정(鄭)나라를 정벌함에 진(晉)나라에 의해 효(殽)에서 패배하였고, 되돌아와 뭇 신하들에게 명세를 하며 「진서」편을 지었다."라고 했는데, 『상서』의 「소서(小序)」를 살펴보면 진나라 목공이 정나라를 정벌할 때 진나라 양공이 군대를 이끌고 효(殽)에서 진나라 군대를 패배시켰고, 되돌아와서 「진서(秦誓)」를 지었다고 했다.[2] 또『좌전』희공 32년을 살펴보면 진나라 목공이 군대를 일으켜 정나라를 정벌하려고 할 때 건숙 등이 간언을 했지만 목공이 따르지 않았고, 진나라가 강융과 맹약하여 진나라를 공격해 효(殽)에서 패배시켰다고 했으니, 바로 그 일을 가리킨다. 정현이 "아름다운 선비를 '언(彥)'이라고 한다."라고 했는데, 이것은 『이아』「석훈(釋訓)」편의 기록이다.[3] 정현이 "'여(黎)'자는 '많다[衆].'는 뜻이다."[4]라고 했고, "'비(俾)'자는 사(使)자의 뜻이다."[5]라고 했는데, 이 모두는 『이아』「석고(釋詁)」편의 기록이다. 정현이 "'상(尙)'자는 거의[庶幾]라는 뜻이다."라고 했는데, 이것은 『이아』「석언(釋言)」편의 기록이다.[6] 『이아』에서는 "서기(庶幾)는 상(尙)자의 뜻이다."라고 했으므로, '상(尙)'자는 서기(庶幾)의 뜻이 된다. 정현이 "'모(媢)'자는 '시기하다[妒].'는 뜻이다."라고 했는데, 『설문』에서는 "모(媢)는 남편이 아내를 시기한다는 뜻이다."라고 했으니, 모(媢)자는 투(妒)자의 뜻이 된다.

---

2)『서』「주서(周書) · 진서(秦誓)」: 秦穆公伐鄭, 晉襄公帥師敗諸崤, 還歸作秦誓.
3)『이아』「석훈(釋訓)」: 美士爲彥.
4)『이아』「석고(釋詁)」: 黎 · 庶 · 烝 · 多 · 醜 · 師 · 旅, 衆也.
5)『이아』「석고(釋詁)」: 俾 · 拼 · 抃, 使也. 俾 · 拼 · 抃 · 使, 從也.
6)『이아』「석언(釋言)」: 庶幾, 尙也.

集註 个, 古賀反, 書作介. 斷, 丁亂反. 媚, 音冒.

번역 '个'자는 '古(고)'자와 '賀(하)'자의 반절음이며, 『서』에서는 '介'자로 기록한다. '斷'자는 '丁(정)'자와 '亂(란)'자의 반절음이다. '媚'자의 음은 '冒(모)'이다.

集註 秦誓, 周書. 斷斷, 誠一之貌. 彦, 美士也. 聖, 通明也. 尙, 庶幾也. 媚, 忌也. 違, 拂戾也. 殆, 危也.

번역 '진서(秦誓)'는 『서』「주서(周書)」에 속한 편이다. '단단(斷斷)'은 정성스럽고 한결같은 모습을 뜻한다. '언(彦)'자는 아름다운 선비를 뜻한다. '성(聖)'자는 두루 통해 밝다는 뜻이다. '상(尙)'자는 거의[庶幾]라는 뜻이다. '모(媚)'자는 시기한다는 뜻이다. '위(違)'자는 어그러트린다는 뜻이다. '태(殆)'자는 위태롭다는 뜻이다.

참고 구문비교

예기·대학 若有一介臣, 斷斷兮, 無他技, 其心休休焉, 其如有容焉. 人之有技, 若己有之. 人之彦聖, 其心好之, 不啻若自其口出, 寔能容之, 以能保我子孫黎民, 尙亦有利哉! 人之有技, 媚嫉以惡之. 人之彦聖, 而違之, 俾不通, 寔不能容, 以不能保我子孫黎民, 亦曰殆哉!

서·주서(周書)·진서(秦誓) 如有一介臣, 斷斷猗, 無他伎, 其心休休焉, 其如有容. 人之有技, 若己有之. 人之彦聖, 其心好之, 不啻若自其口出, 是能容之. 以保我子孫黎民, 亦職有利哉! 人之有技, 冒疾以惡之. 人之彦聖, 而違之, 俾不達, 是不能容. 以不能保我子孫黎民, 亦曰殆哉!

춘추공양전·문공(文公) 12년 惟一介斷斷焉無他技. 其心休休. 能有容. 是難也.

참고 구문비교

예기·대학 人之有技, 若己有之.

공자가어·변정(辯政) 言人之善, 若己有之, 言人之惡, 若己受之, 故君子 無所不愼焉.

공자가어·육본(六本) 見人之有善, 若己有之, 是夫子之不爭也.

참고 『서』「주서(周書)·진서(秦誓)」 기록

소서 秦穆公伐鄭①, 晉襄公帥師敗諸崤②, 還歸, 作秦誓③.

번역 진(秦)나라 목공이 정(鄭)나라를 정벌함에 진(晉)나라 양공이 군대를 이끌고 효(崤)에서 진나라 군대를 패배시켰다. 그래서 되돌아와 「진서(秦誓)」편을 작성했다.

孔傳-① 遣三帥帥師往伐之.

번역 세 장수를 파견하여 군대를 이끌고 가서 정벌토록 한 것이다.

孔疏 ◎傳“遣三”至“伐之”. ○正義曰: 左傳僖三十年, 晉文公與秦穆公圍 鄭, 鄭使燭之武說秦伯, 秦伯竊與鄭人盟, 使杞子·逢孫·揚孫戍之, 乃還. 三 十二年, 杞子自鄭使告于秦曰: “鄭人使我掌其北門之管, 若潛師以來, 國可得也." 穆公訪諸蹇叔, 蹇叔曰: "不可." 公辭焉. 召孟明・西乞・白乙, 使出師伐鄭. 是"遣三帥帥師往伐之"事也. 序言"穆公伐鄭", 嫌似穆公親行, 故辨之耳.

번역 ◎孔傳: "遣三"~"伐之". ○『좌전』 희공 30년에서는 진(晉)나라 문공이 진(秦)나라 목공과 정(鄭)나라를 포위하였는데, 정나라에서는 촉지무를 보내 진(秦)나라 백작을 설득하게 했고, 진나라 백작은 남몰래 정나라와 맹약을 맺고 기자・봉손・양손으로 하여금 그곳을 지키게 한 뒤에 되돌아갔다.7) 희공 32년에는 기자가 정나라에서 사신을 보내 진(秦)나라에게 아뢰길 "정나라에서 우리에게 북쪽 관문의 열쇠를 맡겼으니, 만약 남몰래 군대를 이끌고 온다면 정나라를 얻을 수 있습니다."라고 했다. 목공이 건숙에게 방책을 구하였는데, 건숙은 "불가합니다."라고 했다. 목공은 건숙의 말을 받아들이지 않았다. 그리고 맹명・서결・백을을 불러 그들로 하여금 군대를 출정시켜 정나라를 정벌토록 했다.8) 이것이 "세 장수를 파견하여 군대를 이끌고 가서 정벌토록 한 것이다."라는 일화이다. 「소서」에서는 "목공이 정나라를 정벌했다."라고 했는데, 마치 목공이 직접 군대를 이끌고 나간 것처럼 오해할 것을 염려했기 때문에 변별한 것일 뿐이다.

孔傳-② 崤, 晉要塞也. 以其不假道, 伐而敗之, 囚其三帥.

---

7) 『춘추좌씨전』「희공(僖公) 30년」: 九月甲午, 晉侯・秦伯圍鄭, 以其無禮於晉, 且貳於楚也. 晉軍函陵, 秦軍氾南. 佚之狐言於鄭伯曰, "國危矣, 若使燭之武見秦君, 師必退." 公從之. 辭曰, "臣之壯也, 猶不如人; 今老矣, 無能爲也已." 公曰, "吾不能早用子, 今急而求子, 是寡人之過也. 然鄭亡, 子亦有不利焉." 許之. 夜, 縋而出. 見秦伯曰, "秦・晉圍鄭, 鄭旣知亡矣. 若亡鄭而有益於君, 敢以煩執事. 越國以鄙遠, 君知其難也, 焉用亡鄭以陪鄰? 鄰之厚, 君之薄也. 若舍鄭以爲東道主, 行李之往來, 共其乏困, 君亦無所害. 且君嘗爲晉君賜矣, 許君焦・瑕, 朝濟而夕設版焉, 君之所知也. 夫晉, 何厭之有? 旣東封鄭, 又欲肆其西封. 不闕秦, 將焉取之? 闕秦以利晉, 唯君圖之." 秦伯說, 與鄭人盟, 使杞子・逢孫・楊孫戍之, 乃還.

8) 『춘추좌씨전』「희공(僖公) 32년」: 杞子自鄭使告于秦曰, "鄭人使我掌其北門之管, 若潛師以來, 國可得也." 穆公訪諸蹇叔. 蹇叔曰, "勞師以襲遠, 非所聞也. 師勞力竭, 遠主備之, 無乃不可乎? 師之所爲, 鄭必知之, 勤而無所, 必有悖心. 且行千里, 其誰不知?" 公辭焉. 召孟明・西乞・白乙, 使出師于東門之外.

번역 '효(崤)'는 진(晉)나라의 요새이다. 길을 빌려주지 않아서 공격하여 패배시켰고 세 장수를 사로잡았다.

孔疏 ◎傳"崤晉"至"三帥". ○正義曰: 杜預云: "殽在弘農澠池縣西." 築城守道謂之"塞", 言其要塞盜賊之路也. 崤山險阨, 是晉之要道關塞也. 從秦嚮鄭, 路經晉之南境, 於南河之南崤關而東適鄭. 禮征伐朝聘, 過人之國, 必遣使假道. 晉以秦不假道, 故伐之. 左傳僖三十二年, 晉文公卒. 三十三年, 秦師及滑, 鄭商人弦高將市於周, 遇之, 矯鄭伯之命以牛十二犒師. 孟明曰: "鄭有備矣, 不可冀也. 攻之不克, 圍之不繼, 吾其還也."滅滑而還. 晉先軫請伐秦師. 襄公在喪, 墨縗絰. 夏四月, 敗秦師于殽, 獲百里孟明視·西乞術·白乙丙以歸. 是襄公親自帥師伐而敗之, 囚其三帥也. 春秋之例, 君將不言"帥師", 擧其重者. 此言"襄公帥師", 依實爲文, 非彼例也. 又春秋經書此事云: "晉人及姜戎敗秦師于殽." 實是晉侯而書"晉人"者, 杜預云: "晉侯諱背喪用兵, 通以賤者告也." 是言晉人告魯, 不言晉侯親行, 而云大夫將兵. 大夫賤, 不合書名氏, 故稱"人"也. 直言敗秦師于殽, 不言秦之將帥之名, 亦諱背喪用兵, 故言辭略也.

번역 ◎孔傳: "崤晉"~"三帥". ○두예는 "효(殽)는 홍농 민지현의 서쪽에 있다."라고 했다. 성을 쌓고 길목을 지키는 곳을 '새(塞)'라고 부르니, 도적이 주로 드나드는 길을 막는 요충지를 뜻한다. 효산은 험준하였으니, 진(晉)나라의 주요 도로이자 관문이었다. 진(秦)나라로부터 정나라로 가게 되면 그 길이 진(晉)나라의 남쪽 국경을 경유하게 되어 있는데, 남하의 남쪽에 있는 효의 관문은 동쪽으로 정나라와 접해 있었다. 예법에 따르면 정벌이나 조빙으로 인해 남의 나라를 지나갈 때에는 반드시 사신을 파견하여 길을 빌려야 한다. 진(晉)나라는 진(秦)나라가 길을 빌리지 않았기 때문에 공격한 것이다. 『좌전』 희공 32년에 진(晉)나라 문공이 죽었다고 했다.[9] 그리고 33년에는 진(秦)나라 군대가 활에 당도하였는데, 정나라 상인인 현고가 주나라에 장사를 하러 가다가 진나라 군대를 만났고, 정나라 백작의

---

9) 『춘추좌씨전』「희공(僖公) 32년」: 冬, 晉文公卒.

명령이라고 꾸미며 소 12마리로 진나라 군대에게 위문품으로 전달하였다. 맹명은 "정나라는 대비를 하고 있으니 승리를 바랄 수 없다. 공격하더라도 이길 수 없으며 포위하더라도 지속할 수 없으니 나는 돌아갈 것이다."라고 했다. 그리고는 활 땅을 섬멸하고서 되돌아갔다.10) 진(晉)나라 선진은 진(秦)나라 군대를 토벌하고자 청했다. 양공은 상중에 있었으므로 흑색의 상복과 질을 둘렀다.11) 여름 4월에 효에서 진나라 군대를 패배시키고 백리맹명시·서걸술·백을병을 사로잡아 되돌아왔다.12) 이것은 양공이 직접 군대를 이끌고 정벌하여 패배시키고 세 장수를 사로잡은 것을 나타낸다.『춘추』의 용례에 따르면 군주가 직접 장수의 역할을 맡을 때에는 "군대를 이끌었다."라고 말하지 않으니, 중책을 제시하기 때문이다. 그런데 이곳에서는 "양공이 군대를 이끌었다."라고 말했는데, 이것은 실제의 사실에 의거해서 문장을 기록한 것이니, 용례에 따른 것이 아니다. 또『춘추』의 경문에서는 이 기사를 기록하며 "진(晉)나라가 유융과 함께 효에서 진(秦)나라 군대를 패배시켰다."라고 했는데, 실제로 이것은 진(晉)나라 후작에 해당함에도 '진인(晉人)'이라고 기록했다. 그 이유에 대해 두예는 "진나라 후작은 상을 치르는 도중임에도 이를 어기고 병력을 일으킨 것을 숨기고자 하여 통괄적

10)『춘추좌씨전』「희공(僖公) 33년」: 三十三年春, 秦師過周北門, 左右免冑而下, 超乘者三百乘. 王孫滿尙幼, 觀之, 言於王曰, "秦師輕而無禮, 必敗. 輕則寡謀, 無禮則脫. 入險而脫, 又不能謀, 能無敗乎?" 及滑, 鄭商人弦高將市於周, 遇之, 以乘韋先, 牛十二犒師, 曰, "寡君聞吾子將步師出於敝邑, 敢犒從者. 不腆敝邑, 爲從者之淹, 居則具一日之積, 行則備一夕之衛." 且使遽告于鄭. 鄭穆公使視客館, 則束載·厲兵·秣馬矣. 使皇武子辭焉, 曰, "吾子淹久於敝邑, 唯是脯資·餼牽竭矣, 爲吾子之將行也, 鄭之有原圃, 猶秦之有具囿也, 吾子取其麋鹿, 以閒敝邑, 若何? 杞子奔齊, 逢孫·楊孫奔宋. 孟明曰, "鄭有備矣, 不可冀也. 攻之不克, 圍之不繼, 吾其還也." 滅滑而還.
11)『춘추좌씨전』「희공(僖公) 33년」: 晉原軫曰, "秦違蹇叔, 而以貪勤民, 天奉我也. 奉不可失, 敵不可縱. 縱敵, 患生; 違天, 不祥. 必伐秦師!" 欒枝曰, "未報秦施, 而伐其師, 其爲死君乎?" 先軫曰, "秦不哀吾喪, 而伐吾同姓, 秦則無禮, 何施之爲?" 吾聞之, '一日縱敵, 數世之患也.' 謀及子孫, 可謂死君乎!" 遂發命, 遽興姜戎. 子墨衰絰, 梁弘御戎, 萊駒爲右.
12)『춘추좌씨전』「희공(僖公) 33년」: 夏四月辛巳, 敗秦師于殽, 獲百里孟明視·西乞術·白乙丙以歸.

으로 미천한 자의 칭호로 알려왔기 때문이다."라고 했다. 이것은 진(晉)나라에서 노나라에 알려올 때 진나라 후작이 직접 군대를 이끌었다고 말하지 않고 대부가 군대를 통솔했다고 말한 것이다. 대부는 미천한 신분이므로 그의 이름과 성씨를 기록할 수 없다. 그렇기 때문에 '인(人)'이라고 지칭한 것이다. 진(秦)나라 군대를 효에서 패배시켰다고만 말하고 진나라의 장수 이름을 기록하지 않은 것 또한 복상기간을 어기고 군대를 일으킨 것을 숨기고자 했기 때문에 그 말을 생략한 것이다.

孔傳-③ 晉舍三帥, 還歸秦, 穆公悔過作誓.

번역 진(晉)나라가 세 장수를 풀어주어 진(秦)나라로 돌려보냈는데, 목공은 잘못을 뉘우치며 맹세의 글을 지은 것이다.

孔疏 ◎傳"晉舍"至"作誓". ○正義曰: 左傳又稱, 晉文公之夫人文嬴, 秦女也, 請三帥曰: "彼實構吾二君, 寡君若得而食之, 不厭, 君何辱討焉? 使歸就戮於秦, 以逞寡君之志, 若何?" 公許之. 秦伯素服郊次, 嚮師而哭曰: "孤違蹇叔, 以辱二三子, 孤之罪也. 不替孟明, 孤之過也." 是晉舍三帥而得還, 秦穆公於是悔過作誓. 序言"還歸", 謂三帥還也, 嫌穆公身還, 故辨之. 公羊傳說此事云: "匹馬隻輪無反者." 左傳稱秦伯"嚮師而哭", 則師亦少有還者.

번역 ◎孔傳: "晉舍"~"作誓". ○『좌전』에서는 또한 진(晉)나라 문공의 부인 문영은 진(秦)나라의 여식이었는데, 세 장수의 방면을 청원하며, "저들은 실로 우리 두 군주의 사이를 음해하였으니, 과군께서 그들을 씹어 먹더라도 시원치 않을 것이지만 군주께서 어찌 욕되이 그들을 벌할 수 있겠습니까? 그들을 돌려보내 진(秦)나라에서 벌을 받도록 하여 과군의 마음을 풀어버리는 것이 어떠하겠습니까?"라고 하여 공이 허락했다.[13] 진(秦)나라 백작이 소복(素服)[14]을 입고 교외에서 대기하였다가 돌아오는 군대를 향

---

13) 『춘추좌씨전』「희공(僖公) 33년」 : 文嬴請三帥, 曰, "彼實構吾二君, 寡君若得而食之, 不厭, 君何辱討焉? 使歸就戮于秦, 以逞寡君之志, 若何?" 公許之.

해 곡을 하며 "내가 건숙의 말을 어겨 그대들에게 치욕을 안겨주었으니, 이것은 나의 죄이다. 맹명 등을 교체하지 말아라, 이것은 나의 허물이다."라고 했다.15) 이것은 진(晉)나라가 세 장수를 풀어주어 돌아오게 되었고, 진(秦)나라 목공이 이에 자신의 잘못을 뉘우치며 맹세의 글을 짓게 된 배경이다. 「소서」에서는 '환귀(還歸)'라고 했는데, 세 장수가 되돌아온 것을 뜻하며, 목공 본인이 되돌아온 것처럼 오해할 것을 염려했기 때문에 변별한 것이다. 『공양전』에서는 이 일화를 설명하며 "한 필의 말이나 한 대의 수레도 제대로 돌아온 것이 없었다."16)라고 했다. 『좌전』에서는 진(秦)나라 백작에 대해서 "군대를 향해 곡을 했다."라고 했으니, 군대의 병졸들 또한 적게나마 돌아온 자들이 있었던 것이다.

소서 秦誓.

번역 「진서」편이다.

孔傳 貪鄭取敗, 悔而自誓.

번역 정나라를 탐하다가 패배를 당했으므로, 잘못을 뉘우치고 스스로 맹세하는 글이다.

孔疏 ●"秦穆"至"秦誓". ○正義曰: 秦穆公使孟明視·西乞術·白乙丙三

---

14) 소복(素服)은 흰색의 옷감으로 상의와 하의를 만든 옷을 뜻한다. 또한 채색하지 않은 옷감으로 만든 상의와 하의를 가리키기도 한다. 상(喪)을 당하거나, 흉사(凶事)를 접했을 때 착용하던 복장이다. 『예기』「교특생(郊特牲)」편에는 "皮弁素服而祭, 素服以送終也."라는 기록이 있고, 이에 대한 정현의 주에서는 "素服, 衣裳皆素."라고 풀이했다. 한편 후대에는 일상복을 뜻하는 용어로도 사용하였다.

15) 『춘추좌씨전』「희공(僖公) 33년」: 秦伯素服郊次, 鄕師而哭, 曰, "孤違蹇叔, 以辱二三子, 孤之罪也." 不替孟明, 曰, "孤之過也, 大夫何罪? 且吾不以一眚掩大德."

16) 『춘추공양전』「희공(僖公) 33년」 : 然而晉人與姜戎要之殽而擊之, 匹馬隻輪無反者.

帥帥師伐鄭, 未至鄭而還. 晉襄公帥師敗之於崤山, 囚其三帥. 後晉舍三帥, 得
還歸於秦. 秦穆公自悔己過, 誓戒群臣. 史錄其誓辭, 作秦誓.

번역 ●小序: "秦穆"~"秦誓". ○진(秦)나라 목공은 맹명시·서걸술·백
을병 등의 세 장수로 하여금 군대를 이끌고 정나라를 정벌토록 했는데, 정
나라에 당도하지 못했음에도 되돌아간 것이다. 진(晉)나라 양공은 군대를
이끌고 효산에서 그들을 패배시켰고, 세 장수를 사로잡았다. 이후 진(晉)나
라는 세 장수를 풀어주어 진(秦)나라로 돌아올 수 있었다. 진(秦)나라 목공
은 스스로 자신의 잘못을 뉘우치고 뭇 신하들에게 명세하고 경계하였다.
사관이 맹세했던 말을 기록하여 「진서」편을 작성하였다.

경문 公曰, "嗟! 我士, 聽無譁①. 予誓告汝總言之首②. 古人有言曰, '民訖
自若, 是多盤'③. 責人斯無難, 惟受責俾如流, 是惟艱哉④! 我心之憂, 日月逾
邁, 若弗云來⑤."

번역 진(秦)나라 목공은 "아! 나의 선비들아, 떠들지 말고 내 말을 들을
지어다. 내가 맹세하며 너희들에게 총괄적인 말의 본지를 일러주겠노라.
옛 사람들이 한 말 중에는 '백성들은 모두 도에 따르기 때문에 즐거움이
많다.'고 했는데, 남을 책망하는 일에는 어려운 것이 없지만 오직 남의 책망
을 받아들이며 고치기를 흐르는 물처럼 하기가 어려울 따름이다! 내 마음
의 근심을 고치려고 하지만 세월이 더욱 빨리 흘러가 다시는 오지 않을
것 같도다."라고 했다.

孔傳-① 誓其群臣, 通稱士也.

번역 뭇 신하들에게 맹세를 하며 통칭하여 '사(士)'라고 부른 것이다.

孔疏 ◎傳"誓其"至"稱士". ○正義曰: "士"者, 男子之大號, 故群臣通稱之.
鄭云: "誓其群臣, 下及萬民, 獨云士者, 擧中言之."

번역 ◎孔傳: "誓其"～"稱士". ○'사(士)'자는 남자를 지칭하는 큰 범주의 말이다. 그렇기 때문에 뭇 신하들에 대해서 통칭으로 '사(士)'라고 부른 것이다. 정현은 "뭇 신하들에게 맹세하여 밑으로 모든 백성에게 미쳤지만 유독 '사(士)'라고 말한 것은 중간에 해당하는 계층의 칭호를 들어서 말했기 때문이다."라고 했다.

孔傳-② 總言之本要.

번역 총괄적인 말의 본지를 뜻한다.

孔傳-③ 言民之行己, 盡用順道, 是多樂. 稱古人言, 悔前不順忠臣.

번역 백성들은 자신의 행실에 있어서 모두 도에 따르게 되니 즐거움이 많다는 뜻이다. 옛 사람들이 남긴 말을 일컬어 이전에 충신의 말을 따르지 않은 것을 후회한 것이다.

孔疏 ◎傳"言民"至"忠臣". ○正義曰: "訖", 盡也. "自", 用. "若", 順. "盤", 樂也. 盡用順道則有福, 有福則身樂, 故云"是多樂"也. "稱古人言"者, 悔前不用古人之言, 不順忠臣之謀故也. 昔漢明帝問東平王劉蒼云: "在家何者爲樂?" 對曰: "爲善最樂." 是其用順道則多樂.

번역 ◎孔傳: "言民"～"忠臣". ○'흘(訖)'자는 모두라는 뜻이다. '자(自)'자는 쓰다는 뜻이다. '약(若)'자는 따른다는 뜻이다. '반(盤)'자는 즐거워한다는 뜻이다. 모두가 도에 따를 수 있어서 복을 받게 되고 복을 받게 되어 본인이 즐겁게 된다. 그렇기 때문에 "즐거움이 많다."라고 했다. "옛 사람들이 남긴 말을 일컬었다."라고 했는데, 이전에 옛 사람들의 말을 따르지 않은 것을 후회한 것이니, 충신의 계책을 따르지 않았기 때문이다. 예전 한나라 명제는 동평왕 유창에게 질문하길 "집에 머물 때 어떻게 하는 것이 즐거움이 되는가?"라고 하자 "선을 행하는 것이 가장 큰 즐거움입니다."라고 대답했다. 이것은 도에 따르게 되면 즐거움이 많아짐을 뜻한다.

孔傳-④ 人之有非, 以義責之, 此無難也. 若己有非, 惟受人責, 卽改之如水流下, 是惟艱哉.

번역 남에게 잘못이 있을 때 의로움에 기준을 두어 책망하는 것은 어려울 일이 없다. 만약 자신에게 잘못이 있을 때 남의 책망을 받아들여서 곧바로 고치길 물이 밑으로 흐르는 것처럼 하는 것이 어려울 따름이다.

孔傳-⑤ 言我心之憂, 欲改過自新, 如日月並行過, 如不復云來, 雖欲改悔, 恐死及之, 無所益.

번역 내 마음의 근심은 잘못을 고쳐 스스로 새롭게 하고자 하는데, 해와 달은 모두 빨리 지나가 다시는 오지 않을 것 같으니, 비록 후회한 일을 고치고자 하지만 죽음이 이르러 나아질 것이 없음을 염려한 것이다.

孔疏 ◎傳"言我"至"所益". ○正義曰: "逾", 益. "邁", 行也. "員"卽"云"也. 言日月益爲疾行, 並皆過去, 如似不復云來. 畏其去而不復來, 夜而不復明, 言己年老, 前途稍近, 雖欲改悔, 恐死及之, 不得修改, 身無所益也. 王肅云: "年已衰老, 恐命將終, 日月遂往, 若不云來, 將不復見日月, 雖欲改過, 無所及益. 自恨改過遲晩, 深自咎責之辭."

번역 ◎孔傳: "言我"~"所益". ○'유(逾)'자는 '더욱[益]'이라는 뜻이다. '매(邁)'자는 지나간다는 뜻이다. '원(員)'자는 운(云)자의 뜻이다. 해와 달이 더욱 빨리 흘러가 모두 떠나가 버리니 마치 다시는 오지 않을 것처럼 느껴진다. 떠나서 다시 오지 않을 것 같고 밤이 되어 다시는 밝아지지 않을 것을 염려한 것이니, 자신은 이미 노년이 되어 살날이 얼마 남지 않아 비록 후회한 일을 고치려고 하지만 죽음이 이르러 고칠 수 없어 자신에게 나아질 일이 없게 됨을 염려한 것이다. 왕숙[17)은 "나이가 이미 노쇠해져서 생을 마감하게 될 것을 염려한 것이니, 해와 달이 지나가 마치 다시 오지 않을 것과 같아 다시는 해와 달을 볼 수 없을 것처럼 느낀 것으로, 비록 잘못을 고치려고 하지만 나아질 것이 없는 것이다. 즉 스스로 잘못을 고침에 더디고 늦은 것을 후회한 것으로, 매우 깊이 스스로의 허물을 책한 말이다."라고 했다.

孔疏 ●"公曰"至"云來". ○正義曰: 穆公自悔伐鄭, 召集群臣而告之. 公曰: "咨嗟! 我之朝廷之士, 聽我告於汝, 無得喧嘩. 我誓告汝衆言之首, 詁汝以言中之最要者. 古人有言曰: '民之行己, 盡用順道. 是多樂.'言順善事, 則身大樂也. 見他有非理, 以義責之, 此無難也. 惟己有非理, 受人之責, 卽能改之, 使如水之流下, 此事是惟難哉!"言己已往之前不受人言, 故自悔也. "今我心憂, 欲自改過自新, 但日月益爲疾行, 如似不復云來, 恐己老死不得改悔也".

번역 ●經文: "公曰"~"云來". ○목공은 스스로 정나라를 정벌하려고 했던 것을 후회하며 뭇 신하들을 불러 모으고 이처럼 말한 것이다. 목공은 "아! 나의 조정에 있는 신하들이여, 내가 너희들에게 하는 말을 잘 들어 떠들지 말아라. 내가 맹세하며 너희들에게 일러줄 많은 말들 중 핵심이 되는 것이 있으니, 즉 너희들에게 일러줄 말들 중에서도 가장 중요한 것을 뜻한다. 옛 사람이 남긴 말 중에 '백성들은 자신의 행실에 있어 모두 도에 따르므로 이에 즐거움이 많다.'고 했다. 즉 선한 일을 따르게 되면 그 자신은 큰 즐거움을 누리게 된다는 뜻이다. 다른 사람에게 이치에 어긋나는 일이 있음을 보게 되면 의로움을 기준으로 책망하는데 이것은 어려울 것이 없다. 오직 자신에게 이치에 어긋나는 일이 있을 때 남의 책망을 받아들이고 곧바로 고치며 마치 물이 밑으로 흐르는 것처럼 하는 것이 가장 어려운

---

17) 왕숙(王肅, A.D.195 ~ A.D.256) : =왕자옹(王子雍). 위진남북조(魏晉南北朝) 때의 위(魏)나라 경학자이다. 자(字)는 자옹(子雍)이다. 출신지는 동해(東海)이다. 부친 왕랑(王朗)으로부터 금문학(今文學)을 공부했으나, 고문학(古文學)의 고증적인 해석을 따랐다. 『상서(尙書)』, 『시경(詩經)』, 『좌전(左傳)』, 『논어(論語)』 및 삼례(三禮)에 대한 주석을 남겼다.

번역 ◎孔傳: "惟察"~"故也". ○'절절(截截)'은 찰찰(察察)과 같은 말이니, 면밀하게 변설하고 교묘하게 꾸민다는 뜻이다. '편(諞)'자는 변설한다는 뜻으로, 교묘하게 꾸미며 변설과 아첨의 말을 잘하여 군자로 하여금 그 말을 듣고 마음을 돌리고 말을 바꾸게 만든다는 뜻이다. '황(皇)'자는 크다는 뜻으로 풀이하니, 나는 이전에 대다수 이러한 자들을 소유하고 있었다는 의미로, 기자 등의 무리와 내 나라에 있으며 자신을 따랐던 사람들을 가리킨다. 내가 몽매하고 어두워 생각이 명민하지 못했기 때문에 이러한 무리들이 내 측근에 있었다는 뜻이다.

孔傳-⑤ 如有束脩一介臣, 斷斷猗然專一之臣, 雖無他伎藝, 其心休休焉樂善, 其如是, 則能有所容. 言將任之.

번역 만약 의관을 갖추고 정직한 신하가 있어서 선을 지키며 마음이 전일한 신하라면 비록 다른 기예가 없더라도 그 마음이 아름다워 선을 즐거워 하니, 이와 같다면 포용함이 있을 수 있다. 장차 임명하겠다는 뜻이다.

孔疏 ◎傳"如有"至"任之". ○正義曰: 孔注論語, 以"束脩"爲"束帶脩飾", 此亦當然. "一介"謂一心耿介. "斷斷", 守善之貌. "休休", 好善之意. 如有束帶脩飾, 一心耿介, 斷斷然守善猗然專一之臣, 雖復無他技藝, 休休焉好樂善道, 其心行如是, 則能有所含容. 言得此人將任用之. "猗"者, 足句之辭, 不爲義也. 禮記·太學引此作"斷斷兮", "猗"是"兮"之類, 詩云"河水淸且漣猗", 是也. 王肅云: "一介, 耿介, 一心端慤, 斷斷, 守善之貌. 無他技能, 徒守善而已. 休休, 好善之貌. 其如是, 人能有所容忍小過, 寬則得衆. 穆公疾技巧多端, 故思斷斷無他技者."

번역 ◎孔傳: "如有"~"任之". ○『논어』에 대한 공안국의 주에서는 '속수(束脩)'를 허리띠를 차고 장식을 꾸민다는 뜻으로 풀이했는데, 여기에서도 마땅히 이러한 뜻으로 본다. '일개(一介)'는 마음이 한결같고 정직하다는 뜻이다. '단단(斷斷)'은 선을 지키는 모습을 뜻한다. '휴휴(休休)'는 선을 좋아하는 뜻이다. 만약 의관을 갖추고 마음이 한결같으며 정직하여, 선을 지키며 전일하게 따르는 신하라면 비록 다른 기예가 없지만 선의 도를 좋아하고 즐거워하니, 그 마음과 행실이 이와 같다면 포용함이 있을 수 있다. 즉 이러한 사람을 얻게 되면 임명하리라는 뜻이다. '의(猗)'자는 구문의 글자를 채우는 말이니, 특별한 의미가 있는 것은 아니다. 『예기』「대학」편에서는 이 기록을 인용하며 '단단혜(斷斷兮)'라고 기록했으니, '의(猗)'자는 혜(兮)자의 부류가 되며, 『시』에서 "하수가 맑고도 물결이 일도다."[18]라고 한 말이 그 용례에 해당한다. 왕숙은 "일개(一介)는 경개(耿介)라는 뜻으로 마음이 한결같고 단정하고 성실하다는 뜻이고, 단단(斷斷)은 선을 지키는 모습을 뜻한다. 다른 재능이 없고 단지 선만을 지킬 따름이다. 휴휴(休休)는 선을 좋아하는 모습을 뜻한다. 이와 같다면 그 사람은 작은 과실을 용납함이 있을 수 있고, 관대하다면 백성을 얻게 된다. 목공은 다방면에 재주가 많은 자들을 질시하게 되었기 때문에 선을 지키며 다른 재능이 없는 자를 사모하게 된 것이다."라고 했다.

孔疏 ●"雖則"至"不欲". ○正義曰: 言我前事雖則有云然之過, 我今庶幾以道謀此黃髮賢老, 受用其言, 則行事無所過也. 番番然勇武之善士, 雖衆力旣過老, 而謀計深長, 我庶幾欲有此人而用之. 仡仡然壯勇之夫, 雖射御不有違失, 而智慮淺近, 我庶幾不欲用之. 自悔往前用壯勇之計失也.

번역 ●經文: "雖則"~"不欲". ○내가 이전에 벌인 일들은 비록 이러한 과실이 있었다고 할 수 있으나 나는 지금 도에 따라 머리가 누렇게 변한 현명한 노인과 계책을 도모하여, 그 말을 받아들이기를 희망하니, 이처럼 한다면 일을 시행함에 잘못된 점이 없을 것이다. 용감하여 무용이 뛰어난 선한 선비는 비록 체력이 이미 노쇠했더라도 그가 생각해낸 계책은 심오하므로 나는 이러한 사람을 얻어 등용하기를 원한다. 건장하고 용맹한 무사는 비록 활쏘기와 수레를 모는 일에 있어서 어긋나거나 잘못을 저지르지

---

18) 『시』「위풍(魏風)·벌단(伐檀)」: 坎坎伐檀兮, 寘之河之干兮, <u>河水淸且漣猗</u>. 不稼不穡, 胡取禾三百廛兮, 不狩不獵, 胡瞻爾庭有縣貆兮. 彼君子兮, 不素餐兮.

않더라도 지혜가 천근하니, 나는 그를 등용하고 싶지 않다. 이것은 스스로
이전에 건장하고 용맹한 자의 잘못된 계책에 따른 것을 뉘우치는 말이다.

孔疏　●"惟截截"至"有容". ○正義曰: 惟察察然便巧善爲辯佞之言, 能使
君子迴心易辭. 我前大多有之, 昧昧然我思之不明故也. 如有一心耿介之臣,
斷斷守善猗然, 雖無他技藝, 而其心樂善休休焉, 其如是, 則能有所含容. 如此
者, 我將任用之. 悔前用巧佞之人, 今將任寬容善士也.

번역　●經文: "惟截截"~"有容". ○명민하게 살펴 교묘하게 선을 위장
해 변설과 아첨의 말들을 하여 군자로 하여금 마음을 돌리고 말을 바꾸게
할 수 있다. 나는 이전에 대체로 이러한 자들을 많이 가지고 있었는데, 몽매
하게도 내 생각이 명민하지 못했기 때문이다. 만약 마음이 한결같고 정직
한 신하가 있어 선을 지킨다면 비록 다른 기예가 없더라도 그 마음은 선을
즐거워하며 아름다우니, 이와 같다면 포용함이 있을 수 있다. 이와 같은
자를 내가 임명하겠다는 뜻이다. 이것은 이전에 교묘히 말을 꾸미고 아첨
하는 자를 등용한 것을 뉘우친 것으로, 지금은 관대하고 선한 선비를 임명
하겠다고 한 것이다.

蔡傳　前日之過, 雖已云然, 然尙謀詢玆黃髮之人, 則庶罔有所愆. 蓋悔其
旣往之失, 而冀其將來之善也.

번역　이전의 잘못이 비록 이미 그러하다고 하지만 여전히 머리카락이
누런 노인에게 계책을 구한다면 거의 허물될 것이 없을 것이다. 이전의 잘
못을 후회하여 앞으로 선을 행하고자 바란 것이다.

蔡傳　番番, 老貌; 仡仡, 勇貌; 截截, 辯給貌; 諞, 巧也. 皇, 遑通. 旅力旣愆
之良士, 前日所詆墓木旣拱者, 我猶庶幾得而有之. 射御不違之勇夫, 前日所
誇過門超乘者, 我庶幾不欲用之. 勇夫我尙不欲, 則辯給善巧言, 能使君子變
易其辭說者, 我遑暇多有之哉? 良士, 謂蹇叔. 勇夫, 謂三帥. 諞言, 謂杞子. 先

儒皆謂穆公悔用孟明, 詳其誓意, 蓋深悔用杞子之言也.

번역 '파파(番番)'는 늙은 모습을 뜻한다. '흘흘(仡仡)'은 용맹한 모습을 뜻한다. '절절(截截)'은 말을 잘하는 모습을 뜻한다. '편(諞)'자는 교묘하게 꾸민다는 뜻이다. '황(皇)'자는 '어찌'라는 뜻의 '황(遑)'자와 통한다. 체력이 이미 노쇠한 어진 선비는 이전에 묘에 심은 나무가 이미 한 아름은 되었을 것이라 꾸짖었던 자인데,[19] 나는 오히려 그를 얻어 소유하기를 바란다. 또 활쏘기와 수레를 모는 일에 있어 어긋나지 않은 용맹한 무사는 이전에 문을 지나며 달리는 수레에 뛰어오름을 과시했던 자인데,[20] 나는 그를 등용하지 않고자 바란다. 용맹한 무사도 나는 오히려 등용하고자 하지 않으니, 변설을 잘하고 말을 교묘히 꾸미길 잘하여 군자로 하여금 말을 바꾸게 만드는 자라면 내가 어느 겨를에 많이 소유할 수 있겠는가? '양사(良士)'는 건숙을 뜻한다. '용부(勇夫)'는 세 명의 장수를 뜻한다. '편언(諞言)'은 기자를 뜻한다. 선대 학자들은 모두 "목공이 맹명을 등용한 것을 후회한 것이다."라고 했는데, 맹세하는 말을 자세히 살펴보면 아마도 기자의 말에 따른 것을 깊이 뉘우친 것 같다.

蔡傳 昧昧而思者, 深潛而靜思也. 介, 獨也, 大學作箇. 斷斷, 誠一之貌. 猗, 語辭, 大學作兮. 休休, 易直好善之意. 容, 有所受也.

번역 매매(昧昧)하게 생각한다는 것은 깊이 침잠하여 고요한 가운데 생각한다는 뜻이다. '개(介)'자는 홀로라는 뜻으로 『대학』에서는 개(箇)자로 기록했다. '단단(斷斷)'은 정성스럽고 한결같은 모습을 뜻한다. '의(猗)'자는 어조사이며, 『대학』에서는 혜(兮)자로 기록했다. '휴휴(休休)'는 평이하고 강직하며 선을 좋아하는 뜻이다. '용(容)'자는 수용함이 있다는 뜻이다.

---

19) 『춘추좌씨전』「희공(僖公) 32년」: 蹇叔哭之, 曰, "孟子! 吾見師之出而不見其入也!" 公使謂之曰, "爾何知?中壽, 爾墓之木拱矣."
20) 『춘추좌씨전』「희공(僖公) 33년」: 三十三年春, 秦師過周北門, 左右免胄而下, 超乘者三百乘.

현명한 자를 임명하지 못했기 때문이다.

孔傳-② 國之光榮, 爲民所歸, 亦庶幾其所任用賢之善也. 穆公陳戒, 背賢則危, 用賢則榮, 自誓改前過之意.

번역 나라가 빛을 발하며 영화롭게 되고 백성들이 귀의하는 것 또한 등용을 할 때 현명한 자를 임명하는 선함 때문이다. 목공이 경계의 말을 진술하며 현자를 등지면 위태롭게 되고 현자를 등용하면 영화롭게 된다고 한 것은 스스로 이전의 잘못을 고치겠다고 맹세한 뜻에 해당한다.

孔疏 ●"邦之"至"之慶". ○正義曰: 旣言賢佞行異, 又言用之安否. 邦之杌隉, 危而不安, 曰由所任一人之不賢也; 邦之光榮, 爲民所歸, 亦庶幾所任一人之有慶也. 言國家用賢則榮, 背賢則危, 穆公自誓將改前過, 用賢人者也.

번역 ●經文: "邦之"~"之慶". ○이미 현자와 아첨만 하는 자의 행실이 다르다는 것을 말했고, 또한 그들을 등용했을 때 나타나는 편안함과 그렇지 않음을 기술하였다. 나라의 올얼(杌隉)이라는 것은 위태로워 편안하지 못하다는 뜻이니, 등용한 한 사람이 현명하지 못하기 때문이다. 또 나라가 빛을 발하며 영화롭게 되고 백성들이 귀의하는 것 또한 등용한 한 사람이 경사스러움을 갖추고 있기 때문이다. 즉 국가에서 현자를 등용하면 영화롭게 되지만 현자를 등지면 위태롭게 됨을 말하는데, 목공은 스스로 경계하며 앞으로 이전의 과오를 고쳐서 현자를 등용하겠다고 말한 것이다.

蔡傳 杌隉, 不安也. 懷, 安也. 言國之危殆, 繫於所任一人之非, 國之榮安, 繫於所任一人之是, 申繳上二章意.

번역 '올얼(杌隉)'은 편안하지 못하다는 뜻이다. '회(懷)'자는 편안하다는 뜻이다. 나라가 위태롭게 되는 것은 한 사람을 임명한 잘못에 달려 있고, 나라가 영화롭고 편안하게 되는 것도 한 사람을 임명한 옳음에 달려 있다는 뜻이니, 앞 두 장의 뜻을 거듭 결론 맺은 것이다.

참고 『춘추좌씨전』 희공(僖公) 30년 기록

경문 晉人 · 秦人圍鄭.

번역 진(晉)나라와 진(秦)나라가 정나라를 포위했다.

杜注 晉軍函陵, 秦軍氾南, 各使微者圍鄭, 故稱人.

번역 진(晉)나라 군대는 함릉에 주둔했고 진(秦)나라 군대는 범남에 주둔하며 각각 미천한 자를 보내 정나라를 포위하게 했기 때문에 '인(人)'이라고 지칭했다.

전문 三十年, 春, 晉人侵鄭, 以觀其可攻與否. 狄間晉之有鄭虞也, 夏, 狄侵齊.

번역 30년 봄에 진(晉)나라는 정나라를 침범하고자 하여 공격할 수 있는지의 여부를 살피고 있었다. 적인은 진나라가 정나라를 칠 수 있는지 고심하는 것을 틈탔고, 여름에 적인은 제나라를 침범하였다.

杜注 齊, 晉與國.

번역 제나라는 진나라와 동맹국이었기 때문이다.

전문 九月, 甲午, 晉侯 · 秦伯圍鄭, 以其無禮於晉①, 且貳於楚也. 晉軍函陵, 秦軍氾南②.

번역 9월 갑오일에 진(晉)나라 후작과 진(秦)나라 백작이 정나라를 포위하였으니, 정나라 백작이 진(晉)나라 문공에게 무례했기 때문이고, 또한 초나라에 붙어 두 마음을 품었기 때문이다. 진(晉)나라 군대는 함릉에 주둔했고 진(秦)나라 군대는 범남에 주둔했다.

杜注-①　文公亡過鄭, 鄭不禮之.

번역　문공이 망명생활을 하며 정나라를 지나쳤을 때 정나라에서는 문공을 예우하지 않았다.

杜注-②　此東氾也, 在滎陽中牟縣南.

번역　이것은 동범(東氾)으로, 형양 중모현 남쪽에 있다.

孔疏　◎注"此東氾". ○正義曰: 劉炫云: "二十四年'王出適鄭, 處于氾', 注云'鄭南氾也.'"釋例·土地名僖二十四年"氾"下云"此南氾也". 周王出居于氾, 楚伐鄭師于氾, 襄城縣南氾城是也. 此年"氾"下云"此東氾也". 秦軍氾南, 晉伐鄭師于氾, 滎陽中牟縣南氾澤是也. 杜考校旣精, 當不徒爾. 尋討傳文, 未見杜意.

번역　◎杜注: "此東氾". ○유현[21]은 "24년에 '왕이 수도 밖으로 나와 정나라에 가서 범(氾)에 머물렀다.'라고 했고, 주에서는 '정나라의 남범(南氾)이다.'"라고 했다. 『석례』「토지명」을 살펴보면 희공 24년의 '범(氾)'이라는 기록 밑에 "이것은 남범(南氾)이다."라고 했다. 주왕이 수도 밖으로 나와 범에 머물렀고, 초나라가 정나라 군대를 범에서 정벌했다고 했는데, 양성현의 남범성(南氾城)이 바로 이곳에 해당한다. 이 해의 기사에서는 '범(氾)'이라는 기록 밑에 "이것은 동범(東氾)이다."라고 했다. 진(秦)나라 군대가 범남(氾南)에 주둔했고 진(晉)나라가 범(氾)에서 정나라 군대를 정벌했다고 했는데, 형양 중모현 남범택(南氾澤)이 바로 이곳에 해당한다. 두예가 고찰하여 교감한 것이 이미 정밀하므로 사족을 달 수 없다. 그런데 전문의 기록을 자세히 살펴보니 두예의 의중이 잘 드러나지 않는다.

---

21) 유현(劉炫, ? ~ ?): 수(隋)나라 때의 학자이다. 자는 광백(光伯)이며, 경성(景城) 출신이다. 태학박사(太學博士) 등을 지냈다. 『논어술의(論語述義)』, 『춘추술의(春秋述義)』, 『효경술의(孝經述義)』 등을 저술하였다.

전문 佚之狐言於鄭伯曰, "國危矣! 若使燭之武見秦君, 師必退①." 公從之. 辭曰, "臣之壯也, 猶不如人; 今老矣, 無能爲也已." 公曰, "吾不能早用子, 今急而求子, 是寡人之過也. 然鄭亡, 子亦有不利焉." 許之. 夜縋而出②, 見秦伯曰, "秦·晉圍鄭, 鄭旣知亡矣. 若亡鄭而有益於君, 敢以煩執事③. 越國以鄙遠, 君知其難也④, 焉用亡鄭以倍鄰⑤? 鄰之厚, 君之薄也. 若舍鄭以爲東道主, 行李之往來, 共其乏困⑥."

번역 일지호가 정나라 백작에게 말하길, "나라가 위태롭습니다! 촉지무를 보내 진(秦)나라 군주를 만나보게 한다면 군대는 반드시 물러갈 것입니다."라고 하여 정나라 백작이 그에 따랐다. 그러나 촉지무가 사양하며 "제가 젊었을 때에도 오히려 남만 못하였는데, 지금은 노년이 되었으니 할 수 있는 일이 없습니다."라고 했다. 정나라 백작은 "내가 일찍이 그대를 등용하지 못했다가 지금에서야 다급하게 그대를 찾으니, 이것은 과인의 잘못이오. 그러나 정나라가 망한다면 그대 또한 이롭지 못할 것이오."라고 하여, 촉지무가 수락했다. 밤에 밧줄을 성벽에 매달아 내려가서 진(秦)나라 백작을 만나보고 "진(秦)나라와 진(晉)나라가 정나라를 포위하고 있으니, 정나라가 망하리라는 사실은 이미 알고 있습니다. 그러나 만약 정나라를 망하게 하여 군주께 이득이 될 일이 있다면 어찌 감히 진(秦)나라를 번거롭게 하겠습니까. 중간의 다른 나라를 넘어 멀리 떨어져 있는 땅을 진(秦)나라의 읍으로 삼는 것이 어렵다는 사실은 군주께서도 알고 계신 사실입니다. 그런데 어찌하여 정나라를 멸망시켜서 이웃 제후국의 영지를 늘려주시려는 겁니까? 이웃 제후국의 땅이 넓어지는 것은 군주의 힘이 줄어드는 것입니다. 만약 정나라를 그대로 놓아두고 동도의 주인으로 삼게 해서 사신이 오갈 때 부족한 물자와 숙소를 마련토록 한다면,"이라고 했다.

杜注-① 佚之狐·燭之武, 皆鄭大夫.

번역 '일지호(佚之狐)'와 '촉지무(燭之武)'는 모두 정나라의 대부이다.

杜注-② 縋, 縣城而下.

번역 '추(縋)'는 밧줄을 성벽에 매달아 내려갔다는 뜻이다.

杜注-③ 執事, 亦謂秦.

번역 '집사(執事)'는 또한 진(秦)나라를 뜻한다.

杜注-④ 設得鄭以爲秦邊邑, 則越晉而難保.

번역 가령 정나라를 진(秦)나라의 변방 읍으로 삼는다면 진(晉)나라를 넘어가야 하기 때문에 보존하기 어렵다는 뜻이다.

杜注-⑤ 陪, 益也.

번역 '배(陪)'자는 늘린다는 뜻이다.

杜注-⑥ 行李, 使人.

번역 '행리(行李)'는 사신을 뜻한다.

孔疏 ◎注"行李使人". ○正義曰: 襄八年傳云"一介行李", 杜云"行李, 行人也". 昭十三年傳云"行理之命", 杜云"行理, 使人". 李·理字異, 爲注則同, 都不解"理"字. 周語"行理以節逆之", 賈逵云: "理, 吏也, 小行人也". 孔晁注國語, 其本亦作"李"字, 注云"行李, 行人之官也". 然則兩字通用. 本多作"理", 訓之爲吏, 故爲行人·使人也.

번역 ◎杜注: "行李使人". ○양공 8년에 대한 전문에서는 '일개행리(一介行李)'라고 했고, 두예는 "행리(行李)는 행인이다."라고 했다. 소공 13년에 대한 전문에서는 '행리지명(行理之命)'이라고 했고, 두예는 "행리(行理)

는 사신이다."라고 했다. '이(李)'자와 '이(理)'자는 자형이 다르지만 주석에
서는 동일하게 여겼고, 두 기록에서 모두 '이(理)'자를 풀이하지 않았다.『국
어』「주어(周語)」에서는 "행리를 절도에 따라 맞이하였다."22)라고 했고, 가
규23)는 "이(理)자는 이(吏)자의 뜻이니, 소행인(小行人)을 뜻한다."라고 했
다.『국어』에 대한 공조24)의 주에서는 판본에 따라 또한 '이(李)'자로도 기
록한다고 했고, 주석에서는 "행리(行李)는 행인이라는 관리이다."라고 했
다. 그렇다면 두 글자는 통용되었던 것이다. 대다수의 판본에서는 '이(理)'
자로 기록했고 그 뜻은 관리를 뜻하는 이(吏)자로 풀이했다. 그렇기 때문에
행인(行人)이나 사인(使人)으로 풀이하는 것이다.

전문 "君亦無所害. 且君嘗爲晉君賜矣, 許君焦·瑕, 朝濟而夕設版焉, 君
之所知也①. 夫晉何厭之有? 旣東封鄭, 又欲肆其西封②, 不闕秦, 焉取之?"

번역 계속하여 촉지무는 "군주께도 해될 것이 없습니다. 또 군주께서는
일찍이 진(晉)나라 군주에게 은혜를 베푼 적이 있었는데, 군주께 초와 하
땅을 주기로 약속하고서 아침에 하수를 건너 저녁에 성을 쌓았던 일은 군주
께서도 아시는 바입니다. 진(晉)나라가 만족한 일이 있었습니까? 동쪽으로
정나라 영토를 차지하고 나면 재차 서쪽으로도 영토를 늘리려고 할 것인데,
진(秦)나라의 땅을 침범하지 않는다면 무슨 땅을 취하겠습니까?"라고 했다.

---

22) 『국어(國語)』「주어중(周語中)」: 敵國賓至, 關尹以告, <u>行理以節逆之</u>, 候人爲
導, 卿出郊勞, 門尹除門, 宗祝執祀, 司里授館, 司徒具徒, 司空視塗, 司寇詰姦,
虞人入材, 甸人積薪, 火師監燎, 水師監濯, 膳宰致饗, 廩人獻餼, 司馬陳芻, 工
人展車, 百官以物至, 賓入如歸.

23) 가규(賈逵, A.D.30 ~ A.D.101): 후한(後漢) 때의 경학자이다. 자(字)는 경백
(景伯)이다. 『춘추좌씨전해고(春秋左氏傳解詁)』를 지었지만, 현재 일실되어
존재하지 않는다. 청대(淸代) 마국한(馬國翰)의 『옥함산방집일서(玉函山房輯
佚書)』와 황석(黃奭)의 『한학당총서(漢學堂叢書)』에 일집본(佚輯本)이 남아
있다.

24) 공조(孔晁, ? ~ ?): 생몰년에 대해서는 자세히 알려져 있지 않다. 진(秦)나
라 때 오경박사(五經博士)가 되었다고 전해지며, 『일주서주(逸周書注)』를 저
술하였다고 전해진다.

杜注-① 晉君, 謂惠公也. 焦·瑕, 晉河外五城之二邑. 朝濟河而夕設版築以距秦, 言背秦之速.

번역 진(晉)나라 군주는 혜공을 가리킨다. '초(焦)'와 '하(瑕)'는 진(晉)나라 하수 밖에 있는 다섯 성 중의 두 읍에 해당한다. 아침에 하수를 건너 저녁에 성을 쌓아 진(秦)나라가 들어올 것을 방비하였으니, 진(秦)나라를 배신한 것이 매우 빨랐다는 뜻이다.

杜注-① 封, 疆也. 肆, 申也.

번역 '봉(封)'자는 영토로 삼는다는 뜻이다. '사(肆)'자는 거듭한다는 뜻이다.

孔疏 ●"不闕秦, 焉取之". ○正義曰: 沈云"不闕秦家, 更何處取之?" 言有心取秦, 先謀取鄭. 言滅秦以將利晉益大疆土.

번역 ●傳文: "不闕秦, 焉取之". ○심씨는 "진(秦)나라를 빼놓고 다시 어느 곳을 취하겠는가?"라고 했으니, 마음으로는 진(秦)나라를 취하고자 하여 먼저 정나라를 취하고자 계획을 세웠다는 뜻이다. 즉 진(秦)나라를 멸망시켜 진(晉)나라를 이롭게 하고 영토를 늘리려고 한다는 의미이다.

전문 "闕秦以利晉, 唯君圖之." 秦伯說, 與鄭人盟. 使杞子·逢孫·楊孫戍之, 乃還①. 子犯請擊之. 公曰, "不可. 微夫人力不及此②. 因人之力而敝之, 不仁; 失其所與, 不知; 以亂易整, 不武③. 吾其還也." 亦去之.

번역 계속하여 촉지무는 "진(秦)나라를 해쳐 진(晉)나라를 이롭게 하는 일이므로 군주께서는 잘 살펴주시기 바랍니다."라고 했다. 진(秦)나라 백작은 기뻐하며 정나라와 맹약을 맺었다. 그리고 기자·봉손·양손으로 하여금 그곳을 지키게 하고 되돌아갔다. 자범이 공격하길 청하였다. 진(晉)나라 후작은 "불가하다. 저 진(秦)나라 목공의 힘이 아니었다면 내가 오늘에 이

르지 못했을 것이다. 그 사람의 힘에 도움을 받았음에도 그를 해친다면 인
하지 못한 것이고, 함께 하는 동맹국을 잃는 것은 지혜롭지 못한 것이며,
난리로 안정됨을 바꾸는 것은 용맹하지 못한 것이다. 나는 돌아갈 것이다."
라고 하며 진(晉)나라 군대 또한 떠났다.

杜注-① 三子, 秦大夫, 反爲鄭守.

번역 세 사람은 진(秦)나라의 대부인데, 도리어 정나라를 수비하게 되었다.

杜注-② 請擊秦也. 夫人, 謂秦穆公.

번역 진(秦)나라를 공격하자고 청한 것이다. '부인(夫人)'은 진(秦)나라
의 목공을 뜻한다.

杜注-③ 秦晉和整, 而還相攻, 更爲亂也.

번역 진(秦)나라와 진(晉)나라는 화목하여 안정된 상태인데 다시 서로
공격하게 된다면 재차 혼란스럽게 된다는 뜻이다.

참고 『춘추좌씨전』 희공(僖公) 32년 기록

경문 冬, 十有二月, 己卯, 晉侯重耳卒.

번역 겨울 12월 기묘일에 진(晉)나라 후작 중이가 죽었다.

杜注 同盟踐土·翟泉.

번역 천토와 적천에서 동맹을 맺었기 때문에 기록한 것이다.

전문　冬, 晉文公卒. 庚辰, 將殯于曲沃.

번역　겨울 진(晉)나라 문공이 죽었다. 경진일에 곡옥에 관을 묻으려고 했다.

杜注　殯, 窆棺也. 曲沃有舊宮焉.

번역　'빈(殯)'자는 관을 묻는다는 뜻이다. 곡옥에는 옛 궁이 남아있다.

孔疏　◎注"殯窆"至"宮焉". ○正義曰: 周禮·鄉師職云: 大喪, 及葬, 與匠師御柩. "及窆, 執斧以涖匠師". 昭十二年傳曰"日中而塴", 禮記皆作"封". 封·塴·窆, 聲相近而字改易耳, 皆謂葬時下棺之名也. 殯則欑置於西序, 亦是下棺於地, 故殯爲窆棺也. 晉武公自曲沃而兼晉國, 曲沃有舊時宮廟, 故公卒而往殯焉. 禮: "諸侯五日而殯." 按經文以己卯卒, 庚辰是卒之明日, 卽將殯者, 以曲沃路遠, 故早行耳. 禮: "在牀曰尸, 在棺曰柩." 下云"棺有聲", 明是斂於棺而後行也.

번역　◎杜注: "殯窆"~"宮焉". ○『주례』「향사(鄉師)」편의 직무기록에서는 대상(大喪)[25]을 치를 때 장례를 지내게 되면 장사(匠師)라는 관리와 함께 영구를 몬다고 했다. 그리고 "폄(窆)에 이르러서는 도끼를 들고 장사가 하는 일을 감독한다."라고 했다.[26] 소공 12년에 대한 전문에서는 "한낮이

---

25) 대상(大喪)은 천자(天子)·왕후(王后)·세자(世子) 등의 상(喪)을 가리킨다. 이들은 가장 존귀한 자들에 해당하기 때문에, 그들에 대한 상(喪) 또한 '대(大)'자를 붙여서, '대상'이라고 부르는 것이다. 『주례』「천관(天官)·재부(宰夫)」편에는 "大喪小喪, 掌小官之戒令, 帥執事而治之."라는 기록이 있는데, 이에 대한 정현의 주에서는 "大喪, 王·后·世子之喪也."라고 풀이했다. 한편 '대상'은 부모의 상(喪)을 가리키기도 한다. 부모는 자식의 입장에서 가장 중대한 대상에 해당하기 때문에, 부모의 상(喪)을 '대상'이라고 부르는 것이다. 『춘추공양전』「선공(宣公) 1년」편에는 "古者臣有大喪, 則君三年不呼其門."이라는 용례가 있다.

26) 『주례』「지관(地官)·향사(鄉師)」: 大喪用役, 則帥其民而至, 遂治之. 及葬, 執纛以與匠師御柩而治役. 及窆, 執斧以涖匠師.

되어야 붕(堋)을 한다."라고 했으며,『예기』에서는 모두 '봉(封)'자로 기록
했다. '봉(封)'·'붕(堋)'·'폄(窆)'은 소리가 서로 비슷해서 글자를 바꿔서 쓴
것일 뿐이니, 이 모두는 장례를 치를 때 관을 하관한다는 명칭이다. 빈소를
마련하게 되면 서쪽 서(序)에 임시로 관을 묻어 안치하니, 이러한 경우에도
또한 땅 속에 관을 묻게 된다. 그렇기 때문에 빈(殯)을 관을 묻는다는 뜻으
로 풀이한 것이다. 진(晉)나라 무공은 곡옥으로부터 흥기하여 진나라를 차
지하였으니, 곡옥에는 예전에 사용하던 궁과 묘가 남아있다. 그렇기 때문에
문공이 죽자 그곳으로 찾아가 빈소를 마련했던 것이다. 예법에 따르면 "제
후의 경우에는 5일 이후 빈소를 마련한다."27)라고 했다. 경문을 살펴보니
문공은 기묘일에 죽었으므로, 경진일은 그가 죽은 그 다음날이 된다. 그런
데도 곧바로 빈소를 마련하려고 했던 것은 곡옥이 멀리 떨어져 있기 때문
에 일찍 출발하고자 했던 것일 뿐이다. 예법에 따르면 "시신이 침상에 놓여
있을 때에는 '시(尸)'라고 부르고, 관에 안치되었을 때에는 '구(柩)'라고 부
른다."28)라고 했고, 뒤의 문장에서는 "관에서 소리가 났다."라고 했으니, 이
것은 시신을 관에 안치한 이후에 행차했음을 나타낸다.

전문 出絳, 柩有聲如牛①. 卜偃使大夫拜, 曰, "君命大事, 將有西師過軼我,
擊之, 必大捷焉②." 杞子自鄭使告于秦③, 曰, "鄭人使我掌其北門之管④, 若
潛師以來, 國可得也." 穆公訪諸蹇叔, 蹇叔曰, "勞師以襲遠, 非所聞也⑤. 師勞
力竭, 遠主備之, 無乃不可乎! 師之所爲, 鄭必知之. 勤而無所, 必有悖心⑥. 且
行千里, 其誰不知?" 公辭焉⑦. 召孟明·西乞·白乙, 使出師於東門之外⑧.

번역 강 땅을 벗어나려고 하는데 영구에서 소 울음소리 같은 것이 들렸
다. 복언은 대부들에게 절을 하도록 시키고 "군주께서 중대한 임무를 명하
셨으니, 장차 서쪽 나라의 군대가 우리나라를 지나갈 것이니, 그들을 공격

---

27)『예기』「왕제(王制)」【158b】: 天子七日而殯, 七月而葬. 諸侯五日而殯, 五月而
葬. 大夫士庶人三日而殯, 三月而葬. 三年之喪, 自天子達.
28)『예기』「곡례하(曲禮下)」【64d】: 天子死曰崩, 諸侯曰薨, 大夫曰卒, 士曰不祿,
庶人曰死. 在牀曰尸, 在棺曰柩. 羽鳥曰降, 四足曰漬. 死寇曰兵.

한다면 반드시 크게 승리할 것이다."라고 했다. 기자가 정나라에서 사람을 보내 진(秦)나라에 아뢰길, "정나라에서 우리에게 북쪽 관문의 열쇠를 담당토록 했으니, 만약 군대를 은밀히 이끌고 온다면 정나라를 취할 수 있습니다."라고 했다. 목공이 건숙에게 찾아가 계책을 물으니, 건숙은 "군대를 수고롭게 만들며 멀리 떨어진 나라를 습격한다는 말은 들어보지 못했습니다. 군대가 피로하게 되면 힘이 고갈될 것이고, 먼 나라의 군주는 대비할 것이니 불가하지 않겠습니까! 우리 군대가 하려는 것을 정나라도 분명 알고 있을 것입니다. 고생만 하고 얻는 것이 없다면 분명 어그러진 마음을 품은 자가 생길 것입니다. 또 천릿길을 가는데 그 누가 모르겠습니까?"라고 했다. 그러나 목공은 그의 말을 받아들이지 않았다. 그리고는 맹명·서걸·백을을 불러 동문 밖에서 군대를 통솔하여 출발하도록 시켰다.

杜注-① 如牛呴聲.

번역 소가 울부짖을 때 나는 소리와 같았다는 뜻이다.

杜注-② 聲自柩出, 故曰"君命". 大事, 戎事也. 卜偃聞秦密謀, 故因柩聲以正衆心.

번역 영구로부터 소리가 나왔기 때문에 '군명(君命)'이라고 했다. '대사(大事)'는 전쟁과 관련된 일이다. 복언은 진(秦)나라의 은밀한 계책을 들었기 때문에 관에서 소리가 난 것으로 인해 여러 사람들의 마음을 바로잡았던 것이다.

杜注-③ 三十年, 秦使大夫杞子戍鄭.

번역 희공 30년에 진(秦)나라가 대부 기자를 시켜 정나라를 수비하도록 시켰다.

杜注-④ 管, 籥也.

번역 '관(管)'자는 열쇠를 뜻한다.

杜注-⑤ 蹇叔, 秦大夫.

번역 '건숙(蹇叔)'은 진(秦)나라의 대부이다.

杜注-⑥ 將害良善.

번역 선한 마음을 해치게 될 것이라는 뜻이다.

杜注-⑦ 辭, 不受其言.

번역 '사(辭)'자는 그 말을 받아들이지 않았다는 뜻이다.

杜注-⑧ 孟明, 百里孟明視. 西乞, 西乞術. 白乙, 白乙丙.

번역 '맹명(孟明)'은 백리맹명시(百里孟明視)이다. '서걸(西乞)'은 서걸술(西乞術)이다. '백을(白乙)'은 백을병(白乙丙)이다.

孔疏 ◎注“孟明”至“乙丙”. ○正義曰: 世族譜以百里孟明視爲百里奚之子, 則姓百里, 名視, 字孟明也. 古人之言名字者, 皆先字後名, 而連言之. 其 “術”·“丙”必是名, “西乞”·“白乙”, 或字或氏, 不可明也. 譜云: “或以爲西乞術·白乙丙爲蹇叔子. 按傳稱‘蹇叔之子與師’, 言其在師中而已. 若是西乞·白乙, 則爲將帥, 不得云‘與’也. 或說必妄記異聞耳.”

번역 ◎杜注: “孟明”~“乙丙”. ○『세족보』에서는 백리맹명시(百里孟明視)를 백리해(百里奚)의 자식이라고 했으니, 성은 백리(百里)이고 이름은 시(視)이며 자는 맹명(孟明)이다. 옛 사람들이 이름과 자를 일컬을 때에는 모든 경우 먼저 자를 말하고 이후에 이름을 말하며 연이어서 말했다. '술(術)'과 '병(丙)'은 분명 그들의 이름에 해당하고, '서걸(西乞)'과 '백을(白乙)'은 자이거나 씨일 것인데 명확히 확인할 수 없다.『세족보』에서는 "어떤 자는 서걸술(西乞術)과 백을병(白乙丙)을 건숙(蹇叔)의 아들로 여긴다. 전문을 살펴보니 '건숙의 아들도 군대에 참여했다.'라고 했는데, 이것은 군대에 포함되어 있음을 말한 것일 뿐이다. 그런데 서걸과 백을의 경우는 장수가 되므로 '여(與)'라고 말할 수 없다. 따라서 혹자의 견해는 분명 망령스럽게 기이한 소문을 듣고 기록한 것일 뿐이다."라고 했다.

전문 蹇叔哭之曰, "孟子, 吾見師之出, 而不見其入也!" 公使謂之曰, "爾何知? 中壽,"

번역 건숙은 곡을 하며 "맹자여, 나는 군대가 출병하는 것을 보았지만 다시 돌아오는 것은 보지 못할 것이다!"라고 했다. 그러자 목공은 건숙에게 사람을 보내서 "네가 무엇을 안다고 그러는가? 네가 100세만 살았더라도,"라고 했다.

孔疏 ●"中壽". ○正義曰: 上壽百二十歲, 中壽百, 下壽八十.

번역 ●傳文: "中壽". ○상수(上壽)는 120세를 뜻하며, 중수(中壽)는 100세를 뜻하고, 하수(下壽)는 80세를 뜻한다.

전문 "爾墓之木拱矣①!" 蹇叔之子與師, 哭而送之, 曰, "晉人禦師必於殽②. 殽有二陵焉③."

번역 계속하여 목공은 "네 무덤의 나무는 한 아름은 되었을 것이다!"라고 했다. 당시 건숙의 아들도 군대에 참여하여, 건숙은 곡을 하며 아들을 전송하고, "진(晉)나라는 우리 군대를 반드시 효에서 막을 것이다. 효에는 두 개의 언덕이 있다."라고 했다.

杜注-① 合手曰拱. 言其過老悖, 不可用.

번역 두 손을 둘러 안은 것을 '공(拱)'이라고 부른다. 건숙은 너무 늙어 정신이 혼미하므로 그의 말을 채택할 수 없다는 뜻이다.

杜注-② 殽在弘農澠池縣西.

번역 효(殽)는 홍농 민지현의 서쪽에 있다.

杜注-③ 大阜曰陵.

번역 큰 언덕을 '능(陵)'이라고 부른다.

孔疏 ◎注"大阜曰陵". ○正義曰: 釋地云"高平曰陸. 大陸曰阜. 大阜曰陵". 李巡曰: "高平, 謂土地豐正, 名爲陸. 大陸, 謂土地高大, 名曰阜. 阜最高大爲陵."

번역 ◎杜注: "大阜曰陵". ○『이아』「석지(釋地)」편에서는 "높고 평평한 지역을 '육(陸)'이라고 부르고, 큰 육(陸)을 '부(阜)'라고 부르며, 큰 부(阜)를 '능(陵)'이라고 부른다."29)라고 했고, 이순은 "고평(高平)이란 땅이 넓고도 반듯하다는 뜻으로, 이러한 지역을 '육(陸)'이라고 부른다. 대륙(大陸)은 땅이 높고도 크다는 뜻으로, 이러한 지역을 '부(阜)'라고 부른다. 부(阜) 중에서도 가장 높고 큰 곳을 '능(陵)'이라고 한다."라고 했다.

전문 "其南陵, 夏后皋之墓也."

번역 계속하여 건숙은 "남쪽의 언덕은 하후고의 무덤이 있는 곳이다."라고 했다.

---

29) 『이아』「석지(釋地)」: 下溼曰隰. 大野曰平. 廣平曰原. 高平曰陸. 大陸曰阜. 大阜曰陵. 大陵曰阿.

杜注 皐, 夏桀之祖父.

번역 '고(皐)'는 하나라 걸왕의 조부를 뜻한다.

孔疏 ◎注"皐, 夏桀之祖父". ○正義曰: 夏本紀文, 桀父名發. 桀名履癸.

번역 ◎杜注: "皐, 夏桀之祖父". ○이것은 『사기』「하본기(夏本紀)」편의 기록으로, 걸왕의 부친은 이름이 발(發)이었다. 걸왕의 이름은 이계(履癸)였다.

전문 "其北陵, 文王之所辟風雨也."

번역 계속하여 건숙은 "북쪽 언덕은 문왕이 비바람을 피했던 곳이다." 라고 했다.

杜注 此道在二殽之間, 南谷中谷深委曲, 兩山相嶔, 故可以辟風雨. 古道由此, 魏武帝西討巴漢, 惡其險, 而更開北山高道.

번역 이곳의 길은 효산의 두 봉우리 사이에 있어 남쪽 골짜기 속으로 나 있는데 골짜기가 깊고도 구불구불하여, 두 산봉우리가 서로를 향해 포개 있었다. 그렇기 때문에 비바람을 피할 수 있었다. 옛날의 길은 이곳을 지나치게 되어 있었는데, 위무제가 서쪽으로 파한을 토벌하며 험준한 것을 꺼려하여 다시 북쪽 산 높은 곳에 길을 내었다.

孔疏 ◎注"此道"至"高道". ○正義曰: 此道見在, 殽是山名, 俗呼爲土殽·石殽. 其陜道在兩殽之間, 山高而曲, 兩山參差, 相映其下, 雨所不及, 故可以辟風雨也. 公羊傳曰: "蹇叔送其子而戒之, 曰: 爾卽死, 必於殽之嶔巖, 是文王之所辟風雨者也." 此注言"兩山相嶔, 故可以辟風雨"者, 杜氏此言, 或取公羊之意. 嶔字蓋從山, 但嶔巖是由之貌, 而云"相嶔", 文亦不順, 未能審杜意也. 何休云: "其處險阻隘勢, 一人可要百, 故文王過之, 驅馳常若辟風雨."

번역 ◎杜注: "此道"~"高道". ○이 길은 아직도 존재하며, '효(殽)'는 산의 이름인데 세간에서는 토효(土殽)나 석효(石殽)로 부르기도 한다. 험준한 길은 효산의 두 봉우리 사이에 있는데, 산이 높고도 구불구불하며 양쪽 산봉우리가 포개고 있으며 그 그림자를 서로의 방향으로 드리우니, 비가 이곳으로 들어오지 못했다. 그렇기 때문에 비바람을 피할 수 있었다.『공양전』에서는 "건숙이 자신의 아들을 전송하며 경계하길, 너는 곧 죽을 것인데 반드시 효산의 험준한 바위에서 죽어야 하니, 이곳은 문왕이 비바람을 피했던 곳이다."라고 했다. 이곳 주석에서는 "두 산봉우리가 서로를 향해 포개 있었다. 그렇기 때문에 비바람을 피할 수 있었다."라고 했는데, 두예가 이처럼 말한 것은 아마도『공양전』의 뜻을 차용한 것 같다. '금(嶔)'자는 산(山)자를 윗부분에 두고 있지만, 금암(嶔巖)이라는 것은 경유하는 곳의 모습을 뜻하는 것이다. 그런데도 '상금(相嶔)'이라고 했으니, 문맥이 매끄럽지 못하므로, 두예의 본지를 잘 모르겠다. 하휴는 "그 지역은 험준하고 좁아서 한 사람이 백 명을 당해낼 수 있다. 그렇기 때문에 문왕이 이곳을 지나가며 항상 빨리 수레를 몰아 마치 비바람을 피할 때처럼 했다."라고 했다.

전문 "必死是間①, 余收爾骨焉." 秦師遂東②.

번역 계속하여 건숙은 "너는 반드시 그 사이에서 죽을 것인데, 내가 그곳으로 가서 너의 유골을 거둘 것이다."라고 했다. 진(秦)나라 군대는 결국 동쪽으로 길을 떠났다.

杜注-① 以其深險故.

번역 그곳이 매우 험준하기 때문이다.

杜注-② 爲明年晉敗秦于殽傳.

번역 다음 해 진(晉)나라가 효에서 진(秦)나라를 패배시키는 전문의 발단이다.

孔疏 ◎注“王城”至“不下”. ○正義曰: 成二年傳稱“晉解張御郤克, 鄭丘緩
爲右. 張侯曰: ‘矢貫予手及肘, 左輪朱殷’”. 傷手而血染左輪, 是御者在左, 大
將居中也. 宣十二年傳稱“楚許伯御樂伯, 攝叔爲右. 樂伯云‘左射以菆’”. 是射
在左, 而御在中也. 鄭玄詩箋云: “兵車之法, 左人持弓, 右人持矛, 中人御車.”
故左右下, 御不下.

번역 ◎杜注: “王城”~“不下”. ○성공 2년에 대한 전문에서는 “진(晉)나
라 해장은 극극의 수레를 몰았고, 정구완은 거우(車右)30)가 되었다. 장후는
‘화살이 내 손과 팔꿈치를 관통하여 수레의 좌측 바퀴를 붉게 물들였다.’”라
고 했다. 손에 상처를 입었는데 좌측 바퀴를 물들였다고 하니 이것은 수레
를 모는 자가 좌측에 위치한 것이며, 대장이 중앙에 위치했다는 사실을 나
타낸다. 선공 12년의 전문에서는 “초(楚)나라 허백이 악백의 수레를 몰았고
섭숙이 거우가 되었다. 악백은 ‘좌측에 있는 자는 좋은 화살로 적을 쏜다.’”
라고 했다. 이것은 활을 쏘는 자가 좌측에 위치하고 수레를 모는 자가 중앙
에 위치한다는 사실을 나타낸다. 『시』에 대한 정현의 전문에서는 “전쟁용
수레의 법도에 있어서 좌측에 있는 자는 활을 들고 우측에 있는 자는 창을
들며 중앙에 있는 자는 수레를 몬다.”라고 했다. 그렇기 때문에 좌측과 우
측에 있던 자들만 내리고 수레를 모는 자는 내리지 않았던 것이다.

전문 超乘者三百乘. 王孫滿尙幼, 觀之, 言於王曰: “秦師輕而無禮, 必敗.”

번역 투구를 벗었던 자들은 다시 수레에 뛰어올랐는데, 그 수가 300대에
이르렀다. 당시 왕손 만은 아직 어렸는데, 이 모습을 살펴보고 왕에게 “진
(秦)나라 군대는 경솔하고 무례하니 반드시 패배할 것입니다.”라고 했다.

杜注 謂過天子門不卷甲束兵, 超乘示勇.

---

30) 거우(車右)는 수레에 함께 타는 호위무사를 뜻한다. 수레의 우측에 위치하였
   기 때문에 ‘거우’라고 부르는 것이다.

번역 천자의 성문을 지나면서 갑옷을 거두고 병장기를 감싸지 않고 수레에 뛰어오르는 것은 용맹을 보이기 위함이라는 뜻이다.

孔疏 ◎注"謂過"至"示勇". ○正義曰: 服虔云: "無禮, 謂過天子門不櫜甲束兵而但免胄." 呂氏春秋說此事, 云"師行過周, 王孫滿曰: '過天子之城, 宜櫜甲束兵, 左右皆下'". 然則過天子門當卷甲束兵, 以古有此禮, 或出司馬兵法. 其書旣亡, 未見其本.

번역 ◎杜注: "謂過"~"示勇". ○복건은 "무례하다는 것은 천자의 성문을 지나갈 때 갑옷을 거두고 병장기를 감싸지 않고서 단지 투구만 벗었다는 뜻이다."라고 했다. 『여씨춘추』에서는 이 일화를 기술하며 "군대가 주나라를 지나갈 때 왕손 만은 '천자의 성을 지나가면 마땅히 갑옷을 거두고 병장기를 감싸야 하며 좌측과 우측에 있는 자들은 모두 수레에서 내려야 합니다.'"라고 했다. 그렇다면 천자의 성문을 지나갈 때에는 마땅히 갑옷을 거두고 병장기를 감싸야 하는 것으로, 고대에는 이러한 예법이 있었던 것이며, 그것이 아니라면 『사마병법』에 근거한 것이다. 그러나 이 서적은 이미 망실되었으므로, 본래의 예법이 어떠한 것인지는 그 기록을 보지 못했다.

전문 "輕則寡謀, 無禮則脫①. 入險而脫, 又不能謀, 能無敗乎?"及滑, 鄭商人弦高將市於周, 遇之. 以乘韋先, 牛十二, 犒師②.

번역 계속하여 왕손 만은 "경솔하다면 계책이 부족하고 무례하다면 생각을 깊이 하지 못한 것입니다. 험준한 곳으로 들어가면서도 생각이 깊지 못하고 또 계책도 제대로 세우지 못했다면 패배하지 않을 수 있겠습니까?"라고 했다. 진(秦)나라 군대가 활에 이르렀는데, 정나라 상인인 현고가 주나라로 장사를 하러 가다가 그들을 만났다. 현고는 네 장의 가죽을 먼저 바치고 소 12마리를 바쳐 군대에게 위문품을 전달하였다.

杜注-① 脫, 易也.

번역 '탈(脫)'자는 쉽다는 뜻이다.

杜注-② 商, 行賈也. 乘, 四. 韋先, 韋乃入牛. 古者將獻遺於人, 必有以先之.

번역 '상(商)'은 돌아다니며 장사하는 사람을 뜻한다. '승(乘)'자는 4를 뜻한다. '위선(韋先)'은 가죽을 먼저 주고 그 이후에 소를 주었다는 뜻이다. 옛날에는 남에게 물건을 보낼 때 반드시 본래 주어야 할 것보다 먼저 주는 것이 있었다.

孔疏 ◎注“商行”至“先之”. ○正義曰: 周禮·大宰“以九職任萬民. 六曰商賈, 阜通貨賄”. 鄭玄云: “行曰商, 處曰賈.” 易云“商旅不行”, 是商行賈坐, 而言“行賈”者, 相形以曉人也. 乘車必駕四馬, 因以乘爲四名. 禮言“乘矢”, 謂四矢. 此言“乘韋”, 謂四韋也. 遺人之物必以輕先重後, 故先韋乃入牛. 老子云: “雖有拱璧以先四馬, 不如坐進此道.” 是古者將獻饋, 必有以先之.

번역 ◎杜注: “商行”~“先之”. ○『주례』「대재(大宰)」편에서는 “아홉 가지 직책으로 백성들을 임명한다. 여섯 번째 직책은 상고(商賈)이니, 재화를 풍부하게 갖춰 유통시킨다.”[31]라고 했고, 정현은 “돌아다니면서 장사하는 자를 '상(商)'이라고 부르며, 한 곳에 머물며 장사하는 자를 '고(賈)'라고 부른다.”라고 했다. 『역』에서는 “상(商)과 여행객을 다니지 못하게 한다.”[32]라고 했는데, 이것은 상(商)은 돌아다니며 장사하고 고(賈)는 한 곳에서 장사함을 뜻한다. 그런데도 '행고(行賈)'라고 말한 것은 서로 그 형상을 드러내어 이해시키기 위해서이다. 수레에 탈 때에는 반드시 4마리의 말에 멍에를 메게 되는데, 이로 인해 '승(乘)'자를 4를 뜻하는 용어로 사용하게 되었다. 예법에 따르면 '승시(乘矢)'라는 말을 쓰는데, 이것은 4발의 화살을 뜻

---

31) 『주례』「천관(天官)·대재(大宰)」: 以九職任萬民: 一曰三農, 生九穀; 二曰園圃, 毓草木; 三曰虞衡, 作山澤之材; 四曰藪牧, 養蕃鳥獸; 五曰百工, 飭化八材; 六曰商賈, 阜通貨賄; 七曰嬪婦, 化治絲枲; 八曰臣妾, 聚斂疏材; 九曰間民, 無常職, 轉移執事.

32) 『역』「복괘(復卦)」: 象曰, 雷在地中, 復, 先王以至日閉關, 商旅不行, 后不省方.

한다. 이곳에서 '승위(乘韋)'라고 했으니, 이것은 4장의 가죽을 뜻한다. 남에게 어떤 물건을 줄 때에는 반드시 덜 중요한 것을 먼저 주고 중요한 것을 이후에 준다. 그렇기 때문에 먼저 가죽을 주고 그 이후에야 소를 위문품으로 보낸 것이다. 『노자』에서는 "비록 벽(璧)을 들고 찾아가 우선 4마리의 말을 바치더라도, 앉아서 이러한 도로 나아가는 것만 못하다."[33]라고 했다. 이것은 고대에 물건을 바칠 때에는 반드시 그보다 먼저 주는 것이 있음을 나타낸다.

전문 曰, "寡君聞吾子將步師出於敝邑, 敢犒從者. 不腆敝邑, 爲從者之淹, 居則具一日之積."

번역 현고는 "저희 군주께서는 그대가 군대를 이끌고서 우리나라에 온다는 소식을 들으시고 감히 저로 하여금 그대의 군대에 위문품을 전달하도록 시켰습니다. 우리나라가 넉넉하지 못하지만 그대의 군대가 오랜 기간 행군하였으므로, 이곳에 머문다면 날마다 하루치의 물자를 준비하겠습니다."라고 했다.

杜注 腆, 厚也. 淹, 久也. 積, 芻米菜薪.

번역 '전(腆)'자는 넉넉하다는 뜻이다. '엄(淹)'자는 오래되었다는 뜻이다. '적(積)'자는 말에 먹일 꼴과 사람이 먹는 양식 및 채소와 땔감을 뜻한다.

孔疏 ◎注"腆厚"至"菜薪". ○正義曰: "腆, 厚", "淹, 久", 經傳常訓也. 周禮·大行人云"王待諸侯之禮, 上公五積, 侯伯四積, 子男三積." 積皆謂米禾芻薪, 知此亦然. 按掌客"上公五積, 皆視飧牽", 鄭注云: "飧牽, 謂牽牲以往, 不殺也." 亦有米禾芻薪. 鄭又注云: "上公飧五牢, 米二十車, 禾三十車. 侯伯

---

33) 『노자(老子)』「62장」: 道者, 萬物之奧, 善人之寶, 不善人之所保. 美言可以市, 尊行可以加人. 人之不善, 何棄之有. 故立天下, 置三公, <u>雖有拱璧以先駟馬, 不如坐進此道</u>. 古之所以貴此道者何. 不曰以求得, 有罪以免邪. 故爲天下貴.

四牢, 米禾皆二十車. 子男三牢, 米十車, 禾二十車. 芻薪皆倍." 其禾積旣視飱,
則米禾芻薪與飱同.

번역 ◎杜注: "腆厚"~"菜薪". ○"'전(腆)'자는 넉넉하다는 뜻이다."라고
했고 "'엄(淹)'자는 오래되었다는 뜻이다."라고 했는데, 이것은 경문과 전문
기록에 대한 일반적인 뜻풀이이다. 『주례』「대행인(大行人)」편에서는 "천
자가 제후를 대우하는 예법에서, 상공(上公)에 대해서는 5적(積)으로 하고,
후작과 백작에 대해서는 4적으로 하며, 자작과 남작에 대해서는 3적으로
한다."[34]라고 했다. '적(積)'이라는 말은 모든 경우 곡식과 꼴 및 땔감을 뜻
하니, 여기에서 말한 '적(積)'자 또한 이와 같다는 사실을 알 수 있다. 『주례』
「장객(掌客)」편을 살펴보면 "상공에 대해서는 5적으로 하고 모두 손견(飱
牽)에 견준다."[35]라고 했고, 정현의 주에서는 "'손견(飱牽)'은 희생물을 끌
어다가 보내며 죽이지 않는다."라고 했다. 여기에서 말한 '적(積)'에도 곡식
과 꼴 및 땔감이 포함된다. 정현의 주에서는 또한 "상공의 손(飱)은 5개의
태뢰(太牢)[36]로 하고 쌀알은 20수레이며 벼는 30수레이다. 후작과 백작의
손은 4개의 태뢰이고 쌀알과 벼는 모두 20수레이다. 자작과 남작의 손은
3개의 태뢰이고 쌀알은 10수레이며 벼는 20수레이다. 꼴과 땔감은 모두 그

---

34) 『주례』「추관(秋官)·대행인(大行人)」: 上公之禮, 執桓圭九寸, 繅藉九寸, 冕服
九章, 建常九斿, 樊纓九就, 貳車九乘, 介九人, 禮九牢, 其朝位, 賓主之間九十
步, 立當車軹, 擯者五人, 廟中將幣三享, 王禮再祼而酢, 饗禮九獻, 食禮九舉, 出
入五積, 三問三勞. 諸侯之禮, 執信圭七寸, 繅藉七寸, 冕服七章, 建常七斿, 樊纓
七就, 貳車七乘, 介七人, 禮七牢, 朝位賓主之間七十步, 立當前疾, 擯者四人, 廟
中將幣三享, 王禮壹祼而酢, 饗禮七獻, 食禮七舉, 出入四積, 再問再勞. 諸伯執
躬圭, 其他皆如諸侯之禮. 諸子執穀璧五寸, 繅藉五寸, 冕服五章, 建常五斿, 樊
纓五就, 貳車五乘, 介五人, 禮五牢, 朝位賓主之間五十步, 立當車衡, 擯者三人,
廟中將幣三享, 王禮壹祼不酢, 饗禮五獻, 食禮五舉, 出入三積, 壹問壹勞. 諸男
執蒲璧, 其他皆如諸子之禮.
35) 『주례』「추관(秋官)·장객(掌客)」: 凡諸侯之禮: 上公五積, 皆視飱牽, 三問皆
脩, 群介·行人·宰·史皆有牢.
36) 태뢰(太牢)는 제사에서 소[牛], 양(羊), 돼지[豕] 3가지 희생물을 갖춘 것을
뜻한다. 『장자』「지악(至樂)」편에는 "其太牢以爲膳."이라는 기록이 있는데, 이
에 대한 성현영(成玄英)의 소(疏)에서는 "太牢, 牛羊豕也."라고 풀이하였다.

배로 한다."라고 했다. 벼에 대한 적을 이미 손에 견주어서 했다면, 쌀알과
벼 및 꼴과 땔감은 모두 손과 동일하게 한다.

전문 "行則備一夕之衛." 且使遽告于鄭.

번역 계속하여 현고는 "만약 떠난다면 마지막 저녁까지 호위를 갖추겠
습니다."라고 했다. 그리고는 한편으로 사람을 보내 정나라에 이러한 사실
을 알렸다.

杜注 遽, 傳車.

번역 '거(遽)'자는 전갈을 보내는 수레이다.

孔疏 ◎注"遽傳車". ○正義曰: 釋言云"馹·遽, 傳也". 孫炎曰: "傳車, 驛馬也."

번역 ◎杜注: "遽傳車". ○『이아』「석언(釋言)」편에서는 "일(馹)과 거
(遽)는 전(傳)자의 뜻이다."[37]라고 했다. 손염은 "전거(傳車)는 역참의 말을
뜻한다."라고 했다.

전문 鄭穆公使視客館①, 則束載·厲兵·秣馬矣②. 使皇武子辭焉, 曰:
"吾子淹久於敝邑, 唯是脯資餼牽竭矣③."

번역 정나라 목공은 사람을 보내 머물고 있는 숙소를 살피게 했는데,
짐을 꾸려서 싣고 무기를 갈고 말에게 먹이를 먹이고 있었다. 정나라 목공
은 황무자를 보내 말을 전달하였으니, "그대가 우리나라에 오랜 기간 머물
러 있어서 육포·양식·가축·희생물 등이 모두 고갈되었다."라고 했다.

杜注-① 視秦三大夫之舍.

---

37) 『이아』「석언(釋言)」 : 馹·遽, 傳也.

번역 진(秦)나라의 세 대부가 머무는 숙소를 살피게 한 것이다.

杜注-② 嚴兵待秦師.

번역 병사들을 배치하고 진(秦)나라 군대가 오기를 기다린 것이다.

杜注-③ 資, 糧也. 生曰餼. 牽謂牛羊豕.

번역 '자(資)'자는 양식을 뜻한다. 살아있는 동물을 '희(餼)'라고 부른다. '견(牽)'은 소·양·돼지를 뜻한다.

孔疏 ◎注"資糧"至"羊豕". ○正義曰: 聘禮: 歸饗, 饔餼五牢, 飪一牢, 腥一牢, 餼一牢. 以飪是熟肉, 腥是生肉, 知餼是未殺, 故云"生曰餼". 牛羊豕可牽行, 故云"牽謂牛羊豕"也.

번역 ◎杜注: "資糧"~"羊豕". ○『의례』「빙례(聘禮)」편에서는 손(飧)을 보낼 때에는 옹희(饔餼)[38]는 5개의 태뢰로 하고 익힌 고기는 1개의 태뢰로 하며 생고기는 1개의 태뢰로 하고 희(餼)는 1개의 태뢰로 한다고 했다. 임(飪)은 익힌 고기이고, 성(腥)은 생고기이니, 희(餼)가 아직 도축하지 않은 가축임을 알 수 있다. 그렇기 때문에 "살아있는 동물을 '희(餼)'라고 부른다."라고 했다. 소·양·돼지는 끌고 갈 수 있다. 그렇기 때문에 "'견(牽)'은 소·양·돼지를 뜻한다."라고 했다.

전문 "爲吾子之將行也①, 鄭之有原圃, 猶秦之有具囿也②,"

---

38) 옹희(饔餼)는 빈객(賓客)과 상견례(相見禮)를 하고 나서 성대하게 음식을 마련해 접대하는 것을 뜻한다. 『주례』「추관(秋官)·사의(司儀)」편에는 "致飧如致積之禮."라는 기록이 있는데, 이에 대한 정현의 주에서는 "小禮曰飧, 大禮曰饔餼."라고 풀이하였다. 즉 '옹희'와 '손'은 모두 빈객 등을 접대하는 예법들인데, '옹희'는 성대한 예법에 해당하여, '손'보다도 융숭하게 대접하는 것이다.

번역 계속하여 황무자가 전달하는 말에서는 "그대가 떠나려고 하는데, 정나라에는 원포(原圃)라는 곳이 있으니, 이곳은 진(秦)나라에 있는 구유(具囿)와 같은 곳이다."라고 했다.

杜注-① 示知其情.

번역 그들의 속내를 알고 있음을 내비친 것이다.

杜注-② 原圃·具囿, 皆囿名.

번역 '원포(原圃)'와 '구유(具囿)'는 모두 동산의 이름이다.

孔疏 ◎注"原圃·具囿, 皆囿名". ○正義曰: 下注云"中牟縣西有圃田澤", 則"原圃"地名. 以其地爲圃, 知與"具囿"皆囿名也. 囿者, 所以養禽獸, 故令自取其麋鹿焉. 天子曰苑, 諸侯曰囿.

번역 ◎杜注: "原圃·具囿, 皆囿名". ○아래 주석에서는 "중모현 서쪽에 포전택이 있다."라고 했으니, '원포(原圃)'는 지명이다. 그 지역은 동산에 해당한다. 그러므로 '구유(具囿)'와 함께 모두 동산의 이름임을 알 수 있다. '유(囿)'라는 곳은 가축을 기르는 곳이다. 그렇기 때문에 스스로 그곳에서 사슴 등을 찾도록 만든 것이다. 천자의 동산은 '원(苑)'이라고 부르고, 제후의 동산은 '유(囿)'라고 부른다.

전문 "吾子取其麋鹿, 以間敝邑, 若何①?" 杞子奔齊, 逢孫·揚孫奔宋. 孟明曰, "鄭有備矣, 不可冀也. 攻之不克, 圍之不繼, 吾其還也." 滅滑而還.

번역 계속하여 황무자가 전달하는 말에서는 "그대가 직접 그곳의 사슴 등을 잡아서 우리나라 사람들이 쉴 수 있도록 하는 것이 어떠한가?"라고 했다. 그러자 기자는 제나라로 도망갔고, 봉손과 양손은 송나라로 도망갔다. 맹명은 "정나라는 대비를 하고 있으니, 승리를 바랄 수 없다. 공격하더

라도 이길 수 없고 포위하더라도 계속할 수 없으니, 나는 돌아갈 것이다."라
고 했다. 그리고는 활을 멸망시키고 돌아갔다.

杜注   使秦戌自取麋鹿, 以爲行資, 令敝邑得閒暇. 若何, 猶如何. 滎陽中牟
縣西有圃田澤.

번역   진(秦)나라에서 수비 병력으로 남겨둔 자들로 하여금 스스로 사슴
등을 잡아 길을 떠날 때의 물품으로 쓰고, 우리나라로 하여금 쉴 수 있게끔
하라는 뜻이다. '약하(若何)'는 여하(如何)라는 말과 같다. 형양 중모현 서쪽
에 포전택이 있다.

전문   晉原軫曰, "秦違蹇叔, 而以貪勤民, 天奉我也①. 奉不可失, 敵不可
縱. 縱敵患生, 違天不祥, 必伐秦師." 欒枝曰, "未報秦施而伐其師, 其爲死君
乎②?" 先軫曰, "秦不哀吾喪而伐吾同姓, 秦則無禮, 何施之爲③? 吾聞之, 一
日縱敵, 數世之患也. 謀及子孫, 可謂死君乎④!" 遂發命, 遽興姜戎. 子墨衰絰
⑤, 梁弘御戎, 萊駒爲右.

번역   진(晉)나라 원진은 "진(秦)나라 목공은 건숙의 말을 따르지 않고
탐욕스러운 마음으로 백성들을 수고롭게 했으니, 하늘이 우리에게 기회를
준 것입니다. 기회는 놓쳐서는 안 되고 적은 놓아주어서는 안 됩니다. 적을
놓아주면 우환이 생기고 하늘의 뜻을 어기면 상서롭지 못하니, 반드시 진
(秦)나라 군대를 공격해야 합니다."라고 했다. 난지는 "아직까지 진(秦)나
라가 베푼 은혜를 갚지 못했는데 그 군대를 공격한다면 돌아가신 군주를
위하는 일이겠습니까?"라고 했다. 선진은 "진(秦)나라는 우리 군주의 상을
애도하지 않았고 우리의 동성국을 공격하였으니, 진(秦)나라는 무례한데
어찌 은혜를 갚을 수 있겠습니까? 제가 듣기로 단 하루만 적을 놓아주면
수 세대를 걸친 우환이 된다고 했습니다. 그 계책은 자손에게까지도 영향
을 미치니 돌아가신 군주를 위한 일이라 할 수 있습니다!"라고 했다. 결국
진(晉)나라 양공은 명령을 내려 급히 강융의 군대를 일으키게 했다. 그리고

본인은 검은색의 상복과 질을 두르고 양홍에게 수레를 몰도록 시키고 내구를 거우로 삼았다.

杜注-① 奉, 與也.

번역 '봉(奉)'자는 주다는 뜻이다.

杜注-② 言以君死, 故忘秦施.

번역 군주가 죽었기 때문에 진(秦)나라의 은혜를 잊어버린다는 뜻이다.

杜注-③ 言秦以無禮加己, 施不足顧.

번역 진(秦)나라는 우리에게 무례하게 굴었으니, 그들이 베푼 은혜에 대해서는 돌아볼 것이 못 된다는 뜻이다.

杜注-④ 言不可謂背君.

번역 돌아가신 군주의 뜻을 위배한다고 말할 수 없다는 뜻이다.

杜注-⑤ 晉文公未葬, 故襄公稱"子". 以凶服從戎, 故墨之.

번역 진(晉)나라 문공의 장례를 아직 치르지 않았기 때문에 양공에 대해서 '자(子)'라고 지칭한 것이다. 상복을 입고 전쟁에 참여하려고 했기 때문에 검게 물들인 것이다.

전문 夏, 四月, 辛巳, 敗秦師于殽, 獲百里孟明視・西乞術・白乙丙以歸. 遂墨以葬文公. 晉於是始墨①. 文嬴請三帥②, 曰, "彼實構吾二君. 寡君若得而食之, 不厭, 君何辱討焉? 使歸就戮于秦, 以逞寡君之志, 若何?" 公許之. 先軫朝, 問秦囚. 公曰, "夫人請之, 吾舍之矣." 先軫怒曰, "武夫力而拘諸原, 婦

했고, 정현의 주에서는 "군대 안에서 절을 할 때에는 숙배(肅拜)41)로 한다."
라고 했다.

전문 百里子與蹇叔子從其子而哭之, 秦伯怒曰: "爾曷爲哭吾師?" 對曰:
"臣非敢哭君師, 哭臣之子也①." 弦高者, 鄭商也②. 遇之殽, 矯以鄭伯之命而
犒師焉③. 或曰往矣, 或曰反矣④. 然而晉人與姜戎, 要之殽而擊之, 匹馬隻輪
無反者⑤, 其言及姜戎何⑥?

번역 백리자와 건숙자는 자신의 아들을 뒤따라가며 곡을 했는데, 진
(秦)나라 백작은 화를 내며 "너희들은 어찌하여 내 군대를 향해 곡을 하는
가?"라고 했다. 그러자 "저희들은 감히 군주의 군대를 향해 곡을 한 것이
아니며, 저희 아들들을 향해 곡을 한 것입니다."라고 대답했다. 현고라는
사람은 정나라의 상인이다. 그가 효산에서 진(秦)나라 군대를 만나게 되었
는데, 정나라 백작의 명이라 꾸며 진(秦)나라 군대에게 위문품을 주었다.
어떤 자들은 가야 한다고 말하고 또 어떤 자들은 되돌아가야 한다고 말했
다. 정나라는 정말로 미리 대비를 하고 있었고, 진(晉)나라는 강융과 함께
효산에서 길목을 막고 진(秦)나라 군대를 공격하였으니, 한 필의 말이나
한 대의 수레도 제대로 돌아온 것이 없었다. 그런데 '급강융(及姜戎)'이라고
말한 것은 어째서인가?

何注-① 言恐臣先死, 子不見臣, 故先哭之.

번역 제가 먼저 죽으면 자식이 저를 보지 못할 것을 염려하여 먼저 곡을
했다는 뜻이다.

---

39) 『예기』「곡례상(曲禮上)」【45a】: 介者不拜, 爲其拜而蓌拜.
40) 『예기』「소의(少儀)」【437b】: 執玉執龜筴不趨, 堂上不趨, 城上不趨. 武車不
　　式, 介者不拜.
41) 숙배(肅拜)는 구배(九拜) 중의 하나이다. 절을 하는 방법 중 하나로, 무릎을
　　가지런히 모으고, 단지 손을 아래로만 내리며, 머리는 숙이지 않는 방법이다.

何注-② 鄭商, 賈人.

번역 '정상(鄭商)'은 상인을 뜻한다.

何注-③ 詐稱曰矯. 犒, 勞也. 見其軍行非常, 不似君子, 恐見虜掠, 故生意矯君命勞之.

번역 거짓으로 칭하는 것을 '교(矯)'라고 부른다. '호(犒)'자는 위로한다는 뜻이다. 군대가 행군하는 것을 보는 것은 일상적인 일이 아니며, 군자가 아니라면 잡히거나 노략질을 당하게 될까 염려한다. 그렇기 때문에 살아남고자 하는 뜻에 따라 군주의 명이라 거짓 칭하고 위문품을 전달하며 위로한 것이다.

何注-④ 軍中語也. 時以爲鄭實使弦高犒之, 或以爲鄭伯已知將見襲, 必設備, 不如還. 或曰旣出, 當遂往之.

번역 군대 안에서 나온 말이다. 당시에 정나라가 실제로 현고를 보내 위문품을 전달하게 했다고 여겼는데, 어떤 자는 정나라 백작이 이미 습격을 받으리라는 것을 알고 있으므로, 반드시 대비를 했을 것이고 따라서 되돌아가는 것만 못하다고 여겼다. 반면 어떤 자들은 이왕 출정하였으니 마땅히 계속 진군해야 한다고 했다.

何注-⑤ 然, 然上議, 猶豫留往之頃也. 匹馬, 一馬也; 隻, 踦也. 皆喩盡.

번역 '연(然)'자는 앞서 의논한 것처럼 했다는 뜻으로, 잠시 머물러 있는 틈에 대비를 했다는 뜻이다. '필마(匹馬)'는 한 마리의 말을 뜻한다. '척(隻)'은 한쪽이라는 뜻이다. 이 모두는 모두 다 없어졌다는 것을 비유한 말이다.

何注-⑥ 據秦人白狄, 不言及吳子主會也.

[번역] 진(秦)나라와 백적이 진(晉)나라를 공격했을 때, 오나라 자작이 회합을 주관했다고 언급하지 않은 것에 근거한 말이다.

[徐疏] ◎注"及吳子主會也". ○解云: 卽黃池傳云"吳何以稱子? 吳主會. 吳主會, 卽曷爲先言晉侯? 不與夷狄之主中國也".

[번역] ◎何注: "及吳子主會也". ○황지의 회합에 대한 전문에서는 "오나라에 대해서 어찌하여 자(子)라고 지칭했는가? 오나라가 회합을 주관했기 때문인데, 그렇다면 어찌하여 먼저 진(晉)나라 후작을 언급했는가? 오랑캐가 중원의 제후들과의 회합을 주관한다고 하고 싶지 않았기 때문이다."라고 했다.

[전문] 姜戎, 微也①. 稱人, 亦微者也, 何言乎姜戎之微②? 先軫也③. 或曰襄公親之④.

[번역] 강융은 미미한 자가 군대를 이끌었기 때문이다. '인(人)'이라고 기록한 것 또한 미미하게 여기는 대상인데 어찌하여 강융을 미미하다고 하는가? 선진이 진(晉)나라의 군대를 이끌었기 때문이다. 혹자는 양공이 직접 군대를 이끌었다고 말한다.

[何注-①] 故絶言及.

[번역] 그러므로 낮춰서 '급(及)'이라고 말했다.

[何注-②] 據邢人·狄人伐衛不言及.

[번역] 형인(邢人)과 적인(狄人)이 위나라를 공격한다고 했을 때 '급(及)'이라고 기록하지 않은 것에 근거한 말이다.

何注-③ 先軫, 晉大夫也. 言姜戎微, 則知稱人者尊.

번역 '선진(先軫)'은 진(晉)나라의 대부이다. 강융은 미미한 자가 군대를 이끌었다고 했다면 인(人)이라 칭한 대상은 상대적으로 존귀하다는 사실을 알 수 있다.

何注-④ 以旣貶, 又危文公葬.

번역 이미 폄하를 했는데, 또한 문공의 장례 치르는 시기를 위태롭게 했다.

徐疏 ◎注"以旣"至"公葬". ○解云: 卽下經云"癸巳, 葬晉文公", 是也, 何者? 隱三年傳云"當時而不日, 正也; 當時而日, 危不得葬也". 今此文公去年十二月薨, 至今年四月正宜合葬, 而書其日, 故云危文公葬.

번역 ◎何注: "以旣"~"公葬". ○아래 경문에서 "계사일에 진(晉)나라 문공의 장례를 지냈다."라고 한 말을 가리키는데 어째서인가? 은공 3년에 대한 전문에서는 "해당하는 계절에 치렀는데 날짜를 기록하지 않은 것은 올바른 경우이다. 해당하는 계절에 치렀는데 날짜를 기록한 것은 위태롭게 하여 제대로 장례를 치르지 못했기 때문이다."라고 했다. 문공은 작년 12월에 죽었으니, 올해 4월이 되어 장례를 치른 것이라면 장례를 치르는 시기에 합치된다. 그런데도 그 날짜를 기록했기 때문에 문공의 장례를 위태롭게 했다고 말했다.

전문 襄公親之, 則其稱人何?

번역 양공이 직접 군대를 이끌었다면 '인(人)'이라 지칭한 것은 어째서인가?

何注 據桓十三年衛侯背殯用兵不稱人.

번역 환공 13년에 위나라 후작이 빈소를 지키는 시기를 어기고 병사를 일으킬 때 '인(人)'이라 지칭하지 않은 것에 근거한 말이다.

徐疏 ◎注"據桓十三年"至"稱人". ○解云: 卽桓十三年"二月, 公會紀侯·鄭伯. 己巳, 及齊侯·宋公·衛侯·燕人戰"云云是也. 知彼衛侯背殯用兵者, 卽以桓十二年十一月, "丙戌, 衛侯晉卒", 至十三年"三月, 葬衛宣公". 然則三月乃葬先君, 二月而已出戰, 故知背殯明矣.

번역 ◎何注: "據桓十三年"~"稱人". ○환공 13년에 "2월 공이 기나라 후작·정나라 백작과 회합을 가졌다. 기사일에 제나라 후작·송나라 공작·위나라 후작·연인(燕人)과 전쟁을 했다."라고 한 기록을 가리킨다. 즉 그 기록에서 위나라 후작이 빈소 지키는 시기를 어기고 병사를 일으켰다는 사실을 알 수 있는 것은 환공 12년 11월에 "병술일 위나라 후작 진이 죽었다."라고 했고, 13년에는 "3월 위나라 선공의 장례를 지냈다."라고 했다. 그렇다면 3월이 되어서야 선군의 장례를 지낸 것이며, 2월에는 이미 출병하여 전장에 있었다. 그렇기 때문에 빈소를 지키는 시기를 어겼다는 사실을 명확히 알 수 있다.

전문 貶. 曷爲貶①? 君在乎殯而用師, 危不得葬也②.

번역 폄하한 것이다. 어찌하여 폄하한 것인가? 군주는 빈소에 머물러 있어야 함에도 직접 군대를 부렸으니, 위태롭게 하여 제대로 장례를 치르지 못했기 때문이다.

何注-① 據俱背殯用兵.

번역 둘 모두 빈소를 지키는 시기를 어기고 군대를 일으킨 것에 근거한 말이다.

何注-② 與衛迫齊・宋異, 故惡不子也.

번역 위나라가 제나라와 송나라에게 핍박을 당했던 경우와는 다르기 때문에, 이를 미워하여 자(子)라고 지칭하지 않았다.

徐疏 ◎注"與衛"至"宋異". ○解云: 卽彼注云"背殯用兵而月, 不危之者, 衛弱於齊・宋, 不從亦有危, 故量力不責", 是也.

번역 ◎何注: "與衛"~"宋異". ○환공 13년에 대한 주에서는 "빈소를 지키는 시기를 어기고 병사를 동원했음에도 그 달을 기록한 것은 위태롭게 만들지 않았기 때문인데, 위나라는 제나라나 송나라에 비해 열약했으므로, 그들의 요구를 따르지 않았다면 또한 위태롭게 되었다. 그렇기 때문에 그들의 힘을 헤아려 문책하지 않은 것이다."라고 했다.

전문 詐戰不日, 此何以日①? 盡也②.

번역 예측하지 못한 상태에서 공격을 했을 때 날짜를 기록하지 않는데, 이곳에서는 어찌하여 날짜를 기록했는가? 모두 죽였기 때문이다.

何注-① 據不言敗績, 外詐戰文也. 詐, 卒也, 齊人語也.

번역 크게 패배시켰다는 말을 하지 않은 것은 예측하지 못한 상태에서 공격을 했을 때의 기록 용례에서 벗어난 것에 근거한 말이다. '사(詐)'자는 별안간이라는 뜻이니, 제나라 사람들이 쓰는 말이다.

何注-② 惡者不仁.

번역 악한 자는 인자하지 못하기 때문이다.

참고 『춘추곡량전』희공(僖公) 33년 기록

경문 夏, 四月, 辛巳, 晉人及姜戎敗秦師于殽.

번역 여름 4월 신사일에 진(晉)나라가 강융과 함께 효에서 진(秦)나라 군대를 패배시켰다.

전문 不言戰而言敗, 何也? 狄秦也. 其狄之何也? 秦越千里之險入虛國①, 進不能守, 退敗其師, 徒亂人子女之敎, 無男女之別. 秦之爲狄, 自殽之戰始也②.

번역 '전(戰)'이라 기록하지 않고 '패(敗)'라고 말한 것은 어째서인가? 진(秦)나라를 오랑캐로 취급했기 때문이다. 오랑캐로 취급한 것은 어째서 인가? 진(秦)나라는 천리나 되는 험준한 길을 넘어 수비가 되어 있지 않은 나라를 침입하였으니, 그 군대가 쳐들어갔을 때에는 지킬 수 없었지만, 물러날 때 그 군대를 패배시킨 것인데, 자녀의 교육이 문란하였고 남녀의 구별도 없었다. 진(秦)나라가 오랑캐로 취급받기 시작한 것은 효에서의 전투로부터 비롯되었다.

范注-① 滑無備, 故言虛國.

번역 활은 수비를 갖추지 못했다. 그렇기 때문에 비어 있는 나라라고 했다.

范注-② 明秦本非夷狄.

번역 진(秦)나라는 본래 오랑캐가 아니었음을 나타낸다.

楊疏 ●"進不"至"始也". ○釋曰: 舊解進不能守, 謂入滑而去; 退敗其師, 謂敗於殽也; 亂人子女, 謂入滑之時, 縱暴亂也. 本或別進字者.

번역 ●傳文: "進不"~"始也". ○옛 해석에서는 '진불능수(進不能守)'를 활로 들어갔다가 떠났다는 뜻으로 풀이했고, '퇴패기사(退敗其師)'를 효에서 패배시켰다는 뜻으로 풀이했으며, '난인자녀(亂人子女)'는 활로 들어갔을 때, 제멋대로 난폭하게 군 것을 뜻한다고 했다. 판본에 따라서는 진(進)자를 구별하기도 한다.

전문 秦伯將襲鄭, 百里子與蹇叔子諫曰, "千里而襲人, 未有不亡者也." 秦伯曰, "子之冢木已拱矣, 何知①!" 師行, 百里子與蹇叔子送其子而戒之曰, "女死, 必於殽之巖唗唅之下②. 我將尸女於是③." 師行, 百里子與蹇叔子隨其子而哭之. 秦伯怒曰, "何爲哭吾師也?" 二子曰, "非敢哭師也, 哭吾子也. 我老矣, 彼不死則我死矣④." 晉人與姜戎要而擊之殽, 匹馬倚輪無反者⑤. 晉人者, 晉子也. 其曰人, 何也? 微之也. 何爲微之? 不正其釋殯而主乎戰也.

번역 진(秦)나라 백작이 정나라를 습격하려고 했을 때, 백리자와 건숙자는 간언을 하며, "천릿길을 가서 다른 나라를 습격한 경우 패망하지 않은 경우가 없었습니다."라고 했다. 그러자 진(秦)나라 백작은 화를 내며, "네 무덤가의 나무는 이미 한 아름은 되었을 것인데, 무엇을 안단 말인가!"라고 했다. 그리고는 군대를 출정시켰는데, 백리자와 건숙자는 자신의 아들을 전송하며 그들에게 주의를 주었으니, "너는 곧 죽을 것인데 분명 효산의 험준한 바위 밑에서 죽어야 한다. 그러면 내가 찾아가서 그곳에서 너의 유골을 수습하겠다."라고 했다. 마침내 군대가 출정하자 백리자와 건숙자는 자신의 아들을 뒤따라가며 곡을 했다. 진(秦)나라 백작은 화를 내며 "너희들은 어찌하여 내 군대를 향해 곡을 하는가?"라고 했다. 그러자 두 사람은 "감히 군주의 군대를 향해 곡한 것이 아니고, 저희 아들들을 향해 곡을 한 것입니다. 저희들은 늙었으니, 아들들이 죽지 않더라도 그 사이 저희들은 죽을 것이기 때문입니다."라고 했다. 진(晉)나라는 강융과 함께 효산에서 길목을 막고 진(秦)나라 군대를 공격하였는데, 한 필의 말이나 한 대의 수레도 제대로 돌아온 것이 없었다. '진인(晉人)'는 진자(晉子)를 뜻한다. '인(人)'이라고 부른 것은 어째서인가? 미미하게 여겼기 때문이다. 어찌하여

미미하게 여겼는가? 빈소를 지키지 않고 전쟁을 주관한 일을 바르지 않게
여겼기 때문이다.

范注-①　子之輩皆已老死矣. 拱, 合抱也. 言其老無知.

번역　너희 동년배들은 모두 늙어서 죽었다는 뜻이다. '공(拱)'은 두 팔을
벌려 감싸 안은 것이다. 즉 늙어서 지혜롭지 못하다는 뜻이다.

范注-②　其處險隘, 一人可以要百人.

번역　그 지역은 험준하여 한 사람이 백 명을 당해낼 수 있다.

范注-③　尸女者, 收女尸.

번역　'시녀(尸女)'는 너의 시신을 수습하겠다는 뜻이다.

范注-④　畏秦伯怒, 故云彼我要有死者.

번역　진(秦)나라 백작이 화낼 것을 두려워했기 때문에 본인들이 죽게
될 것이라고 말한 것이다.

范注-⑤　倚輪, 一隻之輪.

번역　'의륜(倚輪)'은 한쪽의 수레바퀴이다.

참고　『춘추공양전』 문공(文公) 12년 기록

경문　秦伯使遂來聘.

번역　진(秦)나라 백작이 수를 보내와 빙문하였다.

徐疏 ●"秦伯使遂来聘". ○解云: 左氏·穀梁皆作"術"字. 經亦有作"術"字者, 疑"遂"字誤.

번역 ●經文: "秦伯使遂來聘". ○『좌전』과 『곡량전』에는 모두 '술(術)'로 기록되어 있다. 경문 또한 '술(術)'자로 기록되어 있으니, 아마도 '수(遂)'자는 잘못 기록한 것 같다.

전문 遂者何? 秦大夫也. 秦無大夫, 此何以書? 賢繆公也. 何賢乎繆公?

번역 '수(遂)'는 누구인가? 진(秦)나라의 대부이다. 진나라에는 대부가 없는데 어찌하여 기록했는가? 목공을 현명하게 여겼기 때문이다. 어찌하여 목공을 현명하게 여겼는가?

何注 據聘不足與大夫, 荆人來聘是也.

번역 빙문에는 대부를 보내기에 부족하다는 사실에 근거한 것으로, 형인(荆人)이 찾아와서 빙문하였다는 기록이 이러한 사실을 가리킨다.

徐疏 ●"遂者何". ○解云: 欲言微者, 書名見經; 欲言大夫, 不錄其氏, 故執不知問.

번역 ●傳文: "遂者何". ○신분이 미미하다고 말하고 싶은 경우에는 그 이름을 기록하여 경문에 제시한다. 또 그가 대부임을 말하고자 할 때에는 그의 씨를 기록하지 않는다. 그렇기 때문에 알 수 없는 점을 들어 질문한 것이다.

徐疏 ◎注"荆人來聘是也". ○解云: 莊二十三年夏, "荆人來聘", 傳云"荆何以稱人? 始能聘也", 是也.

번역 ◎何注: "荆人來聘是也". ○장공 23년 여름에 "형인이 찾아와서 빙문하였다."라고 했는데, 전문에서는 "형(荊)에 대해서 어찌하여 '인(人)'이라고 지칭했는가? 처음으로 빙문의 예법을 갖출 수 있었기 때문이다."라고 했다.

전문 以爲能變也. 其爲能變奈何? 惟諓諓善竫言.

번역 스스로 자신의 잘못을 바꿀 수 있다고 여겼기 때문이다. 잘못을 바꿀 수 있다는 것은 무슨 말인가? 얕은 선을 가지고 있다면 그 말을 골라내야 한다.

何注 諓諓, 淺薄之貌.

번역 '전전(諓諓)'은 얕고 엷은 모습을 뜻한다.

徐疏 ●"惟諓諓善竫言". ○解云: 謂其念有淺薄之善而撰其言也.

번역 ●傳文: "惟諓諓善竫言". ○그 마음에 얕고 엷은 선을 가지고 있다면 그 말을 잘 골라내야 한다는 뜻이다.

전문 俾君子易怠.

번역 이것은 군자로 하여금 경솔하고 태만하게 만든다.

何注 俾, 使也. 易怠, 猶輕惰也.

번역 '비(俾)'자는 사(使)자의 뜻이다. '이태(易怠)'는 경솔하고 태만하다는 뜻이다.

徐疏 ●"俾君子易怠". ○解云: 能撰善言, 故謂之君子. 言使此君子易爲輕惰, 何者? 自恃其善, 而欲慢人以自尊矣.

[번역] ●傳文: "俾君子易怠". ○선한 말을 잘 선택할 수 있다. 그렇기 때문에 군자라고 불렀다. 이러한 군자로 하여금 경솔하고 태만하게 만들기가 쉽다는 뜻인데, 어째서인가? 스스로 자신의 선함을 믿고 남에게 태만하게 굴어 스스로를 높이고자 하기 때문이다.

[전문] 而況乎我多有之. 惟一介斷斷焉, 無他技.

[번역] 하물며 본인이 많이 가지고 있는 경우라면 어떠하겠는가. 오직 한결같고 전일하며 다른 이단의 기교가 없어야 한다.

[何注] 一介, 猶一箇. 斷斷, 猶專一也. 他技, 奇巧異端也. 孔子曰: "攻乎異端, 斯害也已."

[번역] '일개(一介)'는 한결같다는 뜻이다. '단단(斷斷)'는 전일하다는 뜻이다. '타기(他技)'는 기이하고 교묘한 이단의 술수를 뜻한다. 공자는 "이단에 힘쓰면 해가 될 따름이다."[42]라고 했다.

[徐疏] ●"而況"至"有之". ○解云: 我, 謂秦伯也. 言況於秦伯之懷, 其善言無算, 故曰多有之.

[번역] ●傳文: "而況"~"有之". ○'아(我)'는 진(秦)나라 백작을 뜻한다. 하물며 진나라 백작의 경우 가슴에 품고 있는 것이 선한 말에 있어서 그 수를 헤아릴 수 없다. 그렇기 때문에 "많이 가지고 있다."라고 했다.

[徐疏] ●"惟一"至"他技". ○解云: 秦伯之善, 雖曰無算, 若思念之, 皆是一箇專一之事, 更無奇巧異端之術. 言其醇粹其善無擇矣.

[번역] ●傳文: "惟一"~"他技". ○진(秦)나라 백작의 선함에 대해서 비록

---

42)『논어』「위정(爲政)」: 子曰, "攻乎異端, 斯害也已."

수를 헤아릴 수 없다고 하지만, 생각을 함에 모든 경우 한결같고 전일하게
되며 기이하고 교묘한 이단의 술수가 없다. 즉 진하고 순수하여 그 선에
대해서는 따로 골라내야 할 것이 없다는 뜻이다.

徐疏 ◎注"斷斷"至"異端". ○解云: 卽鄭注大學云"斷斷, 誠一之貌也. 他
技, 異端之技也", 是與此合.

번역 ◎何注: "斷斷"~"異端". ○「대학」에 대한 정현의 주에서 "단단(斷
斷)은 정성스럽고 한결같은 모습을 뜻한다. '타기(他技)'는 이단에서 가르
치는 재주이다."라고 했는데, 바로 이곳에서 말한 뜻과 부합된다.

전문 其心休休①, 能有容②, 是難也③.

번역 그 마음이 아름답고 성대하며, 포용함이 있을 수 있는 것은 어려운
일이다.

何注-① 休休, 美大貌.

번역 '휴휴(休休)'는 아름답고 성대한 모습을 뜻한다.

何注-② 能含容賢者逆耳之言.

번역 현자가 귀에 거슬리는 소리를 하더라도 포용할 수 있다는 뜻이다.

何注-③ 是難行也. 秦繆公自傷前不能用百里子·蹇叔子之言, 感而自變
悔, 遂霸西戎, 故因其能聘中國, 善而與之, 使有大夫. 子貢曰: "君子之過也,
如日月之食焉. 過也, 人皆見之; 更也, 人皆仰之." 此之謂也.

번역 이것은 시행하기 어렵다는 뜻이다. 진(秦)나라 목공은 스스로 이
전에 백리자와 건숙자의 말을 따르지 못했던 것을 서글프게 생각하고, 느

끼는 바가 있어 스스로 고치고 뉘우쳤으며, 결국 서융의 패자가 되었다. 그렇기 때문에 그것을 계기로 중원의 제후국에 빙문을 할 수 있었고, 그 일을 잘하여 참여토록 하며 대부를 포함시켰다. 자공이 "군자의 잘못은 일식이나 월식과 같다. 잘못이 있으면 사람들이 모두 보게 되고, 고치면 사람들이 모두 우러러본다."43)라고 한 말은 바로 이것을 뜻한다.

徐疏 ◎注"秦繆"至"言之". ○解云: 事在僖三十三年.

번역 ◎何注: "秦繆"~"言之". ○그 일화는 희공 33년에 기록되어 있다.

참고 『이아』「석훈(釋訓)」기록

경문 美士爲彦.

번역 아름다운 선비는 언(彦)이다.

郭注 人所彦詠.

번역 사람들이 훌륭하게 여기고 찬송하는 대상이다.

邢疏 ●"美士爲彦". ○釋曰: 鄭風・羔裘云: "彼其之子, 邦之彦兮." 故此釋之也. 毛傳云: "彦, 士之美稱." 郭云: "人所彦詠." 舍人曰: "國有美士, 爲人所言道."

번역 ●經文: "美士爲彦". ○『시』「정풍(鄭風)・고구(羔裘)」편에서는 "저 그 사람이여, 나라의 아름다운 선비로다."44)라고 했다. 그렇기 때문에

---

43) 『논어』「자장(子張)」: 子貢曰, "君子之過也, 如日月之食焉, 過也, 人皆見之, 更也, 人皆仰之."
44) 『시』「정풍(鄭風)・고구(羔裘)」: 羔裘晏兮, 三英粲兮. 彼其之子, 邦之彦兮.

여기에서 이처럼 풀이한 것이다. 모씨의 전문에서는 "언(彦)은 선비에 대한 미칭이다."라고 했다. 곽박은 "사람들이 훌륭하게 여기고 찬송하는 대상이다."라고 했고, 사인은 "나라에 아름다운 선비가 있으면 사람들이 그에 대해 말하게 된다."라고 했다.

참고 『이아』「석고(釋詁)」 기록

경문 黎·庶·烝·多·醜·師·旅, 衆也.

번역 *제 23 절 : 전(傳) 10장-5·6·7·8·9·10 참고자료

참고 『이아』「석고(釋詁)」 기록

경문 俾·拼·抨, 使也①. 俾·拼·抨·使, 從也②.

번역 비(俾)·병(拼)·평(抨)은 사(使)자의 뜻이다. 비(俾)·병(拼)·평(抨)·사(使)는 종(從)자의 뜻이다.

郭注-① 皆謂使令. 見詩.

번역 이 모두는 시킨다는 뜻이다. 『시』에 보인다.

郭注-② 四者又爲隨從.

번역 이 네 글자는 또한 따른다는 뜻도 된다.

邢疏 ●"俾·拼·抨, 使也"至"從也". ○釋曰: 皆謂使令·隨從也. 郭云

"見詩"者, 魯頌·閟宮云: "俾爾熾而昌." 大雅·桑柔云: "芇云不逮." 拼·芇音義同, 抨義亦同. 此皆爲使令也. 俾·拼·抨·使四者又爲隨從.

번역 ●經文: "俾·拼·抨, 使也"~"從也". ○이 모두는 시키거나 따른다는 뜻이다. 곽박은 『시』에 보인다."라고 했는데, 『시』「노송(魯頌)·비궁(閟宮)」편에서는 "너로 하여금 번성하고 창성하게 하다."[45]라고 했고, 『시』「대아(大雅)·상유(桑柔)」편에서는 "모두 미칠 수 없다고 말하게 한다."[46]라고 했다. '병(拼)'자와 '병(芇)'자는 음과 뜻이 동일하다. 이것은 모두 시킨다는 뜻이 된다. '비(俾)'·'병(拼)'·'평(抨)'·'사(使)'라는 네 글자는 또한 따른다는 뜻도 된다.

참고 『이아』「석언(釋言)」 기록

경문 庶幾, 尚也.

번역 서기(庶幾)는 상(尚)자의 뜻이다.

郭注 詩曰: "不尚息焉."

번역 『시』에서는 "쉬기를 바라지 않는다."[47]라고 했다.

邢疏 ●"庶幾, 尚也". ○釋曰: 尚謂心所希望也. 注"詩曰: 不尚息焉"者,

---

45) 『시』「노송(魯頌)·비궁(閟宮)」: 秋而載嘗, 夏而楅衡. 白牡騂剛, 犧尊將將. 毛炰胾羹, 籩豆大房. 萬舞洋洋, 孝孫有慶. <u>俾爾熾而昌</u>, 俾爾壽而臧. 保彼東方, 魯邦是嘗. 不虧不崩, 不震不騰. 三壽作朋, 如岡如陵.

46) 『시』「대아(大雅)·상유(桑柔)」: 如彼遡風, 亦孔之僾. 民有肅心, <u>芇云不逮</u>. 好是稼穡, 力民代食. 稼穡維寶, 代食維好.

47) 『시』「소아(小雅)·울류(菀柳)」: 有菀者柳, <u>不尚息焉</u>. 上帝甚蹈, 無自暱焉. 俾予靖之, 後予極焉.

小雅·菀柳篇文也. 鄭箋云: "尙, 庶幾也." 以心所念尙卽是庶幾, 義相反覆, 故引之.

번역 ●經文: "庶幾, 尙也". ○'상(尙)'자는 마음으로 희망하는 것을 뜻한다. 주에서는 "『시』에서는 '쉬기를 바라지 않는다.'"라고 했는데, 이것은 『시』「소아(小雅)·울류(菀柳)」편의 기록이다. 정현의 전문에서는 "상(尙)자는 서기(庶幾)라는 뜻이다."라고 했다. 마음으로 생각하며 높이는 것이 바로 서기(庶幾)라는 뜻이 되니, 그 의미가 상호 반복된다. 그렇기 때문에 이 기록을 인용한 것이다.

참고 『공자가어』「변정(辯政)」 기록

원문 子貢爲信陽宰, 將行, 辭於孔子. 孔子曰, "勤之愼之, 奉天子之時, 無奪無伐, 無暴無盜." 子貢曰, "賜也少而事君子, 豈以盜爲累哉?" 孔子曰, "汝未之詳也, 夫以賢代賢, 是謂之奪; 以不肖代賢, 是謂之伐; 緩令急誅, 是謂之暴; 取善自與, 謂之盜. 盜非竊財之謂也. 吾聞之, 知爲吏者, 奉法以利民, 不知爲吏者, 枉法以侵民, 此怨之所由也. 治官莫若平, 臨財莫如廉, 廉平之守, 不可改也. 匿人之善, 斯謂蔽賢. 揚人之惡, 斯爲小人. 內不相訓, 而外相謗, 非親睦也. 言人之善, 若己有之, 言人之惡, 若己受之, 故君子無所不愼焉."

번역 자공이 신양의 읍재가 되었을 때, 정사를 펼치고자 하여 공자에게 자문을 구했다. 공자는 "조심하고 신중히 해야 하니, 천자가 내린 시령을 받들어 행하고, 빼앗지 말아야 하고 벌하지 말아야 하며 난폭하게 하지 말아야 하고 도둑질을 하지 말아야 한다."라고 했다. 자공은 "저는 어려서부터 선생님을 섬겼는데, 어찌 도적질을 하여 누를 끼치겠습니까?"라고 했다. 공자는 "너는 아직 자세히 모르고 있는 것이다. 현자로 현자를 교체하는 것을 빼앗는다고 말하고, 불초한 자로 현자를 교체하는 것을 벌한다고 말하며, 명령을 느슨하게 하고 주살하기만 급급하게 하는 것을 난폭하다고 말하고, 좋은 것을 취해 자신의 것으로 삼는 것을 도적질이라고 말한다. 도적질이라는 것은 단지 재물을 훔치는 것만 말하는 것이 아니다. 내가 듣기로, 관리로 행할 것을 아는 자는 법도를 받들어 백성들을 이롭게 하고, 관리로 행할 것을 모르는 자는 법도를 굽혀 백성들을 수탈한다고 하니, 이것은 원망이 생기는 이유이다. 관직의 직무를 다스릴 때에는 균평하게 하는 것보다 좋은 것이 없고, 재물에 대한 일에 임해서는 염치를 차리는 것보다 좋은 것이 없으니, 염치와 균평함을 고수하여 고치지 말아야 한다. 남의 선한 점을 숨기는 것은 현자를 가린다고 부른다. 남의 악함을 들춰내는 것을 소인이라고 부른다. 안으로 서로 가르치지 않고 밖으로 서로 비방하는 것은 친목의 도가 아니다. 남의 선한 점을 말하며 마치 자기가 가지고 있는 것처럼 하며, 남의 악한 점을 말할 때에는 마치 자기가 그 질책을 당하는 것처럼 해야 한다. 그렇기 때문에 군자는 신중히 처신하지 않는 것이 없다."라고 했다.

참고 『공자가어』「육본(六本)」 기록

원문 孔子曰, "回有君子之道四焉, 强於行義, 弱於受諫, 怵於待祿①, 愼於治身. 史鰌有男子之道三焉, 不仕而敬上, 不祀而敬鬼, 直己而曲人." 曾子侍曰, "參昔常聞夫子三言而未之能行也, 夫子見人之一善而忘其百非, 是夫子之易事也; 見人之有善若己有之, 是夫子之不爭也; 聞善必躬行之, 然後導之, 是夫子之能勞也. 學夫子之三言而未能行, 以自知終不及二子者也②."

번역 공자는 "안회야, 군자의 도에는 네 가지가 있다. 의로움을 시행하는데 굳건하고, 간언을 받아들이는데 유연하며, 녹봉을 받을 때에는 두려워하고, 자신을 다스리는 일에는 신중히 하는 것이다. 사추야, 남자가 따라야 하는 도에는 세 가지가 있다. 벼슬을 하지 않았더라도 윗사람을 공경하고, 제사를 지내지 않았더라도 귀신을 공경하며, 자신에게는 강직하고 남에게는 유연하게 대하는 것이다."라고 했다. 증자는 시중을 들면서 "저는 예전에 선생님께서 세 가지 말씀하신 것을 일찍이 들었지만 아직까지 잘하는 것이 없습니다. 선생님께서는 남의 한 가지 선함을 보게 되면 그 사람이 가진 백 가지 잘못을 잊어버린다고 하셨으니, 이것은 선생님께서 일을 수월하게 처리하신 방법입니다. 또 남이 선을 가지고 있는 것을 보면 마치 자기가 가지고 있는 것처럼 여긴다고 하셨으니, 이것은 선생님께서 남과 다투지 않았던 방법입니다. 또 선을 듣게 되면 반드시 직접 그것을 시행하고, 그런 뒤에 남을 이끈다고 하셨으니, 이것은 선생님께서 공훈을 세울 수 있었던 방법입니다. 선생님의 이러한 세 가지 말을 배웠음에도 아직까지 잘하는 것이 없으니, 제 스스로도 끝내 안회나 사추처럼 될 수 없음을 알겠습니다."라고 했다.

王注-① 怵, 怵惕也, 待宜爲得也.

번역 '출(怵)'자는 두려워한다는 뜻이다. '대(待)'자는 마땅히 득(得)자가 되어야 한다.

王注-② 二子, 顔回史鰌也.

번역 '이자(二子)'는 안회(顔回)와 사추(史鰌)를 뜻한다.

【1871上】

> 唯仁人放流之, 迸諸四夷, 不與同中國. 此謂唯仁人, 爲能愛
> 人, 能惡人

직역 唯히 仁人이라야 放流하여, 四夷에 迸하고, 中國에 同함을 不與라. 此를 唯히 仁人이라야, 能히 人을 愛하고 能히 人을 惡하길 爲한다고 謂한라.

의역 오직 인자한 군주만이 현명한 자를 가리는 자를 내쳐서 사방 오랑캐 지역에 머물도록 하고 같이 중원에 있지 못하도록 할 수 있다. 이러한 것들을 오직 인자한 자만이 선한 사람을 사랑할 수 있고, 불선한 사람을 미워할 수 있다고 부른다.

鄭注 放去惡人媢嫉之類者, 獨仁人能之, 如舜放四罪而天下咸服.

번역 악인이나 질투하고 시기하는 부류들을 내치고 제거하는데, 유독 인자한 자만이 이를 잘 할 수 있으니, 순임금이 사흉(四凶)1)을 내치자 천하

---

1) 사흉(四凶)은 요순(堯舜)시대 때 악명(惡名)을 떨쳤던 네 부족의 수장들을 뜻한다. 다만 네 명의 수장들에 대해서는 이견(異見)이 있는데, 『춘추좌씨전』 「문공(文公) 18년」편에서는 "舜臣堯, 賓于四門, 流四凶族, 渾敦・窮奇・檮杌・饕餮, 投諸四裔, 以禦螭魅."라고 하여, '사흉'을 혼돈(渾敦)・궁기(窮奇)・도올(檮杌)・도철(饕餮)이라고 하였다. 한편 『서』「우서(虞書)・순전(舜典)」편에서는 "流共工于幽洲, 放驩兜于崇山, 竄三苗于三危, 殛鯀于羽山. 四罪而天下咸服."이라고 하여, '사흉'을 공공(共工)・환두(驩兜)・삼묘(三苗)・곤(鯀)이라고 하였다. 이 문제에 대해 채침(蔡沈)의 『집전(集傳)』에서는 "春秋傳所記四凶之名與此不同, 說者以窮奇爲共工, 渾敦爲驩兜, 饕餮爲三苗, 檮杌爲鯀, 不知其

사람들이 모두 수복하였던 것과 같다.

釋文 迸, 比孟反, 又逼諍反. 諍音爭鬪之爭. 皇云: "迸猶屛也." 去, 丘呂反.

번역 '迸'자는 '比(비)'자와 '孟(맹)'자의 반절음이며, 또한 '逼(핍)'자와 '諍(쟁)'자의 반절음도 된다. '諍'자의 음은 '쟁투(爭鬪)'라고 할 때의 '爭'이다. 황간은 "'병(迸)'자는 담을 친다는 뜻이다."라고 했다. '去'자는 '丘(구)'자와 '呂(려)'자의 반절음이다.

孔疏 ●"唯仁人放流之, 迸諸四夷, 不與同中國"者, 言唯仁人之君, 能放流此蔽善之人, 使迸遠在四夷, 不與同在中國. 若舜流四凶, 而天下咸服是也.

번역 ●經文: "唯仁人放流之, 迸諸四夷, 不與同中國". ○오직 인자한 군주만이 이처럼 선을 가리는 사람들을 내치고 유배 보내 멀리 변방으로 내쫓아 사방의 오랑캐 지역에 머물도록 하고 함께 동일한 중원에 있지 못하도록 할 수 있다는 뜻이다. 이것은 마치 순임금이 사흉을 유배시켜 천하 사람들이 모두 수복하였던 경우에 해당한다.

孔疏 ●"此謂唯仁人, 爲能愛人, 能惡人"者, 旣放此蔽賢之人遠在四夷, 是仁人能愛善人, 惡不善之人.

번역 ●經文: "此謂唯仁人, 爲能愛人, 能惡人". ○이처럼 현명한 자를 가리는 사람을 내쳐서 멀리 사방 오랑캐 지역에 머물도록 하는 것은 인자한 사람이 선한 사람을 사랑하고 불선한 사람을 미워할 수 있는 것을 가리킨다.

果然否也."라고 하였다. 즉 『춘추좌씨전』과 『서』에서 설명하는 '사흉'의 이름이 다른데, 어떤 자들은 궁기(窮奇)를 공공(共工)으로 여기고, 혼돈(渾敦)을 환두(驩兜)라고 여기며, 도철(饕餮)을 삼묘(三苗)라고 여기고, 도올(檮杌)을 곤(鯀)으로 여기기도 하는데, 이 말이 맞는지에 대해서는 확신할 수 없다는 뜻이다.

集註 迸, 讀爲屛, 古字通用.

번역 '迸'자는 병(屛)자로 풀이하니, 고자에서는 통용되었다.

集註 迸, 猶逐也. 言有此媢疾之人, 妨賢而病國, 則仁人必深惡而痛絕之. 以其至公無私, 故能得好惡之正如此也.

번역 '병(迸)'자는 쫓아낸다는 뜻이다. 이처럼 시기하는 사람이 있어서 현명한 자를 방해하고 나라를 병들게 한다면, 인자한 사람이 반드시 그를 깊이 미워하여 통렬하게 끊어낸다는 뜻이다. 즉 그는 지극히 공평하고 삿됨이 없기 때문에 좋아함과 싫어함의 올바름을 얻음이 이와 같은 것이다.

참고 『서』「우서(虞書)·순전(舜典)」 기록

경문 流共工于幽洲①, 放驩兜于崇山②, 竄三苗于三危③, 殛鯀于羽山④, 四罪而天下咸服⑤.

번역 공공을 유주로 유배 보냈고, 환두를 숭산으로 내쳤으며, 삼묘를 삼위로 쫓아냈고, 곤을 우산에서 주살했는데, 네 사람의 죄를 벌하자 천하 사람들이 모두 수복하였다.

孔傳-① 象恭滔天, 足以惑世, 故流放之. 幽洲, 北裔. 水中可居者曰洲.

번역 외형은 공손하였지만 하늘을 업신여겨 세상을 미혹시키기에 충분하였기 때문에 유배 보낸 것이다. '유주(幽洲)'는 북쪽 변방이다. 물 가운데 거처할 수 있는 곳을 '주(洲)'라고 부른다.

孔疏 ◎傳"象恭"至"曰洲". ○正義曰: 堯典言共工之行云: "靜言庸違, 象

恭滔天." 言貌象恭敬, 傲狼漫天, 足以疑惑世人, 故流放也. 左傳說此事言"投
諸四裔". 釋地云"燕曰幽州", 知"北裔"也. "水中可居者曰洲", 釋水文. 李巡
曰: "四方有水, 中央高, 獨可居, 故曰洲." 天地之勢, 四邊有水, 鄒衍書說"九
州之外有瀛海環之", 是九州居水內, 故以州爲名, 共在一洲之上, 分之爲九耳.
州取水內爲名, 故引爾雅解"州"也. "投之四裔", "裔"訓遠也, 當在九州之外,
而言"於幽州"者, 在州境之北邊也. 禹貢羽山在徐州, 三危在雍州, 故知北裔
在幽州. 下三者所居皆言山名, 此共工所處不近大山, 故擧州言之. 此流四凶
在治水前, 於時未作十有二州, 則無幽州之名, 而云"幽州"者, 史據後定言之.

번역 ◎孔傳: "象恭"~"曰洲". ○『서』「요전(堯典)」편에서는 공공의 행
실을 말하며, "말을 잘 하지만 일을 시행할 때에는 위배하며, 외형은 공손하
지만 하늘을 업신여긴다."라고 했다. 이것은 외형은 공경스럽지만 오만하
여 하늘을 깔보니 세상 사람들을 미혹시키기에 충분한 것이다. 그렇기 때
문에 유배 보낸 것이다. 『좌전』에서는 이 일화를 설명하며 "사방의 변경으
로 내쳤다."라고 했다. 『이아』「석지(釋地)」편에서는 "연(燕)나라 지역을 유
주(幽州)라고 부른다."[2]라고 했으니, "북쪽 변방이다."라고 한 말이 사실임
을 알 수 있다. "물 가운데 거처할 수 있는 곳을 '주(洲)'라고 부른다."라고
했는데, 이것은 『이아』「석수(釋水)」편의 기록이다.[3] 이순은 "사방에는 물
이 둘러 있고 중앙이 높게 솟아 있어서 그곳만 거처할 수 있기 때문에 '주
(洲)'라고 부른다."라고 했다. 천지의 형세에 따르면 네 변방에는 물이 두르
고 있으니, 추연의 『서설』에서는 "구주(九州) 밖에는 영해(瀛海)라는 바다
가 있어 구주를 두르고 있다."라고 했다. 이것은 구주가 물 안에 위치하기
때문에 '주(州)'자를 붙여서 불렀다는 사실을 나타내며, 구주는 모두 1개의
주(洲)에 있는데, 그것을 나누어 9개로 구분했을 따름이다. '주(州)'자는 물
안에 있다는 뜻에서 붙인 명칭이다. 그렇기 때문에 『이아』의 기록을 인용
하여 '주(州)'자를 풀이한 것이다. "사방의 변경으로 내쳤다."라고 했는데,

2) 『이아』「석지(釋地)」: 燕曰幽州.
3) 『이아』「석수(釋水)」: <u>水中可居者曰洲</u>, 小洲曰陼, 小陼曰沚, 小沚曰坻. 人所爲
爲潏.

'예(裔)'자는 원(遠)자로 풀이하니, 구주 밖에 해당한다. 그런데도 '유주(幽州)에'라고 말한 것은 주(州)의 변경 중 북쪽 변방에 있다는 뜻에서 한 말이다. 『서』「우공(禹貢)」편에서는 우산은 서주(徐州)에 있고 삼위는 옹주(雍州)에 있다고 했다. 그렇기 때문에 북쪽 변방은 유주에 있음을 알 수 있다. 뒤의 세 사람의 경우에는 그들을 내친 곳에 대해 모두 산 이름을 말하였는데, 이곳에서는 공공이 머문 곳은 큰 산과 가까이 있지 않았기 때문에 주(州)를 기준으로 말한 것이다. 여기에서 사흉을 내쳤다고 한 것은 우임금이 치수사업을 하기 이전에 해당하여, 이 시기에는 아직까지 12주를 만들지 않았다. 따라서 유주라는 명칭이 없는데도 '유주(幽州)'라고 말한 것은 사관이 이후에 확정된 명칭을 기준으로 말했기 때문이다.

孔傳-② 黨於共工, 罪惡同. 崇山, 南裔.

번역 공공과 편당을 지었으니, 죄악이 동일했다. '숭산(崇山)'은 남쪽 변방이다.

孔疏 ◎傳"黨於"至"南裔". ○正義曰: 共工象恭滔天而驩兜薦之, 是"黨於共工, 罪惡同", 故放之也. 左傳說此事云: "流四凶族, 投諸四裔." 則四方方各有一人, 幽州在北裔, 雍州三危在西裔, 徐州羽山在東裔, 三方旣明, 知崇山在南裔也. 禹貢無崇山, 不知其處, 蓋在衡嶺之南也.

번역 ◎孔傳: "黨於"~"南裔". ○공공은 외형은 공손하였지만 하늘을 업신여겼고, 환두가 그를 추천하였다. 이것은 "공공과 편당을 지었으니, 죄악이 동일했다."는 사실을 나타낸다. 그렇기 때문에 내친 것이다. 『좌전』에서는 이 일화를 설명하며 "네 흉악한 부족을 유배 보냈으니, 사방 변경으로 내쳤다."라고 했으니, 사방의 각 방면마다 각각 한 사람씩 보낸 것으로, 유주는 북쪽 변방에 있고, 옹주와 삼위는 서쪽 변방에 있으며, 서주와 우산은 동쪽 변방에 있으니, 세 방면에 대해서는 이미 드러났다. 그러므로 숭산이 남쪽 변방에 있었다는 사실을 알 수 있다. 『서』「우공(禹貢)」편에는 숭산에 대한 기록이 없으니, 그 지점을 정확히 알 수 없으나 아마도 형령의 남쪽에 있었을 것이다.

孔傳-③　三苗, 國名. 縉雲氏之後, 爲諸侯, 號饕餮. 三危, 西裔.

번역　'삼묘(三苗)'는 나라 이름이다. 진운씨(縉雲氏)의 후손이며, 제후가 되고 난 뒤 도철(饕餮)이라고 불렀다. '삼위(三危)'는 서쪽 변방이다.

孔疏　◎傳"三苗"至"西裔". ○正義曰: 昭元年左傳說自古諸侯不用王命者, "虞有三苗, 夏有觀扈", 知三苗是國, 其國以三苗爲名, 非三國也. 杜預言 "三苗地闕, 不知其處". 三凶皆是王臣, 則三苗亦應是諸夏之國入仕王朝者也. 文十八年左傳言: "縉雲氏有不才子, 貪于飮食, 冒于貨賄, 侵欲崇侈, 不可盈厭, 聚斂積實, 不知紀極, 不分孤寡, 不恤窮匱, 天下之民以比三凶, 謂之饕餮." 卽此三苗是也. 知其然者, 以左傳說此事言: "舜臣堯, 流四凶族渾敦·窮奇·檮杌·饕餮, 投諸四裔, 以禦螭魅." 謂此驩兜·共工·三苗與鯀也. 雖知彼言四凶, 此等四人, 但名不同, 莫知孰是, 惟當驗其行跡, 以別其人. 左傳說窮奇之行云"靖譖庸回", 堯典言共工之行云"靜言庸違", 其事旣同, 知窮奇是共工也. 左傳說渾敦之行云"醜類惡物, 是與比周", 堯典言驩兜薦擧共工, 與惡比周, 知渾敦是驩兜也. 左傳說檮杌之行言"不可敎訓, 不知話言, 傲狠明德, 以亂天常", 堯典言鯀之行云"咈哉, 方命圮族", 其事旣同, 知檮杌是鯀也. 惟三苗之行堯典無文, 鄭玄具引左傳之文乃云: "命驩兜擧共工, 則驩兜爲渾敦也, 共工爲窮奇也, 鯀爲檮杌也, 而三苗爲饕餮亦可知." 是先儒以書傳相考, 知三苗是饕餮也. 禹貢雍州言"三危旣宅, 三苗丕敍", 知三危是西裔也.

번역　◎孔傳: "三苗"~"西裔". ○소공 1년에 대한 『좌전』의 기록에서는 예로부터 제후들 중 천자의 명령을 따르지 않았던 자를 설명하며, "우 때에는 삼묘가 있었고 하 때에는 관과 호가 있었다."[4]라고 했으니, 삼묘(三苗)가 나라에 해당함을 알 수 있다. 그런데 그 나라에 대해서 '삼묘(三苗)'로

---

4) 『춘추좌씨전』「소공(昭公) 1년」: 於是乎虞有三苗, 夏有觀·扈, 商有姺·邳, 周有徐·奄

국명을 정한 것이지 세 나라를 뜻하는 것은 아니다. 두예는 "삼묘의 땅에 대한 기록은 없어졌으므로 그곳이 어디인지 알 수 없다."라고 했다. 사흉 중 세 흉악한 자들은 모두 천자의 신하였으니, 삼묘 또한 중원에 속한 나라 중 입조하여 천자의 조정에서 벼슬을 했던 군주를 뜻한다. 문공 18년에 대한 『좌전』의 기록에서는 "진운씨에게는 불초한 아들이 있었으니, 음식을 탐하고 재물을 탐하여 침략하는 욕심이 많아 만족할 줄 몰랐으며, 재물을 거둬들여 쌓은 것이 너무나 많아 어느 정도 되는지 알 수 없었음에도 고아나 과부에게 나눠주지 않고 곤궁한 자를 구휼하지 않았다. 그래서 천하의 백성들은 그를 삼흉에 비교하여, 그를 도철(饕餮)이라고 불렀다."라고 했는데, 삼묘가 바로 이에 해당한다. 이러한 사실을 알 수 있는 이유는 『좌전』에서는 이 일화를 설명하며 "순임금이 요임금의 신하가 되었을 때, 사흉의 부족인 혼돈·궁기·도올·도철을 유배 보내 사방의 변경으로 내쳐서 괴물을 막았다."라고 했는데, 이것은 환두·공공·삼묘와 곤을 가리킨다. 『좌전』에서 말한 사흉이 이곳에서 말한 네 사람을 가리킨다는 사실을 알지만, 이름이 동일하지 않으니 어느 기록이 옳은지는 모르겠다. 따라서 그 행적을 살펴서 사람들을 구별해보아야 한다. 『좌전』에서는 궁기의 행실을 설명하며 "참소하는 것을 편안히 여기고 부정한 사람을 등용하였다."라고 했고, 「요전」에서는 공공의 행실을 말하며 "말을 잘 하지만 일을 시행할 때에는 위배한다."라고 했으니, 그 사안이 동일하므로, 궁기가 공공에 해당한다는 사실을 알 수 있다. 『좌전』에서는 혼돈의 행적을 설명하며 "흉악한 부류와 악한 부류들을 친밀하게 대한다."라고 했고, 「요전」에서는 환두가 공공을 천거했다고 했으니, 이것은 악인을 가까이 하고 친밀하게 대하는 것이므로, 혼돈이 환두에 해당한다는 사실을 알 수 있다. 『좌전』에서는 도올의 행적을 설명하며 "가르칠 수 없었고 선한 말을 몰랐으며, 밝은 덕을 업신여기고 어겨서 하늘의 법도를 어지럽혔다."라고 했고, 「요전」에서는 곤의 행실을 말하며 "안 된다, 방정하다는 이름만 좋아하고 명령하면 선한 부류를 무너트린다."라고 했으니, 그 사안이 동일하므로, 도올이 곤에 해당한다는 사실을 알 수 있다. 오직 삼묘의 행실에 대해서만 「요전」에는 관련 기록이 없는데, 정현은 『좌전』의 기록을 인용하여 "환두에게 명하여 공공을 천거토록 했으니, 환두는 혼돈이고, 공공은 궁기가 되며, 곤은 도올이 되니, 삼묘가 도철이 된다는 사실 또한 알 수 있다."라고 했다. 이것은 선대 학자들이 『서전』을 통해 상고한 것으로, 삼묘가 도철에 해당함을 알 수 있다. 「우공」편에서는 옹주를 설명하며 "삼위가 이미 집을 짓고 살았고, 삼묘가 크게 퍼졌다."라고 했으니, 삼위가 서쪽 변방임을 알 수 있다.

孔傳-④　方命圯族, 績用不成, 殛竄放流, 皆誅也. 異其文, 述作之體. 羽山, 東裔, 在海中.

번역　방정하다는 이름만 좋아하고 명령하면 선한 부류를 무너트리고, 공적을 이루지 못하였다. '극(殛)'·'찬(竄)'·'방(放)'·'유(流)'자는 모두 주살한다는 뜻이다. 글자를 다르게 기록한 것은 기술하는 방식 중 하나이다. '우산(羽山)'은 동쪽 변방으로, 바다 가운데 있다.

孔疏　◎傳"方命"至"海中". ○正義曰: "方命圯族", 是其本性; "績用不成", 試而無功; 二者俱是其罪, 故並言之. 釋言云: "殛, 誅也." 傳稱流四凶族者, 皆是流而謂之"殛竄放流, 皆誅"者, 流者移其居處, 若水流然, 罪之正名, 故先言也. 放者使之自活, 竄者投棄之名, 殛者誅責之稱, 俱是流徙, 異其文, 述作之體也. 四者之次, 蓋以罪重者先. 共工滔天, 爲罪之最大. 驩兜與之同惡, 故以次之. 祭法以鯀障洪水, 故列諸祀典, 功雖不就, 爲罪最輕, 故後言之. 禹貢徐州云"蒙羽其藝", 是羽山爲東裔也. 漢書·地理志羽山在東海郡祝其縣西南, 海水漸及, 故言"在海中"也.

번역　◎孔傳: "方命"~"海中". ○"방정하다는 이름만 좋아하고 명령하면 선한 부류를 무너트린다."라고 했는데, 이것은 그의 본성을 가리킨다. "공적을 이루지 못하였다."라고 했는데, 이것은 그를 시험해 보았으나 이룬 공적이 없었음을 뜻한다. 두 가지는 모두 그의 죄이다. 그렇기 때문에 함께 언급한 것이다. 『이아』「석언(釋言)」편에서는 "극(殛)은 주살한다는 뜻이다."[5]라고 했다. 『좌전』에서는 "사흉의 부족을 유(流)했다."라고 했으니, 이들에 대해서는 모두 유배 보낸 것인데, 이를 두고 "극(殛)'・'찬(竄)'・'방(放)'・'유(流)'자는 모두 주살한다는 뜻이다."라고 했다. 그 이유는 유(流)라는 것은 그가 거처하는 곳을 옮기는 것이 마치 물이 흘러가는 것처럼 한다는 뜻으로, 형벌에 대한 바른 명칭이다. 그렇기 때문에 먼저 언급한 것이다. 방(放)이라는 것은 자유롭게 활동하도록 놔두는 것이며, 찬(竄)은 내던져 버린다는 뜻의 명칭이고, 극(殛)은 주살하고 책임을 묻는다는 뜻의 명칭인데, 이 모두는 유배하는 것을 가리키며, 글자를 달리 쓴 것은 문장을 기록하는 방식이다. 네 사람을 기록한 순서는 아마도 죄가 무거운 자를 먼저 기록했을 것이다. 공공은 하늘을 업신여겼으니, 그 죄가 가장 크다. 환두는 공공과 함께 악함을 동일하게 저질렀기 때문에 그 다음에 기술하였다. 『예기』「제법(祭法)」편에서는 곤이 홍수를 막았기 때문에 제사의 준칙을 기술한 문헌에 올렸다고 했다.[6] 즉 그 공적을 이루지 못했지만 죄가 가장 가볍다. 그렇기 때문에 가장 뒤에 말한 것이다. 「우공」편에서는 서주를 설명하며 "몽산과 우산은 곡식을 심을 수 있게 되었다."라고 했는데, 이것은 우산이 동쪽 변방임을 나타낸다. 『한서』「지리지(地理志)」에서는 우산이 동해군 축기현 서남쪽에 있으며 바닷물이 닿아있다고 했다. 그렇기 때문에 "바다 가운데 있다."라고 했다.

孔傳-⑤ 皆服舜用刑當其罪, 故作者先敍典刑而連引四罪, 明皆徵用所行, 於此總見之.

번역 모두가 순임금이 내린 형벌이 그들의 죄에 합당하다고 인정하였다. 그렇기 때문에 기술한 자는 우선 항상 기준이 되는 형벌 조목을 기술하고, 뒤이어 네 사람의 죄목을 서술하였으니, 이 모두는 순임금이 부름을 받아 등용되어 시행한 것들을 나타낸 것이며, 이곳에서 총괄적으로 확인할 수 있다.

---

5) 『이아』「석언(釋言)」 : 殛, 誅也.
6) 『예기』「제법(祭法)」【552c】 : 鯀鄣鴻水而殛死, 禹能修鯀之功.

孔疏 ◎傳“皆服”至“見之”. ○正義曰: 此四罪者徵用之初卽流之也, 舜以微賤超升上宰, 初來之時, 天下未服, 旣行四罪, 故天下皆服舜用刑得當其罪也. 自“象以典刑”以下, 徵用而卽行之, 於此居攝之後, 追論成功之狀. 故作者先敍典刑, 言舜重刑之事, 而連引四罪, 述其刑當之驗, 明此諸事皆是徵用之時所行, 於此總見之也. 知此等諸事皆“徵用所行”者, 洪範云“鯀則殛死, 禹乃嗣興”, 僖三十三年左傳云“舜之罪也殛鯀, 其擧也興禹”, 襄二十一年左傳云“鯀殛而禹興”, 此三者皆言殛鯀而後用禹, 爲治水是徵用時事, 四罪在治水之前, 明是“徵用所行”也. 又下云禹讓稷‧契‧皐陶, 帝因追美三人之功, 所言稷播百穀‧契敷五敎‧皐陶作士皆是徵用時事, 皐陶所行“五刑有服”‧“五流有宅”, 卽是“象以典刑”‧“流有五刑”, 此爲徵用時事足可明矣. 而鄭玄以爲“禹治水事畢, 乃流四凶”. 故王肅難鄭言: “若待禹治水功成, 而後以鯀爲無功殛之, 是爲舜用人子之功, 而流放其父, 則禹之勤勞適足使父致殛, 爲舜失五典克從之義, 禹陷三千莫大之罪, 進退無據, 亦甚迂哉!”

번역 ◎孔傳: “皆服”~“見之”. ○여기에서 말한 네 죄인은 순임금이 부름을 받아 등용되었을 초기에 곧바로 유배된 자들인데, 순임금 본인은 미천한 신분이었다가 갑자기 재상으로 오르게 되어 처음 등용되었을 때에는 천하 사람들이 수복하지 않았다. 그런데 곧바로 네 죄인을 벌했기 때문에 천하 사람들은 모두 순임금이 내린 형벌이 그들의 죄목에 합당하다고 수복하였다. “일정한 형벌 기준에 따라 법을 집행했다.”라고 한 구문으로부터 그 이하의 내용은 부름을 받아 등용되었을 때 곧바로 시행했던 것이다. 그런데 이곳에서는 순임금이 섭정을 한 이후에 그가 이룬 공적의 실상을 추론하여 기술한 것이다. 그렇기 때문에 역사를 기록한 사관이 먼저 형벌의 기준을 서술하여, 순임금이 형벌을 신중히 처리했던 사안을 서술하고, 연이어 네 죄인에 대한 일을 인용하여, 순임금이 내린 형벌은 죄목에 합당했다는 증거를 기술한 것이다. 이러한 모든 일들은 부름을 받아 등용되었을 때 시행한 것들임을 나타내니, 여기에서 총괄적으로 확인할 수 있다. 여기에서 언급한 여러 사안들이 모두 “부름을 받아 등용되었을 때 시행한 일이다.”에 해당한다는 사실을 알 수 있는 이유는 『서』「홍범(洪範)」편에서 “곤은 주살

되어 죽었고 우임금은 그 뒤를 이어 일어났다."[7]라고 했고, 희공 33년에
대한『좌전』의 기록에서는 "순임금이 죄를 벌할 때에는 곤을 주살했지만,
인재를 천거할 때에는 우임금을 일으켰다."[8]라고 했으며, 양공 21년에 대
한『좌전』의 기록에서는 "곤은 주살되었지만 우임금이 일어났다."[9]라고
했다. 이 세 기록은 모두 곤을 주살한 이후에 우임금을 등용했다는 뜻으로,
치수사업은 곧 부름을 받아 등용된 시기에 시행한 일이며, 네 죄인을 벌한
것은 치수사업을 하기 이전이 된다. 따라서 이것은 "부름을 받아 등용되었
을 때 시행한 일이다."는 사실을 나타낸다. 또 아래문장에서는 우가 직·
설·고요에게 양보하자 순임금이 그에 따라 세 사람의 공적을 미루어 찬미
하였다고 했고, 직이 백곡(百穀)[10]을 파종했다거나 설이 오교(五敎)[11]를
펼쳤다거나 고요를 송사를 처리하는 관리로 삼았다고 한 일들은 모두 부름
을 받아 등용되었을 때 시행한 일이다. 그리고 고요가 시행한 "오형(五刑)
을 알맞고 바르게 적용한다."는 것과 "오형을 관대하게 처리하여 유배형을
내림에는 각각의 거처지를 둔다."는 것은 곧 "일정한 형벌 기준에 따라 법
을 집행했다."는 것과 "유배형으로 오형을 관대하게 처분한다."라고 한 말
에 해당하니, 이것은 부름을 받아 등용되었을 때의 일임을 분명히 알 수
있다. 그런데 정현은 "우가 치수사업을 끝낸 뒤에 사흉을 유배 보냈다."라
고 했다. 그렇기 때문에 왕숙은 정현을 비판하며 "만약 우임금이 치수사업
을 마쳐 공적을 이룰 때까지 기다린 이후에 곤은 공적을 이루지 못했으므

---

7) 『서』「주서(周書)·홍범(洪範)」: 鯀則殛死, 禹乃嗣興, 天乃錫禹洪範九疇, 彝倫
攸敍.

8) 『춘추좌씨전』「희공(僖公) 33년」: 公曰, "其父有罪, 可乎?" 對曰, "舜之罪也殛
鯀, 其擧也興禹. 管敬仲, 桓之賊也, 實相以濟.

9) 『춘추좌씨전』「양공(襄公) 21년」: 夫謀而鮮過·惠訓不倦者, 叔向有焉, 社稷之
固也, 猶將十世宥之, 以勸能者. 今壹不免其身, 以棄社稷, 不亦惑乎? 鯀殛而禹
興, 伊尹放大甲而相之, 卒無怨色; 管·蔡爲戮, 周公右王. 若之何其以虎也棄社
稷? 子爲善, 誰敢不勉? 多殺何爲?

10) 백곡(百穀)은 곡식을 총칭하는 말이다. 『시』「빈풍(豳風)·칠월(七月)」편에는
"亟其乘屋, 其始播百穀."이라는 용례가 있으며, 『서』「우서(虞書)·순전(舜典)」
편에도 "帝曰, 棄黎民阻飢, 汝后稷, 播時百穀."이라는 용례가 있다.

11) 오교(五敎)는 오상(五常)이라고도 부른다. 부의(父義), 모자(母慈), 형우(兄
友), 제공(弟恭), 자효(子孝) 등의 다섯 가지 가르침을 뜻한다.

로 주살했다면, 이것은 순임금이 곤의 아들인 우가 공을 이룬 것을 이용해
서 그 부친인 곤을 유배 보낸 것이니, 우가 열심히 노력한 결과가 마침 자신
의 부친을 주살에 이르게 한 것이 되어, 순임금의 입장에서는 오전(五典)[12]
의 가르침을 잘 따른다는 도의를 잃게 되고, 우의 입장에서는 그 무엇보다
도 큰 죄를 저지른 것이 된다. 그 주장에 대해선 아무런 근거가 없으니 이것
은 매우 우활한 주장이다!"라고 했다.

蔡傳 流, 遣之遠去, 如水之流也. 放, 置之於此, 不得他適也. 竄, 則驅逐禁
錮之. 殛, 則拘囚困苦之. 隨其罪之輕重而異法也. 共工 · 驩兜 · 鯀, 事見上篇.
三苗, 國名, 在江南荊揚之間, 恃險爲亂者也. 幽洲, 北裔之地. 水中可居曰洲.
崇山, 南裔之山, 在今澧州. 三危, 西裔之地, 卽雍之所謂三危旣宅者. 羽山, 東
裔之山, 卽徐之蒙羽其藝者. 服者, 天下皆服其用刑之當罪也.

번역 '유(流)'는 보내서 멀리 떠나가게 하는 것으로, 마치 물이 흘러가는
것과 같다. '방(放)'은 이곳에 두어 다른 곳으로 가지 못하도록 하는 것이다.
'찬(竄)'은 몰아서 내쫓고 한 곳에 가두는 것이다. '극(殛)'은 가둬두어 곤욕
스럽게 만드는 것이다. 그들이 범한 죄의 경중에 따라서 형법을 달리 한
것이다. 공공 · 환두 · 곤에 대한 일은 앞 편에 나온다. '삼묘(三苗)'는 나라
이름으로, 강남의 형주와 양주 사이에 있는데, 지세가 험준하다는 것만 믿
고 반란을 일으킨 자이다. '유주(幽洲)'는 북쪽 변방의 땅이다. 물 가운데
거처할 수 있는 곳을 '주(洲)'라고 부른다. '숭산(崇山)'은 남쪽 변방에 있는
산으로, 지금의 예주에 있다. '삼위(三危)'는 서쪽 변방의 땅으로, 옹주에

---

12) 오전(五典)은 다섯 종류의 윤리 덕목을 뜻한다. 『서』「우서(虞書) · 순전(舜典)」
편에는 "愼徽五典, 五典克從."이라는 기록이 있는데, 이에 대한 공안국(孔安
國)의 전(傳)에서는 "五典, 五常之敎. 父義 · 母慈 · 兄友 · 弟恭 · 子孝."라고 풀
이했다. 즉 '오전'이란 오상(五常)에 따른 가르침으로, 부친의 의로움, 모친의
자애로움, 형의 우애로움, 동생의 공손함, 자식의 효성스러움을 뜻한다. 또
채침(蔡沈)의 『집전(集傳)』에서는 "五典, 五常也. 父子有親, 君臣有義, 夫婦有
別, 長幼有序, 朋友有信是也."라고 풀이했다. 즉 '오전'이란 오상(五常)으로,
부자관계에 친애함이 있고, 군신관계에 의로움이 있으며, 부부사이에 유별함
이 있고, 장유관계에 질서가 있고, 붕우관계에 신의가 있음을 뜻한다.

대해서 "삼위가 이미 집을 짓고 살았다."라고 한 곳에 해당한다. '우산(羽山)'은 동쪽 변방에 있는 산으로, 서주에 대해 "몽산과 우산은 곡식을 심을 수 있게 되었다."라고 한 곳에 해당한다. '복(服)'은 천하 사람들이 모두들 순임금이 형벌을 사용한 것이 그들의 죄에 적합하다고 인정했다는 뜻이다.

蔡傳 程子曰: 舜之誅四凶, 怒在四凶, 舜何與焉? 蓋因是人有可怒之事而怒之, 聖人之心, 本無怒也. 聖人以天下之怒爲怒, 故天下咸服之.

번역 정자가 말하길, 순임금이 사흉을 주살함에 노여움은 사흉에 대한 것인데, 순임금이 무엇을 관여하였겠는가? 그 사람에게 노여워할 만한 일이 있음으로 인해 노여워한 것이니, 성인의 마음에는 본래부터 노여움이 없다. 성인은 천하 사람들이 노여워하는 것으로 노여워했기 때문에 천하 사람들이 모두 수복했던 것이다.

蔡傳 春秋傳所記四凶之名, 與此不同. 說者以窮奇爲共工, 渾敦爲驩兜, 饕餮爲三苗, 檮杌爲鯀, 不知其果然否也.

번역 『춘추전』에서 기록한 사흉의 이름은 이곳의 내용과 다르다. 학자들에 따라서는 궁기를 공공으로 여기고 혼돈을 환두로 여기며 도철을 삼묘로 여기고 도올을 곤으로 여기는데, 과연 그러한지는 잘 모르겠다.

참고 『춘추좌씨전』 문공(文公) 18년 기록

전문 昔帝鴻氏有不才子①, 掩義隱賊, 好行凶德, 醜類惡物頑嚚不友, 是與比周②, 天下之民謂之渾敦③.

번역 옛날 제홍씨에게는 불초한 자식이 있었으니, 의를 시행하는 자를 가리고 도적을 숨겨주며, 흉악한 덕에 따른 자행을 좋아하며, 흉악한 부류와 악한 부류들은 그 마음이 덕과 의로움을 본받지 않고 입으로는 충심과 신의를 말하지 않아 벗으로 삼아서는 안 되는데 이러한 자들을 친밀하게 대하니, 천하의 백성들은 그를 '혼돈(渾敦)'이라고 불렀다.

杜注-① 帝鴻, 黃帝.

번역 '제홍(帝鴻)'은 황제(黃帝)[13]이다.

杜注-② 醜, 亦惡也. 比, 近也. 周, 密也.

번역 '추(醜)'자 또한 악하다는 뜻이다. '비(比)'자는 가까이 한다는 뜻이다. '주(周)'자는 친밀히 한다는 뜻이다.

孔疏 ◎注"醜亦"至"密也". ○正義曰: 醜亦惡也, 物亦類也, 指謂惡人等輩, 重復而言之耳. 比, 是相近也. 周, 是親密也. 唯是親愛之義, 非爲善惡之名. 論語云: "君子周而不比, 小人比而不周." 以君子小人相對. 故鄭玄云: "忠信爲周, 阿黨爲比." 觀文爲說也.

---

13) 황제(黃帝)는 헌원씨(軒轅氏), 유웅씨(有熊氏)라고도 부른다. 전설시대에 존재했다고 전해지는 고대 제왕(帝王)이다. 소전(少典)의 아들이고, 성(姓)은 공손(公孫)이다. 헌원(軒轅)이라는 땅의 구릉 지역에 거주하였기 때문에, 그를 '헌원씨'라고도 부르는 것이다. 또한 '황제'는 희수(姬水) 지역에도 거주를 하였기 때문에, 이 지역의 이름을 따서 성(姓)을 희(姬)로 고치기도 하였다. 그리고 수도를 유웅(有熊) 땅에 마련하였기 때문에, 그를 '유웅씨'라고도 부르는 것이다. 한편 오행(五行) 관념에 따라서, 그는 토덕(土德)을 바탕으로 제왕이 되었다고 여겼는데, 흙[土]이 상징하는 색깔은 황(黃)이므로, 그를 '황제'라고 부르는 것이다. 『역』「계사하(繫辭下)」편에는 "神農氏沒, 黃帝·堯·舜氏作, 通其變, 使民不倦."이라는 기록이 있는데, 이에 대한 공영달(孔穎達)의 소(疏)에서는 "黃帝, 有熊氏少典之子, 姬姓也."라고 풀이했다. 한편 '황제'는 오제(五帝) 중 하나를 뜻한다. 오행(五行)으로 구분했을 때 토(土)를 주관하며, 계절로 따지면 중앙 계절을 주관하고, 방위로 따지면 중앙을 주관하는 신(神)이다. 『여씨춘추(呂氏春秋)』「계하기(季夏紀)」편에는 "其帝黃帝, 其神后土."라는 기록이 있고, 이에 대한 고유(高誘)의 주에서는 "黃帝, 少典之子, 以土德王天下, 號軒轅氏, 死託祀爲中央之帝."라고 풀이했다.

번역 ◎杜注: "醜亦"~"密也". ○'추(醜)'자 또한 악하다는 뜻이며, '물(物)'자 또한 부류를 뜻하니, 악한 무리들을 가리키며 중복해서 말한 것일 뿐이다. '비(比)'자는 서로 가까이 한다는 뜻이다. '주(周)'자는 친밀하다는 뜻이다. 이것은 단지 친애한다는 뜻일 뿐이며 선악을 지칭하는 말이 아니다. 『논어』에서는 "군자는 충심과 신의를 지키지만 편당을 짓지 않고, 소인은 편당을 짓지만 충심과 신의를 지키지 않는다."[14]라고 했다. 이 문장은 군자와 소인을 상대적으로 기록했다. 그렇기 때문에 정현은 "충심과 신의는 주(周)가 되고, 편당을 짓는 것은 비(比)가 된다."라고 했으니, 문맥을 살펴보고 이처럼 설명한 것이다.

杜注-③ 謂驩兜. 渾敦, 不開通之貌.

번역 환두(驩兜)를 뜻한다. '혼돈(渾敦)'은 개안하여 두루 통하지 못하는 모습을 뜻한다.

孔疏 ◎注"謂驩"至"之貌". ○正義曰: 此傳所言說虞書之事. 彼云四罪, 謂共工・驩兜・三苗・鯀也. 此傳四凶, 乃謂之渾敦・窮奇・檮杌・饕餮. 檢其事, 以識其人. 堯典帝言共工之行, 云"靖言庸違", 傳說窮奇之惡, 云"靖譖庸回", 二文正同. 知窮奇是共工也. 堯典帝求賢人, 驩兜擧共工應帝, 是與共工相比. 傳說渾敦之惡, 云"醜類惡物, 是與比周", 知渾敦是驩兜也. 堯典帝言鯀行, 云"咈哉, 方命圮族", 傳說檮杌之罪, 云告頑舍嚚, "傲狠明德", 即是咈戾圮族之狀. 且鯀是顓頊之後, 知檮杌是鯀也. 尙書無三苗罪狀, 既甄去三凶, 自然饕餮是三苗矣. 先儒盡然, 更無異說, 皆以行狀驗而知之也. 莊子稱, 南方之神, 其名爲儵, 北方之神, 其名爲忽, 中央之神, 其名爲混沌. 混沌無七竅, 儵忽爲鑿之, 一日爲一竅, 七日而混沌死. 混沌與渾敦, 字之異耳. 莊子雖則寓言, 要以無竅爲混沌, 是渾敦爲不開通之貌. 此四凶者, 渾敦・檮杌以狀貌爲之名; 窮奇・饕餮以義理爲之名. 古人之意自異耳. 服虔按神異經云: 檮杌狀似虎,

---

14) 『논어』「위정(爲政)」: 子曰, "君子周而不比, 小人比而不周."

毫長二尺, 人面虎足, 豬牙, 尾長丈八尺, 能鬪不退. 饕餮, 獸名, 身如牛人, 面
目在腋下, 食人.

번역 ◎杜注: "謂驩"~"之貌". ○이곳 전문에서 설명하고 있는 내용은
『서』「우서(虞書)」에 기록된 내용을 풀이한 것이다. 「우서」에서는 네 명의
죄인을 말하며 공공·환두·삼묘·곤이라고 했다. 이곳 전문에서는 사흉에
대해서 혼돈·궁기·도올·도철이라고 했다. 해당 기사를 살펴서 해당하는
자를 식별해야 한다. 『서』「요전(堯典)」편에서는 요임금이 공공의 행실을
말하며 "말을 잘 하지만 일을 시행할 때에는 위배한다."라고 했고, 이곳 전
문에서는 궁기의 악행을 설명하며 "참소하는 말을 편안하게 여기고 부정한
사람을 신용하였다."라고 했으니, 두 문장의 내용이 합치된다. 따라서 궁기
가 공공에 해당한다는 사실을 알 수 있다. 「요전」편에서는 요임금이 현자
를 구할 때, 환두가 공공을 천거하여 요임금의 요구에 응하였는데, 이것은
공공과 서로 비슷했다는 사실을 나타낸다. 이곳 전문에서는 혼돈의 악행을
설명하며 "흉악한 부류와 악한 부류들을 친밀하게 대한다."라고 했으니, 혼
돈이 환두에 해당한다는 사실을 알 수 있다. 「요전」편에서는 요임금이 곤
의 행실을 말하며 "안 된다, 방정하다는 이름만 좋아하고 명령하면 선한
부류를 무너트린다."라고 했고, 이곳 전문에서는 도올의 죄목을 설명하며
덕과 의로움을 말하지 않고 충심과 신의를 내버린다고 했으며, "명덕을 거
만하게 대하며 사납게 군다."라고 했는데, 이것은 곧 "안 된다, 방정하다는
이름만 좋아하고 명령하면 선한 부류를 무너트린다."고 한 정황에 해당한
다. 또 곤은 전욱(顓頊)15)의 후손이니, 도올이 곤이 된다는 사실을 알 수

---

15) 전욱(顓頊)은 고양씨(高陽氏)라고도 부른다. '전욱'은 고대 오제(五帝) 중 하
나이다. 『산해경(山海經)』「해내경(海內經)」편에는 "黃帝妻雷祖, 生昌意, 昌意
降處若水, 生韓流. 韓流, …… 取淖子曰阿女, 生帝顓頊."이라는 기록이 있다.
즉 황제(黃帝)의 처인 뇌조(雷祖)가 창의(昌意)를 낳았는데, 창의가 약수(若
水)에 강림하여 거처하다가, 한류(韓流)를 낳았다. 다시 한류는 아녀(阿女)를
부인으로 맞이하여 '전욱'을 낳았다. 또한 『회남자(淮南子)』「천문훈(天文訓)」
편에는 "北方, 水也, 其帝顓頊, 其佐玄冥, 執權而治冬."이라는 기록이 있다.
즉 북방(北方)은 오행(五行)으로 배열하면 수(水)에 속하는데, 이곳의 상제
(上帝)는 '전욱'이고, 상제를 보좌하는 신(神)은 현명(玄冥)이다. 이들은 겨울

있다.『상서』에는 삼묘가 저지른 죄의 실상이 기록되어 있지 않은데, 이미
세 흉악한 자들이 누구에 해당함을 드러냈다면, 자연히 도철은 삼묘가 된
다. 선대 학자들도 모두 이처럼 풀이하였고 다른 이설이 없으니, 모두들
행실과 정황에 따라 증험하여 이러한 사실을 알았던 것이다.『장자』에서는
남방의 신은 그 이름이 숙(儵)이고, 북방의 신은 그 이름이 홀(忽)이며, 중
앙의 신은 그 이름이 혼돈(混沌)이라고 했다. 혼돈은 7개의 구멍이 없었는
데, 숙과 홀이 구멍을 뚫어주어, 하루마다 한 개의 구멍을 뚫었는데, 7일째
가 되자 혼돈이 죽었다고 했다. '혼돈(混沌)'과 '혼돈(渾敦)'은 글자만 다를
뿐이다.『장자』의 말은 비록 우화에 해당하지만 요약해보면 구멍이 없는
것을 혼돈으로 여겼으니, 이것은 혼돈이 개안하여 두루 통하지 못하는 모
습임을 나타낸다. 이곳에 나온 사흉 중 혼돈과 도올은 모습을 통해 명칭을
정한 것이고, 궁기와 도철은 의리에 따라 명칭을 정한 것이다. 옛 사람들이
생각했던 뜻은 그 자체로 이처럼 차이가 났다. 복건은『신이경』을 살펴보
고, 도올의 모습은 호랑이와 비슷한데 털의 길이는 2척이며, 사람의 얼굴에
호랑이의 발을 하고 돼지의 어금니를 하고 있으며 꼬리의 길이는 1장 8척
으로, 싸움에 능해 물러나지 않는다고 했다. 또 도철은 짐승의 이름으로
몸은 소처럼 생겼고 얼굴과 눈은 겨드랑이 아래에 있었으며 사람을 잡아먹
었다고 했다.

孔疏 ●"掩義"至"渾敦". ○正義曰: 掩蓋義事而不行, 隱蔽其外, 而陰爲賊
害也. 其有凶醜之類, 穢惡之物, 心頑而不則德義之經, 口嚚而不道忠信之言,
如此惡人不可與之親友者, 此不才子於是與之相附近, 相親密. 言惡人所愛,
愛同己者也. 以其爲惡如是, 故天下之民爲之惡目, 謂之渾敦. 渾敦, 不開通之

을 다스린다. 또한 '전욱'과 관련하여『수경주(水經注)』「호자하(瓠子河)」편에
는 "河水舊東決, 逕濮陽城東北, 故衛也, 帝顓頊之墟. 昔顓頊自窮桑徙此, 號曰
商丘, 或謂之帝丘."라는 기록이 있다. 즉 황하의 물길은 옛날에 동쪽으로 흘
러서, 복양성(濮陽城)의 동북쪽을 경유하였는데, 이곳은 옛 위(衛) 지역으로,
'전욱'이 거처하던 터이며, 예전에 '전욱'이 궁상(窮桑) 땅으로부터 이곳으로
옮겨왔기 때문에, 이곳을 상구(商丘) 또는 제구(帝丘)라고도 부른다.

貌, 言其無所知也. 服虔用山海經, 以爲驩兜人面馬喙, 渾敦亦爲獸名.

번역 ●傳文: "掩義"~"渾敦". ○의로운 일을 덮고 가려서 시행하지 않고 그 겉모습을 숨기고 감추고서 은밀하게 잔악한 짓을 한다. 흉악한 부류와 추악한 사물들이 있어, 마음이 미련하여 덕과 의로움의 법도를 본받지 않고, 입은 거짓이 많아 충심과 신의의 말을 하지 않으니, 이와 같은 악인들은 함께 하며 친근히 대하고 벗으로 삼을 수 없는데, 불초한 자식은 이러한 자들에 대해서 함께 하며 서로 친근하게 대하고 친밀하게 대한 것이다. 악인이 친애하는 것은 자신과 같은 점을 친애한다는 뜻이다. 그 악행이 이와 같기 때문에 천하의 백성들은 그를 악에 해당한다고 여겨 '혼돈(渾敦)'이라고 불렀다. '혼돈(渾敦)'은 개안하여 두루 통하지 못하는 모습을 뜻하니, 아는 바가 없음을 의미한다. 복건은『산해경』을 인용하여 환두는 사람의 얼굴에 말의 입을 하고 있다고 여겼으니, 혼돈 또한 짐승의 이름이 된다.

전문 少皞氏有不才子,

번역 소호씨에게는 불초한 아들이 있었으니,

杜注 少皞, 金天氏之號, 次黃帝.

번역 '소호(少皞)'는 금천씨(金天氏)[16]에 대한 호칭으로, 황제 다음의

---

16) 금천씨(金天氏)는 소호(少皞: =少昊)의 별칭이다.『춘추좌씨전』「소공(昭公) 1년」편에는 "昔金天氏有裔子曰昧, 爲玄冥師."라는 기록이 있는데, 이에 대한 두예(杜預)의 주에서는 "金天氏, 帝少昊."라고 풀이했다. '소호'는 오행(五行) 중 금덕(金德)을 통해 제왕에 올랐기 때문에, '금천(金天)'이라는 칭호가 붙게 되었다.『한서(漢書)』「고금인표(古今人表)」편에는 "上上聖人, 少昊帝, 金天氏."라는 기록이 있는데, 이에 대한 안사고(顔師古)의 주에서는 장안(張晏)의 주장을 인용하여, "以金德王, 故號曰金天."이라고 풀이했다. '소호'는 고대 동이족의 제왕으로, 황제(黃帝)의 아들이었다고도 전해진다. 이름은 지(摯)인데, 질(質)이었다고도 한다. 새의 이름으로 관직명을 지었다고 전해지며, 사후에는 서방(西方)의 신(神)이 되었다고 전해진다.『춘추좌씨전』「소공(昭公) 17년」편에는 "郯子曰 我高祖少皞摯之立也, 鳳鳥適至, 故紀於鳥, 爲鳥師而鳥

제왕이다.

孔疏 ◎注"少皞"至"黃帝". ○正義曰: 金天, 國號, 少皞, 身號. 譙周云: 金天氏能脩大皞之法, 故曰少皞也. 其次黃帝, 則昭十七年傳有其事.

번역 ◎杜注: "少皞"~"黃帝". ○'금천(金天)'은 나라에 대한 호칭이고, '소호(少皞)'는 본인에 대한 호칭이다. 초주17)는 금천씨는 태호(太皞)18)의 법도를 정비할 수 있었기 때문에 '소호(少皞)'라고 부른다고 했다. 황제 다음의 제왕이 된다는 말에 있어서는 소공 17년에 대한 전문에 관련 기사가 수록되어 있다.

전문 毀信廢忠, 崇飾惡言靖譖庸回, 服讒蒐慝, 以誣盛德,

번역 신의를 훼손시키고 충심을 버리며, 악한 말을 존숭하고 수식하며, 참소하는 것을 편안히 여기고 부정한 사람을 등용하며, 항상 참소하고 은밀히 악행을 저질러서 융성한 덕을 가진 현자를 기만한다.

杜注 崇, 聚也. 靖, 安也. 庸, 用也. 回, 邪也. 服, 行也. 蒐, 隱也. 慝, 惡也. 盛德, 賢人也.

번역 '숭(崇)'자는 취합한다는 뜻이다. '정(靖)'자는 편안하게 여긴다는

名."이라는 기록이 있는데, 이에 대한 두예(杜預)의 주에서는 "少皞, 金天氏, 黃帝之子, 己姓之祖也."라고 풀이했다.

17) 초주(譙周, A.D.201? ~ A.D.270) : 삼국시대(三國時代) 때의 학자이다. 자(字)는 윤남(允南)이다. 『논어주(論語注)』, 『삼파기(三巴記)』, 『초자법훈(譙子法訓)』, 『고사고(古史考)』, 『오경연부론(五更然否論)』 등의 저술을 남겼다.

18) 태호(太皞)는 태호(太昊)라고도 부른다. '태호'는 복희(伏犧)를 가리킨다. 오행(五行)으로 구분했을 때 목(木)을 주관하며, 계절로 따지면 봄을 주관하고, 방위로 따지면 동쪽을 주관하는 자이다. 『여씨춘추(呂氏春秋)』「맹춘기(孟春紀)」편에는 "其帝, 太皞, 其神, 句芒."이라는 기록이 있고, 이에 대한 고유(高誘)의 주에서는 "太皞, 伏義氏, 以木德王天下之號, 死祀於東方, 爲木德之帝."라고 풀이했다.

뜻이다. '용(庸)'자는 등용한다는 뜻이다. '회(回)'자는 바르지 않다는 뜻이다. '복(服)'자는 시행한다는 뜻이다. '수(蒐)'자는 숨긴다는 뜻이다. '특(慝)'자는 악하다는 뜻이다. '성덕(盛德)'은 현자를 뜻한다.

孔疏 ●"毁信"至"盛德". ○正義曰: 毁信者, 謂信不足行, 毁壞之也. 廢忠者, 謂忠爲無益, 廢棄之也. 以惡言爲善, 尊崇脩飾之. 安於讒譖, 信用回邪, 常行讒疾, 陰隱爲惡, 以誣罔盛德之賢人也. 天下之民謂之窮奇, 言其行窮困, 所好奇異也.

번역 ●傳文: "毁信"~"盛德". ○'훼신(毁信)'은 신의는 행할 것이 못된다고 하여 훼손하고 무너트린다는 뜻이다. '폐충(廢忠)'은 충심은 무익하다고 여겨 폐기하여 버린다는 뜻이다. 악한 말을 선하다고 여기고 그것을 존숭하고 치장한다. 참소하는 것을 편안히 여기고 부정한 자를 믿고 쓰며 항상 참소하거나 질시하며 은밀하게 악행을 저질러서 융성한 덕을 가진 현자를 기만한다. 천하의 백성들은 그를 '궁기(窮奇)'라고 불렀으니, 행실이 곤궁하고 좋아하는 것이 기이하다는 뜻이다.

孔疏 ◎注"崇聚"至"人也". ○正義曰: 釋詁云: "崇, 充也". 舍人曰: 威大充盛. 大亦集聚之義, 故崇爲聚也. "庸, 用", "靖, 安", "回, 邪", "慝, 惡", 常訓也. 服從是奉行之義也. 蒐索隱伏, 是蒐得爲隱也. 服虔亦以蒐爲隱, 隱慝謂陰隱爲惡也. 成德, 謂成就之德, 故爲賢人也. 定本"成德"爲"盛德".

번역 ◎杜注: "崇聚"~"人也". ○『이아』「석고(釋詁)」편에서는 "숭(崇)자는 채운다는 뜻이다."[19]라고 했다. 사인은 위엄스럽고 크며 충만하고 융성하다는 뜻이라고 했다. 크다는 것은 또한 모여 있다는 뜻이 된다. 그렇기 때문에 숭(崇)자는 취(聚)자의 뜻이 된다. "'용(庸)'자는 등용한다는 뜻이다."라고 했고, "'정(靖)'자는 편안하게 여긴다는 뜻이다."라고 했으며, "'회(回)'자는 바르지 않다는 뜻이다."라고 했고, "'특(慝)'자는 악하다는 뜻이

---

19) 『이아』「석고(釋詁)」: 喬·嵩·崇, 高也. 崇, 充也.

다.”라고 했는데, 이것은 일반적인 뜻풀이이다. 복종(服從)은 받들어 시행한다는 뜻이다. 은밀히 숨어 있는 것은 자세히 찾게 되니, 이것은 수(蒐)자가 은(隱)자의 뜻이 될 수 있음을 나타낸다. 복건 또한 수(蒐)를 은(隱)으로 여겼으니, 은특(隱慝)은 은밀하게 악행을 저지른다는 뜻이다. ‘성덕(成德)’은 성취한 덕을 뜻한다. 그렇기 때문에 현자가 된다.『정본』에는 ‘성덕(成德)’을 성덕(盛德)으로 기록했다.

전문 天下之民謂之窮奇.

번역 천하의 백성들은 그를 ‘궁기(窮奇)’라고 불렀다.

杜注 謂共工. 其行窮, 其好奇.

번역 공공을 뜻한다. 그 행실이 곤궁하고 기이한 것을 좋아한다는 뜻이다.

孔疏 ◎注“謂共”至“好奇”. ○正義曰: 孔安國云“共工, 官稱”也. 其人爲此官, 故尙書擧其官也. 行惡終必窮, 故云其行窮也. 好惡, 言好讒慝, 是所好奇異於人也.

번역 ◎杜注: “謂共”~“好奇”. ○공안국은 “공공(共工)은 관직 칭호이다.”라고 했다. 그 사람이 이 관직을 맡았기 때문에『상서』에서는 관직에 대한 칭호로 불렀던 것이다. 악행을 저지르면 끝내 곤궁하게 된다. 그렇기 때문에 그 행실이 곤궁하다고 했다. 악함을 좋아한다는 것은 참소와 악함을 좋아했다는 뜻이니, 이것은 그가 좋아한 것이 일반인들에 비해 기이했다는 것을 가리킨다.

전문 顓頊有不才子, 不可敎訓, 不知話言①, 告之則頑②, 舍之則囂③, 傲很明德, 以亂天常, 天下之民謂之檮杌④. 此三族也, 世濟其凶, 增其惡名, 以至于堯, 堯不能去⑤.

번역 전욱에게는 불초한 아들이 있었으니, 가르칠 수 없었고 선한 말을 몰랐으며, 덕과 도의에 대해 일러주어도 마음으로 받아들이지 않았으며, 내버려두면 충심과 신의를 말하지 않았고, 밝은 덕을 업신여기고 어겨서 하늘의 법도를 어지럽히니, 천하의 백성들은 그를 '도올(檮杌)'이라고 불렀다. 이러한 세 부족은 대대로 흉악함을 더하여 악명을 늘려 요임금이 통치하는 시기에 이르렀는데, 요임금은 그들을 제거할 수 없었다.

杜注-① 話, 善也.

번역 '화(話)'자는 선함을 뜻한다.

杜注-② 德義不入心.

번역 덕과 의로움을 마음으로 받아들이지 않았다는 뜻이다.

杜注-③ 不道忠信.

번역 충심과 신의를 말하지 않았다는 뜻이다.

杜注-④ 謂鯀. 檮杌. 頑凶無儔匹之貌.

번역 곤을 뜻한다. 도올은 미련하고 흉악하기가 비할 바가 없는 모습을 뜻한다.

杜注-⑤ 方以宣公比堯, 行父比舜, 故言堯亦不能去, 須賢臣而除之.

번역 선공을 요임금에 비교하려고 하고, 행보를 순임금에 비교하려고 했다. 그렇기 때문에 요임금 또한 제거할 수 없었으니, 현명한 신하가 있어야만 제거할 수 있음을 말한 것이다.

孔疏 ◎注“方以”至“除之”. ○正義曰: 宣公不能去莒僕, 而行父能去之, 恐宣公以不去之爲恥, 行父以去之爲專, 史克方以宣公比堯, 行父比舜, 故言堯朝有四凶, 堯亦不能去, 須賢臣而除之, 所以雪宣公不去之恥, 解行父專擅之失也. 然則聖主莫過於堯, 任賢, 王政所急, 大聖之朝, 不才總萃, 雖曰帝其難之, 且復何其甚也! 此四凶之人, 才實中品, 雖行有不善, 未有大惡, 故能仕於聖世, 致位大官. 自非聖舜登庸, 大禹致力, 則滔天之害未或可平. 以舜·禹之成功, 見此徒之多罪. 勳業旣謝, 愆釁自生, 爲聖所誅, 其咎益大. 且虞史欲盛章舜德, 歸罪惡於前人. 史克以宣公比堯, 同四凶於莒僕, 此等並非下愚, 未有大惡, 其爲不善, 唯帝所知. 尙書將言求舜以見帝之知人. 此傳安慰宣公, 故言堯不能去. 辭各有爲, 情頗增甚. 學者當以意達文, 不可卽以爲實.

번역 ◎杜注: “方以”~“除之”. ○선공은 거복을 제거할 수 없었지만 행보는 제거할 수 있었는데, 환공이 제거할 수 없는 것을 치욕으로 여기고, 행보가 제거하는 것을 자기 마음대로 한다고 여길 것을 염려하였으니, 태사 극은 선공을 요임금에 비교하고 행보를 순임금에 비교한 것이다. 그렇기 때문에 요임금의 조정에는 사흉이 있었으나 요임금 또한 제거할 수 없었고, 현명한 신하가 있어야만 제거할 수 있다고 말했으니, 선공이 제거할 수 없어 느끼는 치욕을 씻어내고 행보가 자기 마음대로 행한 잘못을 해명한 것이다. 그런데 성군 중 요임금보다 뛰어난 자가 없고, 현자를 임명하는 것은 천자의 정치에서 급선무로 삼아야 할 것이다. 위대한 성군의 조정에 불초한 자들이 모여 있어서, 비록 요임금도 그것을 어렵게 여겼다고 하나 어찌 그리 심하겠는가! 사흉에 해당하는 자들은 그 재목이 실제로는 중등에 해당하여 비록 행실에 불선한 점이 있지만 아직까지는 큰 악을 저지른 것은 아니다. 그렇기 때문에 성인이 다스리는 세상에서도 등용될 수 있었으며 고위 관직까지 올라갈 수 있었던 것이다. 그런데 성인인 순임금이 등용되고 위대한 우임금이 치수사업에 전력을 기울이지 않았다면, 하늘을 업신여기는 해악은 다스려질 수 없었을 것이다. 순임금과 우임금이 이룬 공적은 이들의 많은 죄악을 통해서 드러난다. 공훈과 업적이 사라지면 과실과 착오가 이로부터 생겨나는데, 성인에게 주살을 당했으니, 그 허물이 더

욱 커진 것이다. 또 우 때의 사관은 순임금의 덕을 융성하게 드러내고자
하여 이전 사람들에게 죄악을 귀속시키고자 했다. 태사 극은 선공을 요임
금에게 비교하였으니, 마찬가지로 사흉을 거복과 동일시한 것이니, 이러한
자들은 모두 매우 어리석은 자가 아니므로 아직까지 큰 악행을 저지르지
않았으나 그들이 행한 불선은 오직 제왕만이 알아차린다. 『상서』에서는 순
임금을 얻어 제왕이 사람을 알아볼 줄 안다는 사실을 드러내고자 한 것이
다. 이곳 전문에서는 선공을 안심시키고자 했기 때문에 요임금은 제거할
수 없었다고 말했다. 그 말에는 각각 의도한 바가 있으니, 그 정황이 자못
심오하다. 배우는 자는 마땅히 그 의미를 통해 문장을 깨우쳐야 하니, 이것
을 곧바로 실제의 사실이라고 여겨서는 안 된다.

전문 縉雲氏有不才子,

번역 진운씨에게는 불초한 아들이 있었으니,

杜注 縉雲, 黃帝時官名.

번역 '진운(縉雲)'은 황제가 통치하던 때의 관직 이름이다.

孔疏 ◎注“縉雲”至“官名”. ○正義曰: 昭十七年傳稱黃帝以雲名官, 故知
縉雲, 黃帝時官名. 字書“縉, 赤繒也”. 服虔云: 夏官爲縉雲氏.

번역 ◎杜注: “縉雲”~“官名”. ○소공 17년에 대한 전문에서는 황제는
구름에 대한 것으로 관부의 수장에 해당하는 관직명을 정했다고 했다.[20]
그렇기 때문에 '진운(縉雲)'이라는 것이 황제 때의 관직명임을 알 수 있다.
『자서』에서는 “진(縉)은 적색의 비단이다.”라고 했다. 복건은 “하관(夏官)
은 진운씨가 된다.”라고 했다.

---

20) 『춘추좌씨전』「소공(昭公) 17년」: 昔者黃帝氏以雲紀, 故爲雲師而雲名; 炎帝
氏以火紀, 故爲火師而火名; 共工氏以水紀, 故爲水師而水名; 大皥氏以龍紀, 故
爲龍師而龍名.

전문 貪于飮食, 冒于貨賄, 侵欲崇侈, 不可盈厭, 聚斂積實, 不知紀極, 不分孤寡, 不恤窮匱.

번역 음식을 탐하고 재물을 탐하여 침략하는 욕심이 많아 만족할 줄 몰랐으며, 재물을 거둬들여 쌓은 것이 너무나 많아 어느 정도 되는지 알 수 없었음에도 고아나 과부에게 나눠주지 않고 곤궁한 자를 구휼하지 않았다.

杜注 冒, 亦貪也. 盈, 滿也. 實, 財也.

번역 '모(冒)'자 또한 탐한다는 뜻이다. '영(盈)'자는 가득 찬다는 뜻이다. '실(實)'자는 재물을 뜻한다.

孔疏 ●"貨賄". ○正義曰: 鄭注周禮云: "金玉曰貨, 布帛曰賄."

번역 ●傳文: "貨賄". ○『주례』에 대한 정현의 주에서는 "금이나 옥을 '화(貨)'라 부르고, 포와 비단을 '회(賄)'라 부른다."라고 했다.

전문 天下之民以比三凶①, 謂之饕餮②.

번역 천하의 백성들은 그를 삼흉에 비교하여, 그를 '도철(饕餮)'이라고 불렀다.

杜注-① 非帝王子孫, 故別以比三凶.

번역 제왕의 자손이 아니기 때문에 구별하여 삼흉에 비교한 것이다.

杜注-② 貪財爲饕, 貪食爲餮.

번역 재물을 탐하는 것은 도(饕)가 되고, 음식을 탐하는 것은 철(餮)이 된다.

孔疏 ◎注“貪財”至“爲饕”. ○正義曰: 此無正文, 先儒賈‧服等相傳爲然.

번역 ◎杜注: “貪財”~“爲饕”. ○이와 관련된 경전의 기록은 없는데, 선대 학자들인 가규나 복건 등이 서로 전수한 학문에서는 이처럼 여겼다.

전문 舜臣堯,

번역 순임금은 요임금의 신하가 되었는데,

杜注 爲堯臣.

번역 요임금의 신하가 되었다는 뜻이다.

孔疏 ◎注“爲堯臣”. ○正義曰: 昭七年傳稱“王臣公, 公臣大夫”, 謂王以公爲臣, 公以大夫爲臣, 皆是上臣下也. 而此云“舜臣堯”, 謂爲臣以事堯, 乃是下臣上也. 文同義異, 意足相顧, 故辯之云“爲堯臣”.

번역 ◎杜注: “爲堯臣”. ○소공 7년에 대한 전문에서는 “천자는 공을 신하로 삼고 공은 대부를 신하로 삼는다.”[21]라고 했으니, 천자는 공을 신하로 삼고 공은 대부를 신하로 삼는다는 뜻으로, 이 모두는 윗사람이 아랫사람을 신하로 삼는 것을 가리킨다. 그런데 이곳에서는 ‘순신요(舜臣堯)’라고 기록했는데, 이것은 신하가 되어 요임금을 섬겼다는 뜻으로, 곧 아랫사람이 윗사람의 신하가 되었다는 뜻이다. 문장은 동일한 방식이지만 뜻이 다르니, 뜻에 따라 충분히 상고할 수 있기 때문에 변론하여 “요임금의 신하가 되었다.”라고 했다.

전문 賓于四門,

---

21) 『춘추좌씨전』「소공(昭公) 7년」: 故王臣公, 公臣大夫, 大夫臣士, 士臣阜, 阜臣輿, 輿臣隷, 隷臣僚, 僚臣僕, 僕臣臺. 馬有圉, 牛有牧, 以待百事.

번역 사방의 문을 열어 현자들을 빈객의 예법으로 예우하였고,

杜注 闢四門, 達四聰, 以賓禮衆賢.

번역 사방의 문을 열어 사방의 말을 두루 듣기 위해 빈객에 대한 예법으로 뭇 현자들을 예우한 것이다.

孔疏 ◎注"闢四"至"衆賢". ○正義曰: 賓于四門, 是禮賢之事, 而舜典下文云: "闢四門, 明四目, 達四聰." 言開闢四方之門未開者, 廣視聽於四方, 使天下無壅塞, 亦是賓禮衆賢之事. 意同於上, 故引以解之.

번역 ◎杜注: "闢四"~"衆賢". ○'빈우사문(賓于四門)'이라는 말은 현자를 예우한 일에 해당하는데, 『서』「순전(舜典)」편의 아래 문장에서는 "사방의 문을 열고 사방의 눈을 밝히고 사방의 귀를 통하게 했다."22)라고 했으니, 아직 열리지 않은 사방의 문을 열어, 사방에 대해 보고 듣는 것을 넓혀 천하 사람들로 하여금 궁색해지는 경우가 없게 만들었고, 이것은 또한 빈객에 대한 예법으로 뭇 현자들을 예우한 일에 해당한다. 그 의미는 앞의 내용과 동일하다. 그렇기 때문에 이러한 내용을 인용하여 풀이한 것이다.

전문 流四凶族①, 渾敦·窮奇·檮杌·饕餮, 投諸四裔, 以禦螭魅②.

번역 네 흉악한 부족을 유배 보냈으니, 혼돈·궁기·도올·도철을 사방의 변경에 내쳐 괴물을 막았다.

杜注-① 按四凶罪狀而流放之.

번역 사흉이 지은 죄의 실상을 살펴보고 유배 보냈다는 뜻이다.

---

22) 『서』「우서(虞書)·순전(舜典)」: 月正元日, 舜格于文祖, 詢于四岳, 闢四門, 明四目, 達四聰.

杜注-② 投, 棄也. 裔, 遠也. 放之四遠, 使當螭魅之災. 螭魅, 山林異氣所生, 爲人害者.

번역 '투(投)'자는 버린다는 뜻이다. '예(裔)'자는 멀리 떨어진 지역을 뜻한다. 사방의 변경으로 내쳐서 괴물로부터 재앙을 당하도록 한 것이다. '이매(螭魅)'는 산림의 기이한 기운으로 생겨난 생물로 사람들에게 해를 끼치는 대상이다.

孔疏 ◎注"投棄"至"害者". ○正義曰: 投者, 擲去, 故爲棄也. 舜典云: "流共工于幽州, 放驩兜于崇山, 竄三苗于三危, 殛鯀于羽山. 四罪而天下咸服." 孔安國云: "幽洲, 北裔; 崇山, 南裔; 三危, 西裔; 羽山, 東裔, 在海中", 是放之四方之遠處. 螭魅若欲害人, 則使此四者當彼螭魅之災, 令代善人受害也. 宣三年傳王孫滿說九鼎云: "鑄鼎象物, 百物而爲之備", "民入川澤·山林, 不逢不若. 螭魅罔兩莫能逢之." 知螭魅是山林異氣所生, 爲人害者也.

번역 ◎杜注: "投棄"~"害者". ○'투(投)'자는 던져서 제거한다는 뜻이다. 그렇기 때문에 버린다는 뜻이 된다. 『서』「순전(舜典)」편에서는 "공공을 유주로 유배 보냈고, 환두를 숭산으로 내쳤으며, 삼묘를 삼위로 쫓아냈고, 곤을 우산에서 주살했는데, 네 사람의 죄를 벌하자 천하 사람들이 모두 수복하였다."라고 했고, 공안국은 "유주는 북쪽 변방이다. 숭산은 남쪽 변방이다. 삼위는 서쪽 변방이다. 우산은 동쪽 변방으로 바다 가운데 있다."라고 했으니, 이것은 사방의 먼 지역으로 유배 보냈음을 나타낸다. 괴물이 만약 사람을 해치고자 한다면 이러한 네 사람으로 하여금 괴물의 재앙을 받도록 하여 선한 사람 대신 해를 받게끔 한 것이다. 선공 3년에 대한 전문에서는 왕손 만이 구정을 설명하며 "솥을 주조할 때에는 먼 지역에서 그려 올린 대상을 새겨서 온갖 사물이 새겨져 갖춰진다."라고 했고, "백성들이 하천과 연못 및 산림에 들어가더라도 불약을 만나지 못했고, 이매와 망량도 만나지 못했다."라고 했다.23) 그러므로 이매가 산림의 기이한 기운을 통해 생겨

---

23) 『춘추좌씨전』「선공(宣公) 3년」: 楚子問鼎之大小·輕重焉. 對曰, 在德不在鼎.

나 사람에게 해를 끼치는 대상임을 알 수 있다.

전문 是以堯崩而天下如一, 同心戴舜, 以爲天子, 以其擧十六相, 去四凶也. 故虞書數舜之功, 曰"愼徽五典, 五典克從" 無違敎也①. 曰"納于百揆, 百揆時序", 無廢事也②. 曰"賓于四門, 四門穆穆", 無凶人也③.

번역 이러한 까닭으로 요임금이 죽자 천하 사람들은 한결같이 마음을 동일하게 가져 순을 추대해 천자로 삼았으니, 순임금이 16명의 재상[24]을 등용하고 사흉을 제거하였기 때문이다. 그러므로 『서』「우서(虞書)」에서는 순임금의 공적을 열거하며 "오전(五典)을 조심하고 아름답게 하라 하니, 오전이 순하게 되었다."는 말은 가르침을 어기는 일이 없었음을 뜻한다.

昔夏之方有德也, 遠方圖物, 貢金九牧, <u>鑄鼎象物, 百物而爲之備</u>, 使民知神・姦. 故民入川澤・山林, <u>不逢不若. 螭魅罔兩, 莫能逢之</u>.

24) 십륙상(十六相)은 십륙족(十六族)이라고도 부른다. 고양씨(高陽氏)의 후손들 중 재주가 특출하였던 8명의 자손과 고신씨(高辛氏)의 후손들 중 재주가 특출하였던 8명의 자손을 합쳐 부르는 말이다. 8명의 고양씨 후손들은 팔개(八愷)라고도 부르는데, 창서(蒼舒), 퇴애(隤敳), 도인(檮戭), 대림(大臨), 방강(尨降), 정견(庭堅), 중용(仲容), 숙달(叔達)이 그들이다. '팔개'는 팔개(八凱)라고도 부르는데, '개(愷)'자는 화(和)자의 뜻으로, 조화를 잘 이룬다는 의미이다. 이들은 자신이 담당하는 분야에 대해서 조화를 잘 이루며 공적을 세웠기 때문에, '팔개'라고 부르게 된 것이다. 한편 8명의 고신씨 후손들은 팔원(八元)이라고도 부르는데, 백분(伯奮), 중감(伯奮), 숙헌(叔獻), 계중(季仲), 백호(伯虎), 중웅(仲熊), 숙표(叔豹), 계리(季貍)라는 자들이 그들이다. '원(元)'자는 선(善)자의 뜻으로, 잘한다는 의미이다. 이들은 자신이 담당하는 일들을 잘 처리하여 공적을 세웠기 때문에, '팔원'이라고 부르게 된 것이다. 그리고 '팔개'와 '팔원'은 순(舜)임금을 통해 요(堯)임금에게 천거되어 신하가 되었는데, 각자 그들의 맡은 분야에서 큰 공적을 세웠다. 그래서 씨족(氏族)을 하사받게 되었다. 이들을 '십륙상'이라고 부르는 이유는 '상(相)'자는 돕는다는 뜻으로, 신하라는 의미를 가진다. 그렇기 때문에 이들을 '십륙상'이라고 부르는 것이다. 그리고 '십륙족'이라고 부르는 이유는 이들이 씨족을 하사받았기 때문이다. 『춘추좌씨전』「문공(文公) 18년」편에는 "昔高陽氏有才子八人, 蒼舒・隤凱・檮戭・大臨・尨降・庭堅・仲容・叔達, 齊・聖・廣・淵・明・允・篤・誠, 天下之民謂之八愷. 高辛氏有才子八人, 伯奮・仲堪・叔獻・季仲・伯虎・仲熊・叔豹・季貍, 忠・肅・共・懿・宣・慈・惠・和, 天下之民謂之八元. 此十六族也, 世濟其美, 不隕其名."이라는 기록이 있다.

"백규로 들이니, 백규가 때에 맞게 시행되며 질서가 잡혔다."는 말은 폐지하는 일이 없었음을 뜻한다. "사방의 문에서 현자들을 예우하니 사방의 문이 화목하게 되었다."는 말은 흉악한 자가 없어졌다는 뜻이다.[25]

杜注-① 徽, 美也. 典, 常也. 此八元之功.

번역 '휘(徽)'자는 아름답다는 뜻이다. '전(典)'자는 항상된 법도를 뜻한다. 이것은 팔원(八元)의 공이다.

杜注-② 此八愷之功.

번역 이것은 팔개의 공이다.

杜注-③ 流四凶.

번역 사흉을 유배 보낸 것이다.

孔疏 ●"故虞"至"人也". ○正義曰: 此虞書·舜典之篇也, 三事六句, 舜典本文. 其云"無違敎也", "無廢事也", "無凶人也", 是史克解虞書之意也. 每引一事, 以一句解之, 故每事言曰.

번역 ●傳文: "故虞"~"人也". ○이것은 『서』「우서(虞書)·순전(舜典)」편의 기록으로, 세 가지 사안을 기록한 여섯 개의 구문은 「순전」편의 본문에 해당한다. "가르침을 어기는 일이 없었음을 뜻한다."라고 말하고 "폐지하는 일이 없었음을 뜻한다."라고 말하며 "흉악한 자가 없어졌다는 뜻이다."라고 했는데, 이것은 태사 극이 「우서」편의 기록을 해설한 말이다. 매 사안마다 하나의 일화를 인용하고 한 개의 구문으로 풀이했기 때문에 매

---

25) 『서』「우서(虞書)·순전(舜典)」: <u>愼徽五典, 五典克從, 納于百揆, 百揆時敍, 賓于四門, 四門穆穆</u>, 納于大麓, 烈風雷雨弗迷.

사안마다 '왈(曰)'이라고 했다.

전문 舜有大功二十而爲天子①, 今行父雖未獲一吉人, 去一凶矣. 於舜之功, 二十之一也, 庶幾免於戾乎②!

번역 순임금은 커더란 공적을 20개를 이루어 천자가 되었는데, 지금 행보는 비록 한 사람의 길인도 얻지 못했으나 한 사람의 흉인을 제거하였다. 이것은 순임금의 공적에 비해 20분의 1이 되니, 어긋남에서 거의 면할 수 있을 것이다!

杜注-① 擧十六相, 去四凶也.

번역 16명의 재상을 등용하고, 4명의 흉인을 제거한 것을 가리킨다.

杜注-② 史克激稱以辨宣公之惑, 釋行父之志, 故其言美惡有過辭, 蓋事宜也.

번역 태사 극은 과격하게 말하며 선공의 미혹됨을 변별하고 행보의 뜻을 해명하였다. 그렇기 때문에 아름답고 추함을 말한 것에는 지나친 말이 포함되어 있지만, 사리에는 합당하다.

孔疏 ◎注"史克"至"宜也". ○正義曰: 宣公貪寶玉而受苢僕, 爲惑已大; 行父違君命而逐出之, 其專已甚. 故史克激揚而言舜之事堯, 以辨宣公之惑, 以解行父之志. 方欲盛談善惡, 說事必當增甚. 故其言美惡有大過之辭. 言美則大美, 言惡則大惡. 禹則鯀之子也, 說禹則云"世濟其美"; 言鯀則云"世濟其凶". 明其餘亦有大過, 非其實也, 蓋事勢宜然耳. 何休以爲孔子云: "蕩蕩乎堯之爲君, 唯天爲大, 唯堯則之." 今如左氏, 堯在位數十年, 久抑元愷而不能擧, 養育凶人以爲民害而不能去, 則孔子稱堯虛言也. 桀·紂爲惡一世則誅, 四凶曆數千歲而無誅放, 易云"積不善之家, 必有餘殃", 虛言也. 左氏爲短. 但堯之爲君, 能擧十六相, 去四凶, 四凶之人未必世濟其惡. 但史克欲明行父之志, 欲辨宣公之惑, 故美惡過辭, 具於此注. 何休之難不足疑也.

그림 28-1 ▣ 제정출사도(帝廷黜邪圖)

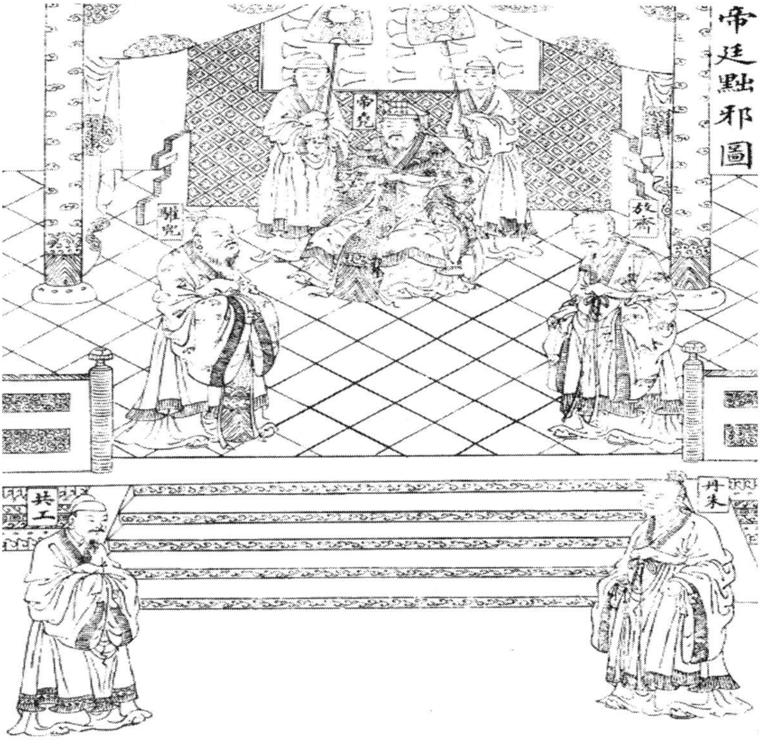

※ **출처:** 『흠정서경도설(欽定書經圖說)』 1권

● 그림 28-2 ◘ 시곤치수도(試鯀治水圖)

※ **출처:**『흠정서경도설(欽定書經圖說)』1권

그림 28-3 ◼ 빈우사문도(賓于四門圖)

※ **출처:**『흠정서경도설(欽定書經圖說)』2권

그림 28-4 ▣ 사흉복죄도(四凶服罪圖)

※ **출처:**『흠정서경도설(欽定書經圖說)』2권「사흉복죄도(四凶服罪圖)」

그림 28-5   ◼ 제왕전수총도(帝王傳授總圖)

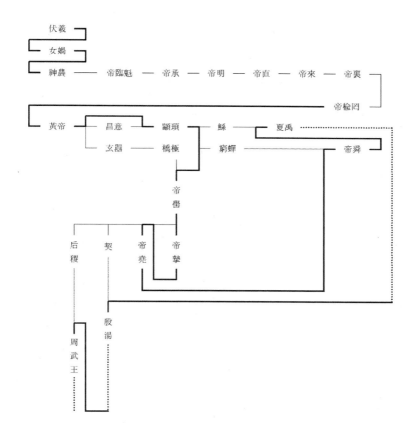

※ 출처: 『역사(繹史)』1권「역사세계도(繹史世系圖)」

그림 28-6 ▣ 태호(太皞) 세계도(世系圖)

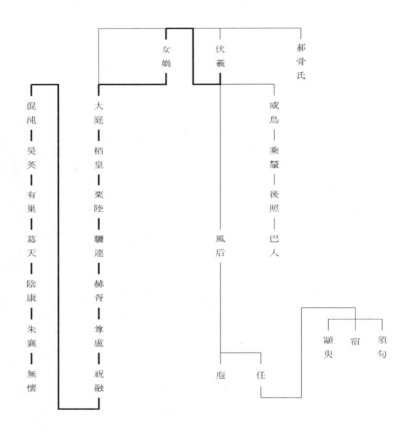

※ **출처:** 『역사(繹史)』 1권 「역사세계도(繹史世系圖)」

■ 그림 28-7 ◨ 염제(炎帝) 세계도(世系圖)

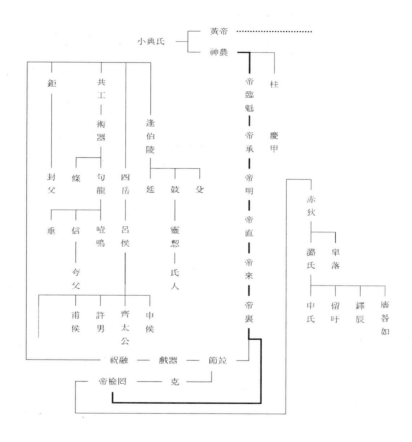

※ **출처:**『역사(繹史)』1권「역사세계도(繹史世系圖)」

● 그림 28-8 ◨ 황제(黃帝) 세계도(世系圖)

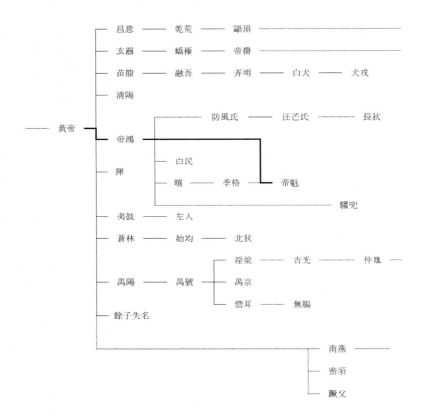

※ **출처:**『역사(繹史)』1권「역사세계도(繹史世系圖)」

그림 28-9　◼ 소호(少皞) 세계도(世系圖)

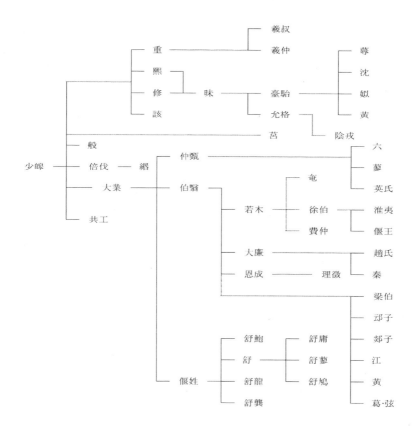

※ **출처**: 『역사(繹史)』 1권 「역사세계도(繹史世系圖)」

그림 28-10 ▣ 고양(高陽) 세계도(世系圖)

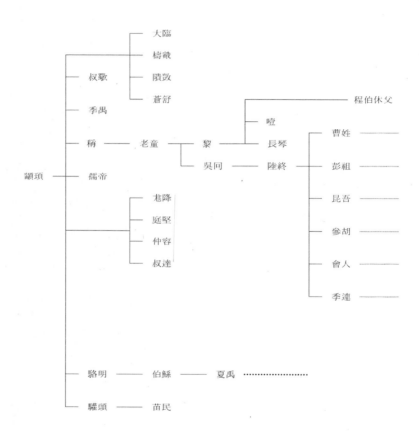

※ **출처**: 『역사(繹史)』 1권 「역사세계도(繹史世系圖)」

● 그림 28-11 ■ 고신(高辛) 세계도(世系圖)

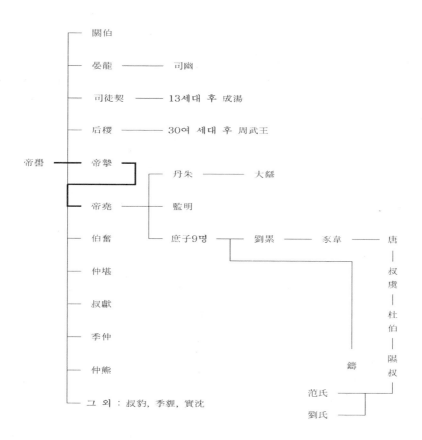

※ **출처:** 『역사(繹史)』 1권 「역사세계도(繹史世系圖)」

그림 28-12 ◼ 유우(有虞) 세계도(世系圖)

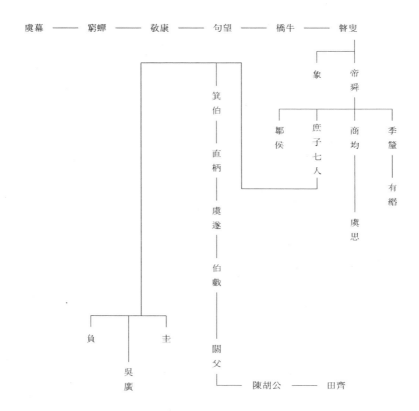

※ **출처:**『역사(繹史)』1권「역사세계도(繹史世系圖)」

그림 28-13 ▣ 하(夏)나라 세계도(世系圖)

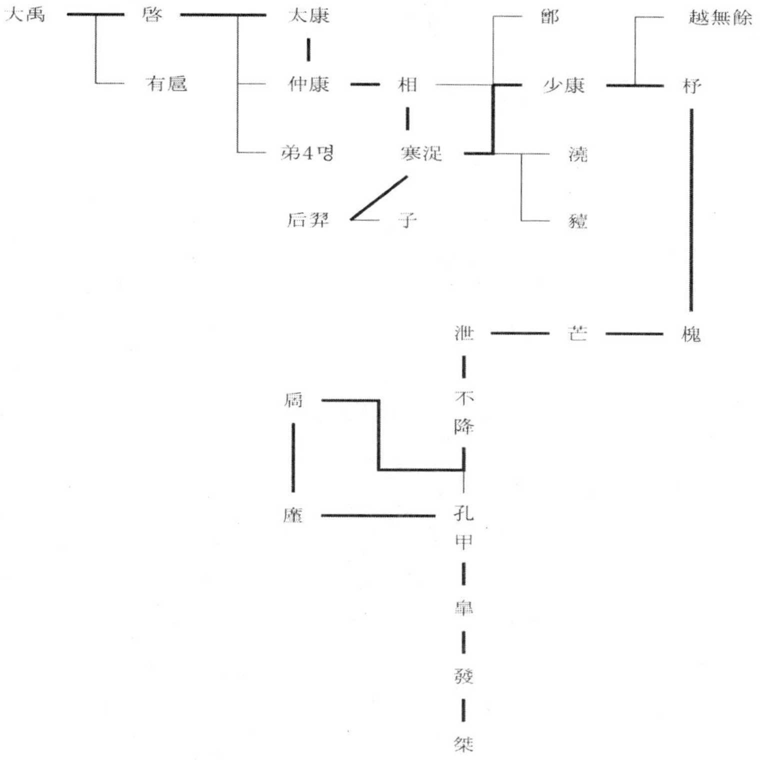

※ **출처:** 『역사(繹史)』 1권 「역사세계도(繹史世系圖)」

● 그림 28-14　◼ 황제(黃帝)

※ 출처:『삼재도회(三才圖會)』「인물(人物)」 1권

그림 28-15 ◼ 전욱(顓頊)

氏 陽 高 頊 顓

※ **출처:**『삼재도회(三才圖會)』「인물(人物)」1권

●그림 28-16 ◼ 소호(少皞)

※ 출처: 『삼재도회(三才圖會)』「인물(人物)」 1권

【1871上~下】

見賢而不能擧, 擧而不能先, 命也. 見不善而不能退, 退而不能 遠, 過也.

직역　賢을 見이나 能히 擧를 不하고, 擧하되 能이 先을 不함은 命이다. 不善을 見이나 能히 退를 不하고, 退하되 能이 遠을 不함은 過이다.

의역　소인은 현명한 자를 보더라도 천거할 수 없고, 천거하더라도 자기보다 윗자리에 천거할 수 없으니, 이것은 사람을 천거하는 일에 태만한 것이다. 소인은 불선한 자를 보더라도 그를 물러나게 할 수 없고, 물러나게 하더라도 멀리 물리치지 못하니, 허물을 가진 자이다.

鄭注　命, 讀爲"慢", 聲之誤也. 擧賢而不能使君以先己, 是輕慢於擧人也.

번역　'명(命)'자는 만(慢)자로 풀이하니, 소리가 비슷해서 잘못 기록된 것이다. 현명한 자를 천거하되 자기보다 윗자리에 앉혀 군주를 섬기도록 할 수 없는 것은 현자를 천거하는 일에 경솔하고 태만한 것이다.

釋文　命, 依注音慢, 武諫反. 遠, 于萬反.

번역　'命'자는 정현의 주에 따르면 '慢'자가 되니, '武(무)'자와 '諫(간)'자의 반절음이다. '遠'자는 '于(우)'자와 '萬(만)'자의 반절음이다.

孔疏　●"見賢而不能擧, 擧而不能先, 命也"者, 此謂凡庸小人, 見此賢人而不能擧進於君. 假設擧之, 又不能使在其己之先, 是爲慢也. 謂輕慢於擧人也.

번역　●經文: "見賢而不能擧, 擧而不能先, 命也". ○이것은 일반인이나 소인이 현명한 자를 보게 되면 군주에게 천거하지 못함을 뜻한다. 가령 천거를 하더라도 자기보다 윗자리에 앉힐 수 없는 것은 태만함이 된다. 즉 사람을 천거하는 일에 경솔하고 태만하다는 뜻이다.

孔疏　●"見不善而不能退, 退而不能遠, 過也"者, 此謂小人見不善之人而不能抑退之. 假令抑退之, 而不能使遠退之. 過者, 言是愆過之人也.

번역　●經文: "見不善而不能退, 退而不能遠, 過也". ○이것은 소인이 불선한 자를 보게 되면 그를 억눌러 물러나도록 할 수 없다는 뜻이다. 가령 물러나게 하더라도 멀리 물러나게 할 수 없다. '과(過)'는 허물을 가진 사람이라는 뜻이다.

集註　命, 鄭氏云: "當作慢." 程子云: "當作怠." 未詳孰是. 遠, 去聲.

번역　'명(命)'자에 대해 정현은 "마땅히 '만(慢)'자가 되어야 한다."라고 했고, 정자는 "마땅히 '태(怠)'자가 되어야 한다."라고 했는데, 누구의 주장이 옳은지는 모르겠다. '遠'자는 거성으로 읽는다.

集註　若此者, 知所愛惡矣, 而未能盡愛惡之道, 蓋君子而未仁者也.

번역　이와 같은 자는 친애하거나 미워해야 하는 것은 알지만, 친애함과 미워함의 도리는 다할 수 없으니, 군자이지만 아직 인(仁)을 이루지는 못한 자이다.

전(傳) 10장-17

【1871下】

好人之所惡, 惡人之所好, 是謂拂人之性, 菑必逮夫身.

직역 人이 惡한 所를 好하고, 人이 好한 所를 惡함은 是를 人의 性을 拂이라 謂하니, 菑가 必히 夫히 身에 逮라.

의역 사람들이 싫어하는 흉악한 것들을 좋아하고, 사람들이 좋아하는 선의 도리를 싫어한다면, 이를 두고 선한 사람의 본성을 거스른다고 부르니, 재앙이 반드시 그에게 이르게 될 것이다.

鄭注 拂, 猶佹也. 逮, 及也.

번역 '불(拂)'자는 "거스른다[佹]."는 뜻이다. '체(逮)'자는 "~에 이르다 [及]."는 뜻이다.

釋文 好, 呼報反, 下皆同. 惡, 烏路反, 下同. 拂, 扶弗反, 注同. 菑音哉, 下同. 逮音代, 一音大計反. 夫音扶. 佹, 九委反.

번역 '好'자는 '呼(호)'자와 '報(보)'자의 반절음이며, 아래문장에 나오는 글자도 모두 그 음이 이와 같다. '惡'자는 '烏(오)'자와 '路(로)'자의 반절음이며, 아래문장에 나오는 글자도 그 음이 이와 같다. '拂'자는 '扶(부)'자와 '弗(불)'자의 반절음이며, 정현의 주에 나오는 글자도 그 음이 이와 같다. '菑' 자의 음은 '哉(재)'이며, 아래문장에 나오는 글자도 그 음이 이와 같다. '逮'

자의 음은 '代(대)'이며, 다른 음은 '大(대)'자와 '計(계)'자의 반절음이다. '夫'자의 음은 '扶(부)'이다. '俲'자는 '九(구)'자와 '委(위)'자의 반절음이다.

孔疏 ●"好人之所惡"者, 又謂君子, 君子所惡者, 凶惡之事. 今乃愛好凶惡, 是好人之所惡也.

번역 ●經文: "好人之所惡". ○이 또한 군자에 대한 내용인데, 군자가 싫어하는 것은 흉악한 일에 해당한다. 현재 흉악한 일을 친애하고 좋아하는 것은 남이 싫어하는 것을 좋아하는 것이다.

孔疏 ●"惡人之所好"者, 君子所好仁義善道. 今乃惡此仁義善道, 是惡人之所好也.

번역 ●經文: "惡人之所好". ○군자가 좋아하는 것은 인의와 선한 도리이다. 현재 이러한 인의와 선한 도리를 싫어하는 것은 남이 좋아하는 것을 싫어하는 것이다.

孔疏 ●"是謂拂人之性"者, 若如此者, 是謂拂戾善人之性.

번역 ●經文: "是謂拂人之性". ○만약 이와 같은 자라면 이를 두고 선한 사람의 본성을 거스른다고 부른다.

孔疏 ●"菑必逮夫身"者, 逮, 及也. 如此, 菑必及夫身矣.

번역 ●經文: "菑必逮夫身". ○'체(逮)'자는 "~에 이르다[及]."는 뜻이다. 이와 같다면 재앙이 반드시 그에게 이르게 된다.

集註 菑, 古災字. 夫, 音扶.

번역 '菑'자는 '災'자의 고자이다. '夫'자의 음은 '扶(부)'이다.

集註   拂, 逆也. 好善而惡惡, 人之性也; 至於拂人之性, 則不仁之甚者也. 自秦誓至此, 又皆以申言好惡公私之極, 以明上文所引南山有臺·節南山之意.

번역   '불(拂)'자는 거스른다는 뜻이다. 선을 좋아하고 악을 싫어하는 것은 사람의 본성이다. 그런데 사람의 본성을 어기는 지경에 이르게 되면 불인함이 심한 자이다. 「진서(秦誓)」를 인용한 구문으로부터 이곳까지는 또한 좋아함과 싫어함 또 공과 사의 지극함을 거듭 말하여, 앞에서 「남산유대(南山有臺)」편과 「절남산(節南山)」편의 시를 인용한 뜻을 밝힌 것이다.

【1872上】

是故君子有大道, 必忠信以得之, 驕泰以失之

직역 是故로 君子에게는 大道가 有하니, 必히 忠信으로 得하고, 驕泰로 失한다.

의역 이러한 까닭으로 군자에게는 따라야 할 큰 길이 있으니, 반드시 충심과 신의를 통해 그것을 얻게 되지만, 교만하게 굴면 그것을 잃게 된다.

鄭注 道, 行所由.

번역 '도(道)'는 길을 갈 때 경유하는 곳이다.

孔疏 ●"是故君子有大道"者, 大道, 謂所由行孝悌仁義之大道也.

번역 ●經文: "是故君子有大道". ○'대도(大道)'는 효·공손·인·의를 시행할 때 따르게 되는 큰 길을 뜻한다.

孔疏 ●"必忠信以得之, 驕泰以失之"者, 言此孝悌仁義, 必由行忠信以得 之, 由身驕泰以失之也.

번역 ●經文: "必忠信以得之, 驕泰以失之". ○이러한 효·공손·인·의 는 반드시 충심과 신의를 시행하는 것을 통해 얻게 되며, 본인이 교만하게 구는 것을 통해 잃게 된다는 뜻이다.

번역 ●經文: "生財有大道". ○이곳 경문은 군주는 마땅히 우선적으로 인의를 시행하고 국가의 재용을 아끼고 줄여서 재물을 풍족하게 만들어야 함을 나타내고 있다. 앞의 문장에서 '대도(大道)'라고 한 말은 효·공손·인·의의 도를 뜻하는데, 이곳에서는 군주가 재물을 증식하는 일에 대도의 이치가 있다고 했으니, 그 뒤에서 언급한 말이 그 내용에 해당한다.

孔疏 ●"生之者衆"者, 謂爲農桑多也.

번역 ●經文: "生之者衆". ○농사와 누에치는 일에 힘쓰는 자가 많다는 뜻이다.

孔疏 ●"食之者寡"者, 謂減省無用之費也.

번역 ●經文: "食之者寡". ○쓸데없는 비용을 줄인다는 뜻이다.

孔疏 ●"爲之者疾"者, 謂百姓急營農桑事業也.

번역 ●經文: "爲之者疾". ○백성이 농사와 누에치는 일을 신속히 하며 잘 경영한다는 뜻이다.

孔疏 ●"用之者舒"者, 謂君上緩於營造費用也.

번역 ●經文: "用之者舒". ○군주가 무언가를 건설하며 재물을 쓰는 일을 더디게 한다는 뜻이다.

孔疏 ●"則財恒足矣"者, 言人君能如此, 則國用恒足.

번역 ●經文: "則財恒足矣". ○군주가 이처럼 할 수 있다면 국가의 재용은 항상 풍족하게 된다는 뜻이다.

集註 恒, 胡登反.

번역 ‘恒’자는 ‘胡(호)’자와 ‘登(등)’자의 반절음이다.

集註 呂氏曰: 國無遊民, 則生者衆矣; 朝無幸位, 則食者寡矣; 不奪農時, 則爲之疾矣; 量入爲出, 則用之舒矣.

번역 여씨가 말하길, 나라에 하는 일 없이 노니는 백성이 없다면 생산하는 자가 많아질 것이며, 조정에 요행으로 지위를 차지한 자가 없다면 녹봉을 받는 자가 적을 것이다. 또 농사짓는 시기를 빼앗지 않는다면 그 일에 힘쓰는 자가 신속히 할 것이고, 수입을 헤아려 지출을 한다면 재물을 사용하는데 더디게 할 것이다.

集註 愚按: 此因有土有財而言, 以明足國之道在乎務本而節用, 非必外本內末而後財可聚也. 自此以至終篇, 皆一意也.

번역 내가 생각하기에, 이 문장은 유토(有土)와 유재(有財)라는 말로 인해 말한 것이니, 이를 통해 나라를 풍족하게 만드는 도는 근본에 힘쓰고 쓰는 것을 절약함에 있는 것이며, 근본을 밖으로 하고 말단을 안으로 한 이후에 재물을 모을 수 있는 것이 아님을 나타낸다. 이 구문으로부터 끝까지는 모두 동일한 뜻이다.

【1872上】

仁者以財發身, 不仁者以身發財.

직역 仁한 者는 財로써 身을 發하고, 不仁한 者는 身으로써 財를 發한다.

의역 인자한 군주는 재물을 베풀어 자신의 아름다운 명성을 일으키고, 인자하지 못한 사람은 자신을 수고롭게 만들어 재물을 모으는데 힘쓴다.

鄭注 發, 起也. 言仁人有財, 則務於施與, 以起身成其令名. 不仁之人有身, 貪於聚斂, 以起財務成富.

번역 '발(發)'자는 "일으키다[起]."는 뜻이다. 인자한 사람이 재물을 가지게 되면 그것을 베푸는데 힘써서, 이를 통해 자신을 일으켜 훌륭한 명성을 이룬다. 인자하지 못한 사람은 자신에 대한 애착이 강해 재물을 모으는데 탐욕을 부리고, 이를 통해 재물을 일으켜 부유하게 되는데 힘쓴다.

釋文 施, 始豉反. 予, 由汝反.

번역 '施'자는 '始(시)'자와 '豉(시)'자의 반절음이다. '予'자는 '由(유)'자와 '汝(여)'자의 반절음이다.

孔疏 ●"仁者以財發身"者, 謂仁德之君, 以財散施發起身之令名也.

[번역] ●經文: "仁者以財發身". ○인자한 덕을 가진 군주는 재물을 베풀어 자신의 아름다운 명성을 일으킨다는 뜻이다.

[孔疏] ●"不仁者以身發財"者, 言不仁之人, 唯在吝嗇, 務於積聚, 勞役其身, 發起其財. 此在治家・治國天下之科, 皆謂人君也.

[번역] ●經文: "不仁者以身發財". ○인자하지 못한 사람은 오직 인색하기만 하고 재물을 모으는데 힘써서 자신을 수고롭게 만들어 재물을 일으킨다. 이것은 가(家)를 다스리고 국(國)과 천하를 다스리는 항목에 해당하니, 이 모두는 군주에 대한 내용이다.

[集註] 發, 猶起也. 仁者散財以得民, 不仁者亡身以殖貨.

[번역] '발(發)'자는 일으킨다는 뜻이다. 인자한 자는 재물을 베풀어 백성들의 마음을 얻고, 인자하지 못한 자는 자신을 망쳐 재물을 증식한다.

【1872上】

未有上好仁而下不好義者也, 未有好義其事不終者也, 未有府
庫財非其財者也

직역 上이 仁을 好한데 下가 義를 不好한 者는 未히 有하고, 義를 好한데 그
事가 不終한 者는 未히 有하니, 府庫의 財가 그 財가 非한 者는 未히 有라.

의역 군주가 인의 도를 좋아하는데도 신하가 의로움을 좋아하지 않는 경우는
없고, 신하가 의로움을 좋아하는데도 일이 완수되지 않는 경우가 없으니, 이것은
마치 자기 창고에 쌓인 재물이 자기 소유가 아닌 것이 없는 경우와 같다.

鄭注 言君行仁道, 則其臣必義. 以義擧事無不成者. 其爲誠然, 如己府庫之
時爲己有也.

번역 군주가 인의 도를 시행하면 그의 신하는 반드시 의로움에 따르게
된다는 뜻이다. 의로움에 따라 일을 시행할 때에는 완성되지 못하는 것이
없다. 이것은 진실로 이러하니, 마치 자기 재물이 자기 창고에 있을 때 그것
이 자기 소유인 것과 같다.

孔疏 ●"未有上好仁而下不好義者也", 言在上人君好以仁道接下, 其下感
君仁恩, 無有不愛好於義, 使事皆得其宜也.

번역 ●經文: "未有上好仁而下不好義者也". ○윗자리에 있는 군주가 인의 도로써 아랫사람을 대하길 좋아하면, 아랫사람들은 군주의 인자함과 은혜에 감격하여 의로움에 대해 애착을 가지고 좋아하지 않는 자가 없게 되어, 일을 시키게 되면 모든 경우 그 마땅함을 얻게 된다는 뜻이다.

孔疏 ●"未有好義其事不終者也", 言臣下悉皆好義, 百事盡能終成, 故云"未有好義其事不終者", 言皆能終成也.

번역 ●經文: "未有好義其事不終者也". ○신하들이 모두 의로움을 좋아하여 모든 일들이 완성될 수 있다는 뜻이다. 그렇기 때문에 "의로움을 좋아하는데도 그 일을 마치지 못하는 경우는 없다."라고 말한 것이니, 모든 일들을 완수할 수 있다는 뜻이다.

孔疏 ●"未有府庫財非其財者也", 又爲人君作譬也. 君若行仁, 民必報義, 義必終事. 譬如人君有府庫之財, 必還爲所用也, 故云"未有府庫財非其財者也".

번역 ●經文: "未有府庫財非其財者也". ○이 문장 또한 군주를 위해 이러한 비유를 든 것이다. 군주가 만약 인의 도를 시행한다면 백성들은 반드시 의로움으로 보답할 것이며, 의로움에 따른다면 반드시 일을 완수하게 된다. 이것은 군주에게 창고에 쌓인 재물이 있다면 반드시 그것이 쓰임이 된다는 것을 비유한다. 그렇기 때문에 "창고의 재물이 그의 재물이 아닌 것이 없다."라고 했다.

孔疏 ◎注"其爲"至"有也". ○正義曰: 言君行仁道, 則臣必爲義. 臣旣行義, 事必終成. 以至誠相感, 必有實報, 如己有府庫之財, 爲己所有也. 其爲誠實而然, 言不虛也.

번역 ◎鄭注: "其爲"~"有也". ○군주가 인의 도를 시행한다면 신하는 반드시 의로움을 실천한다. 신하가 이미 의로움을 실천하므로 그 사안은 반드시 완성된다. 지극한 정성으로 서로 감격하게 되니 반드시 실질적인 보답이 있게 되는데, 마치 자기에게 창고에 쌓인 재물이 있을 때, 그것이 자기의 소유인 것과 같다. 이것은 진실로 이러한 것이니, 허황된 것이 아니라는 뜻이다.

集註 上好仁以愛其下, 則下好義以忠其上; 所以事必有終, 而府庫之財無悖出之患也.

번역 윗사람이 인을 좋아하여 아랫사람을 친애한다면 아랫사람은 의를 좋아하여 윗사람에게 충성을 다하니, 일은 반드시 완수되고, 창고의 재물이 어긋나게 나가는 우환이 없게 되는 이유이다.

【1872上】

孟獻子曰, "畜馬乘, 不察於雞豚. 伐冰之家, 不畜牛羊. 百乘之家, 不畜聚斂之臣, 與其有聚斂之臣, 寧有盜臣." 此謂國不以利爲利, 以義爲利也.

직역 孟獻子는 曰, "馬乘을 畜함에, 雞豚을 不察한다. 冰을 伐하는 家는 牛羊을 不畜한다. 百乘의 家는 聚斂의 臣을 不畜하니, 與히 그 聚斂의 臣을 有한데, 寧히 盜臣을 有라." 此를 國은 利를 利로 爲함을 不하고 義를 利로 爲함을 謂한다.

의역 맹헌자는 "처음 대부에 올라 네 필의 말을 키우는 집에서는 닭이나 돼지를 기르는 작은 이로움을 살피지 않는다. 경과 대부처럼 얼음을 쓰는 집에서는 소와 양을 길러 작은 이로움을 취하지 않는다. 채지를 가지고 있어 100대의 수레를 출자할 수 있는 집에서는 세금을 거두는데 급급한 신하를 기르지 않으니, 세금을 거두는데 급급한 신하를 두기보다는 차라리 도적질하는 신하를 두는 것이 낫다."라고 했다. 이것을 국(國)에서는 재물의 이로움을 이로움으로 여기지 않고 의로움을 이로움으로 여긴다고 부른다.

鄭注 孟獻子, 魯大夫仲孫蔑也. "畜馬乘", 謂以士初試爲大夫也. "伐冰之家", 卿大夫以上, 喪祭用冰. "百乘之家", 有采地者也. 雞豚·牛羊, 民之所畜養以爲財利者也. 國家利義不利財, 盜臣損財耳, 聚斂之臣乃損義. 論語曰: "季氏富於周公, 而求也爲之聚斂, 非吾徒也, 小子鳴鼓而攻之可也."

번역 '맹헌자(孟獻子)'는 노나라 대부 중손멸이다. "네 필의 말을 기른

다.”는 말은 사가 처음 중용되어 대부가 된 것을 뜻한다. ‘얼음을 캐는 집’은
경과 대부 이상의 계층으로 상례와 제례에서 얼음을 쓰기 때문이다. ‘수레
100대의 집’은 채지를 소유한 자를 뜻한다. 닭과 돼지, 소와 양은 백성들이
가축으로 길러 재산으로 삼는 것들이다. 국(國)과 가(家)에서는 의로움을
이롭게 여기며 재물을 이롭게 여기지 않으니, 도적질하는 신하는 재물을
축낼 따름이며, 세금을 거둬들이는데 급급한 신하는 의로움을 줄인다. 『논
어』에서는 “계씨는 주공보다도 부유한데 염구는 그를 위해 세금을 거둬들
이는데 급급하니, 내 제자가 아니다. 제자들은 북을 울려 그를 성토해야
한다.”[1]라고 했다.

釋文 畜, 許六反, 下同. 乘, 徐繩證反, 下及注同. 蔑, 莫結反. 以上, 時掌反.
采, 七代反, 本亦作菜. 爲之, 于僞反.

번역 ‘畜’자는 ‘許(허)’자와 ‘六(륙)’자의 반절음이며, 아래문장에 나오는
글자도 그 음이 이와 같다. ‘乘’자의 서음은 ‘繩(승)’자와 ‘證(증)’자의 반절음
이며, 아래문장 및 정현의 주에 나오는 글자도 그 음이 이와 같다. ‘蔑’자는
‘莫(막)’자와 ‘結(결)’자의 반절음이다. ‘以上’에서의 ‘上’자는 ‘時(시)’자와
‘掌(장)’자의 반절음이다. ‘采’자는 ‘七(칠)’자와 ‘代(대)’자의 반절음이며, 판
본에 따라서는 또한 ‘菜’자로도 기록한다. ‘爲之’에서의 ‘爲’자는 ‘于(우)’자
와 ‘僞(위)’자의 반절음이다.

孔疏 ●“孟獻子曰: 畜馬乘, 不察於雞豚”者, 此一經明治國家不可務於積
財, 若務於積財, 卽是小人之行, 非君上之道. 言察於雞豚之所利, 爲畜養馬
乘. 士初試爲大夫, 不閱察於雞豚之小利.

번역 ●經文: “孟獻子曰: 畜馬乘, 不察於雞豚”. ○이곳 경문은 국(國)과
가(家)를 다스리는 자는 재물을 모으는데 힘써서는 안 되니, 만약 재물을

---

1) 『논어』「선진(先進)」 : 季氏富於周公, 而求也爲之聚斂而附益之. 子曰, “非吾徒
也. 小子鳴鼓而攻之, 可也.”

모으는데 힘쓴다면 소인의 행실이 되며 군주의 도가 아니라는 사실을 나타내고 있다. 즉 닭이나 돼지를 키워서 이득이 된다는 것을 살펴 네 필의 말을 키우게 된다. 사가 처음 중용되어 대부가 되었다면 닭이나 돼지를 키워서 얻는 작은 이득을 살피지 않는다는 뜻이다.

孔疏 ●"伐冰之家, 不畜牛羊"者, 謂卿大夫喪祭用冰, 從固陰之處伐擊其冰, 以供喪祭, 故云"伐冰"也. 謂卿大夫爲伐冰之家, 不畜牛羊爲財利, 以食祿不與人爭利也.

번역 ●經文: "伐冰之家, 不畜牛羊". ○경과 대부는 상례와 제례 때 얼음을 사용하니, 한기가 응결되고 그늘진 곳에서 얼음을 채집하여, 상례와 제례에 공급한다. 그렇기 때문에 "얼음을 캔다."라고 했다. 경과 대부는 얼음을 캐는 집이 되니, 소와 양을 길러 재물을 축적하지 않고, 녹봉으로 남과 이로움으로 다투지 않는다는 뜻이다.

孔疏 ●"百乘之家, 不畜聚斂之臣"者, 百乘, 謂卿大夫有采地者也. 以地方百里, 故云"百乘之家". 言卿大夫之家, 不畜聚斂之臣, 使賦稅什一之外徵求采邑之物也, 故論語云"百乘之家", 是也.

번역 ●經文: "百乘之家, 不畜聚斂之臣". ○'백승(百乘)'은 경과 대부 중 채지를 소유한 자를 뜻한다. 그 채지는 사방 100리의 크기이기 때문에 '백승지가(百乘之家)'라고 했다. 경과 대부의 집에서는 세금을 거두는데 급급한 신하를 길러, 본래의 세금인 10분의 1 이외에 채읍에서 생산되는 재물을 징발하도록 만들지 않는다는 뜻이다. 『논어』에서 '백승지가(百乘之家)'[2]라고 한 말이 이들을 가리킨다.

---

2) 『논어』「공야장(公冶長)」: 孟武伯問子路仁乎? 子曰, "不知也." 又問. 子曰, "由也, 千乘之國, 可使治其賦也, 不知其仁也." "求也何如?" 子曰, "求也, 千室之邑, 百乘之家, 可使爲之宰也, 不知其仁也." "赤也何如?" 子曰, "赤也, 束帶立於朝, 可使與賓客言也, 不知其仁也."

孔疏 ●“與其有聚斂之臣, 寧有盜臣”者, 覆解“不畜聚斂之臣”之本意. 若其有聚斂之臣, 寧可有盜竊之臣, 以盜臣但害財, 聚斂之臣則害義也.

번역 ●經文: “與其有聚斂之臣, 寧有盜臣”. ○“세금을 거두는데 급급한 신하를 기르지 않는다.”는 말의 본래 뜻을 재차 풀이한 것이다. 만약 세금을 거두는데 급급한 신하를 둔다면, 차라리 도적질하는 신하를 두는 것이 괜찮으니, 도적질하는 신하는 단지 재물만 축내지만 세금을 거두는데 급급한 신하는 의로움을 해치기 때문이다.

孔疏 ●“此謂國不以利爲利, 以義爲利也”者, 言若能如上所言, 是國家之利, 但以義事爲國家利也.

번역 ●經文: “此謂國不以利爲利, 以義爲利也”. ○앞서 말한 것처럼 할 수 있다면 이것은 국(國)과 가(家)의 이로움에 있어 단지 의로운 일을 나라와 집의 이로움으로 삼는다는 뜻이다.

孔疏 ◎注“孟獻”至“可也”. ○正義曰: “孟獻子, 魯大夫仲孫蔑”者, 此據左傳文也. “畜馬乘, 謂以士初試爲大夫”者, 按書傳“士飾車騑馬”, 詩云“四牡騑騑”, 大夫以上, 乃得乘四馬. 今下云“伐冰之家”, “百乘之家”, 家是卿大夫. 今別云“畜馬乘者, 不察雞豚”, 故知“士初試爲大夫”也. 伐冰之家, 卿大夫者, 按昭四年左傳云: 大夫命婦, 喪浴用冰. 喪大記注云: 士不用冰. 故知卿大夫也. 士若恩賜及食, 而得用, 亦有冰也. 但非其常, 故士喪禮“賜冰則夷槃, 可也.” 左傳又云“食肉之祿, 冰皆與焉”, 是也. 云“百乘之家, 有采地者也”, 此謂卿也. 故論語云“百乘之家”, 鄭云“采地, 一同之廣輪”, 是也.

번역 ◎鄭注: “孟獻”~“可也”. ○정현이 “‘맹헌자(孟獻子)’는 노나라 대부 중손멸이다.”라고 했는데, 이것은 『좌전』의 기록에 따른 것이다. 정현이 “‘네 필의 말을 기른다.’는 말은 사가 처음 등용되어 대부가 된 것을 뜻한다.”라고 했는데, 『상서대전』을 살펴보면 “사는 수레를 장식하고 2마리의 말에 멍에를 멘다.”라고 했고, 『시』에서는 “네 필의 수말이 쉼 없이 달려간다.”[3]

라고 했으니, 대부로부터 그 이상의 계층은 수레에 4마리의 말에 멍에를 채운다. 이곳 경문에서는 그 뒤에 '벌빙지가(伐冰之家)'와 '백승지가(百乘之家)'라고 했는데, 이때의 가(家)는 경과 대부를 가리킨다. 그런데 이곳에서는 별도로 "네 필의 말을 기르는 자는 닭과 돼지를 살피지 않는다."라고 했기 때문에 "사가 처음 중용되어 대부가 된 것을 뜻한다."는 말이 사실임을 알 수 있다. 얼음을 채집하는 집은 경과 대부를 뜻한다고 했는데, 소공 4년에 대한 『좌전』의 기록을 살펴보면 대부와 명부(命婦)4)는 상례에서 시신의 목욕을 시킨 뒤에 얼음을 사용한다고 했다.5) 또 『예기』「상대기(喪大記)」편에 대한 정현의 주에서는 사는 얼음을 사용하지 않는다고 했다.6) 그렇기 때문에 경과 대부에 해당한다는 사실을 알 수 있다. 사의 경우 만약 은혜를 입었다면 쓸 수도 있으니, 이러한 경우에는 얼음이 포함된다. 다만 이것은 일상적인 경우가 아니다. 그렇기 때문에 『의례』「사상례(士喪禮)」편에서는 "얼음을 하사받았다면 이반(夷槃)을 써도 괜찮다."7)라고 했다. 『좌전』에서는 "관부에서 식사를 할 때 고기를 먹게 되는 관리들에게도 얼음을 모두 준다."8)라고 했다. 정현이 "'수레 100대의 집'은 채지를 소유한 자를 뜻한다."라고 했는데, 이것은 경을 가리킨다. 그렇기 때문에 『논어』에서는 '백승지가(百乘之家)'라고 했고, 정현은 "채지(采地)는 1동(同)9)의 면적이다."라고 했다.

---

3) 『시』「소아(小雅)·사모(四牡)」: <u>四牡騑騑, 周道倭遲. 豈不懷歸, 王事靡盬, 我心傷悲.</u>

4) 명부(命婦)는 고대 봉호(封號)를 부여받은 여자들을 뜻한다. 궁중에 머물며 비(妃)나 빈(嬪)의 신분을 가진 여자들은 내명부(內命婦)라고 부르고, 신하의 처가 된 자들은 외명부(外命婦)라고 부른다.

5) 『춘추좌씨전』「소공(昭公) 4년」: <u>大夫命婦喪浴用冰.</u> 祭寒而藏之, 獻羔而啓之, 公始用之, 火出而畢賦, <u>自命夫命婦至於老疾, 無不受冰.</u>

6) 이 문장은 『예기』「상대기(喪大記)」【533b】의 "君設大盤, 造冰焉. 大夫設夷盤, 造冰焉. 士倂瓦盤, 無冰. 設牀襢筭, 有枕. 含一牀, 襲一牀, 遷尸于堂又一牀, 皆有枕席, 君大夫士一也."라는 기록에 대한 정현의 주이다.

7) 『의례』「사상례(士喪禮)」: <u>士有冰, 用夷槃可也.</u>

8) 『춘추좌씨전』「소공(昭公) 4년」: 其藏冰也, 深山窮谷, 固陰沍寒, 於是乎取之. 其出之也, 朝之祿位, 賓·食·喪·祭, 於是乎用之. 其藏之也, 黑牡·秬黍以享司寒. 其出之也, 桃弧·棘矢以除其災. 其出入也時. <u>食肉之祿, 冰皆與焉.</u>

9) 동(同)은 고대 토지의 면적을 재는 단위이다. 사방 100리(里)의 땅을 '동'이라고 했다. 『춘추좌씨전』「소공(召公) 23년」편에는 "無亦監乎若敖蚡冒至於武文,

集註 畜, 許六反. 乘·斂, 並去聲.

번역 '畜'자는 '許(허)'자와 '六(륙)'자의 반절음이다. '乘'자와 '斂'자는 모두 거성으로 읽는다.

集註 孟獻子, 魯之賢大夫仲孫蔑也. 畜馬乘, 士初試爲大夫者也. 伐冰之家, 卿大夫以上, 喪祭用冰者也. 百乘之家, 有采地者也. 君子寧亡己之財, 而不忍傷民之力; 故寧有盜臣, 而不畜聚斂之臣. 此謂以下, 釋獻子之言也.

번역 '맹헌자(孟獻子)'는 노나라의 현명한 대부인 중손멸이다. '축마승(畜馬乘)'은 사가 처음으로 중용되어 대부가 된 자를 뜻한다. '벌빙지가(伐冰之家)'는 경과 대부 이상의 계층으로, 상례와 제례에 얼음을 쓰는 자들이다. '백승지가(百乘之家)'는 채지를 소유한 자들을 뜻한다. 군자는 차라리 자기의 재물을 잃을지언정 백성들의 힘에 해를 끼치는 것은 차마하지 못한다. 그렇기 때문에 차라리 도적질하는 신하를 둘지언정 세금을 거두는데 급급한 신하를 기르지 않는다. '차위(此謂)'로부터 그 뒤의 말은 맹헌자의 말을 풀이한 것이다.

참고 『논어』「선진(先進)」 기록

경문 季氏富於周公①, 而求也爲之聚斂而附益之②. 子曰, "非吾徒也. 小子鳴鼓而攻之, 可也③."

土不過同, 愼其四竟, 猶不城郭."이라는 기록이 있는데, 이에 대한 두예(杜預)에 주예서는 "方百里爲一同."이라고 풀이했다. 참고적으로 사방 1리(里)의 면적은 1정(井)이 되고, 10정(井)은 1통(通)이 되며, 10통(通)은 1성(成)이 되니, 1성(成)은 사방 10리(里)의 면적이며, 10성(成)은 1종(終)이 되고, 10종(終)은 1동(同)이 되니, '동'은 사방 100리(里)의 크기가 된다. 『한서(漢書)』「형법지(刑法志)」편에는 "地方一里爲井, 井十爲通, 通十爲成, 成方十里; 成十爲終, 終十爲同, 同方百里."라는 기록이 있다.

번역 계씨는 주공보다도 부유한데, 염구는 그를 위해 세금을 거두는데 급급하여 재산을 늘렸다. 공자는 "염구는 내 제자가 아니다. 제자들아 북을 울려 그를 성토해야만 한다."라고 했다.

何注-① 孔曰: 周公, 天子之宰 · 卿士.

번역 공씨가 말하길, '주공(周公)'은 천자의 재상이자 경사(卿士)10)였다.

邢疏 ◎注"孔曰: 周公, 天子之宰卿士". ○正義曰: 何休云: "宰猶治也, 三公之職號尊名也." 杜預注左傳曰: "卿士, 王之執政者也."

번역 ◎何注: "孔曰: 周公, 天子之宰卿士". ○하휴는 "'재(宰)'자는 다스린다는 뜻이니, 삼공(三公)의 직무와 호칭에 대해 존귀하게 부르는 말이다."라고 했다. 두예는 『좌전』에 대한 주에서 "경사(卿士)는 천자의 조정에서 정권을 잡고 있는 자를 뜻한다."라고 했다.

何注-② 孔曰: 冉求爲季氏宰, 爲之急賦稅.

번역 공씨가 말하길, 염구는 계씨의 가신이 되어, 그를 위해 세금을 거두는데 급급했다.

何注-③ 鄭曰: 小子, 門人也. 鳴鼓聲其罪以責之.

번역 정씨가 말하길, '소자(小子)'는 제자들을 뜻한다. 북을 울려 그의

---

10) 경사(卿士)는 주(周)나라 때 주왕조의 정사(政事)를 총감독했던 직위이다. 육경(六卿)과 별도로 설치되었으며, 육관(六官)의 일들을 총감독했다. 『시』「소아(小雅)·십월지교(十月之交)」편에는 "皇父卿士, 番維司徒."라는 기록이 있는데, 이에 대한 주희(朱熹)의 『집주(集注)』에서는 "卿士, 六卿之外, 更爲都官, 以總六官之事也."라고 풀이하였으며, 『춘추좌씨전』「은공(隱公) 3년」편에는 "鄭武公莊公爲平王卿士."라는 기록이 있는데, 이에 대한 두예(杜預)의 주에서는 "卿士, 王卿之執政者."라고 풀이하였다.

죄를 외치며 그를 문책하는 것이다.

邢疏 ●“季氏”至“可也”. ○正義曰: 此章夫子責冉求重賦稅也.

번역 ●經文: “季氏”~“可也”. ○이 문장은 염구가 세금을 무겁게 거둔 것을 두고 공자가 문책한 것이다.

邢疏 ●“季氏富於周公”者, 季氏, 魯臣, 諸侯之卿也. 周公, 天子之宰·卿士, 魯其後也. 孔子之時, 季氏專執魯政, 盡征其民. 其君饘食深宮賦稅皆非己有, 故季氏富於周公也.

번역 ●經文: “季氏富於周公”. ○‘계씨(季氏)’는 노나라의 신하로 제후에게 소속된 경이었다. ‘주공(周公)’은 천자의 재상이자 경사였는데, 노나라는 그의 후손국이다. 공자 당시 계씨는 노나라의 정권을 마음대로 부려 백성들에 대해 세금을 모조리 거둬들였다. 군주의 누에치는 공간 및 궁궐과 거둬들이는 세금은 모두 군주의 소유가 아니게 되었다. 그렇기 때문에 계씨가 주공보다 부유하게 된 것이다.

邢疏 ●“而求也爲之聚斂而附益之”者, 時冉求爲季氏家宰, 又爲之急賦稅, 聚斂財物而陪附助益季氏也.

번역 ●經文: “而求也爲之聚斂而附益之”. ○당시 염구는 계씨의 가신이 되었고, 또 그를 위해 세금을 거두는데 급급하였으니, 재물을 거둬들여 계씨의 재산을 늘려주었다는 뜻이다.

邢疏 ●“子曰: 非吾徒也, 小子鳴鼓而攻之可也”者, 小子, 門人也. 冉求亦夫子門徒, 當尙仁義. 今爲季氏聚斂, 害於仁義, 故夫子責之曰: 非我門徒也. 使其門人鳴鼓以聲其罪而攻責之, 可也.

번역 ●經文: “子曰: 非吾徒也, 小子鳴鼓而攻之可也”. ○‘소자(小子)’는

제자들을 뜻한다. 염구 또한 공자의 제자였으니, 마땅히 인의를 숭상해야
한다. 그런데 지금 계씨를 위해 세금을 거두는데 급급하여 인의를 해쳤다.
그렇기 때문에 공자가 그를 문책하여 내 제자가 아니라고 말했다. 그리고
제자들을 시켜 북을 울리며 그의 죄목을 알려 그를 성토함이 옳다고 했다.

集註 爲, 去聲.

번역 '爲'자는 거성으로 읽는다.

集註 周公以王室至親, 有大功, 位冢宰, 其富宜矣. 季氏以諸侯之卿, 而富
過之, 非攘奪其君 · 刻剝其民, 何以得此? 冉有爲季氏宰, 又爲之急賦稅以益其富.

번역 주공은 주왕실과 지극히 가까운 친족이며 큰 공을 세워 총재의 자
리에 올랐으니, 그가 부유하게 된 것은 마땅하다. 계씨는 제후에게 소속된
경인데도, 부유함이 주공보다 지나쳤으니, 군주의 것을 빼앗고 백성들의
것을 혹독하게 거둬들이지 않았다면 어떻게 이러한 부를 얻을 수 있었겠는
가? 염유는 계씨의 가신이 되었고, 또 그를 위해 세금을 거두는데 급급하여
그의 부를 늘려준 것이다.

集註 非吾徒, 絶之也. 小子鳴鼓而攻之, 使門人聲其罪以責之也. 聖人之
惡黨惡而害民也如此. 然師嚴而友親, 故已絶之, 而猶使門人正之, 又見其愛
人之無已也.

번역 "내 제자가 아니다."는 말은 관계를 끊는다는 뜻이다. "제자들아 북
을 울려 그를 성토해야만 한다."는 말은 제자들로 하여금 그의 죄를 외치며
그를 문책하게 만든 것이다. 악한 자와 편당을 지어 백성들을 해치는 것에
대해 공자의 미워함이 이와 같았다. 그런데 스승은 엄격하고 벗은 친밀하기
때문에 이미 관계를 끊고서도 오히려 제자들로 하여금 그를 바로잡게 하였
으니, 이를 통해서 공자가 사람을 사랑함에 그침이 없었음을 볼 수 있다.

集註 范氏曰: 冉有以政事之才, 施於季氏, 故爲不善至於如此. 由其心術不明, 不能反求諸身, 而以仕爲急故也.

번역 범씨가 말하길, 염유는 정사의 재주를 계씨의 휘하에서 시행했다. 그렇기 때문에 불선함이 이와 같은 지경에 이르렀다. 마음을 발휘하는 것이 밝지 못하여 돌이켜 자신에게서 구하지 못하고, 벼슬을 하는데 급급했기 때문이다.

참고 『논어』「공야장(公冶長)」기록

경문 孟武伯問, "子路仁乎?" 子曰, "不知也①." 又問, 子曰, "由也, 千乘之國, 可使治其賦也②, 不知其仁也." "求也何如?" 子曰, "求也, 千室之邑, 百乘之家, 可使爲之宰也③, 不知其仁也." "赤也何如?" 子曰: "赤也, 束帶立於朝, 可使與賓客言也④, 不知其仁也."

번역 맹무백이 묻기를 "자로는 인자합니까?"라고 하자 공자는 "잘 모르겠습니다."라고 대답했다. 재차 묻자 공자는 "자로는 수레 1,000대를 소유한 나라에서 그 병역의 조세를 다스리게 할 수 있지만, 그가 인자한지는 잘 모르겠습니다."라고 했다. 맹무백이 "염구는 어떠합니까?"라고 묻자 공자는 "염구는 가옥 1,000채가 있는 읍과 수레 100대가 있는 집에서 그 가신을 시킬 수 있지만 그가 인자한지는 잘 모르겠습니다."라고 했다. 맹무백이 "공서화는 어떠합니까?"라고 묻자 공자는 "공서화는 의관을 갖춰 조정에 세워 빈객과 더불어 말을 하게 시킬 수 있지만 그가 인자한지는 잘 모르겠습니다."라고 했다.

何注-① 孔曰: 仁道至大, 不可全名也.

번역 공씨가 말하길, 인(仁)의 도는 지극히 커서 그 명칭대로 온전히 보존할 수 없다.

何注-② 孔曰: 賦, 兵賦.

번역 공씨가 말하길, '부(賦)'자는 병역의 조세를 뜻한다.

邢疏 ◎注"孔曰: 賦, 兵賦." ○正義曰: 按隱四年左傳云: "敝邑以賦, 與陳·蔡從." 服虔云: "賦, 兵也. 以田賦出兵, 故謂之兵賦." 正謂以兵從也. 其賦法依周禮"九夫爲井, 四井爲邑, 四邑爲丘, 丘十六井, 出戎馬一匹, 牛三頭. 四丘爲甸, 甸六十四井, 出長轂一乘, 戎馬四匹, 牛十三頭, 甲士三人, 步卒七十二人", 是也.

번역 ◎何注: "孔曰: 賦, 兵賦." ○은공 4년에 대한 『좌전』의 기록을 살펴보면 "제 채읍의 부(賦)로 진나라·채나라와 함께 종군하겠습니다."[11]라고 했고, 복건은 "부(賦)는 병사를 뜻한다. 경작지에 대한 조세로 병력을 출자한다. 그렇기 때문에 '병부(兵賦)'라고 했다."라고 했다. 즉 이것은 병사를 이끌고 종군하겠다는 뜻이다. 조세의 법은 『주례』에 따르면 "9장정이 맡는 경작지는 1정(井)이 되고 4정(井)은 1읍(邑)이 되며, 4읍(邑)은 1구(丘)가 되니, 1구(丘)는 16정(井)으로 전쟁용 수레에 메는 말 1필을 출자하고, 소 3두를 출자한다. 4구(丘)는 1전(甸)이 되니, 1전(甸)은 64정(井)으로 장곡(長轂)[12] 1대, 전쟁용 수레에 메는 말 4필, 소 13두, 갑사(甲士)[13] 3인, 병사 72인을 출자한다."라고 했다.

何注-③ 孔曰: 千室之邑, 卿大夫之邑. 卿大夫稱家. 諸侯千乘. 大夫百乘. 宰, 家臣.

---

11) 『춘추좌씨전』「은공(隱公) 4년」: 使告於宋曰, "君若伐鄭, 以除君害, 君爲主, <u>敝邑以賦與陳·蔡從</u>, 則衛國之願也."
12) 장곡(長轂)은 전쟁용 수레를 뜻한다.
13) 갑사(甲士)는 병사들을 범칭하는 용어이지만, 보졸(步卒)과 구분할 때에는 갑옷을 착용하는 용사들을 뜻한다.

번역 공씨가 말하길, 가옥 1,000채의 읍은 경과 대부의 채읍을 뜻한다. 경과 대부가 다스리는 지역을 '가(家)'라고 부른다. 제후는 1,000대의 수레를 보유한다. 대부는 100대의 수레를 보유한다. '재(宰)'자는 가신을 뜻한다.

邢疏 ◎注"孔曰"至"家臣". ○正義曰: 云"千室之邑, 卿大夫之邑"者, 大學云: "百乘之家, 不畜聚斂之臣." 鄭注云: "百乘之家, 有采地者也." 又鄭注云: "采地, 一同之廣輪也." 然則此云"千室之邑, 百乘之家"者, 謂卿大夫采邑, 地有一同, 民有千家者也. 左傳曰: "唯卿備百邑." 司馬法: "成方十里, 出革車一乘." 故知百乘之家, 地一同也.

번역 ◎何注: "孔曰"~"家臣". ○"가옥 1,000채의 읍은 경과 대부의 채읍을 뜻한다."라고 했는데, 「대학」에서는 "100승의 집에서는 세금을 거두는 데 급급한 신하를 기르지 않는다."라고 했고, 정현의 주에서는 "100승의 집은 채지를 소유한 자를 뜻한다."라고 했다. 또 정현의 주에서는 "채지는 1동(同)의 면적이다."라고 했다. 그렇다면 여기에서 "가옥 1,000채의 읍과 수레 100대의 가"라고 한 것은 경과 대부의 채읍으로, 그 땅은 1동(同)이며, 거주하는 백성의 수는 가옥 1,000채 만큼이다. 『좌전』에서는 "오직 경만이 100개의 읍을 소유한다."라고 했고, 『사마법』에서는 "성(成)은 사방 10리의 크기로, 전쟁용 수레 1대를 출자한다."라고 했다. 그렇기 때문에 수레 100대의 가는 그 면적이 1동(同)에 해당한다는 사실을 알 수 있다.

何注-④ 馬曰: 赤, 弟子公西華. 有容儀, 可使爲行人.

번역 마씨가 말하길, '적(赤)'은 공자의 제자인 공서화를 뜻한다. 예법에 따른 행동거지를 갖추고 있으므로, 그를 행인(行人)[14]으로 삼을 수 있다.

邢疏 ◎注"馬曰"至"行人". ○正義曰: 云"赤, 弟子公西華"者, 按史記·弟

---

14) 행인(行人)은 조근(朝覲) 및 빙문(聘問) 등의 일을 담당하던 관리이다.

子傳云: "公西赤字子華." 鄭玄曰: "魯人, 少孔子四十二歲." 云"有容儀, 可使爲行人"者, 按周禮有大行人·小行人之職, 掌賓客之禮儀及朝覲聘問之事. 言公西華任此官也.

번역 ◎何注: "馬曰"~"行人". ○"'적(赤)'은 공자의 제자인 공서화를 뜻한다."라고 했는데,『사기』「제자전(弟子傳)」편을 살펴보면 "공서적의 자는 자화(子華)이다."[15]라고 했고, 정현은 "노나라 사람이며 공자보다 42세 어리다."라고 했다. "예법에 따른 행동거지를 갖추고 있으므로, 그를 행인(行人)으로 삼을 수 있다."라고 했는데,『주례』를 살펴보면 대행인(大行人)과 소행인(小行人)의 직무가 기록되어 있으며, 빈객에 대한 예법과 의례 및 조근(朝覲)[16]과 빙문(聘問)[17] 등의 일을 담당한다고 했다. 즉 공서화로 하여금 이러한 관직을 맡길 수 있다는 뜻이다.

邢疏 ●"孟武"至"仁也". ○正義曰: 此章明仁之難也.

번역 ●經文: "孟武"~"仁也". ○이곳 문장은 인의 어려움을 나타내고 있다.

邢疏 ●"孟武伯問: 子路仁乎? 子曰: 不知也"者, 魯大夫孟武伯問於夫子曰: "弟子子路有仁德否乎?" 夫子以爲, 仁道至大, 不可全名, 故答曰: "不知也."

---

15)『사기(史記)』「중니제자열전(仲尼弟子列傳)」: 公西赤字子華. 少孔子四十二歲.

16) 조근(朝覲)은 군주가 신하를 만나보는 예법(禮法)을 뜻한다. 군주가 신하를 만나보는 예법에는 조(朝), 근(覲), 종(宗), 우(遇), 회(會), 동(同) 등이 있었는데, 이것을 총칭하여 '조근'으로 부르기도 한다. 한편 '조근'은 신하가 군주를 찾아뵙는 예법을 뜻하기도 한다. 고대에는 제후가 천자를 찾아뵐 때, 각 계절별로 그 명칭을 다르게 불렀다. 봄에 찾아뵙는 것을 조(朝)라고 부르며, 여름에 찾아뵙는 것을 종(宗)이라고 부르고, 가을에 찾아뵙는 것을 근(覲)이라고 부르며, 겨울에 찾아뵙는 것을 우(遇)라고 부른다. '조근'은 이러한 예법들을 총칭하는 말이다.

17) 빙문(聘問)은 국가 간이나 개인 간에 사람을 보내서 상대방을 찾아가 안부를 묻는 의식 절차를 통칭하는 말이다. 또한 제후가 신하를 시켜서 천자에게 보내, 안부를 묻는 예법을 뜻하기도 한다.

번역 ●經文: “孟武伯問: 子路仁乎? 子曰: 不知也”. ○노나라 대부 맹무백이 공자에게 묻기를 “제자들 중 자로는 인한 덕을 가지고 있습니까?”라고 하자 공자는 다음과 같이 생각했다. 인의 도는 지극히 커서 그 명칭대로 온전히 보존할 수 없다. 그렇기 때문에 “잘 모르겠습니다.”라고 대답했다.

邢疏 ●“又問”者, 武伯意其子路有仁, 故夫子雖答以不知, 又復問之也.

번역 ●經文: “又問”. ○맹무백은 자로가 인자함을 갖추고 있다고 생각했다. 그렇기 때문에 공자가 비록 잘 모르겠다고 답변했지만 재차 질문한 것이다.

邢疏 ●“子曰: 由也, 千乘之國, 可使治其賦也, 不知其仁也”者, 此夫子更爲武伯說子路之能, 言由也有勇, 千乘之大國, 可使治其兵賦也, 不知其仁也. 言仁道則不全也.

번역 ●經文: “子曰: 由也, 千乘之國, 可使治其賦也, 不知其仁也”. ○이것은 공자가 재차 맹무백에게 자로의 능력을 설명해준 것이니, 자로는 용맹함을 갖춰서 수레 1,000대를 소유한 대국에서 병역의 조세를 다스리게 할 수 있지만, 그가 인자한지는 모르겠다고 했다. 즉 인의 도는 온전히 보존하지 못했다는 뜻이다.

邢疏 ●“求也何如”者, 此句又武伯問辭, 言弟子冉求仁道何如.

번역 ●經文: “求也何如”. ○이 구문 또한 맹무백이 질문한 말에 해당하니, 제자들 중 염구는 인의 도에 있어서 어떠한가를 뜻한다.

邢疏 ●“子曰: 求也, 千室之邑, 百乘之家, 可使爲之宰也, 不知其仁也”者, 此孔子又答武伯以冉求之能也, 言求也, 若卿大夫千室之邑, 百乘卿大夫之家, 可使爲之邑宰也. 仁則不知也.

번역 ●經文: "子曰: 求也, 千室之邑, 百乘之家, 可使爲之宰也, 不知其仁也". ○이것은 공자가 재차 맹무백에게 답변하며 염구의 능력을 일러준 것이니, 염구로 하여금 경과 대부가 다스리는 가옥 1,000채의 읍이나 수레 100대를 소유한 경과 대부의 가(家)에 대해서, 그로 하여금 읍재를 시킬 수 있다. 그러나 인에 대해서라면 잘 모르겠다는 뜻이다.

邢疏 ●"赤也何如"者, 此句又武伯問辭, 言弟子公西赤仁道何如.

번역 ●經文: "赤也何如". ○이 구문 또한 맹무백이 질문한 말에 해당하니, 제자들 중 공서적은 인의 도에 대해서 어떠하냐는 뜻이다.

邢疏 ●"子曰: 赤也, 束帶立於朝, 可使與賓客言也, 不知其仁也"者, 此孔子又答以公西赤之才也, 言赤也有容儀, 可使爲行人之官, 盛服束帶立於朝廷, 可使與鄰國之大賓小客言語應對也, 仁則不知.

번역 ●經文: "子曰: 赤也, 束帶立於朝, 可使與賓客言也, 不知其仁也". ○이것은 공자가 재차 공서적의 재주에 대해 답변한 말이니, 공서적은 예법에 따른 행동거지를 갖추고 있어서 행인의 관직을 맡겨, 융성한 복장을 갖추고 의관을 정제하여 조정에 세우고, 그로 하여금 이웃 나라에서 찾아온 빈객들과 대화를 시켜 응대하도록 할 수 있지만, 인에 대해서라면 잘 모르겠다는 뜻이다.

集註 子路之於仁, 蓋日月至焉者. 或在或亡, 不能必其有無, 故以不知告之.

번역 자로는 인에 대해서 하루나 한 달에 한 번 이르는 자이다. 어떤 때에는 있기도 하다가 어떤 때에는 없기도 하니, 있는지 없는지를 기필할 수 없다. 그렇기 때문에 모르겠다고 말한 것이다.

集註 乘, 去聲.

번역 '乘'자는 거성으로 읽는다.

集註 賦, 兵也. 古者以田賦出兵, 故謂兵爲賦, 春秋傳所謂"悉索敝賦", 是也. 言子路之才, 可見者如此, 仁則不能知也.

번역 '부(賦)'자는 병사를 뜻한다. 고대에는 농경지에 대한 세금을 기반으로 병력을 동원했다. 그렇기 때문에 병사를 '부(賦)'라고 부른 것이며, 『춘추전』에서 "내 부대를 모두 동원하다."[18]라고 한 말이 그 용례이다. 자로의 재주는 볼 수 있는 것이 이와 같지만 인에 대해서라면 잘 모르겠다는 뜻이다.

集註 千室, 大邑. 百乘, 卿大夫之家. 宰, 邑長家臣之通號.

번역 '천실(千室)'은 큰 읍을 뜻한다. '백승(百乘)'은 경과 대부의 집을 뜻한다. '재(宰)'자는 읍을 다스리는 우두머리와 가신을 통칭해서 부르는 말이다.

集註 朝, 音潮.

번역 '朝'자의 음은 '潮(조)'이다.

集註 赤, 孔子弟子, 姓公西, 字子華.

번역 '적(赤)'은 공자의 제자이니, 성은 공서(公西)이고 자는 자화(子華)이다.

---

18) 『춘추좌씨전』「양공(襄公) 8년」: 蔡人不從, 敝邑之人不敢寧處, 悉索敝賦, 以討于蔡, 獲司馬燮, 獻于邢丘. / 『춘추좌씨전』「양공(襄公) 31년」: 以敝邑褊小, 介於大國, 誅求無時, 是以不敢寧居, 悉索敝賦, 以來會時事.

참고 『시』「소아(小雅)·사모(四牡)」

四牡騑騑, (사모비비) : 네 필의 수말이 쉼 없이 달려가니,
周道倭遲. (주도위지) : 큰 길 굽어 있구나.
豈不懷歸, (기불회귀) : 어찌 되돌아감을 생각하지 않겠느냐마는,
王事靡鹽, (왕사미고) : 왕명에 따른 일을 견고히 하지 않을 수 없으니,
我心傷悲. (아심상비) : 내 마음이 서글프구나.

四牡騑騑, (사모비비) : 네 필의 수말이 쉼 없이 달려가니,
嘽嘽駱馬. (탄탄락마) : 저리도 많은 낙마로구나.
豈不懷歸, (기불회귀) : 어찌 되돌아감을 생각하지 않겠느냐마는,
王事靡鹽, (왕사미고) : 왕명에 따른 일을 견고히 하지 않을 수 없으니,
不遑啓處. (불황계처) : 편히 있을 겨를이 없구나.

翩翩者雖, (편편자추) : 훨훨 나는 저 비둘기여,
載飛載下, (재비재하) : 날아 올라 내려앉으니,
集于苞栩. (집우포허) : 촘촘히 자라나는 상수리나무에 앉는구나.
王事靡鹽, (왕사미고) : 왕명에 따른 일을 견고히 하지 않을 수 없으니,
不遑將父. (불황장부) : 부친을 봉양할 겨를이 없구나.

翩翩者雖, (편편자추) : 훨훨 나는 저 비둘기여,
載飛載止, (재비재지) : 날아 올라 내려앉으니,
集于苞杞. (집우포기) : 촘촘히 자라나는 구기자나무에 앉는구나.
王事靡鹽, (왕사미고) : 왕명에 따른 일을 견고히 하지 않을 수 없으니,
不遑將母. (불황장모) : 모친을 봉양할 겨를이 없구나.

駕彼四駱, (가피사락) : 저 네 필의 낙마에 멍에를 메어,
載驟駸駸. (재취침침) : 달려가길 재촉한다.
豈不懷歸, (기불회귀) : 어찌 되돌아감을 생각하지 않겠느냐마는,
是用作歌, (시용작가) : 이에 노래를 지어 부르니,
將母來諗. (장모래심) : 모친을 봉양하고자 와서 고하는구나.

毛序 四牡, 勞使臣之來也, 有功而見知, 則說矣.

모서 「사모(四牡)」편은 사신이 찾아온 것에 대해 위로하는 내용이니, 공이 있어 상대가 알아준다면 기뻐하게 된다.

참고 『춘추좌씨전』 소공(昭公) 4년 기록

전문 大雨雹. 季武子問於申豊曰, "雹可禦乎①?" 對曰, "聖人在上, 無雹, 雖有不爲災. 古者, 日在北陸而藏冰②."

번역 큰 우박이 내렸다. 계무자는 신풍에게 "우박 내리는 것을 막을 수 있는가?"라고 묻자 신풍은 "성인이 군주의 자리에 있을 때에는 우박 내리는 일이 없었고, 비록 내리는 일이 있더라도 재앙이 되지 않았습니다. 옛날에는 태양이 북륙(北陸)에 있을 때 얼음을 보관했습니다."라고 대답했다.

杜注-① 禦, 止也. 申豊, 魯大夫.

번역 '어(禦)'자는 그치게 한다는 뜻이다. '신풍(申豊)'은 노나라의 대부이다.

杜注-② 陸, 道也. 謂夏十二月, 日在虛危, 冰堅而藏之.

번역 '육(陸)'은 태양이 운행하는 길을 뜻한다. 하나라 역법으로 12월이 되면 태양은 허수(虛宿)와 위수(危宿)에 있게 되는데, 이때 얼음이 단단해지므로 캐서 보관한다.

孔疏 ◎注"陸道"至"藏之". ○正義曰: 釋天云: "北陸, 虛也. 西陸, 昴也." 孫炎云: "陸, 中也. 北方之宿, 虛爲中也; 西方之宿, 昴爲中也." 彼以陸爲中, 杜以陸爲道者, 陸之爲中・爲道, 皆無正訓, 各以意言耳. 杜以"西陸朝覿", 謂

“奎星朝見”. 昴爲西方中宿, 則昴未得見. 宿是日行之道. 爾雅言“高平曰陸”, 高平是道路之處, 故以陸爲道也. 日在北陸, 爲夏之十二月也. 十二月, 日在玄枵之次, 小寒節, 大寒中. 漢書・律曆志載劉歆三統曆云: “玄枵之初, 日在婺女八度爲小寒節; 在危初度爲大寒中; 終於危十五度.” 是夏之十二月, 日在虛危也. 於是之時, 寒極冰厚, 故取而藏之也. 周禮・凌人: “正歲十有二月, 令斬冰.” 詩云: “二之日鑿冰衝衝.” 月令: “季冬冰盛水腹, 命取冰.” 鄭玄云: “腹, 厚也.” 以此知日在北陸, 謂夏之十二月也.

번역 ◎杜注: “陸道”~“藏之”. ○『이아』「석천(釋天)」편에서는 “북륙(北陸)은 허(虛)이다.”[19]라고 했고, “서륙(西陸)은 묘(昴)이다.”[20]라고 했다. 손염[21]은 “육(陸)자는 가운데를 뜻한다. 북방에 속한 별자리들 중 허수(虛宿)는 가운데가 되며, 서방에 속한 별자리들 중 묘수(昴宿)는 가운데가 된다.”라고 했다. 손염은 육(陸)자를 가운데라는 뜻으로 여겼는데, 두예는 육(陸)자를 길로 여겼다. 육(陸)자가 가운데가 되고 길이 된다는 것에 대해서는 모두 경전 기록에 따른 근거가 없고 각각 그 의미에 따라 설명한 것일 뿐이다. 두예는 “서륙에 있어 새벽에 나타난다.”라는 말은 “규성(奎星)이 새벽녘에 나타난다.”는 뜻이라고 했다. 묘수는 서방의 별자리들 중 가운데에 있는 별자리이니, 묘수는 아직 드러나지 않는다. ‘수(宿)’는 해가 운행하는 길이 된다. 『이아』에서는 “높고 평평한 지역을 ‘육(陸)’이라고 부른다.”[22]라고 했는데, 높고 평평한 곳은 도로가 있는 곳이다. 그렇기 때문에 육(陸)자를 길로 여긴 것이다. 해가 북륙에 있다는 것은 하나라의 역법으로 12월에 해당한다. 12월이 되면 해는 현효(玄枵)[23]의 자리에 있고, 소한(小

---

19) 『이아』「석천(釋天)」: 玄枵, 虛也. 顓頊之虛, 虛也. <u>北陸, 虛也.</u>
20) 『이아』「석천(釋天)」: 大梁, 昴也. <u>西陸, 昴也.</u>
21) 손염(孫炎, ? ~ ?): 삼국시대(三國時代) 때의 학자이다. 자(字)는 숙연(叔然)이다. 정현의 문도였으며, 『이아음의(爾雅音義)』를 저술하여 반절음을 유행시켰다.
22) 『이아』「석지(釋地)」: 下溼曰隰. 大野曰平. 廣平曰原. <u>高平曰陸.</u> 大陸曰阜. 大阜曰陵. 大陵曰阿.
23) 현효(玄枵)는 12차(次) 중 하나이다. 28수(宿) 중 여(女), 허(虛), 위(危)가 여기에 속한다. 12진(辰)의 자(子)에 대응된다. 『춘추좌씨전』「양공(襄公) 28년」

寒)이 절기(節氣)이고 대한(大寒)이 중기(中氣)24)이다. 『한서』「율력지(律曆志)」에는 유흠25)의 『삼통력』을 수록하며 "현효의 처음에는 태양이 무녀성(婺女星: =女宿)의 8도에 있으면 소한의 절기가 되고, 위수의 초도에 있으면 대한의 중기가 되며, 위수 15도에서 마친다."라고 했다. 이것은 하나라의 역법에서 12월에 태양은 허수와 위수에 있음을 나타낸다. 이 시기에 추위가 극성해져서 얼음이 두껍게 언다. 그렇기 때문에 얼음을 채집하여 보관하는 것이다. 『주례』「능인(凌人)」편에서는 "하나라 역법에 따른 12월에는 얼음을 캐도록 시킨다."26)라고 했고, 『시』에서는 "이양(二陽)의 날에는 얼음을 쿵쿵 깬다."27)라고 했으며, 『예기』「월령(月令)」편에서는 "계동의 달에는 얼음이 두껍고 단단해지며 하천의 물이 단단하게 얼면 얼음을 채취하라고 명한다."28)라고 했고, 정현은 "복(腹)자는 두껍다는 뜻이다."라고 했다. 이러한 기록들을 통해서 해가 북륙에 있다는 것은 하나라 역법으로 12월에 해당한다는 사실을 알 수 있다.

孔疏 ●"聖人"至"爲災". ○正義曰: 無雹, 謂無害物之雹. 雖有依時小雹, 不與物爲災也. 劉炫云: "旣云'無雹', 復云'雖有不爲災'者, 言有相形之勢也. '聖人在上, 無雹', 言必無. '雖有不爲災', 復見無雹之意, 猶論語'祭肉不出三日. 出三日, 不食之矣.'"

편에는 "<u>玄枵, 虛中也.</u>"라는 기록이 있는데, 이에 대한 양백준(楊伯峻)의 주에서는 "<u>玄枵有三宿, 女虛危, 虛宿在中.</u>"이라고 풀이했다.

24) 중기(中氣)에 대해서 설명하자면, 태양력(太陽曆)을 기준으로 한 24기(氣)를 음력(陰曆) 12개월에 배분했을 때, 매월마다 2개의 '기'가 해당된다. 이때 월초에 '기'가 있게 되면, 그것을 절기(節氣)라고 부르며, 중순 이후에 '기'가 있게 되면, 그것을 중기(中氣)라고 부른다.

25) 유흠(劉歆, B.C.53 ~ A.D.23) : 전한(前漢) 때의 경학자이다. 자(字)는 자준(子駿)이다. 후에 이름을 수(秀), 자(字)를 영숙(穎叔)으로 고쳤다. 유향(劉向)의 아들이다. 저서에는 『삼통력보(三統曆譜)』 등이 있다.

26) 『주례』「천관(天官)·능인(凌人)」 : 凌人掌冰, <u>正歲十有二月, 令斬冰</u>, 三其凌.

27) 『시』「빈풍(豳風)·칠월(七月)」 : <u>二之日鑿冰沖沖, 三之日納于凌陰.</u> 四之日其蚤, 獻羔祭韭. 九月肅霜, 十月滌場. 朋酒斯饗, 曰殺羔羊. 躋彼公堂, 稱彼兕觥, 萬壽無疆.

28) 『예기』「월령(月令)·계동(季冬)」【223c】: <u>冰方盛, 水澤腹堅, 命取冰</u>, 冰以入.

번역 ●傳文: "聖人"~"爲災". ○'무박(無雹)'은 사물에게 해를 끼치는 우박이 없다는 뜻이다. 비록 계절에 따라 작은 우박이 내릴 수 있어도 사물에게 재앙이 되지 않는다. 유현은 "이미 '우박이 없다.'라고 했는데, 재차 '비록 내리는 일이 있더라도 재앙이 되지 않는다.'라고 했으니, 상호 그 형세를 드러내는 말이다. '성인이 군주의 자리에 있을 때에는 우박 내리는 일이 없었다.'는 말은 큰 우박이 내리는 일이 결코 없었다는 뜻이다. '비록 내리는 일이 있더라도 재앙이 되지 않는다.'는 말은 재차 큰 우박 내리는 일이 없었다는 뜻을 드러낸 것이니, 『논어』에서 '제사지낸 고기는 3일을 넘기지 않는다. 3일을 넘기게 되면 먹지 못하기 때문이다.'[29]"라고 한 표현과 같다.

전문 "西陸朝覿而出之."

번역 계속하여 신풍은 "태양이 서륙에 있어 규성(奎星)이 새벽녘에 나타나면 얼음을 꺼냈습니다."라고 했다.

杜注 謂夏三月, 日在昴畢, 蟄蟲出而用冰. 春分之中, 奎星朝見東方.

번역 하나라 역법으로 3월을 뜻하니, 태양은 묘수(昴宿)와 필수(畢宿)에 있고, 칩거했던 곤충들이 나타나서 얼음을 사용하게 된다. 춘분은 중기가 되며 규성(奎星)이 새벽녘에 동쪽 하늘에서 나타난다.

孔疏 ◎注"謂夏"至"東方". ○正義曰: 杜以西陸爲三月, 日在大梁之次, 淸明節, 穀雨中. 三統曆云: "大梁之初, 日在胃七度, 爲淸明節; 在昴八度, 爲穀

---

29) 『논어』「향당(鄕黨)」: 齊必變食, 居必遷坐. 食不厭精, 膾不厭細. 食饐而餲, 魚餒而肉敗, 不食. 色惡, 不食. 臭惡, 不食. 失飪, 不食. 不時, 不食. 割不正, 不食. 不得其醬, 不食. 肉雖多, 不使勝食氣. 唯酒無量, 不及亂. 沽酒市脯不食. 不撤薑食, 不多食. 祭於公, 不宿肉. 祭肉, 不出三日. 出三日, 不食之矣. 食不語, 寢不言. 雖疏食菜羹, 瓜祭, 必齊如也.

雨中; 終於畢十一度." 是夏之三月, 日在昴畢. 於是之時, 蟄蟲已出, 有溫暑臭穢, 宜當用冰, 故以時出之也. 歷法: 星去日半次, 則得朝見. 三統曆: "春分日在婁四度, 宿分奎有十六度, 乃次婁." 則春分之日, 奎之初度, 去日已二十度矣, 故春分之中, 得早朝見東方也. 西方凡有七宿, 傳言"西陸朝覲", 於傳之文, 未知何宿覲也. 服虔以爲"二月日在婁四度. 春分之中, 奎始朝見東方, 以是時出冰. 月令'仲春, 天子乃獻羔啓冰', 是也". 服虔又以此言"出之", 卽是仲春啓冰, 故爲此說. 按: 下句再言其藏·其出, 覆此藏·出之文, 言"其出之也, 朝之祿位, 賓食喪祭, 於是乎用之", 卽是班冰之事, 非初啓也. 安得以"出之"爲啓冰也? 如鄭玄答其弟子孫皓問云: "西陸朝覲, 謂四月立夏之時. 周禮夏班冰是也." 與杜說異, 理亦通也. 劉炫云: "春分奎星已見, 杜以夏三月仍云'奎始朝見', 非其義也. 杜·鄭及服三說, 鄭爲近之." 今知非者, 杜以"西陸朝覲", 實是春分二月, 故杜此注云: "春分之中, 奎星朝見東方." 及下"獻羔啓之", 注云"謂二月春分, 獻羔祭韭", 是也. 皆據初出其冰, 公始用之時也. 所以杜又注云"謂夏之三月, 日在昴畢, 蟄蟲出而用冰"者, 以此傳云"西陸朝覲而出之", 下傳覆之云"其出之也, 朝之祿位賓食喪祭於是乎用之". 旣云"朝之祿位賓食喪祭", 則是普賜群臣, 故杜云"謂夏三月". 又下注云"言不獨共公", 是據普班之時也. 故下傳又云"火出而畢賦", 是也. 然冰之初出, 在西陸始朝覲之時. 冰之普出, 在西陸朝覲之後. 總而言之, 亦得稱"西陸朝覲而出之"也. 劉炫不細觀杜意, 以爲杜旣言"春分朝見", 又言"謂夏三月"以規杜失, 非也.

[번역] ◎杜注: "謂夏"~"東方". ○두예는 서육(西陸)을 3월이라고 여기고 태양이 대량(大梁)[30]의 자리에 있으며, 청명이 절기이고 곡우가 중기라고 했다. 『삼통력』에서는 "대량의 처음에는 태양이 위수(胃宿)의 7도에 있으면 청명의 절기가 되고, 묘수(昴宿)의 8도에 있으면 곡우의 중기가 되며, 필수(畢宿) 11도에서 마친다."라고 했다. 이것은 하나라 역법으로 3월이 되

---

30) 대량(大梁)은 12차(次) 중 하나이다. 12진(辰)의 유(酉)와 대응된다. 28수(宿) 중에서 위(胃), 묘(昴), 필(畢)이 여기에 속한다. 『국어(國語)』「진어사(晉語四)」 편에는 "歲在大梁, 將集天行."이라는 기록이 있는데, 이에 대한 위소(韋昭)의 주에서는 "自胃七度至畢十一度爲大梁"이라고 풀이했다.

면 태양이 묘수와 필수에 있다는 사실을 나타낸다. 이 시기에 칩거했던 곤충들이 나타나고 따뜻하고 더운 기운으로 인해 사물이 나쁜 냄새를 내며 상하기 시작하니 마땅히 얼음을 사용해야 한다. 그렇기 때문이 이 시기에 맞춰 얼음을 꺼내는 것이다. 역법에 따르면 별이 태양과 반 차(次) 정도 벌어지게 되면 새벽녘에 나타난다고 했다.『삼통력』에서는 "춘분에는 태양이 누수(婁宿)의 4도에 있고, 별자리는 규수(奎宿)를 나눠 16도를 더 가면 누수에 위치한다."라고 했으니, 춘분의 날에 규수의 1도는 태양과 이미 20도의 거리가 난다. 그렇기 때문에 춘분에 해당하면 새벽녘에 출현하여 동쪽 하늘에서 볼 수 있는 것이다. 서방에 해당하는 별자리는 총 7개가 있는데, 전문에서는 "서륙에 있어 새벽녘에 나타난다."라고 말했으니, 전문의 기록을 통해서는 어떤 별자리가 나타나는지 알 수 없다. 복건은 "2월에 태양은 누수의 4도에 있다. 춘분에 해당하면 규수는 처음으로 새벽녘에 동쪽 하늘에서 나타나니, 이 시기에 얼음을 꺼낸다.『예기』「월령(月令)」편에서 '중춘에 천자는 어린양을 희생물로 바치고 석빙고를 연다.'31)라고 한 말이 이것을 가리킨다."라고 했다. 복건은 또한 이곳에서 '출지(出之)'라고 한 말을 중춘에 석빙고를 여는 것이라고 여겼기 때문에 이처럼 설명한 것이다. 살펴보면 아래구문에서는 재차 장(藏)이라고 말했고 출(出)이라고 말했으며, 이곳에 나온 장(藏)과 출(出)이라는 문장을 풀이하며 "얼음을 꺼낼 때에는 조정에서 녹봉을 받고 있는 자에게 나눠주고 빈객에게 음식을 대접하는 일과 상례와 제례에서 사용한다."라고 했으니, 이것은 얼음을 나눠주는 일에 해당하므로 최초 석빙고를 여는 것이 아니다. 그런데 어떻게 '출지(出之)'라는 말을 석빙고를 연다는 뜻으로 풀이할 수 있겠는가? 정현이 제자인 손호가 질문한 말에 답변한 것을 보면 "서륙조적(西陸朝覿)은 4월 입하인 때를 뜻한다.『주례』에서 여름에 얼음을 나눠준다고 한 말이 바로 이것을 가리킨다."라고 했다. 이것은 두예의 설명과 차이를 보이지만 그 이치는 또한 통한다. 유현은 "춘분이 되면 규성이 이미 나타나는데, 두예는 하나라 역법으로 3월이 되어야만 '규성이 처음으로 새벽녘에 나타난다.'라고 했으

---

31)『예기』「월령(月令)·중춘(仲春)」【195b】：天子乃鮮羔開冰, 先薦寢廟.

니, 잘못된 주장이다. 두예와 정현 및 복건의 세 주장 중 정현의 설명이 정답에 가깝다."라고 했다. 잘못되었다는 사실을 알 수 있는 이유는 두예는 '서륙조적(西陸朝覿)'을 춘분인 2월에 해당한다고 여겼다. 그렇기 때문에 두예는 이곳 주석에서 "춘분은 중기가 되며 규성(奎星)이 새벽녘에 동쪽 하늘에서 나타난다."라고 했고, 아래문장에서 "어린양을 희생물로 바쳐 석빙고를 연다."라고 했으며, 주석에서는 "2월 춘분에 어린양을 희생물로 바치며 부추를 곁들여 제사지내는 것을 뜻한다."라고 말한 것이다. 이 모두는 최초 얼음을 꺼내서, 군주가 처음으로 사용하는 때를 기준으로 말한 것이다. 두예가 주에서 "하나라 역법으로 3월을 뜻하니, 태양은 묘수(昴宿)와 필수(畢宿)에 있고, 칩거했던 곤충들이 나타나서 얼음을 사용하게 된다."라고 말한 것은 이곳 전문에서 "태양이 서륙에 있어 규성(奎星)이 새벽녘에 나타나면 얼음을 꺼냈다."라고 했고, 아래 전문에서는 재차 "얼음을 꺼낼 때에는 조정에서 녹봉을 받고 있는 자에게 나눠주고 빈객에게 음식을 대접하는 일과 상례와 제례에서 사용한다."라고 했으니, 이미 "조정에서 녹봉을 받고 있는 자에게 나눠주고 빈객에게 음식을 대접하는 일과 상례와 제례에서 사용한다."라고 했다면, 뭇 신하들에게 두루 하사한 것이다. 그렇기 때문에 두예는 "하나라 역법으로 3월이다."라고 말한 것이다. 또 아래 주석에서는 "군주에게만 공급하는 것이 아니다."라고 했는데, 이것은 두루 나눠주는 때를 기준으로 한 말이다. 그렇기 때문에 아래 전문에서는 재차 "화성이 출현하면 모두에게 나눠준다."라고 한 것이다. 그렇다면 얼음을 처음 꺼내는 것은 태양이 서륙에 있어 규성이 새벽녘에 나타나는 때에 해당한다. 그리고 얼음을 두루 나눠주는 것은 태양이 서륙에 있어 규성이 새벽녘에 나타난 이후의 일이다. 이것을 총괄적으로 말한다면 또한 "태양이 서륙에 있어 규성이 새벽녘에 나타나면 얼음을 꺼낸다."라고 말할 수 있다. 유현은 두예의 뜻을 자세히 살피지 않고 두예가 이미 "춘분에 새벽녘에 나타난다."라고 말하고 재차 "하나라 역법으로 3월이다."라고 했으므로, 이것으로 두예의 잘못이라 규정하였는데, 잘못된 주장이다.

孔疏 ●"西陸朝覿而出之". ○正義曰: 覿, 見也. 西道之宿, 有星朝見者, 於是而出之, 謂奎星晨見而出冰也.

번역 ●傳文: "西陸朝覿而出之". ○'적(覿)'자는 보인다는 뜻이다. 태양이 운행하는 서쪽 길의 별자리 중에는 새벽녘에 나타나는 별이 있는데, 그 별이 보이는 시기에 얼음을 꺼내는 것으로, 규성(奎星)이 새벽녘에 나타나면 얼음을 꺼낸다는 의미이다.

전문 "其藏冰也, 深山窮谷, 固陰冱寒, 於是乎取之."

번역 계속하여 신풍은 "얼음을 저장할 때에는 깊은 산 깊은 골짜기에서 음기를 가두고 한기를 막아 얼음이 되면, 이곳에서 얼음을 채취합니다."라고 했다.

杜注 冱, 閉也. 必取積陰之冰, 所以道遠其氣, 使不爲災.

번역 '호(冱)'자는 닫는다는 뜻이다. 반드시 음기가 쌓인 곳의 얼음을 채취하는 것은 그 기운을 멀리 인도하여 재앙이 되지 않게끔 하기 위해서이다.

孔疏 ◎注"冱閉"至"爲災". ○正義曰: 周禮"鼈人掌互物". 鄭司農云: "互物, 謂龜鼈有甲㒵胡." 是冱爲閉也. 深山窮谷之冰, 至夏猶未釋. 陽氣起於下, 隔於冰, 伏積而不能出, 憤發或散而爲雹. 藏冰必取此山谷之內積陰之冰, 所以道達其氣, 使不爲災也. 藏冰凌室, 所藏不多, 積陰之冰, 不可取盡. 不取川池之冰, 以示道達其氣耳, 未必陽氣皆待此而達也.

번역 ◎杜注: "冱閉"~"爲災". ○『주례』에서는 "별인(鼈人)은 호물(互物)을 담당한다."[32]라고 했고, 정사농[33]은 "'호물(互物)'은 거북과 자라처

---

32) 『주례』「천관(天官)·별인(鼈人)」: 鼈人掌取互物.
33) 정중(鄭衆, ? ~ A.D.83): =정사농(鄭司農). 후한(後漢) 때의 경학자이다. 자(字)는 중사(仲師)이다. 부친은 정흥(鄭興)이다. 부친에게 『춘추좌씨전(春秋

럼 껍질이 단단하고 두꺼운 것을 뜻한다."라고 했다. 이것은 호(沍)자가 닫는다는 뜻임을 나타낸다. 깊은 산 깊은 골짜기의 얼음은 여름이 되어도 녹지 않는다. 양기는 밑에서 올라오는데 얼음에 막혀 엎드려 쌓이며 분출하지 못하게 되는데, 그 분노가 발산하여 흩어지게 되면 우박이 된다. 얼음을 보관할 때 반드시 이러한 깊은 산 깊은 계곡 안에 음기가 쌓여 만든 얼음을 채취하는 것은 이러한 기운을 인도하여 통하게 해서 재앙이 되지 않게끔 하는 방법이다. 얼음은 석빙고에 저장하게 되는데, 저장한 것이 많지 않은 것은 음기가 쌓여 만든 얼음을 모두 채취할 수 없기 때문이다. 하천의 얼음을 채취하지 않는 것은 그 기운을 인도하여 통하게 하는 뜻을 보이기 때문이니, 반드시 양기가 모두 이 시기가 되어야만 두루 통하게 되는 것은 아니다.

孔疏 ●"其藏"至"取之". ○正義曰: 此傳再言其藏其出者, 上言取之用之之事, 下言藏之出之之禮也. 山則遠而難窮, 故言"深山"也. 谷則近而易盡, 故言"窮谷"也. 固, 牢也. 沍, 閉也. 牢陰閉寒, 言其不得見日寒甚之處, 於是乎取之.

번역 ●傳文: "其藏"~"取之". ○이곳 전문에서는 두 차례 보관한다고 말하고 꺼낸다고 말했는데, 앞에서는 채집하여 사용하는 일을 말한 것이고 뒤에서는 보관하여 꺼내는 예법을 말한 것이다. 산은 상대적으로 멀어서 끝까지 가기가 어렵다. 그렇기 때문에 '심산(深山)'이라고 말했다. 계곡은 상대적으로 가까워서 끝까지 가기가 쉽다. 그렇기 때문에 '궁곡(窮谷)'이라고 말했다. '고(固)'자는 가둔다는 뜻이다. '호(沍)'자는 닫는다는 뜻이다. 음기를 가두고 한기를 닫는 것으로, 해가 비추지 않아 한기가 심한 곳에서 얼음을 채취한다는 뜻이다.

左氏傳)』의 학문을 전수받았다. 또한 그는 대사농(大司農) 등의 관직을 역임하였기 때문에, '정사농'이라고도 불렸다. 한편 정흥과 그의 학문은 정현(鄭玄)에게 많은 영향을 주었기 때문에, 후대에서는 정현을 후정(後鄭)이라고 불렀고, 정흥과 그를 선정(先鄭)이라고도 불렀다. 저서로는 『춘추조례(春秋條例)』, 『주례해고(周禮解詁)』 등을 지었다고 하지만, 현재는 전해지지 않았다.

전문 "其出之也, 朝之祿位, 賓食喪祭, 於是乎用之."

번역 계속하여 신풍은 "얼음을 꺼낼 때에는 조정에서 녹봉을 받고 있는 자에게 나눠주고 빈객에게 음식을 대접하는 일과 상례와 제례에서 사용합니다."라고 했다.

杜注 言不獨共公.

번역 군주에게만 공급하는 것이 아니라는 뜻이다.

孔疏 ●"其出"至"用之". ○正義曰: 此謂公家用之也. 朝廷之臣, 食祿在位, 大夫以上, 皆當賜之冰也. 其公家有賓客享食, 公家有喪有祭, 於是乎用之, 言其不獨共公身所用也. 周禮·凌人云: "春始治鑑, 凡內外饔之膳羞鑑焉, 凡酒漿之酒醴亦如之. 祭祀共冰鑑, 賓客共冰, 大喪共夷槃冰." 是公家所用冰也.

번역 ●傳文: "其出"~"用之". ○이것은 공가(公家)[34]에서 사용하는 것을 뜻한다. 조정의 신하들 중 녹봉이 조정의 반열에 오른 것은 대부 이상의 계층을 뜻하니, 이들 모두에 대해서는 마땅히 얼음을 하사해야 한다. 공가에는 빈객이 찾아와 음식을 대접해야 할 일이 있고, 또 공가에서 상례와 제례를 시행할 때 얼음을 사용한다. 즉 군주 본인이 사용하는 용도로만 공급하는 것이 아니라는 뜻이다. 『주례』「능인(凌人)」편에서 "봄이 되면 비로소 얼음을 담은 항아리에 음식을 담아 관리하며, 내옹(內饔)이나 외옹(外饔)이 음식을 만드는 일에 담는 항아리를 공급하며, 주인(酒人)과 장인(漿人)이 술과 감주를 만드는 일에도 이처럼 한다. 제사에서는 얼음을 채운 항아리를 공급하고 빈객에 대해서는 얼음을 공급하고 대상(大喪) 때에는 이반에 담을 얼음을 공급한다."[35]라고 했다. 이것은 공가에서 얼음을 사용

---

34) 공가(公家)는 일반적으로 제후의 공실(公室)을 뜻한다. 즉 군주의 집안이라는 뜻이다. 또한 '공가'는 조정(朝廷), 국가(國家) 또는 관부(官府)를 가리키기도 하며, 공경(公卿)들의 집을 뜻하기도 한다. 뿐만 아니라 개인과 구별되는 말로 사용되어, 국가 및 정부라는 의미로 사용되기도 한다.

하는 용도를 가리킨다.

전문 "其藏之也, 黑牡秬黍, 以享司寒."

번역 계속하여 신풍은 "얼음을 보관할 때에는 흑색의 수컷 희생물과 검은 기장을 바쳐 사한(司寒)36)에게 제사를 지냅니다."라고 했다.

杜注 黑牡, 黑牲也. 秬, 黑黍也. 司寒, 玄冥, 北方之神. 故物皆用黑. 有事於冰, 故祭其神.

번역 '흑모(黑牡)'는 흑색의 희생물을 뜻한다. '거(秬)'자는 흑색의 기장을 뜻한다. '사한(司寒)'은 현명(玄冥)으로 북쪽 방위를 담당하는 신이다. 그렇기 때문에 사용하는 사물은 모두 흑색의 것을 이용한다. 얼음을 쓸 일이 생겼기 때문에 해당하는 신에게 제사를 지낸다.

孔疏 ◎注"黑牡"至"其神". ○正義曰: 此祭玄冥之神, 非大神, 且非正祭, 計應不用大牲. 杜言"黑牡, 黑牲", 當是"黑牡", 羊也. "秬, 黑黍", 釋草文也. 啓冰唯獻羔·祭韭. 藏冰則祭用牲黍者, 啓唯告而已, 藏則設享祭之禮, 祭禮大而告禮小故也. 月令於冬云"其神玄冥", 故知司寒是玄冥也. 北方之神, 故物皆用黑, 從其方色也. 有事於冰, 故祭其寒神.

번역 ◎杜注: "黑牡"~"其神". ○이것은 현명(玄冥)37)이라는 신에게 제

---

35) 『주례』「천관(天官)·능인(凌人)」: 春始治鑑. 凡外內饔之膳羞, 鑑焉. 凡酒漿之酒醴亦如之. 祭祀, 共冰鑑; 賓客, 共冰.大喪, 共夷槃冰.

36) 사한(司寒)은 겨울을 주관한다는 뜻이며, '사한'을 하는 신(神)은 겨울을 주관하는 동신(冬神)이 된다. 또한 현명(玄冥)을 가리키기도 하며, 방위로 따져서 북방(北方)을 담당하는 신(神)를 뜻하기도 한다. 『춘추좌씨전』「소공(昭公) 4년」편에 대한 두예(杜預)의 주에서는 "司寒, 玄冥, 北方之神."이라고 풀이했다.

37) 현명(玄冥)은 오행(五行) 중 수(水)의 기운을 주관하는 천상의 신(神)이다. 수(水)의 기운을 담당했기 때문에, 그 관부의 이름을 따서 수관(水官)이라고도 부르고, 관부의 수장이라는 뜻에서 수정(水正)이라고도 부른다. '오행' 중 수(水)의 기운은 각 계절 및 방위와 관련되어, '현명'은 겨울과 북쪽에 해당하

사를 지내는 것이며 대신에 대한 것이 아니고 또 정규 제사도 아니므로, 큰 희생물을 사용할 수 없다. 두예는 "'흑모(黑牡)'는 흑색의 희생물을 뜻한다."라고 했는데, 여기에서 말한 '흑모(黑牡)'는 양을 가리킨다. "'거(秬)'자는 흑색의 기장을 뜻한다."라고 했는데, 이것은 『이아』「석초(釋草)」편의 기록이다.38) 석빙고를 열 때에는 어린양을 바치고 부추를 곁들여 제사를 지냈을 뿐인데, 얼음을 보관할 때 희생물과 기장을 제사에 사용하는 것은 열 때에는 단지 고하기만 할 따름이지만 보관하게 되면 제사의 예법에 따르니, 제례는 상대적으로 성대한 것이고 고하는 예법은 상대적으로 작은 것이기 때문이다. 『예기』「월령(月令)」편에서는 겨울에 대해 "해당하는 신은 현명이다."39)라고 했다. 그렇기 때문에 사한이 현명에 해당한다는 사실을 알 수 있다. 북쪽 방위를 담당하는 신이기 때문에 사용하는 사물을 모두 흑색의 것으로 하니, 해당 방위의 색깔에 따르기 때문이다. 얼음을 쓸 일이 있기 때문에 추위를 담당하는 신에게 제사를 지내는 것이다.

는 신이라고도 부른다. 다만 수덕(水德)을 주관했던 상위의 신은 전욱(顓頊)이었고, '현명'은 '전욱'을 보좌했던 신이다. 한편 다른 오관(五官)의 신들과 달리, '현명'에 해당하는 인물에 대해서는 이견(異見)이 있다. 『예기』「월령(月令)」편에는 "其日壬癸, 其帝顓頊, 其神玄冥."이라는 기록이 있는데, 이에 대한 정현의 주에서는 "玄冥, 少皞氏之子曰脩, 曰熙, 爲水官."이라고 풀이한다. 즉 소호씨(少皞氏)의 아들 중 수(脩)와 희(熙)라는 인물이 있었는데, 이들은 생전에 수관(水官)이 되어 공덕(功德)을 쌓았고, 죽어서는 '현명'에 배향되었다고 설명한다. 『여씨춘추(呂氏春秋)』「맹동기(孟冬紀)」편에는 "其日壬癸, 其帝顓頊, 其神玄冥."이라는 기록이 있는데, 이에 대한 고유(高誘)의 주에서는 "玄冥, 官也. 少皞氏之子曰循, 爲玄冥師, 死祀爲水神."이라고 풀이한다. 즉 '현명'은 관직에 해당하는데, '소호씨'의 아들이었던 순(循)이 생전에 '현명'이라는 관부의 수장을 지냈기 때문에, 그가 죽었을 때에는 수신(水神)으로 배향을 했다는 뜻이다.

38) 『이아』「석초(釋草)」 : 虋, 赤苗. 芑, 白苗. 秬, 黑黍. 秠, 一稃二米.

39) 『예기』「월령(月令)·맹동(孟冬)」【216d】 : 其日壬癸, 其帝顓頊, 其神玄冥, 其蟲介, 其音羽, 律中應鍾, 其數六, 其味鹹, 其臭朽, 其祀行, 祭先腎. / 『예기』「월령·중동(仲冬)」【220a】 : 其日壬癸, 其帝顓頊, 其神玄冥, 其蟲介, 其音羽, 律中黃鍾, 其數六, 其味鹹, 其臭朽, 其祀行, 祭先腎. / 『예기』「월령·계동(季冬)」【222c】 : 其日壬癸, 其帝顓頊, 其神玄冥, 其蟲介, 其音羽, 律中大呂, 其數六, 其味鹹, 其臭朽, 其祀行, 祭先腎.

전문 "其出之也, 桃弧棘矢, 以除其災."

번역 계속하여 신풍은 "얼음을 꺼낼 때에는 복숭아나무로 만든 활과 가시나무로 만든 화살을 석빙고 문에 걸어두어 이를 통해 재앙이 될 기운을 제거합니다."라고 했다.

杜注 桃弓棘箭, 所以禳除凶邪, 將御至尊故.

번역 복숭아나무로 만든 활과 가시나무로 만든 화살은 흉악하고 사벽한 기운을 물리치는 것이니, 지극히 존귀한 자를 위해 사용되기 때문이다.

孔疏 ◎注"桃弓"至"尊故". ○正義曰: 說文云: "弧, 木弓也." 謂空用木, 無骨飾也. 服虔云: "桃, 所以逃凶也. 棘矢者, 棘赤有箴, 取其名也. 蓋出冰之時, 置此弓矢於凌室之戶, 所以禳除凶邪. 將御至尊, 故愼其事, 爲此禮也." 此傳言"其出之也", 雖覆上文"出之"之文其實此"出之", 謂二月初出之時, 公將用之, 故設弓矢也. 劉炫云: "此言'出之', 覆上'西陸朝覿', 知是火出時事. 二月已啓, 此方用弓矢者, 二月啓冰始薦宗廟, 此公將用之, 故設弓矢也."

번역 ◎杜注: "桃弓"~"尊故". ○『설문』에서는 "호(弧)는 나무로 만든 활이다."라고 했다. 즉 나무를 이용해서 만들며 짐승의 뼈 장식이 없는 것을 뜻한다. 복건은 "복숭아나무는 흉악한 기운을 피하는 것이며, 가시나무로 만든 화살은 가시나무의 속은 적색이고 뾰족한 돌출부가 있어서 그 명칭을 취한 것이다. 얼음을 꺼낼 때 이러한 활과 화살을 석빙고 문에 걸어두니, 흉악하고 사악한 기운을 물리치는 방법이다. 지극히 존귀한 자를 위해 사용하게 되므로 그 사안을 신중히 처리해서 이러한 예법을 만든 것이다."라고 했다. 이곳 전문에서 '기출지야(其出之也)'라고 한 말은 비록 앞의 문장에서 '출지(出之)'라고 한 말을 되풀이한 것이지만 실제로 이곳에 기록된 '출지(出之)'는 2월이 되어 처음으로 얼음을 꺼낼 때를 뜻하며, 군주를 위해 사용하기 때문에 활과 화살을 설치하는 것이다. 유현은 "여기에서 말한 '출지(出之)'는 앞에서 '서륙조적(西陸朝覿)'이라는 말을 되풀이한 것이니, 이 것은 화성이 출현할 때의 일임을 알 수 있다. 2월에 석빙고를 열게 되면 처음으로 종묘에 바치게 되니, 이것은 군주가 그것을 사용하기 때문에 활 과 화살을 설치하는 것이다."라고 했다.

전문 "其出入也時, 食肉之祿, 冰皆與焉."

번역 계속하여 신풍은 "얼음을 꺼내고 보관할 때, 관부에서 식사를 할 때 고기를 먹게 되는 관리들에게도 얼음을 모두 줍니다."라고 했다.

杜注 食肉之祿, 謂在朝廷治其職事就官食者.

번역 '식육지록(食肉之祿)'이라는 말은 조정에서 그 직무를 처리하고 관 부로 나아가 식사하는 자들을 뜻한다.

孔疏 ◎注"食肉"至"食者". ○正義曰: 在官治事, 官皆給食. 大夫以上, 食 乃有肉. 故魯人謂曹劌曰"肉食者謀之", 又說子雅·子尾之食云"公膳日雙 雞". 是大夫得食肉也. 傳言"食肉之祿", 祿卽此肉是也. 若依禮, 常所合食. 按: 玉藻云: "天子日食少牢, 諸侯日食特牲, 大夫特豕, 士特豚." 則士亦食肉. 但 彼是在家之禮, 非公朝常食也. 杜言"謂在朝廷治其職事就官食者", 以明在官 之食有冰耳. 下云"自命夫命婦, 無不受冰", 謂賜之冰, 受以歸, 在家用之也.

번역 ◎杜注: "食肉"~"食者". ○관부에서 업무를 처리하게 되면 관부 에서는 모두 식사를 공급한다. 대부 이상의 계급은 식사를 할 때 고기가 포함된다. 그렇기 때문에 노나라에서는 조궤에 대해 "고기를 먹는 자들이 계획한 것이다."[40]라고 했고, 또 자아와 자미가 먹는 음식을 설명하며 "공 의 조정에서 업무를 처리하며 먹는 음식에는 날마다 두 마리의 닭고기가

---

40) 『춘추좌씨전』「장공(莊公) 10년」: 十年春, 齊師伐我. 公將戰. 曹劌請見. 其鄉 人曰, "肉食者謀之, 又何間焉?"

포함된다."[41]라고 했다. 이것은 대부가 음식을 먹을 때 고기를 먹게 됨을 나타낸다. 전문에서는 '식육지록(食肉之祿)'이라고 했는데, 이때의 '녹(祿)'은 곧 이러한 고기를 뜻한다. 만약 예법에 따른다면 일상적으로는 그 계급에 합당한 음식이 나오게 된다. 『예기』「옥조(玉藻)」편을 살펴보면 천자는 날마다 식사를 할 때 소뢰(少牢)[42]를 사용하고,[43] 제후는 날마다 식사를 할 때 특생(特牲)[44]을 사용하며,[45] 대부는 한 마리의 돼지를 사용하고, 사는 한 마리의 새끼돼지를 사용한다고 했다. 따라서 사 또한 고기를 먹었던 것이다. 다만 「옥조」편의 내용은 집안에 머물 때의 예법에 해당하며, 군주의 조정에서 일상적으로 먹는 음식이 아니다. 두예는 "조정에서 그 직무를 처리하고 관부로 나아가 식사하는 자들을 뜻한다."라고 했는데, 관부에서 식사를 할 때 얼음이 포함됨을 나타낸 것일 뿐이다. 아래문장에서는 "명부(命夫)와 명부(命婦)로부터 얼음을 받지 않는 자가 없다."라고 했는데, 이것

---

41) 『춘추좌씨전』「양공(襄公) 28년」 : 癸言王何而反之, 二人皆嬖, 使執寢戈而先後之. <u>公膳日雙鷄</u>, 饔人竊更之以鶩. 御者知之, 則去其肉, 而以其洎饋. 子雅・子尾怒.

42) 소뢰(少牢) : '소뢰'는 제사에서 양(羊)과 돼지[豕] 두 가지 희생물을 사용하는 것을 뜻한다. 『춘추좌씨전』「양공(襄公) 22년」편에는 "祭以特羊, 殷以<u>少牢.</u>"라는 기록이 있는데, 이에 대한 두예(杜預)의 주에서는 "四時祀以一羊, 三年盛祭以羊豕. 殷, 盛也."라고 풀이하였다.

43) 『예기』「옥조(玉藻)」【371d~372a】 : 皮弁以日視朝, 遂以食; 日中而餕, 奏而食. <u>日少牢</u>, 朔月大牢. 五飲 : 上水, 漿・酒・醴・酏.

44) 특생(特牲)은 한 종류의 가축을 희생물로 사용한다는 뜻이다. '특(特)'자는 동일 종류의 희생물을 한 마리 사용한다는 뜻이며, 특히 소를 사용할 때 사용하는 용어이기도 하다. 『춘추좌씨전』「양공(襄公) 9년」편에는 "祈以幣更, 賓以<u>特牲.</u>"이라는 기록이 있고, 이에 대한 양백준(楊伯峻)의 주에서는 "款待貴賓, 只用一種牲畜. 一牲曰特."이라고 풀이했다. 그런데 어떠한 가축을 사용했는가에 대해서는 주석들마다 차이가 있다. 『국어(國語)』「초어하(楚語下)」편에는 "大夫擧以<u>特牲</u>, 祀以少牢."라는 기록이 있고, 이에 대한 위소(韋昭)의 주에서는 "特牲, 豕也."라고 풀이했다. 또한 『예기』「교특생(郊特牲)」편에 대한 육덕명(陸德明)의 제해(題解)에서는 "郊者, 祭天之名, 用一牛, 故曰特牲."이라고 풀이했다. 즉 '특생'으로 사용되는 가축은 '시(豕: 돼지)'도 될 수 있으며, 소도 될 수 있다.

45) 『예기』「옥조(玉藻)」【372d~373a】 : 又朝服以食, <u>特牲</u>三俎祭肺; 夕深衣, 祭牢肉. 朔月少牢, 五俎四簋. 子卯稷食菜羹. 夫人與君同庖.

은 얼음을 하사하여, 그것을 받아 되돌아가 집에서 사용하는 것을 말한다.

전문 "大夫命婦, 喪浴用冰."

번역 계속하여 신풍은 "대부와 명부(命婦)는 상을 치르며 시신을 목욕시키고 나서 얼음을 사용합니다."라고 했다.

杜注 命婦, 大夫妻.

번역 '명부(命婦)'는 대부의 아내를 뜻한다.

孔疏 ●"大夫"至"用冰". ○正義曰: 喪服傳曰: "大夫弔於命婦, 錫衰. 命婦弔於大夫, 亦錫衰." 此傳與彼命婦之文, 皆與大夫相對, 故杜知是大夫妻也. 喪大記云: "君設大盤, 造冰焉; 大夫設夷盤, 造冰焉; 士倂瓦盤, 無冰." 鄭玄云: "禮, 自仲春之後, 尸旣襲, 旣小斂, 先內冰盤中, 乃設於其上, 不施席而遷尸焉. 秋涼而止." 士喪禮, 君賜冰亦用夷盤, 是當喪之時, 特賜之冰, 浴訖乃設, 故云"喪浴用冰".

번역 ●傳文: "大夫"~"用冰". ○『의례』「상복(喪服)」편의 전문에서는 "대부가 명부에게 조문을 할 때에는 석최(錫衰)[46]를 착용한다. 명부가 대부에게 조문을 할 때에도 석최를 착용한다."[47]라고 했다. 이곳 전문과 「상복」편에 나온 '명부(命婦)'는 모두 대부와 대비하여 기록하고 있다. 그렇기 때문에 두예는 대부의 아내가 됨을 알 수 있었던 것이다. 『예기』「상대기(喪大記)」편에서는 "군주의 경우에는 침상 밑에 대반(大盤)을 설치하고 그 안에 얼음을 채운다. 대부의 경우에는 침상 밑에 이반(夷盤)을 설치하고 그 안에 얼음을 채운다. 사의 경우에는 와반(瓦盤)을 나란히 설치하되 얼음은 없고 물만 채운다."[48]라고 했고, 정현은 "예법에 따르면 중춘으로부터 그

---

46) 석최(錫衰)는 가는 베로 만든 옷으로, 일종의 상복(喪服)에 해당한다. 천자의 경우, 삼공(三公)이나 육경(六卿)의 상(喪)에 착용했던 복장이다.

47) 『의례』「상복(喪服)」: 大夫弔於命婦錫衰. 命婦弔於大夫亦錫衰.

이후에 시신에 대해서 습(襲)49)을 하고, 소렴(小斂)50)을 끝낼 때, 우선적으로 반(盤) 안에 얼음을 채우고, 그 위에 침상을 놓게 되며, 자리를 깔지 않고 그 위에 시신을 옮겨둔다. 가을이 되어 서늘해지면 이처럼 하지 않는다.”라고 했다. 『의례』「사상례(士喪禮)」편에서도 군주가 얼음을 하사하면 또한 이반을 사용한다고 했으니, 이것은 상을 당했을 때 특별히 얼음을 하사하면 목욕을 마친 뒤 설치한다. 그렇기 때문에 “상을 치르며 시신을 목욕시키고 나서 얼음을 사용한다.”라고 했다.

전문 “祭寒而藏之①, 獻羔而啓之②.”

번역 계속하여 신풍은 “사한(司寒)에게 제사지내고 얼음을 보관하며, 어린양을 희생물로 바치고 석빙고를 엽니다.”라고 했다.

杜注-① 享司寒.

번역 사한(司寒)에게 제사를 지낸다는 뜻이다.

杜注-② 謂二月春分獻羔·祭韭, 開冰室.

번역 2월 춘분이 되면 어린양을 희생물로 바치고 부추를 곁들여 제사를 지내고서 석빙고를 연다는 뜻이다.

孔疏 ◎注“謂二”至“冰室”. ○正義曰: 詩云: “四之日其蚤, 獻羔祭韭.” 四之日, 卽夏之二月也. 告神而始開冰室, 始薦宗廟; 薦神之後, 公遂用之, 俱在

---

48) 『예기』「상대기(喪大記)」【533b】: <u>君設大盤, 造冰焉. 大夫設夷盤, 造冰焉. 士倂瓦盤, 無冰.</u> 設牀襢第, 有枕. 含一牀, 襲一牀, 遷尸于堂又一牀, 皆有枕席, 君大夫士一也.

49) 습(襲)은 시신에 옷을 입히는 의식 절차이다. 한편 시신에 입히는 옷 자체도 ‘습’이라고 불렀다.

50) 소렴(小斂)은 상례(喪禮) 절차 중 하나이다. 죽은 자의 시신을 목욕시키고, 의복을 착용시키며, 그 위에 이불 등으로 감싸는 절차를 뜻한다.

春分之月.

【번역】 ◎杜注: "謂二"~"冰室". ○『시』에서는 "사양(四陽)의 날 아침에는 어린양을 바치고 부추를 곁들여 제사지낸다."[51]라고 했다. '사지일(四之日)'은 하나라 역법으로 2월에 해당한다. 신에게 아뢰고 처음으로 석빙고를 열며, 처음으로 종묘에 바치게 되고, 신에게 바친 이후에는 군주가 그것을 사용하는데, 이 모두는 춘분이 속한 달에 시행된다.

【孔疏】 ●"祭寒"至"啓之". ○正義曰: 上已云"其藏冰也, 黑牡秬黍, 以享司寒", 今復云"祭寒而藏之", 與上一事而重其文者, 欲明獻羔而啓之, 還是獻之於寒神, 故更使"藏之"·"啓之"文相對也.

【번역】 ●傳文: "祭寒"~"啓之". ○앞에서는 이미 "얼음을 보관할 때에는 흑색의 수컷 희생물과 검은 기장을 바쳐 사한에게 제사를 지낸다."라고 했는데, 이곳에서는 재차 "사한에게 제사지내고 얼음을 보관한다."라고 했으니, 앞에 기록된 한 가지 사안과 그 문장이 중복된다. 이것은 어린양을 바쳐서 석빙고를 여는 것도 추위를 담당하는 사한의 신에게 바치는 것임을 나타내고자 한 것이다. 그렇기 때문에 재차 '장지(藏之)'와 '계지(啓之)'라고 기록하여 문장을 대비시킨 것이다.

【전문】 "公始用之①. 火出而畢賦②."

【번역】 계속하여 신풍은 "군주가 먼저 사용합니다. 화성이 출현하면 모두에게 나눠줍니다."라고 했다.

【杜注-①】 公先用, 優尊.

---

51) 『시』「빈풍(豳風)·칠월(七月)」: 二之日鑿冰沖沖, 三之日納于凌陰. 四之日其蚤, 獻羔祭韭. 九月肅霜, 十月滌場. 朋酒斯饗, 曰殺羔羊. 躋彼公堂, 稱彼兕觥, 萬壽無疆.

번역 군주가 먼저 사용하니, 존귀한 자를 우대하기 때문이다.

杜注-② 火星昏見東方, 謂三月·四月中.

번역 화성이 저물녘에 동쪽 하늘에서 나타난다는 뜻으로, 3월과 4월경을 뜻한다.

孔疏 ◎注"火星"至"月中". ○正義曰: 十七年傳云: "火出於夏爲三月, 於商爲四月, 於周爲五月." 此云"火出而畢賦", 謂以火出而後賦之, 以火出爲始也. 周禮云"夏頒冰", 爲正歲之夏, 卽四月是也, 故杜兼言四月.

번역 ◎杜注: "火星"~"月中". ○17년 전문에서는 "화성이 출현하는 것은 하나라의 역법으로는 3월에 해당하고, 은나라의 역법으로는 4월에 해당하며, 주나라의 역법으로는 5월에 해당한다."52)라고 했다. 이곳에서는 "화성이 출현하면 모두에게 나눠준다."라고 했는데, 화성이 출현한 이후에 나눠준다는 뜻으로, 화성이 출현하는 것을 기점으로 삼기 때문이다. 『주례』에서는 "여름이 되면 얼음을 나눠준다."53)라고 했는데, 하나라의 역법에 따른 여름으로, 곧 4월에 해당한다. 그렇기 때문에 두예는 4월까지도 함께 언급한 것이다.

전문 "自命夫命婦, 至於老疾, 無不受冰①. 山人取之, 縣人傳之②."

번역 계속하여 신풍은 "명부(命夫)54)와 명부(命婦)로부터 노인과 병에

---

52) 『춘추좌씨전』「소공(昭公) 17년」: <u>火出, 於夏爲三月, 於商爲四月, 於周爲五月.</u> 夏數得天, 若火作, 其四國當之, 在宋·衛·陳·鄭乎!
53) 『주례』「천관(天官)·능인(凌人)」: <u>夏頒冰</u>, 掌事.
54) 명부(命夫)는 천자로부터 작명(爵命)을 받은 남자를 일컫는 용어이다. 내명부(內命夫)와 외명부(外命夫)로 나뉘는데, 내명부는 경(卿), 대부(大夫), 사(士)들 중에서 천자의 궁중(宮中)에서 근무하는 자들을 가리키고, 조정(朝廷)에 있는 자들을 외명부라고 부른다. 『주례』「천관(天官)·혼인(閽人)」편에는 "凡<u>外內命夫命婦出入, 則爲之闢.</u>"이라는 기록이 있는데, 이에 대한 가공언(賈

걸린 자에 이르기까지 얼음을 받지 않은 자가 없었습니다. 산을 담당하는 관리가 얼음을 채취하고 현(縣)을 담당하는 관리가 그것을 전달합니다."라고 했다.

杜注-① 老, 致仕在家者.

번역 '노(老)'는 나이가 들어 벼슬에서 물러나 집에 머물러 있는 자를 뜻한다.

杜注-② 山人, 虞官. 縣人, 遂屬.

번역 '산인(山人)'은 우(虞)라는 관리이다. '현인(縣人)'은 수(遂)55)에 속한 관리이다.

孔疏 ◎注"山人"至"遂屬". ○正義曰: 周禮"山虞掌山林之政令", 知山人

公彦)의 소(疏)에는 "內命夫, 卿大夫士之在宮中者, 謂若宮正所掌者也. 對在朝卿大夫士爲外命夫."라고 풀이하였다.

55) 수(遂)는 주(周)나라 때 원교(遠郊) 밖에 설치되었던 행정구역이다. 원교 안에는 6개의 향(鄕)을 설치했고, 원교 밖에는 6개의 '수'를 설치했다. 『서』「주서(周書)·비서(費誓)」편에는 "魯人三郊三遂, 峙乃楨幹."이란 기록이 있는데, 이에 대한 채침(蔡沈)의 『집전(集傳)』에서는 "國外曰郊, 郊外曰遂."라고 풀이했다. 후대의 해석으로는 송대(宋代)의 이여호(李如箎)가 『동원총설(東園叢說)』「삼례설(三禮說)·향수(鄕遂)」편에서 "周家鄕遂之制, 兵寓其中. 近國爲鄕, 爲鄕者六. 郊之外爲遂, 爲遂亦六."이라고 했던 해석이 있고, 또 청대(淸代)의 운경(惲敬)은 『삼대인혁론이(三代因革論二)』에서 "古之爲國有軍有賦, 軍出於郊者也, 賦出於遂者也."라고 했다. 즉 향(鄕)에서는 군대를 동원했고, '수'에서는 부역을 징수했다는 설명이다. 또 『주례』에 따르면, '수'는 5개의 현(縣)이 모인 행정규모이다. '수' 밑에는 현(縣)을 비롯하여 비(鄙), 찬(酇), 리(里), 린(鄰)의 행정단위가 있었다. '수'를 기준으로 봤을 때, 1개의 '수'는 5개의 현(縣), 25개의 비(鄙), 125개의 찬(酇), 500개의 리(里), 2500개의 린(鄰), 12500개의 가(家) 규모가 된다. 즉 향(鄕)의 규모와 같은 크기이다. 『주례』「지관(地官)·수인(遂人)」편에는 "五家爲鄰, 五鄰爲里, 四里爲酇, 五酇爲鄙, 五鄙爲縣, 五縣爲遂."라는 기록이 있다.

虞官也. 周禮"五縣爲遂", 是縣爲遂之屬也.

번역 ◎杜注: "山人"~"遂屬". ○『주례』에서는 "산우(山虞)는 산림에 대한 정령을 담당한다."[56]라고 했다. 그러므로 산인(山人)이 우(虞)라는 관리임을 알 수 있다. 『주례』에서는 "5개의 현(縣)은 1개의 수(遂)가 된다."[57]라고 했으니, 이것은 현이 수에 속한 행정단위임을 나타낸다.

전문 "輿人納之, 隸人藏之①. 夫冰以風壯②, 而以風出③. 其藏之也周④, 其用之也徧⑤, 則冬無愆陽⑥, 夏無伏陰⑦, 春無淒風⑧, 秋無苦雨⑨."

번역 계속하여 신풍은 "수레를 담당하는 미천한 관리가 그것들을 거둬들이고, 노역을 하는 예(隸)라는 관리가 그것을 보관합니다. 얼음은 차가운 바람을 통해 견고해지고 봄바람이 불면 꺼내서 씁니다. 얼음을 보관할 때 촘촘하게 쌓고, 그것을 쓸 때 두루 돌아가게 하면, 겨울에는 이상스레 따뜻한 날이 없고, 여름에는 이상스레 추운 날이 없으며, 봄에는 싸늘한 바람이 불지 않고, 가을에는 장맛비가 내리지 않습니다."라고 했다.

杜注-① 輿·隸, 皆賤官.

번역 '여(輿)'와 '예(隸)'는 모두 미천한 관리에 해당한다.

杜注-② 冰因風寒而堅.

번역 얼음은 차가운 바람으로 인해 단단해진다.

杜注-③ 順春風而散用.

---

56) 『주례』「지관(地官)·산우(山虞)」: 山虞掌山林之政令, 物爲之厲而爲之守禁.
57) 『주례』「지관(地官)·수인(遂人)」: 以土地之圖經田野, 造縣鄙形體之法. 五家爲鄰, 五鄰爲里, 四里爲酇, 五酇爲鄙, 五鄙爲縣, 五縣爲遂, 皆有地域, 溝樹之. 使各掌其政令刑禁, 以歲時稽其人民, 而授之田野, 簡其兵器, 敎之稼穡.

번역 봄바람이 불어오는 것에 따라 꺼내서 사용한다.

杜注-④ 周, 密也.

번역 '주(周)'자는 촘촘하다는 뜻이다.

杜注-⑤ 及老疾.

번역 노인과 병에 걸린 자에게까지 돌아간다는 뜻이다.

杜注-⑥ 愆, 過也. 謂冬溫.

번역 '건(愆)'자는 허물을 뜻한다. 겨울에 따뜻해진다는 의미이다.

杜注-⑦ 伏陰, 謂夏寒.

번역 '복음(伏陰)'은 여름에 춥다는 뜻이다.

杜注-⑧ 凄, 寒也.

번역 '처(凄)'자는 춥다는 뜻이다.

杜注-⑨ 霖雨爲人所患苦.

번역 장맛비는 사람들에게 고통을 안겨준다.

孔疏 ◎注“霖雨爲人所患苦”. ○正義曰: 詩云“以祈甘雨”, 此云“苦雨”. 雨水一也, 味無甘苦之異, 養物爲甘害物爲苦耳. 月令云: “孟夏行秋令, 則苦雨數來, 五穀不滋.” 是霖雨爲人所患, 謂之“苦”也. 鄭玄云: “申之氣乘之, 苦雨, 白露之類, 時物得而傷也.”

번역　◎杜注: "霖雨爲人所患苦". ○『시』에서는 "단비가 내리길 기원한다."[58]라고 했고, 이곳에서는 '쓴 비'라고 했다. 빗물은 동일하므로 맛에 있어서 달거나 쓴 차이가 없고, 사물을 길러주는 것은 달고 사물을 해치는 것은 쓸 따름이다. 『예기』「월령(月令)」편에서는 "맹하의 달에 맹추의 정령을 시행하게 된다면, 오래도록 내려 백성들에게 고통을 주는 비가 자주 내리고 오곡(五穀)[59]이 무성하게 자라나지 못한다."[60]라고 했다. 이것은 장맛비가 사람들에게 고통을 주어 '고(苦)'라고 부른다는 사실을 나타낸다. 정현은 "신(申: =7월)의 기운이 맹하의 기운을 올라탄 것이다. 고우(苦雨)는 백로(白露)[61]의 부류이니, 이 시기의 사물들이 비에게 손상을 받는 것이다."라고 했다.

전문　"雷出不震."

번역　계속하여 신풍은 "천둥이 쳐도 벼락은 치지 않습니다."라고 했다.

---

58) 『시』「소아(小雅)·보전(甫田)」 : 以我齊明, 與我犧羊, 以社以方. 我田旣臧, 農夫之慶. 琴瑟擊鼓, 以御田祖. <u>以祈甘雨</u>, 以介我稷黍, 以穀我士女.

59) 오곡(五穀)은 곡식을 총칭하는 말로 사용되는데, 본래 다섯 가지 곡식을 뜻한다. 그러나 다섯 가지 곡식이 구체적으로 무엇을 가리키는지에 대해서는 이견이 많다. 『주례』「천관(天官)·질의(疾醫)」편에는 "以五味·五穀·五藥養其病."이라는 기록이 있고, 이에 대한 정현의 주에서는 "五穀, 麻·黍·稷·麥·豆也."라고 풀이했다. 즉 이 문장에서는 '오곡'을 마(麻)·메기장[黍]·차기장[稷]·보리[麥]·콩[豆]으로 설명하고 있다. 그리고 『맹자』「등문공상(滕文公上)」편에는 "樹藝五穀, 五穀熟而民人育."이라는 기록이 있고, 이에 대한 조기(趙岐)의 주에서는 "五穀謂稻·黍·稷·麥·菽也."라고 풀이했다. 즉 이 문장에서는 '오곡'을 쌀[稻]·메기장[黍]·차기장[稷]·보리[麥]·대두[菽]로 설명하고 있다. 그리고 『초사(楚辭)』「대초(大招)」편에는 "五穀六仞."이라는 기록이 있는데, 이에 대한 왕일(王逸)의 주에서는 "五穀, 稻·稷·麥·豆·麻也."라고 풀이했다. 즉 이 문장에서는 '오곡'을 쌀[稻]·차기장[稷]·보리[麥]·콩[豆]·마(麻)로 설명하고 있다. 이 외에도 각종 주석에 따라 해당 작물이 달라진다.

60) 『예기』「월령(月令)·맹하(孟夏)」【201d】 : <u>孟夏, 行秋令, 則苦雨數來, 五穀不滋</u>, 四鄙入保.

61) 백로(白露)는 가을에 내리는 서리이다. 『시』「진풍(秦風)·겸가(蒹葭)」편에는 "蒹葭蒼蒼, <u>白露爲霜</u>."이라는 기록이 있다.

杜注 震, 霆也.

번역 '진(震)'자는 벼락을 뜻한다.

孔疏 ◎注“震霆也”. ○正義曰: 說文云: “震, 劈歷震物者.” 釋天云: “疾雷爲霆霓.” 郭璞云: “雷之急激者謂劈歷.” 則霆是震之別名. “雷出不震”, 言有雷而不爲霹靂也. 下云“雷不發而震”, 言無雷而有霹靂也.

번역 ◎杜注: “震霆也”. ○『설문』에서는 “진(震)은 몹시 심하게 벼락이 쳐서 사물을 떨리게 만드는 것이다.”라고 했고,『이아』「석천(釋天)」편에서는 “몹시 심한 벼락을 정예(霆霓)라고 한다.”[62]라고 했으며, 곽박은 “천둥 중에서도 매우 급하고 격렬하게 치는 것을 벽력(劈歷)이라고 한다.”라고 했으니, 정(霆)은 진(震)의 별칭이다. “천둥이 쳐도 벼락은 치지 않는다.”는 말은 천둥은 쳐도 몹시 심하게 내리치는 벼락이 되지 않는다는 뜻이다. 아래문장에서 “천둥이 치지 않았는데도 벼락이 친다.”라고 했는데, 천둥은 없어도 몹시 심하게 벼락이 내리친다는 뜻이다.

전문 “無菑霜雹, 癘疾不降.”

번역 계속하여 신풍은 “서리와 우박은 재해가 되지 않고, 역병이 생기지 않습니다.”라고 했다.

杜注 癘, 惡氣也.

번역 '여(癘)'는 사악한 기운을 뜻한다.

孔疏 ●“無菑”至“不降”. ○正義曰: 霜雹卽是菑. 言無此菑害之霜雹也. 寒暑失時, 則民多癘疾. 癘疾, 天氣爲之, 故云“降”也.

---

62)『이아』「석천(釋天)」: 疾雷爲霆霓.

번역 ●傳文: "無菑"~"不降". ○서리와 우박은 재해가 된다. 재해가 되는 서리와 우박이 없다는 뜻이다. 추위와 더위가 적정시기를 잃게 되면 백성들에게는 역병이 많이 발생한다. 역병은 하늘의 기운이 만들어내는 것이다. 그렇기 때문에 "내린다."라고 했다.

전문 "民不夭札."

번역 계속하여 신풍은 "백성들은 요절하지 않습니다."라고 했다.

杜注 短折爲夭, 夭死爲札.

번역 짧게 끊어지는 것은 요(夭)가 되고, 어려서 죽는 것은 찰(札)이 된다.

孔疏 ◎注"短折"至"爲札". ○正義曰: 洪範"六極: 一曰凶短折". 孔安國曰: "短未六十, 折未三十." 是短折爲少夭之名也. 周禮·膳夫"大札則不擧". 鄭玄云: "大札, 疫癘也." 謂遭疫癘而夭死也. 癘疾, 謂民病. 大札, 謂人死. 故云"夭死爲札".

번역 ◎杜注: "短折"~"爲札". ○『서』「홍범(洪範)」편에서는 "여섯 종류의 흉악한 일은 첫 번째는 흉악하게 단절(短折)하는 것이다."[63]라고 했다. 공안국은 "단(短)은 아직 60세가 되기 이전에 죽은 것이고, 절(折)은 아직 30세가 되기 이전에 죽은 것이다."라고 했다. 이것은 '단절(短折)'이 젊어서 죽었다는 명칭이 됨을 나타낸다. 『주례』「선부(膳夫)」편에서는 "대찰(大札)이 들면 성찬을 들지 않는다."[64]라고 했다. 정현은 "대찰(大札)은 역병을 뜻한다."라고 했다. 즉 역병에 걸려 요절한 것을 뜻한다. 역병은 백성들이 병에 걸린 것을 뜻한다. 대찰은 백성들이 죽은 것을 뜻한다. 그렇기 때문에

---

63) 『서』「주서(周書)·홍범(洪範)」: 六極, 一曰凶短折, 二曰疾, 三曰憂, 四曰貧, 五曰惡, 六曰弱.

64) 『주례』「천관(天官)·선부(膳夫)」: 大喪則不擧, 大荒則不擧, 大札則不擧, 天地有裁則不擧, 邦有大故則不擧.

"어려서 죽는 것은 찰(札)이 된다."라고 했다.

전문 "今藏川池之冰, 棄而不用①. 風不越而殺, 雷不發而震②."

번역 계속하여 신풍은 "그런데 지금은 하천의 얼음을 보관하고, 버리며 나눠주지 않습니다. 그래서 바람이 흩어지지 않아 만물을 죽이고 천둥이 치지 않았는데도 벼락이 칩니다."라고 했다.

杜注-① 旣不藏深山窮谷之冰, 又火出不畢賦, 有餘則棄之.

번역 깊은 산 깊은 계곡에 어는 얼음을 캐서 보관하지 않았고, 또 화성이 출현했는데도 모두 나눠주지 않았으며, 남은 것은 그냥 버렸다는 뜻이다.

杜注-② 越, 散也. 言陰陽失序, 雷風爲害.

번역 '월(越)'자는 흩어진다는 뜻이다. 음양의 기운이 질서를 잃었고, 천둥과 바람이 피해를 입혔다는 뜻이다.

孔疏 ●"風不"至"而震". ○正義曰: 風不以理舒散, 而暴疾殺物; 雷不徐緩動發, 而震擊爲害.

번역 ●傳文: "風不"~"而震". ○바람이 이치에 맞게 천천히 흩어지지 않아 사납고 매섭게 불어 사물을 해치고, 천둥이 천천히 움직이지 않아서 벼락이 쳐서 피해를 입혔다는 뜻이다.

전문 "雹之爲菑, 誰能禦之? 七月之卒章, 藏冰之道也."

번역 계속하여 신풍은 "우박이 재앙이 됨을 그 누가 막을 수 있겠습니까? 『시』「칠월(七月)」편의 마지막 장은 얼음 보관하는 법도를 말한 것입니다."라고 했다.

杜注 七月, 詩·豳風. 卒章曰: “二之日鑿冰沖沖”, 謂十二月鑿而取之. “三之日納于凌陰”, 凌陰, 冰室也. “四之日其蚤, 獻羔祭韭”, 謂二月春風, 蚤開冰室, 以薦宗廟.

번역 「칠월(七月)」편은 『시』「빈풍(豳風)」에 속한 시이다. 마지막 장에서 “이양(二陽)의 날에는 얼음을 쿵쿵 깬다.”라고 했는데, 이것은 12월에 얼음을 깨서 채집한다는 뜻이다. “삼양(三陽)의 날에는 석빙고에 얼음을 넣는다.”라고 했는데, ‘능음(凌陰)’은 석빙고를 뜻한다. “사양(四陽)의 날 아침에는 어린양을 바치고 부추를 곁들여 제사지낸다.”라고 했는데, 2월에 봄바람이 불면 일찍 석빙고를 열어서 종묘에 바친다는 뜻이다.65)

孔疏 ◎注“七月”至“宗廟”. ○正義曰: 凌人: “十二月, 令斬冰.” 月令十二月令取冰, 當是卽以其月納於凌室也. 詩言“三之日納于凌陰”, 卽是正月矣. 不以鑿冰之月卽納之者, 鄭玄云: “豳土晩寒, 可以正月納冰.” 言由晩寒故也. 上言將欲頒賦, “公始用之”, 知蚤開冰室, 唯薦宗廟. 何休膏肓難此云: “春秋書‘雹’, 以爲政之所致, 非由冰也. 若今朝廷藏冰, 亦不於深山窮谷, 何故或無雹? 天下郡縣皆不藏冰, 何故或不雹? 若言有之於古者, 必有驗於今. 此其不合於義, 失天下相與之意.” 鄭玄箴之曰: “雨雹, 政失之所致, 是固然也. 國之失政, 君子知其大者, 其次知其小者. 藏冰之禮, 凌人掌之, 月令載之, 豳詩歌之, 此獨非政與? 故其小者耳. 夫深山窮谷, 固陰沍寒, 極陰之處, 冰凍所聚, 不取其冰, 則氣畜不泄, 結滯而爲伏陰. 凡雨水, 陽也. 雪雹, 陰也. 雨水而伏陰薄之, 則凝而爲雹. 雨雪而惌陽薄之, 則合而爲霰. 申豐見時失藏冰之禮而有雹, 推之陰陽, 知此伏陰所致, 亦聖人之寓言也. 詳載其言者, 以著藏冰之禮, 不可廢耳.” 炫謂鄭言是也. 申豐寄言於此, 以諫失政, 其雹不是盡由冰也.

번역 ◎杜注: “七月”~“宗廟”. ○『주례』「능인(凌人)」편에서는 “12월에

---

65) 『시』「빈풍(豳風)·칠월(七月)」: <u>二之日鑿冰沖沖, 三之日納于凌陰. 四之日其蚤, 獻羔祭韭</u>. 九月肅霜, 十月滌場. 朋酒斯饗, 曰殺羔羊. 躋彼公堂, 稱彼兕觥, 萬壽無疆.

는 얼음을 캐도록 시킨다."[66]라고 했고,『예기』「월령(月令)」편에서는 12월에 얼음을 채취하도록 시킨다고 했으니,[67] 얼음을 캐는 12월에 석빙고에 보관하게 된다.『시』에서는 "삼양(三陽)의 날에는 석빙고에 얼음을 넣는다."라고 했는데, 이것은 곧 정월을 가리킨다. 얼음을 캐는 달에 곧바로 보관하지 않는 것에 대해 정현은 "빈(豳)이라는 땅은 늦게까지 추위가 기승을 부려 정월에 얼음을 보관해도 괜찮다."라고 했다. 즉 추위가 늦게 물러나기 때문이라는 의미이다. 앞에서는 얼음을 나눠주려고 할 때 "공이 처음으로 사용한다."라고 했으니, 일찍 석빙고를 여는 것은 종묘에 바치기 위해서임을 알 수 있다. 하휴의『고황』에서는 이러한 주장을 비판하며 "『춘추』에서는 우박을 기록한 것은 시행한 정치를 통해 나타난 것이라 여긴 것이며, 얼음 때문이 아니다. 만약 지금의 조정에서 얼음을 보관할 때 깊은 산 깊은 계곡에 하지 않는다면 무슨 이유로 우박이 없을 수 있다고 했겠는가? 또 천하의 군과 현에서 모두 얼음을 보관하지 않았다면 무슨 이유로 우박이 없을 수 있다고 했겠는가? 만약 옛날에 이러한 것이 있었다고 말하고자 한다면 반드시 오늘날 그것을 증험해야 한다. 이것은 도의에 합치되지 않고, 천하 사람들이 서로 함께 한다는 뜻에도 어긋난다."라고 했다. 정현은 그 말을 경계하며 "비와 우박은 정치가 잘못되어 나타난 현상이라는 말은 정말로 그러하다. 나라에서 실정을 하게 되면 군자는 그 중에서도 큰 대목을 알게 되고, 그 다음 등급의 사람은 작은 것을 알게 된다. 얼음을 보관하는 예법은 능인이 담당하니, 「월령」편에서는 그 사안을 기록하였고 빈 땅의 시에서는 그 사안을 노래한 것인데, 어찌 유독 정치적인 것이 아니라 하겠는가? 그러므로 정치적인 것 중에서도 작은 것일 따름이다. 깊은 산과 깊은 계곡은 음기를 가두고 한기를 막으니, 극음(極陰)의 장소가 되어 얼음이 얼어 이곳에 쌓이게 되는데, 이곳의 얼음을 채취하지 않는다면 기운이 쌓이기만 하고 새지 않고, 응결되어 복음(伏陰)이 된다. 비와 물은 양에 해당하고 눈과 우박은 음에 해당한다. 비와 물을 복음이 옅게 만든다면 응결

---

66)『주례』「천관(天官)·능인(凌人)」:凌人掌冰, 正歲<u>十有二月</u>, <u>令斬冰</u>, 三其凌.
67)『예기』「월령(月令)·계동(季冬)」【223c】:冰方盛, 水澤腹堅, <u>命取冰</u>, 冰以入.

되어 우박이 된다. 비와 눈을 건양(愆陽)이 엷게 만든다면 뭉쳐져 싸라기눈
이 된다. 신풍은 당시 얼음을 보관하는 예법이 잘못되어 우박이 내린 것을
보고서 음양의 뜻으로 미루어 이것은 복음이 발생시킨 것임을 알았는데,
이 또한 성인의 우언이다. 그 말을 상세히 기록하여 얼음 보관하는 예법은
폐지할 수 없음을 드러내었다."라고 했다. 유현은 정현의 말이 옳다고 평했
다. 신풍은 이곳에서 이러한 말에 의탁해 실정을 간언한 것이니, 우박이
모두 얼음 때문에 내린 것은 아니다.

참고 『예기』「상대기(喪大記)」 기록

경문-533b 君設大盤, 造冰焉. 大夫設夷盤, 造冰焉. 士倂瓦盤, 無冰. 設牀
襢第, 有枕. 含一牀, 襲一牀, 遷尸于堂又一牀, 皆有枕席, 君大夫士一也.

번역 군주의 경우에는 침상 밑에 대반(大盤)을 설치하고 그 안에 얼음
을 채운다. 대부의 경우에는 침상 밑에 이반(夷盤)을 설치하고 그 안에 얼
음을 채운다. 사의 경우에는 와반(瓦盤)을 나란히 설치하되 얼음은 없고
물만 채운다. 침상을 설치하고 자리를 걷어 대자리가 드러나도록 하며, 베
개를 둔다. 함(含)[68]을 할 때 하나의 침상이 놓이고, 습(襲)을 할 때 하나의
침상이 놓이며, 당(堂)으로 시신을 옮길 때에도 또한 하나의 침상이 놓이는
데, 이 모든 경우에는 베개와 자리가 포함되니, 이러한 예법은 군주·대부
·사에게 모두 동일하게 적용된다.

---

68) 함(含)은 부의를 보낸다는 뜻이며, 또한 부의로 보내는 특정 물건을 가리키
기도 하다. '함'은 시신과 함께 매장하게 될 주옥(珠玉)을 부의로 보내는 것이
다. 『예기』「문왕세자(文王世子)」편에는 "族之相爲也, 宜弔不弔, 宜免不免, 有
司罰之. 至于賵賻承含, 皆有正焉."이라는 기록이 있는데, 이에 대한 진호(陳
澔)의 『집설(集說)』에서는 "含以珠玉."이라고 풀이했다. 또 '함'은 시신의 입
에 곡식이나 화패 등을 넣는 것을 의미하기도 한다.

鄭注 此事皆沐浴之後, 宜承"濡濯棄於坎"下, 札爛脫在此耳. 造猶內也. 禮第, 袒簀也, 謂無席, 如浴時牀也. 禮: 自仲春之後, 尸旣襲, 旣小斂, 先內冰盤中, 乃設牀於其上, 不施席而遷尸焉. 秋涼而止. 士不用冰, 以瓦爲盤, 倂以盛冰耳. 漢禮: 大盤廣八尺, 長丈二, 深三尺, 赤中. 夷盤小焉. 周禮天子夷盤, 士喪禮君賜冰亦用夷盤. 然則其制宜同之.

번역 이곳에서 말하는 사안들은 모두 시신의 머리를 감기고 목욕을 시킨 이후에 해당하니, 마땅히 '유탁기어감(濡濯棄於坎)'이라는 기록 뒤에 와야 하는데, 착간이 되어 이곳에 기록된 것일 뿐이다. '조(造)'자는 "들이다[內]."는 뜻이다. '단제(袒簀)'는 침상의 대자리를 드러낸다는 뜻으로, 그 위에 까는 자리가 없어서, 목욕을 시킬 때의 침상처럼 한다는 의미이다. 예법에 따르면 중춘으로부터 그 이후에 시신에 대해서 습(襲)을 하고, 소렴(小斂)을 끝낼 때, 우선적으로 반(盤) 안에 얼음을 채우고, 그 위에 침상을 놓게 되며, 자리를 깔지 않고 그 위에 시신을 옮겨둔다. 가을이 되어 서늘해지면 이처럼 하지 않는다. 사는 얼음을 사용하지 않고 옹기로 만든 반(盤)을 사용하며, 나란히 설치하여 차가운 물만 담을 따름이다. 한나라 때의 예법에 있어서 대반(大盤)은 그 너비가 8척(尺)이고, 길이가 1장(丈) 2척이며, 깊이는 3척인데, 그 안은 적색으로 칠한다. 이반(夷盤)은 그것보다 작다. 주나라의 예법에 따르면 천자는 이반을 사용하는데,『의례』「사상례(士喪禮)」편에서는 군주가 얼음을 하사하면 또한 이반을 사용한다고 했다. 그렇다면 그 제도는 마땅히 이와 동일하게 해야 한다.

孔疏 ●"造冰焉"者, 謂造內其冰於盤中也.

번역 ●經文: "造冰焉". ○반(盤) 안에 얼음을 채운다는 뜻이다.

孔疏 ●"大夫設夷盤"者, 小於大盤, 亦內冰焉.

번역 ●經文: "大夫設夷盤". ○대반(大盤)보다 작은 것이며, 여기에도 또한 얼음을 채운다.

孔疏 ●"士倂瓦盤, 無冰"者, 瓦盤旣小, 故倂盤. 士卑, 故無冰.

번역 ●經文: "士倂瓦盤, 無冰". ○와반(瓦盤) 자체가 크기가 작기 때문에 와반을 나란히 설치한다. 사는 미천하므로 얼음을 채우지 않는다.

集解 愚謂: 沐浴之時, 若値仲春至仲秋用冰之時, 則君大夫皆內冰於盤以寒尸也. 夷亦大也. 對文則君謂之大盤, 大夫謂之夷盤, 散文則大盤亦謂夷盤. 周禮凌人"大喪, 共夷盤冰", 是也. 士盤小, 故倂兩盤而用之. 於士特言"瓦盤", 則大盤·夷盤皆有漆飾矣. 士有君賜, 亦得用冰, 故士喪禮"有冰, 用夷盤可也." 此盤皆卽浴時承水者, 而因內冰焉, 旣浴以後, 則專用以盛冰也.

번역 내가 생각하기에, 머리를 감기고 목욕을 시킬 때, 그 시기가 중춘(仲春)으로부터 중추(仲秋)에 해당하여 얼음을 사용하는 때가 된다면, 군주와 대부는 모두 반(盤)에 얼음을 채워서 시신을 차갑게 한다. '이(夷)'자 또한 "크다[大]."는 뜻이다. 문장을 대비해서 기록한다면 군주에게 사용하는 것은 '대반(大盤)'이라고 부르고, 대부에게 사용하는 것은 '이반(夷盤)'이라고 부르는데, 범범하게 기록한다면 대반 또한 이반이라고 부른다. 『주례』「능인(凌人)」편에서 "대상(大喪)에는 이반에 채울 얼음을 공급한다."라고 한 말이 이러한 사실을 나타낸다. 사에게 사용하는 반(盤)은 크기가 작기 때문에 한 쌍의 반(盤)을 나란히 설치해서 사용한다. 사에 대해서 특별히 '와반(瓦盤)'이라고 했다면, 대반과 이반에는 모두 옻칠로 장식을 하게 된다. 사 중에 군주의 하사를 받은 자라면 또한 얼음을 사용할 수 있다. 그렇기 때문에 『의례』「사상례(士喪禮)」편에서는 "얼음이 있을 때, 이반을 사용해도 괜찮다."라고 말한 것이다. 이곳에서 말한 반(盤)은 모두 목욕을 시킬 때 떨어지는 물을 받게끔 하는 것인데, 그러한 사안에 기인하여 안에 얼음을 채우는 것이며, 목욕시키는 일이 끝난 뒤라면, 전적으로 얼음을 채우는 용도로만 사용한다.

참고 『의례』「사상례(士喪禮)」 기록

경문 士有冰, 用夷槃可也.

번역 사가 얼음을 사용하는 경우 이반(夷槃)을 써도 괜찮다.

鄭注 謂夏月而君加賜冰也. 夷槃, 承尸之槃. 喪大記曰: "君設大槃, 造冰焉. 大夫設夷槃, 造冰焉. 士併瓦槃, 無冰. 設牀襢第, 有枕."

번역 여름철에 군주가 얼음을 하사한 경우를 뜻한다. '이반(夷槃)'은 시신을 받치게 되는 대야이다. 『예기』「상대기(喪大記)」편에서는 "군주의 경우에는 침상 밑에 대반(大盤)을 설치하고 그 안에 얼음을 채운다. 대부의 경우에는 침상 밑에 이반(夷盤)을 설치하고 그 안에 얼음을 채운다. 사의 경우에는 와반(瓦盤)을 나란히 설치하되 얼음은 없고 물만 채운다. 침상을 설치하고 자리를 걷어 대자리가 드러나도록 하며, 베개를 둔다."라고 했다.

賈疏 ◎注"謂夏"至"有枕". ○釋曰: "謂夏月"者, 以周禮・凌人職云"夏頒冰", 據臣而言, 月令二月出冰, 據君爲說. 云"而君加賜冰也"者, 喪大記云士無冰用水, 此云有冰, 明據士得賜者也. 云"夷槃, 承尸之槃"者, 按喪大記注"禮自仲春之後, 尸旣襲, 旣小斂, 先內冰槃中, 乃設牀於其上, 不施席而遷尸焉, 秋涼而止", 是也. 引"喪大記"已下, 欲證士有賜乃有冰, 又取用冰之法. 按彼注"造猶內", "夷槃小焉", 策爲簀, 謂無席如浴時牀也, 特欲通冰之寒氣. 若然, 凌人云"大喪共夷槃冰", 則天子有夷槃. 鄭注凌人云: "漢禮器制度, 大槃廣八尺, 長丈二尺, 深三尺, 漆赤中." 諸侯稱大槃, 辟天子. 其大夫言夷槃, 此士喪又用夷槃, 卑不嫌, 但小耳, 故鄭云夷槃小焉.

번역 ◎鄭注: "謂夏"～"有枕". ○"여름철을 뜻한다."라고 했는데, 『주례』「능인(凌人)」편의 직무기록에서는 "여름에 얼음을 분배한다."라고 했고, 이것은 신하를 기준으로 말한 것이다. 그리고 『예기』「월령(月令)」편에서는 "2

월에 얼음을 꺼낸다."고 했는데, 이것은 군주를 기준으로 설명한 말이다. "군주가 얼음을 하사한 경우이다."라고 했는데, 『예기』「상대기(喪大記)」편에서는 사는 얼음을 쓰지 않고 물만 쓴다고 했다. 그런데 이곳에서는 얼음이 있다고 했으니, 이것은 사 중에서도 하사를 받은 자에 근거했음을 나타낸다. "'이반(夷槃)'은 시신을 받치게 되는 대야이다."라고 했는데, 「상대기」편의 주를 살펴보면 "예법에 따르면 중춘으로부터 그 이후에 시신에 대해서 습(襲)을 하고, 소렴(小斂)을 끝낼 때, 우선적으로 반(盤) 안에 얼음을 채우고, 그 위에 침상을 놓게 되며, 자리를 깔지 않고 그 위에 시신을 옮겨둔다. 가을이 되어 서늘해지면 이처럼 하지 않는다."라고 했다. 「상대기」편의 내용을 인용한 것은 사의 경우 하사를 받아야만 얼음을 쓰게 되며, 이러한 경우에서도 얼음을 쓰는 법도에 따르게 됨을 증명하고자 해서이다. 「상대기」편의 주를 살펴보면 "'조(造)'자는 들인다는 뜻이다."라고 했고, "이반(夷盤)은 그것보다 작다."라고 했으며, 책(策)은 침상의 대자리를 뜻하니, 자리를 설치하지 않는 것은 목욕을 시킬 때의 침상과 같으며, 특별히 얼음의 한기를 통하게 하고자 해서임을 뜻한다. 만약 그렇다면 「능인」편에서 "대상에는 이반에 사용될 얼음을 공급한다."라고 했으니, 천자의 경우에도 이반이 사용된다. 「능인」편에 대한 정현의 주에서는 "『한예기제도』에서는 대반(大槃)은 너비가 8척이고 길이가 1장 2척이며 깊이가 3척인데, 그 안은 적색으로 옻칠을 한다."라고 했다. 제후의 경우 '대반(大槃)'이라 지칭한 것은 천자의 예법을 피하기 위해서이다. 그런데 제후에게 소속된 대부에 대해서 이반(夷槃)이라 말하고, 이곳 「사상례」편에서도 이반(夷槃)을 사용한다고 한 것은 그들의 신분이 낮아서 혐의를 받지 않기 때문이며, 천자의 것보다 작게 만들 따름이다. 그렇기 때문에 정현이 "이반(夷盤)은 그것보다 작다."라고 했다.

그림 35-1   ■ 이반(夷盤)

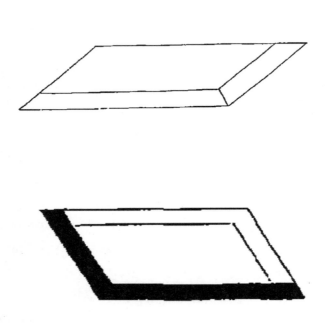

※ **출처**: 상단-『삼례도(三禮圖)』3권 ; 하단-『삼례도집주(三禮圖集注)』17권

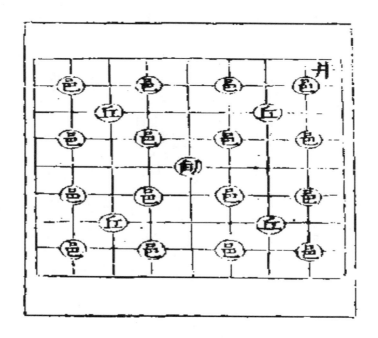

그림 35-2 ■ 정읍구전총도(井邑丘甸總圖)

※ 출처: 『삼재도회(三才圖會)』「지리(地理)」 14권

● 그림 35-3 ◼ 정읍구전도비도(井邑丘甸都鄙圖)

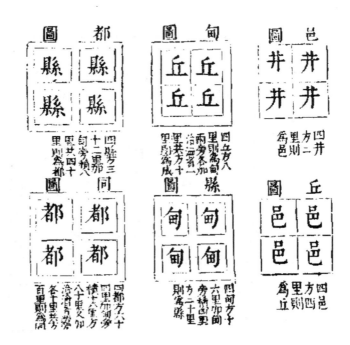

※ 출처:『삼재도회(三才圖會)』「지리(地理)」 14권

그림 35-4   ▣ 일성지도(一成之圖)

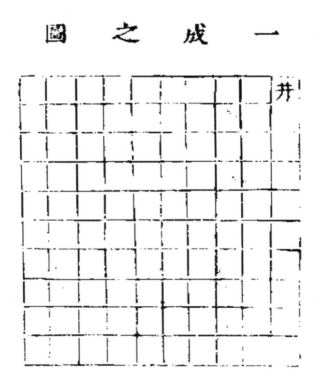

※ **출처:**『삼재도회(三才圖會)』「인물(人物)」1권

그림 35-5 ■ 방국일동지도(邦國一同之圖)

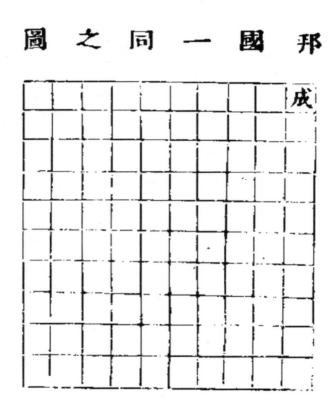

※ 출처: 『삼재도회(三才圖會)』「지리(地理)」14권

● 그림 35-6 ▣ 구부위정지도(九夫爲井之圖)

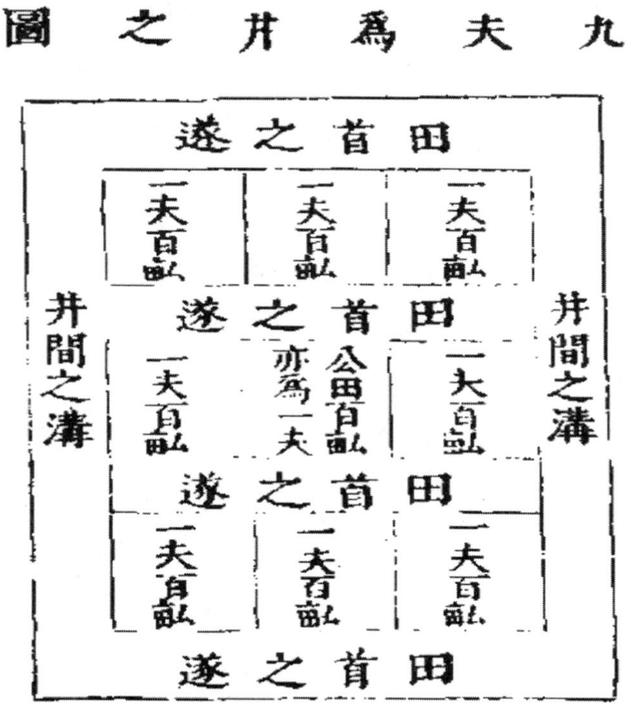

※ 출처: 『삼재도회(三才圖會)』「지리(地理)」 14권

그림 35-7 ▣ 정전구혁지도(井田溝洫之圖)

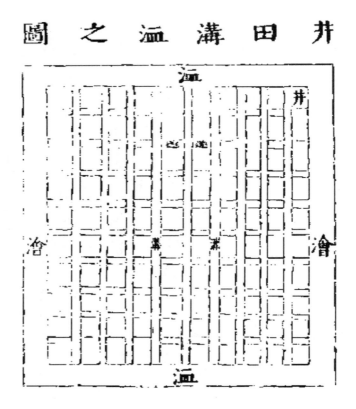

※ 출처:『삼재도회(三才圖會)』「지리(地理)」14권

● 그림 35-8   ■ 허수(虛宿)

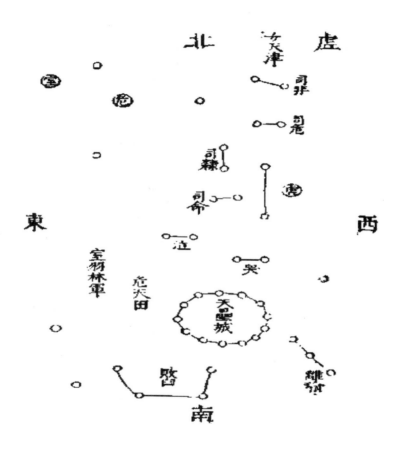

※ 출처: 『삼재도회(三才圖會)』「천문(天文)」 2권

● 그림 35-9 ◼ 위수(危宿)

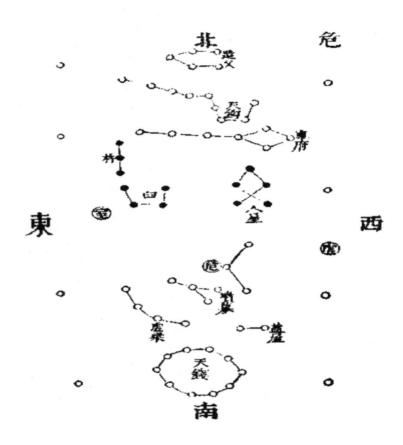

※ 출처: 『삼재도회(三才圖會)』「천문(天文)」 2권

그림 35-10 ■ 묘수(昴宿)

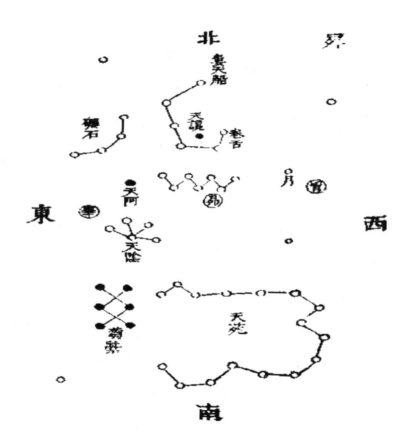

※ **출처:** 『삼재도회(三才圖會)』「천문(天文)」 2권

그림 35-11 ▣ 규수(奎宿)

※ 출처: 『삼재도회(三才圖會)』「천문(天文)」 2권

●그림 35-12   ◼ 여수(女宿)

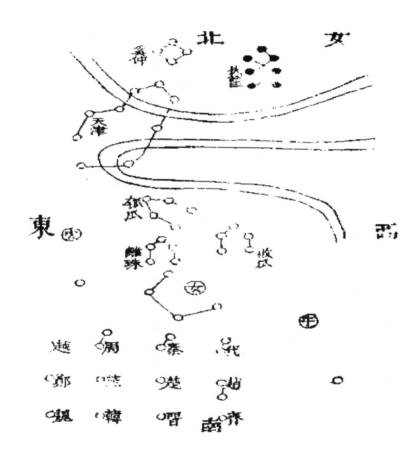

※ **출처:**『삼재도회(三才圖會)』「천문(天文)」2권

●그림 35-13 ◨ 필수(畢宿)

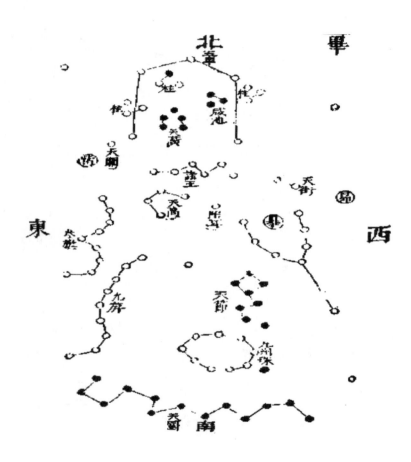

※ 출처: 『삼재도회(三才圖會)』「천문(天文)」2권

그림 35-14 ◾ 위수(胃宿)

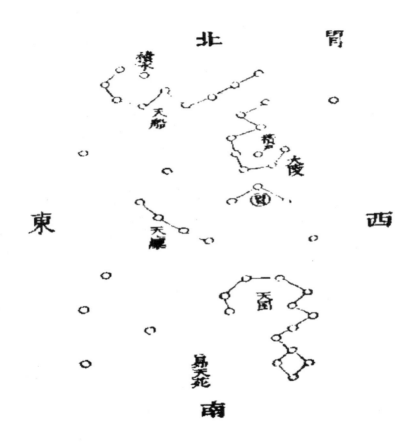

※ 출처: 『삼재도회(三才圖會)』「천문(天文)」 2권

● 그림 35-15 ▣ 누수(婁宿)

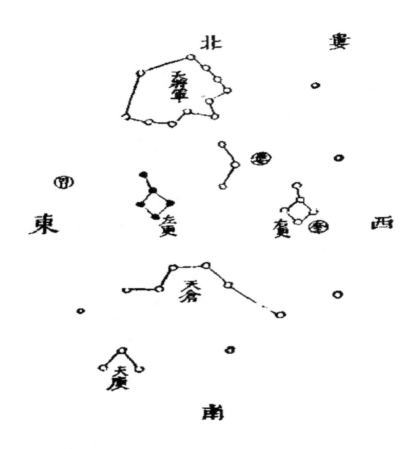

※ 출처:『삼재도회(三才圖會)』「천문(天文)」2권

그림 35-16 ▣ 주(周)나라 때의 왕성(王城)과 육향(六鄕) 및 육수(六遂)

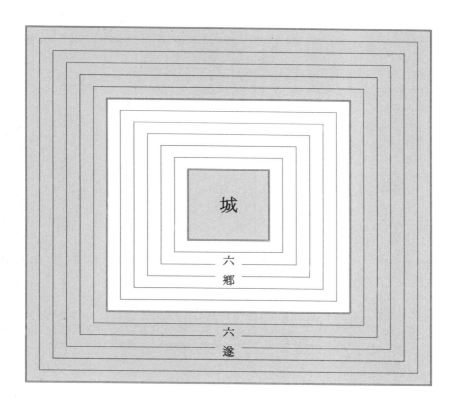

그림 35-17 ▣ 향(鄕)의 행정구역 및 담당자

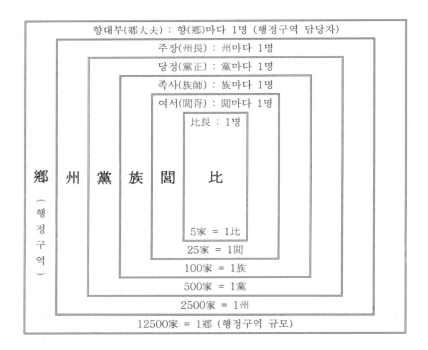

그림 35-18 ▣ 수(遂)의 행정구역 및 담당자

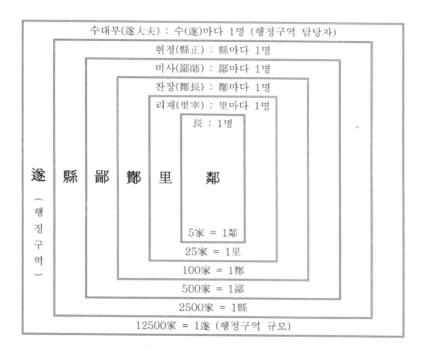

【1872下】

長國家而務財用者, 必自小人矣.

직역 國家를 長하고 財用에 務하는 者는 必히 自히 小人이라.

의역 국가의 수장인 자가 재물을 모아 자기를 위해 쓰는데 힘쓴다면 분명 스스로 소인의 행동을 따르는 것이다.

鄭注 言務聚財爲己用者, 必忘義, 是小人所爲也.

번역 재화를 모아 자기를 위해 쓰는데 힘쓰는 자는 분명 도의를 잊게 되니, 이것은 소인이 행하는 일이라는 뜻이다.

釋文 長, 丁丈反.

번역 '長'자는 '丁(정)'자와 '丈(장)'자의 반절음이다.

孔疏 ●"長國家而務財用者, 必自小人矣"者, 言爲人君長於國家而務積聚財以爲己財者, 必自爲小人之行也.

번역 ●經文: "長國家而務財用者, 必自小人矣". ○군주는 국가의 수장이 되는데 재물을 모아 자기의 재산으로 삼는데 힘쓰는 자는 분명 스스로 소인의 행동을 따르는 것임을 뜻한다.

【1872下】

彼爲善之, 小人之使爲國家, 菑害並至, 雖有善者, 亦無如之
何矣.

직역 彼가 之를 善하게 爲함이, 小人으로 國家를 爲하게 使하면, 菑害가 並히
至하니, 雖히 善者가 有라도, 亦히 之와 如하길 何함을 無라.

의역 군주가 선정을 펼친 점이 있더라도 소인으로 하여금 나라와 집안을 다스
리게 했다면, 재앙과 해악이 모두 이르게 될 것이니, 비록 군주가 선정을 펼친 점이
있더라도 환란을 어찌할 수 없다.

鄭注 彼, 君也. 君將欲以仁義善其政, 而使小人治其國家之事, 患難猥至,
雖云有善, 不能救之, 以其惡之已著也.

번역 '피(彼)'자는 군주를 뜻한다. 군주가 인의를 통해 정치를 선하게 하
려고 하면서도 소인으로 하여금 그 나라와 집안의 일들을 다스리게 한다면
환란이 커다랗게 다가올 것이니, 비록 선한 점이 있더라도 구원할 수 없으
니 그 악함이 이미 드러났기 때문이다.

釋文 難, 乃旦反. 猥, 烏罪反. 捄音救, 本亦作救. 著, 張慮反.

번역 '難'자는 '乃(내)'자와 '旦(단)'자의 반절음이다. '猥'자는 '烏(오)'자
와 '罪(죄)'자의 반절음이다. '捄'자의 음은 '救(구)'이며, 판본에 따라서는
또한 '救'자로도 기록한다. '著'자는 '張(장)'자와 '慮(려)'자의 반절음이다.

孔疏 ●"彼爲"至"利也". ○前經明遠財重義, 是"不以利爲利, 以義爲利",
此經明爲君治國, 棄遠小人, 亦是"不以利爲利, 以義爲利"也. 彼, 謂君也. 君
欲爲仁義之道, 善其政教之語辭, 故云"彼爲善之".

번역 ●經文: “彼爲”~“利也”. ○앞의 경문에서는 재물을 멀리하고 의로움을 중시한다는 뜻을 밝혔는데, 이것은 “재물의 이로움을 이로움으로 여기지 않고 의로움을 이로움으로 여긴다.”는 뜻이며, 이곳 경문에서는 군주가 나라를 다스릴 때 소인을 내치고 멀리해야 함을 나타내고 있는데, 이 또한 “재물의 이로움을 이로움으로 여기지 않고 의로움을 이로움으로 여긴다.”는 뜻이 된다. ‘피(彼)’자는 군주를 뜻한다. 군주가 인의의 도를 실천하여 정치와 교화를 집행하며 내리를 말과 명령을 선하게 하려고 한다는 뜻이다. 그렇기 때문에 “군주가 선정을 펼친다.”라고 했다.

孔疏 ●“小人之使爲國家, 菑害並至”者, 言君欲爲善, 反令小人使爲治國家之事, 毒害於下, 故菑害患難, 則並皆來至.

번역 ●經文: “小人之使爲國家, 菑害並至”. ○군주가 선정을 펼치려고 하면서도 반대로 소인으로 하여금 나라와 집안의 일들을 다스리게 하여 아랫사람에게 피해를 주게 된다. 그렇기 때문에 재앙과 환란이 모두 이르게 된다.

孔疏 ●“雖有善者, 亦無如之何矣”者, 旣使小人治國, 其君雖有善政亦無能奈此患難之何. 言不能止之, 以其惡之已著故也.

번역 ●經文: “雖有善者, 亦無如之何矣”. ○이미 소인으로 하여금 나라를 다스리게 했다면 군주는 비록 선정을 펼친 점이 있더라도 이러한 환란을 어찌할 수 없다. 즉 저지할 수 없으니, 그의 악행이 이미 드러났기 때문이다.

【1872下~1872下】

此謂國不以利爲利, 以義爲利也

직역 此를 國은 利를 利로 爲함을 不하고 義를 利로 爲함이라 謂한다.

의역 이것을 국(國)에서는 재물의 이로움을 이로움으로 여기지 않고 의로움을 이로움으로 여긴다고 부른다.

集註 長, 上聲. "彼爲善之", 此句上下, 疑有闕文誤字.

번역 '長'자는 상성으로 읽는다. '피위선지(彼爲善之)'라고 했는데, 이 구문 앞뒤로 빠진 글자가 있거나 잘못 기록된 글자가 있는 것 같다.

集註 自, 由也, 言由小人導之也. 此一節, 深明以利爲利之害, 而重言以結之, 其丁寧之意切矣.

번역 '자(自)'자는 "~로부터[由]"라는 뜻이니, 소인이 그렇게 이끄는 것에서 비롯되었다는 뜻이다. 이 문단은 이로움을 이로움으로 삼았을 때 발생하는 피해를 깊이 밝히고 거듭 말해서 결론을 맺었으니, 간절한 뜻이 절실히 나타나고 있다.

集註 右傳之十章, 釋治國平天下.

번역 여기까지는 전(傳) 10장에 해당하니, 치국(治國)과 평천하(平天下)의 뜻을 풀이한 것이다.

集註 此章之義, 務在與民同好惡而不專其利, 皆推廣絜矩之意也. 能如是, 則親賢樂利各得其所, 而天下平矣.

[번역] 이 장의 뜻은 백성들과 좋아함이나 싫어함을 함께 하고 그 이로움을 독차지하지 않는데 힘쓰는 것으로, 이 모두는 혈구지도의 뜻을 미루어 확대한 것이다. 이처럼 할 수 있다면 친애함・현명함・즐겁게 함・이롭게 함이 각각 제자리를 얻게 되어 천하가 평안하게 될 것이다.

[集註] 凡傳十章, 前四章統論綱領指趣, 後六章細論條目功夫. 其第五章乃明善之要, 第六章乃誠身之本, 在初學尤爲當務之急, 讀者不可以其近而忽之也.

[번역] 전의 총 10개 장 중 앞의 4개 장은 삼강령이 의미하는 뜻을 총괄적으로 논의하였고, 그 뒤의 6개 장은 8조목의 공부를 세밀하게 논의하였다. 제 5장은 선을 밝히는 핵심이고, 제 6장은 자신을 정성스럽게 하는 근본이니, 초학자가 더욱 힘써야 할 급선무가 된다. 따라서 이 글을 읽는 자들은 그 말이 천근하다고 하여 소홀히 여겨서는 안 된다.

大學 人名 및 用語 辭典

◎ 가규(賈逵, A.D.30 ~ A.D.101) : 후한(後漢) 때의 경학자이다. 자(字)는 경백(景伯)이다. 『춘추좌씨전해고(春秋左氏傳解詁)』를 지었지만, 현재 일실되어 존재하지 않는다. 청대(淸代) 마국한(馬國翰)의 『옥함산방집일서(玉函山房輯佚書)』와 황석(黃奭)의 『한학당총서(漢學堂叢書)』에 일집본(佚輯本)이 남아 있다.

◎ 가정본(嘉靖本) : 『가정본(嘉靖本)』에는 간행한 자의 정보가 기록되어 있지 않다. 『십삼경주소(十三經注疏)』의 판본이다. 20권으로 구성되어 있으며, 각 권의 뒤편에는 경문(經文)과 그에 따른 주(注)를 간략히 기록하고 있다. 단옥재(段玉裁)는 이 판본이 가정(嘉靖) 연간에 송본(宋本)을 모방하여 간행된 것이라고 여겼다.

◎ 감본(監本) : 『감본(監本)』은 명(明)나라 국자감(國子監)에서 간행한 『십삼경주소(十三經注疏)』의 판본이다.

◎ 갑사(甲士) : '갑사'는 병사들을 범칭하는 용어이지만, 보졸(步卒)과 구분할 때에는 갑옷을 착용하는 용사들을 뜻한다.

◎ 개성석경(開成石經) : 『개성석경(開成石經)』은 당(唐)나라 만들어진 석경(石經)을 뜻한다. 돌에 경문(經文)을 새겼기 때문에, '석경'이라고 부른다. 당나라 때 만들어진 '석경'은 대화(大和) 7년(A.D.833)에 만들기

시작하여, 개성(開成) 2년(A.D.837)에 완성되었기 때문에, '개성석경'이라고도 부르는 것이다.

◎ 거우(車右) : '거우'는 수레에 함께 타는 호위무사를 뜻한다. 수레의 우측에 위치하였기 때문에 '거우'라고 부르는 것이다.

◎ 건안진씨(建安眞氏) : =서산진씨(西山眞氏)

◎ 경사(卿士) : '경사'는 주(周)나라 때 주왕조의 정사(政事)를 총감독했던 직위이다. 육경(六卿)과 별도로 설치되었으며, 육관(六官)의 일들을 총감독했다. 『시』「소아(小雅)・십월지교(十月之交)」편에는 "皇父卿士, 番維司徒."라는 기록이 있는데, 이에 대한 주희(朱熹)의 『집주(集注)』에서는 "卿士, 六卿之外, 更爲都官, 以總六官之事也."라고 풀이하였으며, 『춘추좌씨전』「은공(隱公) 3년」편에는 "鄭武公莊公爲平王卿士."라는 기록이 있는데, 이에 대한 두예(杜預)의 주에서는 "卿士, 王卿之執政者."라고 풀이하였다.

◎ 고문송판(考文宋板) : 『고문송판(考文宋板)』은 일본 학자 산정정(山井鼎) 등이 출간한 『칠경맹자고문보유(七經孟子考文補遺)』에 수록된 『예기정의(禮記正義)』를 뜻한다. 산정정은 『예기정의』를 수록할 때, 송(宋)나라 때의 판본을 저본으로 삼았다.

◎ 공가(公家) : '공가'는 일반적으로 제후의 공실(公室)을 뜻한다. 즉 군주의 집안이라는 뜻이다. 또한 '공가'는 조정(朝廷), 국가(國家) 또는 관부(官府)를 가리키기도 하며, 공경(公卿)들의 집을 뜻하기도 한다. 뿐만 아니라 개인과 구별되는 말로 사용되어, 국가 및 정부라는 의미로 사용되기도 한다.

◎ 공안국(孔安國, ? ~ ?) : 전한(前漢) 때의 학자이다. 자(字)는 자국(子國)이다. 고문상서학(古文尙書學)의 개조(開祖)로 알려져 있다. 『십삼경주소(十三經注疏)』의 『상서정의(尙書正義)』에는 공안국의 전(傳)이 수록되어 있는데, 통상적으로 이 주석은 후대인들이 공안국의 이름에 가탁하여 붙인 문장으로 인식되고 있다.

◎ 공조(孔晁, ? ~ ?) : 생몰년에 대해서는 자세히 알려져 있지 않다. 진(秦)나라 때 오경박사(五經博士)가 되었다고 전해지며, 『일주서주(逸周書注)』를 저술하였다고 전해진다.

◎ 곽경순(郭景純) : =곽박(郭璞)

◎ 곽박(郭璞, A.D.276 ~ A.D.324) : =곽경순(郭景純). 진(晉)나라 때의 학

자이다. 자(字)는 경순(景純)이다. 저서로는 『이아주(爾雅注)』, 『방언주(方言注)』, 『산해경주(山海經注)』 등이 있다.

◎ 광아(廣雅) : 『광아(廣雅)』는 위(魏)나라 때 장읍(張揖)이 지은 자전(字典)이다. 『박아(博雅)』라고도 부른다. 『이아』의 체제를 계승하고, 새로운 내용을 보충하여, 경전(經典)에 기록된 글자들을 해석한 서적이다. 본래 상·중·하 3권으로 구성되어 있었지만, 수(隋)나라 조헌(曹憲)이 재차 10권으로 편집하였다. 한편 '광(廣)'자가 수나라 양제(煬帝)의 시호였기 때문에, 피휘를 하여, 『박아』라고 부르게 되었다.

◎ 교감기(校勘記) : 『교감기(校勘記)』는 완원(阮元)이 학자들을 모아서 편차했던 『십삼경주소교감기(十三經註疏校勘記)』를 뜻한다.

◎ 교기(校記) : 『교기(校記)』는 손이양(孫詒讓)이 지은 『십삼경주소교기(十三經注疏校記)』를 뜻한다.

◎ 교제(郊祭) : '교제'는 '교사(郊祀)'라고도 부른다. 교외(郊外)에서 천지(天地)에 제사를 지냈기 때문에 붙여진 명칭이다. 음양설(陰陽說)이 성행했던 한(漢)나라 때에는 하늘에 대한 제사는 양(陽)의 뜻을 따라 남교(南郊)에서 지냈고, 땅에 대한 제사는 음(陰)의 뜻을 따라 북교(北郊)에서 지냈다. 『한서』「교사지하(郊祀志下)」편에는 "帝王之事莫大乎承天之序, 承天之序莫重於郊祀. …… 祭天於南郊, 就陽之義也. 地於北郊, 卽陰之象也."라는 기록이 있다. 한편 '교사'는 후대에 제사를 범칭하는 용어로도 사용되었다. '교사' 중의 '교(郊)'자는 규모가 큰 제사를 뜻하며, '사(祀)'는 비교적 규모가 작은 제사들을 뜻한다.

◎ 구백(九伯) : '구백'은 구주(九州)의 백(伯)이라는 뜻으로, 제후들 중에서도 대표가 되는 자를 뜻한다. '방백(方伯)'이라고도 부른다.

◎ 구족(九族) : '구족'은 친족을 범칭하는 말이다. 자신을 중심으로 위로 고조부(高祖父)까지의 네 세대, 아래로 현손(玄孫)까지의 네 세대까지 포함된 친족을 지칭한다. 『서』「우서(虞書)·요전(堯典)」편에는 "克明俊德, 以親九族."이라는 기록이 있는데, 이에 대한 공안국(孔安國)의 전(傳)에서는 "以睦高祖, 玄孫之親."이라고 풀이하였다. 일설에는 '구족'을 부친쪽 친척 중 4촌, 모친쪽 친척 중 3촌, 처쪽 친척 중 2촌까지를 지칭하는 용어라고도 풀이한다.

◎ 구주(九州) : '구주'는 9개의 주(州)를 뜻한다. 고대 중국에서는 중원 지역을 9개의 주로 구분하여, 다스렸다. 따라서 '구주'는 오랑캐 지역과

대비되는 중국 땅을 지칭하는 용어로 사용되었다. '구주'의 포함되는 '주'의 이름들은 각 기록마다 차이를 보인다. 『서』「우서(虞書)・우공 (禹貢)」편에는 "禹敷土, 隨山刊木, 奠高山大川. 冀州旣載. …… 濟河惟 兗州. 九河旣道. …… 海岱惟靑州. 嵎夷旣略, 濰淄其道. …… 海岱及淮 惟徐州, 淮沂其乂, 蒙羽其藝. …… 淮海惟揚州, 彭蠡其豬, 陽鳥攸居. …… 荊及衡陽惟荊州. 江漢朝宗于海. …… 荊河惟豫州, 伊洛瀍澗, 旣入 于河. …… 華陽黑水惟梁州. 岷嶓旣藝, 沱潛旣道. …… 黑水西河惟雍 州. 弱水旣西."라는 기록이 있다. 즉 『서』에 기록된 '구주'는 기주(冀 州)・연주(兗州)・청주(靑州)・서주(徐州)・양주(揚州)・형주(荊州)・ 예주(豫州)・양주(梁州)・옹주(雍州)이다. 한편 『이아』「석지(釋地)」편 에는 " 兩河間曰冀州. 河南曰豫州. 河西曰雝州. 漢南曰荊州. 江南曰揚 州. 濟河間曰兗州. 濟東曰徐州. 燕曰幽州. 齊曰營州."라는 기록이 있다. 즉 『이아』에 기록된 '구주'는 『서』의 기록과 달리, '서주'와 '양'주에 대한 기록이 없고, 대신 유주(幽州)와 영주(營州)가 기록되어 있다. 또 『주례』 「하관(夏官)・직방씨(職方氏)」편에는 "乃辨九州之國使同貫利. 東南曰 揚州. …… 正南曰荊州. …… 河南曰豫州. …… 正東曰靑州. …… 河東 曰兗州. …… 正西曰雍州. …… 東北曰幽州. …… 河內曰冀州. …… 正 北曰幷州."라는 기록이 있다. 즉 『주례』에 기록된 '구주'는 『서』의 기록 과 달리, '서주'와 '양주'에 대한 기록이 없고, 대신 '유주'와 병주(幷州) 에 대한 기록이 있다. 이외에도 일부 차이를 보이는 기록들이 있다.

◎ 궁형(宮刑) : '궁형'은 궁벽(宮辟)이라고도 부르며, 오형(五刑) 중 하나 이다. 남자의 생식기를 자르거나, 여자의 생식 기능을 파괴하는 형벌 이다. 일설에는 여자에 대한 '궁형'은 감금을 하여 노비로 전락시키는 것이라고 설명한다. 『서』「주서(周書)・여형(呂刑)」편에는 "宮辟疑赦." 라는 기록이 있고, 이에 대한 공안국(孔安國)의 전(傳)에서는 "宮, 淫 刑也. 男子割勢, 婦人幽閉, 次死之刑."이라고 풀이했다.

◎ 금천씨(金天氏) : '금천씨'는 소호(少皞. =少昊)의 별칭이다. 『춘추좌씨 전』「소공(昭公) 1년」편에는 "昔金天氏有裔子曰昧, 爲玄冥師."라는 기 록이 있는데, 이에 대한 두예(杜預)의 주에서는 "金天氏, 帝少昊."라고 풀이했다. '소호'는 오행(五行) 중 금덕(金德)을 통해 제왕에 올랐기 때문에, '금천(金天)'이라는 칭호가 붙게 되었다. 『한서(漢書)』「고금인 표(古今人表)」편에는 "上上聖人, 少昊帝, 金天氏."라는 기록이 있는데,

이에 대한 안사고(顏師古)의 주에서는 장안(張晏)의 주장을 인용하여, "以金德王, 故號曰金天."이라고 풀이했다. '소호'는 고대 동이족의 제왕으로, 황제(黃帝)의 아들이었다고도 전해진다. 이름은 지(摯)인데, 질(質)이었다고도 한다. 새의 이름으로 관직명을 지었다고 전해지며, 사후에는 서방(西方)의 신(神)이 되었다고 전해진다. 『춘추좌씨전』「소공(昭公) 17년」편에는 "郯子曰 我高祖少皞摯之立也, 鳳鳥適至, 故紀於鳥, 爲鳥師而鳥名."이라는 기록이 있는데, 이에 대한 두예(杜預)의 주에서는 "少皞, 金天氏, 黃帝之子, 己姓之祖也."라고 풀이했다.

ㄴ

◎ **남송석경(南宋石經)** : 『남송석경(南宋石經)』은 송(宋)나라 고종(高宗) 때 돌에 새긴 『십삼경주소(十三經注疏)』의 판본이다. 그러나 『예기(禮記)』에 대해서는 「중용(中庸)」 1편만을 기록하고 있다.

◎ **남전여씨(藍田呂氏, A.D.1040 ~ A.D.1092)** : =여대림(呂大臨)·여씨(呂氏)·여여숙(呂與叔). 북송(北宋) 때의 학자이다. 이름은 대림(大臨)이고, 자(字)는 여숙(與叔)이며, 호(號)는 남전(藍田)이다. 장재(張載) 및 이정(二程)형제에게서 수학하였다. 저서로는 『남전문집(藍田文集)』 등이 있다.

◎ **노식(盧植, A.D.159? ~ A.D.192)** : =노씨(盧氏). 후한(後漢) 때의 유학자이다. 자(字)는 자간(子幹)이다. 어려서 마융(馬融)을 스승으로 섬겼다. 영제(靈帝)의 건녕(建寧) 연간(A.D.168 ~ A.D.172)에 박사(博士)가 되었다. 채옹(蔡邕) 등과 함께 동관(東觀)에서 오경(五經)을 교정했다. 후에 동탁(董卓)이 소제(少帝)를 폐위시키자, 은거하며 『상서장구(尚書章句)』, 『삼례해고(三禮解詁)』를 저술했지만, 남아 있지 않다.

◎ **노씨(盧氏)** : =노식(盧植)

ㄷ

◎ **대대(大帶)** : '대대'는 예복(禮服)에 사용하는 허리띠이다. 허리띠에는 혁대(革帶)와 '대대'가 있는데, 혁대는 가죽으로 만들어서 패옥 등을 차는 것이며, '대대'는 혁대 위에 흰 비단이나 누인 명주 등으로 만든

띠를 뜻한다. 대부(大夫) 이상의 계급은 흰 비단으로 만들었으며, 폭을 4촌(寸)으로 만들었고, 사(士)는 누인 명주로 만들었으며, 폭은 2촌으로 만들었다. 『예기』「옥조(玉藻)」편에는 “大夫大帶四寸.”이라는 기록이 있고, 이에 대한 정현의 주에서는 “大夫以上以素, 皆廣四寸, 士以練, 廣二寸.”이라고 풀이했다.

◎ 대량(大梁) : ‘대량’은 12차(次) 중 하나이다. 12진(辰)의 유(酉)와 대응된다. 28수(宿) 중에서 위(胃), 묘(昴), 필(畢)이 여기에 속한다. 『국어(國語)』「진어사(晉語四)」편에는 “歲在大梁, 將集天行.”이라는 기록이 있는데, 이에 대한 위소(韋昭)의 주에서는 “自胃七度至畢十一度爲大梁”이라고 풀이했다.

◎ 대상(大喪) : ‘대상’은 천자(天子)・왕후(王后)・세자(世子) 등의 상(喪)을 가리킨다. 이들은 가장 존귀한 자들에 해당하기 때문에, 그들에 대한 상(喪) 또한 ‘대(大)’자를 붙여서, ‘대상’이라고 부르는 것이다. 『주례』「천관(天官)・재부(宰夫)」편에는 “大喪小喪, 掌小官之戒令, 帥執事而治之.”라는 기록이 있는데, 이에 대한 정현의 주에서는 “大喪, 王・后・世子之喪也.”라고 풀이했다. 한편 ‘대상’은 부모의 상(喪)을 가리키기도 한다. 부모는 자식의 입장에서 가장 중대한 대상에 해당하기 때문에, 부모의 상(喪)을 ‘대상’이라고 부르는 것이다. 『춘추공양전』「선공(宣公) 1년」편에는 “古者臣有大喪, 則君三年不呼其門.”이라는 용례가 있다.

◎ 동(同) : ‘동’은 고대 토지의 면적을 재는 단위이다. 사방 100리(里)의 땅을 ‘동’이라고 했다. 『춘추좌씨전』「소공(召公) 23년」편에는 “無亦監乎若敖蚡冒至於武文, 土不過同, 愼其四竟, 猶不城郢.”이라는 기록이 있는데, 이에 대한 두예(杜預)에 주에서는 “方百里爲一同.”이라고 풀이했다. 참고적으로 사방 1리(里)의 면적은 1정(井)이 되고, 10정(井)은 1통(通)이 되며, 10통(通)은 1성(成)이 되니, 1성(成)은 사방 10리(里)의 면적이며, 10성(成)은 1종(終)이 되고, 10종(終)은 1동(同)이 되니, ‘동’은 사방 100리(里)의 크기가 된다. 『한서(漢書)』「형법지(刑法志)」편에는 “地方一里爲井, 井十爲通, 通十爲成, 成方十里; 成十爲終, 終十爲同, 同方百里.”라는 기록이 있다.

◎ 두예(杜預, A.D.222 ~ A.D.284) : =두원개(杜元凱). 서진(西晉) 때의 유학자이다. 경조(京兆) 두릉(杜陵) 출신이다. 자(字)는 원개(元凱)이다. 『춘

추경전집해(春秋經典集解)』를 저술하였는데, 이 책은 현존하는 『춘추(春秋)』의 주석서 중 가장 오래된 것이며, 『십삼경주소(十三經注疏)』의 『춘추좌씨전정의(春秋左氏傳正義)』에도 채택되어 수록되었다.

◎ **두원개(杜元凱)** : =두예(杜預)

◎ **마씨(馬氏)** : =마희맹(馬睎孟)

◎ **마언순(馬彦醇)** : =마희맹(馬睎孟)

◎ **마희맹(馬睎孟, ? ~ ?)** : =마씨(馬氏)·마언순(馬彦醇). 자(字)는 언순(彦醇)이다. 『예기해(禮記解)』를 찬술했다.

◎ **명당(明堂)** : '명당'은 일반적으로 고대 제왕이 정교(政敎)를 베풀던 장소를 지칭하는 용어로 사용되었다. 이곳에서는 조회(朝會), 제사(祭祀), 경상(慶賞), 선사(選士), 양로(養老), 교학(敎學) 등의 국가 주요 업무가 시행되었다. 『맹자』「양혜왕하(梁惠王下)」편에는 "夫明堂者, 王者之堂也."라는 용례가 있고, 『옥태신영(玉台新詠)』「목난사(木蘭辭)」편에도 "歸來見天子, 天子坐明堂."이라는 용례가 있다. '명당'의 규모나 제도는 시대마다 다르다. 또한 '명당'이라는 건물군 중에서 남쪽의 실(室)을 가리키는 용어로도 사용되었다.

◎ **명부(命婦)** : '명부'는 고대 봉호(封號)를 부여받은 여자들을 뜻한다. 궁중에 머물며 비(妃)나 빈(嬪)의 신분을 가진 여자들은 내명부(內命婦)라고 부르고, 신하의 처가 된 자들은 외명부(外命婦)라고 부른다.

◎ **명부(命夫)** : '명부'는 천자로부터 작명(爵命)을 받은 남자를 일컫는 용어이다. 내명부(內命夫)와 외명부(外命夫)로 나뉘는데, 내명부는 경(卿), 대부(大夫), 사(士)들 중에서 천자의 궁중(宮中)에서 근무하는 자들을 가리키고, 조정(朝廷)에 있는 자들을 외명부라고 부른다. 『주례』「천관(天官)·혼인(閽人)」편에는 "凡外內命夫命婦出入, 則爲之闢."이라는 기록이 있는데, 이에 대한 가공언(賈公彦)의 소(疏)에는 "內命夫, 卿大夫士之在宮中者, 謂若宮正所掌者也. 對在朝卿大夫士爲外命夫."라고 풀이하였다.

◎ **모본(毛本)** : 『모본(毛本)』은 명(明)나라 말기 급고각(汲古閣)에서 간행된 『십삼경주소(十三經注疏)』의 판본이다. 급고각은 모진(毛晉)이 지

은 장서각이었으므로, 이러한 명칭이 생겼다.

◎ 목록(目錄) : 『목록(目錄)』은 정현이 찬술했다고 전해지는 『삼례목록 (三禮目錄)』을 가리킨다. 『십삼경주소(十三經注疏)』에서 인용되고 있지만, 이 책은 『수서(隋書)』가 편찬될 당시에 이미 일실되어 존재하지 않았다. 『수서』「경적지(經籍志)」편에는 "三禮目錄一卷, 鄭玄撰, 梁有 陶弘景注一卷, 亡."이라는 기록이 있다.

◎ 묵형(墨刑) : '묵형'은 묵벽(墨辟)이라고도 부르며, 오형(五刑) 중의 하나이다. 범죄자의 얼굴 및 이마에 상처를 내고, 먹물로 새겨 넣어서 죄인의 신분임을 표시하는 형벌이다. 『서』「주서(周書)·여형(呂刑)」편에는 "墨辟疑赦."라는 기록이 있고, 이에 대한 공안국(孔安國)의 전 (傳)에서는 "刻其顙而涅之, 曰墨刑."이라고 풀이했다.

◎ 민본(閩本) : 『민본(閩本)』은 명(明)나라 가정(嘉靖) 연간 때 이원양(李 元陽)이 간행한 『십삼경주소(十三經注疏)』 판본이다. 한편 『칠경맹자 고문보유(七經孟子考文補遺)』에서는 이 판본을 『가정본(嘉靖本)』으로 지칭하고 있다.

ㅂ

◎ 방각(方慤) : =엄릉방씨(嚴陵方氏)
◎ 방백(方伯) : '방백'은 본래 구백(九伯)을 뜻한다. '구백'은 구주(九州)의 백(伯)을 뜻하는 것으로, 각 주(州)마다 제후들을 통솔하는 9명의 수장을 뜻한다. 이들을 '방백'이라고 부르는 이유는 '방(方)'자는 일정 지역을 뜻하는 용어로, '방백'은 곧 일정 지역의 수장을 뜻하는 용어가 된다. 따라서 '구백'을 '방백'이라고도 부르는 것이다. 한편 '방백'은 이백(二伯)과 같은 뜻으로도 사용된다.

◎ 방성부(方性夫) : =엄릉방씨(嚴陵方氏)
◎ 방씨(方氏) : =엄릉방씨(嚴陵方氏)
◎ 방언(方言) : 『방언(方言)』은 『유헌사자절대어석별국방언(輶軒使者絶代 語釋別國方言)』·『별국방언(別國方言)』이라고도 부른다. 한(漢)나라 때의 학자인 양웅(揚雄)이 편찬했다고 전해지는 서적이다. 총 13권으로 구성되어 있었으며, 각 지방에서 온 사신들의 방언을 모았다는 뜻에서, 『유헌사자절대어석별국방언』이라는 제목으로 출간되었고, 또 이

말을 줄여서 『별국방언』·『방언』이라고 부르게 되었다. 현존하는 『방
언』은 곽박(郭璞)의 주(注)가 붙어 있는 판본이다. 그러나 『한서(漢書)』
등의 기록에는 양웅의 저술 목록에 『방언』이 포함되어 있지 않으므로,
편찬자에 대한 의혹이 끊임없이 제기되었다.

◎ **백곡(百穀)** : '백곡'은 곡식을 총칭하는 말이다. 『시』「빈풍(豳風)·칠월
(七月)」편에는 "亟其乘屋, 其始播百穀."이라는 용례가 있으며, 『서』「우
서(虞書)·순전(舜典)」편에도 "帝曰, 棄黎民阻飢, 汝后稷, 播時百穀."이
라는 용례가 있다.

◎ **백관(百官)** : '백관'은 공경(公卿) 이하의 관리들을 뜻한다. 또한 각 부
서의 하급 관리들을 총칭하는 용어로도 사용되었다. 『예기』「교특생
(郊特牲)」편에는 "獻命庫門之內, 戒百官也."라는 기록이 있고, 이에 대
한 정현의 주에서는 "百官, 公卿以下也."라고 풀이하였다.

◎ **백로(白露)** : '백로'는 가을에 내리는 서리이다. 『시』「진풍(秦風)·겸가
(蒹葭)」편에는 "蒹葭蒼蒼, 白露爲霜."이라는 기록이 있다.

◎ **별록(別錄)** : 『별록(別錄)』은 후한(後漢) 때 유향(劉向)이 찬(撰)했다고
전해지는 책이다. 현재는 일실되어 존재하지 않으며, 『한서(漢書)』「예
문지(藝文志)」편을 통해서 대략적인 내용만을 추측해볼 수 있다.

◎ **복건(服虔, ? ~ ?)** : 후한대(後漢代)의 유학자이다. 자(字)는 자신(子愼)
이다. 초명은 중(重)이었으며, 기(祇)라고도 불렀다. 후에 이름을 건
(虔)으로 고쳤다. 『춘추좌씨전(春秋左氏傳)』에 주석을 남겼지만, 산일
되어 전해지지 않는다. 현재는 『좌전가복주집술(左傳賈服注輯述)』로
일집본이 편찬되었다.

◎ **불면(韍冕)** : '불면'은 제복(祭服)을 뜻한다. '불(韍)'은 제복에 착용하는
슬갑을 뜻하고, '면(冕)'은 제복에 착용하는 면류관을 뜻하는데, 이 두
글자를 합쳐서 제복을 뜻하는 용어로도 사용한다.

◎ **비형(剕刑)** : =월형(刖刑)

◎ **빙문(聘問)** : '빙문'은 국가 간이나 개인 간에 사람을 보내서 상대방을
찾아가 안부를 묻는 의식 절차를 통칭하는 말이다. 또한 제후가 신하
를 시켜서 천자에게 보내, 안부를 묻는 예법을 뜻하기도 한다.

◎ 사구(司寇) : '사구'는 주(周)나라 때 설치되었던 관직이다. 하(夏)나라
와 은(殷)나라 때에도 이미 존재했었다고 주장하기도 한다. 주나라 때
에는 육경(六卿) 중 하나였으며, 대사구(大司寇)라고도 불렀다. 형벌
이나 옥사에 관련된 일을 담당하였고, 감찰 임무를 맡기도 하였다. 춘
추시대(春秋時代)에는 여러 제후국들에 이 관직이 설치되었으며, 공자
(孔子) 또한 노(魯)나라에서 '사구'를 지냈다고 전해지기도 한다. 청
(淸)나라 때에는 형부상서(刑部尙書)를 '대사구'로 불렀으며, 시랑(侍
郞)을 소사구(少司寇)로 불렀다.

◎ 사대(四代) : '사대'는 우(虞), 하(夏), 은(殷), 주(周)의 4대(代) 왕조를
뜻한다. 『예기』「학기(學記)」편에는 "三王四代唯其師."라는 기록이 있는
데, 이에 대한 정현의 주에서는 "四代, 虞・夏・殷・周."라고 풀이했다.

◎ 사독(四瀆) : '사독'은 네 개의 주요 하천을 가리킨다. 장강(長江), 황하
(黃河), 회하(淮河), 제수(濟水)가 여기에 해당한다.

◎ 사표(四表) : '사표'는 사방의 매우 먼 지역을 지칭하는 말이며, 또한 천
하를 범칭하는 용어로도 사용된다.

◎ 사한(司寒) : '사한'은 겨울을 주관한다는 뜻이며, '사한'을 하는 신(神)
은 겨울을 주관하는 동신(冬神)이 된다. 또한 현명(玄冥)을 가리키기
도 하며, 방위로 따져서 북방(北方)을 담당하는 신(神)를 뜻하기도 한
다. 『춘추좌씨전』「소공(昭公) 4년」편에 대한 두예(杜預)의 주에서는
"司寒, 玄冥, 北方之神."이라고 풀이했다.

◎ 사흉(四凶) : '사흉'은 요순(堯舜)시대 때 악명(惡名)을 떨쳤던 네 부족
의 수장들을 뜻한다. 다만 네 명의 수장들에 대해서는 이견(異見)이
있는데, 『춘추좌씨전』「문공(文公) 18년」편에서는 "舜臣堯, 賓于四門,
流四凶族, 渾敦・窮奇・檮杌・饕餮, 投諸四裔, 以禦螭魅."라고 하여,
'사흉'을 혼돈(渾敦)・궁기(窮奇)・도올(檮杌)・도철(饕餮)이라고 하였
다. 한편 『서』「우서(虞書)・순전(舜典)」편에서는 "流共工于幽洲, 放驩
兜于崇山, 竄三苗于三危, 殛鯀于羽山. 四罪而天下咸服."이라고 하여,
'사흉'을 공공(共工)・환두(驩兜)・삼묘(三苗)・곤(鯀)이라고 하였다.
이 문제에 대해 채침(蔡沈)』의 『집전(集傳)』에서는 "春秋傳所記四凶
之名與此不同, 說者以窮奇爲共工, 渾敦爲驩兜, 饕餮爲三苗, 檮杌爲鯀,

不知其果然否也."라고 하였다. 즉 『춘추좌씨전』과 『서』에서 설명하는 '사흉'의 이름이 다른데, 어떤 자들은 궁기(窮奇)를 공공(共工)으로 여기고, 혼돈(渾敦)을 환두(驩兜)라고 여기며, 도철(饕餮)을 삼묘(三苗)라고 여기고, 도올(檮杌)을 곤(鯀)으로 여기기도 하는데, 이 말이 맞는지에 대해서는 확신할 수 없다는 뜻이다.

◎ 삼공(三公) : '삼공'은 중앙정부의 가장 높은 관직자 3명을 합쳐서 부르는 말이다. '삼공'에 속한 관직명에 대해서는 각 시대별로 차이가 있다. 『사기(史記)』「은본기(殷本紀)」편에는 "以西伯昌, 九侯, 鄂侯, 爲三公."이라는 기록이 있다. 즉 은나라 때에는 서백(西伯)인 창(昌), 구후(九侯), 악후(鄂侯)들을 '삼공'으로 삼았다. 또한 주(周)나라 때에는 태사(太師), 태부(太傅), 태보(太保)를 '삼공'으로 삼았다. 『서』「주서(周書)·주관(周官)」편에는 "立太師·太傅·太保, 茲惟三公, 論道經邦, 燮理陰陽."이라는 기록이 있다. 한편 『한서(漢書)』「백관공경표서(百官公卿表序)」에 따르면 사마(司馬), 사도(司徒), 사공(司空)을 '삼공'으로 삼았다는 기록이 있다.

◎ 삼덕(三德) : '삼덕'은 세 종류의 덕(德)을 가리키는데, 문헌에 따라 해당하는 덕성(德性)들에는 차이가 나타난다. 『서』「주서(周書)·홍범(洪範)」편에는 "三德, 一曰正直, 二曰剛克, 三曰柔克."이라는 기록이 있다. 즉 『서』에서는 '삼덕'을 정직(正直), 강극(剛克), 유극(柔克)으로 풀이하고 있다. 그리고 이 문장에 대한 공영달(孔穎達)의 소(疏)에서는 "此三德者, 人君之德, 張弛有三也. 一曰正直, 言能正人之曲使直, 二曰剛克, 言剛强而能立事, 三曰柔克, 言和柔而能治."라고 풀이한다. 즉 '정직'은 사람들의 바르지 못한 점을 바로잡아서, 정직하게 만드는 능력을 뜻한다. '강극'은 강건한 자세로 사업을 수립하고, 그런 일들을 추진할 수 있는 능력을 뜻한다. '유극'은 화락하고 유순한 태도로 다스릴 수 있는 능력을 뜻한다. 다음으로 『주례』「지관(地官)·사씨(師氏)」편에는 "以三德教國子, 一曰至德, 以爲道本, 二曰敏德, 以爲行本, 三曰孝德, 以知逆惡."이라는 기록이 있다. 즉 『주례』에서는 '삼덕'을 지덕(至德), 민덕(敏德), 효덕(孝德)으로 풀이하고 있다. '지덕'은 도(道)의 근본이 되는 것이며, '민덕'은 행실의 근본이 되는 것이고, '효덕'은 나쁘고 흉악한 것들을 알아내는 능력을 뜻한다. 다음으로 『국어(國語)』「진어사(晉語四)」편에는 "晉公子善人也, 而衛親也, 君不禮焉, 棄三德矣."라는 기록이 있

다. 이에 대한 위소(韋昭)의 주에서는 "三德, 謂禮賓, 親親, 善善也."라고 풀이한다. 즉 위소가 말하는 '삼덕'은 예빈(禮賓), 친친(親親), 선선(善善)이다. '예빈'은 빈객들에게 예법(禮法)에 따라 대접하는 것이며, '친친'은 부모를 친애하는 것이고, '선선'은 착한 사람을 착하게 대하는 것이다.

◎ 삼신(三辰) : '삼신'은 해[日], 달[月], 별[星]을 가리킨다. 『춘추좌씨전』「환공(桓公) 2년」편에는 "三辰旂旗, 昭其明也."라는 기록이 있는데, 이에 대한 두예(杜預)의 주에서는 "三辰, 日・月・星也."라고 풀이했다.

◎ 상공(上公) : '상공'은 주(周)나라 제도에 있었던 관직 등급이다. 본래 신하의 관직 등급은 8명(命)까지이다. 주나라 때에는 태사(太師), 태부(太傅), 태보(太保)와 같은 삼공(三公)들이 8명의 등급에 해당했다. 그런데 여기에 1명을 더하게 되면 9명이 되어, 특별직인 '상공'이 된다. 『주례』「춘관(春官)・전명(典命)」편에는 "上公九命爲伯, 其國家宮室車旗衣服禮儀, 皆以九爲節."이라는 기록이 있고, 이에 대한 정현의 주에서는 "上公, 謂王之三公有德者, 加命爲二伯. 二王之後亦爲上公."이라고 풀이하였다. 즉 '상공'은 삼공 중에서도 유덕(有德)한 자에게 1명을 더해주어, 제후들을 통솔하는 '두 명의 백(伯)[二伯]'으로 삼았다. 또한 제후의 다섯 등급을 나열할 경우, 공작(公爵)을 '상공'이라고 부르기도 한다.

◎ 서산진씨(西山眞氏, A.D.1178 ~ A.D.1235) : =건안진씨(建安眞氏)・진덕수(眞德秀). 남송(南宋) 때의 성리학자이다. 자(字)는 경원(景元)이고, 호(號)는 서산(西山)이다. 저서로는 『독서기(讀書記)』, 『사서집론(四書集論)』, 『경연강의(經筵講義)』 등이 있다.

◎ 석경(石經) : 『석경(石經)』은 당(唐)나라 개성(開成) 2년(A.D.714)에 돌에 새긴 『십삼경주소(十三經注疏)』의 판본이다. 당나라 국자학(國子學)의 비석에 새겨졌다는 판본이 바로 이것을 가리킨다.

◎ 석림섭씨(石林葉氏, ? ~ A.D.1148) : =섭몽득(葉夢得)・섭소온(葉少蘊). 남송(南宋) 때의 유학자이다. 자(字)는 소온(少蘊)이고, 호(號)는 몽득(夢得)이다. 박학다식했다고 전해지며, 『춘추(春秋)』에 대한 조예가 깊었다.

◎ 석최(錫衰) : '석최'는 가는 베로 만든 옷으로, 일종의 상복(喪服)에 해당한다. 천자의 경우, 삼공(三公)이나 육경(六卿)의 상(喪)에 착용했던 복장이다.

◎ 섭몽득(葉夢得) : =석림섭씨(石林葉氏)

◎ 섭소온(葉少薀) : =석림섭씨(石林葉氏)

◎ 소렴(小斂) : ‘소렴’은 상례(喪禮) 절차 중 하나이다. 죽은 자의 시신을 목욕시키고, 의복을 착용시키며, 그 위에 이불 등으로 감싸는 절차를 뜻한다.

◎ 소뢰(少牢) : ‘소뢰’는 제사에서 양(羊)과 돼지[豕] 두 가지 희생물을 사용하는 것을 뜻한다. 『춘추좌씨전』「양공(襄公) 22년」편에는 “祭以特羊, 殷以少牢.”라는 기록이 있는데, 이에 대한 두예(杜預)의 주에서는 “四時祀以一羊, 三年盛祭以羊豕. 殷, 盛也.”라고 풀이하였다.

◎ 소복(素服) : ‘소복’은 흰색의 옷감으로 상의와 하의를 만든 옷을 뜻한다. 또한 채색하지 않은 옷감으로 만든 상의와 하의를 가리키기도 한다. 상(喪)을 당하거나, 흉사(凶事)를 접했을 때 착용하던 복장이다. 『예기』「교특생(郊特牲)」편에는 “皮弁素服而祭, 素服以送終也.”라는 기록이 있고, 이에 대한 정현의 주에서는 “素服, 衣裳皆素.”라고 풀이했다. 한편 후대에는 일상복을 뜻하는 용어로도 사용하였다.

◎ 손염(孫炎, ? ~ ?) : 삼국시대(三國時代) 때의 학자이다. 자(字)는 숙연(叔然)이다. 정현의 문도였으며, 『이아음의(爾雅音義)』를 저술하여 반절음을 유행시켰다.

◎ 수(遂) : ‘수’는 주(周)나라 때 원교(遠郊) 밖에 설치되었던 행정구역이다. 원교 안에는 6개의 향(鄕)을 설치했고, 원교 밖에는 6개의 ‘수’를 설치했다. 『서』「주서(周書)·비서(費誓)」편에는 “魯人三郊三遂, 峙乃楨幹.”이란 기록이 있는데, 이에 대한 채침(蔡沈)의 『집전(集傳)』에서는 “國外曰郊, 郊外曰遂.”라고 풀이했다. 후대의 해석으로는 송대(宋代)의 이여호(李如篪)가 『동원총설(東園叢說)』「삼례설(三禮說)·향수(鄕遂)」편에서 “周家鄕遂之制, 兵寓其中. 近國爲鄕, 爲鄕者六. 郊之外爲遂, 爲遂亦六.”이라고 했던 해석이 있고, 또 청대(淸代)의 운경(惲敬)은 『삼대인혁론이(三代因革論二)』에서 “古之爲國有軍有賦, 軍出於郊者也, 賦出於遂者也.”라고 했다. 즉 향(鄕)에서는 군대를 동원했고, ‘수’에서는 부역을 징수했다는 설명이다. 또 『주례』에 따르면, ‘수’는 5개의 현(縣)이 모인 행정규모이다. ‘수’ 밑에는 현(縣)을 비롯하여 비(鄙), 찬(酇), 리(里), 린(鄰)의 행정단위가 있었다. ‘수’를 기준으로 봤을 때, 1개의 ‘수’는 5개의 현(縣), 25개의 비(鄙), 125개의 찬(酇), 500개의 리(里), 2500개의 린(鄰), 12500개의 가(家) 규모가 된다. 즉 향

(鄕)의 규모와 같은 크기이다.『주례』「지관(地官)・수인(遂人)」편에는 "五家爲鄰, 五鄰爲里, 四里爲酇, 五酇爲鄙, 五鄙爲縣, 五縣爲遂."라는 기록이 있다.

◎ 숙배(肅拜) : '숙배'는 구배(九拜) 중의 하나이다. 절을 하는 방법 중 하나로, 무릎을 가지런히 모으고, 단지 손을 아래로만 내리며, 머리는 숙이지 않는 방법이다.

◎ 습(襲) : '습'은 시신에 옷을 입히는 의식 절차이다. 한편 시신에 입히는 옷 자체도 '습'이라고 불렀다.

◎ 시마복(緦麻服) : '시마복'은 상복(喪服) 중 하나로, 오복(五服)에 속한다. 가장 조밀한 삼베를 사용해서 만든다. 이 복장을 입게 되는 기간은 상황에 따라서 차이가 있지만, 일반적으로 3개월이 된다. 친족의 백숙부모(伯叔父母)나 친족의 형제(兄弟)들 및 혼인하지 않은 친족의 자매(姊妹) 등을 위해서 입는다.

◎ 십륙상(十六相) : '십륙상'은 십륙족(十六族)이라고도 부른다. 고양씨(高陽氏)의 후손들 중 재주가 특출하였던 8명의 자손과 고신씨(高辛氏)의 후손들 중 재주가 특출하였던 8명의 자손을 합쳐 부르는 말이다. 8명의 고양씨 후손들은 팔개(八愷)라고도 부르는데, 창서(蒼舒), 퇴애(隤敳), 도인(檮戭), 대림(大臨), 방강(尨降), 정견(庭堅), 중용(仲容), 숙달(叔達)이 그들이다. '팔개'는 팔개(八凱)라고도 부르는데, '개(愷)'자는 화(和)자의 뜻으로, 조화를 잘 이룬다는 의미이다. 이들은 자신이 담당하는 분야에 대해서 조화를 잘 이루며 공적을 세웠기 때문에, '팔개'라고 부르게 된 것이다. 한편 8명의 고신씨 후손들은 팔원(八元)이라고도 부르는데, 백분(伯奮), 중감(伯奮), 숙헌(叔獻), 계중(季仲), 백호(伯虎), 중웅(仲熊), 숙표(叔豹), 계리(季貍)라는 자들이 그들이다. '원(元)'자는 선(善)자의 뜻으로, 잘한다는 의미이다. 이들은 자신이 담당하는 일들을 잘 처리하여 공적을 세웠기 때문에, '팔원'이라고 부르게 된 것이다. 그리고 '팔개'와 '팔원'은 순(舜)임금을 통해 요(堯)임금에게 천거되어 신하가 되었는데, 각자 그들의 맡은 분야에서 큰 공적을 세웠다. 그래서 씨족(氏族)을 하사받게 되었다. 이들을 '십륙상'이라고 부르는 이유는 '상(相)'자는 돕는다는 뜻으로, 신하라는 의미를 가진다. 그렇기 때문에 이들을 '십륙상'이라고 부르는 것이다. 그리고 '십륙족'이라고 부르는 이유는 이들이 씨족을 하사받았기 때문이다.『춘추

좌씨전』「문공(文公) 18년」편에는 "昔高陽氏有才子八人, 蒼舒·隤凱·檮戭·大臨·尨降·庭堅·仲容·叔達,　齊·聖·廣·淵·明·允·篤·誠, 天下之民謂之八愷. 高辛氏有才子八人, 伯奮·仲堪·叔獻·季仲·伯虎·仲熊·叔豹·季狸, 忠·肅·共·懿·宣·慈·惠·和, 天下之民謂之八元. 此十六族也, 世濟其美, 不隕其名."이라는 기록이 있다.

◎ 악본(岳本) : 『악본(岳本)』은 송(頌)나라 악가(岳珂)가 간행한 『십삼경주소(十三經注疏)』의 판본이다.

◎ 엄릉방씨(嚴陵方氏, ? ~ ?) : =방각(方慤)·방씨(方氏)·방성부(方性夫). 송대(宋代)의 유학자이다. 이름은 각(慤)이다. 자(字)는 성부(性夫)이다. 『예기집해(禮記集解)』를 지었고, 『예기집설대전(禮記集說大全)』에는 그의 주장이 많이 인용되고 있다.

◎ 여대림(呂大臨) : =남전여씨(藍田呂氏)

◎ 여씨(呂氏) : =남전여씨(藍田呂氏)

◎ 여여숙(呂與叔) : =남전여씨(藍田呂氏)

◎ 오경이의(五經異義) : 『오경이의(五經異義)』는 후한(後漢) 때의 학자인 허신(許愼)이 지은 책이다. 유실되었는데, 송대(宋代) 때 학자들이 다시 모아서 엮었다. 오경(五經)에 관한 고금(古今)의 유설(遺說)과 이의(異義)를 싣고, 그에 대한 시비(是非)를 판별한 내용들이다.

◎ 오곡(五穀) : '오곡'은 곡식을 총칭하는 말로 사용되는데, 본래 다섯 가지 곡식을 뜻한다. 그러나 다섯 가지 곡식이 구체적으로 무엇을 가리키는지에 대해서는 이견이 많다. 『주례』「천관(天官)·질의(疾醫)」편에는 "以五味·五穀·五藥養其病."이라는 기록이 있고, 이에 대한 정현의 주에서는 "五穀, 麻·黍·稷·麥·豆也."라고 풀이했다. 즉 이 문장에서는 '오곡'을 마(麻)·메기장[黍]·차기장[稷]·보리[麥]·콩[豆]으로 설명하고 있다. 그리고 『맹자』「등문공상(滕文公上)」편에는 "樹藝五穀, 五穀熟而民人育."이라는 기록이 있고, 이에 대한 조기(趙岐)의 주에서는 "五穀謂稻·黍·稷·麥·菽也."라고 풀이했다. 즉 이 문장에서는 '오곡'을 쌀[稻]·메기장[黍]·차기장[稷]·보리[麥]·대두[菽]로 설명하고 있다. 그리고 『초사(楚辭)』「대초(大招)」편에는 "五穀六仞."

이라는 기록이 있는데, 이에 대한 왕일(王逸)의 주에서는 "五穀, 稻·
稷·麥·豆·麻也."라고 풀이했다. 즉 이 문장에서는 '오곡'을 쌀[稻]·
차기장[稷]·보리[麥]·콩[豆]·마(麻)로 설명하고 있다. 이 외에도 각
종 주석에 따라 해당 작물이 달라진다.

◎ 오교(五敎) : '오교'는 오상(五常)이라고도 부른다. 부의(父義), 모자(母
慈), 형우(兄友), 제공(弟恭), 자효(子孝) 등의 다섯 가지 가르침을 뜻
한다.

◎ 오례(五禮) : '오례'는 고대부터 전해져 온 다섯 종류의 예제(禮制)를 뜻
한다. 즉 길례(吉禮), 흉례(凶禮), 군례(軍禮), 빈례(賓禮), 가례(嘉禮)
를 가리킨다. 『주례』「춘관(春官)·소종백(小宗伯)」편에는 "掌五禮之禁
令與其用等."이라는 기록이 있는데, 이에 대한 정현의 주에서는 정사
농(鄭司農)의 주장을 인용하여, "五禮, 吉·凶·軍·賓·嘉."라고 풀이
했다.

◎ 오복(五服) : '오복'은 죽은 자와 친하고 소원한 관계에 따라 입게 되는
다섯 가지 상복(喪服)을 뜻한다. 참최복(斬衰服), 자최복(齊衰服), 대
공복(大功服), 소공복(小功服), 시마복(緦麻服)을 가리킨다. 『예기』「학
기(學記)」편에는 "師無當於五服, 五服弗得不親."이라는 기록이 있는
데, 이에 대한 공영달(孔穎達)의 소(疏)에서는 "五服, 斬衰也, 齊衰也,
大功也, 小功也, 緦麻也."라고 풀이했다. 또한 '오복'에 있어서는 죽은
자와 가까운 관계일수록 중대한 상복을 입고, 복상(服喪) 기간도 늘어
난다. 위의 '오복' 중 참최복이 가장 중대한 상복에 속하며, 그 다음은
자최복이고, 대공복, 소공복, 시마복 순으로 내려간다.

◎ 오전(五典) : '오전'은 다섯 종류의 윤리 덕목을 뜻한다. 『서』「우서(虞
書)·순전(舜典)」편에는 "愼徽五典, 五典克從."이라는 기록이 있는데,
이에 대한 공안국(孔安國)의 전(傳)에서는 "五典, 五常之敎. 父義·母
慈·兄友·弟恭·子孝."라고 풀이했다. 즉 '오전'이란 오상(五常)에 따
른 가르침으로, 부친의 의로움, 모친의 자애로움, 형의 우애로움, 동생
의 공손함, 자식의 효성스러움을 뜻한다. 또 채침(蔡沈)의 『집전(集傳)』
에서는 "五典, 五常也. 父子有親, 君臣有義, 夫婦有別, 長幼有序, 朋友
有信是也."라고 풀이했다. 즉 '오전'이란 오상(五常)으로, 부자관계에
친애함이 있고, 군신관계에 의로움이 있으며, 부부사이에 유별함이 있
고, 장유관계에 질서가 있고, 붕우관계에 신의가 있음을 뜻한다.

◎ **오토(五土)** : '오토'는 다섯 종류의 지형을 뜻한다. '산림지형[山林]', '하천이나 연못 지형[川澤]', '구릉지형[丘陵]', '저지대나 평탄한 지형[墳衍]', '평탄하거나 습한 지형[原隰]'을 가리킨다. 『공자가어(孔子家語)』「상로(相魯)」편에는 "乃別五土之性, 而物各得其所生之宜."라는 기록이 있는데, 이에 대한 왕숙(王肅)의 주에서는 "五土, 一曰山林, 二曰川澤, 三曰丘陵, 四曰墳衍, 五曰原隰."이라고 풀이하였다.

◎ **오형(五刑)** : '오형'은 다섯 가지 형벌을 뜻한다. '오형'의 구체적 항목에 대해서는 각 시대별 차이가 있지만, 『주례』의 기록에 근거하면, 묵형(墨刑), 의형(劓刑), 궁형(宮刑), 비형(剕刑: =刖刑), 대벽(大辟: =殺刑)이 된다. 『주례』「추관(秋官) · 사형(司刑)」편에는 "掌五刑之灋, 以麗萬民之罪, 墨罪五百, 劓罪五百, 宮罪五百, 刖罪五百, 殺罪五百."이라는 기록이 있다.

◎ **오후(五侯)** : '오후'는 공작[公] · 후작[侯] · 백작[伯] · 자작[子] · 남작[男]의 다섯 등급 제후들을 지칭하는 말이다.

◎ **옹희(饔餼)** : '옹희'는 빈객(賓客)과 상견례(相見禮)를 하고 나서 성대하게 음식을 마련해 접대하는 것을 뜻한다. 『주례』「추관(秋官) · 사의(司儀)」편에는 "致饔如致積之禮."라는 기록이 있는데, 이에 대한 정현의 주에서는 "小禮曰飧, 大禮曰饔餼."라고 풀이하였다. 즉 '옹희'와 '손'은 모두 빈객 등을 접대하는 예법들인데, '옹희'는 성대한 예법에 해당하여, '손'보다도 융숭하게 대접하는 것이다.

◎ **왕보사(王輔嗣)** : =왕필(王弼)

◎ **왕숙(王肅, A.D.195 ~ A.D.256)** : =왕자옹(王子雍). 위진남북조(魏晉南北朝) 때의 위(魏)나라 경학자이다. 자(字)는 자옹(子雍)이다. 출신지는 동해(東海)이다. 부친 왕랑(王朗)으로부터 금문학(今文學)을 공부했으나, 고문학(古文學)의 고증적인 해석을 따랐다. 『상서(尙書)』, 『시경(詩經)』, 『좌전(左傳)』, 『논어(論語)』 및 삼례(三禮)에 대한 주석을 남겼다.

◎ **왕자옹(王子雍)** : =왕숙(王肅)

◎ **왕필(王弼, A.D.226 ~ A.D.249)** : =왕보사(王輔嗣). 삼국시대 위(魏)나라의 학자이다. 자(字)는 보사(輔嗣)이다. 저서로는 『노자주(老子注)』 · 『주역주(周易注)』 등이 있다.

◎ **월형(刖刑)** : '월형'은 비벽(剕辟) · 비형(剕刑)이라고도 부르며, 오형(五

刑) 중의 하나이다. 범죄자의 다리를 자르는 형벌이다.『춘추좌씨전』「장
공(莊公) 16년」편에는 "九月, 殺公子闋, 刖强鉏."라는 용례가 있다.

◎ 유현(劉炫, ? ~ ?) : 수(隋)나라 때의 학자이다. 자는 광백(光伯)이며, 경
성(景城) 출신이다. 태학박사(太學博士) 등을 지냈다.『논어술의(論語述
義)』,『춘추술의(春秋述義)』,『효경술의(孝經述義)』등을 저술하였다.

◎ 유흠(劉歆, B.C.53 ~ A.D.23) : 전한(前漢) 때의 경학자이다. 자(字)는 자
준(子駿)이다. 후에 이름을 수(秀), 자(字)를 영숙(穎叔)으로 고쳤다.
유향(劉向)의 아들이다. 저서에는『삼통력보(三統曆譜)』등이 있다.

◎ 육덕명(陸德明, A.D.550 ~ A.D.630) : =육원랑(陸元朗). 당대(唐代)의 경
학자이다. 이름은 원랑(元朗)이고, 자(字)는 덕명(德明)이다. 훈고학에
뛰어났으며,『경전석문(經典釋文)』등을 남겼다.

◎ 육사(六師) : '육사'는 '육군(六軍)'이라고도 부른다. 주(周)나라 때 천자
가 통솔했던 여섯 단위의 군대를 뜻한다. '사(師)'는 본래 군대의 단위
를 뜻하는 것으로, 1사(師)는 12,500명으로 구성된다. 후대에는 천자의
군대를 지칭하는 용어로도 사용되었다.

◎ 육원랑(陸元朗) : =육덕명(陸德明)

◎ 의형(劓刑) : '의형'은 의벽(劓辟)이라고도 부르며, 오형(五刑) 중의 하
나이다. 범죄자의 코를 베는 형벌이다.『서』「주서(周書)·여형(呂刑)」
편에는 "惟作五虐之刑曰法, 殺戮無辜, 爰始淫爲劓刵椓黥."이라는 기
록이 있고, 이에 대한 공영달(孔穎達)의 소(疏)에서는 "劓, 截人鼻."라
고 풀이했다.

◎ 이백(二伯) : '이백'은 주(周)나라 초기에 천하를 동서(東西)로 양분하
여, 각 방위에 있던 제후들을 다스렸던 2명의 주요 신하를 가리키는
말이다. 구체적 인물로는 주공(周公)과 소공(召公)이 '이백'을 맡았었
다고 전해진다.『공총자(孔叢子)』「거위(居衛)」편에는 "古之帝王, 中分
天下, 使二公治之, 謂之二伯."이라는 기록이 있고,『예기』「왕제(王制)」
편에는 "八伯各以其屬, 屬於天子之老二人, 分天下以爲左右, 曰二伯."
이라는 기록이 있는데, 이에 대한 정현의 주에서는 "自陝以東, 周公主
之, 自陝以西, 召公主之."라고 풀이했다.

◎ 이형(刵刑) : '이형'은 고대의 형벌로 범죄자의 귀를 베는 형벌이다.

◎ 장곡(長轂) : '장곡'은 전쟁용 수레를 뜻한다.

◎ 장락진씨(長樂陳氏) : =진상도(陳祥道)

◎ 장자(張子) : =장재(張載)

◎ 장재(張載, A.D.1020 ~ A.D.1077) : =장자(張子)·장횡거(張橫渠). 북송 (北宋) 때의 유학자이다. 북송오자(北宋五子) 중 한 사람으로 칭해진 다. 자(字)는 자후(子厚)이다. 횡거진(橫渠鎭) 출신으로, 이곳에서 장 기간 강학을 했기 때문에 횡거선생(橫渠先生)으로 일컬어지기도 한다.

◎ 전욱(顓頊) : '전욱'은 고양씨(高陽氏)라고도 부른다. '전욱'은 고대 오제 (五帝) 중 하나이다. 『산해경(山海經)』「해내경(海內經)」편에는 "黃帝 妻雷祖, 生昌意, 昌意降處若水, 生韓流. 韓流, …… 取淖子曰阿女, 生帝 顓頊."이라는 기록이 있다. 즉 황제(黃帝)의 처인 뇌조(雷祖)가 창의 (昌意)를 낳았는데, 창의가 약수(若水)에 강림하여 거처하다가, 한류 (韓流)를 낳았다. 다시 한류는 아녀(阿女)를 부인으로 맞이하여 '전욱' 을 낳았다. 또한 『회남자(淮南子)』「천문훈(天文訓)」편에는 "北方, 水 也, 其帝顓頊, 其佐玄冥, 執權而治冬."이라는 기록이 있다. 즉 북방(北 方)은 오행(五行)으로 배열하면 수(水)에 속하는데, 이곳의 상제(上帝) 는 '전욱'이고, 상제를 보좌하는 신(神)은 현명(玄冥)이다. 이들은 겨울 을 다스린다. 또한 '전욱'과 관련하여 『수경주(水經注)』「호자하(瓠子 河)」편에는 "河水舊東決, 逕濮陽城東北, 故衛也, 帝顓頊之墟. 昔顓頊自 窮桑徙此, 號曰商丘, 或謂之帝丘."라는 기록이 있다. 즉 황하의 물길은 옛날에 동쪽으로 흘러서, 복양성(濮陽城)의 동북쪽을 경유하였는데, 이곳은 옛 위(衛) 지역으로, '전욱'이 거처하던 터이며, 예전에 '전욱'이 궁상(窮桑) 땅으로부터 이곳으로 옮겨왔기 때문에, 이곳을 상구(商丘) 또는 제구(帝丘)라고도 부른다.

◎ 절기(節氣) : '절기'에 대해서 설명하자면, 태양력(太陽曆)을 기준으로 한 24기(氣)를 음력(陰曆) 12개월에 배분했을 때, 매월마다 2개의 '기' 가 해당된다. 이때 월초에 '기'가 있게 되면, 그것을 '절기'라고 부르며, 중순 이후에 '기'가 있게 되면, 그것을 중기(中氣)라고 부른다.

◎ 정강성(鄭康成) : =정현(鄭玄)

◎ 정사농(鄭司農) : =정중(鄭衆)

◎ 정씨(鄭氏) : =정현(鄭玄)

◎ 정의(正義) :『정의(正義)』는『예기정의(禮記正義)』또는『예기주소(禮 記注疏)』를 뜻한다. 당(唐)나라 때에는 태종(太宗)이 공영달(孔穎達) 등을 시켜서『오경정의(五經正義)』를 편찬하였는데, 이때『예기정의』 에는 정현(鄭玄)의 주(注)와 공영달의 소(疏)가 수록되었다. 송대(宋 代)에는『오경정의』와 다른 경전(經典)에 대한 주석서를 포함한『십 삼경주소(十三經注疏)』가 편찬되어,『예기주소』라는 명칭이 되었다.

◎ 정중(鄭衆, ? ~ A.D.83) : =정사농(鄭司農). 후한(後漢) 때의 경학자이다. 자(字)는 중사(仲師)이다. 부친은 정흥(鄭興)이다. 부친에게『춘추좌씨 전(春秋左氏傳)』의 학문을 전수받았다. 또한 그는 대사농(大司農) 등 의 관직을 역임하였기 때문에, '정사농'이라고도 불렀다. 한편 정흥과 그의 학문은 정현(鄭玄)에게 많은 영향을 주었기 때문에, 후대에서는 정현을 후정(後鄭)이라고 불렀고, 정흥과 그를 선정(先鄭)이라고도 불 렀다. 저서로는『춘추조례(春秋條例)』,『주례해고(周禮解詁)』등을 지 었다고 하지만, 현재는 전해지지 않았다.

◎ 정현(鄭玄, A.D.127 ~ A.D.200) : =정강성(鄭康成)·정씨(鄭氏). 한대(漢 代)의 유학자이다. 자(字)는 강성(康成)이다.『주역(周易)』,『상서(尙 書)』,『모시(毛詩)』,『주례(周禮)』,『의례(儀禮)』,『예기(禮記)』,『논어 (論語)』,『효경(孝經)』등에 주석을 하였다.

◎ 조근(朝覲) : '조근'은 군주가 신하를 만나보는 예법(禮法)을 뜻한다. 군 주가 신하를 만나보는 예법에는 조(朝), 근(覲), 종(宗), 우(遇), 회(會), 동(同) 등이 있었는데, 이것을 총칭하여 '조근'으로 부르기도 한다. 한 편 '조근'은 신하가 군주를 찾아뵙는 예법을 뜻하기도 한다. 고대에는 제후가 천자를 찾아뵐 때, 각 계절별로 그 명칭을 다르게 불렀다. 봄에 찾아뵙는 것을 조(朝)라고 부르며, 여름에 찾아뵙는 것을 종(宗)이라고 부르고, 가을에 찾아뵙는 것을 근(覲)이라고 부르며, 겨울에 찾아뵙는 것을 우(遇)라고 부른다. '조근'은 이러한 예법들을 총칭하는 말이다.

◎ 조빙(朝聘) : '조빙'은 본래 제후가 주기적으로 천자를 찾아뵙는 것을 뜻한다. 고대에는 제후가 천자에 대해서 매년 1번씩 소빙(小聘)을 했 고, 3년에 1번씩 대빙(大聘)을 했으며, 5년에 1번씩 조(朝)를 했다. '소 빙'은 제후가 직접 찾아가지 않았고, 대부(大夫)를 대신 파견하였으며, '대빙' 때에는 경(卿)을 파견하였다. '조'에서만 제후가 직접 찾아갔는

데, 이것을 합쳐서 '조빙'이라고 부른다. 춘추시대(春秋時代) 때에는 진(晉)나라 문공(文公)과 같은 패주(覇主)에게 '조빙'을 하기도 하였다. 『예기』「왕제(王制)」편에는 "諸侯之於天子也, 比年一小聘, 三年一大聘, 五年一朝."라는 기록이 있고, 이에 대한 정현의 주에서는 "比年, 每歲也. 小聘, 使大夫, 大聘, 使卿, 朝, 則君自行. 然此大聘與朝, 晉文覇時所制也."라고 풀이했다. 후대에는 서로 찾아가서 만나보는 것을 '조빙'이라고 범칭하기도 했다.

◎ 주목(州牧) : '주목'은 1주(州)를 대표하는 수장을 뜻한다. 고대 중국에서는 천하를 9개의 주로 구획하였고, 각 주에 소속된 제후들 중에서 수장이 되는 자를 '주목'이라고 불렀다. 『서』「주서(周書)·주관(周官)」편에는 "唐虞稽古, 建官惟百, 內有百揆四岳, 外有州牧侯伯."이라는 기록이 있고, 이에 대한 채침(蔡沈)의 『집전(集傳)』에서는 "州牧, 各總其州者."라고 풀이했다.

◎ 중기(中氣) : '중기'에 대해서 설명하자면, 태양력(太陽曆)을 기준으로 한 24기(氣)를 음력(陰曆) 12개월에 배분했을 때, 매월마다 2개의 '기'가 해당된다. 이때 월초에 '기'가 있게 되면, 그것을 절기(節氣)라고 부르며, 중순 이후에 '기'가 있게 되면, 그것을 중기(中氣)라고 부른다.

◎ 진덕수(眞德秀) : =서산진씨(西山眞氏)

◎ 진상도(陳祥道, A.D.1159 ~ A.D.1223) : =장락진씨(長樂陳氏)·진씨(陳氏)·진용지(陳用之). 북송대(北宋代)의 유학자이다. 자(字)는 용지(用之)이다. 장락(長樂) 지역 출신으로, 1067년에 과거에 급제하여 태상박사(太常博士) 등을 지냈다. 왕안석(王安石)의 제자로, 그의 학문을 전파하는데 공헌하였다. 저서에는 『예서(禮書)』, 『논어전해(論語全解)』 등이 있다.

◎ 진씨(陳氏) : =진상도(陳祥道)

◎ 진용지(陳用之) : =진상도(陳祥道)

◎ 청기(請期) : '청기'는 혼례 절차 중 하나이다. 남자 집안에서 여자 집안에 예물을 보낸 뒤에, 혼인하기에 좋은 길일(吉日)을 점치게 된다. 길(吉)한 날을 잡게 되면, 여자 집안에 통보를 하며 가부(可否)를 묻게

되는데, 이 절차가 바로 '청기'이다.

◎ 초주(譙周, A.D.201? ~ A.D.270) : 삼국시대(三國時代) 때의 학자이다. 자(字)는 윤남(允南)이다. 『논어주(論語注)』, 『삼파기(三巴記)』, 『초자법훈(譙子法訓)』, 『고사고(古史考)』, 『오경연부론(五更然否論)』 등의 저술을 남겼다.

◎ 치의(緇衣) : '치의'는 본래 검은색의 비단으로 만든 복장이다. 조복(朝服)으로 사용되기도 하였다. 『시』「정풍(鄭風)·치의(緇衣)」편에는 "緇衣之宜兮, 敝予又改爲兮."라는 기록이 있고, 이에 대한 모전(毛傳)에서는 "緇, 黑也, 卿士聽朝之正服也."라고 풀이했다. 한편 '치의'는 검은색으로 되어 있었기 때문에, 일반적으로 검은색의 옷을 가리키는 용어로도 사용되었다.

◎ 태뢰(太牢) : '태뢰'는 제사에서 소[牛], 양(羊), 돼지[豕] 3가지 희생물을 갖춘 것을 뜻한다. 『장자』「지악(至樂)」편에는 "具太牢以爲膳."이라는 기록이 있는데, 이에 대한 성현영(成玄英)의 소(疏)에서는 "太牢, 牛羊豕也."라고 풀이하였다.

◎ 태보(太保) : '태보'는 주(周)나라 때의 관직으로, 삼공(三公) 중 하나이며, 삼공 중 서열은 세 번째이다. 천자를 보좌하여 국정 전반을 다스렸다. 이 관직은 춘추시대(春秋時代) 이후 폐지되었다가, 한(漢)나라 때 다시 설치되기도 하였다.

◎ 태부(太傅) : '태부'는 주(周)나라 때의 관직으로, 삼공(三公) 중 하나이며, 삼공 중 서열은 두 번째에 해당한다. 천자를 보좌하여 국정 전반을 다스렸다. 『서』「주서(周書)·주관(周官)」편에는 "立太師·太傅·太保, 玆惟三公, 論道經邦, 燮理陰陽."이라는 기록이 있다. 이 관직은 진(秦)나라 때 폐지되었다가, 한(漢)나라 때 다시 설치되기도 하였다.

◎ 태사(太師) : '태사'는 주(周)나라 때의 관직으로, 삼공(三公) 중 하나이며, 삼공 중 서열은 첫 번째이다. 천자를 보좌하여 국정 전반을 다스렸다. 이 관직은 진(秦)나라 때 폐지되었다가, 한(漢)나라 때 다시 설치되기도 하였다.

◎ 태호(太皥) : '태호'는 태호(太昊)라고도 부른다. '태호'는 복희(伏犧)를

가리킨다. 오행(五行)으로 구분했을 때 목(木)을 주관하며, 계절로 따지면 봄을 주관하고, 방위로 따지면 동쪽을 주관하는 자이다. 『여씨춘추(呂氏春秋)』「맹춘기(孟春紀)」편에는 "其帝, 太皞, 其神, 句芒."이라는 기록이 있고, 이에 대한 고유(高誘)의 주에서는 "太皞, 伏羲氏, 以木德王天下之號, 死祀於東方, 爲木德之帝."라고 풀이했다.

◎ 특생(特牲) : '특생'은 한 종류의 가축을 희생물로 사용한다는 뜻이다. '특(特)'자는 동일 종류의 희생물을 한 마리 사용한다는 뜻이며, 특히 소를 사용할 때 사용하는 용어이기도 하다. 『춘추좌씨전』「양공(襄公) 9년」편에는 "祈以幣更, 賓以特牲."이라는 기록이 있고, 이에 대한 양백준(楊伯峻)의 주에서는 "款待貴賓, 只用一種牲畜. 一牲曰特."이라고 풀이했다. 그런데 어떠한 가축을 사용했는가에 대해서는 주석들마다 차이가 있다. 『국어(國語)』「초어하(楚語下)」편에는 "大夫擧以特牲, 祀以少牢."라는 기록이 있고, 이에 대한 위소(韋昭)의 주에서는 "特牲, 豕也."라고 풀이했다. 또한 『예기』「교특생(郊特牲)」편에 대한 육덕명(陸德明)의 제해(題解)에서는 "郊者, 祭天之名, 用一牛, 故曰特牲."이라고 풀이했다. 즉 '특생'으로 사용되는 가축은 '시(豕: 돼지)'도 될 수 있으며, 소도 될 수 있다.

ㅍ

◎ 풍간(諷諫) : '풍간'은 은유적으로 표현하여 간언을 하는 방법이다.

◎ 피변(皮弁) : '피변'은 고대에 사용되었던 관(冠)의 한 종류이다. 백색 사슴의 가죽으로 만든 모자이다. 한편 관(冠)에 따른 의복까지 포함한 의미로 사용되기도 한다. 『주례』「하관(夏官)·변사(弁師)」편에는 "王之皮弁, 會五采玉璂, 象邸, 玉笄."라는 기록이 있다.

ㅎ

◎ 하휴(何休, A.D.129 ~ A.D.182) : 전한(前漢) 때의 금문경학자(今文經學者)이다. 자(字)는 소공(邵公)이다. 『춘추공양전해고(春秋公羊傳解詁)』를 지었으며, 『효경(孝經)』, 『논어(論語)』 등에 대해서도 주를 달았고, 『춘추한의(春秋漢議)』를 짓기도 하였다.

◎ 한시내전(韓詩內傳) : 『한시내전(韓詩內傳)』은 한(漢)나라 때 한영(韓嬰)이 지은 책이다. 한영은 내전(內傳) 4권과 외전(外傳) 6권을 지었는데, 내전은 산일되어 없어졌고, 외전만이 남아 있다. 이것을 『한시외전(韓詩外傳)』이라고 부른다.

◎ 함(含) : '함'은 부의를 보낸다는 뜻이며, 또한 부의로 보내는 특정 물건을 가리키기도 하다. '함'은 시신과 함께 매장하게 될 주옥(珠玉)을 부의로 보내는 것이다. 『예기』「문왕세자(文王世子)」편에는 "族之相爲也, 宜弔不弔, 宜免不免, 有司罰之. 至于賵賻承含, 皆有正焉."이라는 기록이 있는데, 이에 대한 진호(陳澔)의 『집설(集說)』에서는 "含以珠玉."이라고 풀이했다. 또 '함'은 시신의 입에 곡식이나 화폐 등을 넣는 것을 의미하기도 한다.

◎ 행인(行人) : '행인'은 조근(朝覲) 및 빙문(聘問) 등의 일을 담당하던 관리이다.

◎ 현명(玄冥) : '현명'은 오행(五行) 중 수(水)의 기운을 주관하는 천상의 신(神)이다. 수(水)의 기운을 담당했기 때문에, 그 관부의 이름을 따서 수관(水官)이라고도 부르고, 관부의 수장이라는 뜻에서 수정(水正)이라고도 부른다. '오행' 중 수(水)의 기운은 각 계절 및 방위와 관련되어, '현명'은 겨울과 북쪽에 해당하는 신이라고도 부른다. 다만 수덕(水德)을 주관했던 상위의 신은 전욱(顓頊)이었고, '현명'은 '전욱'을 보좌했던 신이다. 한편 다른 오관(五官)의 신들과 달리, '현명'에 해당하는 인물에 대해서는 이견(異見)이 있다. 『예기』「월령(月令)」편에는 "其日壬癸, 其帝顓頊, 其神玄冥."이라는 기록이 있는데, 이에 대한 정현의 주에서는 "玄冥, 少皞氏之子曰脩, 曰熙, 爲水官."이라고 풀이한다. 즉 소호씨(少皞氏)의 아들 중 수(脩)와 희(熙)라는 인물이 있었는데, 이들은 생전에 수관(水官)이 되어 공덕(功德)을 쌓았고, 죽어서는 '현명'에 배향되었다고 설명한다. 『여씨춘추(呂氏春秋)』「맹동기(孟冬紀)」편에는 "其日壬癸, 其帝顓頊, 其神玄冥."이라는 기록이 있는데, 이에 대한 고유(高誘)의 주에서는 "玄冥, 官也. 少皞氏之子曰循, 爲玄冥師, 死祀爲水神."이라고 풀이한다. 즉 '현명'은 관직에 해당하는데, '소호씨'의 아들이었던 순(循)이 생전에 '현명'이라는 관부의 수장을 지냈기 때문에, 그가 죽었을 때에는 수신(水神)으로 배향을 했다는 뜻이다.

◎ 현효(玄枵) : '현효'는 12차(次) 중 하나이다. 28수(宿) 중 여(女), 허(虛),

위(危)가 여기에 속한다. 12진(辰)의 자(子)에 대응된다. 『춘추좌씨전』 「양공(襄公) 28년」편에는 "玄枵, 虛中也."라는 기록이 있는데, 이에 대한 양백준(楊伯峻)의 주에서는 "玄枵有三宿, 女虛危, 虛宿在中."이라고 풀이했다.

◎ 호천상제(昊天上帝) : '호천상제'는 호천(昊天)과 상제(上帝)로 구분하여 해석하기도 하며, '호천상제'를 하나의 용어로 해석하기도 한다. 후자의 경우 '호천'이라는 말은 '상제'를 수식하는 말이다. 고대에는 축호(祝號)라는 것을 지어서 제사 때의 용어를 수식어로 꾸미게 되는데, '호천상제'의 경우는 '상제'에 대한 축호에 해당하며, 세분하여 설명하자면 신(神)의 명칭에 수식어를 붙이는 신호(神號)에 해당한다. 『예기』 「예운(禮運)」편에는 "作其祝號, 玄酒以祭, 薦其血毛, 腥其俎, 孰其殽."라는 기록이 있고, 이에 대한 진호(陳澔)의 주에서는 "作其祝號者, 造爲鬼神及牲玉美號之辭. 神號, 如昊天上帝."라고 풀이했다. '호천'과 '상제'로 풀이할 경우, '상제'는 만물을 주재하는 자이며, '상천(上天)'이라고도 불렀다. 고대인들은 길흉(吉凶)과 화복(禍福)을 내릴 수 있는 능력을 갖추고 있었다고 생각하였다. 한편 '상제'는 오행(五行) 관념에 따라 동·서·남·북·중앙의 구분이 생기면서, 천상을 각각 나누어 다스리는 오제(五帝)로 설명되기도 한다. '호천'의 경우 천신(天神)을 뜻하는데, '상제'와 비슷한 개념이다. '호천'을 '상제'보다 상위의 개념으로 해석하여, 오제 위에서 군림하는 신으로 해석하는 경우도 있다.

◎ 환구(圜丘) : '환구'는 원구(圓丘)라고도 부른다. 고대에 제왕이 동지(冬至)에 제천(祭天) 의식을 집행하던 곳이다. 자연적으로 형성된 언덕의 형상을 본떠서, 흙을 높이 쌓아올려 만들었기 때문에, '구(丘)'자를 붙여서 부른 것이며, 하늘의 둥근 형상을 본떴다는 뜻에서 '환(圜)' 또는 '원(圓)'자를 붙여서 부른 것이다. 『주례』「춘관(春官)·대사악(大司樂)」편에는 "冬日至, 於地上之圜丘奏之."라는 기록이 있고, 이에 대한 가공언(賈公彦)의 소(疏)에서는 "土之高者曰丘, 取自然之丘. 圜者, 象天圜也."라고 풀이했다.

◎ 황간(皇侃, A.D.488 ~ A.D.545) : =황씨(皇氏). 남조(南朝) 때 양(梁)나라의 경학자이다. 『주례(周禮)』, 『의례(儀禮)』, 『예기(禮記)』 등에 해박하여, 『상복문구의소(喪服文句義疏)』, 『예기의소(禮記義疏)』, 『예기강소(禮記講疏)』 등을 지었지만, 현재는 전해지지 않는다. 그 일부가 마

국한(馬國翰)의 『옥함산방집일서(玉函山房輯佚書)』에 수록되어 있다.

◎ 황씨(皇氏) : =황간(皇侃)

◎ 황제(黃帝) : '황제'는 헌원씨(軒轅氏), 유웅씨(有熊氏)이라고도 부른다. 전설시대에 존재했다고 전해지는 고대 제왕(帝王)이다. 소전(少典)의 아들이고, 성(姓)은 공손(公孫)이다. 헌원(軒轅)이라는 땅의 구릉 지역에 거주하였기 때문에, 그를 '헌원씨'라고도 부르는 것이다. 또한 '황제'는 희수(姬水) 지역에도 거주를 하였기 때문에, 이 지역의 이름을 따서 성(姓)을 희(姬)로 고치기도 하였다. 그리고 수도를 유웅(有熊) 땅에 마련하였기 때문에, 그를 '유웅씨'라고도 부르는 것이다. 한편 오행(五行) 관념에 따라서, 그는 토덕(土德)을 바탕으로 제왕이 되었다고 여겼는데, 흙[土]이 상징하는 색깔은 황(黃)이므로, 그를 '황제'라고 부르는 것이다. 『역』「계사하(繫辭下)」편에는 "神農氏沒, 黃帝・堯・舜氏作, 通其變, 使民不倦."이라는 기록이 있는데, 이에 대한 공영달(孔穎達)의 소(疏)에서는 "黃帝, 有熊氏少典之子, 姬姓也."라고 풀이했다. 한편 '황제'는 오제(五帝) 중 하나를 뜻한다. 오행(五行)으로 구분했을 때 토(土)를 주관하며, 계절로 따지면 중앙 계절을 주관하고, 방위로 따지면 중앙을 주관하는 신(神)이다. 『여씨춘추(呂氏春秋)』「계하기(季夏紀)」편에는 "其帝黃帝, 其神后土."라는 기록이 있고, 이에 대한 고유(高誘)의 주에서는 "黃帝, 少典之子, 以土德王天下, 號軒轅氏, 死託祀爲中央之帝."라고 풀이했다.

◎ 후직(后稷) : '후직'은 전설상의 인물이다. 주(周)나라의 선조(先祖) 중한 사람이다. 강원(姜嫄)이 천제(天帝)의 발자국을 밟고 회임을 하여 '후직'을 낳았는데, 불길하다고 생각하여 버렸기 때문에, 이름을 기(棄)로 지어졌다 한다. 이후 순(舜)이 '기'를 등용하여 농사를 담당하는 신하로 임명해서, 백성들에게 농사짓는 법을 가르쳤기 때문에, '후직'으로 일컬어지게 되었다. 『시』「대아(大雅)・생민(生民)」편에는 "厥初生民, 時維姜嫄. …… 載生載育, 時維后稷."이라는 기록이 있다. 한편 농사를 주관하는 관리를 '후직'으로 부르기도 한다.

번역 참고문헌

* 『禮記正義』 1~4(전4권, 『十三經注疏 整理本』 12~15), 北京 : 北京 大學出版社, 초판 2000 / 저본으로 삼은 책이다.
* 『經書』, 서울 : 成均館大學校出版部, 초판 1998 / 저본으로 삼은 책이다.
* 服部宇之吉 評點, 『禮記』, 東京 : 富山房, 초판 1913 (증보판 1984) / 鄭玄 注 번역에 대해 참고했던 서적이다.
* 竹內照夫 著, 『禮記』 上·中·下(전3권), 東京 : 明治書院, 초판 1975 (3판 1979) / 經文에 대한 이해에 참고했던 서적이다.
* 市原亨吉 외 2명 著, 『禮記』 上·中·下(전3권), 東京 : 集英社, 초판 1976 (3쇄 1982) / 經文에 대한 이해에 참고했던 서적이다.
* 陳澔 注, 『禮記集說』, 北京 : 中國書店, 초판 1994 / 『集說』에 대한 번역에 참고했던 서적이다.
* 王文錦 譯解, 『禮記譯解』 上·下(전2권), 北京 : 中華書局, 초판 2001 (4쇄 2007) / 經文 및 주석 번역에 참고했던 서적이다.
* 錢玄·錢興奇 編著, 『三禮辭典』, 南京 : 江蘇古籍出版社, 초판 1998 / 용어 및 器物 등에 대해 참고했던 서적이다.
* 張撝之 外 主編, 『中國歷代人名大辭典』 上·下권(전2권), 上海 : 上海古籍出版社, 초판 1999 / 인명에 대해 참고했던 서적이다.
* 呂宗力 主編, 『中國歷代官制大辭典』, 北京 : 北京出版社, 초판 1994 (2쇄 1995) / 관직명에 대해 참고했던 서적이다.
* 中國歷史大辭典編纂委員會 編纂, 『中國歷史大辭典』 上·下(전2권), 上海 : 上海辭書出版社, 초판 2000 / 용어 및 인명에 대해 참고했던 서적이다.
* 羅竹風 主編, 『漢語大詞典』 1~12(전12권), 上海 : 漢語大詞典出版社, 초판 1988 (4쇄 1995) / 용어에 대해 참고했던 서적이다.
* 王思義 編集, 『三才圖會』 上·中·下(전3권), 上海 : 上海古籍出版社, 초판 1988 (4쇄 2005) / 器物 등에 대해 참고했던 서적이다.
* 聶崇義 撰, 『三禮圖集注』 (四庫全書 129책) / 器物 등에 대해 참고했던 서적이다.
* 劉績 撰, 『三禮圖』 (四庫全書 129책) / 器物 등에 대해 참고했던 서적이다.

역자 정병섭(鄭秉燮)

- 1979년 출생
- 2002년 성균관대학교 유교철학과 졸업
- 2004년 성균관대학교 대학원 유학과 석사
- 2013년 성균관대학교 대학원 유학과 철학박사
- 현재『역주 예기집설대전』완역을 위해 번역중이며,
  이후『의례』,『주례』,『대대례기』시리즈 번역과
  한국유학자들의 예학 관련 저작들의 번역을 계획 중이다.

예기집설대전 목록

譯註
禮記集說大全 大學

編 陳澔(元)
附 正義 · 集註

초판 인쇄 2017년 4월 25일
초판 발행 2017년 5월 8일

역 자 ┃ 정병섭
펴 낸 이 ┃ 하운근
펴 낸 곳 ┃ 學古房

주 소 ┃ 경기도 고양시 덕양구 통일로 140 삼송테크노밸리 A동 B224
전 화 ┃ (02)353-9908 편집부(02)356-9903
팩 스 ┃ (02)6959-8234
홈페이지 ┃ http://hakgobang.co.kr/
전자우편 ┃ hakgobang@naver.com, hakgobang@chol.com
등록번호 ┃ 제311-1994-000001호

ISBN 978-89-6071-665-0 94150
978-89-6071-267-6 (세트)

값 : 45,000원